21世纪经济与管理规划教材·工商管理系列

管理心理学

传统智慧与研究前沿

杨勋　曾建光　编著

北京大学出版社
PEKING UNIVERSITY PRESS

图书在版编目（CIP）数据

管理心理学：传统智慧与研究前沿 / 杨勋，曾建光编著. ——北京：北京大学出版社，2025.5. ——(21世纪经济与管理规划教材). ——ISBN 978-7-301-36032-3

Ⅰ. C93-051

中国国家版本馆CIP数据核字第20253VK705号

书　　　名	管理心理学：传统智慧与研究前沿 GUANLI XINLIXUE　CHUANTONG ZHIHUI YU YANJIU QIANYAN
著作责任者	杨　勋　曾建光　编著
责 任 编 辑	黄炜婷
标 准 书 号	ISBN 978-7-301-36032-3
出 版 发 行	北京大学出版社
地　　　址	北京市海淀区成府路205号　100871
网　　　址	http://www.pup.cn
微信公众号	北京大学经管书苑（pupembook）
电 子 邮 箱	编辑部em@pup.cn　总编室zpup@pup.cn
新 浪 微 博	@北京大学出版社　@北京大学出版社经管图书
电　　　话	邮购部010-62752015　发行部010-62750672　编辑部010-62752926
印 刷 者	北京市科星印刷有限责任公司
经 销 者	新华书店
	787毫米×1092毫米　16开本　32.25印张　745千字
	2025年5月第1版　2025年5月第1次印刷
定　　　价	89.00元

未经许可，不得以任何方式复制或抄袭本书之部分或全部内容。

版权所有，侵权必究

举报电话：010-62752024　电子邮箱：fd@pup.cn

图书如有印装质量问题，请与出版部联系，电话：010-62756370

丛书出版说明

教材作为人才培养重要的一环，一直都是高等院校与大学出版社工作的重中之重。"21世纪经济与管理规划教材"是我社组织在经济与管理各领域颇具影响力的专家学者编写而成的，面向在校学生或有自学需求的社会读者；不仅涵盖经济与管理领域传统课程，还涵盖学科发展衍生的新兴课程；在吸收国内外同类最新教材优点的基础上，注重思想性、科学性、系统性，以及学生综合素质的培养，以帮助学生打下扎实的专业基础和掌握最新的学科前沿知识，满足高等院校培养高质量人才的需要。自出版以来，本系列教材被众多高等院校选用，得到了授课教师的广泛好评。

随着信息技术的飞速进步，在线学习、翻转课堂等新的教学/学习模式不断涌现并日渐流行，终身学习的理念深入人心；而在教材以外，学生们还能从各种渠道获取纷繁复杂的信息。如何引导他们树立正确的世界观、人生观、价值观，是新时代给高等教育带来的一个重大挑战。为了适应这些变化，我们特对"21世纪经济与管理规划教材"进行了改版升级。

首先，为深入贯彻落实习近平总书记关于教育的重要论述、全国教育大会精神以及中共中央办公厅、国务院办公厅《关于深化新时代学校思想政治理论课改革创新的若干意见》，我们按照国家教材委员会《全国大中小学教材建设规划（2019—2022年）》《习近平新时代中国特色社会主义思想进课程教材指南》和教育部《普通高等学校教材管理办法》《高等学校课程思政建设指导纲要》等文件精神，将课程思政内容融入教材，以坚持正确导向，强化价值引领，落实立德树人根本任务，立足中国实践，形成具有中国特色的教材体系。

其次，响应国家积极组织构建信息技术与教育教学深度融合、多种介质综合运用、表现力丰富的高质量数字化教材体系的要求，本系列教材在形式上将不再局限于传统纸质教材，而是会根据学科特点，添加讲解重点难点的视频音频、检测学习效果的在线测评、扩展学习内容的延伸阅读、展示运算过程及结果的软件应用等数字资源，以增强教材的表现力和吸引力，有效服务线上教学、混合式教学等新型教学模式。

为了使本系列教材具有持续的生命力，我们将积极与作者沟通，争取按学制周期对教材进行修订。您在使用本系列教材的过程中，如果发现任何问题或者有任何意见或建议，欢迎随时与我们联系（请发邮件至 em@ pup. cn）。我们会将您的宝贵意见或建议及时反馈给作者，以便修订再版时进一步完善教材内容，更好地满足教师教学和学生学习的需要。

最后，感谢所有参与编写和为我们出谋划策提供帮助的专家学者，以及广大使用本系列教材的师生。希望本系列教材能够为我国高等院校经管专业教育贡献绵薄之力！

北京大学出版社
经济与管理图书事业部

当今商业世界竞争激烈且复杂多变，宏观管理、微观管理不断面临新的挑战和机遇。《管理心理学：传统智慧与研究前沿》一书意在用中华文化的传统智慧，给予在中国本土管理之海中的前行者以启示。

传统智慧是人类文明的宝贵遗产，古老的传统哲学思想、管理理念以及历经岁月考验的管理实践经验，蕴含着对人性的深刻洞察和管理的智慧真谛。传统智慧犹如璀璨的明珠，穿行在时间的长河中依然熠熠生辉，为现代管理提供了丰富的滋养。我们可以从中国古代的儒家、道家、法家等思想流派中，汲取关于领导力、人际关系处理、团队协作的智慧；同样，我们可以从西方古典管理理论中，获取关于组织架构、效率提升等方面的重要启示。

管理心理学作为一门融合管理学与心理学的交叉学科，探索如何更好地理解和引导组织中人的行为，不仅关注个体的心理状态和行为动机，还深入研讨群体互动以及组织层面的文化和氛围对绩效的影响。

本书的独特之处在于，将传统智慧与研究前沿相结合，为读者呈现了一个兼具深度和前瞻性的管理心理学全景。伴随科技的加速前行和经济社会的持续进步，全新的理论模型、研究方法、管理工具、管理场景、管理实践案例如雨后春笋般不断涌现，由此本书紧密关注管理心理学的研究前沿。人工智能、区块链、神经管理学等新兴技术对组织行为的影响，跨文化管理面临的挑战与机遇，积极心理学在组织中的应用等前沿研究，为我们开启了一扇扇崭新的窗户，使我们得以从不同视角审视管理中的心理层面。

本书通过生动的历史案例分析、深入的理论探讨和实用的管理建议，为读者展现了一个全面而系统的管理心理学知识体系。无论是企业管理者、人力资源专业人士，还是对管理心理学感兴趣的学生和学者，都能从本书中获得深刻的启发和宝贵的指导。我相信这本书将成为管理心理学领域的创新之作，为推动管理科学的发展和提升组织管理水平做出一定的贡献。

阅读本书的过程，仿佛踏上一程穿越时空的管理之旅，一路上既可以领略传统智慧的博大精深，又可以感受当代研究前沿的创新活力。

衷心希望每一位读者都能在这本书中找到属于自己的管理智慧之光，为创造更加美好的组织和社会贡献自己的力量。

2025 年春于北京大学

人人皆为故事的爱好者。小时候，我们喜欢追着大人要他们讲各种各样的故事——童话、鬼怪传说，抑或生活中的逸闻趣事。在故事的跌宕起伏中，我们体会了人情冷暖，知晓了为人做事的道理。长大后，在学习和工作之余，与三两朋友聚会，侃侃国际大事，聊聊生活小事，都让我们觉得有滋有味。我们爱故事，为故事所感动，从故事中学习，在故事中成长。如此，我想写一本有故事的管理心理学。

我是成都人，在成都武侯祠旁小住过一段时间，发现不少国内的企业管理者乃至日本和韩国的企业管理者，常常不远千里来参观武侯祠，访三国遗址，读《三国演义》《红楼梦》等，希望从东方智慧中获得启迪，得到管理的启示。中国古老经典蕴含着丰富的管理心理学思想，《东周列国志》《史记》《三国演义》等既是名著，也是历史，更是优秀的管理教科书。市面上有不少与《三国演义》或《红楼梦》相关的管理启示的图书，但大多通过整理人物的小故事来挖掘管理智慧，无法兼顾管理心理学的整个知识和理论体系。因此，这些感悟或启示的碎片化特征比较明显，很难从系统层面深化大家对管理心理学的认知。有一次，我给公安民警做一个从管理心理学的视角处理警民冲突的讲座，发现大家最感兴趣的、能引起大家共鸣的高潮部分还是中国的历史故事。这或许是因为这些历史故事、传统典故已经刻在我们的骨子里，融入我们的文化中，成为我们身心不可或缺的一部分。由此，我开始思考如何在管理心理学的教材和教学中把故事和理论融为一体，让故事生动理论，让理论深化故事。

本书的整体架构以"溯经典，观前沿"为两条主线。

当今管理心理学的主流理论均来自西方，例如需要层次理论、双因素理论、权变理论等。在"溯经典"的视野下，本书以中华传统文化和传统智慧为引子，每章开篇设计了"史上择慧"栏目，通过一个经典的大故事，引出本章的管理心理学相关内容和思考；正文中穿插"中华典故"小故事来回应理论，增强读者的探索兴趣，加深读者对理论的理解。这些内容构件也充分体现了"管理的本土化"——中国本土的管理智慧之处。

我们在往回看的同时，也要向前看。当今管理心理学的新理论、新知识层出不穷，企业管理者、高校教师和打算进一步深造的学子也希望了解管理心理学的最新前沿进展。在

"观前沿"的视野下，每章增加了相应的"前沿探索"部分，通过文献综述梳理了近5—10年的新理论、新进展；在"UTD 24 文献推荐"部分①，我们根据每章的核心知识点推荐发表在 UTD 24 杂志上的 2—3 篇本领域内的高质量论文，与相应章节内容呼应，助力读者深化和拓展知识。

管理心理学也需要接地气。"现实观察"部分选择了近几年的热点事件作为案例分析场景，例如新东方的积极转型、吉利汽车的管理沟通、谷歌的组织文化、Space X 公司的组织变革等，使管理案例跟上时代发展的脉搏。

在管理心理学的知识框架上，我们从"个体—群体—组织"三个层面系统地介绍了管理心理学的核心知识，避免了管理心理学到底是"心理学模式"还是"组织行为模式"的知识框架争议，立足于更高的层面讨论组织情境下个体心理、群体心理和组织环境之间的有效互动。个体层面，包括组织中的个体差异、组织激励、组织中的决策心理三章内容；群体层面，包括群体心理与团队管理、领导心理、沟通心理、冲突管理四章内容；组织层面，包括组织结构与组织设计、组织文化、组织变革与组织创新、组织健康与管理四章内容。特别是组织健康与管理章节，同类书大多未曾涉及，本书在组织层面探讨心理健康，突破了过去仅仅从个体层面探讨压力管理/个体幸福和工作满意度的内容框架，充分体现了管理心理学组织有效性这一原则；该章还结合员工援助计划（EAP）的最新发展，从组织层面介绍组织心理健康的开展和新进展。此外，为了帮助读者更好地系统把握章节内容，我们在每章开端引入了知识点、学习要点和思维导图等内容，指导读者掌握本章内容；但需要注意的是，这部分未容纳相关案例、前沿探索、UTD 24 文献推荐等内容。

参与撰写的硕士研究生和博士研究生包括：古沛（第 1 章）、宿越越（第 2 章、第 5 章）、余淑娴（第 3 章、第 6 章）、宋远（第 4 章）、严江南（第 3 章、第 6 章）、贾一帆（第 7 章）、邹玉涵（第 8 章）、尤澜涛（第 9 章、第 10 章）、盛浩轩（第 11 章）、廖婷婷（第 12 章）。感谢各位的辛勤付出！

本书的读者群体包括管理故事的爱好者，"大管理"相关专业的学生——经济与工商管理、公共管理、管理科学、心理学等专业的本科生和在职研究生，也可以是工作后的你，对管理充满好奇的你。

本书得到重庆市高等教学改革研究项目（编号：233023）的资助，在此表示衷心的感谢。欢迎你的加入！希望你喜欢这本有中国传统故事的管理心理学。

书中难免有错误之处，请各位读者不吝赐教。

杨勋

2025 年 2 月

---

① UTD 24 指美国得克萨斯大学达拉斯分校（The University of Texas at Dallas）纳文金达尔管理学院（Naveen Jindal School of Management）创建的 24 本期刊数据库，用于对世界前 100 商学院进行排名，在管理学/商学界具有极高的声誉和代表性。

第1章 管理心理学概论 / 1

1.1 管理心理学概述 / 4
1.2 管理心理学的研究对象与研究方法 / 8
1.3 管理心理学的人性观 / 11
1.4 中国古代管理心理思想 / 20
　　现实观察　新东方：在不确定中前行 / 34
1.5 管理心理学的前沿探索 / 36
　　数字资源 / 42

第2章 组织中的个体差异 / 43

2.1 人格概述 / 47
2.2 人格在管理中的应用 / 60
2.3 能力概述 / 68
2.4 人岗匹配 / 78
2.5 跨文化管理 / 84
　　现实观察　中国工程院院士王坚：坚持你相信的事，相信你坚持的事 / 86
2.6 组织中个体差异的前沿探索 / 89
　　数字资源 / 95

第3章 组织激励 / 96

3.1 激励概述 / 100
3.2 内容型激励理论 / 104
3.3 过程型激励理论 / 113

3.4 调整型激励理论 / 120

3.5 有效激励措施 / 124

3.6 激励的跨文化研究 / 131

　　现实观察　字节跳动：员工激励的创新 / 132

3.7 激励的前沿探索 / 135

　　数字资源 / 145

第4章　组织中的决策心理 / 146

4.1 决策概述 / 150

4.2 个体决策：理性决策 / 158

4.3 个体决策：行为决策 / 161

4.4 群体决策 / 171

4.5 决策心理的跨文化研究 / 177

　　现实观察　企业决策：小米的IoT之路 / 179

4.6 决策心理的前沿探索 / 182

　　数字资源 / 191

第5章　群体心理与团队管理 / 192

5.1 群体概述 / 196

5.2 群体心理与群体行为 / 206

5.3 团队与团队管理 / 219

5.4 跨文化情境下的团队管理 / 224

　　现实观察　中国航天科技集团：同心共圆飞天梦 / 226

5.5 群体心理与团队管理的前沿探索 / 228

　　数字资源 / 234

第6章　领导心理 / 235

6.1 领导概述 / 239

6.2 领导特质理论 / 246

6.3 领导行为理论 / 252

6.4 领导权变理论 / 257

6.5 现代领导理论 / 262

　　现实观察　孟晚舟：领导力进化 / 265

6.6　领导力的前沿探索 / 268
　　　　　数字资源 / 278

第7章　沟通心理 / 279

　　7.1　组织中沟通的概念和类型 / 282
　　7.2　沟通常见问题 / 291
　　7.3　有效沟通 / 298
　　7.4　沟通心理的跨文化研究 / 311
　　　　　现实观察　吉利汽车的管理沟通：从中国走向世界 / 312
　　7.5　有效沟通的前沿探索 / 316
　　　　　数字资源 / 321

第8章　冲突管理 / 322

　　8.1　冲突概述和冲突类型 / 324
　　8.2　组织的冲突管理 / 338
　　8.3　冲突管理的跨文化研究 / 345
　　　　　现实观察　王老吉与加多宝：红罐之争 / 347
　　8.4　冲突管理的前沿探索 / 349
　　　　　数字资源 / 358

第9章　组织结构与组织设计 / 360

　　9.1　组织概述 / 364
　　9.2　组织结构与组织设计 / 369
　　9.3　组织结构理论 / 381
　　　　　现实观察　万科集团组织结构演变 / 385
　　9.4　组织结构与组织设计的前沿探索 / 388
　　　　　数字资源 / 392

第10章　组织文化 / 393

　　10.1　组织文化概述 / 397
　　10.2　组织文化的分类 / 404

10.3　组织文化的创建 / 407
10.4　组织文化的维系与发展 / 410
10.5　组织文化的变革 / 413
10.6　组织文化理论 / 415
　　现实观察　谷歌的组织文化 / 419
10.7　组织文化的前沿探索 / 421
　　数字资源 / 427

第11章　组织变革与组织创新 / 428

11.1　组织变革概述 / 432
11.2　组织变革阻力与管理 / 439
11.3　组织变革类型与变革能力 / 443
11.4　组织创新与发展 / 452
11.5　变革和创新的跨文化研究 / 458
　　现实观察　SpaceX 公司的变革与创新 / 459
11.6　组织变革与组织创新的前沿探索 / 461
　　数字资源 / 467

第12章　组织健康与管理 / 468

12.1　组织健康概述 / 472
12.2　组织健康的影响因素 / 478
12.3　组织健康提升策略 / 482
12.4　组织健康的跨文化研究 / 494
　　现实观察　海底捞 EAP 生存之"道" / 495
12.5　组织健康的前沿探索 / 498
　　数字资源 / 504

后记 / 505

第1章 管理心理学概论

■ 知识点

经济人假设（X理论）、社会人假设、自我实现人假设（Y理论）、复杂人假设（超Y理论）、文化人假设（Z理论）、决策人假设、学习人假设、霍桑实验

■ 学习要点

- ◎ 理解管理心理学的概念。
- ◎ 掌握管理心理学的主要研究方法。
- ◎ 掌握西方学说中有关人性的不同假设。
- ◎ 了解中国古代管理心理思想的内容与体系。

■ 思维导图

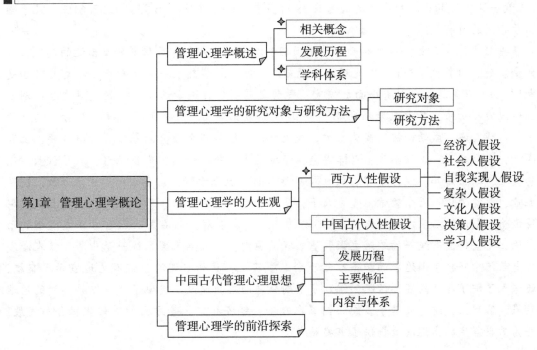

新理念　　汲取中国古代治国理政智慧

中华民族素有学习和总结历史经验的优良传统，这是中华民族不断登上人类文明发展高峰的重要基础。如同中国历史上许多杰出的政治家善于从历史中探索未来，习近平总书记历来重视从历史中汲取智慧。究其原因，是因为在中国这片土地广袤、人口众多、历史积淀深厚的国家建设社会主义，必须坚持中国特色、中国国情、中国道路，这须臾也离不开历史思维（邹兆辰，2020）。因此，习近平总书记非常重视历史学习，强调"历史是最好的教科书"，认为"一个国家、一个民族要振兴，就必须在历史前进的逻辑中前进、在时代发展的潮流中发展"。习近平总书记认为，治理国家和社会，今天遇到的很多事情都可以在历史中找到影子，历史上发生过的很多事情也都可以作为今天的镜鉴（卜宪群，2019）。要治理好今天的中国，坚持和发展中国特色社会主义，就需要深入了解中国历史和传统文化，也需要积极地总结中国古代治国理政的探索和智慧，借鉴和运用历史经验，在新时代更好地把握历史规律、掌握历史主动，将治国理政实践不断推向新阶段、新境界。

史上择慧　　从"秦始皇巡游"到"走动式管理"

秦始皇嬴政（前259—前210），自称"德兼三皇、功盖五帝"，在公元前221年结束了战国以来诸侯长期割据纷争的局面，建立了中国历史上首个统一的专制主义中央集权国家。秦始皇将先秦儒学经典中天子四方巡狩的政治思想付诸实践，他在公元前220年开始修筑"驰道"以供巡狩之用，曾先后五次巡游全国（李瑞和吴宏岐，2003）以实现"示强、威服海内"。秦始皇巡游时长占其称帝年份近半，远远高于《尚书·尧典》所说天子"五载一巡守"的出巡频次，足迹遍及38郡，占全国总郡数（46郡）的82.61%，几乎踏遍秦帝国的所有版图。

据《史记》记载，后来的西楚霸王项羽和汉高祖刘邦都曾目睹秦始皇出巡的盛况，皆大受震撼。项羽脱口而出："彼可取而代也。"刘邦则喟然长叹："嗟乎，大丈夫当如是也！"由此可见秦始皇巡游场面之恢宏、气势之磅礴。在巡游途中，秦始皇多次令人刻石立碑以宣扬功绩，其中以李斯所书"峄山碑"最出名："皇帝立国，维初在昔，嗣世称王。讨伐乱逆，威动四极，武义直方。戎臣奉诏，经时不久，灭六暴强。廿有六年，上荐高号，孝道显明。既献泰成，乃降专惠，亲巡远方。登于峄山，群臣从者，咸思攸长。追念乱世，分土建邦，以开争理。功（攻）战日作，流血于野，自泰古始。世无万数，陀及五帝，莫能禁止。乃今皇帝，壹家天下，兵不复起。灾害灭除，黔首康定，利泽长久。群臣诵略，刻此乐石，以箸经纪。"从巡游的刻石内容来看，刻石首次以官方正式文书的形式确立了坚持国家统一的政治主张和基本政治原则，也确立了国家统一是中华民族在漫漫历史长河中坚持不懈追求的神圣政治理念。事实上，秦始皇巡游不仅有力地宣示了皇权，还深入了解了各地的实际情况，推动了全国交通网络的建设，实现了"匡饬异俗"的治理效果。客观上，这也促进了多民族国家在政治、经济和文化等方面的一体化融合与发展，并为后世君主的出巡决策提供了重要参考。

第 1 章
管理心理学概论

中国古代君主有巡游国家的传统，西方企业家则有走动式管理公司的做法。雷·克罗克（Ray Kroc）是麦当劳快餐店的创始人，也是当时美国最有影响力的企业家之一。他不喜欢整天待在办公室里，经常进行走动式管理，也就是在下辖企业和部门走走、逛逛，了解实际问题。有一段时间，麦当劳面临重大亏损危机，克罗克发现其中一个重要原因是公司各职能部门的经理官僚习气严重，习惯于靠在舒适的椅子上闲聊，浪费不少宝贵的时间。因此，他想出一个奇特的点子，把所有经理的椅子靠背锯掉。起初，很多人说克罗克疯了，但很快大家就意识到他的良苦用心。经理们纷纷离开办公室进行走动式管理，去现场了解情况，遇到问题及时处理，使公司扭亏为盈，公司的生命力和竞争力均得到大幅提升。

故事启示

"秦始皇巡游"和"走动式管理"虽然发生在不同时空，但两者在管理中存在共同点，即打破了传统科层制的管理体系和管理方式。在传统科层制的管理体系中，对直接上级的负责制要求信息层层传递，造成信息的损耗与被有意筛选，导致纵向逐级向上衰减的信息传递机制，大大削弱了组织决策的质量保证。"秦始皇巡游"和"走动式管理"即实地管理，在巡游或走动中拓展了管理时空，使管理无时不在、无处不在，便于管理者在第一时间掌握第一手资料，及时处理存在的问题和推广好的经验，保证了管理决策的质量（瞿明志，2006）。"走动式管理"不仅是一种实地管理，还是一种情感管理：管理者走进基层，认识、了解和贴近员工，增进了双方感情；而员工感受到来自管理者的关切，也会更积极主动地工作。然而，"秦始皇巡游"和"走动式管理"也存在一定的缺点：一是干扰工作。高层管理者的主要任务仍应聚焦于战略管理和决策，巡游或走动可能会干扰其日常的工作安排。二是成本过高。巡游或走动需要耗费大量的金钱、时间与精力，且不一定能获得相应回报。三是越级指挥。高层管理者在巡游或走动时常常会遇到一些越级汇报，并随即做出越级指挥，不利于下级正常工作的开展。

事实上，现代管理学之父彼得·德鲁克（Peter Drucker，2013）指出："走动式管理不应局限于企业内部，可以扩展至企业外部，走向客户、供应商甚至竞争对手。"走动式管理的核心是强调和睦的、非正式的沟通气氛，为此必须改变传统的管理模式和管理方法，即摒弃从上到下、从内到外的传统动向，建立连接上下、互通内外的管理体制，使管理不囿于管理者自身的事务，这样才能真正体现走动式管理的内涵（熊学魁和钟叔玉，2011）。

值得深思的是，在这个"流变"的时代，随着市场竞争的加剧、产品复杂性的增加、全球化与反全球化的博弈，加之大数据、人工智能、区块链等新兴技术的冲击，以及线上办公、视频会议和数字营销等成为企业日常经营的新常态，走动式管理是否仍然适用？

1.1 管理心理学概述

1.1.1 管理心理学的相关概念

1. 何为管理

古汉语语境下，管理是指根据事物自身的客观规律进行整治、治理的活动。从汉语辞源分析，"管理"二字在中国古代可分而言之。"管"本为古代的单管乐器，《诗·周颂·有瞽》曰："既备乃奏，箫管备举。"后引申为凡管状物（如古代的钥匙为管状）谓之"管"；后又引申为掌管、管辖等义，如《史记·范雎蔡泽列传》就有"李兑管赵，囚主父於沙丘"的记载。"理"本义为将璞石加工成美玉，使之成器，《韩非子·和氏》曰："王乃使玉人理其璞而得宝焉。"后引申为整理、处理、治理等，如《贞观政要》就有"理国要道，在于公平正直"的记载。现代管理学一般将管理定义为：组织中的管理者在一定条件下利用计划、组织、协调、控制等职能来整合各种资源，从而高效地实现组织既定目标的活动过程。

中华典故　　　　　　　由"越俎代庖"谈"管理"

"越俎代庖"出自《庄子·逍遥游》："庖人虽不治庖，尸祝不越樽俎而代之矣。"远古时候，尧帝想将帝位让给德才兼备的许由，但许由不愿接受，推辞道："您已经把天下治理得很好了，没有必要让我接替您。林木虽多，桃雀只巢一枝；河水虽多，鼹鼠只饮饱腹。我对目前的生活感到十分满足，不愿意改变，故天下于我无用。就如同在祭祀的过程中，掌管祭祀的人不能因为厨师很忙，就丢下手中的祭祀用具去代替厨师做菜。如果我接替您的位置，就会像那掌管祭祀的人代替厨师做菜一样荒唐，这是行不通的，您还是让我过现在的生活吧！"

《管子·山国轨》曰："不通于轨数而欲为国，不可。"从管理学的角度看，"轨"就是事物自身的客观规律。古人认为，世间万事万物皆有规律可循，管理也要顺应事物自身的客观规律，我们切不可"越俎代庖"地做超过自己能力范围或业务范围的事。

管理指基于组织实际情况，在特定文化价值体系下做出的决策和行动，与社会文化背景密切相关。管理活动作为人类文明的伴生事物已经存在数千年。东西方文明在发展演化的过程中，各自积累了大量的管理实践。西方注重个体发展，重视契约和法治；东方则崇尚人和自然的和谐与平衡，以宗族血缘为纽带，伦理和礼义高于制度。这导致不同环境下的管理实践存在显著差异，引发东西方在管理理论方面产生分歧。西方管理思想注重理性和科学，理论体系、研究范式和方法比较成熟，但由于东西方存在文化差异，其理论无法很好地解释东方管理情境下的问题。东方现代管理思想起步晚但发源早，也更加契合当前中国社会文化情境（苏勇和段雅婧，2019）。

中国经济的蓬勃发展和东亚经济圈的兴起，加之现代经济运行中存在的问题日益显现，全球经济的关注点正逐渐从西方转向东方，一些西方管理学家也试图从东方古老智慧中探索西方经济管理难题的解决方案，东西方管理思想正在逐渐融合（胡祖光和陈敬宇，2013）。为顺应社会经济发展形势，美国管理学会（Academy of Management，AOM）将2011年的年会主题设定为"西方遇见东方"（West Meets East）。在此契机下，中国企业应当科学、合理地运用东西方管理思想，既学习西方的管理理论，又领悟东方的管理之道，在管理实践中不断改进和完善"中国式管理"。

2. 何为管理心理学

管理心理学研究的是在管理过程中，人们进行思考、决策、沟通、协调所表现出来的心理现象以及这些心理现象背后的发展规律。它是一门介于管理学和心理学之间的交叉学科，由多个领域的研究成果发展而来，其中主要的领域有管理学、心理学、社会学、社会心理学、人类学和政治学等。

在管理实践中，管理者是管理主体，是在管理实践中承担和实施管理职能的人或组织，包括各级领导者和各类管理机构，负责行使群体或组织的职能。管理者具有主动性、目的性和创造性的特征，处于主导地位。如果管理者是人，那么按其在组织中所处的层级，可分为基层管理者、中层管理者和高层管理者。被管理者是管理客体，是管理者实施管理活动的对象，即管理活动的承受者。管理主体和管理客体互为前提、相互依存、相互作用，在一定条件下，两者可发生转化。随着人类认识的深化以及管理的科学化、复杂化，在不同时期对管理对象的认识也会有所不同。在一个组织中，管理对象主要指人、财、物、技术、时间、信息等一切资源。如果把管理视为一个系统，那么在这个系统中有人和非人（如财、物、技术、时间、信息等）的要素之分，这些要素的功能及其相互作用共同决定了管理系统的目标能否充分实现。基于此，我们可以认为管理过程中存在许多类型的心理现象及其发展规律。首先，有作为管理主体的人的心理；其次，有作为管理客体的人的心理；最后，还有管理主体、管理客体的人在与非人要素的相互作用中表现出来的心理，如目标管理心理、时间管理心理、信息管理心理、环境管理心理等（朱永新，2021）。管理心理学的研究范畴囊括在管理过程中呈现的心理现象及其发展规律。

3. 管理心理学与组织行为学的区别

管理心理学（managerial psychology），在国外心理学界被称为"组织心理学"，在工商管理界则被称为"组织行为学"（organizational behavior，OB）。

国内学界关于管理心理学和组织行为学的关系，总的来说有两种观点（梁健，1990；张昱，1994）。第一种观点以上海交通大学杨锡山为代表，认为管理心理学就是组织行为学。他在《西方组织行为学》（1986）一书中援引了诺贝尔经济学奖得主赫伯特·西蒙（Herbert Simon）1984年来华演讲时的表述："在管理心理学与组织行为学之间，可能别人认为不同，我没有看到有真正的差别。"第二种观点以中国人民大学孙彤为代表，认为管理心理学和组织行为学是既相互联系又略有区别的相关学科。她说："从严格意义上讲，这两个学科还是略有区别的，组织行为学是管理心理学的新发展。"张昱（1994）偏向孙彤的观点，并指出管理心理学与组织行为学至少在形成背景、理论基础、学科性质、研究对象等四方面存在差异。

（1）形成背景的差异。①管理心理学的形成背景。20世纪初，"科学管理之父"弗雷德里克·泰勒（Frederick Taylor）倡导的科学管理运动以及"工业心理学之父"雨果·闵斯特伯格（Hugo Münsterberg）开创的工业心理学是管理心理学形成的重要基础。1912年，莉莲·吉尔布雷斯（Lillian Gilbreth）在《管理心理学：精神在判断、指导和实施最少浪费方法中的作用》中首次使用"管理心理学"的概念。1927年，乔治·梅奥（George Mayo）领导的"霍桑实验"真正推动了管理心理学的产生。1958年，哈罗德·利维特（Harold Leavitt）首次以"管理心理学"为名出版了专著，标志着管理心理学作为一门学科登上了历史舞台。②组织行为学的形成背景。1949年美国芝加哥大学举办的一次跨学科会议上，"行为科学"这一概念被提出并于1953年由美国福特基金会正式命名。随着行为科学的诞生，行为科学学派逐渐形成。由于人们行为实践的丰富与发展，20世纪60年代中期之后行为科学开始研究组织行为，60年代末期开始形成组织行为学。

（2）理论基础的差异。管理心理学是心理科学的一个分支，其主要理论基础包括管理学、心理学、社会学、社会心理学、人类学和政治学等。组织行为学是行为科学在组织管理中的具体体现和应用，因此行为科学理论皆可成为组织行为学的理论基础。行为科学的理论来源非常广泛，包括自然科学和社会科学中与行为相关的学科。因此，相较于管理心理学，尽管两者有一些共同的理论来源，但组织行为学的理论来源更广泛。

（3）学科性质的差异。管理心理学属于心理科学范畴，落脚点是心理学；组织行为学属于行为科学范畴，落脚点是行为。

（4）研究对象的差异。管理心理学的研究对象是组织管理过程中人的心理活动规律和心理活动引起的行为规律，研究重点是组织管理过程中人的心理活动规律；组织行为学的研究对象是组织中人的心理和行为规律，研究重点是组织中人的行为规律。

1.1.2 管理心理学的发展历程

在西方，管理理论的演变大致划分为三大阶段：古典管理理论阶段、行为管理理论阶段、现代管理理论阶段。相应地，西方管理心理学理论的演进也大致划分为古典管理心理学阶段、行为管理心理学阶段、现代管理心理学阶段（刘永芳，2016），如图1-1所示。

图1-1 西方管理心理学的发展历程

1. 古典管理心理学阶段（20世纪初至20年代）

该阶段的代表人物有弗里德里克·泰勒、亨利·法约尔（Henri Fayol）、林德尔·厄威克（Lyndall Urwick）以及雨果·闵斯特伯格等。这一时期理论研究的特点是以工作效率为中心，探讨如何通过改进工作条件、健全工作制度，运用科学的管理方法来提高工作效率。当时人的重要性还没有凸显，由此人不被重视，盛行的人性观是"经济人"假设。

2. 行为管理心理学阶段（20世纪20年代至40年代）

该阶段的代表人物有乔治·梅奥、亚伯拉罕·马斯洛（Abraham Maslow）等。受行为主义心理学的影响，这一时期理论研究的特点是以人的行为为中心，探讨如何通过满足人的需求、调整人的行为、改善人际关系来激发人的主动性和创造性。管理研究的重点从物的因素转到人的因素上，管理者的人性观开始转向"社会人"假设。当然，最终的落脚点仍是如何提高工作效率。

3. 现代管理心理学阶段（20世纪50年代至今）

这一时期的理论研究以现代管理理论为基础，以"人"为中心，其特点是比以往更强调从社会学和心理学的角度剖析管理，重视社会环境、个性发展及人际关系对提高工作效率的影响。该阶段管理者的人性观经历了几次明显的变化，即"自我实现人—复杂人—文化人—决策人—学习人"，对人的理解开始从多方面入手。此时期管理心理学得到迅速发展，表现为：①研究方法更科学；②研究课题日益广泛、深入；③研究人员数量迅速增加，研究机构规模不断扩大。

1.1.3 管理心理学的学科体系

管理心理学是一门交叉学科，由多个领域的研究成果发展而来，其中主要的领域包括管理学、心理学、社会学、社会心理学、人类学和政治学等（陈春花等，2020；朱永新，2021）。

1. 管理学

管理学是一门系统地研究管理活动的一般规律的科学，其主要研究目的是探索在现有条件下，如何通过人力、财力、物力等要素的合理组织和配置来提高生产力水平。管理学涉及哲学、法学、社会学、经济学、数学、运筹学、心理学、决策学等学科，以及系统论、信息论、控制论等理论，是上述学科和理论在管理过程中的综合应用。从某种意义上说，管理心理学是管理学的一个分支，主要研究管理过程中的心理现象、心理过程及其发展规律。

2. 心理学

心理学是一门研究人类行为与心理现象的发生和发展规律的科学。1879年，威廉·冯特（Wilhelm Wundt）创建了世界上首个心理学实验室，标志着科学心理学的诞生。心理学可分为理论心理学和应用心理学两大类，管理心理学属于应用心理学。心理学对管理心理学的主要贡献是关于学习、培训、激励、知觉、人格、决策过程、态度、员工选聘、绩效评估、工作压力、工作满意度、领导有效性等方面的研究。

3. 社会学

社会学是一门系统研究社会行为与人类群体的科学。心理学的关注点分为个体、群体和组织，社会学主要研究群体。社会学对管理心理学的最大贡献是关于组织（特别是正式和复杂的组织）管理活动中群体行为的研究。此外，社会学在沟通、冲突、权力、群体动力学、工作团队设计等方面的研究也对管理心理学做出了贡献。

4. 社会心理学

社会心理学是一门研究个体和群体在社会相互作用中的心理与行为的发生及变化规律

的科学。1924年，美国心理学家弗劳德·奥尔波特（Floyd Allport）以实验为基础的《社会心理学》一书的出版，宣告了社会心理学作为一门学科的正式诞生。管理心理学与社会心理学同属心理学领域，是相互影响、相互渗透的邻近学科。人是社会性动物，人的本质是一切社会关系的总和，而管理活动本质上是一种社会实践活动，故而社会心理学的研究成果必然有助于管理心理学的发展。管理心理学的前身即为"工业社会心理学"。社会心理学对管理心理学的主要贡献是关于沟通、态度改变、行为变化、群体过程、群体决策等方面的研究。

5. 人类学

人类学是研究人类的起源、行为、信仰、风俗习惯、社会组织等的科学，是从生物和文化的角度对人类进行全面研究的学科群。由于文化直接影响个体的思维模式、行为方式和价值取向，生活在不同文化环境中的个体和群体受到相应文化的影响与熏陶，其思维模式、行为方式和价值取向必定有所差别。因此，人类学的知识对管理心理学的研究与应用具有一定的参考意义。人类学对管理心理学的主要贡献是关于组织文化、组织环境、比较态度、比较价值观、跨文化分析等方面的研究。

6. 政治学

政治学是一门以研究政治行为、政治体制以及政治相关领域为主的科学。政治之所以如此重要，是因为任何人类活动都必须遵循特定的规律，而规律的制定和维持最终要依赖政治上的强制力。因此，政治是人类一切活动的制高点，政治学也是社会科学中极为重要的一支。政治学对管理心理学的主要贡献是关于组织内政治、权力、冲突等方面的研究。

综上所述，管理心理学是一门跨自然科学、社会科学和人文科学的交叉、边缘与综合的学科，是一门应用心理学科，具有极强的实践性（王建新，2009）。

1.2 管理心理学的研究对象与研究方法

1.2.1 管理心理学的研究对象

管理心理学的研究对象是管理过程中人的心理活动规律，以及由心理活动引起的行为规律。人类的心理和行为有着千丝万缕的联系，心理是行为的内部机制，行为是心理的外部表现。管理心理学可以从个体、群体和组织三个不同的层面，对管理过程中人的心理活动规律进行研究（陈春花等，2020）。

在个体层面，可以把组织视作追求组织目标而工作的个体的集合。个体层面的研究较为微观，基于心理学原理与方法来分析、解释组织中个体的行为，并寻求引导、控制个体，从而实现组织既定目标。个体层面考察影响组织中个体行为的心理因素，包括人的认知、情绪、意志、动机、人格、能力、态度等方面。

在群体层面，以群体为研究单位。管理心理学主要研究群体内部、群体之间的心理与行为，群体行为的特征、作用、意义，群体中的人际关系、信息传递方式，群体对个体的影响等内容。

在组织层面，把整个组织作为研究对象。组织层面的研究比较宏观，管理心理学主要研究组织结构、组织设计、组织文化、组织学习、组织变革与发展等内容。

事实上，个体、群体与组织这三个层面的联系犹如部分与整体的关系。部分离不开整体，犹如个体离开群体难以实现其价值，群体没有组织也不能形成合力；而整体又受部分所制约，犹如一个组织要有相应的群体才能实现组织目标，一个群体又需要相应的个体才能完成具体工作。在实际的应用中，个体、群体和组织这三个层面的研究缺一不可、相互促进。

工欲善其事，必先利其器。"器"即工具、方法。科学的发展与进步依靠研究方法的发展与进步。巴甫洛夫说："科学随着方法学上获得的成就而不断跃进，方法学每前进一步，我们便仿佛上升了一级阶梯，于是我们就展开了更广阔的眼界，看见了从未见过的事物。"方法学就是关于方法的理论和学说，它以方法为研究对象，研究如何加强、改进科学方法，为科学研究提供最优的研究手段（莫雷等，2006）。因此，为了更好地掌握管理心理学，我们有必要介绍一些常见的管理心理学研究方法。

 1.2.2 管理心理学的研究方法

中华典故　吕氏春秋之"八观六验"知人法

《吕氏春秋·论人》系统地提出了一套鉴定心理的方法——八观六验："凡论人，通则观其所礼，贵则观其所进，富则观其所养，听则观其所行，止则观其所好，习则观其所言，穷则观其所不受，贱则观其所不为。喜之以验其持，乐之以验其僻，怒之以验其节，惧之以验其持，哀之以验其人，苦之以验其志。八观六验，此贤主之所以论人也。"

"八观"的大意是：如果一个人处境顺利，就观察他礼遇的是哪些人；如果一个人地位显贵，就观察他推荐的是哪些人；如果一个人富有，就观察他供养的是哪些门客；如果一个人听取别人意见，就观察他的实际行动；如果一个人无事可做，就观察他有哪些爱好；如果一个人接近领导，就观察他讲了哪些内容；如果一个人贫穷，就观察他不接受哪些东西；如果一个人地位卑贱，就观察他不去做哪些事。"六验"的大意是：使一个人高兴，借此考验他安分守己的能力；使一个人快乐，借此考验他的癖性；使一个人发怒，借此考验他自我控制的能力；使一个人恐惧，借此考验他的信念、立场；使一个人哀伤，借此考验他的为人；使一个人痛苦，借此考验他的意志。从现代心理学的角度来看，"八观"属于观察法，"六验"则带有实验法的色彩。

1. 观察法

观察法是指在自然条件下，对表现内部心理现象的外部活动进行系统、有计划的观察，并从中发现心理现象的发生和发展规律的方法。英国生物学家珍妮·古道尔（Jane Goodall）深入坦桑尼亚热带雨林开展对黑猩猩行为的研究，便主要通过观察法进行。为保证观察效果，应注意：①要有明确的观察目的，按步骤、有计划地进行观察；②要尽可能使被观察者处于自然状态。

观察法的优点是：①简便易行；②适用范围广；③所获材料较为真实。观察法的缺点

— 9 —

是：①无法揭示因果关系；②所获材料难以量化处理；③难以重复观察；④观察结果易受到观察者本人主观性的影响。

2. 实验法

实验法是指在控制条件下，操纵自变量来观察因变量变化的方法。根据实验环境的不同，实验法可分为自然实验和实验室实验。自然实验又称现场实验，是指在自然、现实的情境中，适当控制实验条件来研究心理现象的方法，例如梅奥在美国西部电器公司所属霍桑工厂进行的一系列以科学管理逻辑为基础的心理学实验——霍桑实验——就是典型的自然实验。实验室实验是指在实验室内，使用专业的仪器和设备严格控制实验条件，借此研究心理现象的方法。

实验法的优点是：①可揭示因果关系；②可重复、可检验；③数量化指标明确。实验法的缺点是：①存在主试效应和被试效应，会影响实验结果的客观性；②不适用于探索性研究。

3. 访谈法

访谈法又称晤谈法，是指研究者与受访者面对面地交谈，了解受访者的行为与心理现象的研究方法。根据受访者的人数，访谈法可分为个别访谈和团体访谈。为了使访谈获得较好的效果，应注意：①要把握谈话的方向，抓住重点；②要获得受访者的信任，必要时可进行适当说明和保证，例如明确谈话内容绝对保密、不外传。

访谈法的优点在于比较灵活，可迅速、快捷地收集大量资料；其缺点在于仅根据受访者的口头回答而得出的结论往往欠缺可靠性。因此，访谈法一般不单独使用，通常与其他方法结合使用。

4. 问卷法

问卷法是指调查者根据一定目的设计出一系列问题，并让被调查者根据个人情况自行选择回答，然后分析这些回答来研究被调查者心理状态的方法。为了使问卷获得较好的效果，应注意：①调查者要处理好与被调查者的关系，使调查在轻松、愉快的氛围中进行；②可采用不记名的方式，打消被调查者的某些疑虑；③可加入个别测谎题，从而在后续处理时能够快速识别出无效问卷。

问卷法的优点是能在短时间内调查许多研究对象、获取大量资料，且比较经济；其缺点主要是被调查者出于各种原因（如自我防御、记忆错误等），可能对问题给出虚假或错误的回答。

5. 测验法

测验法是指用一套预先经过标准化的问题（量表）来测量某种心理品质的方法。根据测验规模的不同，测验法可分为个别测验和团体测验；根据测验形式的不同，可分为文字测验和非文字测验；根据测验内容的不同，可分为智力测验、成就测验、态度测验和人格测验；等等。广泛应用于全球范围的迈尔斯-布里格斯类型指标（Myers-Briggs type indicator, MBTI），便是迈尔斯和布里格斯基于荣格的心理类型理论编制出的人格测验量表。

测验法的优点是：①简便易行；②有常模可参照；③测验编制严谨，可靠性强；④数量化程度高，便于统计分析。测验法的缺点是：①对施测者要求较高；②测量成绩只反映结果，无法反映过程；③不能揭示变量间的因果关系。

6. 案例研究法

案例研究法是指针对特定个体或群体，深入、详尽地收集其过去和现在的有关资料，据此对其行为和心理现象进行分析与研究的方法。如 Prahalad 和 Hamel（1990）通过对日本电气公司（NEC）和美国通用电报电话公司（GTE）进行案例研究与比较研究，提出了"企业核心能力"理论。

案例研究法的优点在于能够解释特定个体或群体某些行为和心理现象发生及发展的原因，有助于研究者获得新假设；其缺点在于所得研究结果很难推广至其他个体或群体，即外部效度较低。

7. 现场研究法

现场研究法又称实地研究法，是指充分利用观察、实验、访谈等手段，在自然和真实的社会生活环境中收集数据，探究心理活动的客观规律的方法。根据研究目的、对象、背景和方法的不同，现场研究法可分为现场观察研究法、现场调查研究法和现场实验研究法。

现场研究法的优点是具有真实性和自然性；其缺点主要是现场研究的背景难以控制，易产生情境效应，且大多花费较高。

1.3 管理心理学的人性观

在管理实践中，只有了解员工才能对其进行有效的激励。从表面上看，管理者采取什么样的策略来激励员工仿佛是方法和手段的问题；但从更深层次看，这取决于管理者对人性的看法、观点。道格拉斯·麦格雷戈（Douglas McGregor）认为，每一种管理决策或管理行动都以关于人性及人的行为的假设为后盾。

1.3.1 西方人性假设

西方管理心理学的人性假设大致遵循"经济人—社会人—自我实现人—复杂人—文化人—决策人—学习人"的路径发展，并由此产生了不同的管理理论和管理措施。

1. 经济人假设

（1）假设提出。"经济人"假设也称"理性人"假设，认为人类行动的起点和目标是追求与满足自身利益。经济人假设不仅是主流经济学理论的基石，也是西方经济学最基本的前提。它历经古典经济学、新古典经济学、新古典综合及新兴古典经济学三个时期，形成了以理性选择、最大化决策为主要特征的理论框架。经济人假设的主要代表人物有泰勒、闵斯特伯格、吉尔布雷斯等。

麦格雷戈在《企业中人的方面》（*The Human Side of Enterprise*）一书中，将经济人假设总结为 X 理论（McGregor，1960）。X 理论认为：大多数人天生就厌恶工作，并且尽可能地躲避工作；大多数人不喜欢工作，管理者必须采取强制措施或惩罚办法来迫使其实现组织目标；大多数人时常以自我为中心，漠视组织需要；大多数人缺乏进取心，天生贪图安逸，不愿承担责任；大多数人缺乏理性，其行为易受外界因素的影响；大多数人习惯于保守，缺乏创造力，反对变革。

中华典故　　　　从韩非子的人性论看经济人假设

韩非子是中国古代法家思想集大成者，他认为无论是父子关系、夫妻关系还是君臣关系，都是建立在彼此的利害关系之上。例如，君臣之间便是互相利用的关系，即"主卖官爵，臣卖智力"。在人性趋利而避害的基础上，韩非子认为厚赏重罚是对大多数人最有效的驱动，国家制度应该做到"厚其爵禄以尽贤能，重其刑罚以禁奸邪"以及"赏莫如厚，使民利之；誉莫如美，使民荣之；诛莫如重，使民畏之；毁莫如恶，使民耻之"。不难看出，韩非子的论述与20世纪初西方管理心理学中的经济人假设在很大程度上是契合的。

韩非子的人性论符合人类性情，因此在其人性论基础上提出的治国方针相比前人也更切合实际。据《史记》记载，秦始皇嬴政见韩非子所著《孤愤》和《五蠹》，曰："嗟乎，寡人得见此人与之游，死不恨矣！"为了让韩非子入秦，嬴政特意派兵攻打韩国，韩王安无计可施，便命韩非子出使秦国。后来嬴政虽误信谗言害死了韩非子，但采纳了他的政治主张，最终得以兼并六国、成就霸业。

(2) 管理主张。经济人假设在管理应用中可采纳的措施归纳为三点：第一，以"任务管理"为重点。整个管理工作的出发点和落脚点是让员工完成工作任务、提高工作效率，而不考虑员工的个人特征及其精神需求。第二，采用"胡萝卜加大棒"的策略。"胡萝卜加大棒"是指一种奖励与惩罚并存的激励政策。胡萝卜即奖励，如用金钱刺激员工，使其保持工作积极性；大棒即惩罚，如严厉惩罚消极怠工者，迫使其行为与组织目标保持一致。第三，少数人参与管理。经济人假设认为，员工与管理者之间存在不可逾越的界限，员工的唯一职责就是服从管理者指挥。因此，管理工作只是少数人的事，而与大多数员工无关。

2. 社会人假设

(1) 假设提出。1924—1932年，梅奥在美国西部电器公司所属霍桑工厂进行了一系列以科学管理逻辑为基础的心理学实验——霍桑实验，包括照明实验、福利实验、访谈实验和群体实验四个部分。1933年，梅奥认真分析霍桑实验数据后提出了社会人假设。社会人假设认为：第一，人的行为不是完全理性的，会受到许多非理性因素（如情感、欲望等）的影响；第二，良好的人际关系、较高的社会地位等社会需要往往是人们更重要的行为动机；第三，正式组织和非正式组织互相作用，共同影响组织效率。

相较于经济人假设，社会人假设虽然并未否定经济因素的重要性，但更强调人的社会需求。社会人假设首次将非理性因素纳入人性假设的研究范畴，强调在人的经济需要得到满足的情况下，社会需要是影响生产力的关键因素。这就潜在表明了人的需要是有层次的。

中华典故　　　　燕昭王礼贤下士，重视人才的社会需要

燕昭王即位后，卑身厚币以招贤者。谓郭隗曰："齐因孤之国乱而袭破燕，孤极知燕小力少，不足以报。然诚得贤士以共国，以雪先王之耻，孤之愿也。先生视可者，得身事之。"郭隗曰："王必欲致士，先从隗始。况贤于隗者，岂远千里哉！"

于是燕昭王专门为郭隗修建了宫殿,并郑重地拜郭隗为师,还在郭隗的协助下修建了堆满黄金的"黄金台",作为招纳天下贤士的地方。至此,燕昭王爱贤敬贤的名声不胫而走,各国才士争先恐后地奔赴燕国:剧辛从赵国来,邹衍从齐国来,屈庸从卫国来,乐毅从魏国来,苏代从雒邑来……面对源源不断地投奔燕国的名士,燕昭王不仅给予他们丰厚的物质奖励,还表现得十分敬重他们。例如,邹衍自齐国而来,燕昭王亲自拿着扫帚,曲着身子在前扫除道路上的灰尘,恭敬相迎;等到入座时,他主动坐在弟子席上,敬请邹衍以师长身份为自己授业。在对待人才上,燕昭王在满足其物质需要的同时,亦注重满足他们的社会需要,即维持良好的君臣关系、给予人才极高的社会地位等。这些举动极大地提升了人才对燕国的归属感和认同感,使得君臣上下一心、团结一致。在燕昭王的努力以及众多人才的帮助下,原本弱小的燕国最终跻身战国七雄之列,达到鼎盛。

孟子在《鱼我所欲也》一文中说:"一箪食,一豆羹,得之则生,弗得则死。呼尔而与之,行道之人弗受;蹴尔而与之,乞人不屑也。"大意为,一碗饭,一碗汤,吃了就能活下去,不吃就会饿死。可如果呵斥着给别人吃,那么连过路的饥民也不愿接受;如果用脚踢着给别人吃,那么连乞丐也不肯接受。这段话表明,孟子已经意识到人的行为并非完全受物质驱使,还会受到交往、尊重等社会需要的影响。

(2) 管理主张。与社会人假设对应的管理主张可归纳为以下四点:第一,管理者除了关心生产任务的完成,还应多关心员工,关注员工在生产过程中的各种社会需要;第二,管理者不仅要注重策划、协调、领导等职能,还应重视与员工的人际关系,培养员工的归属感;第三,管理者的职能不应局限于策划、协调、领导等自上而下的活动,还应将员工的意见自下而上地反映给上级;第四,提倡集体奖励制度,而不主张个人奖励制度。

3. 自我实现人假设

(1) 假设提出。自我实现人假设建立在马斯洛的需要层次理论基础之上,又称成就人假设,其主要代表人物有马斯洛、麦格雷戈、克里斯·阿吉里斯(Chris Argyris)、弗里德里克·赫茨伯格(Fredrick Herzberg)等。相较于经济人假设,社会人假设虽然提高了人的需要层次,但也忽视了员工最为重视的自我实现需要。自我实现人假设的主要观点是:人的需要有不同层次,努力的终极目标是满足自我实现的需要;人可以自我激励与控制,而外部激励与控制可能会导致负面影响。

麦格雷戈在《企业中人的方面》一书中探讨了马斯洛等人的观点,提出了 Y 理论。Y 理论与 X 理论是对立的,表 1–1 为 X 理论与 Y 理论的比较。

表 1–1　X 理论与 Y 理论的比较

比较维度	X 理论	Y 理论
对人的假设	逃避责任,本性懒惰	负责任,追求成功
对待人的倾向	不信任	信任
工作兴趣	低	高
工作努力的条件	强制措施或惩罚办法	被认可和合适的培训

Y 理论认为：工作如同休息或游戏一样自然，可以是快乐的源泉，而不一定是被迫的；外部因素并不是激励人们努力实现组织目标的仅有手段，人们可以在工作过程中实施自我激励与控制；人们承担组织目标的程度，与他们为此付出的努力相关联的回报直接相关；大多数人在适当条件下可以接受组织任务并勇于承担责任；大多数人在解决组织问题时具有丰富的想象力与创造力。

中华典故　　谈迁著《国榷》

谈迁，字仲木，明末清初史学家。据史书记载，谈迁生活落魄，时常处于向别人借粮的窘境。每当大家谈起或看见谈迁，都会取笑、回避他，"见闻共嗤""拟迹而避之"。黄宗羲在《谈孺木墓表》中论及谈迁："初为诸生，不屑场屋之僻固狭陋，而好观古今之治乱。其尤所注心者，在明朝之典故。"

天启元年（1621），谈迁 28 岁，其母亡故。为了排遣心中的哀痛，他读了不少明朝史书，发现其中错漏甚多，便立志自己编撰一部翔实可信的明史。谈迁"以明实录为本，遍查群籍，考订伪误，按实编年，序以月日"，艰辛地寻找史料。其间，谈迁多次厚着脸皮四处前往大户人家借阅书籍，甚至为此在大冬天跋涉几百里地，还时常面临主人家不肯外借的情况，遭遇不少嘲笑和驱赶。尽管一路困难重重，但他积二十六年之不懈努力，终于撰成四百万字的巨著《国榷》，据称此书"六易其稿，汇至百卷"。然而，顺治四年（1647），谈迁 54 岁，《国榷》全稿被窃。为此他伤心不已，向好友倾吐："余发种种，尚靦（腼）然视息人间，为书稿未传其人也，今且奈何哉？"之后，谈迁呕心沥血，又用六年时间重编《国榷》，终于顺治十年（1653）完稿，此时他已至 60 岁的花甲之年。

谈迁之所以能耗费三十二年心血编撰《国榷》，不介意曾面临的诸多困难（如物质条件的匮乏、他人的嘲笑以及书稿的丢失等），究其本质，是因为谈迁把修史视作人生第一目标，在修史中达成自我实现，拥有无比强大的内驱力。

（2）管理主张。自我实现人假设和 Y 理论将在管理应用中可改变的措施总结为三点：第一，管理重点的改变。管理者要重视工作环境，努力为员工提供合适的工作环境，使他们可以充分发挥自身潜力而达到自我实现。第二，管理职能的改变。管理者的主要任务在于提供合适的工作环境，为员工发挥自身潜力提供所需条件，减少他们在自我实现过程中遇到的障碍。第三，管理制度的改变。建立促进员工挖掘自身才能的管理制度，帮助他们达到所希望的成就。

4. 复杂人假设

（1）假设提出。现实表明，经济人、社会人、自我实现人等人性假设皆有合理的地方，但并不适用于所有人。埃德加·沙因（Edgar Schein）在总结以上三种人性假设的基础上，于 1956 年著述《组织心理学》一书，提出复杂人假设。基于复杂人假设，有学者又提出一种新的管理理论——超 Y 理论，即权变理论。

约翰·莫尔斯（John Morse）和杰伊·洛希（Jay Lorsch）在 1970 年发表了《超 Y 理论》一文，并在 1974 年出版了《组织及其成员：权变法》一书，系统地阐述了他们对人性的理解（Lorsch 和 Morse，1974；Morse 和 Lorsch，1970）。每个人的需要不同，需要层次也因人而异；每个人的需要纷繁复杂，并且随着所处环境的变化而变化，由此个体会持续产生新的需要；每个人的需要不同、特质各异，对于同样的管理方法会产生不同的反应，因此没有适合于一切个体、组织和时代的通用管理方法。

中华典故　"多面"将军杨素

杨素，字处道，隋朝军事家、权臣、诗人。历史上对杨素的评价好坏参半，魏征称其"外示温柔，内怀狡算，为蛇画足，终倾国本，俾无遗育"，曾国藩认为"古来如李斯、曹操、董卓、杨素，其智力皆横绝一世，而其祸败亦迥异寻常"。杨素是一个"多面"的人物，他一方面"扫妖氛于牛斗，江海无波；摧骁骑于龙庭，匈奴远遁"，且"考其夷凶静乱，功臣莫居其右；览其奇策高文，足为一时之杰"；另一方面又"以智诈自立，不由仁义之道，阿谀时主，高下其心"，且"营构离宫，陷君于奢侈；谋废冢嫡，致国于倾危"。他一方面为人残暴，嗜血好杀，视士卒性命如草芥；另一方面又颇为风雅，文采斐然，经史典籍、礼乐书法无不钻研。杨素是一个矛盾综合体，其行为的复杂性说明了一个道理：人本就是复杂的社会性动物，会因时间、地点乃至形势的改变而有不同的表现。

(2) 管理主张。复杂人假设认为在管理实践中，应当将经济人假设、社会人假设、自我实现人假设相结合，充分考虑个体与组织、正式团体与非正式团体、物质条件与心理因素等各项因素及其相互关系，具体情况具体分析，做到因人而异、因事而异、因时而异。

5. 文化人假设

(1) 假设提出。1981年，日裔美籍管理学家威廉·大内（William Ouchi）在《Z理论——美国企业界如何迎接日本的挑战》一书中提出Z理论，认为美国企业应学习日本企业的管理方式，并提出一套兼具日、美企业管理方式中积极方面的管理方法。Z理论认为，人的行为是由所处的文化环境决定的，管理的关键就是建立适宜的组织文化，增强员工对组织的认同感与归属感，进而达到良好的管理效果。这种以组织文化为指导的人性假设被称为文化人假设。

中华典故　士兵优抚制度助北朝统一南朝

东晋南朝时期，为稳定兵源以应付北朝政权的随时南侵，当世盛行兵户制。兵户世代出兵，父死子继，兄终弟及。然而自西晋以来，兵户作为社会中的特殊群体，其身份流动性差、徭役重，"役同厮养"，逐渐备受歧视。这也反映在针对士兵的优抚政策上，虽有明文规定，但大多流于形式，并未得到认真付诸实施。由于兵户生活艰难，因此很难对组织产生认同感和归属感，纪律涣散，战斗力低下。

北朝是少数民族政权，士兵地位较高，且率先改革优抚制度，包括提高士兵待遇、安葬战死士兵和抚恤士兵家属等方面，使士兵及其家属的基本生活得到保障。《魏书·高祖纪》中就有记载："太和十八年七月，孝文帝巡视怀朔、武川、抚冥、柔玄四镇，下诏六镇及御夷城人，年满八十以上而无子孙兄弟，终身给其廪粟；七十以上家贫者，各赐粟十斛。"北朝建立和实施的优抚制度营造了关心底层士兵的组织文化，增强了士兵对组织的认同感和归属感，也为后来隋朝发动统一战争奠定了制度基础。可见，最终北朝统一南朝并不是历史的偶然，是健全且人性化的制度为北朝赢得了先机，优抚制度的建立和实施便是其中的生动案例（张涛，2020）。

《荀子·议兵》曰："好士者强，不好士者弱；爱民者强，不爱民者弱；政令信者强，政令不信者弱；民齐者强，民不齐者弱；赏重者强，赏轻者弱。"这告诫管理者要关心、爱护组织成员，建立良好的组织制度文化，以增强组织成员对组织的认同感和归属感，提高组织的凝聚力和向心力，只有这样才能使组织更加强大。

（2）管理主张。文化人假设的管理主张有以下几点：第一，实行长期雇佣制，让员工与组织一起经历苦难、感受喜悦、收获成长；第二，实行定期考核和逐级晋升制度，增强员工对组织的认同感与归属感，使员工关心组织利益；第三，不仅要让员工完成生产任务，还要培训员工，提升他们对不同工作环境的适应能力，为上进的员工提供更多机会，为组织积蓄内部人才资源。

6. 决策人假设

（1）假设提出。现代管理理论之父切斯特·巴纳德（Chester Barnard）认为，人只具备有限的选择与决策能力，而并非"完全理性的经济人"。赫伯特·西蒙（Herbert Simon）继承和发展了巴纳德的思想，在 1947 年所著的《管理行为》一书中同样对"完全理性的经济人"提出了质疑（Simon, 2013）："单独一个人的行为，不可能达到任何较高程度的理性。由于他所必须寻找的备选方案如此纷繁，他为评价这些方案所需的信息如此之多，因此即使近似的客观理性也令人难以置信。" 1958 年，西蒙在与詹姆斯·马奇（James March）合著的《组织》一书中，提出了更符合现实的决策人假设（March 和 Simon, 1958）。

中华典故　从"触龙说赵太后"看决策人的非完全理性

公元前 265 年，赵惠文王去世，子孝成王继位，因其年幼而由赵太后摄政。赵太后新用事，秦急攻之，连克三城。形势危急之下，赵太后求救于齐国，齐国曰："必以长安君为质，兵乃出。"赵太后宠溺幼子长安君，执意不肯，并严词拒绝了大臣们的强谏，声称"有复言令长安君为质者，老妇必唾其面"。此时的赵太后因溺爱幼子、情绪失控，忽视了爱子与保国相统一的道理，做出了非理性的决策。

于是触龙向赵太后剖析历代诸侯子孙未能继世为侯的教训，其原因就在于"位尊""奉厚""挟重器多"却"无功""无劳"，并以此作类比，指出赵太后把长安君的地位提得很高，又封给他肥沃土地，赐予他许多稀奇珍宝，却不趁这个时机让他为国立功，由此提醒赵太后，"一旦山陵崩，长安君何以自托于赵"。触龙的一番真知灼见使赵太后认识到自己之前的狭隘和不理性，并一反初衷接受了群臣的意见，做出送长安君至齐国为质的正确决策。

（2）管理主张。在决策标准方面，由于决策建立在"有限理性"的基础上，企业不能只考虑攫取利润，还必须慎重考虑在众多不同目标之间取得平衡。在决策形式方面，尽量采用群体决策，因为群体成员一般不会同时犯同样的错误，可以避免决策失误。此外，可以将需要决策的问题分成几个部分，交给不同专家分别处理，确保问题解决的高效率和高质量。

7. 学习人假设

（1）假设提出。1990年，彼得·圣吉（Peter Senge）提出了学习型组织理论（Senge，1990）。中国心理学家俞文钊在研究学习型组织的过程中，明确了隐含在学习型组织理念中的一种新的人性假设——学习人假设，他在《管理的革命：创建学习型组织的理论与方法》（2003）一书中指出：学习型组织理论从学习是人和组织的本性假设出发，提出了"学习人"和"学习型组织"的概念，从而找到了在组织中培养和改造人性（人性组织化）和组织人性化的立论，用人性和组织中"变"（学习）的本性，克服了人为假定的"人"和"组织"不变的东西（俞文钊，2003）。

中华典故　　开明的学习型皇帝——康熙

清圣祖康熙自小酷爱学习，且与时俱进，乐于接受新事物。首先，康熙注重学习中国古代传统经典。他五岁入书房读书，读《三字经》《百家姓》《千字文》等。康熙九年，康熙令礼部筹备"经筵日讲"，内容涉及四书五经和《资治通鉴》等有关治乱兴衰之典籍。起初为隔日进讲，但康熙的求知欲实在太过强烈，在康熙十二年下令改为每日进讲。康熙的阅读范围十分广泛，他曾说："史、汉以及诸子百家、内典、道书，莫不涉猎，触事犹能记忆。"其次，康熙热衷于西学，孜孜不倦。《正教奉褒》中记载："康熙二十八年十二月二十五日，上召徐日昇、张诚、白晋、安多等至内廷，谕以自后每日轮班至养心殿，以清语授量法等西学。上万机之暇专心学问，好量法、测算、天文、格致诸学。"此外，康熙亲自主编了《数理精蕴》和《历象考成》，并主持测绘了《皇舆全览图》。

据老舍之子舒乙回忆，毛泽东曾向老舍特别夸奖康熙的学习精神，说康熙不光有雄才大略，而且勤奋好学；他除了精通满、汉、蒙、藏等民族语言，还会英、法、德、俄等外语；他既是军事家、政治家，又是大文人，精通诗词歌赋，擅长琴棋书画；他喜欢研究自然科学，是最早懂得学习西方资本主义先进知识的开明君主（舒乙，1994）。由此可见，康熙可谓一位开明的学习型皇帝。《史记·屈原列传》曰："夫圣人者，不凝滞于物，而能与世推移。"大意为，凡是圣人，都不会被外界事物拘束，能够顺应时世的转移变化。这其实就蕴含着"学习人"的思想。

（2）管理主张。学习人假设认为学习是人的天性，学习动机是与生俱来的，因此管理应以人为本，创建理性的学习型组织。在学习型组织中，通过五项修炼（自我超越、系统思考、团体学习、建立共同愿景、改善心智模式）让员工成为组织的主人，发挥自我潜能。正如彼得·圣吉在《第五项修炼：学习型组织的艺术与实践》一书中所言：当世界的联系更紧密、复杂多变时，人的学习能力也要更增强，才能适应变局。企业不能再只靠像福特、斯隆或华生那样伟大的领导者一夫当关、运筹帷幄和指挥全局。未来真正出色的企业，将是能够设法使各阶层人员全心投入，并有能力不断学习的组织。

1.3.2 中国古代人性假设

人性问题是中国古代儒家思想最重要的哲学命题之一。一般认为，中国正统人性论由孔子奠基。但孔子之前的中国古代思想史关于人性有两种讨论：一种是从"以生论性"出发，强调人性的"欲"——自然属性；另一种是从"以心论性"出发，强调人性的"德"——道德属性（马晓琴，2022）。总体而言，这一时期对人性的认识相对简单，还未充分意识到人性的复杂性。

孔子的人性论是多层次和多向度的，对后世儒家人性论有着深远的影响。然而，他在《论语》中只有一处直接涉及人性的语录（赵法生，2010），即"性相近也，习相远也"。孔子未对此深入分析，导致后来的儒家学者在解读他的人性思想时产生了分歧，先后出现了"性善论""性恶论"和"性善性恶混合论"等。

中华典故　　孟子与告子的人性之辩

中华论辩文化源远流长，可追溯至春秋战国。当时诸侯纷争，诸子百家为了宣扬学说，纷纷以口头、笔录等方式宣扬自家主张，百家争鸣的论辩氛围至此形成。其中，持"性善论"的孟子与持"性无善无不善论"的告子之间就发生过有关人性的激烈论辩。这些论辩主要记载在《孟子·告子》中，包括"杞柳与杯棬之辩""生之谓性辩""湍水之辩"等。在"湍水之辩"中，孟子与告子把人性比作"湍水"，生动形象地阐释了各自的人性观。

告子曰："性犹湍水也，决诸东方则东流，决诸西方则西流。人性之无分于善不善也，犹水之无分于东西也。"孟子曰："水信无分于东西，无分于上下乎？人性之善也，犹水之就下也。人无有不善，水无有不下。今夫水，搏而跃之，可使过颡；激而行之，可使在山。是岂水之性哉？其势则然也。人之可使为不善，其性亦犹是也。"

1. 性善论

孟子的性善论是在与他人的激烈论辩中产生的，特别是与告子的"性无善无不善论"相对立。它最初是作为"以生论性"的对立面出现的，其特征在于"以心论性"，代表了儒家心性论的成熟形态。孟子认为："人性之善也，犹水之就下也。人无有不善，水无有不下。"

1993年发现的"郭店楚简"为学界提供了关于先秦儒家人性论的宝贵资料，改变了长期以来形成的知识图谱，揭示了一种"以情论性"的性情论。孟子的性善论继承并发展了这种理论，可视作性情论的完成形态，但其独创性表现在"以心论性"上，提出了"良心"这一儒学史上有重大影响的概念。

《孟子·告子》中记载："虽存乎人者，岂无仁义之心哉？其所以放其良心者，亦犹斧斤之于木也，旦旦而伐之，可以为美乎？"这段话表明，良心即"仁义之心"，孟子也称之为"不忍人之心"。孟子认为良心包括四心：恻隐之心、羞恶之心、恭敬之心、是非之心。这四心分别是仁、义、礼、智四德的开端。在孟子眼中，良心是人天生具备的，是人的良知良能，是人与动物之区别所在。孟子所谓的良心，是本心、情感之心、定志之心，是从性情论到心性论的转变，是儒家人性论的集大成者。孟子提出的性善论，在儒学史上影响深远，后成为儒家道德学说的基础（赵法生，2020）。

2. 性恶论

《荀子·性恶》是《荀子》一书的第二十三篇，也是以荀子为性恶论代表的主要依据，有关荀子人性论的研究大多聚焦于此。《荀子·性恶》开篇称"人之性恶，其善者伪也"，表明人性为恶。《荀子·性恶》曰："今人之性，生而有好利焉，顺是，故争夺生而辞让亡焉；生而有疾恶焉，顺是，故残贼生而忠信亡焉；生而有耳目之欲，有好声色焉，顺是，故淫乱生而礼义文理亡焉。"

荀子"之心"通常指智识心，即一种理智性的认知心，以礼义法度为主要认识对象；而孟子"之心"是道德之心，具有道德直觉和良知良能，是善之根源。与孟子"之心"最大的不同在于，荀子"之心"主要表现为认知的形式，需要先认识、认可礼义，然后以礼义来矫性、饰性、美性，是道德实践中的"凭依因"（梁涛，2015）。

从发生学的角度看，荀子提出的性恶论是战国中晚期历史文化和学术思想的结晶。当时功利主义思潮的崛起，促使荀子自觉与其对接，并将其融入儒家思想，发展出儒家式的功利主义思想，使儒家思想更加符合现实社会的需要（陈林，2018）。

3. 中性论

西汉思想家扬雄提出"人之性也，善恶混，修其善则为善人，修其恶则为恶人"，认为人性是善与恶的混合体，即人性是中性的。他十分看重"修"的作用，强调人们可通过后天的修习趋善避恶。这种人性论更看重对人性的塑造过程，主张人性是可塑的。性善论倡导通过教育发展人性，性恶论注重通过教育改造人性，中性论则强调通过教育塑造人性。

扬雄的人性论可看作向孔子之人性论的回归。孔子认为"性相近也，习相远也"，人与生俱来的自然本性是相似的，后来产生的千差万别的特征是由后天的社会属性（如生活环境、教育因素等）的不同所造成的（黄明喜，2017）。

虽然孟子和荀子关于人性的理论截然不同，但究其本质都是对孔子"性相近也，习相远也"思想的继承和发展。孟子侧重于"性相近也"，提出性善说；荀子侧重于"习相远也"，提出性恶说。孟子的性善说忽视了人的自然属性，荀子的性恶说则忽视了人的社会属性（于超，2013）。而扬雄意识到两位先子有关人性理论的片面性，提出了"人之性也，善恶混，修其善则为善人，修其恶则为恶人"的观点，其人性论思想是对孟子、荀子相关理念的调和与扬弃。北宋司马光对扬雄评价颇高："故扬子以谓人之性善恶混。混者，善恶杂处于身中之谓也。顾人择而修之何如耳，修其善则为善人，修其恶则为恶人。斯理也，岂不晓然明白矣哉！如孟子之言，所谓长善者也；如荀子之言，所谓去恶者也；扬子则兼之矣。"他认为扬雄的人性论综合了孟子的性善说和荀子的性恶说，纠正了二者各自人性论上的偏颇。后世学者之所以肯定和称赞扬雄的人性论思想，也大多基于这一意义。

1.4 中国古代管理心理思想

1.4.1 中国古代管理心理思想的发展历程

中国历史源远流长，其中充满了先哲们的管理心理思想，我们对其演进加以梳理，将中国古代管理心理思想的发展历程大致分为萌芽、形成、过渡、完善和衰落五个阶段，如图1-2所示。

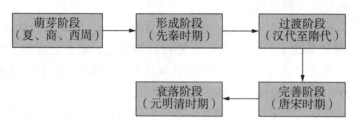

图1-2　中国古代管理心理思想的发展历程

1. 萌芽阶段

东周以前的时期（夏、商、西周）是中国古代管理心理思想的萌芽阶段。《周易》《尚书》《诗经》等古代经典中记载了大量朴素的管理理念和原则，其中不少内容对后世产生了深远的影响。

《周易》最初是中国古代卜筮之书，用于预测吉凶祸福。卜筮起源于传说中的伏羲，是早期人类根据环境变化调整行为的尝试。人们将卜筮记录下来，并结合观察和经验编成书籍，成为指导实践操作的参考资料，逐渐发展为《周易》。当然，古代决策并不完全依赖《周易》卜筮，除卜筮之外，还要听取大臣和百姓的意见。《系辞》曰："人谋鬼谋，百姓与能。"这是说参与重大决策，既要借助人的智慧，又要通过卜筮等方法借助鬼神的力量。春秋战国时期，人们意识到环境由天、地、人三要素构成，并认为支配规律是一阴一阳的"道"（韩德民，2004）。

《尚书》是中国最早的一部政治史料汇编，记录了夏、商、周诸代统治阶级的言行。《尚书·立政》提出了国家管理的核心思想是重德慎刑。《尚书·皋陶谟》针对领导者应具备的品质，提出了"九德"：宽而栗、柔而立、愿而恭、乱而敬、扰而毅、直而温、简而廉、刚而塞、强而义。九德以德为核心，对领导者在德、才、能三个方面提出了较为全面的要求。《尚书·洪范》提出了领导者要"敬用五事"，从貌、言、视、听、思五个方面对领导者做出了要求。

2. 形成阶段

先秦时期是中国古代管理心理思想的形成阶段。春秋战国时期，诸子思想出现了空前繁荣的局面，这一盛况发端于春秋之末，全盛于战国时期。梁启超对此赞叹道："非特中华学界之大观，抑亦世界学史之伟迹也。"他指出这一局面的出现有七个原因：蕴蓄之宏富、社会之变迁、交通之频繁、人材（才）之见重、文字之趋简、讲学之风盛、思想言论之自由。当时，诸子百家在政治、经济、文化、军事等方面提出不同的管理主张，中国古代管理心理思想也由此发轫。

西汉司马谈论诸子百家,认为诸子百家的管理主张虽不尽相同,但"天下一致而百虑,同归而殊途"(《论六家要旨》),其学说目的是一致的,即"务为治"——为了平治天下。诸子百家中,儒家、道家、法家等学派具有系统性思想且对后世影响较大。儒家政治思想强调"仁政""王道"和"礼制",追求"大同"和"大一统",注重君臣、官民关系。孔子"君使臣以礼,臣事君以忠"(《论语·八佾》),孟子"民为贵,社稷次之,君为轻"(《孟子·尽心章句下》),荀子"从道不从君,从义不从父,人之大行也"(《荀子·子道》),都是儒家政治学的代表性观点。道家以"道"为核心,认为大道无为,主张道法自然,提出道生法、以雌守雄、刚柔并济等政治、经济、军事策略,具有朴素的辩证法思想。儒家重视人的社会性,道家重视人的自然性。儒家主张入世有为以实现"人"的价值,追求修齐治平和内圣外王;道家则强调避世无为,追求归真和效法自然无为来实现人生。法家是中国历史上提倡以法治为核心思想的重要学派。先秦法家主要分为秦晋法家和齐法家两大阵营。秦晋法家主张不别亲疏,不殊贵贱,一断于法;齐法家主张以法治国,法教兼重。秦晋法家奉法、术、势为至尊与圭臬;齐法家既重术、势,又重法、教。

先秦时期出现了诸子百家相互争鸣、盛况空前的学术局面,这一时期产生的管理心理思想也极其丰富,为后世管理心理思想奠定了广阔而深厚的基础,至今仍对现代组织管理具有重大的借鉴和指导意义。

3. 过渡阶段

汉代至隋代是中国古代管理心理思想的过渡阶段。当时中国社会经历了"分久必合,合久必分"的民族大动荡和大变迁,疆土日益辽阔,人口逐渐增多,经济文化开始繁荣。这一时期统治阶级为了更好地控制越来越广大的疆域、管理越来越复杂的社会机构,提出不少涉及人才甄选、任用和考核的理论。

从汉代开始,儒家思想得到充分发展。汉武帝接受董仲舒的提议,"罢黜百家,独尊儒术",确立了儒家思想的主导地位。正是在这样的情境下,管理心理思想尤其是人才管理心理思想逐步细化。例如,西汉刘安的《淮南子》提出了"能称其事,人得其宜"的人才甄选与任用观,并且强调了充分发挥众人才智对国家治理的重要意义(李玉用和刘柯言,2014)。东汉王符的《潜夫论》认为人才考核工作是"太平之基",提出国家应该"赋纳以言,明试以功",且"罚赏之实,不以虚名",即根据奏言予以任用,按照职责考察事功,之后赏罚分明,不搞虚假名堂(裴传永,2016)。除此之外,三国时期刘邵的《人物志》、北魏贾思勰的《齐民要术》、北齐颜之推的《颜氏家训》等,也都包含了丰富的管理心理思想。

4. 完善阶段

唐宋时期是中国古代管理心理思想的完善阶段。唐宋作为中国封建社会的鼎盛时期,政治、经济、文化等领域全方位发展。唐宋时期基本沿袭前朝的管理心理思想,其中影响较大的论著有兵家的《太白阴经》和《武经总要》,儒家的程朱理学等。

唐代李筌的《太白阴经》强调将帅要关心、爱护士卒,"救其佁危、拯其涂炭,卑身下士,齐勉甘苦,亲临疾病,寒不衣裘,暑不操扇,登不乘马,雨不张盖",并且"军幕未办,将不言坐;军井未通,将不言渴"。北宋曾公亮和丁度的《武经总要》也有类似的思想，要求将帅放下官架子，"不以己贵而贱人，不以独见而违众"，还要和士兵同甘共苦，即"冬不被裘，夏不张盖，所以同寒暑；度险不乘，上陵必下，所以同劳逸；军食熟然后敢食，军井通然后敢饮，所以同饥渴；合战必立矢石所及，所以同安危"。在这一时期，宋代理学家提出了二重人性论，不再简单地对人性做单向度的善恶评判（宋志明，2011）。程朱理学发端于张载，中经"二程"（程颢和程颐），到朱熹最终完成。总的来说，这一时期的管理心理思想在宏观上进行了总结和定型，但没有重大突破，而在微观上还是有所成就的。

5. 衰落阶段

元明清时期是中国古代管理心理思想的衰落阶段。当时的统治者通过倡导儒学来统一民众的思想意志、规范民众的行为举止，期望达到保持政治安定和社会稳定的目的。其对儒家思想的尊崇，确实对传承中国传统文化、稳定社会秩序、规范民众言行起到了一定的积极作用。但随着时间的推移，政治上封建专制统治日益强化，这种僵化性质的尊奉所引发的消极作用越来越明显，严重阻碍了文化的发展和创新（陆东辉，2010）。

这一时期的管理心理思想总体上以衰落为主要特点，同时开始呈现大众化、通俗化的趋势，比如明代吕坤的《呻吟语》、洪应明的《菜根谭》皆体现了老练的生存艺术和娴熟的管理智慧。《呻吟语》提出了一些有关为人处世的独到见解，如"不与居积人争富，不与进取人争贵，不与矜饰人争名，不与简傲人争礼节，不与盛气人争是非"；《菜根谭》主张做人之道的精髓就是力行中庸，认为"清能有容，仁能善断，明不伤察，直不过矫，是谓蜜饯不甜、海味不咸，才是懿德"。此外，《水浒传》《三国演义》《西游记》和《红楼梦》等传世经典中也蕴含着深刻的管理心理思想。

1.4.2 中国古代管理心理思想的主要特征

国内已有不少学者对中国古代管理心理思想进行了深入研究，例如苏东水将东方管理学的本质总结为"三为"，即"以人为本、以德为先、人为为人"（苏东水，2005），朱永新将中国古代管理心理思想的特征概括为"以人为本、以德为先、中庸之道、无为而治、以和为贵"（朱永新，2021）。本书将中国古代管理心理思想的特征概括为：以德为先、以人为本、中庸之道、和而不同、无为而治。

1. 以德为先

"以德为先"主张以德治国，注重领导者的道德品质和贤人政治。面对春秋末期诸侯纷争和礼崩乐坏的局面，孔子希望恢复周礼来重建社会秩序。在四处奔走讲学的过程中，他发现"选臣"是维持国家有序统治的关键，逐渐形成"以德为先"的用人思想。

中华典故　　　　　　　秦穆公亡马

秦穆公尝出而亡其骏马，自往求之，见人已杀其马，方共食其肉。穆公谓曰："是吾骏马也。"诸人皆惧而起。穆公曰："吾闻食骏马肉，不饮酒者杀人。"即以次饮之酒。杀马者皆惭而去。居三年，晋攻秦穆公，围之。往时食马者相谓曰："可以出死，报食马得酒之恩矣。"遂溃围，穆公卒得以解难，胜晋，获惠公以归。

《易经·坤卦》曰："君子以厚德载物。"秦穆公是一位有德行的君主，具备宽广的胸怀、容人的雅量，面对杀自己骏马来吃的百姓，不仅没有处罚，还赏酒给他们喝，最终在关键时刻得到这些百姓的帮助。《说苑·复恩》对此评论道："此德出而福反（返）也。"这就是予人恩德而得到福佑的回报。

儒家重德，强调一个人立身处世，首先要注意个人的道德修养，以德为本，以德为先。孔子认为，"德者，本也；财者，末也"（《礼记·大学》）。他尤其重视领导者的表率作用，要求领导者自身要正，因为"其身正，不令而行；其身不正，虽令不从"（《论语·子路》）。孔子认为，领导者自身的行为得当，用不着下命令，民众也会按照他的想法去做；领导者自身的行为不得当，即使三令五申，民众也不会服从。此外，孔子曾以"为政以德，譬如北辰，居其所而众星共（拱）之"（《论语·为政》）这一形象的比喻阐明自己的观点，认为施行德政的人就像天上的北极星，受到满天星辰的拱卫（在古人眼中，北极星就是宇宙的中心，所有的星辰都环绕在其周围）。

孔子的"以德为先"用人思想是中国历代官员选拔的重要指标，各个时代的选拔制度都在这一思想基础上形成。"以德为先"也是中国共产党一贯的人才政策，党长期坚持德才兼备、以德为先的用人原则。

2. 以人为本

"以人为本"是中国古代管理心理思想的重要特征，最早见于《管子·霸言》："夫霸王之所始也，以人为本。本治则国固，本乱则国危。"强调把人民作为治理的根本。此后，类似表述在汉代、唐代史料中屡见不鲜，成为中国历代王朝治国施政的基本认识。简言之，"以人为本"强调人民是治理的中心，国家发展必须以人为出发点（孙煌，2021）。

中华典故　　　　唐太宗以人为本，开创盛世

公元627年，唐太宗李世民登基后开创了"贞观之治"，出现吏治清明、经济发达、文化欣欣向荣的盛世局面。这与他"以人为本"的政治主张是分不开的。唐太宗曾多次做出"国以人为本""致安之本，惟在得人""为政之要，惟在得人""为君之道，必须先存百姓""中国百姓，实天下之根本"等表述来告诫自己以及身边的大臣。为实现"以人为本"的政治主张，他实施了三大策略：节制徭役，安抚民心；广施善举，笼络人心；礼遇大臣，固其忠心。正是因为唐太宗注重民生、重视人才，才造就了"贞观之治"，并流芳后世。

"以人为本"思想虽然最早在《管子》中明确提出，但人本思想的萌芽可以追溯至西周时期。殷商敬事鬼神但仍走向灭亡，周灭商后总结经验教训，在周初文献中就有记录，其中《康诰》《君奭》《无逸》等强调德治、天命与民心向背的联系，构成了"敬天保民"的政治思想。这种理念虽体现了宗教化，但用"民情可见"的观点解释天命，强调民众的力量和作用，表明统治者已认可人本思想。"敬天保民"思想可谓开启了后代人本思想的先河。

春秋时期，宗法制度瓦解，人本思想突破了天命论的宗教色彩。孔子以"仁"为核心，认为"仁者，人也"，将人本思想注入儒学。他强调人的价值，是人本思想的倡导者。例如，《论语·乡党》中记载：厩焚，子退朝，曰："伤人乎？"不问马。马厩起火，孔子更在意的是有无人员伤亡。战国时期，孟子认为"民为贵"，强调以民为本、以民为宝。他指出，失去人民就失去了天下，因此"仁者，爱人"是"仁"的本质。孟子将"仁"系统化为"王道"，提出"保民而王，莫之能御也"等一系列观点，使得人本思想真正成为政治主张。

2003年10月召开的中国共产党十六届三中全会提出了科学发展观，要求"坚持以人为本，树立全面、协调、可持续的发展观，促进经济、社会和人的全面发展"。2003年12月召开的全国人才工作会议明确提出了科学人才观的思想体系和"以人为本"理念。对此有学者指出，"以人为本"是科学人才观的出发点，也是中国人力资源管理心理思想史上的一次重大思想革命和理论创新（陈全明和张广科，2012）。

现代组织管理应树立"以人为本"的理念和文化，创造宽松和谐的工作环境，促进人才创新。同时，要重视员工的心理需求，激发其积极性和创造性，帮助其自我完善，获得发展空间，实现员工与组织双赢（李恩平和贾冀，2011）。

3. 中庸之道

"中庸之道"是儒家文化的核心，是儒家推崇的处世之道，是中国古代管理智慧中的精粹。从现存古籍来看，"中庸"一词始见于《论语·雍也》："中庸之为德也，其至矣乎！民鲜久矣。"此处孔子赋予中庸"至德"的高度，但未能就"中庸"本身的内涵予以说明。这使得在后世两千多年里，学界对中庸概念的理解一直众说纷纭。

中华典故　　　　从"子思谏卫侯"看中庸之道

子思言苟变于卫侯曰："其才可将五百乘。"公曰："吾知其可将；然变也尝为吏，赋于民而食人二鸡子，故弗用也。"子思曰："夫圣人之官人，犹匠之用木也，取其所长，弃其所短；故杞梓连抱而有数尺之朽，良工不弃。今君处战国之世，选爪牙之士，而以二卵弃干城之将，此不可使闻于邻国也。"公再拜曰："谨受教矣！"

在战火纷飞的年代，守卫国土是极其重要的事情，子思建议卫慎公在用人上可不拘小节、稍作变通，一味地求全责备只会使整个国家遭遇灭顶之灾。"中庸之道"是辩证法思想的体现，认为任何事物或行为都有对应或对立的方面，只有均衡状态才能达到完美。"中庸"要求评估形势变化后采取适当措施，保证随时处"中"。

孔子在春秋时期开创了中庸学说，认为应当适度、合宜地处置事物，兼顾原则性与灵活性。其孙子思承继而系统化了这一思想。在汉武帝时期，中庸成为维护封建皇权的政治哲学。宋代理学家"二程"、朱熹等对中庸之道进行系统阐释，强调从平衡中寻求发展。随后，"中庸之道"成为后世尊崇的理论教条、社会准则以及为人处世之根本。

为使"中庸之道"在现代组织管理活动中普遍适用，不少学者对其进行了现代性转化。例如，邵爱国和朱永新（2005）就对中庸之道在管理中的应用进行了提炼概括，提出了"过犹不及"的适度原则、"执两用中"的整体原则、"和而不同"的和谐原则、"经权损益"的权变原则等四大原则，以及顺道管理、适度管理、整体管理、和谐管理、权变管理等五大管理模式。

4. 和而不同

"和"字最初在西周早期的金文中出现，其含义为饮食或音乐上的调和。后来，这个概念的适用范围扩大到大自然和人类社会的各方面，并逐渐演变为一种美好状态。例如，"百姓昭明，协和万邦"（《尚书·尧典》），"庶政惟和，万国咸宁"（《尚书·周官》），"八音克谐，无相夺伦，神人以和"（《尚书·舜典》），描述的国事、政事乃至人神关系的和谐就体现了这种美好状态。在尊重客观多样性的前提下，"和"体现了不同事物或不同元素融洽共存的状态。在人际关系中，和谐共处则是"和"的一种体现（王战戈，2015）。

中华典故　　　　　　晏子论和与同

《左传·昭公二十年》记载，晏子曾通过打比方的形式，给齐景公形象地解释了"和"与"同"的区别。当时，齐景公自沛地打猎而归，晏子在遄台侍候。梁丘据处处想讨齐景公欢心，闻讯急忙驱车赶来。齐景公高兴地说："唯有梁丘据与我相和啊！"晏子回答："梁丘据和国君您不过相同罢了，哪里谈得上相和呢？"齐景公于是问道："和与同难道不一样吗？"晏子回答："异。和如羹焉，水、火、醯、醢、盐、梅，以烹鱼肉，燀执以薪，宰夫和之，齐之以味，济其不及，以泄其过。君子食之，以平其心。君臣亦然。君所谓可而有否焉，臣献其否以成其可；君所谓否而有可焉，臣献其可以去其否。是以政平而不干，民无争心。故《诗》曰：'亦有和羹，既戒既平。鬷嘏无言，时靡有争。'先王之济五味。和五声也，以平其心，成其政也。声亦如味，一气、二体、三类、四物、五声、六律、七音、八风、九歌，以相成也；清浊、小大、短长、疾徐、哀乐、刚柔、迟速、高下、出入、周疏，以相济也。君子听之，以平其心。心平，德和。故《诗》曰：'德音不瑕。'今据不然。君所谓可，据亦曰可；君所谓否，据亦曰否。若以水济水，谁能食之？若琴瑟之专一，谁能听之？同之不可也如是。"

在中国古代人际交往中，"和"与"同"虽然意思相近，但内涵有着明显的区别。孔子将"和"与"同"作为判断君子和小人的关键标准，即"君子和而不同，小人同而不和"（《论语·子路》）。冯友兰先生在《中国现代哲学史》中评论道："在中国古典哲学中'和'与'同'不一样。'同'不能容'异'；'和'不但能容'异'，而且必须有'异'才能称其为'和'。"

中国历来反对霸权主义和霸道，因为霸道指"同而不和"，即一国强迫他国服从其利益，接受所谓的"普世价值"。只有消灭霸权主义和霸道，才能实现"和而不同"的美好世界。为了建立这样的世界，需要进行革命斗争。这个斗争将是漫长而艰苦的，贯穿于建立新世界的全过程（姚中秋，2021）。

5. 无为而治

老子的政治哲学强调君主管理国家的方法，被称为"君人南面之术"。老子认为君主在统治百姓时，必须顾及百姓的感受，避免引起民众的不满和反抗。他主张君主应该遵循"天道"中的"无为"原则，即不强行干预、不刻意去做什么事，而是让其自然发展，以达到"为无为，则无不治"的境界。这样，君主可以实现长治久安，而社会也可以在和平稳定的环境中实现繁荣和发展（欧阳资沛和杨玉辉，2020）。

中华典故　汉文帝"无为"却"有为"

汉文帝刘恒是西汉第五位皇帝，汉高祖刘邦第四子。汉文帝吸取秦朝灭亡的教训，即位之后实行"无为而治"，在生活中清心寡欲、崇尚节俭，不仅自己"常衣绨衣"，也要求其宠妃慎夫人"衣不得曳地，帏帐不得文绣，以示敦朴，为天下先"，以至于"即位二十三年，宫室苑囿车骑服御无所增益"；在律法上轻刑薄罚，"除诽谤，去肉刑"及"罪人不帑，不诛无罪"；在税收政策方面"轻徭薄赋，与民休息"，贯彻和落实爱民、利民、养民等民本思想。汉文帝"无为"却取得了"有为"的效果，他在位期间，汉朝呈现国家繁荣、天下安定的大好局面，社会经济文化获得快速发展，汉文帝也由此成为"文景之治"的开创者。

"无为而治"被视为道家的核心管理心理思想，但它在儒家、法家、黄老学派的思想中也有所体现。儒家强调"尚德推贤"，法家强调"君臣不同道"，黄老学派强调"因循之道"，这些思想都凸显了"无为而治"的重要性。不仅在治国理政中，现代管理者也越来越重视"无为而治"的管理价值，主要体现在以下两个方面（吴丽娟，2018）：

（1）"无为而治"体现了分权和授权的管理理念，这与现代管理学中的授权理论不谋而合。实践中，"无为而治"要求管理者在职能分工上有所作为，不必事事亲力亲为，要给下属施展才能的机会。因此，"无为而治"在组织职能上展现出分权和授权的管理理念。通过适度授权，管理者不仅可以集中精力考虑战略性问题，摆脱琐碎事务的干扰，还可以为员工提供施展才华的机会，激发员工的积极性和主动性，促进员工的成长和发展，进而树立自身的威信。

（2）"无为而治"认为科学管理至关重要。然而，这种"无为"状态是通过前期的"有为"来实现的。各种哲学思想都强调"有为"是实现"无为而治"的基础和前提，因此"无为而治"必须建立在科学的管理制度上。每个员工必须清楚自己的职责，知道该做什么和不该做什么。为了实现"无为而治"，组织必须建立规范化的运营系统和标准化的工作流程来规范员工的行为，同时采用科学的绩效评估制度来激励员工，保持管理制度的连续性和传承性。

1.4.3　中国古代管理心理思想的内容与体系

中国古代一些管理学者或学派虽有自己的逻辑体系，且其中不少与现代管理心理学有着异曲同工之妙，但总的来说仍比较零散。这里根据现代管理心理学的体系爬梳剔抉，以便更清晰地把握中国古代管理心理思想的基本内容。

1. 人才管理心理思想

美国经济学家西奥多·舒尔茨（Theodore Shultz）认为人力资本是指"凝结在劳动者身上的，后天习得的，具有经济价值的体力、知识、健康、技能和能力"，并提出"有技能的人是一切资源中最为重要的资源"。人才是管理活动中最重要的资源，在中国古代管理心理思想中亦占有尤为重要的地位。《管子·五辅》曰："人不可不务也，此天下之极也。"《三略》曰："治国安家，得人也；亡国破家，失人也。"《汉书·武帝纪》曰："盖有非常之功，必待非常之人。"《贞观政要·崇儒学》曰："为政之要，惟在得人。"中国古代人才管理心理思想主要涉及人才甄选、人才任用、人才考核等方面。

中华典故　　女帝武则天的人才管理

作为中国历史上唯一的女皇帝，武则天明察善断、知人善任，尤为重视和擅长人才管理。在人才甄选方面，武则天改进和完善了科举制。她大胆调整科举科目，发展进士科，又于常举之外开设制举，增设武举，首创殿试（武玉林，2012）。在人才任用方面，武则天打击门阀，扶植庶族。在她执政之前，关陇集团把持政权，门阀观念严重，出身庶族的人才难以晋升。而武则天在将褚遂良、长孙无忌等关陇集团代言人驱逐出朝堂的同时，通过各种途径从庶族地主中网罗人才、扶持庶族地主官僚，如通过修订《姓氏录》使"皇朝得五品者皆升士流"，逐渐打破士庶界限。在人才考核方面，武则天整顿吏治，严惩贪吏，拔擢贤才。在她执政期间，对于贪赃枉法的官吏，不论官位高低，一律严惩不贷；反之，对于贤才，则破格拔擢。《资治通鉴》对此评价道："太后虽滥以禄位收天下人心，然不称职者，寻亦黜之，或加刑诛。挟刑赏之柄以驾御（驭）天下，政由己出，明察善断，故当时英贤亦竞为之用。"

(1) 人才甄选心理思想。人才甄选，在中国古代表现为"知人"。只有知人才能用人，例如《尚书·皋陶谟》就指出知人的重要性："知人则哲，能官人。"刘邵在《人物志·序》中也写道："夫圣贤之所美，莫美乎聪明；聪明之所贵，莫贵乎知人。知人诚智，则众材得其序，而庶绩之业兴矣。"

知人十分重要，但也非常困难。《庄子·列御寇》曰："凡人心险于山川，难于知天。天犹有春秋冬夏旦暮之期，人者厚貌深情。"大意为，人心比山川还要险恶，研读人心比研读天象还要困难。天象虽错综复杂，但还有春夏秋冬的循环规律和旦暮的交替定则可寻；而人极善于掩饰，不轻易将情绪情感显露于外，有着很深的城府，很难对其进行测度。

尽管知人十分困难，中国古代学者依然进行了许多尝试，并提出了一些知人方法。例如，战国初期魏国李克提出了"五视"、《六韬·选将》中有"八征"、《吕氏春秋·论人》中有"八观六验"等知人法，虽各有特色，但基本停留在感性层面，未能达到制度化。直到两汉时期才开始形成人才选拔制度，并演变至明清时期，其间先后建立了察举制、九品中正制和科举制等。

(2) 人才任用心理思想。人才任用是人才管理的重中之重。倘若人才任用不当，便会使此前的"知人"失去效果，造成人才资源的浪费。

在《人物志·效难》中，刘邵从人才、举荐者两个视角分析了人才任用的诸多困难："何谓无由得效之难？上材已莫知，或所识在幼贱之中，未达而丧；或所识者，未拔而先没；或曲高和寡，唱不见赞；或身卑力微，言不见亮；或器非时好，不见信贵；或不在其位，无由得拔；或在其位，以有所屈迫。是以良材识真，万不一遇也；须识真在位识，百不一有也；以位势值可荐致之士，十不一合也。或明足识真，有所妨夺，不欲贡荐；或好贡荐，而不能识真。"就人才而言，他们当中存在许多情形：有的早逝；有的曲高和寡，不被赏识；有的地位卑下，人微言轻；有的昔日在位时为人所厌，不受信任；有的不在应处之位，无法被提拔；有的虽在应处之位，却处处受到压制。就举荐者而言，他们当中：有的虽能鉴别良才，但因害怕影响自身地位而不愿举荐、提拔；有的虽乐意举荐、提拔良才，但自身缺乏鉴别能力，故出现"实知者患于不得达效，不知者亦自以为未识"的局面。

尽管人才任用存在诸多困难，但中国古代学者还是尝试提出了弥足珍贵的意见，包括"用人不疑""用长弃短""材与任宜""材与政合"等方法与原则。

一是"用人不疑"。《荀子·议兵》曰："知莫大乎弃疑。"用人不疑乃是大智。唐太宗李世民曾对房玄龄、杜如晦等人感叹道："朕历选前王，但有君疑于臣，则下不能上达，欲求尽忠极虑，何可得哉。"（《贞观政要·杜谗邪》）他认为君王若是怀疑臣子，臣子便不能做到尽职尽忠。唐代白居易也说过"疑则勿用，用则勿疏"（《策林三·君不行臣事》）。大意为，怀疑的人就不要任用，任用后就不要对其冷淡、疏远。

二是"用长弃短"。《资治通鉴》记载，唐太宗李世民曾对群臣说："人之行能，不能兼备，朕常弃其所短，取其所长。"清代顾嗣协也说："骏马能历险，力田不如牛；坚车能载重，渡河不如舟。舍长以就短，智者难为谋。生材贵适用，慎勿多苛求。"清代魏源在《默觚下·治篇七》中深刻讨论了长短之间的辩证关系："不知人之短，不知人之长，不知人长中之短，不知人短中之长，则不可以用人，不可以教人。"由此可见，用人的关键之一在于用长弃短，并且要做到大材大用、小材小用、无材不用。

三是"材与任宜"。刘邵认为，人的才能具有个体差异性，正所谓"人材（才）不同，能各有异"（《人物志·材能》），在任用时应考虑到这种个体差异，使拥有某种才能的人处于最合适的岗位。北宋王安石在《材论》中也有相关论述，认为人才任用应该做到"使大者小者、长者短者、强者弱者，无不适其任者焉。其如是，则士之愚蒙鄙陋者，皆能奋其所知以效小事，况其贤能智力卓荦者乎？"

四是"材与政合"。刘邵在《人物志·材能》中作了具体阐述："王化之政，宜于统大，以之治小则迂。辩护之政，宜于治烦，以之治易则无易。策术之政，宜于治难，以之治平则无奇。矫抗之政，宜于治侈，以之治弊则残。谐和之政，宜于治新，以之治旧则虚。公刻之政，宜于纠奸，以之治边则失众。威猛之政，宜于讨乱，以之治善则暴。伎俩之政，宜于治富，以之治贫则劳而下困。故量能授官，不可不审也。"

（3）人才考核心理思想。人才考核，位于人才甄选和人才任用之后，同样也是人才管理中非常重要的环节。中国古代就有专门针对官吏的定期考核制度，称为"考课"。考课制度十分严谨，且总是与奖惩制度联系在一起。

西周时期,考课制度及奖惩制度的雏形就已出现。诸侯有定期朝觐天子之制,曰"述职"。《史记·鲁周公世家》记载,"鲁公伯禽之初受封之鲁,三年而后报政周公……太公亦封于齐,五月而报政周公"。这说明,诸侯必须定期向周王室汇报,接受周天子的考察,以此督促他们忠于职守。周天子还会惩罚不遵守述职制度的诸侯,"一不朝,则贬其爵;再不朝,则削其地;三不朝,则六师移之"(《孟子·告子》)。此外,周天子还会定期巡狩四方诸侯,视察各诸侯国的治理情况,以此彰显天子的统治权威,并根据视察结果进行奖惩。儒家认为,天子巡狩诸侯如同诸侯朝觐天子一般,皆是职责所在。

战国时期已出现考课官吏的"上计制"。《荀子·王霸》记载:"岁终奉其成功,以效于君,当则可,不当则废。"这表明,"上计制"即年终考绩制度——考核官吏的政绩并依据考核结果进行奖惩,它的出现使考课及奖惩以制度的形式被后世继承。

唐朝时期,考课制度及奖惩制度已发展成熟。首先,对全部官吏的要求为"四善",即"德义有闻、清慎明著、公平可称、恪勤匪懈";其次,对各类职官的要求为"二十七最",如"献可替否,拾遗补阙,为近侍之最""铨衡人物,擢尽才良,为选司之最""扬清激浊,褒贬必当,为考校之最""礼制仪式,动合经典,为礼官之最"等(《新唐书·百官志》)。在制定了具体考核标准的基础上,唐朝的《考课令》做出了奖惩规定:"诸食禄之官,考在中上已上,每进一等,加禄一季;中下已下,每退一等,夺禄一季。"

2. 目标管理心理思想

目标是一切管理活动的出发点和落脚点,正如美国管理学家哈罗德·孔茨(Harold Koontz)等人在《管理学》(1980)一书中所言:拥有某种长远的计划工作部门几乎已成为精心管理的一种标志。中国古代的目标管理心理思想主要体现在对目标的认识、设立、谋划、实施等方面。

中华典故 寒门之子范仲淹的成功之道

范仲淹,字希文,北宋杰出政治家、军事家、文学家。欧阳修评价他"少有大节,于富贵、贫贱、毁誉、欢戚,不一动其心,而慨然有志于天下",苏轼称其"出为名相,处为名贤",黄庭坚推崇其为"当时文武第一人"。

范仲淹出身寒门,"家贫无依",两岁时便失去了父亲,母亲带着他改嫁,范仲淹从小寄人篱下,艰难求学,其成长之路可谓异常坎坷。尽管家世低微、命途多舛,但范仲淹最终仍在治政、守边、文学等方面都取得了不菲的成就。这背后的原因主要有两个:第一,范仲淹从小便树立了远大的目标。正所谓"志大则才大,事业大",古人认为远大的目标是才能、事业发展的根本保证,《宋名臣言行录》中就记载了范仲淹"少有大志,以天下为己任",及学有所成亦常自诵"士当先天下之忧而忧,后天下之乐而乐也"。第二,范仲淹拥有良好的意志品质,为了达到自己的远大目标而"发愤苦读",同时甘愿忍受物质条件的匮乏。《宋名臣言行录》中记载,为实现己志,范仲淹"昼夜苦学,五年未尝解衣就寝",并"或夜昏怠,辄以水沃面,往往饘粥不继,日昃再食",终"大通六经之旨"。

(1)中国古代学者已认识到目标的重要性,并针对目标的设立提出了一定要求。目标,在中国古代蕴含于"志"之中,志向远大即目标远大。孔子认为,志对于个人而言具有重大意义，即"三军可夺帅也，匹夫不可夺志也"（《论语·子罕》）。明代王守仁也指出，"志不立，如无舵之舟、无衔之马"（《教条示龙场诸生》），认为人没有志向就如同船没有舵而随波逐流、马没有缰绳而四处乱跑，最终失去前行的意义。同时，古人也意识到设立远大且恰当的目标的必要性，明确提出"志当存高远"的命题。正所谓"志大则才大，事业大，故曰'可大'，又曰'富有'；志久则气久，德性久，故曰'可久'，又曰'日新'"，且"志小则易足，易足则无由进"。北宋张载认为，志向能够保证个人事业、才能及品德的发展。

（2）中国古代学者重视全局性谋划、战略性布局。清代陈澹然所言"不谋万世者，不足谋一时；不谋全局者，不足谋一域"（《寤言二·迁都建藩议》），便是在提醒人们要怀有长远的战略目标，切不可走一步看一步。这一点在中国古代兵家思想中得到了很好的体现。《孙子兵法·始计》曰："夫未战而庙算胜者，得算多也；未战而庙算不胜者，得算少也。多算胜，少算不胜，而况于无算乎！"

（3）中国古代学者注意到心理因素对于目标实现的助力。唐代王勃《滕王阁序》中的"穷且益坚，不坠青云之志"，北宋苏轼《晁错论》中的"古之立大事者，不惟有超世之才，亦必有坚忍（韧）不拔之志"等传世佳句，皆说明了百折不挠、坚忍不拔等意志品质对于目标的实现具有重大意义。《荀子·劝学》中精辟地分析了设定目标与实施目标的辩证关系："是故无冥冥之志者，无昭昭之明；无惛惛之事者，无赫赫之功。"大意为，假如没有远大的志向，就很难有远见卓识；假如没有坚持不懈的努力，同样很难获得较大的成功。由此可见，良好的意志品质是实现远大目标的重要条件之一。

3. 时间管理心理思想

现代管理学之父彼得·德鲁克在《卓有成效的管理者》（1966）一书中指出："时间是最宝贵而有限的资源，不能管理时间，便什么都不能管理。"《哈佛管理百科全书》也把能否"利用好时间"作为衡量管理者是否成熟的九项条件之一。事实上，中国古代不少哲学家、思想家、军事家在实践活动中就针对时间问题做出了大量阐述，提出了许多宝贵的时间管理思想。

中华典故　司马懿克日擒孟达：兵贵神速

《孙子兵法·九地》曰："兵之情主速，乘人之不及，由不虞之道，攻其所不戒也。"在《三国演义》第九十四回中，"司马懿克日擒孟达"就很好地展现了时间管理在军事活动中的重要性和必要性。

当时，孟达乃新城太守，其在魏国朝堂中的靠山曹丕、桓阶、夏侯尚都等人皆已去世，"曹叡即位，朝中多人嫉妒，孟达日夜不安"，因此企图归降蜀汉。而孟达与魏兴太守申仪有隙，申仪便将孟达的计划泄露给司马懿。司马懿写信安抚孟达，并且事急从权，不待请示魏主曹叡，便暗中遣军进讨，"一日要行二日之路，如迟立斩"。在此之前，诸葛亮已经提醒过孟达要小心司马懿，"须万全提备，勿视为等闲也"。但孟达认为，司马懿之军距新城一千二百里，若司马懿闻自己举事，还要表奏魏主，往复一月间事，那时自家城池已固，不足为惧。因此，当司马懿八日内行军一千二百里赶来时，孟达完全没有防备，被打了个措手不及，最终兵败身死。

(1) 中国古代的传统时间观是辩证的、模糊的。古人认为，大自然并不是一个纯粹量化、客观外在于人的系统。同样，时间也不是绝对的、外在于人的客观存在，它离不开人的生活世界，被人为赋予了一定意义。中国古代不仅存在循环时间观，也存在线性时间观；不仅存在时间测度，也存在时间之流；不仅珍视客观时间，也珍视主观时间。古人认为，对时间的感受和衡量取决于主体经验，是相对的。《逍遥游》中就有记载："小知不及大知，小年不及大年。奚以知其然也？朝菌不知晦朔，蟪蛄不知春秋，此小年也。楚之南有冥灵者，以五百岁为春，五百岁为秋；上古有大椿者，以八千岁为春，八千岁为秋，此大年也。"

(2) 中国古代学者对时间的价值和特性有一定的认识，并提出要珍惜、重视时间。《增广贤文》曰"一寸光阴一寸金，寸金难买寸光阴"，这说明古人已意识到时间的价值，甚至认为时间比金钱更加珍贵。时间的特性是一维性，即时间不可逆，一去不复返。"得时无怠，时不再来"（《国语》），"时来易失，赴机在速"（《晋书》），"时不可再，机不可失"（《隋书》）等谚语格言是古人对时间特性的生动表述。战国时期楚国屈原曾作诗："时缤纷其变易兮，又何可以淹留。"东晋陶侃常与人言："大禹圣者，乃惜寸阴；至于众人，当惜分阴。"明代李贽曰："寸阴可惜，曷敢从容。"从中皆可见中国古代贤哲对时间的珍视（冯淑文，1996）。

(3) 中国古代学者提出了一些时间管理手段。第一，把握现在，即刻行动。明代文嘉的《今日歌》便很有代表性："今日复今日，今日何其少！今日又不为，此事何时了？人生百年几今日，今日不为真可惜！若言姑待明朝至，明朝又有明朝事。为君聊赋今日诗，努力请从今日始。"清代康熙皇帝说："今日留一二事未理，明日即多一二事矣。若明日再务安闲，则后日愈多壅积。万机至重，诚难稽延。"既然时间具有流逝性和不可逆性，一去不复返，就必须牢牢把握现在。第二，见缝插针，提高效率。古人较为重视时间的利用率，车胤囊萤、孙康映雪等皆是这方面的典范。东晋葛洪在《抱朴子·勖学》中就表达过："不饱食以终日，不弃功於寸阴；鉴逝川之勉志，悼过隙之电速；割游情之不急，损人间之末务；洗忧贫之心，遣广愿之秒，息畋猎博奕（弈）之游戏，矫昼寝坐睡之懈怠。"

4. 信息管理心理思想

美国管理学家詹姆斯·唐纳利（James Donnelly）等人在《管理学基础：职能、行为、模型》一书中指出："管理的成绩在很大程度上取决于在组织中所有各级管理能否获得信息和及时地使用信息。信息是把整个组织结合起来的黏合剂。"信息在现代管理中的地位愈发重要，正如约翰·奈斯比特（John Naisbitt）所说："在我们的新社会里，信息已是战略资源。它不是唯一的资源，却是最重要的资源。"中国古代具有丰富的信息管理心理思想，主要体现在对信息的认识、收集、传递、保密等方面。

中华典故 田和与吴起之间的信息战

据《东周列国志》记载，齐太公田和曾率领大军攻打鲁国，听闻鲁国将领是当时名不见经传的吴起，很不以为然。及两军对垒，田和不见吴起挑战，"阴使人觇其作为"，得知吴起"与军士中之最贱者，席地而坐，分羹同食"。田和笑曰："将尊则士畏，士畏则战力。起举动如此，安能用众，吾无虑矣！"后田和又派出亲信张丑，"假称愿与讲和，特至鲁军，探起战守之意"。吴起完全洞悉田和的想法，"将精锐之士藏于后军，悉以老弱见客"。就连吴起本人也佯作懦弱、畏惧之状，"留张丑于军中，欢饮三日，方才遣归""临行再三致意，求其申好"。田和听了张丑归来后的汇报，以为吴起"兵既弱，又无战志"，于是更加轻视鲁军，放松了警惕。这时，吴起抓住时机带领鲁军"突然杀至"，而"田和大惊，马不及甲，车不及驾，军中大乱"，鲁军则"乘乱夹攻，齐军大败，杀得僵尸满野，直追过平陆方回"。逃回齐国后，田和责怪张丑的情报有误，张丑曰："某所见如此，岂知起之诈谋哉。"田和乃叹曰："起之用兵，孙武、穰苴之流也。"

（1）中国古代先贤已认识到信息的重要性。孙武在《孙子兵法·谋攻》中提出"知彼知己者，百战不殆；不知彼而知己，一胜一负；不知彼不知己，每战必殆"，认为了解敌我双方的情况是战争胜利的关键。他在《孙子兵法·地形》中进一步给出论断，即"知彼知己，胜乃不殆；知天知地，胜乃不穷"，认为不仅要知己知彼，还要知天知地。

（2）中国古代先贤探讨了信息收集方法。《孙子兵法·用间》曰："明君贤将，所以动而胜人，成功出于众者，先知也。先知者，不可取于鬼神，不可象于事，不可验于度，必取于人，知敌之情者也。故用间有五：有因间，有内间，有反间，有死间，有生间。五间俱起，莫知其道，是谓神纪，人君之宝也。"孙武认为，贤明的君主和将领在发动战争前需要通过间谍获取敌情，如此才能一击即胜。他进而把间谍分为因间、内间、反间、死间、生间五类，每类的性质和用途皆不相同。在"五间"中，孙武最看重反间，认为"五间之事，主必知之，知之必在于反间，故反间不可不厚也"。

（3）中国古代比较重视信息传递工具的运用。古代的烽火台、置邮、驿道等都是传递信息的有力途径。《新唐书·刘晏传》记载："诸道巡院，皆募驶足，置驿相望，四方货殖低昂及它利害，虽甚远，不数日即知，是能权万货重轻，使天下无甚贵贱而物常平，自言如见钱流地上。"唐代刘晏在执掌天下财赋时，为迅速掌握全国的经济信息，专门在诸道设置知院官，令其收集所在地的庄稼好坏、天气变化等信息，并利用驿道定时上报，形成一套实质上的经济预警制度。

（4）中国古代强调信息安全，并注重信息保密工作。《孙子兵法·军形》曰："善守者，藏于九地之下；善攻者，动于九天之上，故能自保而全胜也。"孙武认为，防守、进攻皆必须做好信息保密，"九地之下"和"九天之上"便是将信息保密工作做到了完美。尉缭也认为，做好军事信息的保密工作是治军之重中之重，即"治兵者，若秘于地，若邃于天，生于无，故关之"（《尉缭子·兵谈》）。

5. 环境管理心理思想

管理活动总是发生在一定的时空之中，如何创造一个和谐的、有利于管理活动开展的空间，就是环境管理问题。中国古代的环境管理心理思想源远流长，由女娲补天、精卫填海、大禹治水等神话故事的广为流传可见一斑。

中华典故　　从"北魏孝文帝迁都"看环境管理

据《资治通鉴》记载，北魏都城平城"地寒，六月雨雪，风沙常起"，其"乃用武之地,非可文治"。为了国家的长治久安,北魏孝文帝决定迁都洛阳,"移风易俗"。尽管遭遇众多鲜卑大臣的反对,孝文帝仍顶住压力,坚定不移,以南伐为名行南迁之实,完成了迁都之举。就最终效果而言,孝文帝迁都促进了中华民族的融合,缓和了当时的民族矛盾和阶级矛盾,使北方的经济、文化有了一定的恢复和发展,在一定程度上巩固了北魏政权。事实上,孝文帝迁都行动的实质就是一种环境管理,是为了更好地进行国家管理。

(1) 中国古代学者意识到环境对人的个性的影响,并指出选择良好环境的重要性。《孔子家语·六本》曰:"与善人居,如入芝兰之室,久而不闻其香,即与之化矣。与不善人居,如入鲍鱼之肆,久而不闻其臭,亦与之化矣。丹之所藏者赤,漆之所藏者黑,是以君子必慎其所处者焉。"《荀子·劝学》曰:"蓬生麻中,不扶而直;白沙在涅,与之俱黑。兰槐之根是为芷,其渐之滫,君子不近,庶人不服。其质非不美也,所渐者然也。故君子居必择乡,游必就士,所以防邪辟而近中正也。"孔子、荀子等人皆注意到外部环境对人的个性的影响,并告诫人们要慎重选择居住及交往的环境。

明代王廷相在《慎言·保傅》篇中,用反面案例证明了良好的居住及交往环境的重要性。"深宫秘禁,妇人与嬉游也;亵狎燕闲,奄竖与诱掖也。彼人也,安有仁孝礼义以默化之哉?习与性成,不骄淫狂荡,则鄙亵惰慢。"除了居住交往的小环境,中国古代学者就社会风气的大环境对人的个性的影响也做过论述。例如,清代沈垚在《落帆楼文集》中写道:"风俗美则小人勉慕于仁义,风俗恶则君子亦宛转于世尚之中,而无以自异。"大意为,如果社会风气是清正的,那么小人也会向往仁义,尽自己的努力去做仁义之事;如果社会风气是恶劣的,那么君子也会随着恶劣的社会风气堕落,变得同样糟糕。

(2) 中国古代学者注意到心理与物理环境的辩证关系。《礼记·乐记》曰:"凡音之起,由人心生也。人心之动,物使之然也。感于物而动,故形于声。"大意为,所有音的起始都是由人的内心产生的,而人的内心的变化往往是由外部事物造成的。人的内心有感于外部事物才会发生变化,最终通过声表现出来。

南梁刘勰在《文心雕龙·物色》中也有类似表述:"春秋代序,阴阳惨舒,物色之动,心亦摇焉。盖阳气萌而玄驹步,阴律凝而丹鸟羞,微虫犹或入感,四时之动物深矣。若夫珪璋挺其惠心,英华秀其清气,物色相召,人谁获安?是以献岁发春,悦豫之情畅;滔滔孟夏,郁陶之心凝;天高气清,阴沉之志远;霰雪无垠,矜肃之虑深。岁有其物,物有其容;情以物迁,辞以情发。一叶且或迎意,虫声有足引心。况清风与明月同夜,白日与春林共朝哉!"他认为,春夏秋冬四季之景的不同导致人的心境也相应变得有所差异。

中国古代管理心理思想的发展历经萌芽、形成、过渡、完善和衰落五个阶段,形成了以德为先、以人为本、中庸之道、和而不同、无为而治五大特征,体现于人才管理、目标管理、时间管理、信息管理、环境管理等方面,是中国古代贤哲遗留下来的思想宝库。系统地挖掘和整理中国古代管理心理思想,对于构建中国本土化管理心理理论体系具有重要的意义。

现实观察

新东方：在不确定中前行

新东方，全名为新东方教育科技（集团）有限公司。1993年11月16日，俞敏洪创建北京新东方学校。2001年，新东方教育科技集团以北京新东方学校为基础组建。2006年9月7日，新东方教育科技集团在美国上市。2019年12月15日，新东方教育科技集团被央视评为"2019中国品牌强国盛典·榜样100"。2020年11月9日，新东方教育科技集团在香港联合交易所主板挂牌上市，为首家回港二次上市的中国教育业公司。

◇ 舍弃K9学科业务

2021年7月24日，中共中央办公厅、国务院办公厅印发《关于进一步减轻义务教育阶段学生作业负担和校外培训负担的意见》（即"双减"政策），规定校外培训机构不得占用国家法定节假日、休息日及寒暑假期组织学科类培训。

2021年10月25日晚，由新东方持股55%的新东方在线科技控股有限公司（以下简称"新东方在线"）发布公告称，根据"双减"政策新规定和监管要求，将在当年11月底前停止经营国内义务教育阶段学科类校外培训服务（K9学科业务）。截至2021年5月31日两个财年，按总营业收入贡献划分，K9学科业务占K12学科教育分部58%—73%，若按2021财年K12学科业务占总营业收入比重55%来推算，K9学科业务贡献了新东方在线超过30%收入。全面停止K9学科的地面和在线培训，对新东方而言会产生超过百亿元的收入空白。

在接受《北京商报》采访时，中关村教育投资管理合伙人于进勇指出，新东方及新东方在线都是上市公司，而根据"双减"政策，义务教育阶段的校外培训是非营利性质的，因此舍弃K9学科业务成为必然。

◇ 耗费200亿元现金告别

告别K9学科业务，新东方付出了高额的告别费。新东方创始人俞敏洪在微信公众号"老俞闲话"发文透露，截至2022年1月8日，新东方的市值跌去90%，营业收入减少80%，辞退员工6万人，退学费、退租教学点、辞退员工等现金支出近200亿元。

俞敏洪在对外演讲中多次提到，2003年非典之后他在新东方内部定下一个规矩：即使新东方倒闭，也必须确保账上的钱能够返还学生的学费并支付员工工资。随着新东方的不断发展，公司账上的现金越来越多，股东们催促俞敏洪用掉这些钱。一些股东甚至认为，这个时代流变如此之快，把钱留在账上不进行投资是自取灭亡。然而，俞敏洪一直坚持这条"底线"，直到"双减"政策前，新东方的储备金达到200多亿元，这让他可以从容应对政策冲击并尝试转型。

尽管外界对俞敏洪和新东方告别K9学科业务的方式赞不绝口，甚至有人在社交媒体上称赞他是条"汉子"。然而，俞敏洪在新东方内部讲话中表示："新东方不应该是叫体面地、优雅地退场，而是充满自信地转身或转型。"他认为这次变革是新东方脱胎换骨的机会。

◇ 多方位转型齐头并进

新东方未来的业务方向主要有三个：素质教育、大学业务和出海业务。在素质教育方面,上海新东方提供了围棋、口才、创客和书法四大类课程;北京新东方设立了优质父母智慧馆、语商素养学院、自然科创空间站、艺术创作学院、人文发展学院、智体运动训练馆六个板块。在大学业务方面,新东方对考研项目、教资项目、英语四六级项目进行了全面升级,并拓展了司法考试、计算机等级考试等教育培训项目。在出海业务方面,新东方推出了面向海外华裔儿童和青少年的"比邻中文"线上课程。

新东方还在教育领域外进行了一些投资布局,比如成立北京私库云书软件科技有限公司和北京新远方人力资源服务有限公司。新东方还宣布进军对公领域,旗下东方科创推出了OpenHarmony科教项目,加入了创意造物、创意编程、物联网、人工智能等课程。

这些探索方向和投资布局,反映了新东方在教育领域内外的全面布局和创新思维。通过提供多样化的教育课程和服务,新东方为学生提供了更多元化的学习体验和发展机会,同时也为公司的未来发展奠定了更坚实的基础。

◆ 直播开卖农产品

2021年下半年,新东方陆续成立了多家新公司,其中之一是东方优选(北京)科技有限公司,注册资本1 000万元,法定代表人为新东方在线CEO孙东旭。公司主要经营销售鲜肉、禽蛋、水产品、新鲜水果、新鲜蔬菜、食用农产品等。股东信息显示,该公司由北京新东方迅程网络科技股份有限公司全资控股。

2021年12月28日晚8时,俞敏洪在抖音直播间开启直播带货首秀,与此同时,孙东旭也在东方甄选抖音直播间同步开播。东方甄选是新东方集团、新东方在线唯一的农产品直播带货平台,由东方优选(北京)科技有限公司运营。在决定转型成为农产品直播带货平台后,俞敏洪给孙东旭提出了一个要求:所有选出的产品都必须去原产地实地考察。为了找到最值得推荐给网友的"甄选农品",孙东旭带领选品团队走遍了全国各地的乡村,尝试了上千种农产品,进行了实地考察和溯源。

在这次直播带货首秀中,俞敏洪充满斗志地说:"每一次失败背后酝酿的是更大的成功。这一次新东方的变革,也许是老天在给我们另一次创更大的业、取得更多辉煌的机会,我们为什么要死盯着那些不能做的业务呢?"

◆ 二次创业燃火花

作为新东方创始人,俞敏洪宣布带领几百名新东方教师进军直播带货行业,开始新东方的二次创业。从教育培训跨界农产品直播,新东方的这一步让许多人感到意外,甚至备受社会各界的质疑乃至批评。2021年11月13日,《经济日报》更是撰文表示,新东方不应照搬李佳琦。新东方直播业务的开局并不顺利。东方甄选上线之初,只有两万粉丝,一直到2022年5月,直播间的在线人数和销售额都处于低迷状态,未能引起较大的关注度和热度。2022年6月9日,新东方英语名师董宇辉在东方甄选直播间带货,以双语直播模式登顶当晚抖音热搜第一名,实现"逆风翻盘",带动东方甄选双语"带货+教学"的爆火,直播间人气迅速上涨。截至2022年9月9日,东方甄选抖音粉丝量突破2 500万,东方甄选的爆火也带动新东方股票的暴涨。

东方甄选上线之初,新东方表示该平台最大的特点在于将知识分享和好物推荐有机结合。其主播团队大多是新东方的教师转型而来,这些主播们在知识储备和带货风格上各具特色,正是这种不同寻常的特点吸引了众多粉丝的关注。以董宇辉为代表的新东方主播们走红之后，很多人询问俞敏洪，是否有机构去"挖"这些教师。2022年6月20日，俞敏洪在公开场合表示，确实有机构给新东方主播发来邀请，不过新东方至少会从三个方面来留住人才：第一，给这些直播教师们应有的待遇，保证他们的利益，让他们的付出获得相应的回报；第二，为他们提供一个好的发展平台，支持他们，让他们有施展自己才华的空间，发展得越来越好；第三，给他们提供更好的成长机会，而不是在他们跑之前，牢牢抓住、狠狠利用、大捞一笔。

目前，新东方的转型故事仍在继续。资金、资源、品牌及服务能力，都是新东方在转型过程中的一些优势。身处这个流变的时代，任何现代组织中的管理者和员工皆应树立"唯有变才是唯一的不变"的思想和觉悟，在不确定性中持续学习、努力沉淀，如此才能使自己紧跟时代步伐，使组织永葆基业长青。

资料来源：（1）程铭劼，赵博宇. "躺平"后的新东方如何调头 [N]. 北京商报，2021-10-27. （2）何己派. 俞敏洪壮士断臂 [J]. 21世纪商业评论，2022（Z1）：32-35. （3）赵东山. 俞敏洪：继续留在战场上 [J]. 中国企业家，2022（2）：72-76. （4）吴志. 新东方直播间一周吸粉超千万，在线教育转型仍在探索 [N]. 证券时报，2022-06-18. （5）范佳来. 给董宇辉董事长特别奖，俞敏洪：保证新东方主播利益留住人才 [N]. 北京商报，2022-6-20.

> **感悟与思考**
>
> 1. 结合案例，谈谈俞敏洪的人性观。
> 2. 如何理解以人为本？分析这一思想在新东方转型过程中的体现。
> 3. 如何理解中庸之道？分析这一思想在新东方发展与转型过程中的体现。
> 4. 结合案例，讨论俞敏洪和新东方的目标管理心理思想。
> 5. 假如你是新东方的管理者，你如何应对新东方转型过程中可能出现的困难？
> 6. 假如你是新东方的员工，你如何使自己适应新东方的转型？

1.5　管理心理学的前沿探索

1.5.1　管理心理学的理论进展

理论是针对揭示现象的若干概念之间在特定条件下所存在关系的一种提纲挈领的表述，其作用在于通过这种表述使人们理解错综复杂的现象及其发生的脉络和原因（张志学，2010）。理论是管理研究的重中之重，好的管理理论可以将彼此相关的管理概念以符合逻辑的方式组织在一起，并清晰地表达它们之间的关系，帮助人们了解管理现象怎样发生以及为何会发生，并对未来进行预测（曹祖毅和贾慧英，2020）。

1. 个体层面

在个体激励方面，委托-代理理论提供了在解决利益冲突和信息不对称环境下如何设计最优契约以激励代理人的方法。为了解决委托-代理问题，学者们开始研究激励模型。

例如锦标赛模型指出,可通过按努力程度排名的差别薪酬制度来提高代理人的积极性,薪酬差距越大,激励作用越强。

在个体决策方面,可分为基于结果取向和基于过程取向的研究范式。基于结果取向的研究范式探讨各个决策方案的发生概率和结果效用,研究个体决策或建立最优决策模型,涉及后悔理论、期望效用理论等。基于过程取向的研究范式则突破了只关注决策备选方案发生概率和结果效用的研究模式,将个体决策看作一个过程,强调研究心理过程及其机制的重要性,涉及满意理论、前景理论等。

2. 群体层面

群体决策的研究方向主要包括多目标群体决策、多属性群体决策、模糊群体决策和交互式群体决策。其中,多目标群体决策结合了定性描述与定量优化,旨在研究决策群体在已知目标下的方案评估、筛选和排序。多属性群体决策则关注决策群体如何评估、筛选和排序包含多个属性的方案。模糊群体决策使用模糊数表达不确定信息,建立模糊偏好关系。交互式群体决策则聚焦于交互式决策流程、群体交互行为与心理特征以及群体偏好汇聚方式等方面的研究。

在领导行为方面,有交换型领导行为理论和变革型领导行为理论。交换型领导行为理论基于领导者与下属间的交换和契约关系,以奖赏的方式激励下属完成工作,并给予承诺的奖赏,整个过程类似于交易。变革型领导行为理论则提倡领导者向员工灌输思想,通过领导者的个人魅力激励员工为组织奉献。领导者除了引导下属完成工作,还通过激励来改变员工的信念、价值观和工作态度,使他们热爱工作,努力为组织做贡献。

3. 组织层面

在组织结构方面,根据对组织结构和组织效能的理解,组织结构理论可分为三种类型:简单静态关系型、复杂静态关系型和动态关系型。其中,动态关系型是指组织结构和组织效能之间不存在一一对应的关系,而是一种动态的非线性关系,即最优的组织结构不一定能使组织效能最大化。企业生命周期理论、学习型组织结构理论便是动态关系型的代表。

在组织变革方面,有过程管理理论、资源依赖理论等。过程管理理论是从组织变革发展或执行阶段上探讨组织变革问题,它将组织变革流程进行较为详细的划分。资源依赖理论的出发点是组织变革的动机,认为组织的生存和发展依赖于所获得的资源,为确保对资源的掌控,组织需要减少对资源的依赖或调整所依赖资源的结构。

1.5.2 管理心理学的技术进展

"工欲善其事,必先利其器",这里的"器",就是工具、方法、技术。管理心理学的每一步发展都离不开研究技术的发展与进步,因此有必要对管理心理学的研究类型、研究方法、研究层次等技术方面的现状进行简要回顾,并介绍一些新兴技术。

研究类型可分为实证研究、理论研究、文献回顾、元分析。从目前国内外发表的管理心理学相关文章来看,实证研究的占比最大,元分析的占比最小(张志学等,2014)。其中,元分析(meta-analysis)由基恩·格拉斯(Gene Glass)在 1976 年首次提出,他认为元分析是一种对分析的分析，是一种对大量研究成果的定量分析和再统计，以实现归纳研究成果、总结已有发现的目的（Glass，1976）。元分析方法最先应用于心理学领域，现已扩展至医学、行为科学等领域（李雪梅和曲建升，2013）。

研究方法可分为观察法、实验法、访谈法、问卷法、测验法、案例研究法、现场研究法等。有学者指出，单一的研究方法有很大可能导致研究结论缺乏解释力和可推广性，因此管理领域的研究应较多地采用"方法上的杂交"，以提高研究结论的可信度和说服力（Scandura 和 Williams，2000）。所谓"方法上的杂交"，就是将多种研究方法相结合，并用于同一研究问题上。国内外不少学者综合运用多种研究方法，在管理心理学领域进行了大量研究。

研究层次可分为个体层面、群体层面、组织层面。从目前国内外发表的管理心理学相关文章来看，个体层面的研究占比最大，组织层面的研究占比最小（张志学等，2014）。此外，跨层次研究已逐渐形成一种趋势。跨层次研究是指针对个体与群体、个体与组织、群体与组织、个体和群体与组织的不同层次变量之间关系的研究。

此外，大数据、人工智能、区块链、神经管理学等新兴技术的出现，对管理心理学领域的研究产生了深远的影响。

1. 大数据

作为继互联网、物联网、云计算之后 IT 产业的又一次颠覆性技术变革，大数据（big data）已经成为各行各业高度关注的焦点。*Nature* 和 *Science* 分别于 2008 年和 2011 年从生物医药、超级计算、环境科学等方面讨论了大数据的应用场景。此后，大数据在医学、经济学、管理学等各个学科领域皆得到了广泛的研究与讨论，世界已步入大数据时代。

其一，各类智能终端、移动互联的广泛布局，使得人类生活的各种场景以更细粒度的数据形式展现出来，社会"像素"大大提升；其二，社会"像素"的提升加快了数字"成像"的演进，经济活动场景能够更加清晰地被描绘，基于数据的商业分析逐渐成为管理创新的关键性因素。在此背景下，传统的管理已转变为数据的管理，传统的管理与决策亦已转变为基于大数据驱动的管理与决策（陈国青等，2018）。大数据驱动的管理与决策研究具有突出的科学前沿性、重大的战略意义和珍贵的实践价值。它将有助于厘清数据交叉互联产生的复杂性，驾驭数据飞速增长引起的涌现性，把握数据缺失与冗余导致的不确定性，进而根据实际需求从海量数据中挖掘出信息、知识和智慧，以实现更优的管理与决策（徐宗本等，2014）。例如，有研究基于大数据视角构建了企业决策管理系统模型，分析了现代企业决策管理的现实困境，并提出了应对策略（张俊杰和杨利，2015）；有研究从大数据的特征出发，分析了大数据背景下的企业数据资源管理，阐述了基于大数据的知识管理如何帮助企业决策（周宝建，2018）。

2. 人工智能

人工智能（artificial intelligence，AI）在 1956 年的达特茅斯会议上首次亮相，被定义为：可对数据进行获取、学习和解释，并能良好地适应外部环境以实现特定目标的系统（Kaplan 和 Haenlein，2019）。本质上，人工智能的核心是利用机器学习算法对人类思维过程进行模拟，使机器可以将获取到的数据智能地转化为信息、知识和智慧，并由此胜任人类的工作。

人工智能颠覆了管理研究和管理实践的逻辑。就管理研究而言，传统的管理研究根据已有理论形成研究假设，再进行数据分析得出结论；人工智能背景下的管理研究则相反，先获取大数据并据此进行逻辑论证与分析推理（高山行和刘嘉慧，2018）。就管理实践而言，人工智能提供的技术与产品不仅颠覆了企业原有的价值链和产业结构，迫使企业重新思考价值主张、组织架构和管理方法，也为企业管理变革提供了切实的技术支撑。事实上，由商业需求主导并应用于商业模式的人工智能，把管理实践中的人际活动与大数据分析相结合，已将管理较变为科学与艺术的结合（赵宜萱等，2020）。例如，有学者尝试构建人工智能时代企业管理的变革逻辑和分析框架，并指出人工智能时代管理属性包括管理理论的科学性、管理实践的艺术性和管理过程的技术性（徐鹏和徐向艺，2020）。

3. 区块链

区块链（blockchain）是源于比特币（bitcoin）的底层技术。2008 年，中本聪（化名）发表了一篇题为《比特币：一种点对点式的电子现金系统》的论文（Nakamoto，2008），对加密数字货币——比特币进行了首创性介绍，在没有类似银行等权威金融中介机构统筹的情境下，买方和卖方可直接使用比特币进行交易。而区块链是比特币的核心基础架构和去中心化的记账系统，比特币的全部交易记录均保留在区块上。由于区块链是使用分布式数据库进行识别、传播和记录信息的智能化分布式结算网络，不需要第三方监管就可以实现人与人之间点对点的交易和互动，具有去中心化、无须信任、开放性、安全性和可追溯性等优点（姚博，2018）。

比特币是区块链最早也是迄今为止最成功的应用之一。目前，区块链技术的发展历程至少可分为三个阶段：1.0 阶段，以加密数字货币为代表；2.0 阶段，以超级账本和智能合约为代表；3.0 阶段，以构建价值网络和信任体系为代表。在管理实践中，区块链可以应用于管理过程中人类活动的规模协调，比如帮助解决金融、物流、能源、公益、司法、政务服务、食品安全、医疗健康等领域存在的信任问题，进而提高社会的运行效率。有研究指出能源区块链是区块链与能源行业结合的产物，认为其可以为能源互联网的各个层面提供安全保障和价值支撑（艾崧溥等，2021）；有研究探讨区块链与管理会计的契合性以及管理会计数字技能"区块链＋人工智能"的技术融合性，分析基于"区块链＋人工智能"数字技能的智能管理会计报告的内涵、应用场景、技术框架、数据共享、生成路径与模式等（刘光强和干胜道，2022）。

4. 神经管理学

2002 年，Smith 等（2002）基于 PET（正电子发射成像）实验对人类选择行为的脑神经机制进行研究与分析，并将研究成果发表在国际顶级管理学期刊 *Management Science* 上。马庆国和王小毅（2006a）最先将此类运用神经科学技术来研究管理学领域的范式命名为神经管理学（neuromanagement），这意味着神经管理学这一学科的诞生。马庆国和王小毅（2006b）将神经管理学定义为：运用神经科学理论、方法与技术手段探索管理学的问题及其内在机制，发现新的管理规律，提出新的管理理论的新兴交叉学科体系。神经管理学的典型议题包括领导行为、组织内隐态度、人际决策与情绪等。例如，有研究采用 EEG（脑电波）技术分析了领导者心理资本的认知神经机制（Waldman 等，2011）；

有研究运用 ERP（事件相关电位）技术探索组织成员对同性恋现象的内隐态度（Hughes 和 Barnes-Holmes，2011）；有研究让下属评价与不同情商水平的领导者相处时的感受，利用 fMRI（脑功能磁共振成像）技术考察了上下级交互情境中的人际决策特点（Boyatzis，2014）。

神经管理学的形成与发展，为大数据分析提供了人类心理和行为的内在机理知识，为针对人类大脑高级功能的人工智能类脑和仿脑设计提供了新的灵感，为从脑认知特征及其神经学机制角度探究相关管理问题提供了新的理论基础和技术支持（戴伟辉，2017）。因此，神经管理学对现代管理学及其他相关学科的研究和发展皆产生了深远影响，其研究范畴目前已扩展至法学、经济学、教育学、社会学、军事学等社会科学领域中的管理问题。

1.5.3 管理心理学的未来展望

中国在改革开放后发生的制度变革大大地激发了本土管理理论的发展潜力。随后，大量西方管理理论被引进，中国管理学开始迅速发展。但是东西方文明背景的差异，使得西方管理理论在本土管理实践中慢慢遇到水土不服的难题（杜运周和孙宁，2022）。为解决此难题，中国管理学者进行了自主创新，对西方管理理论从"照着讲"转为"接着讲"——"接着西方管理学讲""接着中国本土故事讲""接着中西交汇融合讲"（曹祖毅和贾慧英，2020；杜运周和孙宁，2022；郭重庆，2007，2008，2011）。

1. 接着西方管理学讲

"接着西方管理学讲"的理论研究侧重于在中国经济腾飞的背景下，对现有西方管理理论的开发、应用与完善。"接着西方管理学讲"的中心议题之一，便是在掌握西方管理学真谛的前提下研究管理理论与管理情境之间复杂多变的关系，其基本假设为文化具有普遍性、理论不具有情境专有性，旨在改良现有管理理论并使之更具普适性（曹祖毅和贾慧英，2020；谭力文，2009；章凯等，2014）。

在目前的学术环境下，运用西方管理理论在中国进行演绎并基于实证主义范式开展定量管理研究，占据中国管理学研究的主要地位（曹祖毅和贾慧英，2020；高良谋和高静美，2011；谭力文等，2016；章凯等，2014），尽管取得了一大批研究成果，却也因无法彻底解决管理学在中国的"学科合法性"与"实践相关性"之间的矛盾而备受批评和质疑（高良谋和高静美，2011；张兵红等，2022；章凯等，2014）。

2. 接着中国本土故事讲

"接着中国本土故事讲"着力于对中国独有的管理现象和管理问题给出解释，并进一步提出本土化的管理理论。"接着中国本土故事讲"的基本假设为文化不具有普适性、理论具有情境专有性，故引进的西方管理理论不太适用于解释中国本土管理实践的研究议题（曹祖毅和贾慧英，2020；章凯等，2014）。这一方向的研究思路主要有以下两个：

（1）"接着中国古代管理思想讲"（郭重庆，2007，2008，2011）。目前，已有许多管理学者挖掘中国古代管理思想用于构建中国本土化管理理论与模型，取得了丰硕的研究成果并产生了深远影响，比如苏东水的"东方管理"、曾仕强的"中道管理"、席酉民的

"和谐管理"、黄如金的"和合管理"、齐善鸿的"道本管理"、成中英的"C 管理"等（张兵红等，2022）。

（2）"接着中国近现代管理实践讲"（郭重庆，2007，2008，2011）。该方向挖掘中国近现代管理实践以构建本土化管理理论，其研究对象包括以毛泽东、邓小平、江泽民、胡锦涛、习近平为代表的中国共产党人团结带领中国人民先后创造新民主主义革命、社会主义革命和建设、改革开放和社会主义现代化建设、新时代中国特色社会主义的伟大成就的过程中所产生的一系列管理思想与管理实践，以及近年来崛起的闽商、潮商、浙商群体及其展现出的非凡的经营管理行为（郭重庆，2007，2008，2011；张兵红等，2022）。

"接着中国本土故事讲"的研究成果目前大多发表在中文期刊上，尚未得到国际管理学界的广泛认可和接受（曹祖毅和贾慧英，2020；谭力文等，2016），未来还需要中国管理学者们共同努力来提高本土化管理研究的世界话语权。

3. 接着中西交汇融合讲

"接着中西交汇融合讲"强调东西方文化存在共同追求，认为东西方文化虽然在许多方面彼此冲突，却是"异中存同"，两者可交汇融合，并在这一进程中"取其精华，去其糟粕"来优化现有理论和探索新理论（曹祖毅和贾慧英，2020；章凯等，2014）。例如，Chen 和 Miller 提出文化双融思想（Chen，2014；Chen 和 Miller，2010），提倡采纳东西方管理思想和管理实践中积极的方面，同时避免消极之处。

"接着中西交汇融合讲"的东西方管理思想整合研究尚处于起步阶段，目前更多的是运用案例研究方法在西方管理理论的基础上构建本土化的管理理论与模型。例如，有研究通过探索性的案例研究方法，以中国大连华立集团为样本，探讨西方现代管理理论和中国古代儒家管理思想之间的融合机制及其对中国本土企业管理创新的影响（苏敬勤等，2018）。这一方向构建的本土化管理理论与模型能否被管理学界广泛认可，以及能否经得住管理实践的考验，还有待未来进一步验证（曹祖毅和贾慧英，2020）。

总而言之，当前适应中国情境的本土化管理理论与模型还不够完善。中国管理学者应敢为人先、勇于开拓，运用合适的研究方法与技术推动中国管理心理学研究的步伐。基于此，这里提出三点建议：其一，中国管理学者应顺应时代发展潮流，发展出扎根于中国本土的管理心理学理论，以提升中国在国际主流管理学社群中的话语权（谭力文等，2016；章凯等，2012）；其二，中国管理学者应综合运用多元且前沿的方法与技术来开展研究，如结合大数据、人工智能、区块链、神经生理学等新兴技术，分析并解决管理实践中出现的现象和问题；其三，中国管理学者不应只是"扎堆"或"跟风"研究热点话题，还要超越文献空白，去探索此前的未知领域。"扎根"或"跟风"研究会导致创新不足，最终可能不利于中国管理心理学的发展（张志学等，2014）。

数字资源

本章数字资源由三大部分组成：一是 UTD 24 文献推荐，二是推荐的心理量表，三是参考文献。详细内容可下载"拓展学习资源"获取。

1. UTD 24 文献推荐

Wallace J. Hopp, David Simchi-Levi. The legacy of the past and challenge of the future [J]. Management Science, 2021, 67 (9): 5306-5316.

Yidi Guo, Quy Nguyen Huy, Zhixing Xiao. How middle managers manage the political environment to achieve market goals: Insights from China's state-owned enterprises [J]. Strategic Management Journal, 2017, 38 (1): 676-696.

2. 心理量表

◎ 张永红和黄希庭开发的"企业中层管理者时间管理倾向量表"
◎ 李正卫等运用质化研究方法开发的"企业家情怀量表"

3. 参考文献

第 2 章 组织中的个体差异

■ 知识点

个体差异、人格、气质、性格、能力、人岗匹配、胜任力

■ 学习要点

◎ 组织中的个体差异表现在哪些方面？这些差异对组织有什么影响？
◎ 掌握个体差异在人格方面的主要体现，把握个体人格的构成因素以及不同人格特质对个体行为的影响。
◎ 掌握个体能力差异及其对工作的影响。
◎ 在组织中，如何利用个体差异使组织效率最大化？
◎ 管理中的人格测试和能力测试有哪些？这些测试分别有什么作用，又有什么局限性？

思维导图

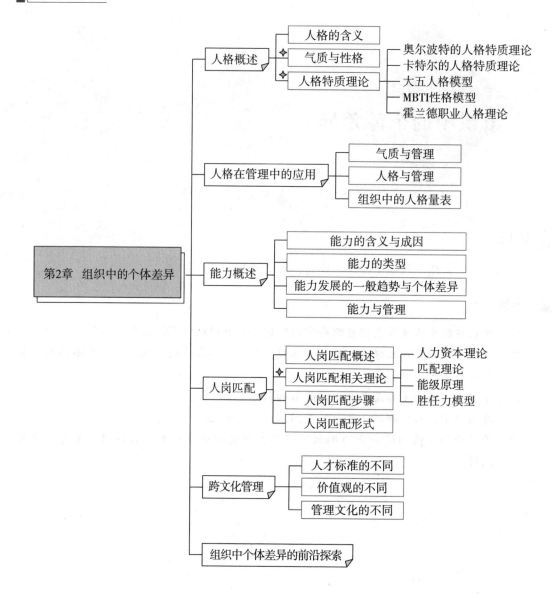

新理念　培育新时代人才，促进人的全面发展

人才，是富国之本、兴邦大计。习近平总书记多次强调，必须坚持以人民为中心的发展思想，多次深刻指出要"不断促进人的全面发展"。这是对马克思主义"人的全面发展"理论的继承和发展，是习近平新时代中国特色社会主义思想的重要内容，也是实现中华民族伟大复兴的根本所在。实现人的全面发展，是马克思主义追求的根本价值目标，也是共产主义社会的根本特征。实现个人的自由全面发展，不仅要以"自由人联合体"的形成为前提，将个体的人置身于社会关系之中，使人通过合理的社会制度、正当的社会调控、良好的社会秩序，不断突破固有的社会关系，获得发展的空间、条件和可能，以社会关系的不断丰富和发展推动人的自由全面发展；同时，还要注重人的能动选择的重要性和主体发挥的必要性，让个人能够根据自己的意愿，充分自由地表现和发挥主体性与创造能力，确保人的力量得到充分展示、能力得到充分发挥、梦想得到充分实现。

史上择慧　太子丹为什么选择荆轲刺秦王

荆轲（？—前227），姜姓，庆氏（古时"荆""庆"音近），字次非，战国末期卫国人，著名刺客，他自幼喜欢读书、击剑，有勇有谋。"风萧萧兮，易水寒，壮士一去兮，不复还"，荆轲在易水诀别燕国太子丹，带着刺杀秦王的任务朝着咸阳进发，但最终任务失败，客死他乡，留下千古悲名。战国有名的刺客非常多，为什么太子丹会选择荆轲刺杀秦王呢？他们又为何会失败呢？

燕太子丹（？—前226），姬姓，燕氏，名丹，燕国蓟城人。秦国攻打赵国后，兵临易水，燕国危在旦夕。燕国的大臣们劝太子丹跟齐、楚、魏再组合纵对抗联盟，但太子丹觉得这样时间太长，他迫不及待地想要解决这场危机，于是派刺客去劫持秦王，"使悉反（返）诸侯之地"；或者刺杀秦王，使秦"内有大乱""君臣相疑"，然后联合诸侯共同破秦。太子丹的属下鞠武向他引荐了田光。但此时田光年岁已大，不能胜任此任务，于是他向太子丹举荐荆轲。

田光：慧眼识英才

田光（？—前227），战国时期燕国人，他智勇双全，被称为燕国勇士。田光喜交朋友，一直行侠仗义，但因不满当时诸侯争霸和连年战争的现实而拒绝为官，晚年他在燕都附近定居。荆轲刚到燕国就凭自己的"养气"功夫，冷静而又理智地制止了一场市井斗殴事件。田光听说这件事后，对荆轲十分欣赏，便邀请他到家中做客，一起谈论时事。这场谈话的内容涉及诸国风物和当前局势，不断交谈中田光认为荆轲是一个有见识、有谋略的人；在谈论的过程中，田光没提招待荆轲的事，故意忽视荆轲一天未进食的情况，一直听他讲所见所闻。到半夜荆轲起身想要告辞时，田光才在仆人的提醒下款待了荆轲。田光对荆轲的考验没有就此结束。在当日深谈后，荆轲被安置在一处馆驿，但田光一直没有过问……在常人眼里，这实在是非常失礼！深夜不招待饭食、数日不以礼回访是田光对荆轲的考验，从中他发现荆轲有胆识、有见地、有韧性、有骨气，能完成大计。

于是田光向太子丹举荐荆轲,之后田光就自刎了。田光用生命证明,荆轲是一个能交付大任的人,值得信任!田光的举动激励了荆轲一生,他一句"田光已死,不虞泄密"的临终遗言,让荆轲备受鼓舞。在刺秦计划出现纰漏后,荆轲的第一想法都是:一定不能辜负田光!这也让他最终选择拼死一搏。

荆轲:人岗匹配,承担大任

在田光向太子丹举荐荆轲后,太子丹和荆轲就刺杀秦王进行了一番商讨,想要成功刺杀秦王必须满足三个条件:第一,一件让秦王放下戒备的"最佳"礼物;第二,一个剑术最好的人,以弥补荆轲剑术不佳的劣势;第三,一件能够隐藏的匕首,以保证成功刺死秦王。

樊於期为秦国叛将,他对嬴政的暴虐十分不满,转而投向燕国。秦王下令重金悬赏樊於期的首级。燕太子丹对樊於期以礼相待,并任命他为上将。樊於期虽然老了,但他仍然时刻准备以死报答太子丹的知遇之恩。为了取信秦王,太子丹决定将樊於期的首级和督亢之地作为最佳"礼物"送给秦王。赵国的徐夫人为天下冶工第一人,一位铸剑名家。当得知荆轲欲前往燕国时,徐夫人特地请他转交给太子丹一份写有淬毒方子的竹简。荆轲深知徐夫人为人正直且痛恨秦王的残暴统治,将铸造淬毒匕首的任务交给她。在榆次论剑中,荆轲通过盖聂那把不起眼的剑和他傲视群雄的态度,认定盖聂是个剑术高手,只有他的剑术才配得上徐夫人的铸剑绝技。后徐夫人也认可这一观点,当她听说使用淬毒匕首的人是盖聂时,点头表示:"大事必成!"

太子丹:礼贤下士

燕太子丹虽然性格上少了些许霸道与谋略,但他礼贤下士的做法营造了吸引和留住人才的良好环境。不管是对田光、荆轲、樊於期、秦舞阳、徐夫人,甚至荆轲的很多贫贱之交,太子丹一贯降阶相迎,以礼相待……因此,当樊於期听说为了让嬴政放下戒备需要他的首级时,会主动饮剑自刎;徐夫人愿意重新开炉,破戒为太子丹铸造淬毒匕首;秦舞阳在缺乏信心之时,用太子丹从前对他的厚待来鼓舞自己;荆轲更是如此,从开始只愿意当一名谋士,到后来决定亲自执行刺秦大任,直至"士为知己者死"……正是太子丹的礼贤下士,才成就了"荆轲刺秦王"史诗般的壮举。

故事启示

荆轲刺秦经过了周密的谋划,为什么最终还是失败了?首先,作为领导者,太子丹眼高手低、心浮气躁,眼光不够长远,他按照个人意愿去刺秦,成功的可能性非常小。一个成熟的政治家必须权衡利弊,能够忍辱负重。太子丹把挽救燕国的希望寄托在刺客身上,成了皆大欢喜,不成则会加速国家的灭亡,这种做法是极其不可取的。此外,他在部署刺秦任务时,在交代行刺方案上模糊不清,到底是"劫持"还是"刺杀"?这使得荆轲在执行任务时犹豫不决,临死时悔恨道:"事所以不成者,乃欲以生劫之,必得约契以报太子也。"

其次,秦舞阳在关键时刻退缩导致刺秦失败。荆轲行此大事,感到孤身无援,难以胜任,曾四处访求勇士以为助手,约期在蓟都会集,一同往秦。这些人居远一时赶不来,太子丹急不可待,责备荆轲行动迟缓,荆轲一怒之下遂仓促上道,太子丹派秦舞阳为副手。虽然秦舞阳十三岁就杀过人,但他毕竟还是个孩子,在市井中尚能逞匹夫之勇,但有勇无谋,这导致他在秦国官殿上吓得浑身哆嗦,被扣留在殿外,使得荆轲缺少团队配合之人,最后只能一人完成刺杀任务。

最终,荆轲剑术能力有限,不能胜任刺秦任务。荆轲曾与盖聂论剑,盖聂用眼睛逼视荆轲,荆轲不敢直视,退走了。荆轲在游历邯郸时,与鲁勾践相遇,由于路比较窄,两人为争道起了纠纷,鲁勾践大声斥责荆轲,让他滚开,荆轲默然退走。鲁勾践听说荆轲因刺秦失败而惨死的消息后,很敬重他的人品,同时也为他惋惜,他感叹道:"嗟乎,惜哉其不讲於刺剑之术也!"可见,荆轲的剑术能力十分有限。

荆轲为人深沉稳重,交友广泛。在与底层人士交往时,他纵酒狂歌、放浪形骸,被他们视为性情中人,引为知已;在与贵族豪杰交往时,他又显得端庄稳重、知书达礼,可见荆轲的情商之高。从荆轲的经历及能力来看,他更适合担任一个谋士而非一名剑客,这也是他悲剧的主要原因。

清代思想家魏源说过:"不知人之短,不知人之长;不知人长中之短,不知人短中之长,则不可用人。"人是世界上个体之间差异最大、表现最复杂的动物,荆轲、田光都爱好交友、智勇双全,但田光年纪大而不适合执行刺杀秦王的任务,荆轲的剑术只有名气而没有相匹配的实力。个体间的差异表现在年龄、性别、性格、气质、能力等多方面,组织中个体间差异的存在会对组织产生不同的影响,影响任务的成败、组织的走向。例如,太子丹的性格急躁、目光短浅,在团队尚未组建完成时便催促荆轲上任,导致任务失败。对组织来说,只有"知人"——了解每一位员工的差异,根据员工的差异对他们进行管理,方可"善任"——发挥每一位员工的才能,做到人尽其才,将组织卓有成效地运转起来。田光认为荆轲擅剑术,有学识,为人沉稳,因此相信他能够完成刺杀秦王的大计;秦舞阳有勇无谋,只是因太子丹的人情而被选为副手,未能发挥一名副手的作用。从荆轲刺秦失败可以看出,组织选人用人时个体间差异的重要性,而选人用人的前提是知人。

2.1 人格概述

2.1.1 人格的含义

人心不同,各如其面,正如《左传·襄公三十一年》提出"人心之不同,如其面焉"。个性也是如此,一千个人就有一千副不同的面孔,一百个人就有一百个不同的人格。我国古代并没有"人格"一词,但有"品格""人性"等与之相关的词语。例如,孔子曾提出"性相近也,习相远也",认为个体的基础是素质,而差异主要来自环境和教育(黄希庭和郑涌,2015)。英文中人格一词用"personality"表示,源自古希腊的"persona",意指面具,随着角色的改变,面具也发生相应变化,与我国传统文化艺术京剧脸谱一样,是为了表现角色的特点和性格。

> **中华典故**　　性格与京剧脸谱
>
> "蓝脸的窦尔敦盗御马，红脸的关公战长沙，黄脸的典韦，白脸的曹操，黑脸的张飞叫喳喳……"我国传统文化艺术京剧脸谱，色彩变幻莫测，得到大众的喜爱。京剧脸谱色彩十分讲究，不同的色彩有着不同的含义，蕴含着角色人格的核心特点（见图2-1）。比如，红色象征忠义、耿直，大多富有血性，如关羽；紫色主要表现刚毅正直、坚强胆大，如杨延昭；黑色代表公正无私，如包公；黑色也有暴躁、耿直的意思，如张飞；白色大多数表现阴险、狡猾，如秦桧；黄色一般表现性格猛烈，如廉颇。

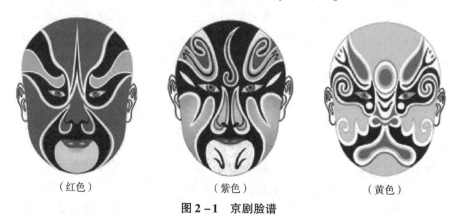

图2-1　京剧脸谱

在现代心理学领域，人格是研究个体差异的重要方面。弗洛伊德提出人格由"本我""自我"和"超我"构成，而行为主义学派的华生认为人格是个体习惯的产物，奥尔波特则对有关人格的定义进行考证，提出人格特质……人格复杂而又有内涵，众多学者对它进行了解读，但至今尚没有一个统一的定论。本书采用彭聃龄（2019）对人格的定义：人格是构成一个人的思想、情感及行为的独特模式，这个独特模式包含了一个人区别于他人的稳定而统一的心理品质。人格类似于我们常说的个性，它既有先天气质的基础，又蕴含后天性格的刻画（黄希庭和郑涌，2015）。

2.1.2　气质与性格

1. 气质的概述

我们常说"江山易改，本性难移"，这里的本性指的就是气质，它是人的个性心理特征之一。"气"最早出现在甲骨文中，《说文解字》云"气，云气也，象形"，"气"的原始含义是对云气的表述；到春秋战国时期，"气"作为哲学概念逐步形成，古人认为气（精气）是物质，是构成天地万物的本源。"质"最早出现在西周金文，《说文解字》云"质，以物相赘"，本义指抵押，以财务或人作保证；《列子》认为"太素者，质之始也"，引申为本质、禀性。可见，我国古代就已经认为"气"与"质"为先天的、固有的。

古人对气质的看法有不同见解，北宋张载在《经学理窟·学大原上》中说："气质犹人言性气，气有刚柔、缓速、清浊之气也。质，才也。"这里的气质指的是人根植于形体的生理、心理素质，如性格、品质、才能等。程颐认为，气质就是才，"气清则才清，气浊则才浊",有善的或不善的。到明清之际,王夫之把气质和本性统一起来,认为不能以气质论善恶,他提出"所谓气质之性者,犹言气质中之性也。质是人之形质,范围著者生理在内。形质之内,则气充之;而盈天地间,人身以内,人身以外,无非气者,故亦无非理者"。这里的气质指的是人的形体,是人性的物质基础。王夫之认为,气质是有差异的,"质以函气,故一人有一人之生;气以函理,一人有一人之性也",质异则性异,每个人都有每个人的性。我国古代哲学思想中的"气质"和我们日常生活中所说的脾气、秉性类似。

现代心理学认为,气质(temperament)是每个人与生俱来的使人的心理活动具有某种稳定性的动力特征,主要表现在心理过程的强度(如情绪体验的强度、意志努力的程度)、心理过程的速度和稳定性(例如知觉的速度、思维的灵活程度、注意力集中时间的长短)、心理活动指向性的特点(有人倾向于从外部世界获得新印象;有人倾向于内心世界,体验自己的情绪,分析自己的思想和印象)(黄希庭和郑涌,2015)。人的气质差异是先天形成的,受神经系统活动过程的特性的制约,个体间大约有 50% 的气质差异是可遗传的(Cloninger,1994)。

古希腊希波克拉底最早观察到人的气质并将其分为四种类型。他认为人体内的四种液体分别是黄胆汁、血液、黏液、黑胆汁,这四种液体在人体内的分布比例不同,由此形成四种气质类型——胆汁质、多血质、黏液质和抑郁质。胆汁质的人体内黄胆汁占优势,多血质的人体内血液占优势,黏液质的人体内黏液占优势,抑郁质的人体内黑胆汁占优势。

现代气质类型学说在希波克拉底的分类基础上进行了改进(见图 2-2)。

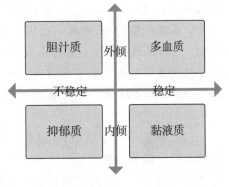

图 2-2 气质的四种类型

(1)胆汁质(兴奋型)。这种气质类型的神经活动特点是强而不均衡,情感和动作的发生迅速、强烈、有力。兴奋型的人大多外向,为人热情直率、精力充沛,但情绪波动剧烈,容易急躁和激动。

中华典故　　　　　　　"憨"湘云

《红楼梦》金陵十二钗之一史湘云的气质类型是胆汁质,她让人印象最为深刻的就是伶牙俐齿、爱说爱笑、快人快语、侠义豪爽、不拘小节。冬日里大雪,大家都穿上了斗篷,等到史湘云出场时"穿着贾母与他的一件貂鼠脑袋面子大毛黑灰里子里外发烧大褂子,头上戴着一顶挖云鹅黄片金里大红猩猩毡昭君套,又围着大貂鼠风领。黛玉先笑道:'你们瞧瞧,孙行者来。'"等到史湘云脱了外头的褂子,众人都笑道:"偏他只爱打扮成个小子的样儿"。史湘云也是一个急性子、心直口快的人,敢说别人不敢说的话。《红楼梦》第四十九回,大观园来了四个新成员:薛宝琴、邢岫烟、李琦、李纹。史湘云对薛宝琴提了一个建议:"你除了在老太太跟前,就在园里来,这两处只管玩笑吃喝。到了太太屋里,只管和太太说笑,多坐一会也无妨;若太太不在屋里,你别进去。那屋里人多心坏,都是要害咱们的。"说的宝钗、宝琴、香菱、莺儿等都笑了。宝钗笑道:"说你没心,却又有心。虽然有心,到底嘴太直了。"史湘云思维敏捷,每次赛诗,她的诗总是来得又快又多。咏白海棠,史湘云来迟了,在别人几乎已将意思说尽的情况下,她竟一连作了两首,且新颖别致,另有意趣,赢得众人的赞叹和激赏。史湘云既有"芦雪广烧烤鹿肉大吃大嚼"的豪爽之气,又有"醉眠芍药茵"的娇俏。张爱玲曾说:"史湘云稚气,带几分憨,因此更天真无邪。"

(2) 多血质(活泼型)。多血质的人神经活动强且均衡、灵活,感受性弱,耐受性强。活泼型的人在品质上多富含朝气、为人热情、爱交际、有同情心、机智灵活等,但也容易出现喜怒无常、粗心,浮躁、很难坚持等特点。这种人活泼好动、反应敏感、注意力容易转移、兴趣和情感易变换,是"社交能手"。

中华典故　　　　　　　"凤辣子"王熙凤

王熙凤是典型的多血质类型,她在《红楼梦》中初次出场,"一语未了,只听后院中有人笑声,说:'我来迟了,不曾迎接远客!'",未见其人,先闻其声。"其他人个个皆敛声屏气,恭肃严整",王熙凤一出场就卓尔不凡、八面生风、如火如荼,从中可见她爱交际、外向、言语迅速的特点。贾母是这样介绍王熙凤的:"你不认得她,她是我们这里有名的一个泼皮破落户儿,南京俗谓作'辣子',你只叫她'凤辣子'就是了。"凤姐口齿伶俐、精明强干、泼辣爽快,贾母的打趣介绍也透露出她对王熙凤由衷的喜欢。

(3) 黏液质(安静型)。这种气质类型的特点是神经活动强、平衡,但不灵活。黏液质的人感受性和不随意反应性弱、耐受性强、情绪稳定。安静型的人善于克制忍让,为人稳重,不卑不亢、不爱空谈;在生活作息方面规律,能够专心做事,不为无关事情分心;但他们对事业有时缺乏热情,因循守旧,反应不够灵活,不易转移注意力。

中华典故　　　　　　　"冷情"薛宝钗

"任是无情也动人"的宝钗是黏液质的人,她"品格端方,容貌美丽"且"罕言寡语,人谓装愚;随分从时,自云守拙",穿着"不见奢华,惟觉淡雅",是正统淑女的典范。从《红楼梦》第七回我们知道,宝钗患了一种病,是从娘胎里带来的一股热毒,犯时出现咳嗽等症状。一个和尚给宝钗说了个"海上仙方儿",叫"冷香丸"。冷香丸以花为药,退热败火,一个"冷"字是点睛之笔,暗含宝钗的气质特点。脂砚斋评石头记中提到薛宝钗:"待人接物不亲不疏,不远不近,可厌之人未见冷淡之态,形诸声色;可喜之人亦未见醴密之情,形诸声色。"宝钗稳重含蓄,很少情绪外露,不偏不倚的处事态度,得到贾府上上下下各人的称赞。

(4) 抑郁质(抑郁型)。这种气质类型属于神经弱型,情感体验深刻持久,对外部环境变化敏感,内心体验深刻。抑郁质的人一般内心敏感,善于观察且细致,但行动迟缓;比较多愁善感,做决定时优柔寡断,具有明显的内倾性。

| 中华典故 | 多愁善感的林黛玉 |

《红楼梦》中有三处描写了黛玉葬花,"尔今死去侬收葬,未卜侬身何日丧?侬今葬花人笑痴,他年葬侬知是谁?试看春残花渐落,便是红颜老死时。一朝春尽红颜老,花落人亡两不知。"她才华横溢、多愁善感,花开花谢本是自然现象,但黛玉却由此想到人生的悲欢离合、聚散无常。黛玉性子又非常敏感多疑、十分孤傲,薛姨妈拿了十二支宫花给周瑞家的,让她送往各处,到黛玉这处时,她只就宝玉手中看了一看,便问道:"还是单送我一人的,还是别的姑娘们都有呢?"周瑞家的道:"各位都有了,这两枝是姑娘的了。"黛玉冷笑道:"我就知道,别人不挑剩下的也不给我。"

以上介绍了气质的四种典型类型,在现实生活中,具有单一典型(某种气质类型的得分明显高出其他三种)气质类型的人是非常少的,大部分人是一般型气质或者两种气质的混合体,三种以上气质混合型的人较少。张拓基和陈会昌(1985)发现的气质类型在我国分布的特点如表 2 – 1 所示。

表 2 – 1　气质类型的分布特点

气质类型	占比(%)	气质类型	占比(%)	气质类型	占比(%)
胆汁质	15.21	胆汁 – 多血	10.22	胆汁 – 多血 – 黏液	6.74
多血质	11.52	多血 – 黏液	9.35	多血 – 黏液 – 抑郁	4.60
黏液质	21.10	黏液 – 抑郁	9.35	胆汁 – 多血 – 抑郁	0.65
抑郁质	5.65	胆汁 – 抑郁	3.04	胆汁 – 黏液 – 抑郁	0.43

气质没有好坏之分,气质类型也没有好坏之分,不能决定一个人的成就大小、成才与否。气质既不能决定人的社会价值,也不直接具有社会道德评价含义。

2. 性格的概述

有的人小心谨慎,有的人刚正不阿,有的人心口如一,有的人举止文雅;有和我们性格相同的人,也有和我们性格不同的人;不同的性格可能有着相似的行为,相似的性格也有可能有着不同的行为。《辞源》中解释性格为性情品格。在古代,"性格"与"天性""性情"有着相似的意思。性格是人格的核心成分,是我们认识他人的重要特征,是组织识人的关键。

性格的英文单词是 character,来自希腊语 kharakter,本意是"刻下的印记",源于 kharax(尖头的棍子),由此产生 character 的基本含义"符号、印记"。古希腊人认为,环境和人的成长经历会在人的身心留下印迹,从而使其具有与众不同的性格特征,由此 character 又衍生出"性格、个性、特征"的含义。

性格是与社会最密切相关的人格特征,主要体现在对自己、对别人、对事物的态度和所采取的言行上。态度则是一种心理倾向,它包括个体对事物的评价、好恶和趋避等方面(彭聃龄,2019)。性格体现了一个人的品德,受人的价值观、人生观、世界观的影响,有好坏之分。性格不仅受到个体活动和周围环境的影响,也受到生理因素的影响,性格的塑造贯穿人的一生。

3. 气质和性格的关系

气质和性格是构成人格的两方面，前者是个体先天既有的，后者是个体在活动中与环境相互作用形成的产物，两者既有联系又有区别。

性格与气质的联系相当密切又相当复杂。具体来说：（1）气质会影响性格的形成与发展。婴儿的气质类型会影响父母对他的态度和教养方式，个体性格的差异性正是在这种教育和环境的区别中形成的。当某种气质与性格有较高的一致性时，有助于性格的形成与发展；反之，则会产生阻碍作用。比如黏液质的人容易形成稳重细致的性格特征，而多血质的人就比较困难。（2）性格可以掩盖、改造气质，使气质服从生产生活的要求。例如做手术要求具备沉着冷静、不受外界影响的性格特征，医生可以通过一些职业训练来掩盖自身多血质浮躁冲动的性格。（3）性格蕴含气质色彩。气质可以按照自己的动力特征渲染性格，使得性格具有独特性。例如同是勤劳朴实的性格特征，多血质的人表现为精神饱满、精力充沛，黏液质的人则表现为踏实肯干、认真细致。

气质和性格的区别在于：（1）先天和后天。气质受生理制约，是先天的，主要反映个体神经活动的特征差异，即人们一出生就表现出来的差异，比如有的婴儿爱哭爱闹，有的婴儿平静沉稳；而性格是后天的，它与个体的社会生活条件相关，反映个体的社会性。（2）可塑性。气质的变化比较缓慢，可塑性较弱；而性格的可塑性就比较强，受环境影响易改变，即使已经形成的性格，改变起来也比较容易。（3）道德评价。气质是个体的动力特征，它没有好坏、善恶之分，不能进行道德评价；而性格与个体的态度和行为特征有关，有好坏、优劣之分，能够进行道德评价。

气质和性格密切联系，相辅相成。我们很难把气质和性格严格区分开。人格的发展既受到先天生理的影响，又为后天环境所塑造；既不能抛开生理因素看待性格，也不能排除环境因素看待气质。

2.1.3 人格特质理论

1. 奥尔波特的人格特质理论

奥尔波特认为人格的基本单元是特质，并提出个人特质和共同特质的概念。共同特质是指许多人共有的特质，是全人类或一群人共有的特质（郭永玉等，2021）。比如辜鸿铭认为中国人身上有一种其他民族没有的非常独特的品性——温良，这种温良延续到现在成为国人战胜困难的力量。个人特质则是指某个特定个体具有的特质。譬如，自尊意识在不同个体上的表现，《礼记》中"可杀而不可辱"，陶渊明"不为五斗米折腰"，也有项羽"此天之亡我，非战之罪也"。

奥尔波特根据特质的重要性和普遍性，将个人特质区分为首要特质、核心特质和次要特质三大类型。

（1）首要特质代表个体最重要的、占主导地位的人格特质，最具普遍性，也最有影响力，几乎影响个体的所有方面（郭永玉等，2021）。奥尔波特认为，首要特质可以被看作优势倾向和决定个体行为的强大力量，但不是每个人都有首要特质，大部分人并没有首要特质。然而，只要存在首要特质，个体生活的所有细节都将染上其色彩。

> **中华典故** 关羽的忠义
>
> 鲁迅在《中国小说史略》中评价:"唯于关羽,特多好语,义勇之概,时时如见也。"关羽被称为"义绝",一个"义"字贯穿了关羽的一生。曹操就曾多次感叹关羽"真义士也"。关羽认为张辽有忠义之气,不恶言相加,也不出战——这是英雄惜英雄的侠义;关羽千里走单骑,过五关斩六将——这是对兄长的情义。关羽恩怨分明,为报曹操的恩,关羽斩颜良、诛文丑,助曹操解白马之围,更有"华容道义释曹操"。

(2)核心特质代表个体主要特征的、相对较少的几种特质。每个人都有核心特质,其描述的是"个体最突出的特征"(郭永玉等,2021)。核心特质对个体的影响力并不完全相同,有大小之分。关羽身上除"义"之外,他的核心特质有勇猛、骄傲自大、守信重诺。

(3)次要特质是指那些普遍性和一致性较弱且不够鲜明的特质。次要特质不易为人察觉,通常只有亲密朋友才能发现它们的存在。

这三类特质并非泾渭分明,也不是离散的,它们只不过是一种连续体上的人为分类。同一特质在一个人身上可能是核心特质,在另一个人身上却可能是次要特质,因此三类特质及其差异只能针对同一个人而言,不能用于人与人之间的比较。

2. 卡特尔的人格特质理论

R. B. 卡特尔(R. B. Cattell)提出基于人格特质的理论模型,模型分为四层(见图2-3):个别特质和共同特质,表面特质和根源特质,体质特质和环境特质,动力特质、能力特质和气质特质。

(1)表面特质和根源特质。表面特质是指一组看起来似乎是聚在一起的特征或行为,但同属于一种表面特质中的特征,其关系也很复杂。因此,这些特征虽有关联,但不一定一起变化,也不源于共同的成因。根源特质是指行

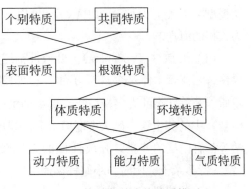

图2-3 卡特尔的人格特质模型

为之间形成一种关联,会一起变动而形成单一的、独立的人格维度。每一种表面特质都来自一种或多种根源特质,而一种根源特质却能影响多种表面特质。因此,根源特质是构成人格的基本要素。

(2)体质特质和环境特质。根源特质下可以分为体质特质和环境特质。体质特质由先天的生物因素决定,而环境特质则由后天的环境决定。

(3)动力特质、能力特质和气质特质。动力特质是指具有动力特征的特质,它使人趋向某一目标;能力特质是指表现在知觉和运动方面的差异特质,包括流体智力和晶体智力;气质特质是指决定一个人情绪反应速度与强度的特质。

1949年,卡特尔基于因素分析法,提出了16种相互独立的根源特质,并编制了"卡特尔16种人格因素测验量表"(16PF)。这16种人格特质包括:乐群性、聪慧性、情绪稳定性、恃强性、兴奋性、有恒性、敢为性、敏感性、怀疑性、幻想性、世故性、忧虑性、

激进性、独立性、自律性、紧张性。卡特尔认为每个人身上都具有这 16 种特质,只是在不同人身上的表现程度有差异而已。

3. 大五人格模型

人们会用语言和词汇来形容日常生活,特别针对生活中普遍存在且重要的某些事物,人们会用更多的、更丰富的语言去形容。词汇成了发现人格特质的重要途径,而词汇学假设(lexical hypothesis)贯穿了人格研究的始终。奥尔波特率先开始这项艰苦卓绝的工作,他让助手精确地算出英语辞典中描述人格差异的词汇数,结果是 17 953 个。之后,他从中挑选出 4 500 个,但这显然还是太多。后来,卡特尔从这 4 500 个词中选出自认为特别重要的 35 个词,并对它们进行了因素分析。

1949 年,菲斯克从卡特尔的词汇表中选出 22 个用于分析,对比在这些特质上自我评定和同伴评定、心理咨询师评定之间的关系,发现有 5 个因素总是最先出现在列表上,这就是后来的大五人格因素。十几年后,由两位心理学家组成的研究小组检验了包括大学生和空军职员在内的样本数据,也发现了同样的 5 个因素。随后多年,在更大范围样本的研究中,大五人格因素一直被不断地重复发现,直至形成西方心理学界公认的人格特质模型——大五人格(OCEAN)(见图 2-4),也被称为人格的海洋。

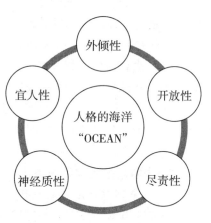

图 2-4 大五人格模型

(1)开放性(openness)。开放性描述一个人的认知风格,它比较个体是否具有好奇、艺术兴趣、创造性等特质。开放性高的人兴趣广泛,偏爱抽象思维,审美能力强,情感充沛,睿智等。比如《红楼梦》中的薛宝钗,她天资聪慧,有深厚的艺术修养,兴趣广泛,对文学、艺术、历史、医学等都有广泛的涉猎。开放性低的人比较务实,较为传统和保守。例如李纨,一心一意,"惟知侍养亲子,闲时与小姑针黹而已"。

(2)尽责性(conscientiousness)。尽责性主要指个体控制、管理和调节自身冲动的方式,它能够评估个体在目标导向行为上的组织、坚持和动机,与工作表现相关。尽责性较高的人往往更有条理,工作上勤奋可靠,"才自精明志自高"的探春就是这一类人,她公正,不偏袒亲信,她的丫鬟训练有素,秋爽斋也打理得井井有条;尽责性低的人常常表现为自律性低,无法激励自己去执行将要完成的任务,但这不代表他们一定是懒惰的,只是往往喜爱悠闲的生活,较少目标导向,比如不爱读书的贾宝玉,整日游手好闲。

尽责性是研究中使用最多的预测指标之一,它能够预测个体的学术表现、工作后的职位晋升与收入、社会经济地位及身体健康等。

(3)外倾性(extraversion)。外倾性表示人际互动的数量和密度、对刺激的需要以及获得愉悦的能力。这个维度将主动、活泼、爱交际的个体和腼腆害羞、沉默安静、不喜社交的人做对比。外倾性可以由人际的卷入水平和活力水平两方面来度量。人际的卷入水平主要评估个体喜欢他人陪伴的程度,人际的活力水平则反映个体自身的节奏和活力水平。东汉光武帝刘秀是外倾性低的人,他为人踏实,醉心于耕田劳作,人生理想仅仅是"仕宦当作执金吾，娶妻当得阴丽华"。刘縯则与刘秀完全相反，外倾性较高，他锋芒外露、性格刚毅，慷慨大方、心怀大志，散尽家财结交天下英雄豪杰，甚至率领数千人起义。

（4）宜人性（agreeableness）。宜人性代表"爱"这一维度，衡量对合作与人际和谐是否看重。它主要表现个体对他人的态度，对比是否有同情心、易信任他人、心软与冷漠、无情无义、爱摆布人、报复他人的人。宜人性高的人乐于助人、为人慷慨、能够信任他人，甚至愿意为他人而放弃自己的利益。比如史湘云从不摆主子的款去对待下人，她时常挂念自己与袭人的情分，细心地托人为她带去金戒指。史湘云十分乐于助人，香菱学诗并向史湘云请教，她"越发高兴了，没昼没夜，高谈阔论起来"。宜人性低的人更重视自己的利益，他们不关心别人的利益，也不愿意去帮助他人，甚至有时会猜疑他人。邢夫人的陪房王善保家的就是宜人性低的人，绣春囊事发后，她借机怂恿王夫人抄检大观园以报复平日里不奉承自己的丫头们，向王夫人添油加醋地抹黑晴雯，致使晴雯被王夫人赶出贾府。

对一些职业来说，宜人性不需要太高，特别是一些需要强硬和客观判断的场合，如科学家、评论家和士兵；而社工、心理咨询师这类职业就要求较高的宜人性。

（5）神经质（neuroticism）。神经质的人情绪不稳定，难以处理焦虑、抑郁、敌对、冲动等负面情绪。神经质在个体上表现为倾向于体验消极情绪和情绪不稳定。高神经质的个体心理压力大，会产生过多的不现实想法，有过多的要求和冲动，相对于低神经质的个体更容易体验到焦虑、抑郁及愤怒等负面情绪。他们对外部刺激有更强的反应，但调节情绪和应对外部压力的能力较弱，常常处于不良情绪状态。晴雯就是高神经质的人，她每次吵架都是情绪大爆发，动不动就撵人，宝玉因她跌折扇子骂"蠢材"，晴雯立马进入战斗模式"二爷近来气大的（得）很，行动就给脸子瞧。前儿连袭人都打了，今儿又来寻我的不是，要踢要打凭爷去……"。低神经质的人则相反，多数情况下他们都比较平静，很少情绪化。与晴雯同为宝玉丫鬟的袭人，温和平静，极少与人发生冲突。《红楼梦》第三十回，宝玉回来时错踢了袭人一下，袭人"忽见宝玉生气，踢他一下，又当着许多人，又是羞，又是气，又是疼……待要怎么样，料着宝玉未必是安心踢他，少不了忍着说道'没有踢着'"。她一边忍痛，一边宽慰宝玉，可见她的隐忍与温和。

想要了解自己的大五人格类型，读者可以利用数字资源"大五人格量表"进行测验。

4. MBTI 性格模型

荣格的性格理论依据力比多（libido，意为欲望）倾向进行划分。他认为，性格有两种态度类型：外倾型（外向型）和内倾型（内向型）。外倾型人的力比多活动倾向于外部环境；内倾型人的力比多活动倾向于自身。具体而言，外向型的人重视外部世界，对周围的环境有强烈的好奇心，比较容易适应环境的变化，他们热爱社交、自信开朗、积极进取。内向型的人更重视自己的内心，容易沉浸在自己的世界中，对外界变化不敏感，不易适应环境的变化，他们善于反思、有些孤僻、害羞腼腆。

荣格认为，每个人的心理活动都包括感觉、思维、情感和直觉四种基本机能。我们通过感觉去感知外界事物的存在；接下来通过思维告诉我们这个事物是什么；你对事物是否满意可以通过情感功能来表述；最后直觉告诉我们它来自何方、向何处去，允许人们在缺少必要信息时进行判断。按照两种态度类型与四种机能的组合，荣格描述了性格的八种心理类型。

在荣格心理类型理论的基础上，美国作家伊莎贝尔·布里格斯·迈尔斯（Isabel Briggs Myers）及其母亲共同编制了人格类型理论模型——迈尔斯-布里格斯类型指标（Myers-Briggs type indicator，MBTI）。MBTI 是目前应用最广泛的人格测验模型，它在解释个体的性格特征以及预测个体未来发展上具有较好的信度和效度。MBTI 共有四个维度，每个维度都具有两极，如表 2-2 所示。

表 2-2　MBTI 的四个维度

维度	类型	行为特征	类型	行为特征
精力支配（收集信息）	外倾 E（extrovert）	注意力聚焦在外部；快速行动；兴趣广泛；喜欢合作；喜怒形于色	内倾 I（introvert）	沉浸于内部；三思而行；兴趣单一；喜欢独自工作；隐藏情绪
认识世界（加工信息）	感觉 S（sensing）	注重事实和细节；关注当下；实事求是；相信感官；喜欢已知的知识和技能	直觉 N（intuition）	立足整体；着眼未来；富有想象和创造力；依靠知觉；对新知识和技能感兴趣
判断事物（评估信息）	思维 T（thinking）	依靠逻辑分析得出结论；实事求是；客观；据理力争；注重真理	情感 F（feeling）	依靠价值观和信仰得出结论；以人为本；主观；惧怕冲突，喜欢和谐；注重事实
生活态度（行为表达）	判断 J（judgment）	做事有条不紊；遵循计划；提前完成任务；坚持不懈；完成任务时能得到最大的快乐	感知 P（perceiving）	随性，没有计划；不能遵守计划；拖延任务；半途而废；开启任务时获得最大的乐趣

MBTI 模型主要测量个体对各维度两极的偏好程度，对四个维度基本偏好的不同组合就构成了 16 种人格类型（见表 2-3），每种类型各有特点，并不存在一种完美的人格类型。人格类型的差异主要反映在个体在与环境互动过程中如何获取信息，并据此做出决策。四个维度上的偏好并不是独立存在的，16 种类型中的每种偏好都是动态交互的。迈尔斯指出，这些组合中的每一种都能构成以利益、价值观、需求和思维习惯等不同的性格类型。当个体具有四组偏好中的某一种时，他们可以利用这些偏好以更好地生活与工作，但这并不代表他们不能放弃自己不偏好的行为；实际上，个体利用非偏好的行为可以使得工作更有效率，但可能需要更多的时间和精力。

表 2-3　MBTI 的 16 种人格类型及职业倾向

人格类型	具体描述	职业	典型人物
ESFP	能够迅速对周围环境做出反应，观察力、发现问题以及解决问题的能力较强	偏好的工作领域：教育、社会服务、健康护理、娱乐业、商业、服务业等 偏好的典型职业：早教、公关专业人士、劳工关系调解人、零售经理、商品规划师、促销员、团队培训人员、表演人员、社会工作者、牙医、兽医、融资者、旅游项目经营者、特别事件协调人、社会工作者、旅游销售经理、运动设备销售员、融资者、保险代理/经纪人等	李逵

(续表)

人格类型	具体描述	职业	典型人物
ESTP		偏好的工作领域：多样性的服务领域，要求在迅速改变的环境中快速思考/反应的服务领域，可以满足这类人的好奇心和洞察力，如金融、商贸、体育、娱乐、商业等 偏好的典型职业：企业家、保险代理、土木工程师、预算分析员、促销商、证券经纪人、运动商品销售员、体能训练师、警察、消防员、情报人员、旅游代理、职业运动员、教练、承包商、医疗急救技术员、新闻记者、电子游戏开发人员、房地产开发商、业务运作顾问、技术培训人员、旅游代理、手工艺人、网络经销商等	孙权
ENFP	能够发现不相关事物之间的联系，找出背后隐藏的规律；相对于已经发生的事情，更关注还未发生的事情，更愿意参与有创造性的活动	偏好的工作领域：创作类、艺术类、教育、咨询辅导类、研究、宗教、保健、技术等 偏好的典型职业：各类培训师、人力资源工作者、社会科学工作者、团队建设顾问、职业规划师、编辑、艺术指导、建筑师、时装设计师、记者、口笔译人员、娱乐业人士、法律调解人、推拿医师、心理咨询师、心理学专家、顾问等	贾宝玉
ENTP		偏好的工作领域：创作、创业、开发、投资、公共关系、政治、创造性工作等 偏好的典型职业：企业家、发明家、投资银行家、风险投资商、管理营销顾问、广告文案员、访谈节目主持人、政客、房地产开发商、后勤顾问、投资经纪人、广告创意指导、演员、战略规划家、大学校长/学院院长、互联网营销人员、营销策划人员	孙悟空
ESTJ	十分重视工作的效率，能够合理安排时间，能够使用最少的时间完成最多的工作，具备独特的发现问题和解决问题的能力	偏好的工作领域：营销、服务、科学技术、管理、专业人员等 偏好的典型职业：业务主管、军官、首席信息官、运动品销售员、房地产开发商、预算分析员、健康管理员、药剂师、信用顾问、保险代理、项目经理、数据库经理、信息总监、后勤与供应经理、业务运作顾问、证券经纪人、电脑分析人员、保险代理、普通承包商、工厂主管等	王熙凤
ENTJ		偏好的工作领域：商业、金融、咨询、培训、专业性工作、技术等 偏好的典型职业：首席执行官、网络专家、管理顾问、政客、管理专员、授权商、企业财会人员、融资律师、个人理财顾问、房地产开发商、销售主管、环保工程师、经济分析师、教育顾问、法官、经理、技术培训人员、国际销售经理、特许经营业主、程序员等	曹操

(续表)

人格类型	具体描述	职业	典型人物
ESFJ	关注人际互动、他人的观点，对其他人比较热情；擅长组织和协调活动，并确保其他人参与活动	偏好的工作领域：卫生保健、教育、社会服务、咨询、商业、营销、服务业、文书等 偏好的典型职业：销售代表、零售业主、房地产代理商、兽医、特殊教育老师、信用顾问、员工援助顾问、体能训练师、护士、理疗师、营销经理、运动教练、口笔译人员、人力资源顾问、商品采购员、公关客户经理、个人银行业务员、人力资源顾问、接待员、信贷顾问、秘书等	宋江
ENFJ		偏好的工作领域：信息传播、教育、服务业、卫生保健、商业、咨询、技术等 偏好的典型职业：广告客户经理、杂志编辑、临床医师、职业规划师、培训专员、大学教授（人文学科）、销售经理、程序设计员、协调人、市场营销人员、新闻记者、社会工作者、人力资源工作者、电视制片人、公关、非营利机构负责人等	刘备
ISTJ	信息收集能力强，擅长整合信息和理解信息；通常根据过去的经历和已有经验进行决策	偏好的职业领域：商业、金融、小学教育、法律、应用科学、卫生保健、服务、技术等 偏好的典型职业：气象学者、数据库管理员、财务工作者、后勤经理、信息总监、预算分析员、医学研究、检查员、农学家、保健医生、生物医学研究者、办公室管理人员、信用分析师、审计员、证券经纪人、侦探、地质学家、工程技术人员等	沙僧
ISFJ		偏好的工作领域：卫生保健、社会服务、教育、商业、服务、设计、艺术等 偏好的典型职业：人事管理、护理医师、营养学家、家庭保健员、图书管理员、室内装潢师、律师助手、数据库经理、信息总监、后勤与供应经理、业务运作顾问、工厂主管、记账员、福利院工作者、特殊教育工作者、旅馆业主、项目经理等	唐僧
INTJ	具有长远发展的目光，比较重视未来，对能够改变未来发展有极大的兴趣；能够深入探讨数据背后的含义	偏好的工作领域：商业、金融、技术、教育、健康保障、医药、专业性和创造性工作等 偏好的典型职业：知识产权律师、管理顾问、经济学者、国际银行业务员、证券投资和金融分析专家、设计工程师、程序员、各类科学家、技术专家、财务专家、建筑师、信息系统开发商、综合网络专业人员等	诸葛亮
INFJ		偏好的工作领域：咨询、教育、科研、文化、艺术、设计等 偏好的典型职业：人力资源经理、特殊教育人员、健康顾问、建筑师、健康医师、培训师、职业规划师、组织发展顾问、编辑、艺术指导、心理咨询师、作家、调解员、营销人员、社会科学工作者等	薛宝钗

(续表)

人格类型	具体描述	职业	典型人物
ISTP	具有较强的分析能力，能够深入分析相关信息，并通过不断探索找到最佳方案；擅长运用科学技术或专业知识去解决问题，从不同视角去观察将要发生的事情	偏好的工作领域：服务、技术、刑侦、健康护理、商业、金融、手工、贸易等 偏好的典型职业：电脑程序员、软件开发商、医疗急救技术员、商务专员、警察、武器专家、消防员、海关验货员、体育器材/用品销售商、海洋生物学者、经济学者、证券分析员、银行职员、管理顾问、生理治疗专家、药剂师、园艺服务人员、驯兽员、技术培训人员等	武松
INTP		偏好的职业领域：计算机应用与开发、理论研究、学术、创造性工作等 偏好的典型职业：建筑师、计算机软件设计人员、网络专家、网站设计人员、系统分析人员、信息服务开发商、金融规划师、风险投资商、调查员、财务分析、经济学者、大学教授、知识产权律师、音乐家、神经科医师、分析心理学专家、企业律师等	吴用
ISFP	能够关心、关注他人的想法和感受，相对于自己的需要会优先考虑他人的需要；在特定情况下，会花时间比较他人和自己的价值观	偏好的工作领域：手工艺、技工、艺术、医护、科学技术、销售、商业、服务业等 偏好的典型职业：护理医师、牙科保健医师、室内园艺设计师、时装设计师、客户服务代表、测量/检查人员、护士、海洋生物学者、厨师、销售代表、行政人员、商品规划师、旅游销售经理等	猪八戒
INFP		偏好的工作领域：创作类、艺术类、教育、咨询辅导类、研究、宗教、保健、技术等 偏好的典型职业：人力资源工作者、社会科学工作者、团队建设顾问、职业规划师、编辑、艺术指导、建筑师、时装设计师、记者、美术指导、口笔译人员、娱乐业人士、法律调解人、推拿医师、心理咨询师、心理学家、顾问等	林黛玉

5. 霍兰德职业人格理论

美国心理学家和就业指导家约翰·霍兰德（John Holland）提出职业人格理论，被广泛用于职业选择。霍兰德提出个体会在适应环境的过程中发展性格，如果个体的某一行为能够在环境中得到强化或满足，这种行为就会被保留下来，反之则会改变。人们在找工作时会优先考虑人格特征和工作环境的适配情况，如果工作和性格相匹配，个体就能充分发挥主观能动性。这不仅能让他们对工作产生兴趣，还能实现自我价值。

霍兰德将人格划分为六种类型，并分别与六种职业对应（见表2-4）。霍兰德认为，大部分人可以归为上述六类人格中的某一种，也可以相近于两种人格等。

表 2－4 人格类型与职业匹配

人格类型	特征	匹配的职业
常规型	谨慎的、常规的、有条不紊的。他们倾向于内向、遵守规则、坚持不懈、注重实际，但过于拘谨和缺乏想象力	接待员、秘书、书记员、计算机操作员和会计等
社会型	爱好交际。他们友善、慷慨、乐于助人和宽容；容易对别人产生同情、有耐心、擅长与他人合作。他们富有理想主义色彩、有责任感、机敏和热情	教师、治疗专家、顾问和管理者等
探究型	理性、擅长分析、求知欲强，只喜欢与自己人格相似的人交往。他们谨慎和富有节制、特立独行、善于反驳他人	科学家、医生、翻译家、调查员、大学教师和研究者等
艺术型	典型的理想主义者，比较感性、缺乏理智、想象力丰富，向往自由。他们不遵守常规准则，极富独创性，具有敏锐的洞察力、敏感且没有偏见	作家、音乐家、艺术家、设计家、艺术评论家和演员等
现实型	务实、明智，不喜欢很亲密的关系，回避社会群体。他们待人真诚、坚持不懈和勤俭，更喜欢实践操作	汽车司机、飞行员、技工、厨师、农民和工程师等
进取型	充满渴望、令人愉快和雄心勃勃，但盛气凌人，喜欢炫耀，好大喜功。他们很乐观、极为合群、喜欢交谈	推销员、管理人员、经理、小商人和警察等

2.2 人格在管理中的应用

了解个体的人格差异能够更好地预测人们的行为。关于组织情境中的人格研究需要回答：个体适合什么样的职业？什么样的应聘者会成为优秀的员工？怎样发现和识别优秀的员工？如何管理不同个性特征的员工？

2.2.1 气质与管理

气质作为影响人的心理活动和行为活动的动力，是人稳定的心理特征之一。研究员工的气质类型，了解其气质差异，针对不同气质类型的员工采取不同的管理方式，如此才能在管理中做到"以人为本"，取得最好的管理效果。

1. 气质与职业匹配

在现实生活中，不同气质类型的人可以做同一种工作；不同领域中有成就的人物，其气质也并非完全相同（见表2－5）。俄国的四位著名作家就是四种气质的代表，普希金属于胆汁质，赫尔岑具有多血质的特征，克雷洛夫属于黏液质，果戈理属于抑郁质。尽管分属四种气质类型，但这并不妨碍他们成为文学巨匠。任何一种气质都有积极的一面，也有消极的一面，我们应避免对某一种气质怀有偏见和歧视。

表 2–5　气质类型与职业匹配

	气质类型			
	多血质	胆汁质	黏液质	抑郁质
气质特征	活泼，好动，敏感	热情直率，外露，急躁	稳重，自制，内向	安静，情绪不易外露，办事认真
适合的职业	政府及企事业管理者，外事人员，公关人员，驾驶员，医生，律师，运动员，公安，服务员等	导游，推销员，勘探工作者，节目主持人，外事接待员，演员等	外科医生，法官，财会人员，统计员，播音员等	机要员，秘书，人事，编辑，档案管理员，化验员，保管员等
不适合的职业	单调或过于细致的职业	长期安坐的细致工作		热闹、繁杂环境下的职业

一般来说，大多数工作对人员的气质要求并不是十分严格，但有些特殊工作规定了人员的气质类型，缺乏某些方面气质特征的人是不能胜任的。例如，宇航员、飞机驾驶员、大型动力系统调度员、矿场救护员等，他们在工作时要具有极其灵活和快捷的反应，具备敢于冒风险和临危不惧的心理素质，能够在正确感知信息的基础上采取正确的措施。多血质和胆汁质的人比较适合从事这类工作。工程心理学的研究表明，现代化飞机驾驶舱里的仪表、信号、操作器、开关等多达几百个，而只有飞行员一个人操作。在飞行着陆的短短五分钟内，飞行员必须做出上百个操作动作，注视仪表盘一百多次，每次注视的时间平均只有0.4—0.6秒，动作稍微有一点儿差错就有可能机毁人亡。因此，在运用气质与职业匹配的原则时必须以快速飞行的气质特征要求为绝对标准，通过气质类型测量来选拔飞行员。实践证明，由于运用气质与职业匹配的原则选拔飞行员，使淘汰率从约2/3下降到1/3，避免了智力投资和开发的巨大浪费。同样，现代化工厂的中央控制室里，仪表盘、信号和操作器多达上千个，操作者的反应稍微迟钝、稍有疏忽就会造成重大事故。因此，管理中对从事这类工作的人员的气质要求是绝对的，必须非常严格地评定其气质特征是否符合工作要求。

2. 对不同气质类型员工的管理

气质对人的行为、活动效率都有很大影响，在组织的管理工作中关注人的气质有着重要意义。

《西游记》中唐僧的三个徒弟气质各不相同，唐僧在管理三人时方法也有所不同。胆汁质和多血质的大师兄、二师兄比较外向，唐僧就会直接批评他们。比如路过天竺国，八戒说话不知分寸，唐僧当即批评他："这夯货，越发村了！这是甚么去处，只管大呼小叫！倘或恼着国王，却不被他伤害性命？"对于沙僧，唐僧则以真诚感召为主。

（1）依据员工的气质调动积极性。虽然气质类型没有好坏之分，但对个体和组织来说气质可能会产生积极影响，也可能会产生消极影响。对待不同气质的员工，在分配任务时就要考虑员工的气质类型。例如胆汁质和多血质的人比较活泼好动，适合做与人沟通和交流的工作，不适合安排他们去做太细致的工作。

（2）根据人的气质特征合理调整组织结构，可以提高团队战斗力。在现代社会中，越来越多的工作需要依靠团队合作来完成，若团队成员的气质能够互补则有助于提高团队的工作效率。首先，团队成员有着不同的分工和职责，对成员的气质要求也就不同。其次，有些工作需要不同气质类型的员工共同合作才能达到较好的效果，成员的配备可适当考虑气质类型的相互补充。最后，合理配置人员的气质类型也有助于协调团队的人际关系，营造和谐的团队氛围。例如，多血质和胆汁质的人热情主动，在人际关系中容易建立良好的友谊关系；黏液质和抑郁质的人则比较内向拘谨，往往处于被动地位。在组建团队时，需要考虑气质特征对人际关系的影响，从而协调团队的人际关系，增强组织团队的凝聚力和战斗力。

（3）根据员工的气质特征做思想工作也非常重要。面对挫折、压力、批评和惩罚，不同气质类型的人有着不同的容忍程度和思想情感接受程度。在对员工进行思想教育时，需要根据员工的气质特征采取合适的方法。例如，多血质和胆汁质的人比较主动，能够接受公开的教育和批评；黏液质和抑郁质的人则比较被动，更能接受暗示性的教育和批评。

中华典故　唐僧的三个徒弟

观音在为唐僧组建取经团队时，也是好一番考量：孙悟空是典型的胆汁质，他精力充沛，在取经路上从不知疲倦，用高强度的紧张为师父保驾护航，但他脾气十分暴躁，就有了紧箍咒让唐僧能够管教住他；猪八戒则是典型的多血质，他就像师徒四人中的气氛调节者，活泼好动的他不会让师徒四人感到尴尬，但是面对困难他又非常容易动摇，经常吵着要散伙；沙僧个性憨厚、忠心耿耿，是典型的黏液质，他在西天取经路上目标明确，遇到妖怪时尽职保护师父，任劳任怨、恪守本分，是不可缺少的后勤保障人员。

3. 管理者的气质类型

管理者的气质类型对组织的效率有一定影响，企业管理者的气质类型对管理者的选拔工作也有一定的参考价值。表 2-6 是关于企业管理者气质类型分布的一项调查总结。从表 2-6 我们可以发现，管理者的气质类型主要分布在略偏多血质（27.1%）、多血-黏液混合（23.1%）、胆汁-多血混合（10.2%）、略偏黏液质（9.3%）。

表 2-6 管理者的气质类型

气质类型	总人数	占总数的比例（%）	男性	占男性总数的比例（%）	女性	占女性总数的比例（%）
典型胆汁质	1	0.4	1	0.8	0	0
典型多血质	8	3.6	5	3.8	3	3.2
典型黏液质	3	1.3	2	1.5	1	1.1
典型抑郁质	0	0	0	0	0	0
略偏胆汁质	7	3.1	5	3.8	2	2.2
略偏多血质	61	27.1	39	29.5	22	23.7

(续表)

气质类型	总人数	占总数的比例（%）	男性	占男性总数的比例（%）	女性	占女性总数的比例（%）
略偏黏液质	21	9.3	15	11.4	6	6.5
略偏抑郁质	5	2.2	1	0.8	4	4.3
胆汁-黏液混合	7	3.1	5	3.8	2	2.2
胆汁-多血混合	23	10.2	9	6.8	14	15.1
胆汁-抑郁混合	3	1.3	2	1.5	1	1.1
多血-黏液混合	52	23.1	32	24.2	20	21.5
多血-抑郁混合	5	2.2	4	3.0	1	1.1
黏液-抑郁混合	11	4.9	4	3.0	7	7.5
胆汁-多血-黏液混合	8	3.6	4	3.0	4	4.3
胆汁-多血-抑郁混合	5	2.2	2	1.5	3	3.2
多血-胆汁-黏液-抑郁混合	2	0.9	1	0.8	1	1.1
多血-黏液-抑郁混合	3	1.3	1	0.8	2	2.2
合计	225	100.0	132	100.0	93	100.0

注：合计数有进位误差。

（1）典型胆汁质和抑郁质气质类型的人不适宜担任管理者。胆汁质的人表现为易激动、脾气急躁，不能控制自己；而抑郁质的人表现为沮丧、孤僻、行动迟缓。这两类气质类型的人任管理者不利于团队内部的沟通。

（2）多血质、黏液质或多血-黏液混合、胆汁-多血混合气质类型的人比较适合担任管理者。

（3）现实中还是存在少部分（约5.7%）胆汁质和抑郁质气质类型的管理者。

2.2.2 人格与管理

"金无足赤，人无完人"，每个人的性格各有优势和劣势，组织需要对个体性格的长处和短处有清醒的认识，在选人和用人上做到扬长避短，"用人之仁去其贪，用人之智去其诈"，这样才能最大限度地发挥个人的优势，使他们在不同的领域发挥所长。

"天生我材必有用"性格是人格的核心特点，它对人的行为具有很大的影响作用。加强管理的一个方面，就是要了解和把握组织成员的性格，以便预测和控制他们的行为，引导其行为朝着有利于实现组织目标的方向发展。

中华典故 刘劭谈官员的十二种性格类型

刘劭是三国时期魏国思想家，字孔才，广平邯郸（今属河北）人。其代表作《人物志》作为我国古代第一部以人物为考察对象的著作，是对汉末以来品评人物活动中所产生的问题和争论、经验和教训的总结与提炼，是研究人物品评的理论著述。

刘劭对于政治人才选拔的基本观点是"人才不同，能各有异"与"量能授官"。在《体别》篇中，刘劭根据性格划分人才的类型，共十二种：强毅与柔顺，雄悍与惧慎，凌楷与辨博，弘普与狷介，休动与沉静，朴露与韬谲。刘劭以简洁准确的评价指出每一类型人才的优缺点以及驾驭之法。比如"辨博之人，论理赡给，不戒其辞之泛滥，而以楷为系，遂其流；是故，可与泛序，难与立约"，而"狷介之人，砭清激浊，不戒其道之隘狭，而以普为秽，益其拘；是故，可与守节，难以变通。"

◆ 2.2.3 组织中的人格量表

1. 人才的选拔与测评

在传统招聘中，招聘者对应聘者的了解主要来自简历，从个人的教育背景、工作经验、知识水平等方面考察应聘者是否符合组织的需要。随着时代的不断发展，人才流动日益频繁，组织对人的个性的把握也更加重要，越来越多的组织在招聘时会对求职者进行性格测评。目前组织中常用的测验有以下几种：

（1）明尼苏达多项人格测验量表（MMPI）。从 20 世纪 30 年代开始，美国明尼苏达大学 S. R. 哈撒韦（S. R. Hathaway）和 J. X. 麦金利（J. X. McKinley）根据精神病临床需要于 1942 年设计并发表了"明尼苏达多项人格测验"（Minnesota multiphasic personality inventory，MMPI），适用于初中以上文化水平人群。MMPI 内容涉及范围很广，包括健康状态、精神症状、情绪反应、社会态度、神经障碍、家庭婚姻、动作失调、性的态度、政治态度、宗教态度、习惯、职业关系、教育关系、社会态度和精神病的行为表现等共 566 个题目，它不仅可以用于鉴别精神疾病（如抑郁症、精神分裂症等）患者，还可以用于发现正常人的人格特征。目前，MMPI 被广泛应用于司法审判、犯罪调查、教育和职业选择等领域。除此之外，人才市场、职业介绍所、大中学校等部门也使用 MMPI 对求职者进行测评。

MMPI 对人才心理素质、个人心理健康水平、心理障碍程度的评价都有较高的应用价值，是世界上使用次数最多的人格测评工具之一。宋维真（1980）将 MMPI 引进中国，并在 1984 年建立了中国常模。宋维真和莫文彬（1992）对 MMPI-2 进行了引进和修订，形成了简版 MMPI，称为"心理健康测验量表"（psychological health inventory，PHI）。中国化的 PHI 由 168 个题目组成，包括 7 个分量表，其功能接近 MMPI，并具有较高的信度和效度。

（2）卡特尔 16 种人格因素测验量表（16PF）。美国心理学家卡特尔在 1949 年编制了"卡特尔 16 种人格因素测验量表"（Cattell's 16 personality factors questionnaire，16PF），分析了乐群、聪慧、稳定等 16 种人格特质。这 16 种主要人格因素的不同组合，构成了一个人不同于他人的独特人格。2002 年的 16PF 第五版，包含了 185 个三选一的题目，每个因素的分量表分别包含 10—15 个题目，测验总时间为 34—50 分钟。16PF 在不同文化背景下的适用性良好，被广泛地应用在人力资源领域，能够为人员的选拔、评定等提供建议，是世界上应用范围最广的人格测评工具之一。

（3）大五人格问卷。大五人格模型自提出后得到了众多学者的验证与认同，1985 年美国心理学家 P. T. 科斯塔（P. T. Costa Jr）和 R. R. 麦克雷（R. R. McCrae）在大五人格模型的基础上编制了 NEO 个性问卷（neuroticism extraversion openness personality inventory，

NEO-PI，神经质 – 外倾 – 开放个性问卷）。1992 年修订了 NEO 问卷，修订版本为 revised neuroticism extraversion openness personality inventory（NEO-PI-R），它在西方被广泛应用于人格的测评以及工业与组织心理学、管理心理学等研究领域。

大五人格有着良好的跨文化稳定性，NEO 中国修订版最初由戴晓阳等（2004）完成，共有五个维度 240 个题目。王孟成等（2010a，2010b）根据中国人的语言习惯编制了中国大五人格问卷（Chinese big five personality inventory，CBF-PI），共 134 个条目，测量 22 种特质。在此基础上，王孟成等（2011）挑出 40 个合适的题目编制成中国大五人格问卷简版（Chinese big five personality inventory brief version，CBF-PI-B），目前已在大量研究中得到验证（崔京月等，2021；王娟等，2020）。

（4）职业人格问卷（OPQ）。萨维尔和霍尔德斯沃斯（Saville & Holdsworth）编制了职业人格测验量表——职业人格问卷（occupational personality questionnaire，OPQ）。OPQ 共有 248 个项目、31 个因子，每个因子有 8 个题项。其中，五个维度分别对应"大五"模型的外倾性、开放性、尽责性、宜人性和情绪稳定性（或神经质），还有一个活动水平维度（王芙蓉等，2008）；目前的 OPQ 版本包含人际关系、思维风格、感觉与情绪三个维度。OPQ 旨在为企业提供有关员工行为风格信息的描述，解释员工行为对工作胜任力的影响。同时，OPQ 能用于人事的选拔和职业发展。在全球 50 多个国家和地区设有分支机构的人才咨询管理公司 SHL，在员工招聘、发展到继任规划的全过程中都采用 OPQ。

（5）MBTI 人格类型量表。MBTI 人格类型量表自 1942 年由美国学者提出后，已经成为目前最为流行的职业性格测验工具。它测量的是人格类型而非人格特质，应用广泛，包括职业、教育等多个领域；它还可用于专业评估，在解释测试结果方面也十分简便、易懂。近年来，在众多专家学者不断修订、完善下，MBTI 目前已有 10 余种版本（见表 2 – 7），它对人格差异的解析，从类型间差异发展到类型内差异，直至个体差异，越来越详细、深入（顾雪英和胡湜，2012）。

表 2 – 7　MBTI 人格类型量表版本

年份	量表版本	说明
1942	MBTI-A	Myers 与 Briggs 合作开发的最早的 MBTI 工具，即 MBTI-A 量表
1943—1961	MBTI-B、C、D、E	Myers 在原始量表的基础上，陆续开发出 MBTI-B、C、D、E 版本
1975	MBTI-F	MBTI-F 量表诞生，包括 166 个项目，主要用于研究
1977	MBTI-G	MBTI-G 量表诞生，包括 126 个项目，此后成为 MBTI STEP I 早期的标准量表
1987	MBTI-J	MBTI-J 量表诞生，包括 27 个子量表、290 个项目，主要用于临床及研究
1989	MBTI-K	MBTI-K 量表诞生，戴维·桑德斯（David Saunders）为此专门撰写了使用手册
1998	MBTI-M	MBTI-M 量表诞生，较 MBTI-G 量表又有所改进，成为 MBTI STEP I 的主要测试工具
2001	MBTI-Q	MBTI-Q 量表诞生，成为 MBTI STEP II 的主要测试工具；同年，其使用手册出版
2009		MBTI STEP III 出炉，为人们提供个性化的人格类型报告

资料来源：顾雪英和胡湜（2012）。

（6）霍兰德自我导向搜寻量表（SDS）。20 世纪 50 年代，美国著名心理学家、职业生涯指导专家约翰·霍兰德创建了一种用于测验个体职业倾向的"自我导向搜寻量表"。他对求职者的职业能力、职业人格、职业兴趣和职业价值观等要素进行分析，并将职业分为六种基本类型，包括形象艺术型（A）、常规事务型（C）、实用技术型（R）、公众社会型（S）、调查研究型（I）和经营管理型（E）。理想的职业选择是让个体的人格类型匹配职业类型。如果一个人能在与自己职业人格类型匹配的环境中工作，他就比较容易从工作中获得乐趣和内在满足，而且很有可能充分发挥自身的才能。但是，如果个体进入与自己职业人格类型完全不匹配的工作环境，他就可能很难适应工作，而且很难从工作中感受到快乐，甚至可能会感到痛苦。在职业选择和就业指导中，一开始会通过一些测验工具来确定个体人格类型，然后找到和之匹配的职业。由此，职业人格类型理论和"自我导向搜寻量表"被广泛用于就业指导、社会科学和商业等领域，而且它的影响力和作用与日俱增。

2. 人才的培养与管理

（1）根据性格类型合理使用人员。为了能够合理分配员工的工作和发挥员工最大效能，管理者应全面了解员工的人格类型和特点，确保让他们的个性与职位相匹配。比如，外向型的员工擅长与人交流，适合从事公关、采购和销售等工作；内向型的员工不擅长沟通，但做事比较认真细致，喜欢安静的工作环境，适合从事文书档案、财务会计和工程设计等工作。

中华典故 敢说真话的史官

史官，是我国古代负责记载一个国家的历史或者负责编撰前朝史料史书的官员。史官的职责是如实记录历史，这就要求他们品性正直、敢说真话、不畏皇权强权，以保持记事的独立性。董狐"秉笔直书"的记史原则；齐国太史秉笔直书"崔杼弑其君"，结果弟兄三人接连被杀；太史公司马迁因在李陵事件中说真话触怒汉武帝而遭受宫刑，他在撰写《史记》的过程中也一直秉承"不虚美，不隐恶"的原则。

吴正和张厚粲（1999）以工商企业人事选拔工作中参与实际测评的有多年工作经验者和部分大学应届毕业生为研究对象，针对招聘选拔进行了一系列的心理测试，并采用主成分分析法加以分析，抽取得到的主要因素分别是外倾性、稳定性、责任感、开放性和社会容让。前四个因素与已有的"大五"人格理论研究成果有着接近一致的命名和含义，即外倾性、神经质、尽责性、开放性。Piedmont 和 Weinstein（1994）采用 NEO-P 量表，以服务业从业者、销售人员、金融工作者、职业经理为被试，对主管绩效评级的效标变量（整体评价、人际关系、任务方向、适应能力）进行回归分析并发现：尽责性与四个效标变量均显著相关；外倾性与人际关系、任务方向和适应能力显著相关；神经质与人际关系和适应能力显著相关。李艳梅和高洁（2009）认为，具有外倾性人格特征的销售人员在不同的情境下更擅长运用不同的人际策略。

（2）根据人格特征采取不同的管理策略。管理者应该根据员工的性格类型采取灵活的管理策略。多数内向知觉型的员工对工作比较忠诚且很努力，但缺乏自信和主动性，对于这类员工，此时管理者应当以亲近的态度多倾听他们的想法，多督促和检查他们的工作，而且要保护他们的积极性以推动他们认真、高质量地完成工作和任务。外向思考型的非管理人员通常有雄心壮志，事业心和责任感较强，在工作中勇于开拓，不惧怕挑战和困难，希望能得到管理者的理解和支持。此时明智的管理者应该少干预，放手让他们去干，并经常鼓励他们勇往直前，增强他们的自信心，打消他们的顾虑，鼓励他们开创崭新的工作局面。

中华典故　　孔子的因材施教

孔子是我国著名的思想家、教育家，相传孔子弟子三千，贤者七十二人，他主张因材施教，注重学生们在个性、天赋和学习状况上的不同。《论语·先进》记载：

子路问："闻斯行诸？"子曰："有父兄在，如之何其闻斯行之？"冉有问："闻斯行诸？"子曰："闻斯行之。"公西华曰："由也问闻斯行诸，子曰'有父兄在'；求也问闻斯行诸，子曰'闻斯行之'。赤也惑，敢问。"子曰："求也退，故进之；由也兼人，故退之。"

学生子路和冉有都问过"学了一个道理就要照着做吗"，孔子告诉子路做事之前要征求父亲和哥哥的意见，而告诉冉有学了就照着做。公西华问孔子："为什么同样的问题回答却不同？"孔子说："冉求遇事退缩，所以我想让他变得果断一点；仲由的果断胜过别人，甚至有点鲁莽，所以我想让他变得慎重一点。"从中我们可以看出，孔子在教育学生时充分考虑到每个学生不同的个性特征；同样在组织管理中，我们也要注意员工的个性特点，根据不同的特征进行选人用人。

(3) 在组建团队时要考虑成员和领导的性格特征。在搭建工作团队时，既要考虑团队成员的年龄、性别、知识等，也要重视成员及领导的个性结构的合理性。在团队建设中，最好能将内向–判断型人格的成员和外向–感知型人格的成员进行组合，综合利用他们的长处，搭配注重细节的人和具备全局视野的人，这样既可以使组织目标具有全局性，也可以兼顾实施过程的细节性。此外，领导者的人格特征对企业发展有着重要影响，在组建领导班子时应注意掌握每个领导者的人格特征，并将其合理地应用到组织中，促进组织稳健地发展。

3. 管理者的性格对团队的影响

为了提高管理效能，管理者必须具备良好的性格和健康的人格。心理学家阿尔波特提出，健康成人具有以下六个特征：

(1) 自我广延能力。健康成人的社会活动领域十分广泛，拥有众多朋友和爱好，并积极参与各项政治和社会活动。

(2) 与他人热情交往的能力。健康成人与他人的关系亲密，但少有占有欲和嫉妒心，富有同情心，能够包容与自己不同的价值观和信念。

(3) 情绪稳定和自我认可的能力。健康成人能够承受生活中的冲突和挫折，能够克服不幸的遭遇，对自我的评价是积极的。

(4) 表象上的现实性知觉。健康成人看待事物基于事物的真实情况而非自身的期望，他们对现状的看法和应对都非常清晰，是明智之人，而不是糊涂之人。

(5) 自我客观化的能力。健康成人能清晰地表达自己的所有和所缺，并能理解真实自我和理想之我的差距，也知道如何看待自己与他人的差异。

(6) 目标与方向一致的人生哲学。健康成人拥有核心愿望，能为达到特定的目标而朝着一致的方向前进。

管理者应该重视通过学习与管理实践，从上述六方面自觉锻炼，使自己拥有健康的人格。

中华典故　"拗相公"王安石

王安石个性倔强、放荡不羁、性格偏执，心态上极端自负。明末冯梦龙的《警世通言》中有一篇《拗相公饮恨半山堂》，文中解释了"拗相公"外号的由来——"因他性子执拗，佛菩萨也劝他不转，人皆呼为'拗相公'。"在任用王安石之前，宋神宗曾向侍读学士孙固征求意见，孙固说："安石文行甚高，处侍从献纳之职可矣。宰相自由度，安石狷狭少容……"司马光也说："介甫无他，但执拗尔。"王安石推行新法，规模宏大、目标高远且法意良美，但并非全无缺失。由此可见，王安石执拗的性格直接影响了变法成效。

2.3　能力概述

2.3.1　能力的含义与成因

《易经》讲："德薄而位尊，智小而谋大，力小而任重，鲜不及矣。"如果一个人的品德低下却地位尊崇，智能低下却图谋大事，力量单薄却肩负重担，那是会招致祸患的。正如古语"能不称，其殃必大"。因此，选人用人当唯贤唯能。

中华典故　复合型高端人才：白圭

白圭，战国时期人，名丹，字圭，有"商祖"之誉，《汉书》中说他是经营贸易、发展生产的理论鼻祖。白圭曾提出"人弃我取，人取我与"的经商理念，被后人借鉴和模仿。白圭不仅熟读兵法，精于治国和理财，同时还通晓农业和天文学，在经商上更是游刃有余。白圭有治水之能，在战国初期，他在出任魏国丞相后组织人手以地毯式的搜索方法堵住了所有的蚂蚁窝，解决了魏国都城的水患。在开展商业活动中，他利用观察天象的经验预测来年的雨水及丰歉情况，从而决定货物品种及其比例。在经商过程中，他坚持"岁孰取谷，予之丝漆；茧出取帛絮，予之食"，这让他积累了一定的财富。此外，白圭还具有一定的教育能力，开办了我国历史上最早的"商学院"。白圭发挥他的经商能力、教育能力等，成为先秦时期商业的集大成者，被历朝历代的商人尊称为"祖师爷"。

1. 能力的含义

"能"初现于商代甲骨文，古字形似熊一类的野兽，《说文解字》："能，熊属，足似鹿。能兽坚中，故称贤能；而彊壮，称能杰也。凡能之属皆从能。"后被引申为能力、才能。《吕氏春秋·适威》："民进则欲其赏，退则畏其罪，知其能力之不足也！"

能力是一种心理特征，是顺利实现某种活动的心理条件（彭聃龄，2019），它能够影响活动效率。例如，白圭所具备的认知能力、决策能力、沟通能力等都叫能力，这些能力是保证他作为一名商业家顺利完成商业活动的心理条件。在英语中，ability 和 aptitude 都表示能力，但侧重点不一样。ability 是指个体在某项任务或活动上现有的成就水平，即个体已经学会的知识和技能；而 aptitude 侧重于容纳、接受或保留事物的可能性，是个体具有的潜力和可能性（彭聃龄，2019）。

能力表现在个体所从事的各种活动中，并在活动中得到发展。例如，晴雯在缝补孔雀裘时所展现的针黹能力；王熙凤的管理能力也只有在她管理贾府时才能显现。当一个人能顺利完成某种活动时，也就是展现了他的能力。

2. 能力的成因

（1）家庭环境。遗传无法完全决定一个人的智或愚，而人的成长通常离不开环境的影响。正如英国心理学家唐纳德·温尼科特（Donald Winnicott）所说：一个足够好的养育者，给孩子提供了一个抱持性的环境。家庭环境、生活方式及家庭成员等对一个人的性格、态度和价值观有着直接的影响，同时也潜移默化地影响着人能力的培养和发展。一个为人谦虚、有礼貌、待人诚恳、自立自信的家庭环境，更能保证个人不断拥有新的能力，促进个人正常发展。

中华典故　　　　　将门虎子：王翦与王贲

王翦，战国时期秦国的名将，他率军攻破赵国都城邯郸，扫平三晋地区，攻破燕国都城蓟，又消灭楚国。王贲，王翦的儿子，出身将门的他，在家族的熏陶下，学习各种军事思想与谋略。父子二人东荡西杀，南征北战，横扫天下，相继消灭五国，为秦国的统一奠定了基础，立下了赫赫战功。

（2）教育影响。受教育时期是人生发展的关键阶段，此期间校园教育对一个人的能力发展起着主导性的作用。教育者按照预定的教育科目来安排预定的教育内容，并采取适当的教育方法对受教育者施加系统的良性影响，比如在学校学习丰富的专业知识、改进学习方法，培养个人的观察能力、记忆力、想象力、思考能力、向心力等，从而塑造优良的品格并增进其发展潜力。

中华典故　　　　　张良圯上拾履

张良，字子房，西汉开国功臣。秦始皇东游时，张良与大力士埋伏在博浪沙袭击秦始皇，但刺杀失败。于是张良改名换姓，逃到了下邳。在下邳时，张良常到桥上散步。桥上有一名穿着粗布衣服的老人，待张良走近时，他故意将鞋子踢落至桥下，回头对张良说："小子！到桥下去替我把鞋捡起来！"张良对此很是吃惊，本想揍他一顿，但看他是个老人，便强忍怒气，到桥下将鞋捡起来。老人又说："帮我穿上！"张良捡起来后帮老人穿上了，老人认为张良是个可教之人。后来，老人又考验了张良几次，以磨去他身上"小不忍则乱大谋"的傲气。张良见黄石公是一名老人，强忍"受辱"之怒气，经受了这场考验，从而得到了《太公兵法》，成就了一番大业。

（3）实践影响。人的智力和能力是在实践活动中逐步形成与发展的。实践是检验真理的唯一标准，习得的知识和认识是不是真理，必须通过实践予以解释和论证；同时，实践活动可以使原本具有的良好素质和潜力得以发挥。在掌握大量知识的基础上，在实践中反复运用，才能不断验证所掌握的知识及方法的正确性，在不断验证与失败中继续学习探索，总结积累、不断进步，将知识变成自己的真本领。

中华典故　　　　　　　戴嵩画牛

蜀中有个杜处士，非常喜爱书画，尤其是戴嵩的《斗牛图》，经常随身带着赏玩。有一次他正把画拿出来欣赏时，一位农民看到了，在一旁窃笑；杜处士斥道："你笑什么？你也懂画？"农民回答道："我虽然不懂画，牛可是看得多了。牛在打架时，力气用在角上，它的尾巴都紧紧夹在两腿之间，可这画上的斗牛的尾巴都翘了起来，画错了，所以我觉得好笑！"古语云："耕当问奴，织当问婢。"可见实践出真知。

◆ 2.3.2　能力的类型

1. 按倾向性，分为一般能力和特殊能力

一般能力是指在所有活动中都会展现出来的能力，其核心是抽象概括力，还有记忆力、想象力、观察力和创造力。平时大家常说的智力，其实就是一般能力。个体要完成任何一项活动，离不开这些能力的发展（彭聃龄，2019）。特殊能力是指专门能力，是顺利完成某种特定活动所必需的能力，如音乐能力、数学能力、运动能力等。每种特殊能力都有自己的独特结构。

一般能力的发展能为特殊能力的发展提供更好的内部条件，而特殊能力的发展也会促进一般能力的发展。

中华典故　　　朱由校：皇帝只是副业，木匠才是主业

明熹宗朱由校是明朝第十五位皇帝。朱由校从小就对木制品的制作过程感兴趣，不仅喜欢自己动手做，还喜欢和木匠们一起商讨。他当上皇帝后，因为没有文化闹出了很多笑话，这让他十分挫败，于是更加沉迷做木工。他设计出来的床不仅轻巧方便还十分美观，而且凡是他见过的亭台楼榭他都能完美复刻出来，可见朱由校的制作能力十分突出。做木工的成就是朱由校在朝堂上无法感受到的，于是他直接把皇帝当成副业，而专注于做木工。

2. 按参与活动的性质，分为模仿力和创造力

模仿力是指人们通过观察别人的行为、活动来学习各种知识，然后以相同的方式做出反应的能力。比如，孩子模仿父母说话的表情和方式，效仿电视演员的穿搭和动作等。模仿能力不仅仅表现为在观察他人的行为后能马上做出同样的反应，有时也会有滞后性。模仿是动物和人类都具备的对生存和生活十分重要的学习能力。

创造力是指产生新思想和新产品的能力。一个具有创造力的人往往能超脱具体的知觉情景、思维局限、传统观念和习惯的束缚，从习以为常的事物和现象中发现新的联系与关系，提出新思想，创造新作品。比如，作家在头脑中构思新的人物形象、创作新作品就是创造力的具体表现。

模仿力与创造力是两种不同的能力。动物能模仿，但不会创造。模仿只能按现成的方式解决问题，而创造能开辟解决问题的新方式与新途径。模仿力与创造力有着密切的联系，人们常常是先模仿再进行创造，即模仿是创造的前提和基础。

中华典故　　　　　向氏学盗

宋国有个穷人向氏，向齐国的富人国氏请教如何才能发财致富。国氏告诉他："我擅长偷盗。"向氏听了以后十分高兴，他只知其一不知其二，以为偷盗便能致富。于是他就去别人家偷盗，没过多久就被问罪了。向氏认为国氏欺骗了自己，于是找国氏讨要说法。国氏告诉他："天有天时，地有地利。我偷的是天时地利，比如云雨的滋润，山泽的产物，用来养育我的禾苗，繁殖我的庄稼，垒筑我的院墙，建造我的房屋；陆地上偷盗禽兽，水里面偷盗鱼鳖，没有地方不去偷盗。这些禾苗、庄稼、土地、树木、禽兽、鱼鳖，都是天生天养的，难道是我们私有的吗？所以我偷盗天的东西而没有灾祸。而那些金玉珍宝、粮布财物是别人自己积聚下来的，岂能是天给予你的呢？你偷盗别人的私有财产而被问罪，怨谁呢？"可见，国氏富有是因为他懂得利用自己的创造力将大自然的东西转换为自己的财富，而向氏只是简单地模仿"盗"这一行为，而并没有思考国氏解决问题的本质。

3. 按能力在人一生中的发展趋势以及能力对天赋与社会文化因素的依赖关系，分为流体智力和晶体智力

流体智力是指在信息加工和问题解决过程中表现出来的能力，比如对关系的认识，类比、演绎推理能力，形成抽象概念的能力等。它较少依赖已有的文化和知识，而取决于个体天赋。流体智力的发展与年龄密切相关，人的流体智力一般在20岁以后达到巅峰，30岁以后随年龄的增长而逐渐降低。

晶体智力是指需要经过教育培养而获得的能力，取决于个体后天的学习，与社会文化经验有着密切的关系，如词汇识别、言语理解等。晶体智力在人的一生中不断发展，直到25岁以后其发展速度才会渐趋平缓。

2.3.3　能力发展的一般趋势与个体差异

1. 能力发展的一般趋势

（1）童年和少年是某些能力发展最重要的时期。从三四岁到十二三岁，智力的发展与年龄的增长几乎同步。

（2）人的智力在18—25岁达到顶峰，不同智力成分达到顶峰的时间不同。

（3）根据对人的智力毕生发展的研究，人的流体智力在中年之后呈下降趋势，而晶体智力在人的一生中稳步上升，俗话"姜还是老的辣"就是指人的晶体智力一直在发展。

（4）成年是人生最漫长的时期，也是能力发展最稳定的时期。成年也是工作时期，在二十五六岁到四十岁，人们常常能做出富有创造性的活动。

（5）能力发展的趋势存在个体差异，能力高的发展快，达到高峰的时间晚；能力低的发展慢，达到高峰的时间早。

2. 能力发展的个体差异

（1）能力发展水平的差异。能力有高低的差别，在总人口中呈正态分布。比如说智力，使用韦克斯勒智力量表对某一地区全部人口的智力进行测量可以发现，大部分人的智商范围为70—130分，只有极少数人的智商高于130分或低于70分（见表2-8）。

表2-8 智商范围及其水平

智商范围	智力水平
140 分以上	非常优秀
119—120 分	中上等
90—109 分	中等
80—89 分	中下等
70—79 分	临界
70 分以下	心智不足

能力的差异可以分为四个等级：

一是能力低下。轻则只能从事一些较简单的活动，重则丧失活动能力，甚至连生活也不能自理。智力落后也是能力低下的一种特殊情况，一般属于病理的范围。

二是能力一般。所谓的"中庸之才"，有一定的专长，但只限于一般性地完成活动。

三是有才能。具有较高水平的某种专长，有一定的创造力，能较好地完成活动。

四是天才。具有高水平的专长，善于在活动中进行创造性思维，表现出创造力，活动成果突出而优异。

（2）能力类型的差异。当需要完成几种活动时，人的能力的组合不同，采取的方法也就不同。

其一，一般能力在类型上存在差异，在知觉、表象、记忆和思维四方面也有所区别。

①知觉方面的类型，分为知觉综合型、知觉分析型和知觉分析-综合型。知觉综合型的人在观察事物时，注重对事物进行概括，但分析能力较弱，而且不能很好地感知事物的细节；知觉分析型的人则相反，他们有很强的分析能力，注重细节，但仅从整体上把握事物；知觉分析-综合型的人兼具前两种知觉类型的特点，在观察中既能注意事物的整体，也能注意事物的细节。

②表象方面的类型，分为表象视觉型、表象听觉型、表象运动型以及表象混合型。对于表象视觉型，视觉表象占优势；对于表象听觉型，占优势的是听觉表象；对于表象运动型，主要是运动表象占优势；而对于表象混合型，各种表象处于同等程度的状态。

③记忆方面的类型，分为记忆视觉型、记忆听觉型、记忆运动觉型以及记忆混合型。

记忆视觉型的人在运用视觉记忆方面表现较好;记忆听觉型的人在运用听觉记忆方面表现较好;记忆运动觉型的人在记忆有运动觉事物时表现较为突出;记忆混合型的人能够较好地运用多种记忆能力。

④思维方面的类型,分为集中思维型和发散思维型。集中思维型的人在思考时主要运用集中性思维,通常能提出一个正确答案或一个最优的问题解决方案;发散思维型的人在思考时主要运用发散性思维,能够就同一问题提出多种答案或方案。

其二,特殊能力的差异。特殊能力是由若干种不同能力构成的。研究表明,完成同一种活动可以由能力的不同组合来保障。下面主要列举音乐能力和组织能力方面的个体差异。

①音乐能力的类型差异。苏联心理学家 B. M. 捷普洛夫认为,音乐能力主要由旋律感、听觉表象和音乐节奏感三方面构成。他针对在音乐方面表现较突出的三个儿童的研究表明,有着强烈旋律感和较强听觉表象的儿童在音乐节奏感方面表现较弱,有着很好听觉表象和强烈音乐节奏感的孩子在旋律感方面表现较差,有着强烈的旋律感和音乐节奏感的儿童在听觉表象方面表现较差。这表明音乐能力的构成因素之间存在差异。

②组织能力的类型差异。A. B. 彼得罗夫斯基就此提供了具体的例子。尼古拉和维克多都拥有出色的组织能力,但二人所依赖的心理品质有所不同。尼古拉的组织能力源自主动、敏感细致、注重人际互动、观察力敏锐、擅长并愿意分析同伴的性格和能力,有较强的集体荣誉感;维克多的组织能力是由严谨、考虑周密且擅长利用同伴的弱点、精明干练等心理品质综合构成。

总之,构成特殊能力的各种因素之间的关系不是一成不变的,一项能力的不足可以通过其他的能力或能力组合的发展来替代或弥补。

(3)表现早晚的差异。人的能力外显的时间不同,既有少年早慧,也有中年成才和大器晚成。能力在早期表现又称人才早熟,古今中外有些人在童年期就表现出某些方面的优异能力。

中华典故　　神童杨慎

明代杨慎幼年被誉为神童。有一次,他在堰塘里游泳,县令路过,他来不及回避。县令命人把他的衣服挂在一棵古树上,并告诉杨慎:"本县令出副对子,如果你能对得出,饶你不敬之罪!"县令刚念完上联:"千年古树为衣架。"杨慎即对出:"万里长江做澡盆。"县令叹服。杨慎13岁写的诗文就被当时内阁首辅李东阳大为赞赏,杨慎24岁中状元,一生著作400余种,被誉为"明朝第一才子"。

有些少年天才能够在社会实践中做出一番成就,但也有不少早慧之人长大后变得平庸。对待少年早慧的人,如果培养不当就可能变成"伤仲永",如何使他们成长后不泯然众人,也是值得我们思考的一个问题。

中华典故　　张居正落榜

早在幼年时期,张居正就是远近闻名的神童,12岁参加童试就得到荆州知府的赏识,次年参加乡试的张居正因湖广巡抚顾璘的阻挠而落榜。不是张居正不够优秀，而是巡抚爱才，他希望对张居正多加磨砺以成大器。三年后，才高气傲的张居正顺利通过乡试，成为一名少年举人。如果巡抚没有阻挠张居正，他的未来又会如何发展呢？

中年是人生的黄金期，有很多创造发明在这个年龄段完成。研究发现，人类智力发展的最佳阶段是30—40岁；同时，中年人的抽象思维能力和记忆能力较强，又有着丰富的人生阅历和知识经验。通常而言，中年是个体成就最多，也是对社会贡献最大的时期。

能力在晚期表现较好有多方面的原因，可能是年轻时不努力，后来加倍勤奋的结果；也可能是小时候智力平常，通过长期的主观努力而大器晚成。大器晚成可能还与不合理的社会制度和阶级地位有关。

中华典故　　　　　　　　大器晚成之黄忠

黄忠年轻时一直为荆州刘表效力，被刘表任命为中郎将，与刘表侄子刘磐一起驻守长沙攸县。公元208年，曹操占领荆州，临时任命黄忠为裨将军，驻守原地，归属于长沙太守韩玄。公元209年，刘备攻打荆州各郡，占领了长沙、零陵、桂阳、武陵等地，黄忠归降刘备。64岁的黄忠跟随刘备入川，征战益州，表现突出，勇冠三军。平定益州后刘备封其为讨虏将军。黄忠72岁时一战斩杀魏国身经百战的守将夏侯渊，曹军惨败，他自此声名大振，并被任命为后将军，与关羽同为上将。当时的关羽曾怒道"大丈夫终不与老兵同列"，也在一定程度上证实了黄忠的大器晚成。

◆ 2.3.4 能力与管理

1. 能力的测评

了解和把握一个人的能力，必须对其进行认定。

中华典故　　　　　　　　中国古代的能力测评

古人十分重视对人的能力测验。管仲在论述人才时曾说"成器不用"，未经测评即使是人才也不用。孔子提出"视其所以，观其所由，查其所安"，墨子认为"官无常贵而民无常贱，有能则举之，无能则下之"；西周用"试射"取才，测评项目包括被试的行为是否合乎礼仪、动作是否合乎乐律、射中的次数有多少；《吕氏春秋》的"八观六验"人才测评法（胡振华和简丽云，2003），战国时期各国用"军功爵制度"，不论出身，招揽有才学的人才。科举制是我国实行时间最长的能力测评机制，《马氏文献通考·选举考二·举士》记载的"贴经试士"就类似于现代智力测评中的填空测验。

除此之外，我国古代传统习俗"抓周"，就是测试婴儿的运动发展能力。九连环也是一种测试智力的方法，比较被试解开九连环时间的长短来判定其智力高低。测验人们智力和创造力水平的七巧板，其原型是宋代黄长睿撰写的《燕几图》。

（1）一般能力测验。一般能力测验是对顺利完成各种工作所需基本能力的测量。这类测评可以帮助个体了解和掌握自己的职业能力与智力水平,以便更好地选择适合自己的职业和未来发展方向。同时,通过培养和提高职业能力,员工能够提升自己在职场上的竞争力和适应力。常见的测验工具有:

其一,比奈-西蒙智力量表。这是由法国实验心理学家 A. 比奈(A. Binet)与医生 T. 西蒙(T. Simon)于 1905 年合作编制的一种测量人类智力的标准工具。该量表开创了现代人才心理测验的先河,主要用于测量个体言语、常识理解、数字掌握、字词记忆和抽象符号等基本能力,一般包括 30 个分量表。

其二,韦克斯勒成人智力量表(韦氏量表)。这是由美国著名心理学家韦克斯勒在比奈-西蒙智力量表基础上发展的成人智力测验工具。韦氏量表主要包含言语分量表和操作分量表两部分,前者由常识、背数、词汇、算术、理解类同六个分测验构成,以问卷的形式进行;后者由填图、图画排列、积木图案、拼图、数字符号五个分测验构成,以操作的形式进行。韦氏量表适用于 16—65 岁及以上的八个年龄组,测验结果以离差智商分数报告,根据测验结果可了解被试在常模团队中的位置。

其三,一般能力倾向成套测验(general aptitude test battery,GATB)。GATB 由美国联邦劳工部从 1934 年开始采用工作分析和因素分析方法编制,历时十余年完成,包括与职业关系密切的一般学习能力(G)、言语能力倾向(V)、数理能力(N)、空间判断能力(S)、形状知觉能力(P)、文书知觉能力(Q)、运动协调能力(K)、手指灵敏性(F)、手腕灵巧性(M)九种能力因素的 15 项分测验,其中 11 项为纸笔测验、4 项为操作测验。GATB 为团体测验,时间为 120 分钟左右,适用于各类专业和教育咨询活动,主要用于学生升学择业的专业定向,也可用于人才选拔。随着计算机技术的发展,GATB 延伸出"GATB 计算机版"(GATB-CA)。

其四,雇员能力倾向测验(employee aptitude survey,EAS)。EAS 由鲁赫(Ruch)等人在继承前人研究成果的基础上,在 1963 年编制并由美国心理服务公司(PSI)和心理测验资源公司(PARI)出版。EAS 包括言语理解、数字能力、视觉追踪、视觉速度和准确性、空间想象、数学推理、言语推理、言语流畅性、操作速度与准确性、符号推理 10 个分测验。其优势和特点是:可用来测量多种工作需要的能力;广泛应用于职业选拔和就业指导;实施便利,不需要额外的答卷纸,可施测于个体或群体,易于记分和解释;不需要对测验者进行额外的训练;操作性强,有数十个职业群体的常模可参照;预测能力强且可信赖。1994 年 EAS 修订出版了第二版,并成为美国权威的职业能力倾向测验工具之一。

其五,区分能力倾向测验(differential aptitude test,DAT)。DAT 由本耐特(Bennett)、西肖尔(Seashore)和韦斯曼(Wesman)在 1947 年编制,分别于 1962 年、1972 年和 1981 年进行了修订和再版,1986 年推出了计算机版。DAT 由言语能力、数学推理、抽象推理、空间关系、书写速度和准确性、机械推理、拼写、语言应用 8 个分测验组成。DAT 的常模来自美国公立和私立学校的学生,用于 8—12 年级学生的教育和职业咨询(郑日昌等,1998)。DAT 以能力剖面图的形式呈现测验结果,可以让被试了解自己在不同能力倾向上的差异,也可以表明被试的每种能力倾向在同级群体中的相对水平。DAT 是应用广泛的多元性向成套测验工具。

其六,弗兰那根能力倾向分类测验(Flanagan aptitude classification test,FACT)。

FACT 由 J. C. 弗兰那根（J. C. Flanagan）根据第二次世界大战中使用的"飞行学员分类成套测验"（aviation cadet classification battery, ACCB）的研究成果编制而成。ACCB 为检验、代号、记忆、精确性、装配、坐标、协调、理解判断、算术、图样模仿、组成、图形、机械、表达、词汇、原因分析、计划、独创、机敏、打孔、雕刻 21 种能力，影响着许多类型职业的成功，于是弗兰那根设计了 14 种特殊职业能力性向分测验。FACT 因信度较高而受到人们的关注，不足之处是测验耗时过长，整个过程需要 6 个小时。被试可以接受 FACT 中的几个职业能力因素测验，了解自己的职业能力倾向；也可以将 FACT 中几个分测验的分数综合起来，判断自己所具备的职业能力适合从事哪种职业类型。

其七，行政职业能力倾向测验（以下简称"行测"）。行测在 20 世纪 80 年代末由我国人事部考录司委托有关专家开发而成，用于国家部委和省市政府机关工作人员录用考试。行测通过测验一系列心理潜能，预测一个人在行政职业领域多种职位上取得成功的能力倾向。1989 年 2 月，我国实验版"行测Ⅰ型"诞生。1989 年 4 月，建设部和轻工部公务员考试首次使用"行测Ⅱ型"。行测内容包括词语替换、造词填空、阅读理解的言语理解、事件排序、常识判断、图形推理、数字推理、演绎推理的知觉速度与准确性、判断推理、数量关系和资料分析，共 140—160 道题。题型有文字、图形和数表三种形式，要求在 90—120 分钟完成。行测作为一种能力测验工具，已被广泛应用于我国公务员考试及录用，并使公务员职业能力倾向测验得以规范化与制度化。

此外，还有许多常用的一般职业能力测验工具。比如，包括语言理解、一般推理、数学运算、知觉速度、空间定向、空间形象六个分测验的吉尔福德－齐默尔曼能力倾向测验（Guilford-Zimmerman aptitude survey, GZAS）；由英国心理学家 J. C. 瑞文（J. C. Raven）编制，用于测验逻辑推理、注意力和空间知觉等能力的瑞文标准推理测验；我国心理学家许淑莲、吴振云等编制，用于测量被试记忆力、鉴别力和想象力的临床记忆量表；等等。

（2）特殊职业能力测验工具（special aptitude tests）。特殊职业能力测验主要用于选拔需要接受专业训练或从事专门工作的人，比如牙科、法律、建筑等专业的学习、人事选拔和工作安排。特殊职业能力测验是为了识别个体具备的某种特殊职业能力倾向或其他人所不具备的能力，需要选择适合的特殊职业能力测验工具。其重点是工作，即找到适合的人才以胜任需要某种特殊能力的工作。

其一，感知觉和心理运动能力测验工具。用于测验个体视觉、听觉运动的准确性；个体动手操作和运动过程中的反应速度、肌肉协调、高空平衡、眼与手的灵活性和协调性。测量其他受感觉运动能力影响的身体运动技能的工具，比如视知觉发展测验（developmental test of visual perception, DTVP）、迪沃林色觉测验（Dovrine color vision test）、斯特龙伯格敏捷测验（Stromgberg eexterity test）、普度钉板测验（Purdue pegboard）、本纳特手工灵活性测验（Bennet hand-tool dexterity test, BHDT）和克洛福特身体部位灵活性测验（Crawford small parts dexterity test）等。

其二，机械操作能力测验工具。用于测验个体的机械知识、机械推理和运动知觉等机械素质与技能，比如明尼苏达机械装配测验（Minnesota mechanical assembly test）、明尼苏达空间关系测验（Minnesota spatial relations test）、明尼苏达书面形状测验（Minnesota paper formboard test）、本纳特机械理解测验（Bennet mechanical comprehension test, BMCT）

和机械概念测验（test of mechanical concepts）等工具。

其三，文书能力测验工具。用于测验被试的打字、速记、言语、数学、文书处理、计算机操作与应用的一般文书能力，比如一般文书能力测验（general clerical test）、明尼苏达文书测验（Minnesota clerical test，MCT）、文书能力成套测验（clerical abilities battery test）、计算机程序员能力倾向成套测验（computer programmer aptitude battery test）和计算机操作能力倾向测验（computer operate aptitude battery test）等工具。

其四，音乐能力测验工具。用于测验个体对音乐题材的理解及判断能力，比如西肖尔音乐才能测验（Seashore measures of musical talents，SMMT）、德雷克音乐能力倾向测验（Drake musical aptitude test）、温格音乐能力标准化测验（Wing standardized test of musical intelligence）、音乐能力倾向测验（musical aptitude profile，MAP）、音乐听力高级测验（advanced measures of music audition）、乐器音色偏好测验（instrument timbre preference test）、和声简易创作档案和简易创作档案（harmonic improvisation readiness record and improvisation readiness record）和艾奥瓦音乐素质测验（Iowa tests of music literacy）等工具。

其五，艺术能力测验工具。主要用于测量手艺技能、美学理解、感知智慧、创作想象和美学判断等要素构成的艺术鉴赏能力与创作能力，比如梅尔艺术鉴赏测验（Meier art judgement test）、梅尔审美感测验（Meier aesthetic perception test）、格雷福斯图案判断测验（Graves design judgement test）和霍恩艺术能力倾向问卷（Horn art aptitude inventory）等工具。

其六，军事能力倾向测验工具。用于军队人才的选拔与分类，比如军队一般分类测验（army general classification test，AGCT）、海军一般分类测验（navy general classification test，NGCT）、武装部队资格测验（armed forces qualification test，AFQT）和军队服务职业能力倾向成套测验（armed services vocational aptitude battery，ASVAB）等工具。其中，ASVAB由一般常识、算术推理、词汇知识、文字段落理解、数字运算、译码速度、汽车与商场信息、数学知识、机械理解、电子信息共10个分测验组成。

其七，创造力测验工具。这类测验工具主要用于测量被试的发散性创造思维，发现新问题、创造新事物的智力、能力结构或潜能，比如南加利福尼亚大学测验（University of Southern California testing，USCT）、托兰斯创造性思维测验（Torrance tests of creative thinking，TTCT）和芝加哥大学创造力测验（Chicago University test of creativity）等工具。

2. 能力与职业的匹配

古代典籍《群书治要》上说"苟非其选，器不虚假"，一个人如果不符合选拔的标准，就不要授予他官位。明代哲学家王阳明认为，"累日取贵，积久致官"的做法是不可取的，对于有功之人应当给予奖赏，但不能授予官位；能被授予官位的人，一定要有相应的才能。

不同的职业对任职者的从业能力要求不同。例如，飞行员需要具备优秀的空间辨识能力，数学家需要具备极强的思维能力，厨师需要具备准确的嗅觉、味觉能力，航海驾驶员需要具备敏锐的观察能力和快速的反应能力。所以，我们应确定各岗位、各工种所需的基本能力或关键能力，为选人、用人提供能力要求的依据。如此选择人员才有明确的标准，这对提高员工队伍素质具有重要意义。

3. 管理者的能力要求

在管理工作中，由于管理层次和工作性质不同，对管理者能力的要求也不同。例如有研究指出，企业各层次的管理者都应具备三项基本能力：业务能力（专业能力）、管理能力和人际交往能力（见图2-5）。但不同层次的管理者因工作任务、管理范围、管理对象的不同，对这三种能力的要求水平不同且各有侧重。对上层管理者的管理能力要求较高而业务能力要求较低；对基层管理者的业务能力要求较高而管理能力要求较低。但不论哪个层次的管理者，都要具备人际交往能力。这种对不同层次管理者的能力要求，提醒企事业管理者在能力自我修养方面，应结合自己的岗位要求并有所侧重。

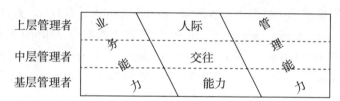

图2-5　不同层次的管理者能力水平要求

2.4　人岗匹配

◆ 2.4.1　人岗匹配概述

人岗匹配又称能岗匹配，即人（能力）与岗位的合理匹配，就是把合适的人放到合适的岗位上，做到岗得其人、人适其岗、人岗匹配。人岗匹配通常包含两层含义：一是岗位所需的能力要求人完全具备，即岗需其才，每一个工作岗位对员工的素质各有要求；二是员工所具备的能力和素质能够完全胜任岗位的要求，也就是人需其岗（徐荣荣，2012）。

随着科学技术的飞跃发展，全球经济一体化进程加快，组织对人才的需求也越来越大，如何吸引、挑选并留住适合组织发展的人才，是组织维持持续发展和竞争力优势之所在。但企业只有人力资源是不够的，只有对人力资源进行整合、合理配置，科学地将人与岗位进行匹配，做到"职得其人，人得其职，人职相宜，相得益彰"，才能创造更大的价值。

人岗匹配的主体是人——作为个体来说千差万别，员工自身的综合素质和能力对他们能否选择到理想的职位以及是否符合职位要求的影响是十分直接的。从个体的角度来说，气质、性格、能力、教育、经历、道德水平、身体素质等都会影响人岗匹配度（沈文海，2002）。

中华典故　　　　　　　　伯乐相马

伯乐是春秋时期著名的相马专家，他奉楚王的委托购买千里马，跑了好几个国家都没发现中意的良马。一天，伯乐从齐国返回，在路上看到一匹马拉着盐车，很吃力地在陡坡上行进。马累得呼呼喘气,每迈一步都十分艰难。伯乐对马向来亲近,不由走到跟前。马见伯乐走近,突然昂起头、瞪大眼睛、大声嘶鸣,好像要对伯乐倾诉什么。伯乐立即从声音中判断出,这是一匹难得的骏马,于是他向驾车人买下。这匹马为楚王驰骋沙场,立下不少功劳。"伯乐相马"经常被用来指代对人才的识别,同时也蕴含着朴素的人岗匹配观点——人的才能与职位匹配才能发挥最大作用。

2.4.2 人岗匹配相关理论

1. 人力资本理论

20世纪60年代,美国著名经济学家西奥多·舒尔茨在《论人力资本投资》中提出,人类的知识、能力、健康等人力资本的提升对经济增长的贡献要比物质资本和劳动力数量的增加重要得多。他指出,人才是经济发展的动力,如果缺少人才,那么经济前景将暗淡无光。根据人力资本理论,"人力资本"是指体现在人身上的技能和生产知识的存量,具有依附性、时效性、可变性、外在性和可投资性等特征。人力资本理论为研究人岗匹配问题提供了坚实的理论基础,人力作为一种资本需要从投资中获得回报。因此,实现人岗匹配就是最大幅度地提高人力资本的回报率,这对个人而言至关重要,对整个社会发展来说也十分重要。

2. 匹配理论

库特·勒温(Kurt Lewin)解释了人与环境匹配的含义,并模仿磁场原理构建了人和环境关系的函数表达式,$B=f(P,E)$。勒温认为,员工的行为(B)主要由自身(P)及其所处外在环境(E)两者交互作用所决定,员工在这种互动过程产生匹配感知。

科克·施奈德(Kirk Schneider)认为,员工在选择工作时,组织的工作环境起到决定性作用。他提出,员工进入组织必须经过"吸引—选拔—摩擦"这一循环过程。这有助于管理者选择最适合在本组织中工作的员工,而这些最终留下来的员工将决定组织的工作性质、工作结构和组织文化。这个动态过程反映了员工与组织的匹配。这种类型的匹配重点强调员工和组织是否持有共同的价值观,员工能否适应在当前组织环境中工作以及双方能否满足各自的需要。相关学者在此基础上,提出员工与工作岗位匹配的概念:如果员工具备的知识和技能满足当前岗位的要求,那么这对员工个人、组织都有积极的作用。

3. 能级原理

能级是指将人的能力按高低分级,不同的工作岗位对员工的能级要求不同。在开发人力资源的过程中,要依据能级的差异建立规范的秩序和标准,以合理配置不同能级的员工,最终达到人尽其才、才尽其用。人力资源能级形态为上小下大的三角形:越往上能级越高,人越少;越往下能级越低,人越多。能级原理强调管理人员要按能级需要选人、用人,不同能级对应的权力和责任不同,而且各能级间的人员可以相互流动。从员工和组织的角度来说,只有确定了员工的能级,才能充分开发、管理和利用人力资源。

4. 胜任力模型

胜任力模型是企业用来进行人岗匹配的常用理论之一,其中胜任力指员工在工作中表现出来的个性、态度、价值观、动机、技能、知识等关键行为特征。

胜任力模型（competence model）是指针对特定职位所要求的优秀表现而组合形成的胜任力结构，是招聘与选拔、培训与开发、工作分析等一系列人力资源管理和开发实践的基础（见图2—6）。胜任力模型一般包含定义、胜任力因子、评价等级和相应的行为描述等部分。通常，一个职位的胜任力模型对应5—10个胜任力因子，每个因子有3—5个评价等级。

图2-6　胜任力模型

（1）个性。个性是指一个人稳定的心理特征总和，表现为对外部环境和各种信息独有的反应方式、倾向与特征。个性由个性倾向性和个性心理特征组成，个性倾向性包括需要、兴趣、理想、动机和世界观等方面，而个性心理特征包含气质、性格和能力等，两者相互融合地构成每个人独特的个性。

（2）态度。个体对客观事物持久且一致的心理和行为倾向形成的结果被称为态度。态度包含认知成分、情感成分和行为成分三部分。具体而言，认知成分是个体对人、工作、物的了解程度；情感成分则包括个体对人、工作、物的喜好或偏见等带有情感色彩的倾向；行为成分则指个体对人、工作、物的实际反应或行动态度。

（3）价值观。价值观是指个体对周围的人、事、物的意义和重要性的看法与评价。价值观是决定一个人行为的心理基础，具有稳定性和持久性的特征。即使在相同的客观条件下，由于价值观不同，人们对同一事物会产生不一样的行为举动，而这会对实现组织目标产生完全不同的影响。

（4）动机。动机是一种内在动力，能够引起、维持和指引人们从事某种活动，推动并指导个体行为方式的选择朝着有利于实现目标的方向前进，并防止偏离目标。个体动机的强弱直接影响其行为的效率和结果。

（5）技能。技能是指个人结构化地运用知识完成具体工作的能力。技能能否产生绩效，受动机、个性和价值观等胜任力要素的影响。

（6）知识。知识是指个人已有的陈述性知识和程序性知识。具体而言，陈述性知识由人们已了解的事实组成，可以用语言进行交流；程序性知识是指人们所知道的如何做事的技能，很难用语言表述。

胜任力有三个重要作用：一是与工作绩效相关，可以预测员工未来的工作绩效表现；二是与特定任务相关，具有动态性；三是区分性，能够区分绩效优秀者与绩效平庸者。

2.4.3　人岗匹配步骤

1. 知岗

人岗匹配的起点是知岗，因为只有了解了岗位要求，我们才能去选择适合岗位的人，才能实现人岗匹配。如果脱离了岗位的要求和特点，人岗匹配就成了"空中楼阁"，失去实际意义。

知岗最基础也是最重要的工具就是工作分析。所谓工作分析,是指针对某项工作的相关内容与责任进行资料汇集、研究及分析的程序。

中华典故 雍正按照"冲繁疲难"划分全国州县

清朝初年,地方官选任由抽签而来,碰到缺官时,吏部就先分列官缺类别,然后写于竹签上,掣到某签,即补授某缺,这就造成抽中签的官员不一定适合这一岗位。到了雍正年间,广西布政司金鉷上奏请州县分冲、繁、疲、难四项,许督抚量才奏补。"冲"指交通要冲;"繁"就是政务繁杂;"疲"则是经济困难,税粮滞纳过多;"难"则指治安很重要,因为频发犯罪事件。将全国州县按照这四项进行划分,四字俱全的称为"最要缺",三字者(冲繁难、冲疲难、繁疲难)为"要缺",二字者(冲繁、繁难、繁疲、疲难、冲难、冲疲)为"中缺",一字或无字者为"简缺"。这样划分之后,就可以按照官员的才干来任用他们。

2. 知人:胜任素质

一旦了解了工作的特点和要求,我们就应该进入"知人"这一关键环节。了解候选人的方法有很多种,如筛选简历、笔试面试、心理测评、评价中心技术等。

这里主要介绍评价中心技术。评价中心技术是指从多角度标准化地评估候选人的行为。评价中心使用情景演练来观察被测评个体在多个情景事件中表现出的行为特征。常用的情景演练有公文筐测验、无领导小组讨论、演讲、工作游戏等,从中可以挑选出有能力或潜质胜任岗位的员工。评价中心技术可以用于诊断和培训,发现员工的优势和不足之处,告知员工需要在哪些方面加强学习,为后续培训提供依据。此外,评价中心技术还可用于提升员工的技能水平。

(1)公文筐测验(in-basket test)。公文筐测验又称文件筐测验,是评价中心技术中应用最广的一种情景模拟测试手段,据统计有95%的评价中心采用这种技术。它是一种对管理人员的潜在能力进行测评的有效方法。这种测评方法要求被试阅读和处理备忘录、信函等一系列文字材料,涉及的问题随被试拟任岗位要求的不同而变化。它可以考察被试多方面的管理能力,特别是计划能力、分析和判断问题的能力、给下属布置工作并进行指导和监督的能力、决策能力等。

在美国,公文筐测验已被上千家知名企业采用,除了美国电报电话公司,福特汽车、通用电气等诸多大型企业集团均将公文筐测验作为选拔、测评企业管理人员的重要手段。在国内,公文筐测验作为一种测评技术,被越来越广泛地应用于领导干部和管理人员的招聘选拔。公文筐测验是一种信度和效度都较高的测评手段,可用于领导干部和管理人员的选拔、培训及考核。

(2)无领导小组讨论(leaderless group discussion)。无领导小组讨论是目前使用最多的测评技术之一。它主要通过情景模拟的方式在集体中对被评者进行面试。无领导小组一般由6—9人的被评者组成一组,时间控制在一个小时左右,被评者被指定讨论某一问题,在这个过程中没有规定谁是领导,整个讨论过程全部由被评者自行组织。通过这种方式,评价者能够测评被评者的口头表达、辩论、说服及组织协调等各方面的能力与素质能否达到岗位的要求，还可以考察被评者的自信程度、情绪稳定性、反应灵活性等个性特点能否适应团体气氛，综合评价被评者的素质水平。

无领导小组讨论有评价和诊断功能。在作为选拔的测评工具时，可以用于筛选并测试应聘者的领导技能和品质，并从中选择最优秀的人才。在作为培训的诊断工具方面，可以了解和掌握领导者的实际领导技能水平和品质特点，然后结合他们的职务特点和岗位要求，有针对性地进行培训，以提高领导者的工作技能和管理水平。

目前，无领导小组讨论常被用于企业招聘、公务员考试、各地人才引进的面试，一般适用于那些经常需要和人进行沟通和交流的岗位。但需要注意的是，对于选拔和培训IT人员、生产类员工不适合使用无领导小组讨论技术。

中华典故　　　　　尧对舜的测评与考察

尧年迈时要为自己挑选继位者，众人推荐品德高尚、为人忠厚善良的舜。尧对选择继位者十分重视，他使用情景模拟——类似于今天的评价中心技术，对舜展开为期三年的考察。他把舜放逐到荒山野岭，舜展现出顽强的生存能力和敏锐的观察能力。接着，尧把自己的两个女儿嫁给舜以考察他的德行，尧还叫自己的九个儿子组成无领导小组来观察舜的言行。在管理能力方面，尧派舜推行德教，总管百官处理政务。在外交能力方面，尧让舜在明堂的四门，负责接待四方前来朝见的诸侯。

3. 匹配：知人善任

知人善任是人岗匹配的最后一步也是最关键的一步，要求管理者能最大限度地发掘员工的优势，在合适的位置上放适合的人，将员工的才能最大化。

中华典故　　　　　刘邦的"三不如"

汉高祖刘邦在洛阳南宫大摆酒席宴请功臣。席间，他问大家："我能够战胜项羽得到天下，是什么原因呢？"高起、王陵起身说："虽然陛下有时傲慢、爱侮辱人，项羽看上去为人宽厚，但陛下派人出去攻城占地时，谁获得了什么，您就顺势赏给他，这叫与人同利。而项羽嫉贤妒能，谁有功他就恨谁，谁有本事他就怀疑谁，谁打了胜仗他也不奖励，谁得到地盘但他不赏赐，这就是他丢失天下的原因。"刘邦并不完全认同他们所言，他说："你们只知其一，不知其二。要讲运筹帷幄、决胜千里，我不如张良；要说镇守后方、安抚百姓，给前方运送粮草以保证供应不断，我不如萧何；要说统兵百万、战必胜、攻必取，我不如韩信。这三个人都是人中豪杰，我能够重用他们，这就是我得天下的原因。"刘邦通过"三不如"说清楚了自己的用人智慧——知人善任：张良精于谋划运筹，却疏于提刀夺隘；萧何的强项是后勤保障，却不擅长阵前冲锋；韩信的拿手好戏是统兵打仗，却不是粮秣管理专家。刘邦慧眼识珠，将张良、萧何、韩信放在了合适的位置上，使他们三人发挥出最大的作用。

许多成功的管理者都善于识人，并把人才放在适当的位置上。"没有平庸的人，只有平庸的管理者"。管理者在用人时，应该更加理性，避免盲目决策；而且要抱着人尽其才的意识，避免因虚荣而大材小用。管理者要考虑到每个员工的专业知识和技能，为其分配恰当的岗位。此外，管理者还要根据员工的优势和不足动态地进行调整，做到岗得其人、人适其岗、人岗匹配。只有这样，组织团队才能最大限度地发挥效能，实现最大效益。

2.4.4 人岗匹配形式

人岗匹配是一个总体的概念，具体到不同的岗位和不同的人之间，其表现形式有所区别，主要是匹配程度不一样、匹配侧重点不一样。

中华典故　　　　　　大明第一功臣李善长

李善长，字百室，自幼诵读经书，有智慧和谋略，通晓法家学说。朱元璋平定滁州时，李善长前往迎接拜见。朱元璋知道他是有才能的人，加上当时徐达和汤和都是武将，自己身边缺少文人，于是朱元璋就请李善长为谋士，负责粮草、后勤供给、人才考察等。这让朱元璋在外征战时无后顾之忧。朱元璋开国后，将李善长提拔为开国六公爵之首，授予他"开国第一功臣"的荣耀。

1. 全面匹配

全面匹配是最理想的匹配形式，可以说人和岗位的匹配达到了完美状态。在这种情况下，职位的工作内容能得到全面落实，而员工的能力和潜力也能全部发挥。员工的气质、个性、道德水平、身体状况等都很适合当前的工作，个体在工作中能享受到乐趣，而且能实现自我价值。不过，虽然在现实中组织和个人都希望达到全面匹配，但很难真正实现。

2. 能力匹配

通常情况下，只要员工的能力达到职位的要求，就能实现人岗匹配。能力匹配有两种特殊的情况，一种是能力富余，另一种是特殊能力过剩。

能力富余是指员工的能力大于对职位的要求。员工在工作中"游刃有余"，甚至是"小菜一碟"。严格来说，在这种情况下，能力与职位之间的匹配不是很理想，但从工作完成的角度来说不存在问题，因此人和职位之间仍是匹配的。如果是因为组织里人才过多造成这种情况，那是好现象，但也需要适当地调整职位难度或创造环境来提高员工的成就感；不然，很容易出现员工不愿意全心投入工作或者人才流失的现象。另外，造成能力高于职位要求还有一种可能的原因是不合理的人力资源配备。在这种情况下，组织应重新调整人力资源策略。第三种能力高于职位要求的情况是一开始员工匹配自己的工作岗位，但随着时间的推移，员工的工作经验不断增加，能力也不断提升，如此一来相对于现在从事的工作，员工的能力过剩，这时就要考虑给员工升职或者调整职位的工作内容。

特殊能力过剩是能力匹配的另一种特殊情况。举例来说，拥有音乐才能的人有可能擅长体育、书画，一般来说，除了在专门以这些专业为工作内容的机构里工作，这类人才很难达到职位匹配。但是，在组织中，通过有效地利用员工的这些能力，可以对组织的文化等方面进行建设，这样也达到了匹配。

3. 知识匹配

知识匹配是指员工的专业知识能匹配职位的要求。目前在我国，专业知识主要通过学历和专业技术职称两种形式来体现。近年来，我国教育事业快速发展，对高素质人才的需求极大地得到了缓解，用人单位对人才的要求也更看重学历和专业技术水平。同时，随着社会分工和专业分类的不断细化，对员工的学历和专业水平要求也日益提高。因此，当前知识匹配成为招聘与选拔的重要内容。不过需要注意的是，用人单位在强调知识匹配时，要区分"唯文凭论"与重视知识，在逐步提高对学历、职称的总体要求的同时，要充分利用那些学历水平较低但实际操作能力较强的人才。

4. 经历和经验匹配

在招聘合适的员工时，工作经历和经验是非常重要的因素。有相关经历或者经验较为丰富的员工，可以快速进入工作角色并达到岗位的要求，组织也能够减少培训新员工的时间和费用成本。不过，组织在考虑经历、经验和岗位的匹配时，高层级管理职位更重视过往经历，而一些操作岗位更重视经验，但两者都要重视与所要从事的工作之间的相关性。这是因为与岗位相关性不强的经历和经验，有时会因思维定式而影响匹配。在符合与岗位的相关性的前提下，经验越丰富的人越容易人岗匹配；但如果一个人经常更换单位，有丰富的工作经历，那么人力资源部门要分析应聘者频繁更换工作的原因是什么，如果是人际关系和期望值等方面的不足引起的，那么在安排职位时需要加以注意。

5. 性格和气质匹配

某些部门尤其是保密部门和党群部门在招聘时，对候选人的性格与气质可能有额外的要求。此时，人岗匹配就体现为员工的气质、性格与岗位的匹配。

6. 道德匹配

一些职业比如法官、新闻记者等，对职业道德的要求十分高。员工的工作能力再出色，但道德水平达不到职位的要求，也不能达到人岗匹配。在任何组织，随着职位层级的提高，对职业道德匹配的要求越来越高。

7. 体能匹配

健康的体魄是保障工作顺利开展的基础。在现代社会，工作节奏日益加快，员工面临的身心压力也越来越大，这就要求员工有更好的身体素质和精神状态。需要注意的是，体能匹配不仅仅针对那些以体力劳动为主的工种，而是对所有职位的普遍要求。此外，随着职位层级的提高和工作压力的增加，对从业者的精力、体力、忍耐力和承受力等方面的要求也越来越高。因此，在进行人岗匹配时需要考虑人才的身心健康。

2.5 跨文化管理

全球化是当今世界的一场革命，全球化贸易与全球化投资正在改变着原来的经济发展格局，现在的资本、技术、设备等都以前所未有的速度在世界范围内流动和转让，世界已成为一个全球市场。在这种大背景下，对人才的管理不再局限于国家的边界。

2.5.1 人才标准的不同

1. 中国的人才观——选贤任能

几千年来，我国历代先贤在辨才、选才和任才方面提出了不少真知灼见。"德"和"才"一直是我国古代人才观的重要内容，人才的标准是德才兼备、以德为优。上古时代，唐尧对舜进行了多年的德行和能力的考验；子曰"德才兼备，以德为首"；到了汉代，形成了以人才的品德为主要考察依据的察举制；《资治通鉴》中提出"才者德之资也，德者才之帅也"，认为"德才兼备，选贤任能"以及"国之乱臣，家之败子，才有余，而德不足也，则国人颠覆者矣"。《礼记·礼运》有云："大道之行也，天下为公，选贤与能，讲信修睦。"三国时期，魏王曹丕制定了"九品中正制"，评价人才的主要标准是家世、品德和才能三方面。唐太宗更是坚持"唯才是举"和"任人唯贤"的用人观，认为用人"必须以德行、学识为本"，德行和才能中又必须坚持以德为先。

2. 西方的人才观

西方对人才的评价主要以个人的能力为中心。弗朗西斯·高尔顿（Francis Galton）认为，天才是遗传的；意大利生理心理学家恩斯特·克雷奇默（Ernst Kretschmer）强调，天才的产生是按遗传的概率发展的；美国心理学家詹姆斯·卡特尔（James Cattell）研究了975名科学家后发现，科研能力是遗传和环境相互作用的结果。美国著名心理学家和教育学家本杰明·布鲁姆（Benjamin Bloom）从关于英才教育的研究中得出以下论断：如果提供适宜的学习条件，那么世界上一个人能够学会的东西，几乎所有人都能够学会。

2.5.2 价值观的不同

1. 价值体系的核心不同

中华文化强调集体主义，重视集体精神和合作理念，而且会把实现个体价值和集体价值相结合，强调将小我融入大我；西方价值体系更崇尚个人至上，追求自由，其核心是个人功利主义。

2. 利益观的不同

中国人在儒家文化的影响下，主张重义轻利，推崇实现人生的社会价值；大多数西方人则追求金钱和物质利益，强调"金钱至上"和"利益至上"的观念。

3. 伦理道德观的不同

中华文化讲究"家文化"，奉行"仁、义、礼、忠、孝和爱"，践行社会主义核心价值观，强调社会责任；西方伦理道德的核心是"享乐主义"和"利己主义"，强调追求个人利益。

4. 行为观的不同

大部分中国人倾向于"中庸"之道，讲究"以和为贵"，注重工作中的人际关系，不愿意与人发生冲突和矛盾；大部分西方人在办事时则喜欢直来直去。

5. 事理观的不同

中国人更重视人伦关系，在办事情时偏向"情、理、法"的秩序；西方人则强调规则，在办事时会遵守规章制度。

在跨国经营中，难免会遇到不同文化之间的碰撞和冲突，但这也可能带来巨大的潜在好处。在不同的文化背景下，不同的社会习俗、信仰、市场、科技发展和人力资源都为跨国企业提供了丰富的市场机会与可观的利润回报。因此，我们在进行跨文化管理时，要充分考虑不同文化背景下员工的特点，充分发挥跨文化优势，促成良性循环，达成既定的商业目标。

◆ 2.5.3 管理文化的不同

西方企业尊重个人的物质、精神及发展等多层面的需要，并建立起灵活多样、讲求实效的激励机制，对人员的考核与评价往往更注重员工实绩而少思想色彩。中国企业则特别强调员工是企业的主人，对企业的重大问题拥有参与、监督和集体决策的权利。因此，中国企业往往更强调个体的自觉奉献精神，对人员的评价往往偏重思想境界。

跨国经营不可避免地会遇到文化碰撞与文化冲突，但这也存在巨大的潜在优势。在不同的文化背景下，不同的社会文化习俗、信仰传统、市场状况、技术水平和人力资源给国际型企业创造了丰富的市场机会，提供了丰厚的利润回报，只要充分重视跨文化管理，发挥跨文化优势，使跨国生产经营步入正确的运行轨道，企业经营就能形成良性的循环，实现预期的商业目标。

现实观察

中国工程院院士王坚：坚持你相信的事，相信你坚持的事

王坚，云计算技术专家，中国工程院院士，阿里云创始人，阿里巴巴集团技术委员会主席。

◆ **不凡，来自简单**

1980年，王坚考入杭州大学心理学系，主修工业心理学，还旁听计算机课程。研究生阶段，他师从心理学家、人类工效学家朱祖祥教授。1990年年初，王坚在攻读博士期间，到美国俄亥俄州立大学心理系进行了为期6个月的交流学习；同年，王坚获得杭州大学心理学博士学位并留校任教。1991年，王坚成为首批获国家青年自然科学基金资助的心理学研究者；同年9月，王坚被破格晋升为心理学系副教授。王坚30岁成为教授，31岁成为博导，32岁担任杭州大学心理学系（1998年之后并入浙江大学心理与行为科学系）系主任和工业心理学国家专业实验室主任。他曾主持研究"人机对话系统"等信息领域相关课题，并参与研究国家"八六三"计划智能计算机类课题。王坚无疑是成功的，但在37岁的时候，他放弃担任系主任，选择加入微软亚洲研究院，之后任副院长。如今，他是阿里云的创始人，更当选为中国工程院院士。

平头、穿格子衫、瘦瘦小小、笑起来憨憨的、有点羞涩，充满"书生气"的王坚，其实是一个非常简单的人。他的不凡，正来自他的简单。简单，让王坚做到心无旁骛地专注；专注，让他更容易发现事物的本质；发现本质，又让他具备了格局——一种系统思

维。这种坚定信念、直击本质而又有全局观的思维方式，影响了他的一系列行为。

◆ 别人可以怀疑我，但我必须相信自己

2008年6月，马云在阿里巴巴B2B高管会上，首次提出云计算构想。当时内部争议很大，反对意见也很多，但马云力排众议，要求必须马上做这件事。于是彭蕾找到王坚。那个时候"云计算"还是个新词，也没有任何资料可供参考，一切都是未知的，王坚创办阿里云，是一个非常大胆的决定。

2008年年底，王坚首创以数据为中心的云计算体系结构，命名为"飞天"。在王坚的主导下，阿里巴巴启动了轰轰烈烈的"去IOE"（IBM小型机、Oracle商业数据库和EMC集中式存储）行动，同样引发了业内不小的争议。阿里内部从高管到员工有很多质疑的声音，有人直接骂他是骗子，有人说他不会写代码应该下岗，有人质疑他是搞心理学的并不懂云计算。他也由此得了个"阿里局外人"的称号。

2012年阿里云年会上，王坚走上台，几次欲言又止，最终泣不成声。王坚抹起眼泪，台下喊着"博士别哭"。那几年，他主持的云计算研发耗费巨资，但迟迟未做出成绩；他手下的员工纷纷出走，将近80%的员工或者转岗到淘宝、天猫等业务部门，或者直接离开阿里巴巴。王坚平静下来后说："这两年我挨的骂甚至比我上半辈子挨的骂还多。但是，我不后悔。只是，我上台之前看到几位同事，他们以前在阿里云，现在不在阿里云了。"不掉眼泪时的王坚这样描述自己："我不是一个根据外部标准判断自己行为的人。"他的确不是，在微软亚洲研究院的时候，他是唯一一个坚决不发论文的人。在公司内部创新会遭遇质疑，那不是一件很正常的事情吗？王坚说"这是惯例"。

◆ 坚持你相信的事，相信你坚持的事

王坚坚信：技术是一家公司的核心竞争力，阿里巴巴只有改变自身对其他公司的技术依赖，才能找到自己不可替代的坚实力量。同时，随着阿里巴巴业务的快速增长，IT基础设施成本的上升会拖垮阿里巴巴，王坚也必须换掉老引擎，从零开始建立新的技术体系。

王坚知道，要想成功肩负起底层计算系统，就必须有能力调度5 000台服务器——这相当于一条及格线，这就是"5K"的由来。2013年6月底，5K进入最后的稳定性测试阶段，有人提出一个钢铁直男般的测试方法：拔电源。理由是，如果5K连这种突然的暴力断电都能撑得住，阿里云还有什么是不稳定的。王坚同意了。负责拉电的人反复向他确认了三遍："拉吗？拉吗？拉吗？"当所有机器重新启动、系统完全恢复运行之时，一切正常。这一刻，在场见证的所有人都明白，他们成功了。

王坚和他的团队不仅引领了中国技术史上第一次从0到1的完整跳跃，也掀起了中国云计算的浪潮，为商业、为社会、为人带来了新的变化，越来越多的人理解了云计算的意义。而此时，功成名就的王坚却想要保持一贯的低调，他只轻描淡写地把自己几年来的种种经历总结为两句话："要坚持你所相信的东西，也要相信你所坚持的东西。"坚定的信念，让他心无旁骛，也让他百折不挠。

有人这样说王坚：王博士是一个典型的理想主义者，他没有太多的创业经验和产品研发经验，仅凭一腔热忱带领着一群同样热忱的工程师做世界上最难的技术之一，走了很多弯路，也伤了很多人的心，但也栽了很多树，让后人乘了凉。王坚极具感染力，那几年，

阿里云的工程师一旦决定留下来，就会成为王坚的"脑残粉"。他们坚信王坚的方向永远正确，即使错了，也是他们这些执行者错了，"能力无法匹配博士的要求"。而王坚总会说："你们在做从来没有人做过的事情，不要怕犯错。"王坚还曾把每年一度的阿里云"飞天奖"颁给了全体团队成员，颁奖词正是——坚持就是伟大。

◆ 打造"城市大脑"，助力社会治理

2016年，王坚在杭州云栖大会上说："世界上最遥远的距离是红绿灯跟那个交通监控摄像头的距离，它们都在一根杆子上，但是从来就没有通过数据链接过。因为它们有距离，使得交通一定会拥堵，原因就是摄像头看到的东西永远不会变成红绿灯的行动。"2018年，他在造就Talk上说："城市大脑，不仅属于中国，还将成为全世界每一座城市的公共产品。这是我们千载难逢的机会，要抓住这个机遇，最重要的一件事情就是对数据的坚定。"

王坚仍然在前行，他有个更宏大的梦想。从2016年开始，王坚便提出"城市大脑"，作为未来城市数字基础设施的新构想，如今他正不断推动"城市大脑"的布局和建设。

王坚曾问过杭州交警一个非常外行、非常无知的问题："杭州每天24小时，每时每刻路上到底有多少车？"但是他发现，这个问题杭州交警回答不出来，全世界的人都回答不出来。这让他对城市交通的看法有了一个巨大转变：从看机动车保有量，变成看机动车在途量。后来王坚和他的团队使用了很多技术、花费了很多时间，最终得出了具体的数字。结果让人吃惊：杭州的机动车保有量约为300万辆，不堵车时路上有20万辆车，高峰堵得水泄不通时路上有30万辆车，只比不堵车时多10万辆。这个数字算出来后，没人相信，连交警也觉得王坚他们搞错了。在人的固有印象中，堵车时马路上至少得有100万辆车。数字让人们重新看待交通这件事情，也认清了堵车的真相。"城市大脑"要做的事情，就是希望能做到城市的数字化，让大家重新看待城市的发展。

十年一觉"飞天"梦，毁谤也好，赞誉也罢，对王坚来说，皆为过眼烟云。他撰有《在线》一书，结尾写道："什么是对技术的热爱？你真的相信技术会改变很多东西吗？你有没有足够的自信和热爱去焐暖这条蛇，哪怕它苏醒以后可能会咬你一口？当你热爱一个东西的时候，你很难预料最终的结果。"

资料来源：(1) 笔记侠. 王坚：坚持你相信的事，相信你坚持的事 [E/OL]. 2021-01-31, https://mp.weixin.qq.com/s/vH_Apm60wdhUNBOYqy9XWA. (2) 百度百科. 王坚 [E/OL]. 2025-01-01, https://baike.baidu.com/item/%E7%8E%8B%E5%9D%9A/8451588?fr=kg_general. (3) 凤凰卫视.《中国工程院院士王坚：数据时代，尚未到来》[E/OL]. 2022-10-17, https://mp.weixin.qq.com/s/PjhM2i4-NQRAWaQy3h7k3PQ.

> **感悟与思考**
>
> 1. 结合案例，你如何理解人格与工作的关系？
> 2. 请你从胜任力模型出发，分析王坚成功的原因。
> 3. 结合案例，谈谈你对人岗匹配的理解。
> 4. 结合案例，谈谈你作为管理者，如何利用个体差异对员工进行管理。

2.6 组织中个体差异的前沿探索

人格心理学的研究内容之一就是描述并解释人的个体差异,目前人格仍然是组织行为学和心理学领域研究最多的主题之一(Roberts 和 Yoon,2022)。自20世纪80年代大五人格模型的提出,人格理论已经被广泛应用到组织情境,无论是对个体层面的工作动机、工作绩效等工作表现,群体层面的团队效能、领导,还是对组织层面的反效率和偏离行为等都产生了深远的影响(张兴贵和熊懿,2012)。21世纪以来,科学技术变革使得社会迅速发展、环境发生巨大变化,组织中的个体也有了新的特征,新的社会背景下我们对组织中人的管理同样要与时俱进。本部分就人格理论、组织情境中的个体差异研究新进展进行回顾与展望。

2.6.1 人格理论的新进展

1. 国外人格理论研究进展

(1) HEXACO人格特质模型(见表2-9)。Ashton等(2004)基于词汇学假设,在不同语言环境下得到类似的六个维度,提出一种新的人格结构模型,由诚实-谦虚(honesty-humility)、情绪性(emotionality)、外向性(extraversion)、宜人性(agreeableness)、尽责性(conscientiousness)、经验开放性(openness to experience)六种因素构成,被称为HEXACO模型。HEXACO模型中外向性、尽责性和经验开放性这三个因素与大五人格模型中对应的因素类似,但其他三个因素与大五人格模型有所不同(Ashton 和 Lee,2007)。

表2-9 HEXACO人格特质模型

人格特质	具体描述
诚实-谦虚	真诚、公平、避免贪婪、谦虚
情绪性	恐惧、焦虑、依赖、多愁善感
外向性	善于表现、敢为、社交性、有活力
宜人性	宽容、温和、适应性、耐心
尽责性	组织、勤奋、追求完美、谨慎
经验开放性	审美、求知欲、创造力、不受规则约束

资料来源:张玮和王斐(2016)。

对于HEXACO的测量,Lee 和 Ashton(2004)编制了HEXACO-PI量表,共有192个题项。Lee 和 Ashton(2006)在此版本上不断修订和改进,修订的HEXACO-PI-R包含200个题项;de Vries等(2009)从国际人格试题库项目(IPIP)中挑选出240个能够描述HEXACO人格特质的相关题项组成IPIP-HEXACO量表;Ashton 和 Lee(2009)开发出包含60个题项的简式量表HEXACO-60;de Vries(2013)开发出仅有24个题项的简式HEXACO问卷(BHI);Lee 和 Ashton(2018)对102个受访者进行调查,检验了HEXACO-100的有效性。

目前，HEXACO 人格特质模型得到了众多研究者的支持，并在多种文化背景下进行了验证（Ashton 等，2006；Holtrop 等，2015；Lee 和 Ashton，2020；Mededovic 等，2019；Thielmann 等，2020；Weller 和 Thulin，2012），在组织行为领域主要集中于人格特质对领导风格与员工行为的影响（Albrecht 和 Marty，2020；Marcus 等，2007；Pletzer 等，2019；Zettler 和 Hilbig，2010）。其中，诚实－谦虚这一人格特质在除美国以外的国家得到了广泛的验证与应用（Roberts 和 Yoon，2022），包含权力感、欺骗他人和贪婪等（Ashton 和 Lee，2009）；Pletzer 等（2019）通过荟萃分析，发现 HEXACO 模型中诚实－谦虚维度最能预测工作场所偏差。

（2）黑暗三联征（dark triad，DT）也称黑暗三人格。黑暗三联征（见图 2-7）是由 Paulhus 和 Williams（2002）总结出来描绘人性黑暗一面的人格理论，主要包括马基雅维利主义、自恋、精神病态三种成分，三者既各自独立又相互交织。

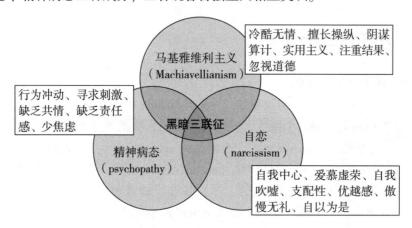

图 2-7 黑暗三联征图谱

目前对于黑暗三联征的测量主要有两种：一种是分别测量三种成分，马基雅维利主义采用 Mach-IV 量表，自恋一般使用自恋人格问卷（NPI），精神病态则使用自评精神病态问卷（SRP），总共 91 个题项，将获得的分数标准化后得到总分；另一种是将黑暗三联征视为整体，如短式黑暗三联征量表（short dark triad，SD3）（Jones 和 Paulhus，2014）和黑暗十二条（dirty dozen，DD）（Jonason 和 Webster，2010），中文版也得到验证，具有良好的信度和效度（耿耀国等，2015）。

黑暗三人格自提出后，众多学者对此展开了研究，黑暗三人格与大五人格和诚实－谦虚特质相关（Spain 等，2014），比如马基雅维利主义和精神病态与尽责性、外向性负相关，自恋和精神病态与开放性正相关（Wu 和 Lebreton，2011）；有研究发现马基雅维利主义和精神病态与低工作绩效有关，三者都与工作表现中的反生产行为有关（O'Bayle 等，2012；Grijalva 和 Newman，2015）。目前，大多数关于组织情境中的黑暗三人格研究有一定的局限性，主要集中于工作中的负面结果（如不良领导行为），但忽视了黑暗三人格积极的一面——有研究表明适度的黑暗特质对组织管理可能是有利的。对黑暗三人格的解释需要和情境相结合，如一个自恋的领导者会考虑是否在某些情况下表现良好，以得到团队的认可（Spain 等，2014）。

（3）核心自我评价。Judge 等（1997）综合了多领域，提出核心自我评价（core self-evaluation，CSE）这一人格概念，定义为个体对自我能力和价值所持有的最基本的评价与估计，包括自尊、一般自我效能感、神经质（情绪的稳定性）、控制点四部分。其中，自尊是个体对自身最广泛的核心评价；一般自我效能感指个体在行动过程中是否感觉到自己有能力调配任务所需的动机和认知资源；神经质是与自尊相反的消极情感，一方面指情绪稳定性，另一方面指调控自己情绪的能力；控制点反映个体在什么程度上认为自己能够控制生活中将要发生的事（黎建斌和聂衍刚，2010）。

核心自我评价主要有两种测量方式。一种是分别测量四种核心特质，然后通过因素分析，抽取单一的、高阶的因素再进行其他研究。测量自尊主要采用 Rosenberg 编制的自尊量表，测量一般自我效能采用 Judge 编制的一般自我效能量表或 Schwarzer 编制的一般自我效能量表（修订版），情绪稳定性量表测量神经质，Levenson 编制的 IPC 量表中的"I"分量表测定控制点（黎建斌和聂衍刚，2010）。另一种是采用 Judge 等（2003）编制的核心自我评价量表（core self-evaluations scale，CSES），总共包含 12 个题项，具有良好的信度和效度，在中国文化背景下也进行了结构验证和修订（杜建政等，2012；任志洪和叶一舵，2009）。

核心自我评价自提出后，在工作与组织心理学领域得到广泛应用，主要集中在与工作满意度和工作绩效的关系上（杜建政等，2007；Grant 和 Wrzesniewski，2010；Judge 等，2017），之后拓展到探讨核心自我评价如何影响工作目标设置、工作倦怠、领导行为（Resick 等，2023）、求职与职业成功（van Hooft 等，2021）等其他工作变量。

（4）从需要、动机到人格的新模型。美国斯坦福大学心理学家 Carol Dweck 提出一个从需要、动机到人格的新模型，他认为在生命早期影响人类幸福与健康的基本需要有三个：接纳需要（个体渴望被他人认可与接受）、可预测性需要（个体希望了解事物之间的关系以预测事件的发生）、能力需要（人们想知道在特定情境中如何行动）。人在婴儿时期就产生了基本需要，随着成长而逐渐建立整合基本需要的心理模型，由此产生复合需要，即信任、控制、自尊和自我一致性。人格并不是一成不变的，在婴儿时期产生基本需要后，需要和经由需要形成的心理表征会影响目标选择，从而对个体的行为产生影响。Dweck（2017）的人格理论考虑了人格发展的动态性。个体会根据行为的反馈来更新自己的心理表征而改变行为，进而影响人格。

2. 本土化人格理论

1985 年以前，中国人的人格研究是完全西化的，人格研究的理论是基于欧美被试发展起来的理论、概念、方法和工具（杨国枢和俞宗火，2008）。后来在心理学研究本土化学术运动的影响下，越来越多的中国心理学家开始研究中国文化背景下的人格特征（崔红和王登峰，2007；黄希庭，2004，2017）。目前，相关研究一方面基于中国传统文化来发展本土化人格理论，另一方面聚焦于国外人格理论和中国国情相结合。

张建新和周明洁（2006）回顾了有关《中国人个性量表》（CPAI）的实证研究结果，提出了针对中国人格特质的"六因素"假说（SFM），主要包括情绪稳定性、认真-责任性、宜人性、外向性-内向性、人际关系性、开放性。黄希庭（2017）提出了健全人格理论，又称幸福进取者模型。幸福进取者必须拥有正确的价值观、积极主动的自我观以及具备实现美好人生理想的优良品格。他们认为心理健康是一个连续体，最差的一端为人格障碍或心理疾病，最佳的一端为健全人格，所有人都可以成为拥有健全人格的人，这个过程是发展且个性化的。曾宪聚等（2020）基于中国传统社会背景特征，提出了具有本土文化特色的"情境人格"概念。情境人格是指在权力本位、儒家观念与差序格局等多重逻辑交织的情境中，行动者以权力运作法则为参照，围绕生存需要与价值判断平衡而不断建构并持续演化的底层心理图式。情境人格从个体层面、组织层面、社会层面考虑中国人的内心生活与组织社会秩序，为探索和理解管理系统中的行为模式、活动规律并深化本土管理研究提供了新的理论思考。

2.6.2 组织情境中的个体差异研究

1. 个体层面

（1）工作绩效。工作绩效是指员工在工作过程中以某种方式实现的、与组织目标密切相关的活动结果或行为表现，主要包括任务绩效和情境绩效。任务绩效是指任务者通过直接的生产活动、提供材料和服务等对组织的技术核心所做的贡献，主要受经验、能力以及与工作相关的知识等因素的影响。情境绩效是指构成组织的社会、心理背景的行为，具体表现为自愿承担不属于自己职责范围的工作，帮助同事或与之合作完成任务等，主要受人格因素的影响（陈志霞，2006）。

许多专门开发的人格测验显示了人在工作绩效等工作表现方面的有效性水平（Ones 等，2007）。20 世纪 90 年代以来，学者们针对大五人格和工作绩效的关系的研究日益增多，无论是国外还是国内在各类职业中都发现大五人格可以很好地预测工作绩效（Fang 等，2015；曾练平等，2021；姚若松等，2013），其中尽责性是重要的预测因子（Judge 和 Ilies，2002）。张庆龙等（2015）发现在内部审计人群中，MBTI 人格类型会影响审计师的工作绩效，外倾型（E）、直觉型（N）、判断型（J）的员工在总体工作绩效和内驱绩效上表现更出色。

主动型人格是指个体采取主动行为影响周围环境的一种稳定倾向，它描述了个体主动改善所处环境或创造有利新环境的独特调节方式（张军成和凌文辁，2016）。近年来，研究发现主动型人格影响个体工作绩效（Bakker 等，2012），具有主动型人格的员工也能够提升同事的工作绩效（张颖等，2022）。需要注意的是，人格特质在解释工作绩效时需要考虑工作情境（Judge 和 Zapata，2015）。

（2）工作满意度。工作满意度一般被定义为员工对工作的情感或态度（冯缙和秦启文，2009），通常是从消极到积极的连续体，是工业组织心理研究中最重要的变量之一（张兴贵和郭杨，2008）。人格特质是员工工作满意度的重要影响因素，翁清雄等（2016）发现大五人格的每个维度与职业满意度都存在显著的相关。其中，神经质和外倾性与职业满意度的关系的强度最大，宜人性和尽责性相对较小，开放性最小。Ghetta 等（2020）基于大五人格理论，研究个体性格及其与职业性格的一致性和工作满意度之间的关系，发现两者分别与工作满意度相关，但一致性的变化与工作满意度无关，除提高神经质外的人格均能预测未来四年工作满意度的提高。高核心自我评价的个体有着较高的职业满意度，对工作充满激情、对职业和生活充满希望（王震和孙健敏，2012）。

还有一些研究探讨了人格因素对工作满意度的调节/中介作用。对于国有企业员工来说，工作—家庭平衡可以很好地预测其工作满意度，神经质、宜人性及尽责性特质在其中起到一定的调节作用（于悦等，2016）。一项针对企业员工的调查研究发现，马基雅维利主义对绩效考核与工作满意度有正向调节作用（赵君等，2014）。

（3）工作敬业与职业倦怠。工作敬业是一种积极的、充实的、与工作相关的心理状态（Schaufeli 等，2002）；而职业倦怠是由于工作者长期处于压力中而表现出来的情绪耗竭、人格解体和个人成就感减弱的一种综合征（王颖等，2015），教师、医护人员、公务员等群体的职业倦怠较高。工作敬业和职业倦怠都与工作压力有关。研究发现，神经质越强，外向性、尽责性和开放性越低的人越容易经历职业倦怠（Swider 和 Zimmerman，2010）；工作敬业与外向性、宜人性、尽责性和开放性正相关，与神经质负相关（Ongore，2013）。此外，工作狂与个体职业倦怠相关（Clark 等，2016），而主动型人格能够调节职业倦怠，提高员工的工作敬业度（Bakker 等，2012；Borst 等，2019；Rudolph 等，2017）。一项元分析发现，年龄大、受教育程度高、任职时间长的员工的职业倦怠程度较低（Michel 等，2022）。

（4）工作动机。Barrick 等（2013）认为人格特质会使得个体朝着目标去努力，当与工作特征相联系的动机相互作用时，会激励个体完成任务。工作动机与责任心正相关，与神经质负相关（张兴贵和熊懿，2012）。随和型员工对回避失败的成就动机具有显著的正向调节作用，他们更倾向于被动地回避失败，而不是主动地争取成功（祁大伟，2015）。

2. 群体层面

（1）团队绩效。在自我管理团队中，成员中的性格中性外向者对于团队绩效的提升最有利，外向性过多者或过少者不能促进团队绩效的提升。研究发现，大五人格中尽责性维度在预测团队绩效上最为稳定，两者呈正相关关系，责任心强的员工能够营造积极的工作氛围，促进工作目标的完成；外倾性与团队绩效呈倒 U 形关系，外向性员工占比为中等时，团队绩效最高；宜人性与团队绩效呈正相关关系；神经质与团队绩效呈负相关关系，高神经质个体会降低团队绩效；开放性对团队绩效的影响尚未有统一定论，但开放性团队在需要高想象力和高创造力的情境下能创造高绩效（张兴贵和熊懿，2012）。主动性人格对团队绩效的影响有多种路径，主动性人格均值的提高能够增强团队心理安全来促进团队绩效，主动性人格多样性则会通过降低团队心理安全来削弱团队绩效（董梅和井润田，2020）。

（2）领导行为。领导者的人格特质对员工的工作行为有影响，当员工的主动性性格强度弱于领导者时，领导者 – 成员交换关系质量较低，会导致较差的工作成果（Zhang 等，2012）。研究发现，谦虚这一人格特质在 CEO 管理团队时发挥重要的作用，团队成员更有可能进行合作、共享信息、共同决策并拥有共同的愿景（Ou 等，2018）；而自恋的领导者会阻碍团队创造力的发展（Liu 等，2021）。

（3）团队创造力。团队创造力是指团队成员集合起来产生创造性想法和成果的能力（West，2002），是团队发展的动力。团队成员的人格特征、智力、知识、经验水平等都会对团队创造力产生影响（吴杨等，2021）。大五人格研究显示，个体的开放性水平越高，其创造力越强。成员的创造性人格水平越高，越能促进团队的创造行为（Somech 和

Drach-Zahavy, 2013)。

3. 组织层面

工作场所偏差行为。工作场所偏差行为是指组织成员的主观性行为违背了组织成文或不成文的政策、制度和规范等，并且威胁到组织、组织成员或两者的利益，具体表现为怠工、性骚扰、对同事的辱骂和诽谤、贪污、迟到、散布谣言、盗窃公司财产等（Robinson 和 Bennett，1995）。组织中个体的人格特质和人口统计学特征会影响工作场所偏差行为。Ellen 等（2021）使用元分析方法，探讨大五人格和黑暗三联征对工作场所偏差行为的预测作用。研究发现两者都能有效预测工作场所偏差行为，只是程度略有差异，其中宜人性、马基雅维利主义和精神病态可以很好地预测个体偏差行为，而尽责性、马基雅维利主义和精神病态可以更有效地预测组织偏差行为。赵君和蔡翔（2014）探讨了人口统计学特征对工作场所偏差行为的差异性影响，研究结果表明年龄、性别、工作年限、单位性质和受教育程度均对工作场所偏差行为有显著的差异性影响。

对于组织情境中的个体差异研究主要集中于个体层面，对于群体层面和组织层面的研究无论是国内还是国外都相对较少。

◆ 2.6.3　未来展望

第一，目前组织管理领域人格研究的理论基础还是聚焦于大五人格，通过测量大五人格，我们只能了解人格的某一方面，不能对其进行连续和整体的把握与理解。Roberts 和 Yoon（2022）整合了新社会分析模型、五因素模型等人格模型后认为，人格研究应至少包含人格特质、动机、能力和叙事身份，未来的工作组织情境研究可以考虑人格的这几个结构。随着积极心理学的兴起，未来管理心理学和组织行为学领域还可以考虑乐观、主动等品质对组织中的个体及其行为的影响。

第二，人格测量大多使用自陈量表。受社会赞许效应的影响，人们在填写问卷时有可能会规避对自己不利的选项，未来对组织情境中的人格测量需要超越自陈测验，结合投射测验和情景模拟等多种方法。

第三，在关注人格特质正面作用的同时，关注其负面作用。尽管大量的元分析证明了人格特质能很好地预测某些工作指标，但这些人格特质也并不是完美的，它们仍然会产生负面作用。比如学界一致认为责任心是预测工作行为的最好指标，然而并不是责任心越强就越好。外倾性与冲动程度相关，可能会增大事故和旷工概率（张兴贵和熊懿，2012）。黑暗三联征在工作场景中的作用并不全是有害的，在一定的条件下人格特质达到哪个程度才能发挥功能，就成了很重要的问题和研究方向。

第四，关注人格的可塑性、组织的动态变化及情境因素三者的交互作用。工作是影响人格发展变化的重要潜在因素（Woods 等，2019），未来的研究可以考虑：工作绩效和工作中的学习如何改变个性的发展？组织的群体特征如何影响人格的发展和改变？新冠疫情等突发事件/危机事件在全世界范围内的影响是巨大的（Kniffin 等，2021），远程办公带来了工作场所的变化，这对不同性格的个体的工作行为是否会产生影响？新冠疫情等突发事件/危机事件本身会不会对个体的个性产生影响？这种影响是否会影响他们的工作表现？

第五，人格除了受生物因素的影响，还受社会文化的影响，我国工作情境中的个体差异研究需要考虑文化因素。黄希庭（2004）认为，中西方在人格的基本内涵和基本特质上不同，中国人的人格思想强调个体要正确处理与他人、集体、社会及自然界的关系，而西方更强调个体的独特性。在未来，我国组织领域的研究应基于中国人的文化视角来分析组织中的个体差异问题，还要结合考虑我国当前经济社会发展密切相关的主题。

数字资源

本章数字资源由三大部分组成：一是 UTD 24 文献推荐，二是推荐的相关量表，三是参考文献。详细内容可下载"拓展学习资源"获取。

1. UTD 24 文献推荐

Pok Man Tang, Joel Koopman, Shawn T. McClean, et al. When conscientious employees meet intelligent machines: An integrative approach inspired by complementarity theory and role theory [J]. Academy of Management Journal, 2022 (65): 1019 – 1054.

Janet A. Boekhorst, Nada Basir, Shavin Malhotra. Star light, but why not so bright? A process model of how incumbents influence star newcomer performance [J]. Academy of Management Review, 2022, Forcoming.

2. 相关量表

- ◎ 大五人格量表
- ◎ MBTI 职业人格测验
- ◎ 霍兰德职业人格/倾向测试

3. 参考文献

第3章 组织激励

■ 知识点

激励、激励过程、马斯洛需要层次理论、ERG 理论、双因素（激励和保健）理论、期望理论、公平理论、强化理论、挫折理论

■ 学习要点

- ◎ 简述激励的概念和作用。
- ◎ 简述马斯洛需要层次理论及其在管理中的应用。
- ◎ 根据 ERG 理论，阐述人类存在的三种核心需要。
- ◎ 结合现实，阐述激励理论并阐释其基本观点，对相应的理论进行评价。
- ◎ 对比马斯洛需要层次理论和赫兹伯格激励-保健因素理论的异同。
- ◎ 结合现实，解释公平理论以及相应的管理措施。

思维导图

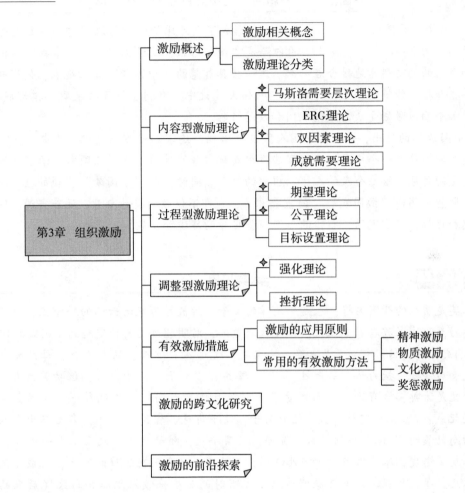

新理念　"中国梦"——新时代的历史责任和历史使命

"中国梦"的提出,在全体中华儿女中形成了无可比拟的政治激励作用,让全体中国人民的精神为之一振。"中国梦"的内涵是"国家富强、民族振兴、人民幸福",将国家、社会和个人的利益科学地融合在一起。这一极具智慧的"中国梦"核心观点,使得政府的各项举措和措施能够统一于"中国梦"的伟大建设中,有利于将各项激励举措形成合力,从而更加全面地激励受众的政治认同和政治情感。

"中国梦"的提出,体现了中国人民追求幸福、追求和平发展道路。"中国梦"的实现,是指能够使每一个中国人在国家建设中发挥自身的作用,能够在国家政治经济发展中扮演特定的角色,给每个人的人生以出彩的机会。同时,在"中国梦"实现的过程中,中国人民也能够明白"协同发展"的重要意义,也即不仅做到提升自身,还应当帮助他人实现梦想和目标,以宏观的、整体的眼光审视世界的环境和发展。

史上择慧　沐英报恩

沐英是明朝的开国名将,也是朱元璋的义子,后被封为抚治云南的黔宁王,近三百年间沐英乃至沐氏家族忠君十五代,镇守云南边陲,对明朝政局的稳定起到了极大的作用。

《明史·沐英传》记载:"沐英,字文英,定远人。少孤,从母避兵,母又死。太祖与孝慈皇后怜之,抚为子,从朱姓。"朱元璋共有"义子"二十余人,但功劳最大、才能最高的就是沐英,唯有沐英一人享受了"封王且侑享太庙"的至高待遇。《明史·沐英传》还记载:"太祖初起时,数养他姓为子,攻下郡邑,辄遣之出守,多至二十余人,惟英在西南勋最大。"沐英年幼时家中贫苦,父亲早逝,随母度日。元至正十一年(1351),红巾军起义爆发,沐英跟随母亲四处避祸,可是不久母亲死在逃难的路上,他成了流浪讨饭的孤儿。年仅8岁的沐英在濠州城遇上了当时的义军将领朱元璋和马氏(后来的马皇后),夫妇二人膝下无子,见沐英太过可怜,于是心生怜悯将他收为义子,并为他改名"朱英"。《明史》记载:"英年少明敏,剖决无滞。后数称其才,帝亦器重之。"朱元璋夫妇待他就像自己的孩子一样,不仅请人教他识字读书,还教他如何带兵打仗,沐英生而乖觉,深得养父母的宠爱。后朱元璋有了长子朱标,为了避免因继位问题而引起萧墙之祸,后赐姓沐,取义于"沐朱元璋和马夫人之恩"。朱元璋常年在外打仗,马皇后便担负起抚养沐英之责。马皇后是中国历史上有名的贤后,为人素来宽厚和善,对沐英疼爱有加,视如己出,从8岁到18岁,朱元璋夫妇抚养沐英十年之久——这十年不是"一饭之恩",而是长达十年的舐犊之情!

生逢乱世,沐英在朱元璋和马皇后的细心抚养下成长为一名文武双全、骁勇善战的将才。公元1362年,沐英仅18岁就得到镇守镇江的要任,开始独当一面。《明史》云:"年十八,授帐前都尉,守镇江。"此后几年,沐英先后驻守广信(上饶),协助汤和攻打福建。朱元璋在南京称帝,建立大明。洪武三年,朱元璋大封功臣,沐英获授镇国将军,后被任命为"大都督府佥事",次年又晋升为"大都督府同知"。沐英军事才华出众,从镇国将军到大都督府的佥事、同知只用了四年时间。大都督府是指挥军队的最高机构,这项任命显示出朱元璋对沐英的器重。吐蕃之战中沐英作为副帅表现得英勇果敢，因战功卓越而被朱元璋封为西平侯。这之后他数次征战天下，先攻川藏、再攻西番、直捣北境，沐英有勇有谋，为大明赢得了多场胜利。

云南是明朝的西南门户，平定云南和治理云南，是沐英一生的最大功绩。明朝初年，云南仍在元朝梁王的控制之下。洪武十四年九月，沐英智取，同傅友德、蓝玉攻破昆明；次年二月，沐英和蓝玉携手攻克大理，云南遂平。平定云南期间，马皇后病逝，沐英骤闻噩耗，因悲伤过度而吐血不止，几近昏厥。而后，朱元璋下令，命傅友德、蓝玉班师回朝，独留沐英镇守云南。彼时的云南，处于"土司横行"年代，有大大小小数百位土司，他们不受律法约束，在辖区内任意杀伐，拥有极大的权力。正是因为如此，朱元璋想让云南百姓彻底归附大明，必须有一个朝廷信得过、军事能力突出、远镇边陲却无怨无悔的武将来坐镇才行。而沐英是朱元璋的养子，不仅对大明朝忠心耿耿，而且军事能力出众，是镇守云南的首选之人。于是，朱元璋决定把沐英留下，永镇云南。

"再造之恩，恩若再生。"（《宋史》）终沐英一生，他从未忘记朱元璋夫妇对他的恩情。沐英治理云南十余年，后世称赞沐英"手定云南之经营，未十年百务俱举"。沐英屡平乱、广屯田、修水利、兴文教、置卫所，镇压大小叛乱三十余起，其中最著名的叛乱包括东川土酋之乱、贵州普安之乱、云南临安之变等。为了缓解朝廷的军需压力，沐英让将士们在云南屯田，自己养活自己；为了让云南百姓安居乐业，沐英带领官兵在云南兴修水利，疏通滇池，架设桥梁，清剿土匪；为了让云南走出"野蛮"时代，沐英兴办教育，延请大儒入滇，选择优秀学子入官学读书。

史载，沐英之子沐春"文才武勇，有其父之风"，沐英镇守云南后，沐春常常代父南征北战。一次平定江西叛乱得胜归来后，沐春被朱元璋授予"后军都督府佥事"。按照当时的惯例，年轻将领担任重要军职一般要先试用——"试职"，但朱元璋没有让沐春试职，遂予实授。沐英对此感激不已。

洪武二十二年，朱元璋召沐英回南京并亲自赐宴，在离京之前，朱元璋对沐英说："我之所以没有南顾之忧，全是因为有沐英啊！"沐英听到后，非常振奋，报效之心充满胸怀，他大败百夷，又一次解南陲之患。

自洪武十四年秋入滇至身死为止，十多年来沐英一直以政事为务，忠于职守、克己奉公，使云南的政治局势、社会面貌在短时间内有了较大的改观。《剑桥中国史》曾评价：沐英及沐氏家族使云南成为明朝的一个省，并使其成为汉族文明的一个组成部分。沐英回报给朱元璋的不仅是赫赫战功，更是一个稳固、长治久安的云南。

洪武二十五年，从兄懿文太子朱标崩世，沐英闻噩耗，痛心疾首，一病不起，同年去世，年仅四十八岁。"二十五年六月，闻皇太子薨，哭极哀。初，高皇后崩，英哭至呕血。至是感疾，卒于镇，年四十八。军民巷哭，远夷皆为流涕。"（《明史·沐英传》）朱元璋追封沐英为黔宁王，谥号"昭靖"。而后，沐英的长子沐春、次子沐晟（第一代黔国公）先后袭爵，沐府世代为大明朝镇守云南，成为明朝在西南的国防柱石，是明朝最强藩镇，也成为明朝唯一持续掌握实际领土权力的"藩王"。

十年受恩，十五代忠君，从沐英投奔朱元璋开始，到第十四任黔宁王沐天波为国献身结束，云南沐府十五任家主历经近三百年"尽忠报国"，做到了"与明朝相始终"。

> **故事启示**
>
> 　　朱元璋和马皇后在沐英流浪乞讨时予他衣食，免他流离失所之苦；教他识字读书、学习兵法，助他不断成长；待他成年之后，给他独当一面、建功立业的机会。每一步，朱元璋夫妇都在为沐英创造更大的发展空间，激励他不断成长的同时，也加深他对二人的忠诚。这之后朱元璋厚赏为国冲锋的沐英，授其镇国将军、封西平侯，不断激发他作战的动力；再到命其永镇云南，这种全心交付的信任，又何尝不是一种激励。除了爵位上的重视，朱元璋还有言语上的交心，一句"使我高枕无南顾之忧者，汝英也"，激发沐英无限忠君报国之心。
>
> 　　沐英的报恩从十八岁镇守镇江开始，到数次征战回报赫赫战功，再到镇守云南、让云南重获新生，即便天高皇帝远，沐英也始终忠于大明，甚至其"金牌遗记"都上书"凡我子孙，务要尽忠报国"。《明史》有评："黔宁以英年膺腹心之寄。汗马宣劳，纯勤不二，旂常炳耀，洵无愧矣。独黔宁威震遐荒，剖符弈世，勋名与明相始终。"
>
> 　　激励是最伟大的管理原理。管理是科学，亦是艺术，有效激励就是管理的一项重要功课。在管理的过程中，管理者要激发员工的激情，使其发挥才能，释放潜能。激励是以人为核心的管理，同时也是衡量管理者是否称职与成功的重要标志。收养之恩何以为报？沐英舍生忘死、尽忠尽孝；沐府长达数百年镇守云南、治理西南边疆。

3.1　激励概述

　3.1.1　激励相关概念

1. 激励的概念

　　"激励"在《现代汉语词典》（第6版）中的解释是"激发和鼓励"，即激发人的内在动机，鼓励人的干劲。"激励"在《辞海》中的解释是"激发，使振作"。将激励二字分开来看，"矶，感激也"（《集韵·微韵》），本义为大石激水，水冲击岩石，引申为激怒、触犯之意。《孟子·告子下》曰："亲之过大而不怨，是愈疏也；亲之过小而怨，是不可矶也。""励"古代作"厉"，由磨砺、砥砺之义引申为勉励、激励。"激励"作为一个词语较早地出现在《六韬·王翼》中，"主扬威武，激励三军"，表达了"宣扬我军军威，激励三军斗志"的军事思想。

　　用情理来激励下属是古代统治者推崇的一种重要思想。《孙子兵法·地形篇》有言，"视卒如婴儿，故可与之赴深溪；视卒如爱子，故可与之俱死。"意思为：把士兵看作怀中的婴儿，他们会感动地为你冒险穿越深谷；把士兵看作自己的儿子，他们会为你赴汤蹈火、生死与共。"士为知己者死"的情感激励法，是中国古代在求贤爱才时常用的一种方法。比如周公"一沐三握发，一饭三吐哺"，如此求贤若渴，礼贤下士，必然激发他人，乃至"天下归心"。刘备三顾茅庐，"由是先主遂诣亮，凡三往，乃见"，至"良臣择主而事"，刘备的仁心、真诚打动了诸葛亮，诸葛亮殚精竭虑一生追随并报答刘备。"古之善将者，养人如养己子，有难，则以身先之；有功，则以身后之……将能如此，所向必捷矣。"（《诸葛亮兵法·哀死》）这些都表达了通过情感沟通，以心交心、增强归属心理、激励下属的思想。

中国古代另一种激励思想是赏罚分明。《孙子兵法·始计篇》写道："主孰有道？将孰有能？天地孰得？法令孰行？兵众孰强？士卒孰练？赏罚孰明？吾以此知胜负矣。"他指出双方君主哪一方更清廉，军纪更严明，赏罚更分明，作战中则更容易取胜。"赏罚分明"，依功行赏、论罪责罚，功必赏、过必罚，不偏不倚、严格公正，让人口服心服，下属就会产生较强的进取心，从而提高团队的执行力。曹操颁布了《败军抵罪令》以贯彻执行他"赏罚分明"的管理原则："自命将征行，但赏功而不罚罪，非国典也。其令诸将出征，败军者抵罪，失利者免官爵。"众将带兵出征，打了败仗要按法律治罪，造成损失的要免去官职和封爵。

在管理心理学里，激励是在整合个人需要和组织目标的基础上，使个人形成强烈的实现目标的意愿，并促使其付出努力的整个过程。

中华典故　"飞将军"李广和"不败将军"程不识，谁更能激励士兵？

汉朝建立之后，匈奴南下，汉匈之战持续数百年，其间涌现了不少战功赫赫的名将，李广是其中之一。李广一生与匈奴进行过大大小小七十多场战斗，立下了辉煌的战功，人称"飞将军"，连匈奴单于也十分敬畏他的威名。李广作战时勇武自负，经常带少量精锐突袭匈奴，并且总是亲自冲锋陷阵，杀敌时不顾自身安危地近身白刃战。西汉将领公孙昆邪感叹道："李广才气，天下无双，自负其能，数与虏敌战，恐亡之。"（《史记·李将军列传》）由于李广爱兵如子、身先士卒，在士兵中威望很高，队伍有着极强的凝聚力。在治军方面，李广对部下宽厚仁爱、从不苛求，行军没有严格的队列和阵势，驻扎总是选择水草丰盛的地方使士兵能得到便利，还简化严格烦琐的军纪以减轻士兵的负担，除了必要的夜巡、放哨，士兵可以随意安排时间。李广平时虽拙于辞令、沉默寡言，但他为人正直、诚实宽厚，关心部下、体贴士卒，皇上赏给他的东西，他往往发给士卒，共同享用。他与士兵同吃同睡，"饮食与士共之"，行军缺水断食遇上水源、食物时，如果士兵们没喝够、没吃够，他就不会去喝、去吃，所以士卒们爱戴他且愿意跟随他上阵拼杀。他死的那天，全军将士失声痛哭，老百姓听到消息也无不悲伤流泪。司马迁在《史记》中评价："桃李不言，下自成蹊。"是说像李广这样做到身教重于言教，为人诚恳、真挚，就会深得人心。

程不识是汉武帝时的名将，别称"不败将军"，"镇守边疆，抗击匈奴，治军有方，军纪严明，未尝一败"。程不识治军严谨，一切都按照守则执行，对队伍编制、行军队列、驻营阵势等要求极为严格，各岗位各司其职，政令层层下达，为各种突发情况预先做出预案；而且，为了保持这种严格的纪律性，程不识的训练强度非常大，令士兵叫苦不迭"而其士卒亦佚乐，咸乐为之死。我军虽烦扰，然虏亦不得犯我"。即便日常行军，也是按照战时条例执行，在对匈奴作战时更是时刻处在人不解甲、马不卸鞍的戒备状态。在这样军纪严明、一丝不苟的情况下，匈奴无法突袭、无法冲垮他的军队。对匈奴而言，与之对战根本讨不到好处，反而会有被打败的风险，所以匈奴一旦听说程不识在什么地方带兵领将,就都不愿过去侵犯。程不识极为稳重的用兵风格,导致他不会败,但也不容易出奇制胜而取得辉煌的战绩。

李广与程不识代表了两种治军方式。李广个性随和、管理方式散漫,他凭借个人的勇猛提振士气,运用亲和的带兵方式激发士兵跟随他上阵浴血拼杀的斗志;然而,李广作战更具个人魅力,却不适合大规模作战。程不识对待属下严苛、有严明的纪律制度,这样的组织应对战事有自己的节奏,士兵能严格地遵守军令,由此未尝有败绩;同时,程不识的治军方式更为实用,更容易普及和推广。程不识曾评价自己和李广治军的差异:李广治军简单省事,但若敌兵突然发难则恐难以自保,但兵士能因其宽松仁爱而死命以效;我军虽然严肃紧张,少了活泼气氛,兵士也不自由,但能团结凝聚、从不懈怠、听令而动,因此敌人也不敢侵犯。司马光在《资治通鉴》中评论李广和程不识时说:治军以严为首,如无制度约束就太凶险。李广放任士兵自由活动,以他的才能胆识可以这样,但其他人则不可以这样。效法程不识,虽然无功,但不会失败;效法李广,又无李广之才,则祸患暗生,即使不被敌人击败,也会因内讧而败。

2. 激励与动机

需要是行为的原动力。需要是人们在某种必不可少或重要而有用的事物匮乏、丧失或被剥夺时内心的一种主观感受。人的需要包括外在性需要(分为物质性需要和社会情感性需要)和内在性需要(分为工作活动本身的激励性需要和工作任务完成的激励性需要)。

动机是推动人们活动的直接原因。动机是人们为满足个人的某种需要而产生的内在动力,是一种内在过程。动机的始发点和基础是需要,驱动人们行动的原因和直接动力就是动机。某种具体的目标与需要相结合,就有可能转化为动机,动机在适当的外部条件下就显现为外在的可见行为。如图3-1所示,当人们产生一种需要而又没有得到满足时,就会引起心理紧张。一旦判断通过达成某种目标能够满足这种需要,紧张的心理状态就会转化成一种动机,这种动机就体现为某种行为,冲向目标。当目标达成后,人们的需要得到满足,心理紧张就会消除。然后,人们又会产生新的需要,如此往复,不断向新目标前进。

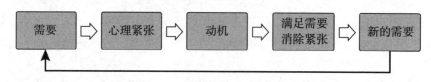

图3-1 需要、动机、行为关系模型

激发人的动机的心理过程为:需要引起动机,动机引起行为,行为又指向一定的目标。激励的出发点是满足需要;激励的对象是产生某种行为的个体或群体,目的在于引导该类行为的重复与强化;动机激发三要素包括生理或心理的缺乏、内驱力缺乏和目标满足需要(王重鸣,2021)。

3.1.2 激励理论分类

20世纪二三十年代以来,管理学家、心理学家和社会学家从不同角度研究了如何激励人的问题,并提出了相应的激励理论。激励理论的主要含义是激励者为了实现既定的激励目标,建立起一套规范化、程序化、科学化的规则体系,形成有导向功能的制度,从而激发客体内在的潜力,达成既定目标的科学方法。从激励的角度、方向等视角出发,可将激励理论划分为:内容型激励理论、过程型激励理论、调整型激励理论。三者对于激励的根本、过程、行为都进行了研究和实验,形成了各自的理论体系(见表3-1)。

表3-1 激励理论的类型

类型	侧重点	主要理论
内容型激励理论	从动机出发研究	马斯洛需要层次理论
		双因素理论
		成就需要理论
		ERG理论
过程型激励理论	从动机产生到采取行动的心理过程研究	期望理论
		公平理论
		目标设置理论
调整型激励理论	对调整和转化人的行为进行研究	强化理论
		挫折理论

内容型激励理论认为,需要/需求是激励的基础和前提,激励的关键在于辨别人的需要/需求并予以满足,重点研究激发动机的诱因,也就是"人到底追求什么"。与其他激励理论对比,内容型激励理论侧重研究用什么样的因素激励人以调动人的积极性,设计一定的激励措施和方法来满足人的需要,从而控制和引导人的行为,使其积极、努力地朝某一目标前进。内容型激励理论主要分为需要层次理论、双因素理论、成就需要理论和ERG理论等。

过程型激励理论是在内容型激励理论的基础上发展起来的,着重探讨人们接收激励信息以后到行为产生的过程,研究哪些重要因素对人的动机与行为产生作用——哪些因素能够激励人的工作积极性,并设法掌握这些因素之间的相互关系以达到预测或控制人的行为的目的。换句话说,人追求的目标如何影响人的行为并最终影响人的绩效表现?维克多·弗鲁姆(Victor Vroom)的期望理论、约翰·亚当斯(John Adams)的公平理论和目标设置理论是过程型激励理论的主要内容。

调整型激励理论则着重对达到激励的目的——调整和转化人的行为进行研究,强化理论、挫折理论是典型代表。

3.2 内容型激励理论

内容，指事物所包含的实质性事物。内容型激励理论着重研究激励的原因以及起激励作用的因素的具体内容。一份有吸引力的工资、良好的工作条件及友善的同事对多数人而言都是很重要的，一份能够养家糊口的稳定工作同样能激励人。

3.2.1 马斯洛需要层次理论

美国心理学家亚伯拉罕·马斯洛（Abraham Maslow）的需要层次理论（hierarchy of needs theory）流传甚广。马斯洛作为犹太人经历了灰色的童年，在威斯康星大学和哥伦比亚大学开始了心理学的相关学术研究，对和平的向往影响着马斯洛，他提出自我实现理论、需要层次理论，开创了人本主义学派，与精神分析和行为主义合称为心理学的三大势力。他在1943年发表的《人类激励理论》（A Theory of Human Motivation）一文中，首次提出了需要层次理论。

中华典故 从"需要层次理论"看韩信

韩信是西汉开国功臣，古代军事思想"兵权谋家"的代表人物，与萧何、张良并列为汉初三杰，后人奉为"兵仙""神帅"。"国士无双""功高无二，略不世出"是时人对韩信的评价。

生理需要：韩信未遇之时，无一日三餐

韩信父亲早亡，母亲将他一手带大，自母亲病亡，韩信就彻底成了孤儿。散尽家财为母亲选定墓地后，韩信就成了穷困潦倒、饥寒交迫的破落子弟。他每天读些在当地人看来一无所用的兵法，只会读书不会糊口。《破窑赋》描述"韩信未遇之时，无一日三餐"，可见当时的韩信连最基本的生理需要都无法得到满足。

处于饥饿中的韩信，像无赖一样，无视亭长夫人的厌恶，一日不落到亭长家蹭饭，遭无情驱逐后，在淮阴街头流浪了数天。之后，是漂母的接济让他不再挨饿受冻。

安全需要：不得已受胯下之辱

在淮水之南的街市，一个屠夫当街羞辱韩信："若虽长大，好带刀剑，中情怯耳。信能死，刺我。不能死，出我胯下！"他叫韩信要么拔剑刺死自己，要么从自己胯下钻过去。最后韩信选择从胯下钻过去，息事宁人，却也因此而遭受乡里的嘲笑。其实韩信并非没有血性，只是安全需要得不到满足，在不得已的情况下做了这个选择。

当时，能吃上肉的都不是简单人家，而能在闹市之中卖猪肉的屠夫更不是简单人物，韩信不过是一个"游手好闲"的年轻人，若真拔剑，屠夫的势力必然将韩信杀死。韩信的安全遭受威胁，不得不选择忍受屠夫的寻衅，息事宁人。屠夫也是考虑到这点，笃定韩信不敢杀自己，才敢如此嚣张。

社交需要：千金报答漂母之恩

韩信墓前祠堂中的对联上书"生死一知己，存亡两妇人"，其中一位妇人便是漂母，一位以漂洗丝絮为生的老人。当初漂母的救济使韩信得以果腹,韩信感恩戴德:"生我者我母,活我者漂母也!我将必有以重报母。"岂料漂母竟不喜反怒,言曰:"大丈夫不能自食,吾哀王孙而进食,岂望报乎!"一番话让韩信清醒起来,他不再堕落,重拾少时对封侯拜相的追求。

数年之后,韩信功成名就,一直不忘漂母之恩,他被封为楚王之后的第一件事就是回乡找到漂母,以千金报答。我们现在所用的成语"一饭之恩"与"一饭千金",便是典出此处。据说,漂母去世时,韩信非常哀痛,命令十万大军每人装一兜土,筑成一个小山般的坟冢,规制堪比王侯。而取土的地方也由此成了大塘,因距淮阴城外的东岳庙甚近,后人称之为泰山湖。

韩信对漂母的重视反映的是他对社交需要的重视,漂母不仅饱他饭食,还激励他志向,是他人生中极其重要的贵人。

尊重需要:萧何月下追韩信

出身贵族的项羽力敌万夫,在士兵患病时能去看望而落泪,却舍不得封赏有功将士。"至使人有功当封爵者,印刓敝,忍不能予。"(《史记·淮阴侯列传》)对于应该封爵的人,印章都刻好了,还舍不得给出,以至于印章在手里棱角都被磨平了(印刓敝),当时在项羽麾下的韩信认为项羽这是"妇人之仁",并且他多次献策都不被采用,最终失望,选择转投刘邦。

孰料韩信在刘邦手下仍然没有得到重用,灰心丧气之下跟着别的将领逃跑了。而刘邦手下最重要的谋士萧何,平日与韩信接触时对他已经十分赏识,知道他逃跑之后,顾不及天明禀告刘邦便连夜骑马去追。韩信被萧何的行为感动,也感受到莫大的尊重,于是跟随萧何再次回到刘邦军中。此后,萧何在刘邦面前大力推荐韩信,最终刘邦被说服,拜韩信为军中统帅。萧何正是那对联中所说的"生死一知己"。

自我实现需要:封王拜将,点兵多多益善

从《史记·淮阴侯列传》中可以看出韩信对分封诸侯的渴望:"今大王诚能反其道,任天下武勇,何所不诛!以天下城邑封功臣,何所不服!"为了实现这个梦想,韩信一直寻求立功机会,这也是他自我实现需要的体现。

刘邦听从萧何建议,封坛拜无名卒韩信为大将。韩信以"明修栈道,暗度陈仓"经典一役,剿灭围堵刘邦的关中三王,刘邦自此摆脱受限于偏僻巴蜀之地的困境。韩信暗度掳魏、破赵灭代、降燕夺齐、水攻龙且,整个黄河以北都被韩信平定。灭齐后,刘邦封韩信为齐王,并依靠韩信的主力以及彭越、英布的军队打败项羽。在这个过程中,韩信的自我实现需要一步一步得到满足。

韩信和刘邦的一次谈话中,刘邦问道:"像我自己,能带多少士兵?"韩信说:"陛下不过能带十万人。"刘邦问韩信:"那你能带多少兵呢?"韩信回答:"多多益善。"韩信对自己领兵能力的自信在这四字中体现得淋漓尽致,可见其自负自信,但绝非夸大其词。垓下之战,60万诸侯联军交予韩信,他能够指挥得当,使军队成为一支胜利之师,这能力对得起"兵仙"的美称,也是韩信自我实现需要得到满足的体现。

个体有五种需要,分别是生理需要、安全需要、社交(归属和爱)需要、尊重需要、

自我实现需要（见图 3-2）。五种需要像阶梯一样从低到高，逐级递升，但这种次序不是完全固定的，可以变化。当某一种需要得到相对满足之后，这种需要就失去对行为的动力作用，或失去成为动力的作用，这时另一种需要就会产生，于是人们又继续做出新的行为来满足新的需要。同一时期，一个人可能有几种需要，但每一时期总有一种需要占支配地位，对行为起决定性作用。马斯洛指出，只有在生理需要、安全需要、社交需要和尊重需要都得到满足的前提下，才会激发自我实现需要，在团体中表现为通过工作等表现方式来实现自身价值的表达。

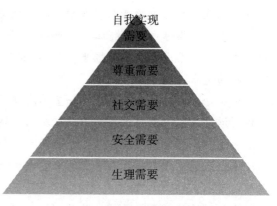

图 3-2 马斯洛需要层次

1. 生理需要

作为马斯洛需要层次理论中的底层需要，生理需要指的是人维持生存的最基本需要，其内容包括对食物、水、空气、住所等的需要。对大多数人来说，生理需要最容易满足，在组织环境中包括向员工提供合适的工资、良好的工作环境等。个体在进入更高层次的需要之前，主要集中于满足生理需要。当人的机体被某种需要支配时，它的另一个独有特性是对未来趋势的整体看法也会变化。生理需要如果不能得到起码的满足，就会妨碍人的活动，好比一个人长期睡眠时间不足，精力就会受影响，势必影响正常的工作和生活。管子曰："仓廪实则知礼节，衣食足则知荣辱。"这说明了人只有在满足基本的生理需要之后才会注重礼节，才会产生自尊、自爱等较高层次的需要。

2. 安全需要

安全需要指的是为追求自身的安全而产生的需要，主要有住房、工作场地、秩序、安全感等。当个体受到外界安全隐患的影响时，下意识的本能反应是如何保护好自己。比如在战争中的普通群众，饱受战乱之苦，安全得不到保障，处于这一需要层次中的人，首要目标是减小生活中的不确定性。对员工来讲，满足安全需要包括工作有保障、申诉制度、养老保险制度、医疗保险制度健全等。

3. 社交需要

社交需要指的是个体为了满足自身情感需要，主动与他人沟通、交流，寻求友谊及归属感。"假如生理需要和安全需要都很好地得到了满足，社交需要便会产生。"马斯洛认为成熟的爱是两个人之间健康、亲密的关系，即彼此关心、尊敬和信任。人类需要爱他人，也需要被爱。当这类需要不能得到满足时，人就会感到孤独、空虚。一个团体中，个体都会有渴望认识其他成员的需要，大部分人都不希望被孤立，否则就会产生自我怀疑。企业有良好的企业文化，大家有共同语言、归属感，感到自己是群体的一分子，社交需要就会得到满足。注重员工社交需要的管理者往往十分强调同事间的接纳、业余活动（例如组织体育比赛、文艺节目、公司庆典等）以及团队规范的重要性。

4. 尊重需要

尊重需要分为外部尊重和内部尊重。外部尊重指人们希望有稳定的社会地位，希望个人能力和成就被认可，相应地产生威信、认可等情感；内部尊重即自尊，与此对应的是胜任、信心等情感。这两类情感一般来自个人所从事的有益于集体和社会的活动，在团体中个体的尊重需要如果得不到满足，其内心就会产生不悦，进而对团体产生不良影响。组织管理者可以给予若干外在的成就象征（如评定职称、晋级、加薪等），也可以提供工作的挑战性、责任和机会，在内在层面满足员工尊重方面的需要。

5. 自我实现需要

自我实现需要源于自我充实与满足，涉及个人的不断发展、充分发挥自我潜能、富于创造性和独立精神等。追求自我实现的员工致力于提升解决困难的能力，注重自我实现的管理者会采用让员工设计工作的方式发挥其一技之长，或者采用给予班组自由安排工作任务的权力等多种激励方式。

管子曰："民恶忧劳，我佚乐之；民恶贫贱，我富贵之；民恶危坠，我存安之；民恶灭绝，我生育之……从其四欲，则远者自亲；行其四恶，则近者叛之。"（陈奇猷，1980）意为：人民厌恶忧愁劳累，我就让他们安逸快乐；人民厌恶贫穷，我就让他们富贵；人民厌恶危险，我就让他们平安；人民厌恶灭绝，我就让他们人丁兴旺。总而言之，作为统治者要顺应民心、满足人民的欲望，这样才会得到人民的拥护。这种通过满足人民需要而得到拥护的统治手段与马斯洛需要层次理论在管理实践上的应用具有一致性（杨春晓，1997）。

3.2.2 ERG 理论

克雷顿·奥尔德弗（Clayton Alderfer）1969 年在《人类需要新理论的经验测试》（An Empirical Test of a New Theory of Human Needs）一文中对马斯洛需要层次理论进行修正，他认为人有三种核心需要，即生存（existence）、相互关系（relatedness）、成长发展（growth）的需要，因而这一理论又称 ERG 理论（见图 3-3）。

生存需要与个体的生命、生存、安全密切相关，涉及保证生存的最基本需要，包括衣着、饮食、住所以及工资、津贴、工作条件等，与马斯洛需要层次理论的前两个"需要"对应。

相互关系需要是指维持重要人际关系的需要，包括个人与上下级、同级、他人、集体等关系的和谐等，相当于马斯洛需要层次理论中人际性的安全需要、社交需要与尊重需要。人在社会活动中必须保持一定的人际关系，满足人际关系的需要，在与他人相互合作的过程中可以实现自我价值，同时彰显自己的社会地位。

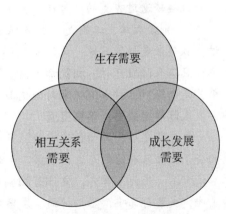

图 3-3 ERG 理论中的需要

成长发展需要包括个人在事业、前途等方面的创造性、成长和发展的努力，相当于马斯洛需要层次理论中的尊重需要与自我实现需要。

生存需要是先天具有的，而相互关系需要和成长发展需要则是通过后天学习才形成的。与马斯洛需要层次理论不同的是，ERG 理论认为多种需要可以同时存在，高层次的需要不必以低层次需要的满足为前提。也就是说,这三种需要不是按照严格的由低到高的次序发展,可以越级发展,即便生存需要和相互关系需要都没有得到满足,一个人也可以出于成长发展需要而工作。

奥尔德弗的基本观点是多方面的,各个层次的需要获得的满足越少,人们越是渴望得到这种需要。例如,用于满足生存需要的工资越低,人们越是渴望获得更高的工资。当较低层次需要得到满足后,人们就渴望向高层次需要发展,即"满足—上升"模式。例如,人在生存需要得到满足后,对相互关系需要和成长发展需要的追求就会变得更强烈。人在同一时间可能有不止一种需要起作用,如果较高层次需要受到抑制,对较低层次需要的渴望就会更加强烈,即所谓的"挫折—倒退"模式。例如,一个人对事业、成就、理想缺乏追求,就会更多地追求生存需要。

中华典故　ERG 需要缺失的薛蟠

薛蟠是《红楼梦》中薛姨妈之子、薛宝钗之兄,外号"呆霸王"。红楼梦中介绍"只是如今这薛公子幼年丧父,寡母又怜他是个独根孤种,未免溺爱纵容些,遂至老大无成;且家中有百万之富,现领着内帑钱粮,采办杂料。这薛公子学名薛蟠,表字文龙,今方十有五岁上,性情奢侈,言语傲慢。"

生存需要缺失:迎娶悍妻

薛蟠之妻夏金桂,生得颇有姿色,亦颇识得几个字,然而娇养太过,养成了暴戾的性情。原书中这样形容她:"爱自己尊若菩萨,窥他人秽如粪土,外具花柳之姿,内秉风雷之性。"古代大家公子娶亲无论是否看重根基富贵,都讲究"模样性格儿难得好"。薛蟠这样的大家子弟,缘何会娶了性情不好的夏金桂呢?这就不得不考虑到薛蟠生存需要的缺失了。

红楼梦通过香菱的一番话道出了夏金桂嫁给薛蟠的原因。

"一则是天缘,二则是'情人眼里出西施'。当年又是通家来往,从小儿都一处厮混过。叙起亲是姑舅兄妹,又没嫌疑……"这是说薛蟠和夏金桂既是青梅竹马又是姑舅表亲,且二人门当户对,相貌都不错。夏家一门作为皇商实实在在地有钱,并且没有哥儿兄弟,是个绝户,对于消耗家财坐吃山空的薛家来讲再合适不过。

人际需要缺失:羡慕宝玉

自进京之后,薛蟠住进贾府,虽比宝玉年长几岁,但也只能找宝玉玩,因为年龄相仿的公子里面只有他们是近亲。第二十六回,薛蟠过生日,将收到的特产特意留下一些,想宴请宝玉,怕他不赏光,就让茗烟骗宝玉是贾政找他,可谓真心真意。薛蟠道:"如今留了些,我要自己吃,恐怕折福,左思右想,除我之外,惟有你还配吃,所以特请你来。可巧唱曲儿的一个小子又才来了,我同你乐一天何如。"

薛蟠一句"除我之外,惟有你还配吃"这样直白的话,点出了宝玉在他心目中的地位。宝玉无论家世、人品、才华都是他羡慕的,更羡慕宝玉能住进大观园这样的"女儿国"。薛蟠对精神层面的追求和宝玉在其心中地位的划定,是薛蟠知道自己的需要得不到满足的渴望。他的需要没办法得到满足,但依旧向往,所以薛蟠喜欢结交才子文人,喜欢与宝玉来往。做这些能让他好受些,而这些做法都是通过强化低层次需要来达到的。

成长发展需要受挫：经济世事全然不知的皇商

薛家本为皇商，"家中有百万之富，现领着内帑钱粮，采办杂料"，薛父去世后，薛家没了顶梁柱，于是薛姨妈将所有的希望都寄托在唯一的儿子身上，过于溺爱下，薛蟠成了一个彻头彻尾的纨绔子弟。自幼时，薛姨妈对薛蟠读书知礼的事情便没放在心上，儿子想读书就读两句，不想读干脆就不读了。薛蟠"虽也上过学，不过略识几字，终日惟有斗鸡走马，游山玩景而已"。于是，便有了后来的诸般笑话：大字不识的薛蟠错将"唐寅"念成"庚黄"，行酒令也能想出"女儿悲，嫁个丈夫是乌龟"的荒唐句子，既惹人笑话，又令人唏嘘。

按理说，薛家世代经商，只要薛蟠合理经营，便没有没落的道理。可薛蟠"虽是皇商，一应经济世事全然不知，不过赖祖父旧日的情分，户部挂虚名，支领钱粮，其余事体，自有伙计老家人等措办"。他既不懂皇商生意，一应事务只能交给家中的伙计操办，也没有将生意发展壮大的想法和能力。"薛蟠父亲死后，各省中所有的买卖承局、总管、伙计人等，见薛蟠年轻不谙世事，便趁时拐骗起来，京都中几处生意，渐亦消耗。"薛蟠对生意一窍不通，薛家无人能支撑家业，各处买卖都在亏损，迅速地败落。为保住家财，薛姨妈这才不得不带儿女投靠贾王两家。

总的来说，薛蟠向往"雅、才、美"而不得，情感世界的空虚使他追逐酒色风月，他每日游山玩水、饮酒作乐，展现的其实是对生存需要、人际交往需要和成长发展需要的渴望，反映的是他 ERG 需要的缺失。

3.2.3 双因素理论

1959 年赫茨伯格在美国匹兹堡对 200 名工程师和会计师进行了调查访问，主要围绕两个问题：在工作中哪些事项让他们感到满意，并估计这种积极情绪持续多长时间；哪些事项让他们感到不满，并估计这种消极情绪持续多长时间。结果他发现，使员工感到满意的都属于工作本身或工作内容方面的因素，使员工感到不满的多属于工作环境或工作关系方面的因素。在此研究的基础上，赫茨伯格提出双因素理论。

我们一般认为"满意"的反面是"不满意"，是两个极端；但赫茨伯格提出"满意"的反面是"没有满意"，而"不满意"的反面是"没有不满意"（见图 3-4）。

有些工作因素能够使人们对工作产生满足感，赫茨伯格称之为"激励因素"，这类因素往往能够给员工的行为带来推动力，产生工作的满意感；有些因素只能防止不满感的产生，赫茨伯格称之为"保健因素"，这类因素处理不好会引起不满情绪，不能起激励作用（见表 3-2）。

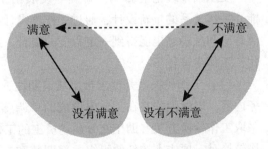

图 3-4 "满意"与"不满意"

表 3-2 双因素理论

保健因素（外在因素）	激励因素（内在因素）
公司（企业）的政策与行政管理 技术监督系统 与上级主管之间的人际关系 与同级之间的人际关系 与下级之间的人际关系 工作环境或条件 薪金 个人的生活 职务、地位 工作的安全感	工作上的成就感 工作中得到认可和赞赏 工作本身的挑战性和兴趣 工作职务上的责任感 工作的发展前途 个人成长、晋升的机会

保健因素只能消除或减少不满情绪，没有激励人的作用，主要是外在因素，即公司的政策及管理、监督者、工作条件以及人际关系、地位、职务保障等。如果不具备这些条件，就会引起员工的不满与消极情绪。当管理者针对这些因素进行改进，使企业具备这些条件时，可以预防与消除员工的不满情绪，却不能直接起激励作用。也就是说，保健因素只是使员工没有不满意，而不会使员工感到满意。

激励因素起调动积极性的作用，主要是内在因素，包括成就感、赏识、工作本身、责任、提升与发展。当缺乏这些因素时，员工处于工作满意感很低或没有工作满意感的状态，但是影响不大；当这些因素得到改进之后，员工则可获得高度的满意感，进而获得较高的绩效。

激励因素与保健因素对激励员工的工作积极性很重要。想要保持员工原有的积极性，企业应当注意保持或完善保健因素；想要提高员工的积极性，企业应当在激励因素方面多下功夫。只有激励因素与保健因素双管齐下，才能全方位调动员工的工作积极性。

如何更好地运用双因素理论？关键之一是防止激励因素变成保健因素。在工作中，要多让员工感受到意外的收获，而不是让员工认为奖励是应得的。人们不会因应得的保健因素而感到满意，只会因得不到应得的保健因素而不满。

受双因素理论的影响，管理学发展出工作再设计的概念。这是对工作内容、工作职能、工作关系的重新设计，通过工作再设计，在使工作更加有效的同时，员工个体的工作满意感和激励感也能得到一定程度的提升。工作再设计的典型形式有工作轮换、工作扩大化、工作丰富化等。

（1）工作轮换就是要求员工从定期性、单一性的工作任务内容转向完成另一项工作任务内容，以便消除其在工作中形成的单调感，从而提升员工的综合工作素质和工作技能。采取工作轮换方法有助于充分调动员工的工作热情，使其积累更多的工作知识和经验。工作轮换是一项成本较低的组织内部调整和变动，既能给员工带来工作的新鲜感和挑战性，又不会造成太大的组织破坏，使组织重组后更有效率。

（2）工作扩大化也称横向工作扩展，是指工作在水平层面的范围扩大或工作多样化，从而给员工增加工作种类和提高工作强度。例如，如果过去只做一道工序，那么横向扩大为做多道工序。工作扩大化使员工有更多工作可做，改变了员工的工作内容和工作职责。

（3）工作丰富化是指在工作中赋予员工更大的责任、自主权和控制权。它在纵向上深化了工作内容，改变了责任层次，员工在这样的情境下会承担更大的责任、拥有更大的自主权、进行更高程度的自我管理，从而获得工作本身的激励和成就感。

中华典故　　　　孟明视三败而不被弃用

秦穆公是春秋五霸之一，因称霸西戎而与齐桓公、晋文公相提并论。而秦穆公之所以能称霸西戎，离不开"常败将军"孟明视。孟明视一生只打了一次胜仗，却奠定了秦国的霸业。孟明视是秦国国相百里奚的儿子、秦穆公的主要将领，多次率领秦军与晋国作战，有著名的"三败"。公元前628年，郑文公、晋文公相继去世，秦穆公派孟明视等将领挥师伐郑，然而风声泄露，无功而返，还在崤山遭遇晋军埋伏，全军覆没，主帅被擒，这是一败。经人说情，孟明视等人侥幸脱险回国，秦穆公没有怪罪，反而到城郊迎接抚慰，让这几人继续领兵。三年后孟明视主动请缨伐晋，结果遭遇奇袭，被晋军杀得阵脚大乱，再次铩羽而归，这是二败。孟明视锐气顿挫，但回国后秦穆公依然没有治罪，也没有弃用他。当年冬天四国联军攻打秦国，秦军暂时无力抗衡，孟明视下令守关不攻，丢了彭衙、汪邑两城，这是"三败"。面对颓局和满朝非议，秦穆公仍然没有弃用孟明视。

孟明视战败，秦穆公没有如别人预料的那样治他死罪，而是保住孟明视的性命，又把责任揽到自己身上，让孟明视保有继续为朝廷效劳的资格。三败而不弃用，是秦穆公对孟明视极大的重视，属于非常典型的激励因素。来自主君的信任深深地激励着孟明视，激发了他强大的主观能动性，在日夜潜心研究如何战胜晋国期间，他还自掏腰包练兵演武。公元前624年5月，在秦穆公的鼎力支持下，孟明视痛定思痛，率军大举伐晋。他发誓说："若今不能雪耻，誓不生还！"渡过黄河后，孟明视命人焚毁战船，激励大家必胜的勇气血战到底。三军将士一鼓作气，接连收复两座城池，大仇得报，途径崤山掩埋好三年前阵亡将士尸骨，洒泪祭奠一番，这才班师凯旋。

3.2.4　成就需要理论

美国社会心理学家戴维·麦克利兰（David McClelland）是当代研究动机的权威学者。他从20世纪四五十年代开始探究人的需要和动机，提出著名的三种需要理论——成就需要理论。他认为，人的需要是不断发展的，在生理需要得到满足以后，人还有权力、亲和、成就三种基本需要（见表3-3）。

表3-3　成就需要理论

权力需要	亲和需要	成就需要
• 影响或控制他人且不受他人控制的需要 • 不同人对权力的渴望程度有所不同。权力需要较高的人喜欢支配、影响他人，注重争取地位和影响力	• 建立友好亲密的人际关系的需要 • 高亲和（社交）需要动机的人更倾向于与他人交往，至少是为他人着想，这种交往会给他带来愉快感	• 完成有挑战性的任务，追求卓越 • 具有强烈的成就需要的人渴望完成有挑战性的工作，通过自己的努力解决问题，追求卓越

(1) 权力需要是指影响和控制他人并且不被他人控制的需要。权力需要是管理成功的基本要素之一，权力需要较高的人，喜欢支配他人，追求社会地位，追求影响他人，喜欢使他人的行动合乎自己的愿望。他们也追求出色的工作业绩，但这种追求往往是为了获得社会地位和他人的尊重，而不是为了满足个人成就需要。

(2) 亲和需要是指建立友好亲密的人际关系的愿望。这是一种相互交往、相互支持、相互尊重的需要，通常表现为希望与他人建立友好亲密的人际关系，寻求被他人喜爱和接纳。亲和需要较高的人，会以自己作为群体的一员而感到满足，倾向于与他人交往。他们对环境中的人际关系十分敏感，追求人与人之间的友谊和信赖、彼此间的沟通和理解，喜欢合作而非竞争。

(3) 成就需要是指达到标准、追求卓越、争取成功的需要。成就需要是个人人格中一种持久且稳定的特性，集中表现为追求某种能体现事业成就的目标，这种特性就是成就动机。麦克利兰进而将成就动机界定为，个人在做事时与自己所持有的良好或优秀标准相竞争的冲动或欲望。人的一生需要不断地超越、升华、蜕变，追求成就和自我超越是人生不可缺少的阶段。

根据麦克利兰的理论，所有人都需要权力、亲和、成就，但这三种基本需要的排列层次和重要性对不同的人是不同的。对于需要状况不同的人，激励措施也会不同。对于高成就需要的员工，管理者必须为他们提供有挑战性的工作以及经过努力可以完成的工作任务，并及时、正确地对他们的工作绩效进行反馈。对于高权力需要的员工，管理者必须让他们尽可能地安排和控制自己的工作、努力让他们参与决策的制定，尤其是与他们有关、影响重大的决策的制定。对于高亲和需要的员工，管理者应该确保他们作为团队的一员从事工作。他们更容易从与他们一起工作的人们那里得到满足，而不是工作本身，因此应该给予他们高度的表扬和认可，委托他们接待和培训新员工，使他们成为很好的伙伴和教练。

中华典故　　凤姐的权力、亲和、成就需要

王熙凤，《红楼梦》金陵十二钗之一，贾琏之妻，王夫人的内侄女，贾府通称凤姐、琏二奶奶。凤姐能够对上或逢迎或回避，对下或镇压或笼络，见风使舵、面面俱到，具有惊人的管理组织能力和治家手段。书中对凤姐形象的塑造十分丰富，凤姐对权力、亲和、成就三个方面的需要能从许多情节中窥探一二。

权力需要

凤姐深知权力的好处，她热爱权力，一生都追逐、守护权力。只有手握权力，她才会觉得地位稳固。因家世背景、成长环境的影响，打小她就深知拥有权力的好处与重要性。这样的成长经历，使她无形中拥有男子一般甚至超乎男子的权力欲望。

《红楼梦》第十五回，凤姐为秦氏送灵至水月庵，老尼净虚趁机托凤姐帮忙：张姓财主有个女儿名金哥，先已受聘原任长安守备的公子，后又被长安府太爷的小舅子李衙内看中；张家意欲退亲，守备家偏不许退定礼，就打官司告状起来。张家于是上京寻门路。老尼因想到如今长安节度云老爷与贾府最契，便托凤姐"打发一封书去，求云老爷和那守备说一声，不怕那守备不依。若是肯行，张家连倾家孝顺也都情愿"。凤姐听后，先是表示：

"我也不等银子使,也不做这样的事。"但经不住老尼的一番挑唆,为显示自己的"手段",便包揽诉讼,仅一纸书信,就活活拆散和逼死了一对未婚夫妻,"这里凤姐却坐享了三千两,王夫人等连一点消息也不知道"。弄权铁槛寺是描写凤姐的重要一笔,它显示了凤姐贪婪、恣横、好卖弄"手段"的性格特征。小说有这样两句交代:"自此凤姐胆识愈壮,以后有了这样的事,便恣意的作为起来。"将凤姐的厉害狠毒、不择手段和权力需要展现得淋漓尽致。

亲和需要

凤姐擅长处理人际关系,八面玲珑,她能敏锐地觉察到对方的需要,并妥帖地予以安排。黛玉生病,丫头紫鹃欲向凤姐支用月钱以备零用。凤姐一来恐先例一开,以后不好管束;二来近日贾府入不敷出,不知道的谣传凤姐治家无道,生事者造谣凤姐把银钱都搬回王家去了。于是凤姐一面拒绝紫鹃的请求,一面又让心腹周姐姐私下送几两银子给她用,且嘱咐不必告诉林姑娘。

第五十一回,袭人母亲病重,王夫人亲自吩咐王熙凤打理好袭人归家之事。王熙凤认为袭人的衣服不够好,便将自己的衣服送两件给她。不想平儿多拿出来一件,请袭人捎回去送给邢岫烟,还表示头天大雪,邢岫烟穿着寒酸,在众人一水大红色衣服中,显得"好不可怜"。王熙凤是邢岫烟表嫂,平儿做主拿出王熙凤的新衣服,请袭人带回去送给邢岫烟,是替王熙凤做了周全事,邢夫人知道后也会对王熙凤满意。平儿此举,满足了王熙凤的亲和需要,当众替凤姐长了脸。故凤姐也并不会因平儿私自做主而生气,笑道:"我的东西,她私自就要给人。我一个还花不够,再添上你提着,更好了!"

成就需要

王熙凤精明强干,"金紫万千谁治国,裙钗一二可齐家"。凤姐是荣国府日常生活的轴心,她姿容美丽、秉性聪明、口齿伶俐、精明干练,秦可卿托梦时说她:"你是脂粉队里的英雄,连那些束带顶冠的男子也不能过你。"贾珍也说:"大妹妹从小儿玩笑着就有杀伐决断。"

王熙凤协理宁国府,从千头万绪的混乱状态中很快就找到关键所在,归纳出宁国府的五大积弊:"头一件是人口混杂,遗失东西;第二件,事无专执,临期推委(诿);第三件,需用过费,滥支冒领;第四件,任无大小,苦乐不均;第五件,家人豪纵,有脸者不服铃束,无脸者不能上进。"然后杀伐决断,三下五除二,就把宁国府里里外外整顿得井井有条,若她是男人,则可以在封建时代当个政治家,所以众人才"都知爱慕此生才"。

3.3 过程型激励理论

过程,是指事物发展所经过的程序、阶段。内容型激励理论有助于管理人员了解与工作有关的、激励员工的特殊因素,然而它并没有说明人们为了达成工作目标是如何选择行为方式的。过程型激励理论正是试图解释和描述整个过程,包括动机的形成和行为目标的选择等。比如,个体为了获得更高的薪酬,会付出更大的努力。过程型激励理论主要包括期望理论、公平理论和目标设置理论。

3.3.1 期望理论

期望是指人们对某样东西提前设定的一种标准，达到这个标准就是达成期望。期望理论由美国心理学家和行为科学家维克多·弗鲁姆在1964年出版的《工作与激励》（*Work and Motivation*）一书中首次提出，也被称为"效价—手段—期望理论"。弗鲁姆说："当一个人在结果难以预料的多个可行方案中进行选择时，他的行为不仅受其对期望效果偏好的影响，也受他认为这些结果可实现程度的影响。"期望理论认为，个体行为倾向的强度取决于个体对这种行为可能带来的结果的一种期望度，以及这种结果对行为个体所具有的吸引力。期望理论可以用以下公式表示：

$$激励力量（M）= 目标价值（V）\times 期望值（E）$$

激励力量（motivation）是指工作动力的高低，即产生行为动机的强度，也就是调动人的积极性、激发个体潜力的强度。当激励力量达到一定强度时，才能让个体把愿望转化成动机，从而产生行为。

目标价值也称效价（valence），是指个体对某种结果的效用价值的判断，即某种目标、结果对个体所具有的价值和重要程度的评价。效价越大，吸引力越强，个体的积极性也就越高。

期望值（expectancy）是指个体对通过自己努力达成某种结果的可能性的一种预期和判断。期望值是个体主观上估计达到目标的可能性。一般来说，实现目标的可能性越大，越能调动人们的积极性。

弗鲁姆提出了人的期望模式：个人努力—个人成绩（绩效）—组织奖励（报酬）—个人目标（需要）。在期望模式中，我们需要知道如何处理个人努力、个人成绩或绩效、个人奖励和个人需求之间的关系（见图3-5）。

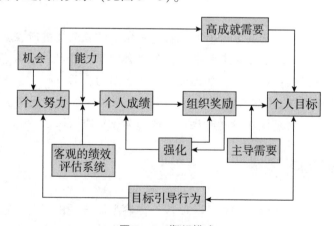

图3-5 期望模式

第一，努力与成绩（绩效）的关系。人们总是希望通过一定的努力达到预期目标。如果一个人认为通过自己的努力有把握达到预定的目标，即主观上认为达到目标的概率很大，这个人就会充满信心，迸发出强大的工作力量。反之，如果一个人总感到他期望的目标虽然可以实现，但难度太大，通过努力也不会有很好的绩效，他就会失去信心，缺乏动力；同样，如果目标太低，唾手可得，他就认为没有必要去达到目标，从而失去内在动力。由此可见，努力与成绩的关系取决于个体对目标的期望值。期望值是个体对目标的一种主观评估，它既受个人的个性、情感、兴趣、动机等主观因素的影响，也受个人的社会地位、外界环境以及他人期望等社会客观因素的影响。

第二，成绩（绩效）与奖励的关系。一个人的工作取得了成绩，他会希望得到他人和社会的承认与赏识。奖励就是对个人或团体工作成绩的肯定和报酬，它是综合性的，既有物质上的，也有精神上的。如果一个人认为取得成绩后能得到合理的奖励，就可能产生工作热情；否则，就可能没有积极性。组织的目标，如果没有相应的有效的物质和精神奖励来强化，时间一长，这个组织的全体成员为本组织做贡献的动力就会逐渐消退。

第三，奖励与满足需要的关系。奖励作为一种手段必须满足人的需要。人的需要的多样性，决定了奖励内容和奖励效价的复杂性。人们在年龄、性别、资历、社会地位和经济条件等方面都存在差异，因此同一种奖励，对不同的人所具有的效价不同、吸引力也不同。为了提高奖励的效价和吸引力，充分激发人的积极性，组织就必须根据各人的需要，采取多种内容和形式的奖励，以挖掘人的潜力，提高工作效率。只有组织给予的奖励满足员工的需要，才能最大限度地激发员工的干劲。所以，组织管理者应当了解员工的需要以满足其需要的多样性。

中华典故　　张飞被杀

张飞武力过人，素来令人称颂，《三国志·魏书·郭嘉纪》注引《傅子》载，（郭）嘉言于太祖曰："张飞、关羽者，皆万人之敌也。"后世还有"汉以后称勇者必推关张"的说法。然而这样一名武艺高强的猛士，据史书《三国志》记载，张飞一生的结局却是被部下割首而亡。部下杀害张飞，究其缘由，从期望理论能找到部分答案。

公元220年，关羽败走麦城，为孙权所杀。221年，刘备称帝，决定出兵伐吴，"先主伐吴，飞当率兵万人，自阆中会江州"。张飞得知关羽被杀后悲痛欲绝，誓要为关羽报仇，下令手下三日内置办白旗白甲，挂孝伐吴。部下范强和张达深知三日之内根本无法完成任务，向张飞禀告实情之后不但无果，反被脾气暴躁的张飞鞭打了一顿，于是铤而走险的二人将张飞割首，逃走投奔孙权。"临发，其帐下将范强、张达杀之，持其首，顺流而奔孙权。"

为何会因无法按时完成任务而选择杀死上级呢？从帐下将二人的角度来看，三日内置办白旗白甲这个目标实现的可能性几乎为零，面对这样一个不可能完成的任务，鼓起勇气向张飞提出宽限几天的请求却被驳回了。张飞历来脾气暴躁，敬爱君子但从不体恤士卒，刘备多次、多场合公开告诫张飞勿酒后使性、埋下祸根。多次被大哥告诫都不曾改变、急于报仇的张飞，更无可能考虑属下的难处。对此时的范强、张达二人来讲完不成任务就是死路一条，那么铤而走险、杀害张飞也就是唯一的选择了。

◆ 3.3.2 公平理论

公平理论又称社会比较理论，它是美国行为科学家 J. S. 亚当斯（J. S. Adams）在《工人关于工资不公平的内心冲突与生产率的关系》《工资不公平对工作质量的影响》《社会交换中的不公平》等论著中提出的一种激励理论。公平理论侧重于研究工资报酬分配的合理性、公平性及其对员工生产积极性的影响。

中华典故　铁木真创新分配制度

在铁木真开始改革之前，草原上的秩序很混乱。草原上有很多部落，一个部落大致由少量贵族、少量平民和大部分奴隶组成。因为生活物资来源的不确定性，草原上经常发生部落相互之间的抢夺战，当一场战争即将胜利之时，战争就彻底变成了掠夺。贵族与贵族之间经常因战利品分配不均而打架，十分影响内部团结。

铁木真掌权后改变了这种状况，他制定了严格的分配规则，确保人人都能从战争中获益。在这个分配方案中最引人瞩目的有两点：一是铁木真作为可汗，只分配战利品中的10%，其余90%分给部下；二是奴隶的子女也有财产继承权。

这样的分配模式，极大地释放了潜在的生产力，而且由于实际战斗参与者的利益甚至会超过可汗，由此大家从"为铁木真而战"转变成"为自己而战"。此时的铁木真一无所有，他只是凭借一个全新的分配规则就征服了人心。

在分配制度变革的同时，铁木真还实行了一套新的管理制度。原本草原部落有着不同的派系，数量各不相同，但是他建立起一种新的"千户"制度，所有人都被打散编入不同部门，其中有指挥战斗的部门，也有发展生产的部门，各司其职，再也没有派系之分。通过分封千户，不管是蒙古人、战士还是庶民，都能拥有"私有"牲畜，这就免去因"分赃不均"而产生的内部纠葛，保证草原内部的团结，有利于一致对外。

蒙古军第二次西征的时候，铁木真的三个儿子共同带领部队，两个月之内，以15万人灭了欧洲盟军60万人。这实际上就相当于一个小公司注重公平、通过利益分配机制的调整，极大程度地激发了人才的积极性，最终统一了草原乃至中原的生动案例。

公平理论的基本观点是：当一个人做出成绩并获得报酬以后，他不仅关心自己所得报酬的绝对量，还关心自己所得报酬的相对量。因此，他要进行种种比较来确定自己所获报酬是否合理。但这种薪酬的公平程度，取决于员工个人纵向与横向对比的主观判断。他们的工作积极性、劳动效率及成果受公平感的影响。孔子曰："不患寡而患不均，不患贫而患不安。"这与公平理论的思想是一致的。

产出与投入是自己与他人进行比较时考虑的两个变量。产出是自己从工作中所得到的东西，包括薪酬、福利与声望。投入是自己所做的贡献，例如工作时间的长短、付出的努力、单位生产数量以及从事工作的资格。公平理论关注的是相关人员所感受到的产出与投入，不一定很精确。

公平理论可以用公平关系式进行表达。其中，O_p 表示自己对所获产出的感觉，O_a 表示自己对他人所获产出的感觉，I_p 表示自己对个人工作投入的感觉，I_a 表示自己对他人工作投入的感觉。假设有当事人和比较对象，若当事人感觉公平，则等式 $\frac{O_p}{I_p} = \frac{O_a}{I_a}$ 成立。若 $\frac{O_p}{I_p} \neq \frac{O_a}{I_a}$，则说明当事人感觉不公平，此时可能出现两种情况：第一种情况是 $\frac{O_p}{I_p} < \frac{O_a}{I_a}$。在

这种情况下，当事人可能会减小自己今后投入的努力程度或者要求增加自己所获产出（即收入），以便使不等号左侧增大，从而使两侧趋于相等；当事人也可能会要求组织减少比较对象的收入或者令其今后增大努力程度以便使不等号右侧减小，从而使两侧趋于相等。第二种情况是 $\frac{Op}{Ip} > \frac{Oa}{Ia}$。与第一种情况类似，当事人可能会增大自己的努力程度或减少自己的产出。

把自己付出的劳动与得到的报酬，与他人付出的劳动与得到的报酬相比，这是横向比较。除了横向比较，还有个人前后历史的纵向比较，即把自己现在得到的报酬与自己过去得到的报酬相比。企业管理人员应对员工的工作业绩进行准确考核，在分配方面尽量做到公平。员工面对不公平的可能反应如表3-4所示。

表3-4 面对不公平的可能反应

不公平类型	反应类型	
	行为上	心理上
报酬过低产生的不公平	减少自己的投入，如降低努力程度，磨洋工；增加自己的产出，如更加努力工作以增加工资	说服自己相信别人的投入真的比自己的投入更多，如认为比较对象更有资格得到更多的产出
报酬过高产生的不公平	增加自己的投入，如更加努力地工作；减少自己的产出，如在带薪假期工作	说服自己相信产出与投入是等值的，如自己比别人更努力工作，因而得到更多报酬

公平理论一直被用于薪酬管理，也适用于社会各行业、各领域。公平理论主要研究员工对薪酬的公平性判断及其对工作积极性的影响。员工对薪酬水平的评价除受到薪酬预测值的影响之外，还受到获薪者相对值的影响。这种相对值，尽管主要是员工主观上的比较感受，却是企业待遇公平性的客观体现。

组织管理中有两种类型的不公平感，即分配公平和程序公平。分配公平是指员工感觉到的薪酬数额分配的公平性，程序公平则是指员工感觉到的薪酬或其他成果的决定方式的公平性。研究表明，分配公平和程序公平是交互影响的。许多研究者认为，程序公平比分配公平更具持续效应。杰拉尔德·格林伯格（Jerald Greenberg）提出，组织的程序公平可以通过以下四种途径得到增强（格林伯格和巴伦，2011）：

（1）让员工在决策过程中有发言权，尤其在诸如薪酬设计、绩效考核标准制定等重要管理措施中的参与机会。

（2）使员工有修订程序和改正差错的机会。在管理政策或措施的实施过程中，如果员工有机会参与程序修订或差错改正，他们就会体验到程序公平。

（3）使管理政策和规章制度保持一贯性，特别是使奖励政策和薪酬制度保持稳定，并且建立规范的政策修订制度，这是树立程序公平的关键环节。

（4）使组织决策减少偏差，公正地处理部门之间的利益冲突，保证程序的公平。在实际操作过程中，许多企业为了避免员工产生不公平的感觉，往往会采取各种手段在企业中营造一种公平合理的氛围，使员工产生一种主观上的公平感；或者采用秘密约见、单独发放奖励的办法，使员工互不了解彼此的收支情况，避免员工互相比较而产生不公平感。

中华典故 中和节皇帝赐尺盼公平

中和节起源于唐朝。据《新唐书·李泌传》记载，唐德宗时，宰相李泌上书，建议"废正月晦，以二月朔（初一）为中和节，因赐大臣戚里尺，谓之裁度。"德宗十分赞同，下诏曰："自今宜以二月一日为中和节，以代正月晦日，备三令节数，内外官司休假一日。"

皇帝在中和节要向大臣赐尺。仲春二月是日夜平分的月份，古人顺应天时，选择在二月份校正度量衡器具，认为这样可使度量衡器具公平、准确。皇帝给臣下赏赐尺子，更是寄予深远的意义，希望臣子们在今后的工作中权衡利弊，统筹协调好各种关系，执法要像尺子一样，有法度、有尺寸，公平公正、廉洁奉公。

贞元八年（792），朝廷举行博学宏词科考试，要求以《中和节诏赐公卿尺》为题作诗赋一首。此举之目的就是要求参加科举考试的文人士子们不忘皇帝寄予的殷切期望，入仕后在执法办事中秉持公平公正的原则，堂堂正正做人，踏踏实实做事。

当年参加考试者大多留下了佳作，描写了皇帝赐尺时的场景，反映了受赐者千恩万谢的心情和不负厚望、建功立业的志向。如后来曾任监察御史、御史中丞、数度出镇拜相的裴度赋诗云："阳和行庆赐，尺度及群公。荷宠承佳节，倾心立大中。短长思合制，远近贵攸同。共仰财成德，将酬分寸功。作程施有政，垂范播无穷。愿续南山寿，千春奉圣躬。"

3.3.3 目标设置理论

目标设置理论由美国管理学兼心理学专家埃德温·洛克（Edwin Locke）于1967年提出，它从行为目的的角度研究行为动机。根据洛克的说法，外部刺激，如奖励、工作反馈和监管压力，都会通过目标影响动机。目标可以引导活动朝着与目标相关的行为发展，使个人能够根据任务的难度调整自己的努力程度，并影响自身行为的持久性。

中华典故 汉武帝规划河西走廊

河西走廊位于中国西部地区，在甘肃省的西北部、北山—阿拉善高原以南、祁连山以北，是一个呈北西—南东走向的狭长地带，因形似走廊且地处黄河以西而得名。自古以来，河西走廊便是沟通中国中原地区与西域的交通要道，它的存在就像一条沟壑分割了北面的蒙古高原和南面的青藏高原，谁占据此地便在战略上拥有了巨大的优势。

秦国时期就开始筑长城以抵御西戎来犯，到秦始皇灭六国之后，在秦赵燕三国长城的基础上修建了万里长城，也是为了抵御北方民族的侵略。北境的游牧民族尤其是匈奴，一直是统治者的心腹大患。赵孝成王时和秦始皇时期，中原地区先后两次对匈奴发动大规模进攻，但中原多步卒且匈奴盘踞的肯特山与阴山隔绝沙漠，极大地阻碍了华夏军队将匈奴彻底消灭，凭借骑兵优势顺利逃遁的匈奴人往往会在数十年的休养生息后卷土重来，这种草原民族的先天优势也成了后世中原王朝十分头疼的军事难题。直到汉武帝时期，汉朝对匈奴展开了长达四十多年的攻伐，才总算烧毁了匈奴的王庭，动摇了其根基。又过了数十年，汉武帝的孙子汉宣帝即位后，出五路大军再次讨伐匈奴，终于将其一路撵到咸海以西，匈奴从此消失在历史长河中。

值得一提的是,汉武帝打败匈奴的关键性战役是打下了河西走廊,并在河西走廊建立了酒泉、张掖、敦煌、武威四个郡,以此四郡为跳板,进而全面进攻匈奴。

前121年,汉武帝派霍去病率兵两次深入河西走廊,迫使驻牧河西的匈奴浑邪王率众四万降汉。此后,"陇西、北地、河西益少胡寇"。匈奴人只能为此悲歌:"失我祁连山,使我六畜不蕃息;失我焉支山,使我嫁妇无颜色。"汉朝由此稍得休息,史载"减北地以西戍卒之半,以宽天下徭役"。鉴于浑邪王迁徙后空出的广袤土地,汉朝遂从内地迁徙来大量民众,并迅速将郡县制推行于河西,设置了酒泉、张掖、敦煌、武威四郡。酒泉取自"城下有金泉,其水若酒",寓意美好。张掖意为"张国臂掖,以通西域",原为匈奴浑邪王地。"敦煌"二字在古语中分别有着大和盛的意思,汉武帝认为在此地设郡并派出重兵,对于广开西域有重要作用,就将这个地方赐名敦煌。为了彰显大汉军队的军威,震慑匈奴铁骑,汉武帝将最东边,也是最靠近关内的一个郡取名武威。

由于河西走廊迫近戎狄,汉朝除了在此地设郡置县,还设立了各种都尉。比如,既统兵又治民的属国都尉;只控扼险关要塞的阳关都尉、玉门关都尉、居延都尉、武威北部都尉、酒泉东西北三部都尉等;只负责当地屯田事务的敦煌郡宜禾都尉、张掖郡番和农都尉等。他们各司其职,"抚结雄杰,怀辑诸羌"且"修兵马,习战射,明烽燧之警"。如此,河西走廊出现了"晏然富殖"的繁荣景象。

河西之战后,匈奴基本上退守北方草原,整体实力一落千丈,彻底失去与汉朝抗衡的实力。对于中原王朝而言,河西走廊从此成为不可或缺的集战略、军事、经济价值于一体的重要领土。以最基本的安全价值为例,河西在手,就意味着草原民族无法对中原形成战略夹击。

目标本身具有激励作用。目标可以将个人的需要转化为动力,使个人朝着某个方向努力,并将自己的行为结果与既定目标进行比较,及时进行调整和纠正以实现目标。这种将需要转化为动力,然后利用动力控制行动以实现目标的过程,称为目标激励。

Locke 和 Latham(1989)认为,目标之所以能起激励作用,是因为它能促使人们对现实能力与达到目标所需能力做出比较。如果个人觉得自己能力和目标实现之间存在差距,他们就会感到不满意。如果个人相信自己可以实现目标,他们就会付出更大的努力,而实现目标使人们感到有能力和成功感。目标之所以能提高绩效,就是因为目标明确了预期绩效的类型和水平。面对实现更高目标的挑战,人们通常会有一个目标设置过程(见图3-6)。

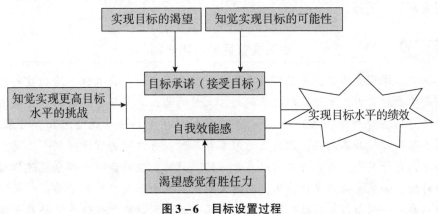

图3-6 目标设置过程

其一，评估实现目标的愿望和实现目标的可能性，这将共同影响个人的目标承诺。目标承诺是指个人被目标吸引，相信目标很重要，并坚持不懈地实现目标的努力程度。哪种目标设置方式（由上级指定或个体参与目标设置）可以导致目标承诺并提高下属的绩效？研究发现，合理指定的目标（意味着目标有吸引力和可实现）和参与设定的目标具有相同的动力，两者都比简单地设定目标而不考虑其合理性更有效。当人们相信目标可以实现且实现目标具有重要意义时，他们就会加强目标承诺。激励在产生目标承诺上的作用更为复杂。一般来说，为无法实现的目标提供奖金只会减弱目标承诺。对于中等难度的任务，提供奖金可以最有效地增强目标承诺。

其二，评估目标的实现情况有助于提高自我效能感。自我效能感是指对个人处理某些问题的能力的自我判断，它基于对个人所有资源的评估，包括能力、经验、培训、过去的表现和有关任务的信息等。高自我效能感有助于个人长期坚持某项活动，尤其是当这项活动需要克服困难和障碍时。

若目标承诺与自我效能感水平高，人们就会受到激励，从而为实现目标而努力工作。

3.4 调整型激励理论

调整是指为适应客观的情况和需要，在原有基础上做适当的改变。顾名思义，调整型激励理论的重点是研究人的行为怎样转化和改造，如何使人的心理和行为从消极变为积极，即研究如何调整和转化人的行为。调整型激励理论主要有强化理论、挫折理论等。

3.4.1 强化理论

强化理论是西方激励理论的一个重要组成和研究方向，著名的心理学家伯尔赫斯·斯金纳（Burrhus Skinner）为此做出了很大的贡献。斯金纳在巴甫洛夫条件反射理论的基础上，提出了操作条件反射理论，也称强化理论。这种条件反射的特点是人或动物必须通过自身的运动或操作才能得到强化。斯金纳认为，人的行为受外部环境刺激的调节和控制，改变外界刺激有助于改变人的行为。人或动物为了达成某种目标，本身就会采取行为作用于环境。如果行为的结果有利，这种行为就会重复出现；如果行为的结果不利，这种行为就会减弱或消失（消退）。

中华典故　　　　　　保马法背后的强化法则

保马法又称保甲养马法，是王安石变法的重要内容之一。在古代，除组建骑兵作战之外，马还是重要的畜力，无论军用还是民用，大量的马匹都是不可或缺的。王安石在熙宁五年推行了户马法（即保马法），元丰七年又推行保甲养马法，规定河北、河东、陕西、京东、西五路及开封府界诸县，凡自愿为国家养马的，每户可由官方提供一匹马，或者政府出钱由保户自行买马，有能力者可以多养一匹；同时，政府会减免部分税赋作为对养马的保户的补偿。如果是保户单独养马，而马又病死，则由养马户单独赔偿；如果是几户人家合养的马病死，则由各户均摊赔偿金。民间养一马，可以减免税赋并获补贴十四缗到十五缗。这种税赋的减免和额外补贴,是一种正强化原则的体现,以期达到激励普通民众自愿为国家养马的目的。保马法其实就是鼓励民间牧养,其作用就是拓宽牧马的渠道,使民间养马成为军马来源的一个补充。

然而随着保马法的推行,其弊端也逐渐显现,变法不仅没有达到正强化的效果,反而变成了惩罚。养马是个技术活,而在资讯欠发达的古代,养马技术难以推广,保马法所划分的区域气温较高并不适宜养马,马匹因病死亡的事件就不可避免。保马法规定,民间养马致死就要赔偿,而马的价格高昂,足以让很多百姓倾家荡产。熙宁五年,文彦博、吴充等上言:"国马宜不可阙。今法,马死者责偿,恐非民愿。"这就是说,保户养马很大可能不仅无利可图,还要承担巨大的赔偿风险。因此,除了家庭有足够财力且对养马有兴趣的人家,一般人并不愿领养马。而保马法也成为王安石变法中最为人诟病的新政之一。

斯金纳倡导的强化理论是以学习的强化原则为基础的关于理解和修正人的行为的一种学说(见图3-7)。强化是指伴随行为之后且有助于该行为重复产生概率增大的事件,它在一定程度上会决定这种行为在今后是否会重复发生。根据强化结果的不同性质,可把强化分为正强化和负强化。用某种有吸引力的结果对某一行为进行奖励和肯定,以期在类似条件下重复产生这一行为的过程被称为正强化。在管理上,正强化就是奖励那些组织需要的行为,从而加强这种行为。正强化的方法包括奖金、对成绩的认可、表扬、赏识、改善工作环境和人际关系、升职、安排承担有挑战性的工作、给予学习和成长的机会等。负强化是指在个体表现出期望的行为时,消除个体所厌恶、回避的刺激,以增强所期望的行为。例如,员工如果一个月没有迟到记录,就可以减少其下个月上夜班的天数。这样,员工为了减少上夜班的天数,就会努力保持按时上班。

	令人愉快或期望的事件	令人不愉快或不期望的事件
事件的出现	正强化 对期望的行为进行奖励 (行为更有可能发生)	惩罚 在令人不愉快的行为之后实施,使这种行为尽量少发生 (行为更不可能发生)
事件的取消	消退 对某种行为不理不睬,或对好的行为不继续正强化 (行为更不可能发生)	负强化 当某种不符合要求的行为有所减少后,减少施加其身上的不愉快刺激 (行为更有可能发生)

图3-7 强化的类型

在管理中运用强化法要遵循一定原则:(1)要有目标体系,遵循目标强化的原则;(2)分阶段设立目标,并对目标予以明确规定和表述,每个小目标都及时给予强化以增强信心;(3)贯彻及时反馈、及时强化的原则;(4)实行奖惩结合、以奖为主的原则,因为正强化比负强化更有效;(5)贯彻精神奖励和物质奖励相结合的强化原则;(6)贯彻公开、公平、公正的强化原则。

中华典故　　　　　　　　　贾母查赌

《红楼梦》第七十三回,宝玉为应付父亲检查而通宵读书,晴雯诈有贼人唬坏了宝玉,大观园上夜的婆子们吃酒赌钱的事因宝玉装病而连带着被捅到贾母跟前。其实这件事大观园的主子们都知道,李纨和"管事的人们(管家级的媳妇们)戒饬过几次,近日好些"了。但贾母认为此事重大:"夜间既要钱,就保不住不吃酒,既吃酒,就未免门户任意开锁,或买东西,其中夜静人稀,趁便藏贼引盗,什么事做不出来?况且园内的姊妹们起居所伴者皆系丫头媳妇们,贤愚混杂,贼盗事小,再有别事,倘略沾带些,关系不小。这事岂可轻恕。"赌钱引发的后续问题,比如随意出入园门、呼朋唤友,将引发治安问题。

"查得大头家三人,小头家八人,聚赌者通共二十多人",贾母便命将骰子纸牌一并烧毁,所有的钱入官,分散与众人;将为首者每人打四十大板,撵出去,不许再入;从者每人打二十板,革去三月月钱,拨入围厕行内;又将林之孝家的申饬一番。整个过程全面打击、不讲情面,无论是王夫人这边的还是邢夫人那边的,都绝不姑息,就连众人帮忙求情的迎春奶娘也没有轻饶。贾母公平处罚、公开透明,决不因人而异,将惩罚效果发挥到了极大,真正达到了震慑的目的。此外,贾母也兑现了"有人出首者赏、隐情不告者罚"的诺言,抄没的所有赌资充公,根据故事前情可以推测赌资总数相当惊人,贾母毫不犹豫下令将其全部分给府里的仆人。贾母查赌,不但整治了大观园的乱象,而且敲山震虎,达到了防微杜渐的目的。

3.4.2 挫折理论

心理挫折是指当个体从事有目的的活动时,在环境中遇到障碍或干扰致使其需要不能得到满足的情绪状态。巴尔扎克说过:"挫折和不幸,是天才的晋身之阶,信徒的洗礼之水,能人的无价之宝,弱者的无底深渊。"从积极的方面来说,挫折可以使人从失败中汲取教训,使人的认识产生创造性的改变,增强人解决问题的能力,锻炼人的意志,启发人以更好的途径和方法去重新计划、达成新的目标。

中华典故　　　　　　　　　囊萤映雪

"囊萤"出自《晋书·车胤传》:"车胤恭勤不倦,博学多通,家贫不常得油,夏月则练囊盛数十萤火以照书,以夜继日焉。""映雪"则出自《孙氏世录》中孙康的故事。

车胤自幼好学不倦,可是家庭贫困,没有钱买灯油供夜读。到了晚上,他只能背诵诗文。一个夏夜,他在屋外诵书,忽然看到原野上如星星一般的萤火虫在空中飞舞。他突发奇想:萤火虫的光亮在黑夜里不正如灯一样吗?这样我就能彻夜苦读了!于是,他抓了多只萤火虫放进布袋,屋子里果然亮了不少。车胤就这样用功苦读,此后学识丰富,担任过吴兴太守、辅国将军、户部尚书等。

孙康的情况也是如此。由于没钱买灯油,晚上不能看书,他只能早早睡觉。他觉得让时间这样白白流失,非常可惜。一天半夜,他从睡梦中醒来,发现从窗缝透进一丝大雪映出来的光亮，便不顾寒冷，来到屋外借光亮看书。手脚冻僵了，他就起身跑一跑，同时搓一搓手指。此后，每逢有雪的晚上，他就不放过这个好机会，孜孜不倦地读书。这种苦学的精神，使得他的学识突飞猛进，终成饱学之士，此后甚至官拜御史大夫。

车胤和孙康在求学途中都遭遇了挫折，一时难以改变贫苦困顿的生活状况，但面对生活带来的打击，他们不曾放弃，而是积极寻求措施改善当下的情况以减少挫折感，并向目标继续前进。

中华典故　　　　　　　李白遭流放

　　唐肃宗至德二年（757），李白作为幕僚成为永王李璘的谋臣，然而李璘兵败，以谋逆之罪被江西采访使皇甫侁擒杀。李白作为幕僚本难免一死，但在妻子、宗室与好友的多方奔走下，勉强保下一命，由死刑改为流刑——流放夜郎。此时的李白已经五十七岁，就算不是终生流放，也很有可能在半道上因水土不服或劳累而亡。不过，李白又是何等浪漫豁达之人，流放的命令下达之后，李白与妻子亲朋告别，然后至浔阳出发，途经西塞驿（今天的武昌东），至江夏，访李邕故居，登黄鹤楼，眺望鹦鹉洲。秋至江陵，冬入三峡，借道四川，前往夜郎。走到白帝城的时候，收到大赦天下的诏令，李白从一介囚徒再度变回自由之身！他欣喜若狂，当即在白帝城坐船顺流直下，并写下千古诗篇《早发白帝城》。
　　面对挫折，李白没有堕入深渊，而是调整心态、接受现实，并从中寻找能使自己安定、豁达的最好状态。

　　挫折理论或许可追溯到 20 世纪初奥地利心理学家西格蒙德·弗洛伊德（Sigmund Freud）创立的精神分析学说。该理论着重研究人因挫折感而导致的心理自卫。挫折理论注重的不是挫折而是挫折感，后者是行为主体对挫折的心理感受（或称知觉）。此后安娜·弗洛伊德（Anna Freud）对此进行了系统的研究，在其著作《自我与防御机制》（*The Ego and the Mechanisms of Defense*）中指出："人类最重要的防卫机制是压抑。所谓防御机制是指个体习惯性的一种带有潜意识的反应方式，其目的在于防止自我因挫折冲突而引起焦虑的压力。"她论述的防御机制一共有 15 种，分别是压抑、合理化、固执、否认、投射、利他、转移、自我约束、反向、升华、心力内投、对攻击者的认同、禁欲、抵消、倒退。
　　亚当斯认为，挫折是指人类个体在从事有目的的活动的过程中，指向目标的行为受到障碍或干扰，致使动机不能实现、需要无法得到满足所产生的情绪状态。挫折理论（见图 3-8）主要揭示人的动机行为受阻而未能满足需要时的心理状态，并由此导致的行为表现，力求采取措施将消极性或破坏性行为转化为积极性或建设性行为。亚当斯建议，通过寻找实现目标的替代方法或将注意力转移到新目标上，可以减轻挫折感。挫折理论在心理学、社会学和组织行为学领域具有较大影响，并已被用于解释各种现象，包括侵略、冲突和动机等。

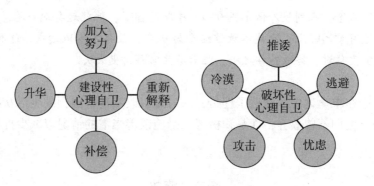

图 3-8 挫折理论

3.5 有效激励措施

3.5.1 激励的应用原则

有效的激励可以吸引所需人才加入组织，壮大组织的力量，使员工最大限度地发挥其技能和才能，从而提高生产率，实现组织的目标。激励还可以进一步激发员工的创造力，提高组织在竞争中的优势。一般来说，激励的应用讲究四大原则：一是物质激励与精神激励相结合，二是正激励与负激励相结合，三是内在激励与外在激励相结合，四是组织目标与个人目标相结合。除此之外，还有几个重点值得注意。

1. 准确把握激励时机

激励原则类似于化学实验中的催化剂，其作用时间取决于具体情况。在人力资源管理中，不存在绝对有效和普适的激励时机。因此，我们应该根据具体的客观条件，灵活选择激励时机或采用综合激励的形式，以有效地发挥激励的作用。在不同的时间进行激励，其作用和效果会有所不同。

2. 激励频率恰当

激励频率是指在特定时间内激励的次数，通常以一个工作周期或学习周期为时间单位。激励频率和激励效果之间并不是简单的正比例关系，有时会形成反比例关系。因此，在不同的情况下采取相应的激励频率，才能有效发挥激励的作用。激励频率选择受多种客观因素的制约，包括工作的内容和性质、任务目标的明确程度、激励对象的素质、工作学习状况和人际关系等。

3. 激励程度适宜

激励程度是激励机制的一个重要因素，与激励效果密切相关。激励程度是指激励量的大小，即奖励或惩罚标准的高低。恰当掌握激励程度对激励作用的发挥非常重要。过量的激励和不足的激励都无法发挥激励的真正作用，有时甚至会起反作用而打击员工的工作积极性。

4. 合理确定激励方向

激励方向是指针对什么内容实施激励，对激励效果具有显著的影响。当某层次的优势需要得到基本满足时,激励的作用就难以继续保持,只有将激励方向转移到满足更高层次的优势需要,才能更有效地达到激励目的。

中华典故　　　管仲与齐桓公的预付奖金

管仲担任齐国宰相时,建议齐桓公采取将整年的税收预先支付给将士作为奖金的方法来激励他们,只要将士约定了战功目标,就可以提前领取酬劳。最初,齐桓公担心这种"未战先奖"的做法会导致钱财白白浪费,但管仲认为:"这不会发生,因为当将士把钱带回家时,其家人一定会劝说他们到战场上打胜仗,不要失信,这比我们动员士兵前去战斗还有效果。"半年后,齐国与蔡国发生一场战争。正如管仲所料,在上战场前,将士的家人劝说他们一定要不辜负信任,勇敢作战。在战场上,齐国军队英勇作战,一举击败了蔡国军队。

这个激励制度充分激发了士兵上阵杀敌的热情。在战前,不仅用金钱进行激励,而且用信任作为激励,与将士约定目标,鼓励将士获得战功。在物质奖励、目标激励及国君信任下,将士士气高涨。企业的发展同样需要员工有高昂的士气,而士气的激发必然要求企业制定相应的激励机制。

3.5.2 常用的有效激励方法

每个员工的需要是不同的,即使是同一个员工,在不同的人生阶段或者在不同的场合其需要也会发生改变。因此,我们对员工的激励方法也应视具体情况而定。

1. 精神激励

精神刺激是激励的根本,现代企业管理中流行的"价值管理观"正是一种基于人的发展、人的精神价值的个性化倾向而凝聚形成的管理理念,《孙子兵法》中用大量的篇幅来阐述励士制胜的精神激励因素,尤其重视精神激励的方式策略。像"爱兵如婴"这种类似儒家"仁爱"式的情感投入,既能给管理者自身树立权威,又能取得让士卒与将领"生死与共"的效果。精神激励也是为赢得民众支持而鼓动民众信念,激起国民拥戴。孙武不主张因战争而给国民造成财物及精神上的创伤,他坚信"上下同欲者胜"。孙武这种"爱民"思想,正体现了战略性、全局性的精神激励,也反映了他深知社会结构的黏合剂是社会心理因素的道理。现代企业管理中的"感情投资"策略正是借鉴了孙武的精神激励战略思想(郭子仪,2000)。

(1)目标激励。目标激励是指确定适当的目标,诱发人的动机以调动人的积极性。目标激励的作用通常表现在两个方面。其一,经过努力实现目标的可能性越大,人们越感到有信心,激励作用也就越强。在管理的过程中,组织要不断地为成员设立可以看到的、在短时间内经过努力可以达到的目标。其二,目标效价(即目标实现后满足个人需要的价值)越大,社会意义越大,越能鼓舞人心,激励的作用就越强(袁登华和王重鸣,2005)。当人们受到富有挑战性目标的刺激时,就会迸发出极大的工作热情,事业心很强的人更愿意接受挑战。在提出目标以后,管理者要协助下属制定详细的实施步骤,在随后的工作中引导和帮助他们努力实现目标。用于激励的目标必须包含三大要素：一是目标清楚明了，可以传达；二是实施目标的组织成员要参与目标制定工作；三是根据结果对履行职责的情况进行评估。

中华典故　　　　鲁肃名书竹帛之志

鲁肃是东吴第二任大都督，为人内敛而有大智慧，周瑜称他"胸怀韬略，腹隐机谋"。鲁肃极受孙权的赏识。《三国演义》第五十三回，孙权得知大将程普率军前来，亲自出帐迎接。结果，鲁肃比程普先到，当孙权听闻鲁肃要来，便立刻下马立于众人之前，静候鲁肃。鲁肃赶到后见主公立于马下迎接自己，慌忙滚鞍下马施礼。在场诸将见此，无不惊异，因为大家还未曾见孙权如此厚待谁。

孙权对鲁肃密谓曰："孤下马相迎，足显公否？"孙权以为鲁肃会感恩戴德。肃曰："未也。"权曰："然则何如而后为显耶？"肃曰："愿明公威德加于四海，总括九州，克成帝业，使肃名书竹帛，始为显矣。"孙权抚掌大笑。鲁肃称自己的荣耀并非源自孙权下马相迎，而是希望主公能统一天下、实现霸业、登基称帝，届时在功臣名录上写下鲁肃之名，方算显赫。《三国志》有载："肃窃料之，汉室不可复兴，曹操不可卒除。为将军计，惟有鼎足江东，以观天下之衅。规模如此，亦自无嫌。何者？北方诚多务也。因其多务，剿除黄祖，进伐刘表，竟长江所极，据而有之，然后建号帝王以图天下，此高帝之业也。"由此可见鲁肃的志向之大，同时也正中孙权意下，可谓君臣一志。

（2）责任激励。所谓责任激励，是指让每个人认识并承担自己应负的责任，以激发其为所承担任务而奉献的精神，满足其成就需要。责任激励可以采取不同的形式，如职务委任、工作任务委托等。大多数人都希望承担一定的责任，如果一个人能接到与自身能力相当或略高于自身能力的任务（责任），就会感受到上级对他的重视和重用，从而感知到自身价值并努力完成任务。管理者的责任就是帮助下属认识并承担各自的责任。

（3）事业激励。将员工的个人事业发展与组织的前途联系起来，可以充分调动员工的潜力。如果组织的事业发展了，员工也能获得发展机会，员工就会认真思考如何更好地完成工作。如果一个人为了事业而工作，他就不会过于关注工资和报酬，而会全心全意地投入工作。

（4）荣誉激励。荣誉是人们或组织对个人或群体的高度评价，是满足人们自尊需要、激励人们努力进取的重要手段。个人荣誉激励方式是指对取得一定成绩和贡献的个人授予相应的荣誉称号，并在一定范围内予以表彰和奖励。对于一些表现突出、代表性强的员工，可以采取评选先进、颁发奖状、举行表彰大会等方式予以激励。荣誉激励成本低廉，但效果显著。集体荣誉激励是指通过表彰、奖励集体，激发人们的集体意识，让集体成员产生强烈的荣誉感、责任感和归属感，从而形成维护集体荣誉的向心力。

（5）情感激励。情感激励通过建立良好的情感关系，激发员工的士气，从而提高工作效率。常见的情感激励方式包括"让员工坐头排"制度、生日祝福、员工生病时探望、员工遇到困难时提供帮助、开展送温暖活动等。情感激励要求管理者做到以下三点：一是善于体察人心，及时感受到下属的思想和情感变化，并根据这些变化采取相应的措施；二是善于根据人的不同特点，选择不同的情感交流方式；三是要真诚，要真正关心、尊重和信任下属，不搞形式主义。

中华典故　　　　　　　　　　刘备哭徐庶

徐庶是三国时期著名的谋士，刘备凭着徐庶的计谋，打了不少胜仗。曹操打起徐庶的主意，他纳谋士程昱之计从颍川骗来徐庶的老母，并由程昱模仿徐母的笔迹，伪作家书骗取徐庶投曹。徐庶虽然看穿了曹操的计谋，但是母亲在曹操的手上，以孝道为上的徐庶也只能回家，侍候母亲。刘备得知徐庶要离开，晚上设宴给徐庶饯行，席间大哭，说道："子母乃天性之亲，元直无以备为念。待与老夫人相见之后，或者再得奉教。"其意为：你回去侍候母亲是人之天性，你放心回去吧。"备闻公将去，如失左右手，虽龙肝凤髓，亦不甘味。"其意为：只是你我缘分浅薄，你的离开，就像我失去了左右手，以后即使有龙肝凤髓，也是食之无味啊！徐庶感动得"相对而泣，坐以待旦"。第二天刘备送徐庶出城，道别时也是哭着道："备份浅缘薄，不能与先生相聚，望先生善事新主，以成功名。"徐庶感受到刘备的恩重如山，哭着回复："今不幸半途而别，实为老母故也。纵使曹操相逼，庶亦终身不设一谋。"徐庶道为母故迫不得已，但就算去了曹营也不会献策。他说到做到，进曹营后果然一言不发，始终没有给曹操出谋划策。

刘备自己表白："操以急，吾以宽；操以暴，吾以仁；操以谲，吾以忠；每与操相反，事乃可成。"从管理心理学的视角来看，刘备对徐庶是极尽礼遇，这就是一种情感激励。

(6) 危机激励。危机激励是指将组织面临的危难、不利条件和困难告诉组织成员，使其产生危机感，形成不进则退、置之死地而后生的心态，使组织成员奋发进取、拼搏向上。利用身处"困境"的求生本能来激发下属的积极奋进的观点，最早见于《孙子·九地篇》，"帅与之期，如登高而去其梯，帅与之深入诸侯之地，而发其机，焚舟破釜……聚三车之众，投之于险，此谓将车之事也。"意思是：将领深入敌国要断其退路，表示不进则死。"投之死地而后存，陷之死地然后生。大众陷于害，然后能为胜败。"这说明孙武重视将军队置身于一个特殊危险的环境之中，造成不胜则亡之势，以求生存的本能作为激励以获取胜利的根本思想。当今竞争激烈的社会环境对企业而言也处处是"逆境"，这种情况下激发全体员工与企业同舟共济、奋发求生的意志和信心，可以使员工爆发不可估量的潜力——这正是古人所说"救亡图存"的精神境界（郭子仪，2000）。

中华典故　　　　　韩信背水一战，化危机为激励

楚汉相争之时，韩信率军在井陉口与赵军对峙。赵军具备兵力上的优势，准备与汉军正面作战。韩信利用赵军主帅陈馀轻敌的弱点，派一万军队故意背靠河水，排成兵家大忌的背水阵。赵军探马探知汉军背水扎营、后退无路，马上察报赵王。赵王闻报，嘲笑韩信犯了兵家大忌，竟将军队置于死地。战场上，韩信见难以速战速决，便率领汉军佯装败退，一直退到河边的阵地，与河边的一万军队会合。赵军追杀汉军来到河边，原想将汉军赶进河里，但他们怎么也没有想到，此时的汉军后退无路，反而个个以一当十、奋勇拼杀，大败赵军。赵军无法取胜，正要回营，殊不知韩信另派的两千轻骑早已趁隙夺取赵军

营，将汉旗插满赵军营。赵军见营中景象，以为全军被俘，军心大乱、四散奔逃，汉军乘胜追击，打了一个大胜仗。

被俘的赵军谋士李左车问韩信为什么要背水结阵，韩信解释说："只有把汉军置于死地，他们才会为求生而拼命。兵书上说'置之死地而后生'就是这个道理。"事先断绝退路，给士兵制造危机，对汉军起到了极强的激励作用，促使汉军下定决心拼命杀敌，最终在艰难的条件下取得了胜利。

2. 物质激励

物质需要是人类生存的第一需要，物质奖赏是激励的现实手段。孙武说"取敌之利者，货也以"，意思是获取敌人的战利品，就可赏予物；而"故车战得车十乘已上，赏其先得者"，说明率先杀敌、取得敌人战车的，可以赏先得者，目的就是鼓励先勇者；不仅如此，为达到"赏不可虚设"的目的，并且使士兵在非常时期更加勇猛，还必须"施无法之赏，悬无政之令"，就是说在军队特殊时期，打破常规、常法，根据地点、时间、情形而加大刺激力度，施行超过惯例的奖赏。现代管理中奖金、提成等物质刺激手段，目的就是使员工和企业结为共同体，使员工主动关心企业的生产经营、生存和发展，刺激广大员工的积极性，使员工既偏好相对稳定的工作状态又乐于奉献（郭子仪，2000）。

中华典故　　　　　　三国中不乏物质激励

《三国演义》中，曹操得了典韦，就"解身上锦袄，及骏马雕鞍赐之"；收了许褚，即"赏劳甚厚"；表扬斩了颜良、文丑又要求到汝南作战的关羽是"云长建立大功，未曾酬谢，岂可复劳征进"……曹操一句"军无财，士不来；军无赏，士不往"是他看重物质激励最好的诠释。不只是曹操，东吴孙权也是善于利用物质激励的管理者：鲁肃夜半献王霸之策，次日孙权便"厚赠鲁肃，并将衣服纬帐等物赠肃之母"；甘宁百骑劫曹营，孙权立即"赐绢千匹，利刀百"。

物质激励对于激发员工内在潜能有着重要作用，正如韩愈《马说》所言："马之千里者，一食或尽粟一石，食（饲）马者，不知其能千里而食也。是马也，虽有千里之能，食不饱、力不足、才美不外见，且欲与常马等不可得，安求其能千里也？"

（1）晋升激励。晋升激励就是将表现好、素质高的员工提拔到高一级的岗位，以进一步调动其工作积极性。一方面，高层次的岗位需要更强的责任心和事业心；另一方面，晋升可以调动晋升对象的积极性。晋升可以带来物质收入，除了工资的提高，还有一些潜在的福利，如管理层可享受更好的工作环境、公务用车等。合适的晋升体系构成对企业进行晋升激励十分关键，一个完善的晋升体系需要对晋升标准、晋升方法、晋升流程、晋升路径几方面做统筹安排。

中华典故　　　　　　　王翦整合三军

王翦是战国末期的名将，他与白起、李牧、廉颇被称为战国兵家"四大天王"。邓廷罗曾说："古之善用众者，莫如王翦、韩信。"杜牧也高度评价王翦"周有齐太公，秦有王翦……如此人者，当此一时，其所出计画（划），皆考古校今，奇秘长远，策先定于内，功后成于外。"

王翦深谙兵在精而不在多，在攻赵之战中，他下令遣返俸禄不满一斗的军吏，从十人中只挑选两名精锐留下，遣返大部分没有战功的士兵，整合所有的士兵形成一支劲旅。如此一来，靠混战功谋晋升的人都被淘汰了，急于建功立业的士兵就会奋不顾身。王翦实行的末位淘汰制度，激发了士兵的热情，通过选举方式普及了士兵的参政权，这是晋升激励的一种体现，进一步提高了秦国对军队的控制权，改变了统帅对军队的不可控性。

(2) 薪酬激励。薪酬激励也是一种常见的物质激励方式。企业将员工的工作表现与报酬挂钩，激发员工的工作热情。尽管薪酬不是激励员工的唯一手段，也不是最好的办法，却是非常重要、最易使用的方法。薪酬激励的类型多种多样，如工资、固定津贴、强制性福利、公司内部统一的福利项目等，奖金、物质奖励、股份、培训等也是常见的方式。薪酬支付方式也有相应的技巧，例如针对不同的人员设置不同的激励措施，或者将现金薪酬和非现金薪酬相结合，有时能取得意想不到的效果。

(3) 福利激励。福利是薪酬的重要组成部分，在组织管理中，管理者应该让福利发挥必要的激励作用。在西方，弹性福利计划被认为是一种有效的激励方式。弹性福利计划又称自助式福利计划，即由企业给予员工一定的福利点数，员工可在点数范围内随意挑选自己喜欢的福利项目来满足自身的多元化需求。弹性福利计划考虑到不同员工在不同阶段的需要，提高了员工的满意度，有效地激励了员工，同时还帮助管理者加强了对福利成本的有效管理。

(4) 股权激励。股权激励是指让企业管理者、员工持有本企业的股票，是一种带有长期性的激励方式，具体方式有购股、赠股、转股、干股、期股等。股权激励是用明天的利润激励今天的员工，用社会的财富激励自己的员工。通过允许员工购买本企业的股票，组织希望员工借此可以提高生产率、成为企业的合伙人，并且最终促使股票价格上升。股票期权计划已经成为那些处于削减预算及裁员困境中的企业鼓舞员工士气最有效的方法之一。

3. 文化激励

(1) 工作激励。工作激励就是让工作过程本身令人感到有吸引力，从而调动员工的工作积极性。增强工作本身的内在意义和挑战性，使员工产生自我实现感；使工作内容丰富化、扩大化，改进工作设计，强化工作动机，变革工作内容，使员工体验到工作的意义和赋予的责任，从而增强工作的吸引力；通过员工与岗位的双向选择，让员工对自己的工作有一定的选择权。

(2) 职业生涯规划激励。所谓职业生涯规划，是指组织与个人共同基于个人和组织两方面的需要，对决定个人职业生涯的个人因素、组织因素和社会因素等进行分析，进而制定出人在一生中的事业发展规划与实施计划。组织应在了解员工的个性特点、兴趣、专长和爱好的基础上，协助员工共同拟定个人职业生涯规划，使员工和企业共同成长。对企业来说，员工的成长会给企业带来高绩效；对员工来说则是一种激励，因为企业帮助员工拟定职业生涯规划将使其感受到企业的关心，从而产生强烈的归属感。

(3) 榜样激励。榜样激励就是"上行下效"，管理者以自身的良好行为激励下属（夏金华和朱永新，2001）。管理者正己修身，为被管理者树立榜样，成为被管理者的表率和典范，进而激励被管理者积极进取、勤勉做事。孔子说："其身正，不令而行；其身不正，虽令不从。"管子也说："凡民从上也，不从口之所言，从情之所好者也。上好勇则民轻死，上好仁则民轻财，故上之所好，民必甚焉。"这些言论体现了一种思想，即通过管理者自身表率进行激励。企业管理中，领导者的模范品质和带头作用，对下属的行为具有极大的激励作用，"榜样"带来的示范性作用在经营管理中常常能直接或间接调动员工的积极性、主动性和创造性。"故为战者，必本乎率身以励众志……志不励，则士不死节；士不死节，则众不战"，战争中，将领的榜样作用对战争的胜利与否具有决定性作用。素有"东芝之神"的日本企业家土光敏夫曾表示："下级学习的，是上级的背影。上级全力以赴地投入工作的行动，就是对下级最好的教育。"

中华典故　　孙策、曹操的榜样激励

《三国演义》这样描述孙策："独战东南地，人称小霸王。运筹如虎踞，决策似鹰扬。威镇三江靖，名闻四海香。"他"多谋而善用兵"，作战勇猛，常身先士卒，"智略超世，用兵如神"。平定江东，孙策每每冲锋陷阵，手下人很为他担忧。一次张昭劝孙策："夫主将乃三军之所系命，不宜轻敌小寇。愿将军自重。"他回答道："先生之言如金石；但恐不亲冒矢石，则将士不用命耳。"显然，孙策更加看重的是以身作则带来的强大威力，即榜样的良好效果。

曹操在管理上也十分重视为士兵们树立榜样。在官渡之战中，曹操靠火烧乌巢取得了战争的胜利，从而打败了势力颇强的袁绍。在火烧粮草时，曹操亲自率领五千精兵成功突袭，扭转了战局，击破了十万大军，火烧乌巢取得大胜。曹操在官渡之战中凭借榜样激励，不仅取得战争的胜利，而且使得士气大增。

4. 奖惩激励

奖惩激励又称强化激励，是指对人们的某种行为给予肯定和奖励，或者撤销个体所厌恶、回避的刺激，巩固和加强期望的行为，或者对某种行为给予否定和惩罚，减少不期望的行为的过程。人有竞赏惧罚的天性，会因此而受到激励。荀子曰："赏不行，则贤者不可得而进也；罚不行，则不肖者不可得而退也。"韩非子说："是以赏莫如厚而信，使民利之；罚莫如重而必，使民畏之；法莫如一而固，使民知之。故主施赏不迁，行诛无赦。誉辅其赏，毁随其罚，则贤不肖尽其力矣。"这些言论都强调了奖惩的重要激励作用。肯定性的激励方法主要是表扬和奖励，而奖励又可以分为物质奖励和精神奖励。否定性的激励方法主要是批评和惩罚，而惩罚方式有降级、罚款、降薪、淘汰等。在激励员工的形式上，正面激励的效果远大于负面激励。因此，我们要注意以表扬和奖励为主，以批评和惩罚为辅。

吴夫人临死时嘱咐孙权："汝事子布、公瑾当以师傅之礼，不可怠慢。"孙权在合肥，听说鲁肃来到，"下马立侍之"并"请肃上马，并辔而行"。激励对管理者来说是极具效力的管理手段之一，针对不同的对象、不同的环境，采用不同的激励方法，可以达到增强凝聚力、激发潜在能力、提升积极性等多方面的目的。

3.6 激励的跨文化研究

激励行为是各种文化变量的综合产物，如个人需要、价值体系和环境等。激励措施的核心是确定文化差异对个人需要的影响，并相应地丰富激励结构（朱春霞，2006）。文化差异显著影响了管理激励的内容、方式和有效性。

就激励内容而言，虽然激励过程在不同的文化环境中可能是一致的，但有效的激励方法因文化而异（卢森斯，2009）。对于美日两国的价值观念及其对企业激励的影响，有学者指出美日两国在企业激励方面表现出极大的差异，其本质的决定性原因是价值观念的不同（郑霞和张亦辉，1998）。在大多数欧美国家，高级管理层的激励策略一般基于个人能力和绩效。在这个前提下，如果公司认为年轻员工具备足够的能力和才能，他们就可以获得比年长员工高得多的薪资。虽然这种薪酬制度可能在一定程度上有利于人才发展，但对公司内部的老员工来说它也可能会令人沮丧和失望。相比之下，在基于集体主义和大权力距离的中国企业激励体系中，工资与员工的资历和社会地位挂钩，甚至资历和社会地位被认为比实际的工作贡献更重要（俞文钊，2014；陈晓萍，2016）。尹志欣和马君（2013）基于双因素理论，针对知识型员工激励模式在中国情境下的运用提出建议。他们认为应重视人员之间的"关系"——这种关系是资源和知识从标杆员工向需要学习的员工灵活转移并共享的催化剂。此外，企业还应重视组织的长期需要和员工地位的确认。中华民族的"家"文化对中国家族企业的影响根深蒂固。基于我国特有的儒家文化中的宗法制家族成员关系，结合西方期望理论，许晓明等（2012）提出中国特色的激励模式，即在充分考虑家族成员的态度和影响的前提下，合理制定职业经理人的业绩目标和薪酬方案，并通过各种手段切实维护企业与职业经理人之间的心理契约，最终达到有效激励他们服务于本企业的目的。

文化对激励结果的影响大多体现在跨文化管理的相关研究中。跨文化管理理论的目的是设计超越文化冲突的实用的激励体系，找到激励目标，鼓励不同文化背景的员工分享共同的行为（何爱华和邓域，2007）。员工援助计划（employee assistance program，EAP）是起源于西方的激励理论，是指组织运用科学的方法，积极主动地通过规划、宣传、调研、辅导、干预、评估等精神和心理服务手段，对员工的心理和情感进行干预与协助，使员工的情感问题及时得到解决，从而缓解员工的紧张情绪、减轻员工的心理障碍、提高员工的工作效率、促进员工的职业发展的人力资源管理项目。这种激励方式强调员工关爱，尊重员工的个性化需要，关注员工的全面发展。通过分析 EAP 的实践，有研究发现 EAP 在跨文化管理中的应用有以下发现：首先，EAP 通过对员工的全方位关爱来促进员工的发展和创新，这与中西方文化理念相契合，因为中西方文化都强调人本主义；其次，EAP 在企业内部营造了和谐、稳定、支持和关爱的工作环境，这有助于激发员工的积极性和创造性；最后，EAP 对企业的长远发展也有积极的作用，因为通过 EAP，企业可以更好地留住人才、提高员工的忠诚度、提高员工的工作效率和减少员工的流动率，从而使企业更具竞争力。依据中国文化与人格等因素，张宏如（2009）提出"一轨道、二主线、五步骤"的中国化 EAP 激励理论，将以"人"为中心的中方柔性管理风格和以"事"为中心的规范标准化的西方管理风格相结合。朱春霞（2006）从文化差异与管理激励机制变革视角指出，文化差异成为影响激励效果的重要因素，不同的文化背景导致员工激励成效的重大差异。李铁军（2009）在跨文化激励模式研究中，对比了跨文化背景下以美日为代表的激励管理模式，分析了跨文化激励模式对中国激励模式的影响。邵海荣（2004）分析文化四维度对管理激励的作用，发现文化背景对激励因素的相对重要性有着不可忽视的影响。

现实观察

字节跳动：员工激励的创新[①]

北京字节跳动科技有限公司（以下简称"字节跳动"）成立于2012年3月，是以提供资讯、短视频为主的国内新锐互联网龙头，旗下产品有今日头条、西瓜视频、抖音、头条百科、皮皮虾、懂车帝、悟空问答等。移动社交招聘平台"大街网"的调查报告显示，在互联网行业，字节跳动的95后员工的满意度高达83.2%。此外，猎聘联合中国世界青年峰会共同发布的《2022全国青年人才就业趋势洞察》显示，在2022年上半年全国青年人才投递简历的TOP 30公司中，字节跳动位居榜首。那么，字节跳动为何拥有如此高的员工满意度和人才吸引力呢？这与公司的激励制度紧密相关。

◆ **独特的股权激励模式：年终奖兑换＋超低行权价**

股票期权一向是优质成长性企业建立健全长效激励机制、绑定员工共同发展的重要激励方式，是指公司根据规定的程序，向本公司及其控股公司的雇员授予的一种在将来可以按指定价格购买公司股份的权利。但字节跳动的股权激励与传统股权激励模式有所不同，它采用"年终奖兑换＋超低行权价"模式，相比常规期权激励更灵活，覆盖员工数量更多。

2019年4月，字节跳动向员工开启大范围的期权换购，采用"年终奖兑换＋超低行权价"模式。在确定年终奖后，字节跳动员工可以把年终奖兑换成期权而非直接领取，价格为44美元/股（不含行权价0.02美元）的"折扣价"，如表3-5所示。

表3-5 2019年字节跳动股权激励模式

定价	行权时，允许老员工和新员工分别按44美元/股和60美元/股的折扣价等比例兑换相应数量的公司期权，行权价为0.02美元/股
定量	10股起兑换，以2018年度年终奖总额为兑换上限
定人	2018年度绩效评定达到M以上（含M）的员工均有资格参与兑换，保守估计可覆盖超六成的公司员工
定时	集团的年终奖分为全年奖和超额奖。若以全年奖兑换期权，则以2019年3月1日为起算日一次性到位；若以超额奖兑换期权，则以2019年4月1日为成熟起算日，每月发放0.5月奖金数额对应的期权

---

① 改写自"字节跳动：年终奖换期权"（https://www.crfawu.com/information/546.html）。

(续表)

考核标准	共计 8 个层级，由低至高依次为 F/I/M-/M/M+/E/E+/O，2018 年度绩效评定达到 M 以上（含 M）均可成为激励对象
资金来源	公司定期回购股份，离职员工和在职员工的期权回购价分别为 26.29 美元/股和 32.86 美元/股

通过"年终奖兑换+超低行权价"模式，以期权形式将企业效益与员工利益双向捆绑在一起。一方面，这减轻了员工一下子拿出一大笔钱支付行权价的疼痛感；另一方面，这可以重点绑定核心人才共担风险，同时共享公司未来市值增长乃至上市后的价值。此外，"年终奖兑换+超低行权价"模式还可以为公司保留充足的现金流，以融资加持扩充公司业务版图。字节跳动在上市前开启股票期权激励计划，对内设定员工责任，对外宣扬公司信心，实现公司与员工的共赢。

◆ **薪酬激励：超额回报与个人贡献挂钩**

据澎湃新闻报道，字节跳动最新一轮期权激励授予价格下调至每股 155 美元，较上一轮每股减少 40 美元。字节跳动此轮调低行权价，一方面是因为公司判断未来大环境会有波动，希望以此保持估值稳定；另一方面是因为希望未来获得期权的员工可以有更大的增值空间。可见，当公司发展到一定阶段后，高比例期权的激励效应可能会相对减弱。

为了解决这个问题，字节跳动开始将激励的重点放在提高年终奖比例上，字节跳动创始人张一鸣表示："期权无非是有可能获得超额回报，实现财务自由，所以激励的核心在于有没有提供超额回报。我其实非常鼓励把更多的激励放到事后、放到年终，把更多的激励改换成与个人贡献相关。"

在字节跳动内部，年终奖通常为 1—6 个月的工资，大部分人能拿到 2—3 个月的工资，产品经理通常是 6 个月的工资，表现非常突出的员工更有机会拿到 100 个月的工资。近期字节跳动旗下团队抖音电商开启了新一轮薪资改革：将原有的 15 薪改为 18 薪，降低每个月的基本工资；提升年终奖比例，从原有的 3 个月绩效改为 6 个月绩效。这样的设计有利于提升员工的目标感，让员工以绩效为工作目标，更积极、更主动地追求业绩，从而提升整个电商部门的运营业绩。

◆ **中国特色式激励：家庭关爱假**

为了增加员工福利、提高员工稳定性、增强员工对企业的归属感，企业往往会根据自身情况指定福利性假期。2022 年 9 月 29 日，字节跳动官微发文宣布，新增"家庭关爱假"，再度升级员工福利。

字节跳动"家庭关爱假"如下：每年 10 个工作日，可用于父母/配偶父母、配偶、子女患病需陪护的场景；"全薪病假"天数从半年 4 个工作日提升至全年 12 个工作日，同时扩展覆盖场景，如体检、接种疫苗和参加社会公益捐献需休息恢复的场景，引导大家多关注健康；丧假也分别比之前的天数多 2 个工作日。

中华民族自古以来就重视家庭、重视亲情。字节跳动"家庭关爱假"很好地契合了中国特有的传统思想和理念，给员工提供了更多"回归家庭，陪伴家人"的时间。字节跳动将人情味注入企业管理，对员工的"情谊"而非"物质"层面的激励将更大程度地提升员工满意度和组织归属感。

◈ 精神范畴激励：基于数字化平台"自驱"管理

张一鸣不喜欢任何形式化的福利，比如他不赞成中秋节发月饼之类的福利，认为"这只是给独立性差的员工的安慰剂。对于优秀的人才，不管你发不发月饼，他要走都是会走的。但是那些本来要走却因发个月饼就留下的人，对公司来说不是一个正向的选择"。相反，字节跳动更加重视对员工能动性、自驱力和主人翁意识的激励。

受"Context, not Control"（内容而非控制）管理理念的启发，字节跳动创建了一套数字化工具体系和企业办公协作平台——飞书。基于这一数字化管理系统，字节跳动促使员工自我管理、自我授权，尽可能地满足员工的公平感、被信任感、被尊重感，从精神层面给予员工最大的自我价值实现激励。例如，员工在"飞书群"中发表意见或上传完成的工作时，他人可对某条意见想法或工作成果实时"点赞"。那么，如果领导或同事给予较多点赞，就会对员工产生激励作用，同时可有效促进同事之间产生工作上的交集和互动。此外，在移动办公时代，人们更多的工作时间和表达时刻都发生在线上，如果一个人在群里能充分表达，就能极大提高信息流通效率，同时提高信息透明度。

◈ 激励效果的保障：OKR 管理法

OKR 是英文 objectives（目标）和 key results（关键结果）的缩写词，OKR 作为一种管理工具，起源于英特尔公司，发扬光大在谷歌公司，现在主要在互联网高科技公司中推行。传统绩效考核模式 KPI（key performance indicators，关键绩效指标）是用指标考核员工行为，未达标则有相应惩罚，久而久之，员工只是为指标而工作，所有工作都变成"要我做的事"。OKR 则相反，它主张激发员工的内驱力，让员工主动工作，让工作变成"我要做的事"。

那么，字节跳动如何利用 OKR 管理模式来激励员工？

首先，字节跳动鼓励员工设立有挑战性的目标，离开舒适区。OKR 和考核奖金分离，这样员工可以去设立真正有挑战性的目标，从而激发自身更大的创造力，也适应竞争更加激烈的环境。

其次，注重内容，弱化控制。例如，在字节跳动内部，员工之间只有汇报关系，没有头衔，禁止总、副总、哥、姐、老大等敬称，所有人都必须直呼其名，进而弱化层级管控关系。

再次，全方位公开目标及评价结果。在每两个月的"CEO 面对面"、部门业务沟通双月会上，张一鸣会公开讨论自己的 OKR 进度，他会打分和自我分析哪里做得不错、哪里做得不好。在结果评价方面，字节跳动做"360 度测评"，即员工可以对任何人进行评价，不仅是上级，同事也会进行评价，且所有的评价都是公开的。

最后，为了保障薪酬公平性，字节跳动制定了相应的等级制度。字节跳动要求公司按照岗位级别定月薪，"岗位级别代表着稳定的月薪，若有突出贡献，则公司可以用奖金来体现"。

> **感悟与思考**
>
> 1. 字节跳动采用了哪些类型的激励方式？
> 2. 结合双因素理论，分析字节跳动如何设置员工福利。
> 3. 结合案例，讨论如何把物质激励和精神激励相结合。
> 4. 为什么字节跳动的方法能够有效激励员工？
> 5. 在中国情景和数字化时代背景下，员工激励方式应有怎样的变化？

3.7 激励的前沿探索

激励是管理心理学的核心内容，20世纪以来，研究者从不同的视角提出了许多与激励相关的概念范畴和理论思想。比如，以马斯洛需要层次理论、ERG理论、成就需要理论、双因素理论为代表的内容型激励理论，以期望理论、公平理论、目标设置理论、自我决定理论为代表的过程型激励理论，以强化理论、挫折理论、归因理论为代表的调整型激励理论，等等。然而，随着经济全球化和信息技术的进步，特别是多种学科的介入，以及研究方法和研究工具的不断丰富，关于激励问题的视野得到进一步延伸和扩展，激励理论研究呈现新的变化和趋势。譬如，个体差异对激励的影响，团队管理下的激励模式，行为经济学背景下的激励理论，等等。

基于此，本部分将从激励概念、激励理论、激励机制、激励策略、激励研究展望五方面展开讨论。

3.7.1 多视角的激励概念

激励是一个典型的、有着复杂结构的多维度概念，分类标准众多，根据激励主体、激励内容、激励对象、激励方向、激励来源、激励周期、激励性质、激励导向、激励形式，可以将激励划分为不同的概念范畴。

按照激励主体，可以将激励划分为组织激励和个人激励；按照激励内容，可以将激励划分为物质激励和非物质激励；按照激励对象，可以将激励划分为员工激励和管理层激励；按照激励方向，可以将激励划分为正向激励和负向激励；按照激励来源，可以将激励划分为内在激励和外在激励；按照激励周期，可以将激励划分为短期激励和中长期激励；按照激励性质，可以将激励划分为柔性激励和刚性激励；按照激励导向，可以将激励划分为过程激励和结果激励；按照激励形式，可以将激励划分为显性激励和隐性激励（见表3-6）。

表 3-6 多视角的激励模式划分

视角	激励概念	主要内涵	相关文献
激励主体	组织激励	组织为成员提供的各种各样的薪酬奖励体系	马喜芳等（2016）；Kim 等，（2016）
	个人激励	主管人员在权限内，对下属的业绩进行奖励和惩罚	Hershcovis 和 Barling（2009）；胡瑞仲（2007）
激励内容	物质激励	在薪酬、福利、奖金、奖品等物质层面实施的奖惩措施	Bushardt 等（2011）
	非物质激励	在荣誉、职位、认可等精神和情感层面实施的奖惩措施	马喜芳等（2019）
激励对象	员工激励	针对非管理岗位员工实施的奖惩措施	邱强等（2018）
	管理层激励	针对管理岗位员工实施的奖惩措施	Cao 等（2019）
激励方向	正向激励	强调以肯定和赞赏来激励员工，从而维持、巩固和强化行为	Podsakoff 等（1984）；全清华和杨晓华（2011）
	负向激励	强调以否定和批评来激励员工，从而减弱、退化和负强化行为	马喜芳等（2016）
激励来源	内在激励	激发内在动机而达到积极结果，如自我目标、自我价值	邱敏和胡蓓（2015）
	外在激励	激发外在动机而达到积极结果，如薪酬福利、晋升等	邱敏和胡蓓（2015）
激励周期	短期激励	通常以小于或等于一年为时间单位，对员工进行激励	马小丽（2016）
	中长期激励	通常立足在三年及以上的时间周期，激励组织的核心人才，从而实现组织长期目标	柳建华等（2021）
激励性质	柔性激励	以人为中心的人性化管理，采用非强制性方式，在员工心目中形成一种潜在的激励	曹海霞（2014）
	刚性激励	以工作为中心的约束性管理，采用等级制度等方式，强调员工的行为高度服从组织的规范	司江伟（2003）
激励导向	过程激励	以成员在工作过程中的行为表现为基础而组织实施的奖惩措施	Van Knippenber（2013）
	结果激励	以成员的工作成果为基础而组织实施的奖惩措施	Jaworski（1988）
激励形式	显性激励	当事人预期在一定时限内可获得的实质性补偿的总和	Chou（2018）
	隐性激励	以用非公开的隐蔽收入进行激励的一种方式	朱沛青（2019）

由此可见，激励的分类相对分散，缺乏系统性。总体而言，当前关于激励维度的研究逐渐趋向于长期视角和心理维度。例如基于行为修正理论的负向激励，就是利用"人们对非预期损失的重视程度超过对非预期利得的重视程度"这一心理规律来减少公司的激励成本；基于长期目标与主人翁意识的股权激励，从心理与契约层面建立了员工和企业的利益共同体关系。需要注意的是，多维度视角下的激励概念会存在一定程度的相互关联、交叉，甚至重叠。例如，激励内容中的物质激励与激励动机中的外在激励有所重叠，非物质激励与内在激励、隐性激励等也存在一定的概念和内容交叠（马喜芳和芮正云，2020）。

3.7.2 激励的相关理论

1. 委托-代理理论

委托-代理理论是经济学者探讨激励问题的重要依据，它的核心内容是：委托人如何在存在利益冲突、信息不对称等情境下激励代理人。在委托-代理关系的框架下，如何建立一套能够使代理人行为与委托人预期相协调的激励和约束机制尤为重要。对此，经济学将动态博弈引入委托-代理关系的研究，并且发现竞争、声誉等隐性激励机制能有效缓解委托-代理问题（张跃平和刘荆敏，2003）。Fama（1980）指出，在竞争市场中，管理者的市场价值是由他过去的运营绩效所决定的，从长远看，即使没有显性激励的契约，管理者也会为了自己的良好声誉而积极工作。相反，也有研究发现，委托-代理理论实际上并没有发挥激励效果。Baker（2000）认为，这是由于委托-代理造成了员工间非合作行为，挑起了上下级进行博弈，从而导致激励措施反而使职员怠工。德国学者 Fehr 等（2004）的实验研究也发现，委托人和代理人能否表现出双方互惠的动机与契约有关，一般而言，相比于完全合约，不完全合约有着更好的激励效果。

2. 锦标赛理论

为了解决委托-代理问题，许多学者提出了激励模型，锦标赛模型（Lazear 和 Rosen，1981）即其中的一种。锦标赛模型指出，根据员工的努力程度和业绩水平采用不同的报酬水平，可以有效激发员工的工作动力；而且，这种报酬水平的差异越大，对员工的激励作用越大。也就是说，通过提高企业高管报酬差距，能够降低委托人对代理人的代理成本，促进企业价值的提升（谢军和方宇晖，2014）。除了工资、股权等薪酬激励模式，锦标赛模型同样适用于晋升机制。晋升锦标赛在中国政府官员晋升机制中的应用，被认为是中国经济奇迹的重要根源之一（周黎安，2007）。但锦标赛理论可能存在局限性或不利后果。基于中国制度背景，缪毅和胡奕明（2014）发现，适当的薪酬差距的确能够产生激励作用，但是过大的薪酬差距也会对企业造成负面影响。不仅如此，锦标赛竞争还有可能导致损人利己的现象，即个别高管以牺牲他人成果为代价来提高自身的相对产出和相对奖励（Harbring 和 Irlenbusch，2008）。

3. 行为经济学和神经经济学对激励理论的补充

按照传统经济学的观点，人们的效用水平主要由金钱和物质决定，"重赏之下，必有勇夫"。但现实并非如此，有时候报酬高反而会降低工作绩效，这就是"奖励悖论"。在行为经济学看来，传统的委托-代理理论太过简单化，它应当与前景理论联系起来，充分考虑影响理性人的心理因素，如内外部动机、跨期选择、公平偏好等。

Benabou 和 Tirole（2003）结合认知心理学、经济学和社会学提出了新的激励框架，认为外在动机（激励）有时可能与内在动机（个人为自己利益而执行任务的愿望）发生冲突，使得激励短期内有效，长期来看则会产生负面影响。具体而言，外在激励是指通过外部奖励或惩罚来刺激和鼓励人们做出行动的一种方式，常见的外在激励有金钱奖励、体罚等；内在激励是指通过促进人们积极地实现自我目标的一种激励方式，常见的内在激励有自豪感、责任感等（王保卫和牛政凯，2021）。

公平偏好也是行为经济学的研究重点。例如，蒲勇健（2007）将"公平博弈"概念应用到委托 - 代理模型，构建一个考虑代理人表现出"互惠性"非理性行为的新委托 - 代理模型，发现基于该模型的最优委托 - 代理合约可以给委托人带来比现有最优委托 - 代理合约更高的利润水平。Tabibnia 等（2008）发现，与不公平的报酬相比，在接受公平的报酬时，被试会产生更高的幸福感，即使两种情况下的实际报酬完全一致；与此同时，被试与奖赏系统相关的部位被激活，具体包括腹侧纹状体、左侧杏仁核、腹内侧前额叶、眶额叶皮层。

高管的时间偏好也会影响薪酬激励的效果。研究发现，薪酬支付的时间跨度越长，时间偏好对高管愿意付出的努力程度的负向影响越强（阮青松等，2018）。Kable 和 Glimcher（2007）进一步对高管跨期选择背后的机理进行研究，分析跨期选择的心理机制及生理活动，并发现腹侧纹状体、内侧前额叶皮层和后扣带皮层这几个大脑区域的神经活动是跨期选择奖励的主观反应。

4. 产业集群理论

在研究层面上，关于激励理论也逐渐从对个体（员工）的关注发展到对组织团队层面的关注（马君等，2015）。建立公司内部的团体锦标赛是团队激励的重要方法之一，在团队内部引进竞争有利于提高团体努力程度、团队绩效（林浚清等，2003）。

在组织层面，产业集群被认为是一种具有很强激励作用的产业组织形式。产业集群主要从以下几条路径发挥激励作用：其一，产业集群能够削减交易成本、促进企业间互助合作和提升运行效率（Huggins 和 Izushi，2011）。企业通过地缘、亲缘、血缘等关系，被紧紧地结合在一起形成集群网络，并基于彼此的信任，制定出一套共同的行为规范。这样的信任机制可以极大地减少企业的机会主义行为，同时降低企业的信息搜寻成本（蔡铂和聂鸣，2003）。其二，产业集群能够促进企业间竞争、示范和模仿，从而带动技术变革和企业创新等（赵庚科和郭立宏，2009）。例如，以家庭企业或小企业为主体的产业集群，创新者既是企业所有者，也是利益分配者，因此他们往往具有非常强烈的自我激励意识（张海燕，2004）。其三，产业集群还能创造出信息、专业化制度、名声等集体财富（Porter，2000）。

◆ 3.7.3 激励机制的研究

1. 激励的影响因素研究

（1）个体层面。在个体层面，有研究认为领导者个体的风格、人格特质、价值观与动机以及员工个体的特征都会直接作用于激励策略，从而显著影响员工的态度、行为和个人绩效（马喜芳等，2018）。

一方面，领导者的工作水平和能力能显著提高员工满意度，进而达到激励的目的（祁文雅等，2005），其中直接领导者对员工的激励作用更为重要（Nohria 等，2008）。而对于如何激励企业的领导者和管理层，有学者认为影响管理层激励效果的个体特征主要包括管理者的年龄、任期、风险偏好、离职率等（杨雯茜和张爽，2021）。例如，Attaway（2000）发现，CEO 任期和年龄对股权薪酬具有显著的正向影响；Oyer 和 Schaefer（2005）发现，管理层的风险偏好程度和乐观程度对股权激励有显著的正向影响。

另一方面，员工自身的特质也与激励效果息息相关。研究发现，员工的自尊程度和敬业度与激励特别是非物质激励显著相关（邱敏和胡蓓，2015）。同时，员工的年龄、性别、受教育程度、工龄、风险偏好等个人特征因素与员工满意度也存在一定的相关性（卢艳，2008；闫峰和刘瑞元，2008）。更具体地，康奈尔大学的 Snell 曾在一次讲座中指出，可以从价值和稀缺两个方面衡量公司的员工，将他们划分为核心人才、独特人才、通用人才和辅助型人才，并根据他们的需求采取相应的激励方法，例如对于核心人才应采取长期的激励手段，如员工持股、公司股票期权等。①

（2）群体层面。同样地，团队领导、团队目标、团队风格等因素也会对员工的激励方式和内容产生影响。Nohria 等（2008）认为，影响员工积极性的四种驱动因素分别是获得性、联结性、理解性和防御性，可以通过完善奖励制度等方式来触发这几个因素，从而提高员工积极性。我国学者以高新技术企业为研究对象，得到了类似的结果。通过问卷调查并对结果进行因子分析，侯成义和王周卫（2011）提出了对员工激励有显著影响的五种因素——个人发展、薪酬待遇、工作环境、工作自主和工作成就。

在信息爆炸和讲求合作共赢的时代，团队成为知识型工作的重要主体，如何提高团队激励的有效性、提升团队绩效，是企业时刻关注的话题。一方面，企业环境（包括优秀的企业文化、积极的团队氛围、良好的工作环境）是激励员工活力、增强团队凝聚力、留住并吸引人才的方式之一（罗莹，2019）；另一方面，随着团队模式的广泛应用，团队中的领导问题受到学者们的关注。我国学者研究发现，授权型领导对团队绩效有着积极的促进作用（王永丽等，2009）；团队自身的学习能力也被证明与团队绩效有着显著的正相关关系（陈国权，2007）。

（3）组织层面。学术界关于组织层面激励效果的讨论还不完全统一。有学者认为，正规的组织激励相对复杂、死板，因而在一定程度上制约了组织内的权利分配和工作效率（Tata 和 Prasad，2004）。Duffhues 和 Kabir（2008）收集并分析了荷兰上市公司的资料，结果显示高管薪酬与企业业绩并没有明显的正向关系。相反，有学者认为，组织激励的正式化成分包含组织战略方向和明确目标的信息，从而可以削弱组织的不确定性，因此对组织具有正向作用（Metelsky，2009）。这些不一致的结论可能与组织各自的特征和发展阶段有关，有研究发现，成长性好的公司（周建波和孙菊生，2003）、高管离职率高的公司（宗文龙等，2013），其股权激励的效果更为显著。

不同的地区文化也广泛影响激励内容和激励效果。美国、加拿大、芬兰、中国等国的

---

① Snell S A. Competing Through knowledge: The Human Capital Architecture.

员工对组织激励的偏好差异较大（Chiang和Birtch，2012），美国公司的员工更倾向于个人的自我实现、工作成就感等成就型奖励，而中国公司的员工则侧重于薪资和红利之类的物质型奖励（Ma和Jiang，2018）。由此可见，在北美行之有效的组织激励制度，在欧洲、亚洲就未必有效了。

回顾前人的研究成果可以发现，员工与领导者的个体特征、团队的风格与氛围、组织环境与类型等都对员工激励效果产生了影响。在对员工进行激励的过程中，企业应当根据员工主体需求和双方各自的特点，把握好员工的心理动机和偏好，采用合适的激励方式，对不同层次的员工进行有效的管理和激励，从而达到企业和员工的双赢。另外，企业所采用的激励方式也应根据具体的工作情境和工作阶段而改变。实际上，员工并不是因某一种特定的手段而受到激励，而是在多种激励方式的共同作用下受到鼓舞。

2. 激励的过程研究

如何确保激励措施发挥有效作用，我们可以从制度设计、宏观环境、微观环境三个方面着手。

（1）制度设计。企业及其他机构的内外部制度为激励作用的发挥提供了前提条件，完善的激励制度能有效地激发员工的积极性。其中，薪酬制度是企业人力资源管理的重要组成部分，是激励员工的重要方法之一。科学、合理、公平的薪酬制度能够吸引人才、留住人才，提高人才的聚合度，发挥人才的作用；反之，则会导致人才流失（周刚，2022）。詹宝军等（2019）对某石油企业加油站进行调查，提出加油站在激励制度方面存在的问题，比如分配均衡化、缺少精神上的鼓励以及奖赏兑现滞后等。

此处的制度不仅指激励体系，其他相关制度也会影响激励措施的有效性。例如，董丽君（2008）从公务员激励的视角，提出对公务员体系制度的法制建设、考核机制、标准设计及保障救济等方面加以完善，将有利于实现按规则奖励的目的，提高公务员的工作热情和效率。Lin等（2010）以知识产权制度为基础，建立健全、合理的知识产权保护制度及法律体系，对员工的行为进行规范，保证公司研发成果的安全性，激发公司研发创新活动的积极性。

（2）宏观环境。宏观环境包括广泛的市场化环境和国家政策环境。

市场化环境方面。有研究发现，在更高的市场化水平下，国有企业提高运营效率的动机更强（Megginson和Netter，2001）。与此同时，在市场化水平较高的区域，政府补贴能够更好地起到信息传递的中介作用，缓解企业内部和外部的信息不对称，从而提高创新资源的配置效率，使得激励政策的效果更为显著（Feldman和Kelley，2006；刘婷婷，2019）。但是，在市场化水平较低的地区，企业的寻租成本更高，在这种情况下，企业倾向于利用与政府之间的政治联系来获得更多的财政补贴及税收优惠，这将不利于市场公平竞争，更不利于财税政策激励作用的发挥（陈运森等，2018）。卢君生等（2018）也发现，当市场化水平较低时，政府对企业的质量认证信号是相对微弱的。

国家政策环境方面，只有外部制度环境较为完善，企业乃至国家的各类激励政策才能有效发挥，激励企业创新，促进企业绩效（杨国超等，2017）。改善区域制度环境，一方面能够克服政策不确定性带来的消极影响，扩大政策的推动效应（刘胜等，2016）；另一方面能够降低企业的专有成本以及市场交易风险和成本（夏清华和何丹，2020），从而规范企业的政治联系以及政府与企业的行为（寇恩惠和戴敏，2019）。反之，在宏观制度环境较差的区域，政府无法约束企业频繁地寻租，一系列问题频发，从而使激励效果受损（宁向东，2018）。

（3）微观环境。企业内部制度环境是指企业自身的公司治理状况，如股权结构、董事会结构等。从股权结构来看，当股权高度集中时，大股东会更加轻易地侵占公司资源，损害中小股东的利益，而创新等决策招致的风险也会相对更多地由大股东承担，这便削弱了激励政策的正向作用（王进朝和张永仙，2020）。同样，随着董事会规模的扩大，每一位董事为错误决策付出的代价相对更少，从而导致独立董事更不负责任，更容易出现"搭便车"的情况（唐建荣，2019）。对此，研究者认为，公司可以通过引入独立董事来间接获得相关的资源，并利用独立董事所具有的知识背景和技能经验来拓宽董事会的视野，从而提升公司的创新激励水平（冯根福和温军，2008）。

3. 激励的经济后果研究

美国知名经济学家曼昆提出的经济学十大原理提出，人们会对激励做出反应。这一原理简单直白地说明了激励会产生一定的经济后果，这些影响涵盖了社会生产、经济活动和国家运行等层面。而在管理领域，对于企业来说，激励既能提高员工的自身素质和满意度，又能促进企业自身发展，为企业创造价值。

（1）个体层面。一是员工满意度。一般认为，如果公司的工资水平高于同行，员工的满意度就会较高；如果公司的工资水平低于同行，就会引起员工的不满。近年来的研究逐渐发现，除了绝对报酬，激励的公平性和公正性同样影响员工满意度。因此，企业还应当从工作激励、公平激励以及发挥员工专长等方面着手努力提高员工满意度（叶仁荪等，2005）。具体而言，激励的公平性包括外部公平、内部公平和个体公平三个方面。外部公平是指员工把自己的工资和同行的平均工资水平进行对比，从而确定自己对公司的满意度，如果自己的工资高于行业平均工资水平，员工就会感到满意；反之，就会感到不满意。内部公平是指员工把自己的工资收入和岗位匹配度与员工的实际付出进行对比，若员工觉得自己的付出得到了等值或更多的回报，则对企业感到满意；反之，则对企业不满。个体公平是指员工将自己的工资与企业内同岗位的同事工资进行比较，如果工资相等，就会感到公平；反之，就会感到不满（刘宁，2018）。

需要注意的是，这种公平性的激励并不只限于薪酬方面，它还体现在企业为员工提供的加薪、晋升、奖金及假期等相关的福利方面。当企业的薪酬管理部门在福利分配程序、分配内容和分配价值上显示出公正无偏时，员工对激励措施的满意度将显著提升（向云平，2017）。

二是员工工作效率。激励机制可以从发挥带动作用、优化资源配置、约束员工行为、增强员工归属感四个方面提高员工工作效率（周亚，2021）。其一，通过激励制度，员工能够在一个平等的环境中充分发挥自己的作用，从而促进员工成长；其二，有效的激励机制可以优化企业内部资源分配，改进人才队伍结构，从而提升对人力资源的使用效率，这不仅可以节约成本，还可以提升资源利用效益；其三，正面激励和负面激励相融合的激励机制不仅可以帮助员工明确自身的工作目标及任务，激发员工的工作热情，同时纪律和规范也将对员工工作效率产生影响（Elqadri 等，2015）；其四，用一种行之有效的激励机制让员工把企业的发展目标作为自己努力奋斗的目标，营造可以相互交流学习的良好氛围，从而增强员工的归属感和集体感。

(2) 组织与团队层面。一是企业绩效。关于激励提升企业绩效的问题，已有研究并没有得出统一的结论。一些研究认为激励措施无法促进企业绩效的提升。个体的努力对企业的总体效果是有限的，因此员工往往不愿意加大工作力度。虽然有些企业以股权作为激励方式，使员工利益与企业业绩挂钩，但是员工间的"搭便车"效应使得股权激励不能发挥应有的作用（Oyer，2004）。另一些研究认为激励制度可以产生相互监督与协作的作用。这会消除类似"搭便车"的不良现象，因此股权激励对企业绩效的改善作用是显著的（Hochberg 和 Lindsey，2010）。翟宇（2022）以我国沪深两市的上市制造业企业为样本，通过实证分析表明，薪酬激励对提高高管的信心、稳定高管的情绪有很大的帮助，能够在某种程度上激发高管的工作热情，还能增强他们的责任感和使命感，从而起到激励的作用。

二是企业创新。激励能影响企业的创新产出。关于货币薪酬激励与企业创新绩效关系的研究，国外学者的观点主要有三种：正相关关系、负相关关系、倒 U 形关系。Ederer 和 Manso（2013）的研究表明，若企业承诺高管无须承担创新失败的成本且创新成功后会得到一定奖励，那么高管创新意愿将会得到激励。与之相反，Cassell 等（2012）指出，货币薪酬激励属于以短期效应为主要特征的激励方式，它容易诱导高管做出短视的决策，从而抑制企业的研发投入强度。部分学者提出，货币薪酬激励与企业创新投入存在非线性关系，如倒 U 形关系。在一定的报酬数额范围内，薪酬激励对企业创新产生正向的推动作用；但是，当报酬超过某一水平之后，激励契约的边际效应会逐渐减小，薪酬对企业创新的促进作用变成抑制作用（姜涛和王怀明，2012）。

股权激励的相关文献比薪酬激励更为丰富，股权激励与企业创新的相关关系也存在类似的三种模式。其中，股权激励对企业创新具有促进作用的观点占主导地位。一些研究者认为，在创新活动中，员工是最直接的参与者，也是最有效的执行者。员工的努力程度对创新成果产出具有直接的影响，对员工进行股权激励，可以让企业的创新能力得到提升（姜英兵和于雅萍，2017）。与薪酬激励类似，其他研究却发现，股权激励对企业创新的促进作用只在一定范围内有效，当高管持股比例超过阈值后，股权激励反而会减弱企业创新效果（苗淑娟等，2018）。

三是经营风险。以股权激励为例，其优势之一是使员工财富与股价直接挂钩，有助于降低企业经营风险。一般认为，公司内部员工更容易识别高管的不道德行为，若高管的自利行为损害到公司经营业绩，由于员工利益与公司业绩被股权契约绑定，员工就会意识到自己的利益也将受损（Li，2019）。也就是说，高管自利行为使得公司价值降低，导致员工权益价值和公司利润受到侵害，在这种情况下，下级员工可能会采取怠工、告发、离开公司等方式应对高管的利己行为。这种"威慑"可以约束高管的不道德行为，从而减少代理成本，降低企业经营风险。

另外，相较于高级管理人员，普通员工具有较低的风险分散性和较高的风险规避性。由于员工权益薪酬与公司股价紧密关联，因此这提高了员工的人力资本风险和股价 – 薪酬敏感性，即更关注股价下跌风险（Kedia 和 Rajgopal，2009）。研究发现，员工持股不仅能够激励员工降低自己持股所面临的风险，还有助于降低企业所面临的风险（Bova 等，2015）。

 3.7.4 激励策略的发展趋势

随着社会的发展和员工的年轻化，企业员工的需求越来越多样化和个性化，因此现代企业管理必须与时俱进，管理者的激励策略应随着员工需求和客观环境的改变而改变，更加注重被激励者的内在需求。由此，柔性激励、晋升激励、企业文化激励等策略越来越受到学术界和实务界的关注。

1. 柔性激励

随着社会、文化的发展，依靠制度和权力来管理与约束个人的传统激励模式已经不能满足时代发展的需要。"非制度化"和"以人为本"的思想在现代企业管理与激励体系中盛行。简要地说，现代企业提倡以文化为导向，尊重个体的需要，尊重人们的心理、行为的发展规律，形成"柔性"的激励模式（Kara 等，2002）。为此，对柔性激励模式的探索与讨论，就是要在管理中找到柔性与刚性的结合点，充分发挥柔性管理的作用，实现"以柔克刚"的最佳效果（彭万和聂多均，2011）。

柔性激励的有效性已经被广泛证实。研究表明，相较于传统激励模式，柔性激励模式具有更高的灵活性与动态性，能够为员工营造宽松、平等、相互尊重与信任的工作环境，激发员工的积极性、主动性与创造精神（Joyce 等，2010；王爱枝，2011），并进一步有助于企业创新绩效的提升（Haucap 和 Wey，2004）。特别是在当今时代，企业员工多为知识型人才，他们对工作往往有着更丰富、更多样与更具挑战性的心理需求（张望军和彭剑锋，2001）。在柔性激励下，员工可以弹性地处理工作时间和工作安排（Chang 等，2013）；同时，员工也会被鼓励自主、全面地参与企业各项工作，得到更充分的授权（朱晓辉和凌文辁，2005），这无疑给予员工特别是知识型员工极大的心理满足。研究者认为，立足于心理契约的基本理论，精心设计和重构薪酬柔性激励机制的新模式，将更能充分调动员工的积极性和创造性，实现人本化管理（吴秀林，2015）。

2. 晋升激励

企业内部晋升机制属于隐性激励（朱沛青，2019）。对于企业员工而言，升职意味着将来加薪的可能，面对晋升激励，员工会更努力地工作，更积极地提高自己的能力（Campbell，2008；Ederhof，2011）。更重要的是，职位晋升不仅关系到物质薪酬的增加，更关系到社会地位的提升，特别是对于有着"官本位"文化背景的中国企业而言，这一激励机制极具意义（缪毅和胡奕明，2014）。晋升机制的激励效果受到员工和企业层面多因素的影响。员工会对晋升前景进行自我评估，评估结果将直接关系到晋升机会对他的激励程度（De Pater 等，2009）。此外，企业许多相关指标也会影响晋升的激励效应。例如，当企业面临较大的运营风险时，晋升对企业高管的激励作用更为显著（廖理等，2009）；企业的产权性质、管理者个人年龄和学历等特征也会影响晋升激励作用的发挥（张兆国等，2013）。

在政治权力高度集中和外部经理人市场不发达的国家，还有一种相对特殊的激励机制,即政治晋升(Du 等,2012)。这种隐性激励方式实际上能够作为薪酬等货币型激励的替代措施(王曾等,2014;Cao 等,2019)。在我国,国有企业这一特殊背景提供了良好的政治晋升研究场景。周铭山和张倩倩(2016)利用国有上市公司 CEO 变更的数据,对国有企业高管政治升迁与公司创新的关系进行了实证分析,发现政治晋升激励会促使国有企业 CEO 更有效地进行创新投入,从而提升公司的创新效率。

3. 企业文化激励

企业文化是企业的核心,又被称为组织文化,包括企业价值观、企业信念、企业精神等文化形象,是企业的一项软实力。员工在文化活动中受到熏陶,使得员工的人生观、价值观受到企业文化的影响,从而提升员工对企业的向心力,增强员工的集体观念和团队意识。组织中企业文化的强弱类型将对员工的工作满意度和绩效产生影响,让员工为企业做出更多或更少的贡献。需要注意的是,员工在他们感到满意的环境中表现良好,而且他们感到满意的状况可能是组织中正在实施的企业文化的前身。近年来,"以人为本"的企业文化大受推崇,提倡基于企业精神为员工传输正确的观念,有机结合物质和精神两种激励方式,最大限度地提升员工的工作积极性,让员工获得情感上的满足(邹建华,2016)。

◆ 3.7.5 激励研究展望

当今,激励理论正在迎接新一轮的挑战和变革,推动激励理论创新将更好地引领和指导激励实践。

(1)重视精神、心理层面的更高层次满足或满意感的激励模式。现有文献关于激励的研究逐渐倾向于从"人"的角度出发,探讨非物质激励模式或隐性激励模式的有效性。例如,对锦标赛理论的研究开始探索薪酬差距的公平感和落差感对物质激励效果的影响。

(2)结合多学科理论和多种研究方法,协同推动激励理论创新。特别是在心理学、神经学、计算机学等学科发展的推动下,开展跨学科合作,综合运用传统经济学、认知神经学等多维度、多层次的研究方法,从而更加全面、深刻地认识激励机制和激励本质,准确分析激励的作用路径和作用效果。

(3)进一步加强中国本土情境下的相关研究,丰富中国特色的激励影响机制。中国数千年的历史背景,形成了有自己特色的文化内涵,中国与西方具有不同的观念和思维方式,因此中国文化背景下的激励理论创新具有现实意义。例如,在我国特有的儒家文化和"家文化"背景下,激励因素和激励机制会有怎样的变化和特色?受我国传统集体主义思想的影响,要求人们在为自身利益着想时,也要时刻将国家利益放在心中,不能陷入利己主义的泥淖,这对组织的激励制度设计有何影响?增加中国文化维度的考量,开展本土情境下激励理论的探索,是一个有较强现实意义的研究方向。

数字资源

本章数字资源由三大部分组成：一是 UTD 24 文献推荐，二是推荐的组织激励相关量表，三是参考文献。详细内容可下载"拓展学习资源"获取。

1. UTD 24 文献推荐

Joseph Burke, Kristy L. Towry, Donald Young, et al. Ambiguous sticks and carrots: The effect of contract framing and payoff ambiguity on employee effort [J]. The Accounting Review, 2023, 98 (1): 139-162.

Dunhong Jin, Thomas Noe. The golden mean: The risk-mitigating effect of combining tournament rewards with high-powered incentives [J]. The Journal of Finance, 2022, 77 (5): 2907-2947.

Jun-Koo Kang, Jungmin Kim. Do family firms invest more than nonfamily firms in employee-friendly policies [J]. Management Science, 2019, 66 (3): 1300-1324.

2. 组织激励相关量表

◎ 凌文辁和杨海军开发的"组织支持感量表"
◎ 郭静静发展的"组织认同量表"
◎ 韩翼和廖建桥发展的"员工创新绩效量表"

3. 参考文献

第 4 章
组织中的决策心理

知识点

决策、理性决策、行为决策、群体决策

学习要点

◎ 分析决策的概念，并举例说明决策的一般步骤。
◎ 了解理性决策模型和行为决策模型的优缺点。
◎ 简述个体决策偏差，举例说明实际工作中如何避免这种偏差。
◎ 比较群体决策与个体决策，举例分析各自适用的情境及其优缺点。
◎ 群体决策常见的问题有哪些？如何避免这些问题？

思维导图

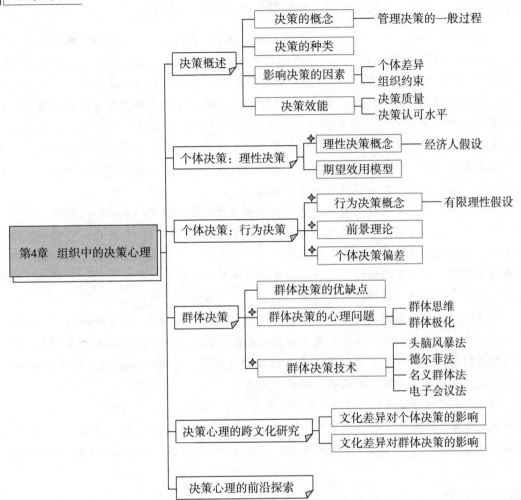

新理念　推动中国特色新型智库建设高质量发展

为深入贯彻落实党的十八大和十八届三中、四中全会精神，加强中国特色新型智库建设，建立健全决策咨询制度，2015年1月，中共中央办公厅、国务院办公厅印发了《关于加强中国特色新型智库建设的意见》。2022年4月，中共中央办公厅印发了《国家"十四五"时期哲学社会科学发展规划》，明确提出要加强中国特色新型智库建设，着力打造一批具有重要决策影响力、社会影响力、国际影响力的新型智库。建设中国特色新型智库，要始终坚持以习近平新时代中国特色社会主义思想为指导，准确把握中国特色新型智库建设的定位使命、总体格局、发展理念和方向路径，遵循智库建设规律，深化智库建设实践，推进中国特色新型智库建设高质量发展。

高质量建设中国特色新型智库，提升决策影响力是智库研究的基础和生命线。

智库提供重大决策的理论支撑，紧握科学决策的"指南针"。要厚植新型智库建设学术根基，在理论研究的学理深度与学术厚度上持续发力，发挥基础理论和学术研究对新型智库决策咨询的引领支撑作用，为新型智库建设和长远发展提供坚实基础，为服务党和国家科学决策、促进经济社会高质量发展不断贡献更多智慧与力量。

智库提供问题导向的决策方案，牵住科学决策的"牛鼻子"。要不断提高智库决策咨询服务能力，聚焦党和国家事业发展中的重大理论和实践问题，持续深入开展研究，鼓励面向实践特别是经济社会发展主战场开展深度调查研究，掌握一手资料，发现问题症结，提出更高质量的决策方案，不断提升智库贡献力。

智库提供精准的决策经验依据，用好科学决策的"金钥匙"。党政智库、社科智库可通过与高校智库、科技智库等合作发展，加快利用新技术强化专业数据库建设，全面提升政策咨询研究能力水平，强化成果的科学性、可靠性和可操作性，切实为决策提供科学依据。

史上择慧　孙策玉玺换兵马，深谙取舍之道

孙策（175—200），孙坚长子，孙权长兄，孙吴政权的奠基者。罗贯中在《三国演义》中称他"武勇犹如霸王项羽"，因此绰号"小霸王"。然而，就是这样一位英雄人物，却不幸英年早逝。建安五年（200）年初，孙策在夺取豫章郡后统一江东；同年四月，正准备发兵北上之时，孙策在丹徒狩猎时为许贡三门客所伤，不久后身亡，年仅二十六岁。其弟孙权接掌孙策势力，并于称帝后追谥孙策为长沙桓王。

孙策一生最大的亮点就是率兵从淮南渡江攻占江东，为孙吴霸业打下基础。而使用传国玉玺作为抵押，向袁术借来兵马，是《三国演义》中的生动故事之一。"和氏璧"是中国历史上的著名宝物，相传秦始皇曾命人将其雕琢成传国玉玺，此后代代流传，举世无双，被尊崇为国家的象征，历来被皇帝们视为国之重器。

孙坚时任长沙太守，曾与袁绍率领的十八路诸侯一同讨伐董卓。孙坚进入洛阳后，意外得到传国玉玺，孙坚想自己称帝做一番事业，便故意隐瞒，没有将玉玺交给盟主袁绍。谁料此事竟被叛徒出卖，袁绍得知此事后，向孙坚索要玉玺，孙坚拒不交出，便退出联盟军。传国玉玺如此珍贵，袁绍自然不肯轻易放手，在孙坚返回江东途中将其暗算至死。

第4章
组织中的决策心理

孙坚死后,年仅十七岁的孙策担负起重任,开始招兵买马,广交豪杰。守孝期满后,孙策将母亲和家小安顿在曲阿,率领孙坚旧部投入袁术帐下。袁术非常欣赏孙策的才能,常叹曰:"使术有子如孙郎,死复何恨!"

之后,孙策为袁术南征北战立下了不少功劳,袁术曾先后承诺让孙策担任九江太守和庐江太守,但最终都失信了,将太守之位给了自己的亲信。孙策得胜归来,袁术对他非但没有重用,反而言语间颇多怠慢。有一次,孙策攻打庐江大胜归来时,袁术正在宴请百官,见到孙策身上盔甲未卸,当下便有些不悦,但孙策毕竟是凯旋,袁术只好勉强夸赞两句,并让他入座,孙策刚想在靠前的位置坐下,不料袁术让他去后面坐,孙策内心不由失落,无奈只得走到后面入座,武将还在旁边说:"公如此厚爱伯符,你何不认他做义父?"孙策听后勃然大怒,拔剑而出,但寄人篱下的他也只能强忍侮辱和讥讽,愤然离席。

孙策回去之后,想起父亲早逝,自己屈居人下,只能忍气吞声,不免伤心痛哭。正是此时,事情有了转机。《三国演义·第十五回》,忽见一人自外而入,大笑曰:"伯符何故如此?尊父在日,多曾用我。君今有不决之事,何不问我,乃自哭耶!"策视之,乃丹阳故鄣人,姓朱,名治,字君理,孙坚旧从事官也。策收泪而延之坐曰:"策所哭者,恨不能继父之志耳。"治曰:"君何不告袁公路,借兵往江东,假名救吴景,实图大业,而乃久困于人之下乎?"正商议间,一人忽入曰:"公等所谋,吾已知之。吾手下有精壮百人,暂助伯符一马之力。"策视其人,乃袁术谋士,汝南细阳人,姓吕,名范,字子衡。策大喜,延坐共议。吕范曰:"只恐袁公路不肯借兵。"策曰:"吾有亡父留下传国玉玺,以为质当。"范曰:"公路款得此久矣!以此相质,必肯发兵。"三人计议已定。

次日,孙策见袁术哭拜曰:"父仇不能报,今母舅吴景,又为扬州刺史刘繇所逼;策老母家小,皆在曲阿,必将被害。策敢借雄兵数千,渡江救难省亲。恐明公不信,有亡父遗下玉玺,权为质当。"袁术取而视之,大喜曰:"吾非要你玉玺,今且权留在此。我借兵三千、马五百匹与你,平定之后可速回来。克日领兵便行。"

就这样,孙策终于得兵而去,靠着三千兵马,再凭着自己识才用才的胸怀格局,吸引了周瑜等英雄豪杰,在江东闯出了一番天地,为东吴雄踞一方打下了基础。《三国志》评价:"孙策为人,美姿颜,好笑语,性阔达听受,善于用人。是以士民见者,莫不尽心,乐为致死"。

故事启示

从孙策成就江东霸业的故事中我们不难看出,"以玉玺换兵马"的决定是孙策成就霸业的基石。彼时孙策寄人篱下,之前父亲孙坚的旧部多数被袁术收编,帐下无人可用,孙策虽有雄心壮志,却苦于没有资本,手中唯一的筹码,就是孙坚留下的传国玉玺。传国玉玺虽然是稀世珍宝,但在当时孙策的手里,无异于烫手山芋,孙策只是一个少年,既无名望也无兵马,而各路诸侯都在觊觎玉玺,手里拿着玉玺,实际上是将自己置于危险之中,可能给自己招来杀身之祸,不如用玉玺换取兵马,成就一番事业。

孙策雄才伟略，坚持用玉玺换取有实质价值的兵马，正是孙策扫平江东、建立基业的关键决策。改变固有的惯性思维方式，换一种方式思考问题，才能化不利为有利，增大成功的概率。而孙坚执迷于和氏璧，不惜与袁绍反目成仇，最终为自己招来杀身之祸。袁术虽实力强大，但眼光短浅，得到传国玉玺之后便迫不及待地称帝，结果反成众矢之的，落得兵败身死的下场。在相同的处境中，不同性格的人往往会做出不同的决策，理性决策，将利益最大化才是成功之道。如何提高决策效能，是管理者的必修课。

4.1 决策概述

4.1.1 决策的概念

斯蒂芬·罗宾斯（Stephen Robbins）在《组织行为学》（*Organizational Behavior*）一书中将决策定义为在两个或多个备选方案中进行抉择。决策者就仿佛站在岔路口，必须选择一条路线到达既定的目标，或是避免不愉快的结果。其实，决策一词早在先秦时期《韩非子》中就出现过，《韩非子·孤愤》有言："智者决策於愚人，贤士程行於不肖，则贤智之士羞而人主之论悖矣。"古人云"运筹帷幄之中，决胜千里之外"，就体现了决策在事业成败中的重要性；然而，仅凭个人的智慧和判断做出的直觉经验决策是远远不够的。我们所讲的决策是从英语"decision making"一词翻译而来，是指管理活动中管理者在掌握一定信息和经验的基础上，经由一整套科学的程序对未来行动做出的决定。利用正确、有效的程序指导决策行为、提高决策效能，是管理系统中管理人员最重要的职责之一。

决策与人们的日常生活和人类社会的发展进步息息相关，许多研究者对此展开了相关研究。决策领域的先驱者赫伯特·西蒙（Herbert Simon）就凭借对决策过程的开创性研究而一举荣获1978年诺贝尔经济学奖。西蒙将决策过程划分为三个阶段：智力活动阶段—设计活动阶段—选择活动阶段。在智力活动阶段，决策者要广泛收集外部信息，明确决策目标；在设计活动阶段，决策者对每一个行动方案和可能带来的结果形成预期；在选择活动阶段，决策者要在众多行动方案中选择最有效的一个。

在此基础上，越来越多的研究者对"如何划分管理决策的各个阶段"这一问题提出了自己的看法，一般来说，管理决策过程可分为五个阶段，如图4-1所示。

图4-1 管理决策的一般过程

第一，认识问题。这是决策过程的起点，明确我们所面临的实际问题是管理决策的关键所在，实际状态和目标状态之间的差距就是决策者必须解决的问题。例如，某工厂本年的生产目标是比上年产量提高20%，那么，如何提高产量20%就是管理者所要解决的实际问题。

第二，明确决策目标。广泛收集环境信息，为管理决策树立一个清晰明确的目标，这是成功决策最重要的一环。例如，对于工厂管理者来说，将本年的产量提高20%就是其最终目标。

第三，搜寻备选方案。寻找通向决策目标的各种可能途径，设计决策方案。例如，管理者想要提高工厂的产量，可以从人员入手，招收更多的生产员工；可以升级生产线，利用大规模机械化生产提高产量；等等。

第四，评估备选方案。分析所有可能的方案，从中选择最优途径。比如，招收新员工的方法适用于短期快速提高产量，而且成本较低；升级生产线、大规模机械化生产的方法虽然前期投入多，但更有利于工厂的长期发展。因此，管理者应根据现实情境，综合考虑，选择最合适的决策方案。

第五，实施决策。决策者执行自己选取的最佳方案，并在实施方案后，评价其真实效果。例如，在实施方案后，是否达到目标状态？有没有带来其他问题？良好的决策效果才是决策者追求的最终目标，如果原有问题没有得到有效解决，就必须重新决策，直到获得满意的结果。比如，工厂每个月、每个季度的产量与上年同期相比的结果是评价决策方案的有效指标，管理者必须根据评价结果不断调整决策方案，最终达到目标产量。

纵观管理决策的各个阶段，我们不难看出，在管理决策的发展过程，决策目标是整个决策活动的核心，它贯穿整个决策过程，把各个阶段串联在一起。

4.1.2 决策的种类

决策是人生的必修课，在日常生活中我们不可避免会遇到各种各样需要做出抉择的情境。根据决策情境与决策者的特点，决策可以划分成不同的种类。

1. 直觉经验决策和理性决策

在面对日常生活中的一些简单问题，决策者往往只需在自己所积累经验的基础上，综合运用个人的知识、能力、直觉及灵感进行决策。这种决策活动被称为直觉经验决策，决策者的个人能力在其中起着至关重要的作用。但是，在日新月异的人类社会，决策者所要做出的决策日益复杂，仅凭个人判断力就能做出的决策越来越少，由此理性决策应运而生。理性决策又称科学决策，是以科学的决策理论为指导，以科学的决策程序为依据，运用理性和逻辑思维方法而进行的决策，是一种更高级的决策方式。

中华典故　　"飞将军"李广理性决策，机智脱险

李广，西汉时期名将，曾多次领兵大败匈奴，匈奴畏服，称之为"飞将军"，司马迁评曰"桃李不言，下自成蹊"。

匈奴入侵上郡，李广奉命迎战，同时，汉天子还派来宦官随军学习。这名宦官曾率几十名骑兵外出，不料遇到三个匈奴士兵，两方交战，匈奴兵表现异常神勇，弓箭手百发百中，宦官侥幸负伤逃脱，逃回营地后向李广禀报此事。李广断言："这一定是匈奴的射雕

能手。"于是率百余骑兵追赶,三人中,两人被杀,一人被俘。而后,李广惊觉此处距己方营地甚远,却又望见匈奴骑兵在前方严阵以待。原来,匈奴兵看到李广等人,以为是诱敌的骑兵归来,故作迎敌姿态,而李广的士兵惊恐之下想要撤退。李广说:"此地距我军几十里,若我们此时撤退,匈奴大军必定会赶尽杀绝。若我们现在不走,匈奴军队便以为是诱敌之兵,未必会主动出击。"说罢,李广便命令军队前进至距匈奴大军两里远的地方,并让士兵解下马鞍,原地休息。匈奴骑兵果然不敢贸然出击。

一名匈奴将领出阵前来探查情况,李广当机立断,上马将这名将领击杀,而后又返回自己的阵地,命令士兵解马休息。直到黄昏,匈奴军队恐有埋伏,始终不敢进攻。到了半夜,匈奴兵更是确定大汉必有伏兵,欲深夜偷袭,便率军撤离。李广等人终于度过此次危机。在这种危急时刻,李广凭借自己的直觉经验做出了胆大而冒险的决策,保全了自己和士兵们。

2. 程序性决策和非程序性决策

程序性决策又称常规性决策,针对的是反复发生的决策问题,经常发生在基层决策活动中,大多由组织的中下层管理者负责。对于工作中经常遇到的决策问题,人们往往会制定出一个例行的程序,使人们按流程办事,提高决策效率,这就是程序性决策。例如,我们在进行网络购物时,如果对所购商品不满意而与客服进行退换货交涉,客服就是按照预先设定的程序来解决问题的。

非程序性决策又称非常规性决策,是针对突发的、首发的决策问题所进行的创造性决策。例如,一家制造公司该如何开发新产品,一家娱乐公司该如何捧红一名新艺人,等等。非程序性决策问题往往没有先例可循,同时又受到许多不可控因素的影响,需要组织中的高级管理人员凭借自己的经验和判断力进行决策,这也是对决策者个人能力的考验。

3. 确定性决策、非确定性决策和风险性决策

在决策活动中,人们对决策的把握程度不尽相同,据此可以将决策分为三种类型:确定性决策、非确定性决策、风险性决策。在确定性决策中,影响决策的因素是可控的,决策者在确定的情况下选择最佳的决策方案,并合理预计决策结果。在非确定性决策中,决策者在对事件发展无法预计的情况下进行决策,这种决策受到各方因素的影响且这些因素不可控,因而决策者无法确定决策结果。例如,工厂管理者对下一个季度的生产目标进行规划,只能依据以往的经验进行决策,因而总是会出现供不应求或生产过剩的情况。风险性决策是指决策者不论选择何种方案,都要承担一定的风险,只能基于概率预计决策结果。在外界因素的影响下,同一个决策可能会导致不同结果,而决策者只知道每种结果发生的大概概率,却无法确定到底会发生哪种结果,所以这种决策总是带有一定的风险。著名心理学家丹尼尔·卡尼曼(Daniel Kahneman)在《思考,快与慢》(*Thinking, Fast and Slow*)一书中写道"我们总是高估自己对世界的了解,却低估事件中存在的偶然性",可见风险性决策是生活中很常见的一种决策形式。

4. 最优决策和满意决策

根据决策条件和对决策效果的要求的不同,可以将决策分为最优决策和满意决策。最优决策又称理性决策,它是一种在所有可能的备选方案中选择最佳方案,力求最大化利益

的决策。最优决策的实施难度很高，现实生活中基本不存在。满意决策又称保守决策，是指人们在现实条件的制约下，仅仅在备选方案中搜寻一种自己感到满意的方案即可的决策。例如，人们在日常消费活动中所进行的购买决策就是满意决策。最优决策追求在最佳条件下实现最优目标，满意决策强调在现实条件下取得满意结果。这种决策分类来自西蒙提出用"满意原则"代替"最优原则"的决策标准，西蒙认为人在决策时，满意即可，不要期望最优。

5. 个体决策、参与决策和群体决策

根据进行决策活动的主体，可以将决策活动分为个体决策、参与决策和群体（集体）决策。顾名思义，个体决策就是由一个人单独做出的决策，通常是由组织的主要领导者对突发性的重大问题进行的决策活动。参与决策是指在主要领导者的组织下，全体成员不同程度地参与决策过程，对重大问题做出选择和决定的活动。群体决策是指由社会组织领导班子的全体成员，甚至是全体组织成员对社会组织的重大问题共同做出选择和决定的活动。研究和实践表明，总体上参与决策和群体决策优于个体决策。一方面，参与决策和群体决策有利于凝聚集体智慧；另一方面，参与决策和群体决策可以增强组织成员的参与感，调动成员的积极性。

中华典故　　**慎子巧施连环计，楚王坐收渔人利**

楚襄王，芈姓，熊氏，名横，楚怀王之子，战国时期楚国国君。楚襄王在当太子时，曾在齐国为质。楚怀王去世后，楚太子就向齐王告辞，想回楚国为父亲送葬。齐王想扣留楚太子换取更大的利益，齐相田文劝道："若我们扣留楚太子，楚国另立新君，人质就会变得毫无价值，而我们也将背上不信不义的名声。"齐王不甘心，遂召见楚太子，说："以楚东500里土地还（换）你归乡。"楚太子思考片刻后说："请让我请教一下我的老师。"楚太子的老师是慎到，世称"慎子"，赵国人，《史记》里描述他在齐宣王时曾长期在稷下讲学，是稷下学宫中最具影响力的学者之一。明慎懋在《慎子内外篇》记载："慎到者，赵之邯郸人也。慎到博识疆记，于学无所不究。"慎到作为法家创始人之一，有《慎子》等著作传世。他为楚太子出谋："送父葬为孝，归继位为国，都是头等大事，比献地更重要。'两害相权，取其轻'，脱离虎口才是当务之急，回国后，余事皆可徐徐图之。所以，献地对你有利。"于是，楚太子答复齐王："请让我归国，愿献楚东500里。"

楚太子熊横听从老师话，施行"两害从轻"之计，及时回到楚国，顺利继承王位。这是个人决策的成功典范！

齐王知道太子熊横继承了王位，就派了使车50辆向楚国索取土地。楚襄王虽为回国答应献地500里，但这实乃齐王趁火打劫，自己不得已而为之，楚襄王想反悔，但又怕此事影响楚国的信誉，左右为难。情急之下，楚襄王又向慎子请教，慎子则说："不如先听听群臣的想法，再做决断。"

上柱国子良认为：先给地，再夺回来。楚王金口玉言，绝不能出尔反尔，若损害了楚国信誉，则再难与他国谈判结盟，莫不如先割地予齐，再出兵攻打夺回。

昭常的意见是：绝对不能割地，还要严防死守。因为如果割地500里，就相当于割让楚东半数土地，楚国国力将大降！所以绝不能给地，我愿率军坚守东地。

景鲤的看法是：出使秦国，借秦国之力，守住东地。齐王狼子野心，巧取豪夺楚国东地，实为不仁不义之举，不若借此机会求救于秦国，合两国之力，守住东地。

这三种方法各有道理，楚王举棋不定，向慎子请教应该采纳哪个建议。慎子却回答说："不如这三种方法都采用。大王您派遣上柱子良带兵车 50 辆到齐国进献东地 500 里；在派遣子良的第二天，任命昭常为大司马去守卫东地；在派遣昭常的第二天，派景鲤带战车 50 辆往西去秦国求救。"

楚襄王依计行事。在齐国大举进攻楚国东地但尚未到达东地边境时，秦国已经派出 50 万大军襄助楚国守卫东地。秦国出言曰："齐君扣押楚太子，此为不仁；趁机敲诈抢夺楚国东地 500 里，此为不义。此等不仁不义之举，岂能坐视不理？"

此番变故让齐王措手不及，在权衡利弊以后，齐王决定停止进攻楚国东地，又急忙派人出使秦国，声明不再进攻楚国。楚国没有用一兵一卒就保住了东地。这就是群体决策、集思广益的力量！

4.1.3 影响决策的因素

1. 决策的个体差异

不同的人，即使面对同一个决策情境，也往往会做出不同的抉择。也就是说，个体差异会对决策过程产生影响。

（1）性格。决策者所具有的性格特征，对决策活动会产生非常大的影响，性格差异会导致人们在决策过程中有不同的偏好。德国哲学家和心理学家爱德华·斯普兰格（Edward Spranger）将人的性格划分为六种类型——理论型、经济型、权力型、社会型、审美型、宗教型，这些类型的性格特征都会显著影响人的决策过程。例如，经济型的人总是以个人财富积累为人生目标，经济利益至上，在决策时总是追求个人利益最大化。理论型的人则刚好相反，他们以追求真理为人生目标，不断地积极探索外部世界。审美型的人以追求艺术性和美为人生目标，他们关注产品质量的提升，所做出的决策常常对维护企业信誉有利。社会型的人往往有献身精神，帮助他人、将自己奉献给社会是他们的毕生追求，这类人在决策活动中十分注重人际关系，但他们所制定的目标和标准可能会失之过宽。权力型的人往往有着非常强烈的支配周围环境和他人的欲望，这类人通常是组织中的领导者，在管理活动中会注重维护企业地位、提高个人威望。不同性格类型的人有着不同的决策偏好，故而在决策工作中，最理想的决策者性格应该是集经济型、理论型和社会型的优点于一身的人，即既能为组织带来经济利益，又能提升价值追求，还具有极高社会责任感的人。读者可选择数字资源提供的"一般决策风格量表"进行测验。

  中华典故　　　**命运与国运：大明末代皇帝朱由检**

明朝末代皇帝崇祯帝朱由检即位之时，大明王朝早已摇摇欲坠，内忧外患。《明史稿》有言："明代至光、熹而后，威柄下移，法纪渐灭。呜呼！此国运告终之候也。而天命既去，民心日离，物怪、人妖、灾害并至，虽有善者，亦莫如之何已也。"崇祯帝上台之初，虽励精图治，铲除阉党，却也难扶大厦之将倾，加之他猜忌多疑的性格特征，更使得党争愈演愈烈，农民起义风起云涌，李自成攻破北京，最终大明王朝轰然崩塌，崇祯帝自缢煤山。

崇祯帝登基之时勤于政事，力行节俭，铲除以魏忠贤为首的阉党，为东林党平反。崇祯帝想仿效古代圣主，不用太监，只用文人治国，可东林党人只是清谈误国之流，党同伐异、排除异己，致使朝堂局面混乱不堪，崇祯帝被迫扶持阉党压制东林党。然而，这样出尔反尔的政策，实属帝王治国之大忌，更是造成统治集团的分崩离析。《明史》有言："然在位十有七年，不迩声色，忧劝惕励（厉），殚心治理，临朝浩叹，慨然思得非常之材，而用匪其人，益以偾事。乃复信任宦官，布列要地，举措失当，制置乖方。"

再者，崇祯帝求治心切。彼时中原地区连年大旱，颗粒无收，地方官和各地藩王又变本加厉盘剥百姓，最后官逼民反。崇祯帝想要招安难民，便派大臣杨鹤赈灾，主持招抚大事，然赈灾银两不足，灾民再次揭竿而起。崇祯帝恼羞成怒，竟惩治杨鹤，将所有罪责推到他的身上。如此推卸责任之事，比比皆是，最终使官员与统治者离心。

李自成西安称帝，大军直逼北京，在是否迁都的抉择上，崇祯帝犹豫不决，希望由当朝首辅陈演提出迁都，可陈演也不愿担负骂名，最终崇祯帝错失良机，大明王朝覆灭。

崇祯帝临终前愤慨地写下："君非亡国之君，臣皆亡国之臣。"事情真的如崇祯帝自己说的那样，明朝灭亡和他自身的关系不大，而主要是臣子们的过错吗？其实不然，《明史》批评他"性多疑而任察，好刚而尚气。任察则苛刻寡恩，尚气则急遽失措"。这种性格特征导致崇祯帝在事关国家兴衰的抉择上屡屡犯错，最终走向灭亡。

（2）智力。智力通常是指人们认识客观事物并运用知识经验解决实际问题的能力。高智力的人往往可以更快地认识决策情境，更好地利用决策信息，并从以往的决策经验中进行学习。那么，他们是否会受到常见的个体决策偏差的影响呢？事实上，聪明的人也会陷入过度自信等偏见，可能是因为高智力并不会改变过度自信和情感保守的可能性。但这并不意味着智力不重要，一旦受到决策错误的警示，聪明的人就能更加快速地学会如何加以规避。他们能够更好地避免逻辑错误，比如错误的三段论或者对数据的错误解释等。

中华典故　　齐桓公惊险即位

春秋时期，第一个称霸的是齐国。齐国是周武王的大功臣太公望的封国，齐国资源丰富，生产发达，国力强盛。前686年，齐国发生内乱，国君齐襄公被杀，大臣们派人去迎接在鲁国的公子纠回国为君。当时，公子纠的弟弟公子小白在莒国，他得知此事，便与谋臣鲍叔牙策划，向莒国借兵，回奔故国，抢在公子纠之前登上王位。公子纠遣谋臣管仲前往拦截。

管仲带兵日夜兼程，追上之时，正巧碰到莒国兵队停车造饭。只见公子小白端坐车上，管仲便拜见道："公子别来无恙，现下要前往何处？"小白应曰："我想回国主持父亲的葬礼。"管仲说："公子纠是你的兄长，理应由他主持国君葬礼。公子现在还是留在莒国为好。"闻言，鲍叔牙心生不悦，对管仲道："你回去吧，我们各为其主，又何须多言！"

此时，公子小白所率莒国士兵早已严阵以待，管仲见状只好佯装往回走……不料管仲突然回头，弯弓搭箭，一箭正中公子小白胸口，公子小白随即吐血倒地。管仲得手之后，带领人马火速离去。没想到，公子小白竟重新坐了起来，原来管仲那一箭恰好被公子小白的钩带阻挡，并未伤到要害。但管仲箭法如神，公子小白害怕一箭不中，他会再补一箭要了自己的性命，于是急中生智，咬舌吐血，佯装中箭倒地，见管仲走远后，才敢起身。

众人一听，纷纷称赞道："公子真是年少智高啊！"就这样，公子小白靠着自己的机智决策骗过管仲，顺利回到齐国，登上王位，他便是后来的春秋首霸齐桓公。

（3）文化差异。文化是指在一种社会形态下已形成的信念、价值观念、宗教信仰、道德规范、审美观念以及世代相传的风俗习惯等为社会所公认的行为规范。社会文化背景不同的人，其决策偏好往往是不同的。例如在消费决策中，东方人喜欢一次性大规模采购日常生活用品，存储在家中，便宜且方便使用；西方人则将逛街购物当作一种兴趣爱好，享受这一过程，而且没有固定的时间（郝燕蓓，2007）。在管理决策中，西方的管理决策目标是"达事"，以追求利益目标为核心，管理决策必须有利于提供安全的生产环境、提高生产业绩、获取高额利润；中国的管理决策目标则在"达事"的基础上，兼顾情理相融，重视人际关系，礼仪为先，决策方案必须合理、合情、合法。

2. 决策的组织约束

决策者身为组织成员，必须遵守组织的规则。在某些情况下，这些规则又会约束决策者，使他们的决策背离理性模型。组织规则对决策的约束主要体现在以下五个方面：

（1）绩效评估。评估标准对管理者的决策具有重大影响。人们倾向于使自己的决策尽可能最大化地符合评估标准，提升自己的绩效。例如，有的公司在评价销售部门的业绩时以销售量为主要依据，有的公司则以销售额为主要依据，那么这两家公司的销售人员在销售时就会出现一家追求数量、另一家追求数额的差异。

（2）奖惩制度。组织往往会设立一定的奖惩制度，用来激发组织成员的工作潜能、规范个体行为；同时，这些奖惩制度也会影响组织中的决策者，使他们在决策过程中倾向于使自己获得奖励、避免惩罚。例如，20世纪30年代到80年代中期，通用汽车公司总是会提拔那些做事低调、能有效减少争执的管理者，这就导致公司管理者面对问题时总是避重就轻。

（3）正式规则。为了使成员的行为规范化、标准化，组织往往会设立一定的规章制度和操作程序来约束成员的行为。例如，针对每一类型的客户和问题，很多售后客服公司都有明确的应对方式和话术，以保证工作效率。但是，这样做的同时也限制了员工作为决策者的选择权，某些情况下反而会舍近求远，无法有效解决问题，从而引起客户的不满。

（4）系统强加的时间限制。网络上有句流行语叫作"Deadline是第一生产力"，意在说明紧迫的时间压力可以显著提高大家的工作效率，针对重要决策问题应规定一个截止期限。但是，这个时间限制在提高工作效率的同时也会带来一定的负面影响，这种做法通常会使决策者很难或根本无法在截止日期之前收集到决策所需的全部信息。

(5) 传统惯例。万事万物是普遍联系的，决策也是如此，在一个组织中，各种决策之间存在承前启后的联系，过去的抉择及其结果总是会影响决策者当下的选择。人们在决策时总是会参照过去的成功范例，当下做出的选择在很大程度上是多年选择的结果。

4.1.4 决策效能

决策效能又称决策的有效性，是指决策执行后所产生的客观效果。决策的有效性取决于以下两大因素：

(1) 决策质量。这一主要是指决策方案对社会组织和组织中成员个体所具有的意义。这种意义越大，决策质量越高，而高质量的决策就是要使目标受益者满意。

(2) 决策认可水平。这主要看决策方案能否被组织成员接受、理解和执行。具体说就是，愿意接受、能够理解并积极执行方案的人越多，该决策方案的认可水平越高。

决策效能与决策质量和决策认可水平之间的关系可表示为：

$$ED = Q \cdot A \tag{4-1}$$

ED（effective decisions）代表决策的效能即有效性，Q（quality）代表决策方案的客观质量，A（acceptance）代表执行决策的人员对决策方案的认可程度。

公式（4-1）表明，决策效能是由决策质量和决策认可水平这两个因素决定的。因此，要想提高组织决策效能，我们就必须提高决策质量和决策认可水平。

中华典故　　　　隋炀帝修筑大运河

隋唐大运河是中国古代劳动人民建造的一项伟大的水利建造工程，是中国人民集体智慧的结晶，始建于隋炀帝时期，花费六年时间完工。大业元年，隋炀帝即位第一年便下令开通大运河，首先整修阳渠故道、汴渠故道，合为通济渠；同年又修邗沟直道，此为东汉年间陈登所开。《隋书》记载：大业元年三月，发河南诸郡男女百余万，开通济渠，自西苑引古、洛水达于河，自板渚引河通于淮。大业四年，征收百万民工疏浚汉代屯氏河、大河故渎与曹操所开白沟为永济渠。大业六年，疏浚春秋吴运河、秦丹徒水道、南朝运河为江南河。至此，开凿大运河的工程基本完成。

大运河共分四段：通济渠沟通黄河、汴水、淮河三条北方的主要河道；邗沟连接淮河与长江；江南河可由京口（江苏镇江）直达会稽（浙江绍兴）；永济渠则南引沁水至黄河，北引沁水达涿郡（北京）。《隋书》上说："（隋炀帝即位）始建东都……开渠，引谷、洛水，自苑西入，而东注于洛。又自板渚引河，达于淮海，谓之御河。河畔筑御道，树以柳。"大运河北起涿郡，南至余杭，绵延五千多里，以会稽、洛阳、涿郡三座主要城市为连接点，建成江南河、邗沟、通济渠、永济渠四段水渠，沟通钱塘江、长江、淮河、黄河、海河五大水系。

大运河的开通，沟通了南北方的贸易往来，极大地促进了运河两岸城市的发展，江都、余杭、涿郡等城市迅速成长为大都市，运河上"商船旅往返，船乘不绝"。大运河促进了隋唐时期南北经济、文化交流，为维护全国统一和巩固中央集权制做出了不可磨灭的贡献。然而，虽然一方面大运河加强我国南北方的文化交流，巩固了国家统一；但另一方面修建大运河劳民伤财，致使国库空虚，老百姓苦不堪言，大运河修建期间总共征召360万民工，死伤人数高达250万。

从决策效能的角度分析，一方面，大运河促进了航运、经济发展，巩固了中央集权政治，具有极高的决策质量；另一方面，修筑大运河奴役百姓，决策认可水平并不高。综合来看，这一决策的效能并不高，劳民伤财的大运河也由此成为隋朝覆灭的一个重要推手，后人评大运河"弊在当代，利在千秋"。

4.2 个体决策：理性决策

4.2.1 理性决策概念

传统的决策模型建立在古典经济学理论"经济人"假设的基础上，认为人是完全理性的，总是追求个人利益最大化，能够在限定条件下做出最佳选择。

"经济人"假设起源于有"现代经济学之父"美誉的亚当·斯密的劳动交换论，他指出"我们每天所需要的食物和饮料，不是出自屠户、酿酒师或烙面师的恩惠，而是出自他们自利的打算"，将自利作为人性的一般特征引入经济分析。

在古典经济学中，商品的价值是由劳动所形成的，是一种客观存在。但这遭到边际主义经济学家的批评与反对，如亚当·斯密在其著作《国富论》中提出著名的"钻石与水悖论"：水虽然是最有用的东西，但能用它交换的货物非常有限，人们只需少量的东西就可以交换得到大量的水；相反，钻石虽然毫无用处，却可以换来大量的商品。法国经济学家安·罗伯特·雅克·杜尔哥（Anne Robert Jacques Turgot）对此给出合理的解释：商品的价值不是客观存在，而是主观、因人而异的。商品没有固定的价值，价值来自人们的需求——不同事物的估值随着人们的需求而变化。

于是，经济学家提出用主观的效用概念取代客观的价值，将边际分析方法和边际效用概念引入经济学，形成边际效用理论；同时将微积分方法引入经济学，为研究人的自利性问题提供了一个有效的分析工具。

经济学家卡尔·门格尔（Carl Menger）明确提出"个体追求效用最大化"的论点，认为个体总是希望"把自己所支配的一定量物品（消费品和生产资料）用到最有效的满足需要的地方"。莱昂·瓦尔拉斯（Léon Walras）说"交易的目的在于获得最大可能的需求量"。亚当·斯密提出的"自利"逐渐被"利益最大化"概念取代。帕累托则更进一步，首次提出"经济人"概念，并认为经济人是"边际理性"的——经济人总是不断地计算来衡量边际成本和边际收益，追求个人利益最大化，获取最大效用。从此，"经济人"成为西方古典经济学的基本假设之一。所谓"经济人"具有如下三个特征：

其一，自利。"经济人"假设认为人总是追求自身利益最大化，这是个体行为的基本动机，因而人的行为往往是趋利避害的。

其二，完全理性。"经济人"假设认为人是完全理性的，能够妥善利用环境中的所有信息对决策情境进行分析，提出所有可行的方案，并在各种备选方案中计算出使自己利益最大的决策方案。

其三,完全信息。"经济人"假设认为个体有能力获得并掌握自己决策所需的所有信息,并利用这些信息来指导决策。

建立在"经济人"假设基础上的古典决策理论的主要内容包括:第一,决策者可以掌握有关决策的全部信息;第二,决策者可以列出所有可能的备选方案并进行评估;第三,决策者可以建立一个有效执行决策方案的组织体系;第四,决策者在决策过程中始终追求利益最大化。

为了使决策者能够做出利益最大的选择,理性决策必须满足一系列的前提假设:第一,决策问题明确,决策的初始状态和目标状态是可以确定的,决策者可以获得有关决策情境的全部信息;第二,决策方案已知,决策者有能力列出所有可能的决策方案,并能够评估每个方案的最终效果;第三,决策者是理性的,对备选方案的评估遵循决策标准,且该标准及其权重是固定的;第四,决策过程中没有时间和费用的限制,决策者可以不受限制地追求利益最大的选项。

理性决策者的选择遵循理性决策模型的六个步骤(见图4-2):第一步,界定问题所在;第二步,确定决策标准;第三步,给标准分配权重;第四步,开发备选方案;第五步,评估备选方案;第六步,选择最佳方案。

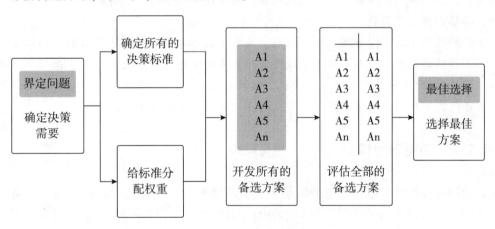

图4-2 理性决策模型

随着研究的进一步深入,人们逐渐发现古典决策理论的局限。理性决策理论建立在"经济人"假设的基础上,没有考虑到人的认知能力的有限性,其前提假设在现实中很难成立。很多学者都指出"经济人"假设的一些基本特征脱离了现实。首先,"经济人"假设认为人的决策目标是追求利益最大化,但实际上,决策者的决策目标是复杂多样的,这就导致决策目标并不明确。例如,学生在高考报志愿时,不仅会考虑个人分数与学校录取线的匹配性,还会将学校的硬件设施、就业情况、地理位置等许多因素纳入考虑。其次,决策者掌握和处理信息的能力是有限的,不可能列出所有可能的备选方案。最后,决策制定必然会受到时间、空间、精力等外部因素的制约。比如,求职者在收到录用通知后,往往会被要求在24小时内做出是否入职的回复,这种时间压力往往使得求职者在做决策时无法考虑周全。

> **中华典故**　丁渭修皇宫，一举三得

历史典故"丁谓建宫"记载于北宋科学家、政治家沈括所著《梦溪笔谈·权智》："祥符中（1015）禁火，时丁晋公主营复宫室，患取土远。公乃令凿通衢取土，不日皆成巨堑。乃决汴水入堑中，诸道木排筏及船运杂材，尽自堑中入至宫门。事毕，却以斥弃瓦砾灰壤实于堑中，复为街衢。一举而三役济，省费以亿万计。"

故事大意为：北宋真宗年间，皇宫不慎失火，一夜之间，无数玉树楼阁、亭台水榭均付之一炬。宋真宗派晋国公丁谓主持皇宫的修缮工作。丁谓在勘察皇宫废墟后提出这项工程面临的三个主要问题：第一，要将火灾烧毁的废墟垃圾运出宫外；第二，修建新的皇宫需要大量新土；第三，新建皇宫需要大批木材和石料。无论是清理火灾废墟还是运送新的建筑材料和土，都需要花费大量的人力、物力、财力，并且极其耗时，还会干扰百姓正常的生活和交通。

丁渭在仔细研究后，提出一个绝妙的施工方案：首先，丁渭命人从皇宫废墟向城外挖了很多条大深沟，并将挖出来的土运往施工现场，解决了修筑皇宫的用土问题；其次，丁渭将城外汴水引入所挖沟渠之中，形成运送木材石料的运河，走水路运输，大大缩短了施工时间；最后，等到建筑材料运输完成之后，将沟渠中的水排干，再将建筑废料填入沟渠之中，将路面恢复了原貌。

丁渭的这个施工方案一举三得：一来，节省了国库开支和缩短了施工时间；二来，保证了施工现场的秩序；三来，保证了城内百姓基本的交通出行和生活秩序。修缮皇宫的工程原本预计用时15年，而采用丁渭的施工方案仅耗时7年便完成，深受皇帝赞赏。丁渭此举，在所有可行方案中选取最佳方案，这正是理性决策的力量！

4.2.2　期望效用模型

在理性假设基础上建立的模型被称为标准决策模型，其中比较著名的是冯·诺伊曼（von Neumann）1947年提出的期望效用模型。该模型的期望效用值（EU）可以用以下公式表示：

$$EU = \sum P_i \cdot U(X_i)$$

其中，$U(X_i)$是指结果i的效用，P_i是指事件i发生的客观概率。

期望效用理论试图用数学方法来描述人们的决策行为，假设决策者追求效用最大化，即EU最大。但后来的许多研究发现，人们的决策行为十分复杂，难以用数学方法来精确衡量。科学家设计了以下实验来验证期望效用模型：

（1）实验者给被试呈现两种获利方案，让他们选择其一。

方案A：有80%的可能获得5 000元

方案B：肯定会获得3 500元

请问你选择方案A还是方案B？我们根据期望效用模型，计算两种方案的期望效用值。

方案A：EU = 80% × 5 000 = 4 000（元）

方案 B：EU = 100% × 3 500 = 3 500（元）

我们可以看到，计算得出的方案 A 的效用值明显大于方案 B，人们应该选择方案 A；然而，事实上更多的被试选择方案 B。

(2) 实验者又给被试呈现两种损失方案，让他们选择其一。

方案 C：有 80% 的概率损失 5 000 元

方案 D：肯定会损失 3 500 元

请问你选择方案 C 还是方案 D？我们根据期望效用模型，计算两种方案的期望效用值。

方案 C：EU = 80% ×（-5 000）= -4 000（元）

方案 D：EU = 100% ×（-3 500）= -3 500（元）

显然，方案 C 的效用值小于方案 D，人们应该选择方案 D，因为方案 D 的损失较少；但在实验中，更多的被试选择方案 C。

事实证明，人们实际的选择中很多不能用期望效用模型来解释。因此，多数研究者认为标准决策模型无法描述人们生活中的实际决策行为。只有当决策者是没有决策经验的新手，或者决策问题十分简单，可以列出所有可能的决策方案时，标准决策理论才能勉强解释人们的决策行为。遗憾的是，现实生活中这类决策并不常见。

4.3 个体决策：行为决策

4.3.1 行为决策概念

20 世纪 60 年代以后，认知心理学蓬勃发展，西蒙将认知心理学引入决策领域的研究，提出行为决策理论。西蒙认为，决策是对行动目标与手段的探索、判断、评价，直至最后的选择过程。例如，针对如何全球协作以共同抗击新冠疫情，没有一个标准的答案，行动的目标与手段都需要我们进行探索和搜寻。

行为决策理论认为，人的理性介于完全理性和非理性之间，是一种有限理性。因为现实中的决策情境十分复杂且具有高度的不确定性，而人的认知能力又是有限的，所以决策者无法掌握有关决策的全部信息，更无法列出所有可能的备选方案进行评估并从中找到最优方案。例如，在决定是否购买房产时，你根本无法准确预知未来房价的走势。决策者能做到的只能是尽量了解各种备选方案并进行抉择，决策者的选择理性是相对的。

从管理学的意义上讲，所谓"最优"就是将最好的资源进行最合理的安排，从而获得最高的效益水平。但这显然是不可能的。所以，西蒙等人提出决策的标准是满意原则。所谓"满意"，是指决策时个体并不会搜寻所有可能的备选方案，而仅仅是考虑几种可能的选项，一旦获得满意的结果，就会终止决策。

西蒙等人认为，决策受时间、精力等资源有限性的制约，因此决策者必须考虑决策的时效性问题。人们在决策时更多地依靠以往的经验，而非采用建立在严格数理逻辑推理基础上的、考虑各种条件的算法策略进行决策。鉴于对决策领域的开创性研究，西蒙荣获 1978 年的诺贝尔经济学奖。

综上所述，行为决策理论的主要内容可以概括为以下五点：

（1）决策者理性是有限的，介于完全理性和非理性之间。

（2）决策者在决策时，容易受到决策情境中各种因素的影响而产生决策偏差，在对决策结果进行预测时，往往采用直觉经验而非逻辑分析。

（3）由于受时间、精力、资源等客观条件的限制，决策者做选择时的理性是相对的。

（4）决策者的个人风险偏好对决策起着至关重要的作用，而他往往是风险厌恶的。

（5）决策者在决策中往往只追求满意结果，而不会费力寻求最优方案。

中华典故　　贾让的治河三策

贾让，西汉末年人，官居待诏。汉哀帝时期黄河频繁改道，水患时发，于是皇帝下诏书"博求能浚川疏河者"，绥和二年（前7），贾让应诏上书，提出"治河三策"。

贾让在上书前曾前往黄河一带实地考察，仔细钻研前人治河之策，并提出自己的见解：人类与水应各处其所并适度"不与水争地"，以"宽河行洪"为主导，施行治河三策。上策主张滞洪改河，中策建议筑渠分流，下策则为缮完故堤。后世称之为"贾让三策"或"治河三策"。

上策：主张滞洪改河，"徙冀州之民当水冲者，决黎阳遮害亭，放河使北入海"。此方案一是要对黄河进行人工改道，二是将河畔周围低洼地带的百姓迁走，用作泄洪区，可以使"河定民安，千载无患"。但是，贾让估计到由于上策牺牲太大，可能会出现"败坏城郭、田庐、冢墓以万数，百姓怨恨"的局面，因此他又对上策加以修正，提出减少损失的中策。

中策：开渠引水，达到分洪、灌溉和发展航运的目的。让黄河从浚县遮害亭北流，但东面不依托黄河旧堤，而直接向北另筑大堤三百里，使黄河从西面太行山麓与东面新筑大堤之间北行入漳水，并在东面堤防和西面高地上分别修建若干水门。这一措施不但可以分洪防洪，而且利用黄河水可以放淤、改碱、种稻、通航，变害为利。"民利其灌溉，相率治渠，虽劳不罢（疲）。民田适治，河堤亦成"，可谓一举两得。

下策：如不采取以上两策，而采用保守被动的下策——"缮完故堤，增卑倍薄"，即对原有的堤坝进行修补加固；但黄河善淤，不断加固堤坝势必使河道越来越窄，长此以往，后果必然是"劳费无已，数逢其害，此最下策也"。

贾让的治河三策，是中国最早对黄河下游兴利除害的治河文献。东汉史学家班固以千余字的篇幅将其记入了《汉书·沟洫志》，对后世的治河工作产生了深远影响。分析这上中下三策，不难发现，中策是在权衡利弊、多方考虑后的最优决策，但历史上往往因财力、人力及物力受限而只能采取下策这一满意决策。

4.3.2　前景理论

由于期望效用理论不能很好地解释人们的决策行为，丹尼尔·卡尼曼提出前景理论（prospect theory）（Kahneman，1979）。前景理论可以概括为以下三点：第一，大多数人面对获得是风险规避的，面对损失则是风险偏好的；第二，大多数人对得失的判断往往依据参照点决定；第三，大多数人是损失厌恶的，即等量的损失比等量的获得带给人的心理影响更大。例如，人丢失100元的痛苦感要强于捡到100元的快乐感。这一观点很好地解释了在前文实验中人们选择方案C的做法，因为人们厌恶损失，所以在确定损失一定数额的金钱（方案D）和有很大可能损失更多的金钱（方案C）之间选择放手一搏，看能否避免损失。

我们可以借助图4-3来理解前景理论。图中O是坐标原点；横坐标代表事物的客观价值，左轴为负值（损失），右轴为正值（收益）；纵坐标代表事物的主观价值，即该事物对人产生的心理效用，上轴为积极心理效用，下轴为消极心理效用。例如，升职加薪是一种收益，可以给人带来愉快和满足；相反，降职减薪就是一种损失，会让人产生难过、沮丧的情绪。根据图4-3，我们可以概括出三个主要结论。

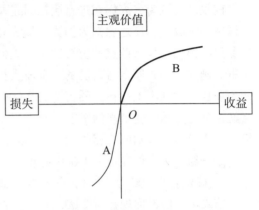

图4-3　前景理论

1. 价值函数呈S形

图4-3中，B代表收益的价值函数，A代表损失的价值函数，二者都是曲线，表明事物的客观价值与主观价值并不是对应的。在第一象限，我们可以看到随着收益的客观价值的增加，收益价值曲线（B）的斜率是逐渐减小的，即随着收益的客观价值的增加，等量的收益所带来的心理满足感不断下降。也就是说，获得1 000元带来的快乐感小于获得500元的快乐感的两倍，面对确定获得500元和有50%的可能获得1 000元的选择，大多数人会选择确定获得500元。而在第三象限，我们可以看到随着损失的客观价值的增加，曲线越来越陡峭，即等量的损失带来的痛苦感随损失的客观价值的增加而提高。也就是说，损失1 000元的痛苦感要大于损失500元的痛苦感的两倍，面对确定损失500元和有50%的可能损失1 000元的选择，大多数人会选择后者。总结起来就是，人面对获得是风险规避的，而面对损失则是风险偏好的。

2. 损失厌恶原则

从图4-3中我们可以看出，损失的价值函数比收益的价值函数更陡峭。也就是说，在客观价值相等的条件下，损失比收益带来的心理感受更强烈，所以人们总是尽可能地避免损失。

禀赋效应（endowment effect）是人们这种损失厌恶心理的典型表现。禀赋效应是指人们在拥有某件物品后，会倾向于高估它的价值的现象。在塞勒有关禀赋效应的经典研究范式中（Thaler, 1980），实验者给被试提供以下两种情境：

情境一：假设一种传染病在你生活的区域暴发，在接下来的一周内，你有0.1%的概率感染这种病，感染后，患者会迅速且无痛苦地死亡。那么，你最多愿意花多少钱来治疗这种疾病？

情境二：假设一种传染病在你生活的区域暴发，对于这种疾病的医疗研究需要志愿者,同样志愿者会有 0.1% 的概率感染这种疾病。如果征召你参加这项研究,那么你会要求研究者最少付给你多少钱?

实验结果表明,情境一中被试给出的平均价格是 200 美元,情境二中则是 1 000 美元,远高于情境一中的数额。研究者将这种现象解释为:情境二中,被试将健康视为自己已经拥有的一项特质,对其评价更加积极,所以给出的价格更高,产生了禀赋效应。

3. 参照依赖

前景理论认为,人们在进行决策时是基于某个参照点来判断价值得失的,参照点之上个体感知为收益,反之感知为损失。损失和收益的感知取决于参照点的选择,这种现象叫作参照依赖。一旦参照点的位置改变,人们关于得失的看法也会随之改变,从而影响最终决策。例如,小张原本对自己的工资收入很满意,但是当他听说与自己同时入职、与自己同为项目经理的小王比自己的工资高 2 000 元时,就对自己的工资收入没那么满意了——这就是参照点的改变带来的影响。在卡尼曼有关参照依赖的实验中,实验者将被试分为两组,并要求他们分别回答相关问题(Kahneman,1979)。

第一组,假设现在你有 1 000 美元,请在下面两个选项中选择一项:
A. 确定获得 500 美元;B. 有 50% 的概率获得 1 000 美元、50% 的概率获得 0 元。
第二组,假设你现在有 2 000 美元,请在下面两个选项中选择一项:
A. 确定获得 500 美元;B. 有 50% 的概率获得 1 000 美元、50% 的概率获得 0 元。

实验结果显示:第一组中有 84% 的被试选 A,而第二组中有 69% 的被试选 B。分析可知,第一组和第二组的被试所面临的两个选项其实是一样的,但两组被试当下所有的金钱数额不一样,即两组决策的参照点不同,导致被试对选项产生不同偏好。第一组被试以 1 000 美元为参照点,保有的本金较少,倾向于风险规避;第二组被试则以 2 000 美元为参照点,保有的本金较多,倾向于风险偏好。

中华典故 刘玄德智取益州,庞统献上中下三策

庞统(179—214),字士元,号凤雏,汉时荆州襄阳人。东汉末年刘备帐下重要谋士,与诸葛亮同拜为军师中郎将,与诸葛亮并称"卧龙凤雏,才高天下"。

自赤壁之战后,刘备领有荆州,并有意进攻益州。此时,刘璋虽占据益州,却受到镇守汉中的张鲁和强大的曹操集团的威胁,在谋士张松的劝谏下,刘璋迎刘备入蜀,共同抵御外敌。刘备入蜀后很快便取得刘璋的信任,刘璋更是将白水军交予刘备,让其攻打张鲁。谁知刘备到了葭萌后就不再前进,而是施恩德笼络人心。刘备在感到夺取益州的时机已经成熟后,便决定发起夺取益州的战争。对于如何夺取益州,庞统向刘备进了上中下三策,供刘备选择。

庞统的上策是挑选精兵星夜偷袭成都,趁刘璋还没有防备,一举夺取益州,《三国志》有言,"阴选精兵,昼夜兼道,径袭成都;璋既不武,又素无预备,大军卒至,一举便定,此上计也。"庞统的中策是假借荆州有急,需要赶快回荆州救援。益州白水军主将杨怀、高沛是刘璋的名将,他们不愿意刘备驻扎在益州,听闻刘备回荆州,必定会轻骑前来送行。刘备可以趁他们来送行的机会,拘捕他们,夺取他们的军队,再向成都进军。庞统的下策是刘备率军返回白帝城,与荆州取得联络,再徐徐图谋益州,"退还白帝,连引

荆州，徐还图之，此下计也"。

刘备在经过考虑后，决定采取庞统的中策。他声言要回荆州救援，趁杨怀、高沛前来送行之机擒杀他们，在兼并他们的军队后，发起夺取益州的战争。刘备足足花了一年方把雒城攻下，军师庞统也在攻城中中箭身亡。夺取西川后，刘备感念庞统所献计策，下令追赐庞统关内侯，谥曰靖侯。其实，庞统虽献上中下三策，其实是巧妙利用刘备的心理，使其不得不选中策。分析可知，上策过急，偷袭成都，风险太大；下策撤回荆州，几乎等同于放弃益州。结合前景理论，人们面对获得是风险规避的（必然不选上策），面对损失则是风险偏好的（必然不选下策），如此刘备必选中策。

4.3.3 个体决策偏差

决策者的理性是有限的，并且决策者在做决策时还常常会依赖自己的直觉经验来简化决策过程，快速做出抉择。但是，这也会使人们的决策严重偏离理性，造成决策偏差，从而带来不良后果。我们必须正视这些决策偏差，避免其负面的破坏作用。

1. 代表性偏差

代表性偏差是指人们在估计事件发生概率时，容易冲动地根据事件的代表性特征做出判断，而忽略总体环境的特征。简单来说，就是样本与总体的原型越相似，越容易被归入总体。关于代表性偏差，有这样一个著名的实验：

实验者首先告诉被试他这里有关于100人的访谈资料，其中30人是工程师、70人是律师，然后随机抽出一份资料，将其展示给被试，让被试判断这名受访者是工程师还是律师："约翰，男，45岁，已婚，育有子女。他比较保守、谨慎、有进取心，对政治和社会问题不怎么感兴趣，休闲时间喜欢与家人相处，或者做木工、猜数字谜语打发时间。"

结果显示，大多数被试认为约翰是一名工程师。在这100人中有70人是律师，按照概率来看，约翰更有可能是律师。而多数人认为约翰是工程师，就是受到代表性偏差的影响：在有关约翰的描述中，约翰的人格特征与工程师的特点更为相似，如"谨慎、有进取心，对政治和社会问题不怎么感兴趣"等。因此，即便律师的人数远多于工程师，人们依然认为约翰是一名工程师。

2. 易得性偏差

易得性偏差是指人们受记忆力和认知能力所限，更乐于根据事件或现象在记忆中提取的难易程度进行决策和判断。例如，大多数人下意识地认为飞机比汽车危险，这便是受到易得性偏差的影响。事实上，飞机失事概率远远低于车祸发生概率，但飞机出事的媒体曝光率更高，容易使人们产生深刻印象，所以当人们对这一问题进行判断时，这些容易提取的信息就影响了人们对飞机安全性的主观评估。再如，曾有实验者向被试提问："英文中以R开头的单词多，还是以R作为第三个字母的单词多？"大多数被试回答以R开头的单词多，但实际上后者比前者多。这是因为以R开头的单词更容易进行搜索和提取，使人们的判断产生了易得性偏差。

中华典故　　　　　夏虫不可语冰

《庄子集释》卷六下《外篇·秋水》北海若曰：井蛙不可以语于海者，拘于虚也；夏虫不可以语于冰者，笃于时也；曲士不可以语于道者，束于教也。今尔出于崖涘，观于大海，乃知尔丑，尔将可与语大理矣。意思为，不可与常年居住在井里的青蛙谈论大海的事情，因为它的眼界受狭小居处的限制，难以想象大海的广阔；不可与在一个夏天就历经生死的虫子谈论冰雪的事情，因为它的眼界受时令的限制，难以想象冬天的银装素裹；不可与见识浅薄的人谈论高深的道理，因为他的眼界受所接受教育的限制，难以领悟复杂的哲理。如今你已从河岸流出，汇入大海，见识过大海的波澜壮阔，方知自己的浅薄不足，提升眼界后才能与你谈论大道理。

井底之蛙受狭小居处的限制，夏天历经生死的虫子受时令的限制，见识浅陋的人受所受教育的限制，导致他们想象力有限，继而产生易得性偏差。

3. 锚定偏差

锚定偏差是指人们在决策时过度依赖初始判断，即使接收到新的信息，也不会对初始判断做出大幅调整。这里的初始判断相当于锚定，以后的调整是在锚定基础上的微调。锚定效应的例子在日常生活中随处可见，比如在买房时，房产中介往往会带你先看几套不太好的房子，再领你去看符合你需求的房子，从而提高你对这套房子的满意度。再如，商场在举办促销活动时经常会宣扬"原价299，现价仅需99，快来抢购吧！"在这里，原价299元就是一个锚定点，会给人一种以现价购买很划算的错觉，但实际上，这件商品的真实售价仅为99元左右。

实验者也设计了简单的心理学实验来说明这一现象。实验者请不具备相关专业知识的被试先后回答以下两个问题：

"土耳其的人口数超过3 500万吗？你认为土耳其有多少人口？"

"土耳其的人口数超过1亿吗？你认为土耳其有多少人口？"

实验结果显示，当第一个问题的答案是人口数增加了，在回答第二个问题时，被试无一例外地提高了所估算的人口数，这说明第一个问题为被试设置了一个"锚点"。

中华典故 袁盎巧用"锚定"，解决赵谈中伤之患

汉文帝时，朝中有位重臣名叫袁盎，为人刚正不阿，才干出众，以胆识与见解为汉文帝所赏识，因而招致掌权宦官赵谈的嫉恨，多次出言诋毁。袁盎为此很是苦恼，他的侄子袁种便给他出了一计，谓曰："君众辱之，后虽恶君，上不复信。"

一天，文帝到东宫拜见太后，赵谈陪坐车上侍奉。袁盎见状，马上跪在车前拦住，说："臣闻天子所以共六尺舆者，皆天下英豪。今汉虽乏人，陛下独奈何与刀锯之余共载？"意思是，能够与天子同车的人都是天下英雄豪杰，如今我大汉虽然缺人才，但陛下也不能与宦官共乘啊！汉文帝听后哈哈大笑，便让赵谈下车，赵谈受辱，掩面哭泣。自此，赵谈再在汉文帝面前出言陷害袁盎，汉文帝都认为这是他对此次事件的报复，不再听信。《史记》记载道："于是上笑，下赵谈。谈泣下车，后虽欲害盎，上皆不听。"袁盎巧妙利用这次"侮辱"事件在汉文帝心中埋下一个锚点，使皇帝不再听信宦官的谗言。

4. 证实性偏差

一旦人们在决策时树立了某种信念，在收集和分析信息的过程中，就会倾向于寻找与

自己观念相符的证据，忽略甚至否定与自己观念相悖的信息，这就是证实性偏差。证实性偏差不仅会造成人们选择性地收集信息，还会造成人们对支持自己观点的信息给予较大权重，而对反对自己观点的信息给予较小权重。

沃森的"四卡片选择作业"是有关证实性偏差的经典范式（Wason，1968；Wason 和 Kosviner，1966）。实验者事先准备四张卡片，卡片的一面是字母、另一面是数字（见图4-4）。实验中，主试向被试展示这四张卡片，并告诉他们一条规则："若卡片的一面是元音字母，则另一面为偶数。"然后问被试若想判断这条规则的真伪，他们应该翻看哪些卡片。结果发现，只有4%的被试翻看卡片"E"和"7"，做出了正确的选择，46%的被试选择翻看卡片"E"和"4"，33%的被试选择翻看卡片"E"。这就是因为在检验这条规则时，被试有一种强烈的证实这条规则的倾向。

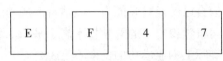

图4-4 四卡片选择作业实验

中华典故　　　　　　　　疑人偷斧

"疑人偷斧"是一则成语，常用来比喻没有依据地怀疑他人，出自《吕氏春秋》（一说出自《列子》），是一篇颇有些滑稽的故事。"人有亡斧者，意其邻之子，视其行步，窃斧也；视其颜色，窃斧也；听其言语，窃斧也；动作态度，无为而不窃斧也。俄而抇其谷而得其，他日复见其邻人之子，动作态度无似窃斧者。"

从前有个人，丢了一把斧子，怀疑邻居家的儿子偷了他的斧子，于是他偷偷观察邻居家的儿子。看他走路的步伐，就像个小偷；看他的面目表情，也像个小偷；看他的言谈话语，就更像个小偷。总之，他的一言一行、一举一动，无不像小偷的言行举止。不久后，这个人在山上发现了自己遗失的斧子，找到斧子后的第二天，他再见到邻居家的儿子，便觉得他的言行举止没有一处像个小偷了。

在这里，这个丢斧子的人在推理的过程中犯了一个人们常常会犯的错误——证实性偏差。

5. 事后通偏差

事后通偏差是指在事件发生之后，表现出自己在之前就早已预见到这一结果的倾向。人们在面对结果时往往会产生一种"我早就知道会这样"的错觉，这就是我们常说的"事后诸葛亮"。例如，在生活中，当一个人遭遇不好的事情时，他的周围总是有人会对他说："你要是早按我说的做，怎么会搞成现在这个样子？"然而，在事情发生之前，他们并不会对自己的判断有很大的把握。事后通偏差的产生在很大程度上是因为选择性记忆，在事件发生后，我们回忆起的通常是那些与结果一致的观点，而那些与结果不符合的观点就被忽略了。事后通偏差会使人们高估自己的能力，干扰人们对事实的记忆，无法从过去的决策中学习经验。一个决策者必须学会正视事实，避免这种"马后炮现象"，才能获得进步。

6. 过度自信

"过度自信"一词源于认知心理学的研究成果，是一种普遍存在的心理现象。大量文献表明：人总是过度自信的，尤其体现在对自己所掌握知识的准确性的过度自信上。学者将过度自信定义为：个体认为自己所掌握知识的正确率比实际的更高，并且在进行判断时对自己的信息所赋予的权重要大于事实权重。过度自信往往体现在人们做决策时，过于相信自己的经验和能力，高估自己成功的概率和所掌握信息的准确性。例如，90%的出租车司机觉得自己的驾驶技术高于平均水平；创业者认为自己创业成功的概率有70%以上，而实际上创业成功的概率不足3%。

针对过度自信的研究通常使用的实验范式为二择一的常识问题，也称年鉴问题。举个简单的例子。

问题一：您认为什么样的环境更适合土豆生长？(a) 温暖环境；(b) 寒冷环境

问题二：您选择的答案正确的可能性是（50%—100%）：_____

每道题目有两问，第一问要求被试回答常识性问题，第二问是被试的自信心评估，即被试认为自己此题回答正确的程度。结果统计时，将所有题目第二问的信心评估平均数记作信心分数，将被试的真实正确率记作准确性分数，用两者之差代表被试信心判断偏差。

若偏差=0，则代表个体完美校准，认知准确；若偏差>0，则代表个体过度自信；若偏差<0，则代表个体缺乏自信。然而，不同研究的评定标准存在差异，有研究者认为偏差小于10%即可。

中华典故　　从数战数胜看前秦苻坚淝水之战大败

淝水之战是383年东晋和前秦之间发生的一场战争，最终东晋仅以8万军力大胜80余万前秦军，是我国历史上著名的以弱胜强的案例。西晋末年的腐败政治，引发了社会大动乱。在南方，琅琊王司马睿317年在建康称帝，史称东晋，占据淮河以南大部分地区。在北方，各少数民族政权纷争迭起。前秦寿光三年（357）六月，苻坚自立为大秦天王，重用汉人王猛之后，国力大增，先后灭前燕、前凉、代等割据国，统一了中国的北方。对于此时的苻坚来说，灭东晋、一统天下是他的唯一目标。苻坚多次表示："今天下垂平，惟东南未殄，朕忝荷大业，巨责攸归，岂敢优游卒岁，不建大同之业。"且苻坚对于夺取江东迫不及待，"坚锐意进取江东，寝不能旦"。

383年，苻融率25万先锋军队，苻坚率步兵60万、骑兵27万，共112万大军（实际上仅30万到达战场）。东晋以谢安之侄谢玄为先锋，率领经过7年训练、有较强战斗力的"北府兵"8万沿淮河西上，迎击秦军主力。战争前期，秦军势如破竹，连续战胜东晋军队。这使得统领25万前锋的前秦将领苻融产生了骄傲自大的情绪，他向苻坚建议："贼少易俘，但惧其越逸，宜速进众军，掎禽贼帅。"这个建议大合苻坚的意图。于是苻坚将主力部队放在项城，自己带着8 000精兵星夜驰往苻融的前沿阵地寿阳。

为了防备东晋发动突袭，前秦在淝水北岸建立了阵地。谢玄派人送信给前秦，提出前秦把阵地稍微往后撤一点，等东晋兵士渡过淝水，双方在北岸决一死战。大部分前秦将领都被这封信弄得哭笑不得，纷纷表示"我众彼寡，不如遏之，使不得上，可以万全"。但苻坚认为半渡而击可主动对决。于是下令军队撤退，当秦军后移时，晋军渡水突击，并派人在秦军阵后大叫："前线的秦军败了！"秦军阵脚大乱，随后晋军全力出击，大败秦军。谢玄率领晋军7万战胜了苻坚和苻融统率的前秦15万大军，并阵斩苻融。

淝水之战与官渡之战、赤壁之战一起成为中国历史上著名的以少胜多的战役。前秦战败，与苻坚的盲目自信、不听劝告，在时机不成熟时向东晋宣战，并在战场采用不当战术密不可分。秦王苻坚登上王位后四处征伐，屡战屡胜，以至于骄傲自满，最终在淝水之战中骄傲轻敌、轻兵冒进，大败而还。正如战国时期魏文侯和李克就吴国为什么会灭亡之间的对话。李克认为"数战数胜"是吴国灭亡的原因。文侯问："数战数胜，国之福也，何故亡？"李克："数战则民疲，数胜则主骄，以骄主御疲民，未有不亡者也。"从这个角度看，苻坚失败的原因与之类似。

7. 承诺升级

承诺升级是指尽管先前的决策已经导致一定的负面结果，但决策者并未及时止损，反而不断追加投资，导致负面结果不断升级的现象。造成承诺升级的原因有很多：一方面是前期投入量过大，为了避免先前投入的"沉没成本"浪费，人们只能做出同样的决策；另一方面是决策者不想面对失败的结果，为了证明自己最初的判断没错，只能不断地追加投资，往往导致陷入更大的困境。1986年，美国"挑战者号"航天飞机失事，八名宇航员无一幸免，全球哗然。事故调查显示，早在灾难发生之前工程师就发现了很多问题，航天飞机升空的决策也遭到了很多人的质疑。但遗憾的是，决策者们表现出承诺升级，无视那些善意的提醒，坚持做出继续发射火箭的决定，最终酿成了更大的悲剧。

中华典故　隋炀帝远征高句丽

隋朝统一之初，朝鲜半岛三国分立：南部有百济、新罗，北部有高句丽。百济、新罗两国主动向隋朝示好，纳贡称臣，高句丽权衡利弊后，也被迫朝贡隋朝。然而，高句丽野心不小，不断攻打隋朝的盟友百济、新罗。隋炀帝下诏，征高句丽王婴阳入长安，但婴阳心存疑虑，断然拒绝奉诏。隋炀帝将对方的这种举动视为"悖逆不守臣礼"，决定出兵高句丽，进而收复辽东广大地区，以恢复中原王朝在朝鲜半岛的影响力。大业八年至大业十年，隋炀帝连续发动三次征伐高句丽的战争。

第一次战争在大业八年，隋炀帝征调水陆大军113万人，号称200万大军，由宇文述和于仲文率步军24路，从涿郡出发；水军由来护儿统率，从东莱（今山东莱州）出发；同时，他还征调民夫百余万，给前线运送粮草、兵甲。

败绩：24路大军中，有9路大军成功渡过鸭绿江作战，但最后仅2 700人生还返回辽东，损失惨重。

第二次战争在大业九年，隋炀帝做了充分准备，仍分水陆进军，前期进展顺利，陆军全部成功抵达前线。然而，正当隋军准备对高句丽发动猛烈攻势时，原隋朝重臣杨素之子、负责督运粮草的礼部尚书杨玄感起兵反叛，并围攻东都洛阳。

败绩：隋炀帝赶忙下令征伐高句丽大军撤兵以解心腹之患，回救洛阳。隋军士兵本来就不愿征伐高句丽，接到后撤命令后，军心更加不稳。高句丽军队及时掌握情报，尾随攻击，隋军丢盔弃甲，争先恐后地逃命，军械物资全部丢弃，堆积如山。

第三次战争在大业十年，这时隋末的农民起义已呈燎原之势，隋炀帝却依旧强征士兵，出征高句丽。大军再次进入朝鲜半岛，前期取得平壤之战的胜利，后期再次出现粮草物资供应不足问题，兵士逃亡情况严重。高句丽身为小国，也对隋朝的进攻感到无法应付，便主动求和，隋炀帝思虑再三，同意收兵议和。

败绩：隋朝仍然没有达到最初设想的战略目标，征伐之战还是得不偿失。

隋炀帝三年间三次东征高句丽，均以失败告终，劳民伤财，以致国力亏空，最后被隋末农民起义推翻。隋炀帝连续三次东征，不仅是出于国家安全的考虑，也有每一次失败都导致沉没成本不断累加、陷入承诺升级的误区的原因。

8. 框架效应

框架效应是指对同一个问题的不同描述方式，会导致人们做出不同选择的现象。同一个事实可以用不同的方式来描述，含有积极因素或词语的描述方式为积极框架，含有消极因素或词语的描述方式为消极框架。人们在积极框架下倾向于风险回避，在消极框架下倾向于风险寻求。比如，超市在促销肉类商品时，标签"70%瘦肉"往往比"30%肥肉"更受欢迎。

有关框架效应最著名的实验就是"亚洲疾病问题"：实验假设美国正在积极研究针对某种疾病的治疗方案，这场疾病可能导致 600 人丧生。科学家给出两种不同的治疗方案：

方案 A：可以治愈 200 人。

方案 B：有 1/3 的可能治愈 600 人、2/3 的可能无法挽救任何人。

结果显示，有 72% 的被试选择方案 A，因为在积极框架下，他们是风险回避的。

改变问题的描述框架：

方案 C：会造成 400 人死亡。

方案 D：有 1/3 的可能没有人死亡、2/3 的可能造成 600 人全部死亡。

方案 A 和方案 C、方案 B 和方案 D 从治疗结果上看是等价的。但在第二种框架下，有 78% 的人选择方案 D，因为在消极框架下，他们是风险寻求的。也就是说，随着问题描述的改变，人们的选择也随之改变。

中华典故 朝三暮四

朝三暮四是我们常用的一个成语，多用来比喻变化多端，捉摸不定，反复无常。这则成语出自《庄子·齐物论》，原指一养猴人以果子饲养猴子，施以诈术骗猴的故事。《庄子·齐物论》："狙公赋芧，曰：'朝三而暮四。'众狙皆怒。曰：'然则朝四而暮三。'众狙皆悦。名实未亏而喜怒为用，亦因是也。"

"朝三暮四"其实是关于分配的故事。从前有一个养猴人名叫狙公，他总是尽量满足猴子对橡栗的需求。一天，狙公由于资金紧张，跟猴子说："从今天开始，我每天早上给你们三颗橡栗，晚上还是照常给你们四颗，行吗？"猴子生气了。狙公只好改口："早上给三颗确实有些少，那这样吧，早上给四颗，晚上给三颗，可以吧？"猴子们大喜不已。

朝三暮四的例子清楚地说明了框架效应的道理：相同的客观问题，通过变换框架，将得到不同的结果。但实质上情景一和情景二的方案是一样的，只是改变了描述方式而已。但也正是由于这小小的语言表态形式的改变，使得猴子的认知参照点发生了改变，由情景一的"损失"心态转变到情景二的"收益"心态。

4.4 群体决策

4.4.1 群体决策的优缺点

随着现代社会的发展,越来越多的重大项目要依靠领导群体进行决策,充分发挥群体智慧。那么,群体决策与个体决策究竟孰优孰劣?我们将从多方面探讨这个问题。

1. 群体决策的优点

第一,群体决策集思广益,提供更全面、更完整的信息,产出多种决策备选方案,有利于优中选优。第二,群体决策会促进高质量的信息加工。来自不同背景的群体成员参与决策,加强了多种信息的纵向交流和横向交流;尤其在高异质性的群体中,群体会做出更深刻的分析,产生更高质量、更具创造性的决策。第三,群体决策可以提高决策的接受度。如果群体成员参与群体决策过程,他们就更可能理解和接受决策的结果,并积极主动地执行决策方案的各项任务,与群体的其他成员一起承担决策后果。

2. 群体决策的缺点

第一,群体决策十分耗时,因为群体决策的决策方案更多,往往需要更多的时间去讨论与选择。第二,群体内部存在从众压力,群体成员希望被群体接受和重视,难以提出与主流观点不同的建议。群体决策过程往往是由一个或几个成员主导的,如果这个(些)人的能力中等或偏下,就会影响群体决策的最终效率和效果。第三,群体决策可能会因责任分散而导致决策方案产生执行问题。在个体决策中,决策方案的制订、实施和决策后果的承担,责任划分是明确的;但在群体决策中,责任由全体成员共同承担,每个人肩上的责任都减轻了。

判断群体决策和个体决策孰优孰劣取决于决策效果的界定标准。就效率而言,个体决策耗时更短、更高效;就准确性和创造性而言,群体决策比个体决策更可能碰撞出思想的火花;就决策的接受度来说,群体决策结果更容易被组织成员接受。究竟是采用群体决策还是个体决策,要看具体的决策情境和决策问题。

中华典故　　　　　　个体决策——李世民攻占洛阳

李渊称帝后为夺取中原、统一天下,采纳秦王李世民远交近攻、各个击破、先郑后夏的战略方针。武德三年,李渊命李世民率七万多唐军东征洛阳,期望先灭王世充的郑国政权。双方鏖战十几天,谁也无法取胜。《资治通鉴》中这样记载:"秦王世民围洛阳宫城,城中守御甚严,大砲飞石重五十斤,掷二百步,八弓弩箭如车辐,镞如巨斧,射五百步。"

王世充被唐军围困洛阳半年有余,城中粮草严重缺乏,人心惶惶。迫于压力,王世充不得不派人向夏王窦建德求援。窦建德接到求救信后,思虑再三,认为唇亡齿寒,王世充若亡,自己亦独木难支,决定出兵救援。

长时间的围困和征战,不仅郑军人困马乏,唐军也疲惫不堪,此时又听说窦建德率领十几万大军前来,唐军内部出现了不同的声音,大部分唐军将领认为"洛阳一时难以攻克，王世充据守不出，窦建德大军气势汹汹，我军将面临腹背受敌之险，不如暂时退兵避其锋芒，以谋后计"。李世民却认为"王世充已是强弩之末，如果此时放弃，将前功尽弃，如果让王世充恢复过来，与窦建德联合抗唐，唐必定危险。我们只要阻挡窦建德进军，王世充坚持不了几日，何况窦建德想要驰援洛阳必须经虎牢关，而虎牢关占有地利，易守难攻，现在虎牢关在我们手里，完全可以抵御窦建德大军"。

于是，李世民命李元吉、屈突通等率主力唐军继续围攻洛阳，自己则带领三千多精锐直奔虎牢而去。这就是典型的"围点打援"，以主力围困洛阳，用三千多精锐阻挡窦建德大军，攻破洛阳指日可待。此次战役，李世民采用围点打援、以少胜多、正奇并用的方法，以几千之众，不仅生擒窦建德，还俘获夏军六万多人，迫使王世充投降。

事实证明：李世民力排众议，敢于决断，他做出的这个决策是正确的，此战对唐朝的建立起到很重要的作用。毛主席曾称赞李世民："自古能军无出李世民之右者。"

中华典故　　　　盐铁会议

西汉建立之初，民生凋敝、百废待兴，汉高祖、汉文帝、汉景帝以道家"无为而治"的思想治国，对内休养生息、轻徭薄赋，对外则平息战火，与匈奴和亲隐忍、互通有无，出现"文景之治"的盛世景象。经过多年的休养生息，汉国力显著提升，于是在公元前141年汉武帝即位后，变被动防守为主动进攻，派大将卫青、霍去病讨伐匈奴，开疆扩土、征南越、定朝鲜，取得赫赫战功。但是，这也给朝廷带来了巨大的财政压力，所谓"赋税既竭，犹不足以奉战士"（《史记》）。

于是，汉武帝任用桑弘羊，推行了一系列的经济政策，包括盐铁官营、酒榷专卖、算缗告缗、均输平准等制度，加强中央集权、充实国库，为汉武帝南征北战提供了强有力的支撑。但是，盐铁官营等政策的弊端，如价格不平，主管官吏以权谋私，强征农民冶铁煮盐等，直接贻害了农民；加上伴随农业生产的发展，土地兼并现象日益严重；同时，汉武帝还实行严刑酷法，大辟之刑便有千余条，律令更有百万余言。这一切使得农民与封建统治阶层之间的矛盾越来越尖锐。

汉武帝去世后，留霍光、金日䃅、桑弘羊、上官桀四位顾命大臣辅佐年幼的汉昭帝，武帝时期的各项政策面临更全面的审视。始元六年（前81）二月，在谏大夫杜延年的提议下，霍光以昭帝名义组织召开盐铁会议，针对汉武帝时期的一系列政策进行讨论与总结，议题涉及盐铁官营、匈奴战和、儒法方略、刑德之道等方方面面。这次朝野议政会议历时五个多月（一说分为两个阶段），双方各持己见、引经据典、唇枪舌剑，成为我国历史上罕见的大规模的政策论辩会。

盐铁会议提出的各种观点对昭帝、宣帝时期的统治产生了深远影响。会议结果基本上坚持汉武帝罪己诏中制定的政策，推行"与民休息"的措施，将公田与贫民耕种，贷给农民种子，免除部分赋税、徭役，降低盐价，与匈奴保持友好关系，对昭帝、宣帝时期社会经济的恢复和发展起到重要的作用。早在两千多年前，对于是否延续某项国家政策这种重大问题，我们的先人已经学会采用群体协商、群体决策的方式来处理。

4.4.2 群体决策的心理问题

与个体决策一样,在实际生活中,由于外界因素的不可控性,群体决策也会产生决策偏差。常见的群体决策偏差主要有群体思维和群体极化。

1. 群体思维

群体思维又称群体迷思、小集团意识,由美国学者欧文·贾尼斯(Irving Janis)提出。在一个高凝聚力的团体内部进行群体决策时,人们会为了维护群体和睦而压制异议,这就是群体思维,它常常导致灾难性事件的发生。当群体对某一问题展开讨论时,通常是由组织中的权威领导者率先发言,其他成员会感受到强烈的从众压力,即使有不同见解也不敢发表,从而丧失群体决策的优势,在这种情形下通过的群体决策往往是不合理的。例如,泰坦尼克号沉船事件的调查发现,当时就有设计师和造船工人对船体的安全性有所顾虑,巨轮航行在大西洋时,也有船只向其发出冰山警示。但是在"世界工业史上的奇迹""永不沉没"这样的美誉下,群体热情高涨,没有人敢把这样的顾虑和担忧向众多乐观的、经验丰富的专家说出来,害怕自己不和谐的声音成为众矢之的、破坏团队的和谐而选择沉默,最终酿成惨祸。

群体思维现象表现在许多方面:第一,群体氛围盲目乐观、过度自信,群体成员意识不到决策方案的潜在漏洞,缺乏危机意识;第二,一旦群体做出某种决策,成员就会努力证明决策的合理性,忽视与之不符的信息,而非重新审视和判断决策的合理性;第三,对那些敢于提出不同意见的人,组织其他成员会联合起来向其施压,而且大多数时候他们并不是用证据予以反驳,而是对其冷嘲热讽;第四,在从众压力下,即使组织成员有不同观点,也会故意忽视、隐瞒,以避免成为组织中的"异类";第五,那些保持沉默的成员,大家普遍认为他是赞成者。

群体思维的种种表现都表明,群体思维排斥不同意见,忽视事物发展的多种可能,从而导致错误决策。那么,我们该如何有效预防群体思维呢?首先,群体领导者应当开张圣听,鼓励群体成员踊跃发言,敢于提出不同意见;其次,群体中要鼓励成员发表不同意见,群体要敢于并乐于接受批评指正,关注不同意见,考虑事物发展的多种可能;再次,可以请相关领域的专家对决策方案进行评价,拓宽群体思路;最后,在实施决策前,召开被称为"第二次机会"的会议,让每个成员将自己的疑虑和困惑表达出来,广泛征求意见,多次讨论,达成最终方案。

2. 群体极化

群体极化又称"冒险转移",是指在进行群体决策时,人们往往会比进行个体决策更加极端,或更加冒险,或更加保守,从而背离最优决策。如果群体讨论中的建议有冒险倾向,最终决策就可能更加冒险;如果原来的建议中有保守苗头,讨论的结果就可能更加保守。比如1992年巨人集团修建巨人大厦就是一个群体极化的例子。在大厦修建工程展开后,图纸被一再修改,楼层被一再加高,在要盖"第一高楼"想法的推动下,巨人集团将巨人大厦的规划从38层不断"加高"到70层,耗资越来越大,最终拖垮集团。

最早对群体极化现象展开实验研究的是詹姆斯·斯托纳(James Stoner)。在实验中,他先让被试单独完成一份包含 12 个选择题的问卷作为前测；然后让 5 名被试为一组，继续对这 12 个题项进行讨论，并在每个题项的选择上达成一致，称为后测。测试的其中一道题项如下：

X 先生今年 45 岁，职业是会计师，最近被确诊患上一种严重的心脏病。为此，X 先生不得不改变许多重要的生活习惯，如减轻工作压力、清淡饮食、放弃最喜欢的休闲娱乐活动。医生提出一种手术方案，可完全治愈 X 先生的心脏病，但手术有一定的风险。假设你为 X 先生提供建议，手术成功的概率有六种，请你选择你所能接受的最低手术成功率。

（1）无论手术成功的概率多大，X 先生都不应接受手术。
（2）手术成功的概率是 90%。
（3）手术成功的概率是 70%。
（4）手术成功的概率是 50%。
（5）手术成功的概率是 30%。
（6）手术成功的概率是 10%。

比较前测和后测的结果发现，与个体决策相比，群体决策的结果会向极端偏移，偏移方向正是个体决策的倾向。如果群体成员的个体决策更倾向于保守治疗，那么群体决策的结果会更加保守；相反，如果个体决策的倾向是激进的，那么经群体讨论后，群体成员的观点会更加冒险。

到底是什么导致群体极化现象呢？目前主要有两种理论对此加以解释：社会比较理论和说服论据理论（蒋忠波，2019）。社会比较理论认为，群体成员会将自己的观点与他人观点进行比较，并在从众压力的驱使下调整自己的观点，使其向多数人的观点或者自己感知的群体所期望的方向靠拢，从而产生群体极化现象。说服论据理论认为，群体成员在讨论时，会为自己的观点寻找并表达很多有说服力的论据，群体中越是占多数的观点，所展示的有说服力的论据越多，说服性就越强，这就使得群体观点向这个方向进一步偏移，最终产生群体极化现象。

群体极化极大地影响了个体决策，使个体的决策有时向着不理性的方向发展。想要避免受到群体极化的影响，我们应当更理性、更全面地看待自己的决策，尽量避免因他人观点而改变自己的决策。

中华典故　　　　晋景公迁都新田

鄢之战又称"两棠之役"，春秋中期的一次著名会战，是当时两个最强大的诸侯国——晋、楚争霸中原的重大较量。此战以晋国失败告终，楚国成为南方霸主。战争的失败，使晋国原本的盟友秦国、齐国倒戈，晋国北方的赤狄诸部也蠢蠢欲动，而晋国内部统治者之间矛盾重重且日趋激化，晋国国势衰微，百年基业岌岌可危。为避其锋芒、休养生息、重整旗鼓，时任统治者晋景公决定迁都。

关于晋国迁都新田，《左传·成公六年》是这样记载的。晋人谋去故绛，诸大夫皆曰："必居郇、瑕氏之地，沃饶而近盬，国利君乐，不可失也。"群臣均认为一定要居住在郇、瑕氏之地，肥沃富饶而靠近盐池，于国家有利，令国君快乐。晋景问韩献子："何如？"献子对曰："不可，郇、瑕氏之地土薄水浅，其恶易觏。易觏则民愁，民愁则垫隘，于是乎有沈（沉）溺重腿之疾。不如新田，土厚水深，居之不疾，有汾、浍以流其恶，且民从教，十世之利也。夫山泽林盟，国之宝也，国饶，则民骄佚；近宝，公室乃贫，不可谓乐。"韩献子认为郇城和瑕城之间土薄水浅，容易积聚污秽，百姓愁苦，易患风湿病。

污秽肮脏的东西容易积聚。污秽的东西积聚，百姓发愁，身体就羸弱，在这种情况下就会有风湿脚肿的疾病。而新田土厚水深，居住在那里百姓身体健康，有汾水、浍水可冲走污秽，百姓才能得以教化，这才是惠及子孙的正确决策。晋景公听从他的建议，迁都新田，为晋国霸业打下了良好的基础。这次成功的决策有赖于韩献子能摆脱群体思维的弊端，勇敢地提出自己的见解。

◆ 4.4.3 群体决策技术

群体决策虽然有很多优点，但也有不利的方面，甚至可能会导致不良决策。因此，人们设计了很多方法来提高群体决策质量。

1. 头脑风暴法

头脑风暴法是一种为了防止群体抑制不同见解而设计的群体决策技术。它鼓励成员在讨论过程中畅所欲言，并禁止对这些想法提出批评。一次头脑风暴的群体讨论需要5—10名成员参与，讨论时间在1小时左右。先由会议主持人介绍要探讨的问题，然后让与会人员针对这一问题尽情发表自己的看法，其间不允许任何人对这些观点发表评论。会议记录员将每一种观点——无论好坏——都如实地记录下来，以便以后进行深入的探讨和分析。通过这种方式，鼓励与会成员畅所欲言，充分发挥想象力和创造力，尽可能地提出解决问题的各种方案。

为了充分激发大家的创造力，头脑风暴法应遵守以下原则：（1）延迟评判原则，在头脑风暴讨论的过程中，不允许对任何观点、看法进行批评；（2）自由畅想原则，鼓励成员各抒己见、百花齐放、百家争鸣，充分激发人们的想象力和创造力；（3）以量求质原则，鼓励成员提出不同的想法，想法越多，越有利于从中优中选优，从而得到高质量的决策方案；（4）综合改善原则，除了鼓励大家提出自己的观点，还鼓励成员对他人的观点进行补充和改进，相互补充、相互完善。

2. 德尔菲法

德尔菲法也称专家调查法，由美国兰德公司开发，是一种系统收集和组织多个专家观点并最终做出决策的方式。具体程序如下：第一步，将决策问题分别发送到各位专家手中，征求他们的意见；第二步，回收并汇总全部专家的意见，整理好后，将其重新发送至各位专家手中；第三步，专家根据这些资料，提出改进的解决方案。如此重复多次，直至各位专家的意见不再改变。

德尔菲法的优点在于可以广泛征求专业人士的意见，其分析结果具有极高的准确性，还可以节省专家面对面交流的时间和成本，减轻群体决策可能出现的负效应。德尔菲法的缺点在于分析过程比较复杂且需要耗费大量的时间，决策结果易受组织者主观倾向的影响。

3. 名义群体法

名义群体法又称名义小组技术、名义团体技术、名义群体技术等，是管理决策中的一种定性分析方法。像传统会议一样,名义群体法要求所有成员出席会议,但成员先进行个体决策,再讨论交流。通过对群体决策过程中的沟通讨论加以限制,为群体成员提供独立思考的空间,减轻从众压力的影响。它通常包括以下步骤:第一步,召集相关人员参与会议,简要地说明要讨论的问题,要求与会人员将自己对问题的看法和决策方案写下来;第二步,每个成员依次陈述自己的观点和方案;第三步,对所有的决策方案进行投票,赞成人数最多的方案即为最终决策方案。

名义群体法一般用于群体对某一问题的看法分歧严重的情况。这种方法鼓励小组成员发挥个人的想象力和创造力,提出自己的决策方案,小组成员并不在一起协商讨论,"小组"只是名义上的。

4. 电子会议法

电子会议法是一种群体决策与计算机技术相结合的决策方法。具体的实施步骤如下:第一步,组织群体成员召开会议,并为每名成员配备一台计算机;第二步,请成员将自己对问题的看法和决策方案输入计算机;第三步,再将各个方案投影到大屏幕上,每个人的意见以及投票情况也会在屏幕上显示。

除了具有名义群体法的优点,电子会议法还具有匿名性、可靠性和高效的特点。首先,群体成员的决策方案是匿名提出的,成员只需将自己的看法输入电脑即可;其次,每个人的决策方案都能如实地呈现在大屏幕上;最后,以计算机为媒介,决策参与者可以避免一些无效的交流,在短时间内互不干扰地交换见解,比传统会议更有效率。但是,电子会议法也具有一定的局限性。一是对于那些口头语言表达能力强但书面表达能力弱的成员来说,电子会议会影响他们的决策思维;二是由于匿名性,无法确认提出有效决策方案的成员身份,不便对他们进行嘉奖;三是人们以计算机为媒介进行沟通交流,是一种人机对话,难以在交流讨论中迸发灵感火花。

如表 4-1 所示,每种群体决策技术各有优缺点,选择哪一种方法取决于你所强调的标准以及对成本与收益的权衡。

表 4-1 群体效果评估

效果指标	群体类型			
	头脑风暴法	德尔菲法	名义群体法	电子会议法
观点的数量	中	高	高	高
社会压力	低	低	中	低
资金成本	低	低	低	高
决策速度	中	低	中	中
任务导向	高	高	高	高
潜在的人际冲突	低	低	中	低
对决策结果的承诺	不适用	低	中	中
群体凝聚力	高	低	中	低

4.5 决策心理的跨文化研究

早期的决策研究通常以同一国家、同一文化背景的人为被试展开，这就忽视了行为主体本身在认知方式上的差异，即假设人类的行为具有普遍性、一致性；但实际上，文化是影响决策的重要变量。

其一，对于个体决策来说，个体的决策偏好深受自身价值观念的影响，个人价值观念的养成是社会文化及其所接受教育综合作用的结果，深刻影响着人们思考和认知方式，甚至对一些基本事实的认知方式都会系统性地受到文化的影响。因此，挖掘文化价值观对个体风险偏好和决策方案的影响至关重要。

其二，群体决策同样涉及群体成员的心理活动和行为过程，群体成员所具有的社会文化和价值观念会被反映在群体决策中。许多外国学者的研究结果表明：群体决策比个体决策更有创造性，并且执行效果也更好。但是，这些群体决策的研究通常是以北美企业和组织为研究对象的，在北美文化背景下得出的研究结论并不一定适合具有其他文化价值观的国家和地区。因此，我国学者在深入研究群体决策时，应当把文化和价值观等因素作为影响群体决策的重要变量，应特别重视中国传统文化对决策的作用和影响。

4.5.1 文化差异对个体决策的影响

文化差异对个体决策的影响体现在很多方面，包括过度自信偏差、风险感知、冒险行为、消费者行为、经济判断与决策等（Li-Jun 和 Megan，2013）。

过度自信是个体决策中的一种常见偏差，主要是指人们过度相信自己的判断能力，高估自己成功的概率和个人信息的准确性的情况。在有关过度自信现象的研究中，研究者通常会要求被试完成一份有关一般知识的测试卷，试卷的题目全部为二择一的选择题。试卷完成后，研究者会请被试估计自己的得分，若被试的估计分数显著高于他的真实得分，则判断该被试为过度自信（叶婉敏等，2018）。早期的研究表明，相比于英国学生，亚洲学生（主要来自中国香港地区、印度尼西亚、马来西亚）对个人分数的判断显著高于个人的真实水平，表现出很强的过度自信倾向（Wright 和 Phillips，1980）。

在风险感知领域，研究者邀请中国、德国、波兰、美国的被试参与一项风险投资任务，向被试询问他们对各个风险投资项目所愿投入的资金数额及感知到的风险（Weber 和 Hsee，1998）。实验结果表明：中国被试的风险厌恶程度略低于美国被试。另一项研究（Marshall 等，2011）也证实，无论是在获得还是在损失框架下，亚洲被试（来自新加坡、中国和日本）的风险厌恶水平都低于西方被试（来自荷兰、新西兰和美国）。

研究表明，相比于美国人，中国人更乐于冒险，这种冒险行为往往体现在赌博和风险投资领域，而在医疗决策和学术研究方面则没有这种冒险行为上的差异。Weber 和 Hsee（2000）提出缓冲假说解释这一现象，认为中国人比美国人更偏好冒险是因为中国社会关系网的联结更强，而这种社会关系网在必要时可以为其中的人们提供适当的经济援助。然而，Fang 和 Li（2004）的研究则表明，社会支持的增强并不会增加中国人的冒险行为，两者的关系还有待于进一步探究。

文化差异对个体决策的影响还体现在一系列的消费者决策行为中。禀赋效应是指个体拥有某件物品后，对它的评价比未拥有该物品时高的现象。在有关禀赋效应的研究中，研究者会将被试随机分为买方与卖方，并分配给卖方一些可出售的商品、给买方一些可用于购买商品的金钱。然后，研究者会让买卖双方分别给出他们所期望的出售价格与购买价格，但商品的实际交易价格则由研究者事先在一定价格范围内随机选取。如果选定价格高于卖方定价，则该商品将按选定价格被卖出；如果选定价格低于买方定价，则买方按选定价格购入商品。对于同一件商品，被试所给出的最低出售价格（willingness to accept, WTA）与最高购买价格（willingness to pay, WTP）的差距就体现了被试的禀赋效应。实验结果表明，WTA往往高于WTP，这体现了被试的禀赋效应。尽管所有被试都表现出禀赋效应，但与亚洲、亚裔美国和亚裔加拿大的被试相比，欧美和加拿大的被试表现出更强的禀赋效应（Maddux 等，2010）。研究者认为，这是由亚洲被试的互倚型自我结构和西方被试的独立型自我结构之间的差异引起的。读者可选用数字资源提供的"消费者决策风格问卷"进行测验。

4.5.2 文化差异对群体决策的影响

社会文化对群体决策的影响是方方面面的，不同背景下群体决策偏好的差异很大。

1. 阳刚文化与阴柔文化

在阳刚文化的影响下，社会成员充满雄心壮志，具有极强的竞争意识和斗争精神，追求事业上的极大成功；而生活在阴柔文化社会中的人则更加温和谦让、易于满足、缺乏竞争意识，注重生活质量胜于物质方面的成功，乐于享受生活的美好。各国这一指标的数据表明，日本是最富阳刚气的国家，而芬兰、丹麦、挪威、瑞典和荷兰则是典型的具阴柔气的国家。阳刚文化熏陶下的群体在做决策时会更大胆、更积极进取，追求群体利益的最大化；而阴柔文化背景下的群体决策往往比较温和，秉承"满意原则"（余虹和顾丽琴，2006）。

2. 个人主义与集体主义

个人主义盛行的国家的社会组织结构非常松散，人们只关心自己和亲近之人的利益；与之相反，在集体主义文化占主导的国家，每个人对社会组织结构具有非常强的归属感，人们期望得到"群体之内"人员的照顾，获得群体的认可。中国和日本都是典型的集体主义社会文化，决策时会时常考虑他人的看法和感受；但同时，群体成员也会受到更大的群体压力。美国则是典型的个人主义社会文化，群体决策时常常只顾及少部分群体成员的想法，进而影响到决策的执行力度。

3. 直觉经验与理智分析

直觉经验和理智分析是决策的两种方式，前者强调决策者凭借自己的聪明才智和经验进行决策，后者则强调采用科学的决策流程、基于理智分析做出决策。西方文化崇尚科学与理智，因此欧美人常采用理智分析决策方式。中国传统文化的内核是强调和谐、统一的中庸精神，因此中国人更常采用直觉经验决策。直觉经验决策的优点是从整体层面把握事物发展的进程，关注事物之间的联系与统一，决策方案更具长期性与系统性；但是其缺点是容易忽视事物内部不同组成部分的矛盾和特殊性，难以对其实施有针对性的决策方案。任何概念的内涵都是多维的、不确定的，在直觉经验思想影响下的群体决策缺少逻辑性和科学性，群体成员靠直觉来认识和判断，削弱了决策的可靠性。

在研究文化对群体决策的影响时，我们还应注意控制其他变量及其相互作用对决策结果的影响，如决策程序、决策任务难度、信息共享程度、群体氛围等。

文化是一个国家和一个民族最深层的思维与认知方式，深刻影响着人们的行为；文化是长期实践过程中形成的共同价值观，在文化的影响下，人们的决策不再只是简单的趋利避害，而是有着更多的精神价值；文化的形成与群体的历史、语言和生活方式息息相关，具有深远意义。因此，文化是人类群体的缩影，深刻影响着人的思维和行为方式，从而影响人的一系列决策。

现实观察

企业决策：小米的 IoT 之路

"我带大家参观一下小米的智能家居。"说罢雷军打开房门，没有进行任何人为操作，客厅内的灯具开始陆续照明，电视自动打开播放综艺节目，扫地机器人也钻到桌子下清扫垃圾。

2020 年 6 月 10 日，雷军在其抖音官方帐号发布了一条短视频，不到一分半的视频，可以看到小米的 IoT 产品覆盖了客厅、厨房、卧室等几乎所有日常家居场景。

正值 5G 发牌一周年，雷军对 IoT 领域更显重视，近期在微博上频繁宣传 Redmi 路由器 AX5、米家智能窗帘、小米手环 5 等多款 IoT 产品，率先打响"6·18"促销战。

IoT 的全称为 Internet of Things，可译为物联网。我们可以将 IoT 看作一个生态系统，在这个系统中，物体之间互相链接；同时，它们均链接到互联网。IoT 包括可能链接到互联网并交换数据和信息的每个对象。这些对象随时随地链接在一起，并且可以随时随地相互交换数据，常见于智能家居领域。IoT 是目前极有发展前景的技术方向之一。据专家称，IoT 可能是未来十年里极具突破性的技术之一，它将对人们的生活产生巨大影响，并可能改变人们的生活方式和习惯。

◇ 小米进军 IoT 领域

虽说小米手机如今在手机市场已经彻底站稳脚跟，在全球市场中也能常年保持前五，但纵观近两年的手机市场，不难发现手机无论是在技术层面还是在出货量方面都已进入疲软期，用户换机的欲望越来越弱。因此，在国内智能手机出货量逐年负增长的情况下，小米加速拓展其他业务已成必然。

当初的小米手机依靠超高性价比才能在竞争残酷的手机市场上站稳脚跟，但高性价比的"优点"也意味着低利润，小米手机的利润率远比我们想象中低。雷军早就意识到光靠卖手机很难让小米成为世界一流企业，因此在 2014 年，小米副总裁刘德带领一个小团队打响了小米生态链企业的投资战役。

◇ 从战略高度布局的小米生态链

雷军及小米核心团队基于对物联网战略的预判和思考，在战略层面布局小米生态链，扩展小米公司的业务。为了满足消费者的需求，小米生态链不仅注重产品的开发和设计，还思考如何通过小米的产品，使更多消费者"入坑"小米，布局 IoT 战略，抢占市场先机。

如今，小米通过高性价比的产品、高效率的售后服务，吸引了越来越多的用户，成功构建了一条充满活力的 IoT 生态链。小米生态链作为一个庞大的组织体系和小米战略的第二条生命曲线，保持了整体的创新活力与开拓激情。

◈ IoT 已是小米的主力军

2022 年 3 月，小米对外公布了 2021 年的业绩表现，从财报中明显看出小米如今的主要收入来源除人们熟知的小米手机之外，AIoT（智能 IoT）也成为小米的主力军之一。从数据上看（见表 4-2），IoT 业务全年实现收入约 850 亿元，同比增长 26.1%，为小米提供了超过 1/4 的收入。这也验证了雷军前几年在小米 AIoT 开发者大会上的发言"AI + IoT 是小米的核心战略，在未来也不会改变"。

表 4-2 小米 AIoT 业务情况

产品类型	2021 年		2020 年	
	金额（百万元）	占总收入比例（%）	金额（百万元）	占总收入比例（%）
智能手机	208 868.9	63.6	152 190.9	61.9
IoT 与生活消费产品	84 980.1	25.9	67 410.5	27.4
互联网服务	28 211.7	8.6	23 755.3	9.7
其他	6 248.4	1.9	2 508.9	1.0

资料来源：https://baijiahao.baidu.com/s?id=1731630779517296494&wfr=spider&for=pc

◈ 开放平台，体验至上

对于智能家居行业来说，最大的阻碍莫过于几大品牌争相定义行业标准，于是各自为政，导致生态割裂。举个例子，用户可能要使用 A 家 App 控制智能冰箱，然后切换 B 家 App 控制扫地机器人，这都是因为没有统一生态可供接入，直接后果是造成用户的使用不便，这与原本畅想的智能、便捷、简单的智慧家庭大相径庭。虽然 IoT 产业具有广阔的前景，但由于资金投入大、政策导向不明等因素，尚处于起步期。一直以来深耕用户体验的小米意识到了这一点。小米 IoT 业务通过开放、不排他、非独家的合作策略，仅用三年时间就问鼎全球第一，2017 年取得全球最大智能硬件 IoT 平台的成就。但对小米来说，用户体验远不能止于此。如何能让每个人都能轻松、便捷地使用智能硬件产品，让物联网改变更多人的生活？这是小米 IoT 下一步要做的事，于是有了全面开放和小米 IoT 开发者计划。

小米 IoT 开发者计划旨在促进第三方品牌的智能硬件产品与小米 IoT 产品融合、实现联动控制，搭建一个开放共享的平台，以改善用户的使用感受。同时，面向智能家居、智能家电、健康可穿戴、出行车载等领域，开放智能硬件接入、智能硬件控制、自动化场景、AI 技术、新零售渠道等小米特色优质资源，与合作伙伴一起打造极致的物联网体验。合作者可以借助小米 IoT 平台开放的资源、能力和产品智能化解决方案，以极低的成本快速提升产品的智能化水平，满足不同用户对智能产品的使用需求和体验要求，与加入小米

IoT 的其他开发者共同打造极致的智能生活体验和智能家居解决方案，产生 1＋1＞2 的效果。

◆ IoT 战略驱动核心业务增长

智能手机业务始终是小米的核心业务，然而全球智能手机市场饱和已经是行业共识。2020 年中国市场智能机销量同比下降 21%，这是继 2017 年以来连续第四年的销量下滑，由此可见智能手机市场的红利期已经结束，企业间的竞争将会更加激烈。意识到危机的小米推行"1＋4＋X"战略，全力打造 AIoT。"1"是指最重要的核心——小米手机，"4"是指智能电视、智能音箱、智能路由器、笔记本电脑四个入口型产品，小米设计和研发"1＋4"部分的核心产品，通过投资、管理生态链企业以及与第三方合作的形式共建 X 部分，迅速丰富扩大 IoT 产品线，打造完整的物联网生态圈。

随着"1＋4＋X"战略的稳步推进，小米集团的业绩显著增长，这种商业生态经受住了新冠疫情的考验，在磨炼中得到了验证。2020 年，小米智能手机出货量同比增长 17.5%，达到 146.4 万台，成为全球智能手机出货量同比净增加最多的智能手机厂商。重返巅峰的小米，印证了 IoT 智能家居驱动核心业务增长模式的成效。手机×AIoT 战略，在全屋智能领域全面推进的同时，也聚焦手机主场谋求更大突破，致力于为用户提供更完整、更便捷、更细致入微的美好生活体验。

◆ 面向未来的诸多挑战

尽管小米很早就已入局 IoT 领域，但始终绕不开华为这一劲敌。2018 年年底，华为已经链接超过 3 亿台设备、2 亿个家庭，同时全球已有 100 多个品类的 200 个厂家加入华为的 IoT 生态。此后，华为消费者业务 CEO 余承东首次真正意义上对外阐述了华为的 IoT 战略，并宣布华为 IoT 生态战略全面升级为全场景智慧生活战略，直观体现为"1＋8＋N"的三层产品结构生态。不同于小米生态链的做法，华为选择自主研发制造手机与各种入口型智能设备在内的"1＋8"核心产品；在此基础上，通过 HiLink 标准协议和 HiAi 云计算技术进行赋能，将 IoT 平台开放给所有硬件厂商。2020 年 3 月，华为轮值董事长徐直军表示，2019 年华为研发费用达到 1 317 亿元，占全年销售收入的 15.3%。高额的研发投入，也为华为带来了其他手机厂商无法比拟的优势。目前在 IoT 生态技术水平上，华为 IoT 系统已形成芯、端、云三个层面的领先态势，并已经向全球合作伙伴开放、赋能。

2019 年年初，OPPO 正式成立了新兴移动端事业部，主力布局 5G＋及 IoT 平台，任命原 OPPO 首席采购官刘波为副总裁、新兴移动事业部总裁，全面负责事业部工作。在 2019 年 12 月 OPPO 举办的未来科技大会上，其创始人陈明永登台演讲，表示"OPPO 不只是一家做智能手机的公司，还有 IoT、大数据和云计算等新兴业务"。在大会现场，陈明永表示将重押 IoT 领域，未来 3 年将投资 500 亿元研发资金用于打磨 IoT 技术基础，可见他对 IoT 的重视。

对于小米而言，想要保持已有优势，不仅要联合更多的智能硬件厂商，还要保证对生态链企业的掌控力。如今，不少小米生态链企业越发不甘成为小米"附属品"。比如 2017 年，华米一边供应小米手环，一边推出自主品牌 Amazfit 米动手环，售价 299 元，与小米手环直接展开竞争。

> **感悟与思考**
>
> 1. 请分析小米进军 IoT 产业这一决策的决策效能。
> 2. 请结合小米进军 IoT 产业的过程分析个体决策和群体决策的优势。
> 3. 请从决策目标的角度，分析小米的 IoT 业务为何会采取开放、不排他、非独家的合作策略。
> 4. 请结合理性决策模型和行为决策模型，分析华为和 OPPO 进军 IoT 领域的决策。
> 5. 面对如此内忧外患，小米应如何科学决策以保持其在 IoT 领域的先发优势？

4.6 决策心理的前沿探索

美国著名心理学家赫伯特·西蒙率先从心理学的角度分析人们在经济领域的行为，并由此获得 1978 年诺贝尔经济学奖。这一全新的视角和崭新的领域迅速吸引了大量研究者的目光，形成许多创造性的研究成果，其中最著名的是心理学家丹尼尔·卡尼曼，他将决策研究中的描述性范式引入经济学领域，并荣获 2002 年诺贝尔经济学奖。从此，从心理学的角度研究和分析人们的决策行为引起了学者们的广泛关注，决策心理学迎来了几十年的蓬勃发展，研究成果不胜枚举。接下来，我们将从决策研究的新取向、新方法和影响因素几个方面展开评述。

4.6.1 决策研究的新取向

1. 量子决策模型

前文已经详细说明了两种决策理论，传统（古典）决策理论和前景理论。古典决策理论认为决策者是完全理性的，总是追求个人利益最大化，决策者会考虑所有可能的决策方案并计算方案的期望值，从而做出最优决策。前景理论认为，决策者的理性是有限的，在决策时往往遵循满意原则，会使用几种启发式方法进行判断和决策，如代表性启发法、易得性启发法等。

上述两种决策模型虽然在各自的研究领域取得了很大的成功，但不能很好地描述人们在不确定或矛盾状态下的决策行为。人们的许多决策是在一种不确定状态下产生的，个体的信念会在决策过程中随时间和事态进展而发生变化，而传统决策模型却认为决策者在某一特定时刻的信念状态处于确定状态（Asano 等，2012）。在真实的决策情境中，决策者的信念状态是未知的，而在过去的实验研究中，研究者假定人在决策时处于确定状态（Busemeyer 和 Bruza，2012）。近十几年来，一种新的决策模型——量子决策模型的诞生打破了这一局面，这种决策模型基于量子理论，能够解决决策过程中的不确定状态问题，为决策理论的发展指出了新的方向。

量子理论是由奥地利著名物理学家薛定谔提出的，"薛定谔的猫"的故事想必大家早已耳熟能详，这个例子很好地描述了量子理论中的不确定状态。"薛定谔的猫"假设将一只猫、少量放射性元素镭和有毒物质氰化物封在一个密闭的容器中。镭存在一定的概率发生衰变，如果镭衰变，就会触发机关打碎装有氰化物的瓶子，致使猫死亡；如果镭不衰变，猫就是活着的。在未打开容器时，镭有可能发生衰变，也有可能未发生衰变，因而处于一种衰变和未衰变的叠加状态，而猫也处于一种"死+活"的叠加状态（苏汝铿，2002），这只既死又活的猫就是"薛定谔的猫"。所谓叠加状态，就是指各种情况都有可能发生的不确定状态，是所有冲突、模糊与不确定因素的固有体现。因此，将量子理论引入决策理论有助于解释决策者在决策过程中的不确定状态。

近年来，量子理论广泛应用于心理学领域，针对顺序效应、因果推理、非对称相似判断以及模糊推断等问题都成功构建了量子决策模型；除此之外，在双稳态知觉、情景记忆、联想记忆以及概念组合等认知研究领域也都取得了不小的进展。虽然针对不同的问题，量子模型的表现形式不同，但所遵循的基本公理相同。这一点正体现了量子理论的灵活性与严密性。

顺序效应是一种实验误差效应，主要是指因自变量的呈现顺序不同而对因变量产生的影响，常见于涉及态度和判断的自我报告测度。Wang 和 Busemeyer（2013）提出了一个量子问题顺序效应模型（quantum question order model）来解释研究中常见的四种顺序效应问题，并取得了很大的成功。

在现实生活中，人们往往会面临许多因果推理问题，他们在这些任务中的表现往往会偏离预期。Trueblood 和 Busemeyer（2012）研究了三种因果推理产生意外结果的情况，并提出了一个基于量子理论的量子推理模型。该模型假设人们在思考不同的因果时采用不同的观点，而且模型的数据拟合状况很好，为这三种因果推理效应提供了一个连贯的解释，是一个可行的人类判断模型。

相似判断一直是心理学的热门研究话题，人们在做相似判断时会违背对称性原则。例如，研究者让被试在"China is similar to Korea"和"Korea is similar to China"中选择更符合自己认知的表述，结果69名被试中的66人选择第二种表述，这个实验结果就揭示了相似判断中的一种不对称性。利用量子理论提供的广义几何相似方法，可以将相似性建模为量子概率，将违背对称性原则解释为与量子概率的上下文性质相关。这为解释这一现象提供了全新的视角（Pothos 等，2013）。

除了上述研究，量子决策领域仍然存在很多问题值得我们进一步探索。一是基础理论的研究。作为一个庞大的理论体系，量子理论中仍有很多原理可以引入决策领域，但必须为这些原理寻找合适的实验方案与测量方式，例如著名的海森堡的不确定性原理。二是量子决策理论的生理学基础。认知科学和神经科学交叉结合形成的认知神经科学已为许多心理现象找到其背后的神经活动基础，而为人类决策过程中的量子化行为找到生理诱因也是非常值得深入研究的一个方面。三是与目前的决策模型相结合。目前的决策模型基本上属于"定性"模型，重点研究决策结果的心理诱因和影响机制；量子决策模型则是"定量"模型，更倾向于通过数学建模的方法拟合人类的决策行为。将这两种决策模型有机结合起来，兼具"定性"与"定量"的优点，也是未来探索的一个重要方向。四是量子决策模型的应用问题。目前有关量子决策模型的探索尚处于理论研究阶段，如何利用量子决策模型指导人们的实际决策任重道远。

2. 基于经验的决策

在判断与决策的研究蓬勃发展的六十多年里，描述范式逐渐成为研究者最常用的研究范式。描述范式是指研究者为被试假设一个决策情境，并要求被试在备选方案中做出选择。

在描述范式中，决策所需的相关信息都是以文字描述的形式呈现给决策者的，每种决策方案的发生概率及决策结果都是可预见的。这种基于描述的决策在现实生活中随处可见。比如，在收听天气预报的信息或者阅读药物的副作用说明时，人们总是可以获得备择选项的描述性信息并基于此做出决策（Fiedler 和 Juslin，2005）。

在很多情况下，决策者无法获得有关选项的描述性信息的，例如是否外出约会或是否为电脑硬盘备份，等等。在这种情境下，我们通常根据以往的经验做出决策，这就是基于经验的决策。但关于这类决策的研究甚少，直到最近几年，研究者才开始重视上述两种决策的区别，基于经验的决策这一新的研究取向逐渐发展起来。

研究者将基于经验的决策定义为：在统计概率情境中，个体通过重复选择与反馈获得选项的收益和概率而进行的决策（刘腾飞等，2012）。换句话说，在基于经验的决策中，决策者往往根据后验概率进行决策；在基于描述的决策中，决策者根据先验概率进行决策。基于经验的决策特别注重环境与心理的相互作用，决策者通过与环境互动来获得备择选项的概率信息。此外，时间是基于经验的决策中的一个重要影响因素，关乎决策者的期望、体验与记忆。

类似于经济人假设，对于基于经验的决策这一新的研究取向，科学家们提出与之对应的新的决策人假设——朴素直觉统计学家（naïve intuitive statistician）。这一假设认为决策者通过对决策情境的分析来提取选项的样本信息，并在决策前对这些信息进行认知加工以指导决策，但是这样提取的信息很可能存在代表性偏差（Juslin 等，2007）。Fiedler 和 Juslin（2005）提出三个假设来定义朴素直觉统计学家。第一，决策者能对已知的信息进行精确的描述，人们可以提取事件发生概率信息并根据这些信息进行判断；第二，对于环境的外部取样，决策者倾向于假定用于判断的样本是总体的代表性样本；第三，人们不能正确认识统计估计量的统计特性。

"描述-经验差异"是基于经验的决策的重要研究内容。Hertwig 等（2004）的研究发现，决策者在描述信息的决策情境中会高估小概率事件，而在经验信息的决策情境中会低估小概率事件，并将这一差异定义为描述-经验差异（description-experience gap）。这一现象首先由 Barron 和 Erev（2003）证实，然后在不同情境中得到验证。还有研究者发现，在基于经验的决策中，决策者对社会称许的敏感性更小（Koritzky 和 Yechiam，2010）。后来，Hertwig 和 Erev（2009）在一系列研究的基础上，对描述-经验差异的成因进行了总结，概括为小样本、近因、估计错误、情境取样、信息形式与认知算法几种。

关于基于经验的决策的内在机制的研究还比较有限，只有少数学者对此展开了研究。例如，Hertwig 和 Pleskac（2010）发现决策者在基于经验的决策中获取信息时，倾向于抽取小样本。经过分析，他们认为小样本会放大不同决策结果预期收益之间的差异，从而更容易做出选择。Hertwig 和 Pleskac（2010）与 Camilleri 和 Newell（2009）则将表征作为基于经验的决策的一个重要影响因素而展开一系列的研究。Rakow 等（2010）讨论了工作记忆在基于经验的决策中的作用。然而，这些研究结果对于基于经验的决策只是冰山一角，这一领域还有广阔的空间值得深入挖掘。

基于经验的决策作为一个新兴的研究方向，具有深刻的理论意义与实践意义。

第一，基于经验的决策这一新的研究方向拓展了判断与决策的研究领域。基于经验的决策关注的是决策者在决策前获得的有关选项结果的样本信息及其对决策行为的指导，这对决策各个阶段（包括信息获取阶段、认知加工阶段、最终抉择阶段）的研究都至关重要，也使我们能够更好地了解决策预判的整个心理过程。

第二，研究基于经验的决策可以帮助我们更好地探究个人经验作为一种影响因素在决策中的重要作用。以往的研究发现，经验能够减小决策过程中非理性的行为偏差。例如，相较于缺乏经验的 CEO，经验丰富的 CEO 在决策时更少表现出禀赋效应（List，2003）。但是，通过重复选择与反馈获得的经验到底如何影响人们的决策？其内部机制如何？这些还有待进一步的探讨，基于经验的决策研究方向有利于帮助我们解锁这个"黑箱"。

第三，基于经验的决策能够提供一种新的解释决策偏差的路径。对于我们在前文提到的种种决策偏差，基于描述的决策研究范式主要是证明这些偏差的存在并进行一定的预测，对决策过程的内在心理机制语焉不详；基于经验的决策研究方向则为我们探讨决策的内在心理机制提供了新的视角。

在现实生活中，很多决策情境会反复发生，人们必须学会从经验中推断决策结果及其发生概率来指导未来的决策。这完全不同于描述性决策。所以，基于经验的决策更贴近人们的现实生活，为一些决策行为的理解提供了新视角。

4.6.2 决策研究的新方法

随着现代科技的进步，神经科学领域的研究也日益成熟。诞生于 20 世纪 70 年代的认知神经科学，是一门由认知科学和神经科学交叉结合而形成的新兴学科，融合了心理学、认知科学、计算机科学和神经科学等领域的研究成果，从"基因—脑—行为—认知"角度阐明认知活动的脑机制。决策领域也开始引入大量神经科学的研究成果和工具来探讨个体的决策行为，逐渐打开人们决策行为背后的"黑箱"。接下来，我们将介绍决策的神经科学研究成果及其研究手段。

当前，神经科学的主要研究手段有单神经元记录、神经病理学和脑损毁、穿颅磁刺激（TMS）、脑成像技术四类。

（1）单神经元记录。这是一种将微电极插入大脑，记录单个神经元活动的技术（Camerer 等，2005），具有极高的时间分辨率和空间分辨率，而一般的脑成像技术只能测量神经回路的活动（包含数以千计的神经元）。但是，这种插入电极的方法极有可能对大脑造成损伤，目前只用于动物实验。

（2）神经病理学和脑损毁。对于某些因疾病或意外而造成的大脑特定区域损毁的被试进行研究，可以帮助我们理解大脑如何工作。很多神经疾病都与特定的脑区有关。例如，失语症患者的布洛卡区受损，帕金森病开始影响基底节，然后扩展到皮层，因此对帕金森患者的早期症状进行研究有利于我们了解神经基底节的功能（Camerer 等，2005）。

（3）穿颅磁刺激。这是一种较新的研究方法，利用脉冲磁场暂时干扰特定脑区的功能，对比干扰前后特定脑区的功能变化来推测脑区的功能（Gutnik 等，2006）。TMS 技术当前仅用于皮层,并且由于其潜在的长期副作用而不能广泛用于人类。

(4)脑成像技术。脑成像技术是当前决策领域最常用的神经科学技术,主要包括正电子发射断层显像(PET)、功能磁共振成像(fMRI)、脑磁图(MEG)、脑电图(EEG)以及基于脑电图的事件相关电位(ERP)等。fMRI 和 ERP 都是通过观察刺激事件(包括视觉、听觉、体感等物理刺激及非诱发的心理因素)在大脑中引起的脑区活动来确定与之对应的脑区(马庆国,2006)。不同的是,fMRI 利用磁共振信号的血氧水平依赖性,测量人脑各区域的活动;ERP 则依靠脑神经元放电产生的微弱电位差。fMRI 具有极高的空间分辨率,ERP 则具有极高的时间分辨率,因而两者是目前神经经济学研究中最常用的技术。

神经科学通过研究大脑各个区域的活动差异和其他线索来阐述大脑组织的原理与功能,从根本上改进了我们已有的对大脑如何工作的认识。人的决策行为涉及多个脑区,由相互联系、密切配合的大脑环路所组成。表 4-3 是与决策相关的脑区及其功能的简要介绍(Gutnik 等,2006)。

表 4-3 决策制定功能的大脑区域

大脑区域	子区域	功能
前额叶皮质(PFC)	眶额皮质(OFC)/腹内侧前额叶皮质(VMPC)	激励收益,最优估计,逆向学习
	背外侧前额叶皮质(DLPFC)	操纵与决策相关的信息以及决策过程中的自觉考虑;工作记忆功能;不确定情境下的决策制定
	前扣带回皮质(ACC)	认知冲突过程
杏仁核		奖赏识别,情绪感知,损失厌恶
脑岛	前脑岛	预期损失,预测误差,厌恶情绪
纹状体	腹侧纹状体及伏隔核 背侧纹状体	预计收益及预测误差,体验收益 体验收益与损失
基底神经节	中脑边缘和中脑皮质多巴胺通路 前额叶 5-羟色胺能通路	奖赏与成瘾及其决策过程 强化驱动学习

从表 4-3 中我们不难发现,前额叶皮质的所有区域都是紧密相连的,因此它是参与大脑决策过程的主要区域;并且,它与很多皮质下区域高度相连,而这些区域牵连决策制定的很多不同方面。研究人员从相关的动物损伤研究、前额叶损毁的人脑研究以及神经影像学研究中已经获得大量的决策制定神经科学证据。

在决策领域,不确定性决策和跨期决策是两个非常重要的研究主题(Camerer 等,2004)。不确定性决策是决策者在无法预计事件发展的情况下进行的决策。这种决策受到各方因素的影响且这些因素不可控,因而使决策者无法确定决策结果。跨期决策是人们针对不同时间点的收益或损失进行对比,然后做出选择,其中延迟折扣是跨期决策的核心内容。延迟折扣是指个体会对延迟获得的奖赏的效用值打折扣,折扣后的效用小于原来的效用(Laibson,1997)。

近年来,随着脑成像技术的发展,不确定性决策研究取得了很多初步成果。其研究一般遵循以下过程:先假设个体在损失或收益情境下的风险偏好不同,损失或收益的变化影响个体决策;然后借助 fMRI、ERP 及 PET 等脑成像工具来探索行为背后的脑区神经活动。

例如，Bechara 等（2000）发现在爱荷华博弈任务实验中，大脑腹内侧前额叶皮质损伤的被试会更偏向于选择短期收益选项，但从长远看这些选项是亏损的。Dickhaut 等（2003）发现收益会激活眶额皮质的活动，损失则会激活顶下小叶和小脑区的活动。在最后通牒任务实验中，两名被试共同分配一笔钱，其中一名提出分配方案，另一名选择是否接受方案，从而决定此次分配是否成功。研究者使用 fMRI 记录脑区活动，发现不公平的分配会激活与情绪相关的前岛叶和与认知相关的背外侧前额叶皮质区域的神经活动，并且前岛叶活动更强烈的被试更容易拒绝不公平的分配方案（Sanfey 等，2003）。另外，大量针对猴子的动物研究也表明，顶叶及后扣带回的神经活动与决策选项值和风险相关。

个体在进行跨期决策时，其时间偏好并不是固定的，而是存在贴现率递减、量值效用和符号效用等诸多"异象"。因此，我们不仅要找出与跨期决策活动相关的脑区，更重要的是将这些脑区完善成一个能解释"异象"的神经网络模型。Laibson（1997）提出 β-δ 系统理论模型，认为延迟折扣是两种与奖励有关的神经系统相互竞争导致的：情绪系统 β 用于评估即时奖励，理性系统 δ 则用于权衡即时奖励和延迟奖励。McClure 等（2004）采用延迟决策范式，要求被试在两种延迟奖励（延迟时间长的奖励金额更大）之间做选择，并使用 fMRI 技术观察与之相关的脑区活动。结果发现，相比于延迟时间很长的奖励，面对延迟时间较短的奖励，大脑边缘系统环路（包括腹侧纹状体、后扣带、内侧眶额叶皮层和顶叶皮质区域）的激活程度更高；同时，无论被试做出哪种选择，外侧前额叶与顶叶皮质区域都会被激活，但当被试选择延迟时间长的大额奖励时，外侧前额叶的激活程度更高。这就证明人的大脑中确实存在两种奖励加工环路分别对应 β 系统与 δ 系统：边缘系统可能与短期的 β 系统有关，而外侧前额叶与顶叶皮质区域则可能与长期的 δ 系统有关。这一结论在 Tanaka 等（2004）的研究中也被证实。

也有学者对于跨期决策的双重神经系统提出疑问，认为有关结论存疑。例如，Kable 和 Glimcher（2007）发现可以同时评估即时奖励和延迟奖励的脑通路：眶额叶皮层—纹状体—后扣带回，对 β-δ 模型提出挑战。还有研究者提出眶额叶皮层—纹状体—后扣带回可以同时评估即时奖励和延迟奖励，但对即时奖励的反应更强烈（Hariri 等，2006）。近年的相关研究也发现后扣带回、腹侧纹状体和内侧前额叶等脑区对延迟奖励的价值判断更灵敏（Sripada 等，2011）。

◆ 4.6.3 决策的影响因素

个体的决策过程会受到来自方方面面的各种因素的影响，其中情绪、人格和情境三种因素的影响作用越来越受到研究者的重视。

1. 情绪

情绪是人的一种心理状态，与人的行为密不可分。现代心理学把情绪作为影响决策问题的重要因素，以揭示决策行为背后的奥秘。一般认为，情绪是以主体的愿望和需要为中介的一种心理活动，它由独特的主观体验、外部表现和生理唤醒三部分组成。当客观事物和情境符合主体的愿望与需要时，就能引起积极、肯定的情绪；当客观事物和情境不符合主体的愿望与需要时，就会引起消极、否定的情绪（彭聃龄，2001）。

心理学家在研究情绪与决策的关系时，把情绪分为即时情绪（immediately-felt emotion）与预期情绪（anticipate emotion）。即时情绪是决策者在进行决策活动时体验到的情绪，而预期情绪是伴随预期结果产生的。即时情绪属于外部情绪，随环境而发生改变。在探究即时情绪对决策的影响的实验中，心理学家常常用视频、图片或文字诱导被试产生某种情绪。预期情绪属于内生情绪，是由决策问题本身带来的情绪。比如，决策者预计某个抉择会带来"好的结果"而产生愉快情绪，预计某个抉择会带来"坏的结果"而产生后悔情绪，担心决策"达不到预期结果"而产生焦虑情绪，憧憬决策"超过预期结果"而产生得意情绪，等等。预期情绪决策者的抉择产生，是一种基于过去经验的预期。

早期一些知名学者都支持情绪影响决策的假说。Simon（1967）认为，要构建描述人类决策的理论，情绪的作用不容忽视。Zajonc（1980）认为，虽然情绪与认知会相互影响，但情绪与认知对决策过程的影响是相互独立的，情绪能够独立且迅速地对决策产生作用，许多实验证实了这一假说。在经济学领域，许多学者也发现情绪对投资决策的重要作用。Ricciardi（2007）发现，投资受损会使投资者产生一种情绪，并最终导致人们做出抛售的决策。这种情绪在投资者之间可以相互感染，将导致市场价格急剧下降。林树和俞乔（2010）进行模拟市场实验，发现当股票价格涨至最高点或跌至最低点时，个体情绪与交易行为的相关关系具有不同模式。当股票价格到达最高点时，个体情绪波动与经济基本面的变化相关，并且情绪的变化还会影响交易主体的资产买卖行为；当股票价格跌至最低点时，投资者的交易行为主要受经济基本面的影响。Lashgari（2015）认为，投资失败的投资者对待投资交易会更加谨慎，因为投资失败的经历使他们处于一种恐惧失败的情绪中；投资成功的投资者则处于一种兴奋情绪中，相比之下，他们的交易行为将更加频繁。

不同的即时情绪对决策的影响也不尽相同。在探究情绪对决策的影响的实验中，研究者发现恐惧、悲伤和高兴这三种情绪会影响被试在判断性实验中所做的判断；而愤怒、恐惧、悲伤、厌恶和内疚这五种情绪都会影响被试在决策性实验中的表现，其中内疚情绪的影响最为显著（Angie 等，2011）。Lerner 和 Keltner（2001）发现，愤怒和恐惧情绪会影响人们对事态发展的预期。处于恐惧情绪中的决策者易于高估事件的风险，而偏好选择确定性的方案；与之相反，愤怒情绪会促使人做出冒险的决策。Chuang 和 Kung（2005）发现，怀有悲伤情绪的人往往偏好需要细节判断的选项，而怀有高兴情绪的人则偏好选择安全的选项。Mohanty 和 Suar（2014）在实验中发现，消极情绪可以促进系统性思维，而积极情绪有助于启发式认知。消极情绪使决策者在处理问题时思绪更流畅、更富有创意、更具灵活性，在一定程度上改善了人们的决策表现。

后悔是预期情绪的一种重要表现。后悔是基于人们以往的决策经验、在决策结果发生前产生的一种情绪，会影响人们对决策预期效用的估计。在生活中，后悔情绪常常影响人们的决策。例如，在消费领域的研究中，Simonson（1992）发现后悔情绪对消费者购买决策具有显著影响，消费者在购物时经常会选择比较贵的知名品牌商品而放弃便宜的非品牌商品，就是为了避免后悔。在法律领域，Guthrie（1999）通过实验研究发现，人们通常选择庭下和解而非法庭判决的方式处理法律纠纷，就是为了避免后悔。Prentice 和 Koehler（2003）认为后悔甚至会影响陪审员的判断，导致其不合理的决策倾向。在医疗卫生领域，一项有关临床病人住院治疗期间满意度的问卷调查显示，后悔情绪是病人选择改变治疗方案的主要原因（Barron 和 Erev，2003）。Chapman 和 Coups（2006）通过一项针对大学教职工有关疫苗接种的问卷调查，发现相比于患病风险和医疗效果这些客观因素，人的主观情绪（焦虑、后悔）才是影响他们接种决策的重要因素。容易产生后悔情绪和有焦虑特质的人更易于选择打疫苗，因未注射疫苗而产生焦虑和后悔情绪的人会在第二年打疫苗。在跨文化决策研究领域，Barron 和 Erev（2003）分别选取来自中国、日本和俄罗斯的三组被试考察后悔情绪对决策的影响，结果出乎意料，这几组被试的实验结果与美国被试并没有差异。也就是说，后悔情绪对决策的影响发生在个体层面，而非群体层面。

预期失望情绪（disappointment emotion）是心理学家发现的又一种可能影响决策的预期情绪。Bell（1985）、Loomes 和 Sugden（1986）都发表了关于预期失望情绪的理论研究。预期后悔情绪与预期失望情绪都属于负面情绪，两者的区别在于，后悔是来自不同备选方案之间的比较，失望则是来自决策者所选择的方案本身。预期失望情绪是决策方案的预期效果达不到决策前的设想所导致的，这种负面情绪同样会影响决策的预期效用。

2. 人格

人格特质是指在不同时期、不同情境中持续的比较稳定的行为方式倾向。人格是最主要的个体差异变量，目前以人格为变量的研究已经在决策领域展开并取得了许多研究成果，决策领域近十年来引入了许多人格概念，包括乐观—悲观、风险寻求—风险回避、对模糊的态度等。

在早期的研究中，Moore 等（1997）率先将人格因素引入了启发式决策的研究，探究了社会判断实验中人格与情境因素的交互作用对启发式决策的影响。具体表现为：在对律师 vs 工程师（代表性偏差）进行判断时，在社交情境下，相较于低社交性的被试，高社交性的被试更易于将约翰（代表性人物）判断为工程师。而在 Kowert 和 Hermann（1997）关于政治决策与人格的关系的实验中，他们使用大五人格量表对决策者的人格进行测量，结果发现决策者的冒险行为与开放性人格正相关，而与责任心人格和宜人性人格负相关。

后期研究则主要使用大五人格量表测量人格变量，用于探究人格与决策者在不同情境下风险决策的关系。首先，个体跨不同生活领域表现出的总体冒险倾向与外向性、开放性人格特质正相关，与神经质、宜人性、责任心人格特质负相关（Nicholson，2005）。而在不同决策领域，风险偏好表现一致和表现不一致的个体存在人格差异。具体来说，风险偏好表现不一致的个体的神经质、开放性程度低于风险偏好表现一致的个体，而责任心则更高。其次，决策偏差受到人格特质的影响。Levin 等（2002）设计实验探究人格特质与不同损益条件和不同框架效应类型的风险决策的关系。结果表明，在收益条件下，开放性对被试的冒险行为具有极佳的预测性，高开放性与高冒险相关，而高神经质与低冒险相关；在损失条件下，神经质与冒险行为显著正相关，高神经质的个体往往具有更强的冒险倾向。此外，责任心和宜人性这两种人格特质与框架效应有关，高责任心、高宜人性的被试倾向于表现出目标选择框架效应，低外向性、高开放性、低责任心的被试则倾向于表现出风险选择框架效应。也有研究发现人格变量与情境因素产生交互作用，从而影响决策（梁竹苑等，2007）。

Li 和 Liu（2008）开展了一系列有关人格对风险决策偏好的预测性的研究，结果发现跨情境风险偏好一致的风险寻求者和风险规避者，在人格的感（知）觉维度和感知判断维度上表现出显著差异,并且首次提出灰发灰云效应。灰发灰云效应是指,一种处于白色和黑色之间的灰色,给人们的感觉并不是处于两者之间,而是更偏向于白色。灰发灰云效应在人的风险决策偏好中体现为,跨情境风险偏好一致的风险寻求者的感(知)觉和感知判断得分低于风险回避者,按照逻辑可以推断,跨情境风险偏好不一致的被试在感(知)觉得分和感知判断维度上的得分应该在两者之间,也就是风险寻求者和风险回避者的平均水平。但实际上,风险偏好不一致的被试的感(知)觉和感知判断的得分与平均分值存在显著差异,而且与风险回避者的得分类似。这一现象被研究者命名为灰发灰云效应。

在医疗决策领域,有研究者利用大五人格量表探究医师人格特质对伦理困境下医疗决策的影响,结果发现:宜人性人格特质会影响医师对医疗决策主体以及生命权、自主选择权的认知;外倾性人格特质会影响医师对医疗决策主体、医德、法律、健康权、隐私权等的认知;神经质人格特质会影响医师对医德、法律的认知;开放性人格特质会影响医师对决策冲突应对方法、健康权和隐私权的认知(赵嘉林和刘俊荣,2021)。

3. 情境

情境因素也是影响个体决策的重要因素,Belk(1975)将其定义为在某一特定的时间和地点存在的对当前行为产生影响的某些因素,不是由个人或刺激物长期特性发生改变而具有的特性。他把情境因素划分为物质环境、社会环境、时间因素、任务类型、先前状态五类。近年来,有关情境因素对决策的影响的研究活跃在各个决策领域。

在消费决策的研究中,研究者将消费情境定义为:与消费者和产品本身特征无关的时空中的特定区域。消费情境是指短期的、消费活动的具体背景性因素,它包括以下三个要点:(1)涉及消费行为发生的时间和地点;(2)解释为什么活动会发生;(3)影响消费行为。在有关情境因素对消费决策的影响的研究中,研究者发现,当购买风险较高的产品且消费者对所购产品的品牌不太熟悉时,产品包装常被消费者当作判断产品质量的重要线索。赵金蕊(2009)的定性分析研究指出,商品、场所、促销方式和氛围会对女性冲动购买行为产生影响。杨秀丽和程永运(2009)指出,情境是影响消费者超市购物行为的关键因素。因而超市管理人员应当充分认识和利用这一点改良超市环境,为消费者提供良好的购物体验,以获得更多的顾客流和回头客。吴聪治(2008)通过初步的定性研究,分析了各种情境因素对消费者购买决策的影响,为企业创建消费环境提供了一些建设性建议,改善了顾客的消费体验,提高了企业的销售量,实现了企业与顾客的双赢。广告心理效应就是情境因素影响消费者购买决策的典型体现。杨建民(2007)在研究中指出,商家想要增强商业广告的心理效应,就应充分把握产品选择的差异性、休闲方式的差异性、信息处理的差异性以及消费者购物方式的差异性等。

在旅游决策领域的研究中,由于旅游产品的特殊性,对旅游决策的定义也不尽相同。在研究中,主流的旅游决策含义指出,旅游决策受到决策者理性原则的支配。旅游决策是指旅游者通过仔细评估不同旅游目的地的风景、旅游服务和费用,理性地选择最能解决旅游者需求的一种方案。Moutinho(1987)认为旅游决策更多地受到外部环境的影响,包括家庭、参考群体、角色、社会阶层、文化和亚文化等多种因素。Lee(2000)调查研究了东西方旅游者参与文化博览会的决策和行为中的旅游动机差别,发现人们的旅游决策等行为会受到文化背景的影响。

数字资源

本章数字资源由三大部分组成：一是 UTD 24 文献推荐，二是推荐的决策相关量表，三是参考文献。详细内容可下载"拓展学习资源"获取。

1. UTD 24 文献推荐

Jayson S. Jia, Uzma Khan, Ab Litt. The effect of self-control on the construction of risk perceptions [J]. Management Science, 2015, 61 (9): 2259-2280.

Karen Chinander Dye, J. P. Eggers, Zur Shapira. Trade-offs in a tempest: Stakeholder influence on hurricane evacuation decisions [J]. Organization Science, 2014, 25 (4): 1009-1025.

Nicola Breugst, Rebecca Preller, Holger Patzelt, et al. Information reliability and team reflection as contingencies of the relationship between information elaboration and team decision quality [J]. Journal of Organizational Behavior, 2018, 39 (10): 1314-1329.

2. 决策相关量表

◎ Susanne G. Scott 和 Reginald A. Bruce 开发的"一般决策风格量表"（GDMS）

◎ Sproles 和 Kendall 开发的"消费者决策风格问卷"（CSI）

3. 参考文献

第5章 群体心理与团队管理

■ 知识点

群体、群体分类、群体结构、群体发展阶段、群体心理、群体行为、团队、团队管理、团队建设、跨文化团队冲突

■ 学习要点

◎ 群体是什么？群体是怎样形成的？群体是怎么分类的？如何对不同群体进行管理？
◎ 群体心理和群体行为有哪些？
◎ 群体功能是什么？群体结构包括哪些层次？群体发展包含哪几个阶段？
◎ 什么是团队？它和群体有什么关系？团队有哪些类型？团队的特征是什么？
◎ 如何发展和管理团队？

思维导图

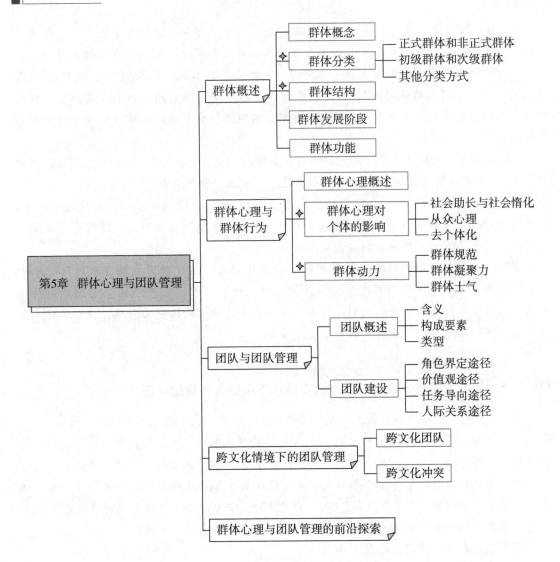

新理念　　和而不同　合作共赢

"和而不同"是中华优秀传统文化的经典理念之一，有着丰富的历史底蕴。社会观是人们对自己生活在其中的社会及其历史发展的总体看法和观点。春秋时期，儒家创始人孔子明确提出"和而不同"的社会观。孔子云："君子和而不同，小人同而不和。"宋代朱熹指出"和而不同，执两用中"，意思是要看到事物矛盾对立的两个方面，在矛盾的对立中寻求统一。在矛盾的统一体中，虽然矛盾双方的观点、意见有所不同，但双方依然能够和谐相处。

"和而不同"的社会观蕴含着深刻的哲学和伦理智慧。"和"即"和合"，《国语·郑语》曰："商契能和合五教，以保于百姓者也。"所谓"和合五教"，就是调和"义、慈、友、恭、孝"五种礼仪教化，使"父、母、兄、弟、子"之间的关系和谐而成为统一体，这是达到"保于百姓"这一目的的具体手段。"和"与"合"从动与静、过程与结果等不同角度，揭示了天地万物存在的本质和机理。

创造性转化和创新性发展"和而不同"的文化理念，对于新时代培育和践行"和而不同"的社会观具有重要的启发意义。在管理中，我们应以"和而不同"的态度对待不同员工，激发全民族文化创新、创造活力，以社会主义核心价值观为引领，推动文化高质量发展，不断满足人民日益增长的美好生活需要。

史上择慧　　钱氏家训：吴越钱氏跨越千年经久不衰的秘密

"近代三钱"——"中国航天之父""中国导弹之父"钱学森、"中国近代力学之父"钱伟长及"中国原子弹之父"钱三强，都出自吴越钱氏家族。吴越钱氏家族是指吴越国开创者钱镠及其后裔。除"三钱"以外，"清代史学第一人"钱大昕、国学大师钱穆、文学大师钱钟书也出自钱氏家族。千年以来，吴越钱氏英才辈出且遍布世界各地，被誉为"千年名门望族，两浙第一世家"。孟子曰："君子之泽，五世而斩。"从五代时钱镠在吴越开创钱氏王朝，钱氏家族历经宋元明清至今，吴越钱氏为何能经久不衰？

家族奠基人——武肃王钱镠

武肃王钱镠（852—931），字具美，临安人。他出身贫寒，家中世代以耕作捕鱼为生。钱镠年少时贩盐，后应征从戎，保护乡里，平叛乱军，立下赫赫战功。唐同光元年（923），钱镠统一吴越两浙，建立钱氏王朝。钱镠在位期间，不仅重视人才、礼贤下士，还大力发展当地经济。他息兵安民、休养生息，兴修水利工程，鼓励农民开展农业生产，极大地促进了吴越当地的农业、手工业和商业发展，为继任的诸王打下了良好基础。江南渐渐成为全国富庶之地，苏轼曾评价"上有天堂，下有苏杭"。

钱镠虽然文化水平不高，但对家族教育十分重视。据史书记载，钱镠曾立有家训，临终前还给子孙留下"心存忠孝，爱兵恤民，勤俭为本，忠厚传家"等十条遗训，这些家训在钱氏后人中口耳相传，激励着一代又一代的钱氏后人发奋图强、迎难而上。

家训传世　以教化人

家训是集中反映一个家庭或家族长期生活中逐渐形成的被家庭成员共同认可并自觉遵

循的道德理念、思想作风、价值取向、生活习俗、行为准则、精神追求等方面的综合（刘先春和柳宝军，2016）。《钱氏家训》据传是忠懿王钱弘俶总结钱镠"起居录"所作，经后人不断完善，成为一部饱含修身处世智慧的治家宝典。《钱氏家训》共分为个人、家庭、社会、国家四个篇章，思想植根深厚、博大精深，是钱氏家族的珍贵历史遗产，也是钱氏家族人才辈出的传家宝。据说，每有婴儿诞生，钱氏家族就要全家人一起诵读家训，这个传统直到近代才中断。钱学森的父亲钱均夫曾说："我们钱氏家族代代克勤克俭，对子孙要求极严，或许是受祖先家训的影响。"钱伟长先生说："我们钱氏家族十分注意家教，有家训的指引，家庭教育有方，故后人得益很大。"

尊师重教、读书明理是钱氏家族重要的家风，《钱氏家训》中提到"子孙虽愚，诗书需读"。钱氏家风注重读书，这也对江浙文化传承产生了深远影响。钱氏家族三世五王以身作则，均有著作传世，尤为注重教育后代读书的重要性，强调"读书为第一等事，读书子弟为第一等人"。钱氏后人谨记家训，潜心读书、孜孜不倦，钱玄同父子、钱家治父子、钱穆叔侄等都是勤奋好学的典范。

除重礼仪、好诗书的家训外，互助的风气也是钱氏家族经久不衰的重要原因之一。家训规定"家富提携宗族，置义塾与公田，岁饥赈济亲朋，筹仁浆与义粟"。钱江初在回忆家族历史时说：村子里有五六百户人家，基本上姓钱，早在1901年村里就办了小学堂，所有小孩上学都免费。村里实行"学田制"，专门划出三百亩田，田地收入全部作为小孩上学的经费。钱伟长幼年丧父，靠着叔父钱穆和宗族的救济才完成学业。

《武穆王遗训》中强调"化家为国，乃能长久"，把"齐家"和"治国"结合起来。吴越钱氏家族对子孙后代教养中一直延续这种家国情怀。比如我们熟悉的"近代三钱"的爱国故事，尤其是钱学森。他在美国完成学业后，放弃优渥的生活环境和良好的科研条件，突破重重阻挠回到祖国，成为中国火箭、导弹和航天事业的奠基人。钱学森"化家为国"的家国情怀正是钱氏家族文化教育的结晶（王湛，2019）。

《钱氏家训》有三大核心价值："善事国家、重德修身、崇文尚学。"这三大核心价值成为钱氏世代人才辈出的文化基因。2021年《钱氏家训》被列为国家级家训非遗项目，《钱氏家训》成为中华民族共同的精神文化财富，它对传播优秀的传统文化具有积极的影响，对群体建设和团队管理有着重要启示。

故事启示

《管子·小匡》曰："公修公族，家修家族。使相连以事，相及以禄。"家族是有血缘关系的社会群体。从情感上说，家族属于初级群体，是一个人获得生存实践技能、通往社会的桥梁。钱氏家族成员互帮互助，除了教养功能，还承担满足个体精神生活的责任，它对家族中每个个体形成初始的思想观念具有重要作用。同时，钱氏家族重礼仪、好诗书的良好的家族氛围，给钱氏家族后代提供了养成优良习惯的沃土。

钱氏家训是吴越钱氏家族发展和延续的重要精神保障，属于家文化的一部分。家文化是一种植根于世代传承的家庭家族文化土壤，体现民族特质和精神风貌的文化（陈延斌，2022）。家训作为家族行为规范的准则，可以对群体成员行为产生内在约束，间接降低维系群体秩序的成本，使群体在危机时团结互助。武肃王钱镠虽然出身卑微，但对家族的发展具有长远目光。他留下来的《武肃王八训》《武肃王遗训》内涵丰富，是钱氏家族人才辈出的传家宝。

在当今社会，我们处于各种各样的群体之中，群体心理和行为不仅对个体的行为有着重要的影响，对组织的管理与发展也有一定意义。在管理心理学中，我们有必要学习如何把握群体心理和行为，从而打造出有效群体、高效团队。

5.1 群体概述

5.1.1 群体概念

"物以类聚，人以群分""人之生不能无群，群而无分则争，争则乱，乱则穷矣""没有人是一座孤岛""无穷的远方，无数的人们，都和我有关"，这些我们听过无数次的诗句、名言无不启发着我们去思考群体的重要性。清晨结伴而行的鸟儿，食堂拥挤的师生，教学楼回荡的此起彼伏的讲课声，周末公园中享受惬意的"社畜"、谈恋爱的情侣、健身爱好者、牌友棋友，远方守卫祖国边疆的战士……无不在现实中印证或改变着我们对于群体的思考。

《辞海》中将"群体"解释为本质上有共同点的个体组成的整体，或者由许多在生理上发生联系的同种生物个体组成的整体；《汉典》则指出，群体是由许多同种生物的个体组成的整体，或者同类人或事物组成的整体。陈岳林和陈非儿（2019）提出，群体是在组织背景下、为一个共同目的、以一定方式结合、彼此之间存在相互作用、心理上存在共同感并具有情感联系的两个以上的人群，或者两个以上为了分享共同规范、目标、有共同身份的自由探讨的个体。爱德温·洛克（Edwin Locke）在《组织行为指南》（*Handbook of Organizational Behavior*）一书中指出，从个体与群体的角度看，组织是个人认知、态度和行为发展的背景。安杰洛·基尼奇（Angelo Kinicki）在《组织行为学》（*Organizational Behavior*）一书中认为，群体是一个重要的社会分析单位。总而言之，群体是有一定目标或一致认同感，互动、发展或作用的两个以上个体组成的人群。

原始人类聚在一起是为了御寒、防范危险，但聚在一起也会扩大目标、不利于隐藏和逃跑；从小到大无数次的小组作业团队合作，明明是精心挑选的队友却意见相左、达不到预期，影响整个小组的效率，此时我们难免抱怨为何不单独作战。人们说没有人是一座孤岛，但也说人要有边界感。那么，为什么还要存在群体呢？

社会认同理论认为，社会认同包括类化、认同和比较三个基本过程。首先，人们需要将自己编入某一社群，这就是类化；其次，个体认为自己与社群的其他成员具有共同特征，即认同；最后，个体通过与其他社群的比较，评价自己认同的社群的优劣、地位和声誉（张莹瑞和佐斌，2006）。所以，社会认同理论的提出者之一——亨利·塔菲尔（Henri Tajfel）将"社会认同"定义为：个体所掌握的关于他所从属的社会群体的知识，或者是对社会成员个体有显著感情和价值的东西。经历了这一过程，个体就会加入并认同某个特定的社会群体。

斯蒂芬·罗宾斯（Stephen Robbins）在《组织行为学》（*Organizational Behavior*）一书中认为，人们会对所属群体的成败产生情绪，因为他们的自尊与群体表现紧密挂钩。比如，我们倾向于在群体取得小成绩时，无论个人功劳大小，炫耀自己是团队一分子；而遇到讨厌的对立群体失败时，我们会幸灾乐祸。

人们在什么情况下会形成社会认同呢？如果成员相似性强时，整个组织就更容易让新成员产生认同感；独特性将一个人与其他人区别开；社会地位和人的自尊心密切相关，因为人们利用社会认同找到自己的位置和自尊，所以社会地位低下的想法会驱使他们积极改变；管理者也可以通过降低不确定性的方式得到员工的认同。当今数字化时代，更新迭代不断，著名学者陈春花也曾指出组织管理面临结构性和经营性两方面的不确定性，因此要学会识别不确定性，与不确定性共处以及在不确定性中保持定力。

中华典故　　　　中华民族的认同感

《左传》中所谓的"非我族类，其心必异"，孟子的"民为贵，社稷次之，君为轻"。学者朱天元也在《从"天下"国家到民族国家》中指出，中国古代并不是没有关于"他者"的概念，但"他者"是按文化标准加以区分的。

我们为什么属于"中华民族"？"中华民族"象征着什么？

秦始皇灭六国统一中国，开创帝制，自称皇帝，治理天下由分封制改为郡县制，并以"中华"命名大秦帝国所统治的疆域。"中华"是以自我为尊、周边蛮夷都微不足道的意思。除此之外，古人认为世界是天圆地方的，而我们自己则位居天下的中央。华夏族自诩为中原正统的领袖，往上可追溯到华胥氏，为人文始祖女娲的母亲，所以秦始皇正式使用"中华"这个称谓，除表明天下以大秦为尊以外，也有往上追溯这是华夏族后裔建立的正统帝国的意思。

华夏儿女自古有向上生长的韧性，早在《春秋左氏传》中就有关于人生如何才能达到不朽的记载："太上有立德，其次有立功，其次有立言。虽久不废，此之谓不朽。"比如，我国古代历史上的科举制度，给了贫寒子弟寒窗苦读后获得成功的机会，现实的家徒四壁与理想的衣锦还乡的巨大差距使他们找到自己在社会中的地位并由此产生头悬梁锥刺股、向更高阶层跃升的动力，个体的主观能动性增强也带动群体氛围提升。宋人严羽在《沧浪诗话》写道："试问唐朝何胜我朝？唐以诗取士，故多专门之学，我朝之诗所以不能及也。"张岱年先生指出："中国哲学离宗教最远，从不探讨灵魂不灭之类的问题，而更注重生命如何以自己的创造和贡献达到不朽。"陈春花曾写道："相对于起点而言，理想更重要；相对于行动而言，立志更重要。"锲而不舍的求学精神和为梦想而拼搏的毅力仍然能在现代读书人身上找到影子。

◆ 5.1.2　群体分类

1. 正式群体和非正式群体

按组织形成方式，群体可分为正式群体和非正式群体。这种分类方式和管理的联系最紧密。

(1) 正式群体。正式群体是指为完成组织安排的任务，达成既定目标，按照组织的规则、秩序所成立的群体，并拥有相应的权利和应遵守的义务规范。

中华典故　　　禁军

我国古代的禁军就属于正式群体。禁军又称亲卫军、近卫军、羽林军等，其直接领导人是帝王，主要的任务是保护皇帝或守卫皇宫、首都。例如唐朝的南衙禁军，其两大特征为：一是等级分明，诸卫下设亲、勋、翊三卫；二是内外有别，各卫有严格的章程规定，诸卫职掌也有所不同。《新唐书》中记载，左右金吾卫"掌宫中、京城巡警"，其他诸卫的活动范围基本限制在"皇城四面，宫城内外"。

正式群体又可分为命令型群体和任务型群体。

命令型群体是指由组织结构规定，由直接向某个主管人员报告工作的下属组成。譬如我国古代的官员，唐朝时实行三省六部制，三省中的尚书省是国家最高的行政机关，其下设六部，每部设尚书为最高长官，总管本部政务。

任务型群体是指由组织结构决定的正式群体，即为完成一项工作任务而在一起工作的人组成的群体，灵活性较大，突破了原有僵化的上下级关系。古代著名的外交家张骞和郑和出使国外所带领的外交团队就属于这一类型。

(2) 非正式群体。非正式群体成立的原因有：一是表征的相同或相似，兴趣爱好相同、地理位置相近或生活背景、经历、年龄相似，可能在聚集地点之外延续；二是深层的利益和态度观点一致，目标影响激励方式、激励方式决定动机，同样的奋斗目标指引同样的方向，群体内成员都尝试得到群体的一部分奖励或者获取有限的资源。

中华典故　　　竹林七贤

竹林七贤指的是魏晋时期的七位名士——嵇康、阮籍、山涛、向秀、阮咸、王戎和刘伶，是魏晋的风流代表人物。《晋书·嵇康传》：嵇康居山阳，"所与神交者惟陈留阮籍、河内山涛，豫其流者河内向秀、沛国刘伶、籍兄子咸、琅琊王戎，遂为竹林之游，世所谓竹林七贤也"。这七人个性鲜明，生活上不拘礼法，据传他们常相约在山阳县的竹林下酣畅纵饮。七人虽然思想倾向不同，但他们的作品都揭露和讽刺司马朝廷的虚伪。竹林七贤崇尚自然，率性而为，他们超高的精神内涵构成魏晋风度的血骨。

非正式群体有以下四个特点：①没有正式群体的特定模板和明确规范，主要是自发形成的；②成员依靠共同的兴趣爱好、情感、需要等来维系相互之间的联系；③需要建立强有力的群体规范来维持群体秩序；④具有自卫性、排他性和相对不稳定性的特征。

非正式群体成员因为某些兴趣或利益一致，所以感情融洽、信息灵敏。群体内有较强的凝聚力，但也意味着较强的排他性，容易对组织氛围和绩效产生重要影响，正确引导成员向组织战略文化靠拢而不是一味打压，会对整个群体有积极的促进作用，反之则贻害无穷。

非正式群体又可分为利益型群体和友谊型群体。

利益型群体是指人们受到某种特定的经济利益、政治利益或社会利益等因素的吸引而组成的群体。北魏时期的"四姓"士族集团就是因政治利益而组成的利益型群体。冯太后死后，孝文帝笼络陇西李冲及其亲党，通过定姓族，构造出一个以清河崔氏、范阳卢氏、荥阳郑氏和太原王氏为中心的"四姓"集团。

友谊型群体是指基于成员共同特点而形成的团体。比如《红楼梦》中探春提议邀请大观园中有文采的人组成海棠诗社，诗社成立旨在"宴集诗人於风庭月榭；醉飞吟盏於帘杏溪桃，作诗吟辞以显大观园众姊妹之文采不让桃李须眉"。

2. 初级群体和次级群体

按情感满足程度和群体成员关系的亲密程度，群体可分为初级群体和次级群体。

（1）初级群体。初级群体又称首属群体或基本群体，是指面对面互动所形成的、具有亲密的人际关系和浓厚感情色彩的社会群体。初级群体对个体行为有着深刻影响，最常见的初级群体有家庭群体和同龄人群体。中国人是世界上最重视家庭的群体之一，家庭是所有社会关系的前提，是所有社会组织的基础，现在越来越多的企业开始提倡打造"企业家风"，把中华民族优良的家文化融入组织的经营与管理，助力组织更好地发展。

中华典故　　　　　颜氏节俭的家风

家族是最常见的初级群体，对每个人都有着深刻而长远的影响，优良的家风对个体良好的行为、优秀的品格起到关键的塑造作用。颜氏家族非常重视家风教育，所倡导的优良家风传承至今。《颜氏家训》记载："然则可俭而不可吝已，俭者，省奢，俭而不吝，可矣。"颜氏这种节俭的家风源于颜氏祖先——孔子的弟子颜回。孔子曾称赞颜回："贤哉，回也！一箪食，一瓢饮，在陋巷，人不堪其忧，回也不改其乐。"

颜之推是中国古代的文学家、教育家，他自幼博览群书，传承先祖节俭之风。颜之推十分重视家族教育，编撰了《颜氏家训》，开创了"家训"先河。他教育孩子节俭，切勿骄奢。我国古代著名的书法家颜真卿是颜之推的后代，自小受家训熏陶，习惯节俭。颜真卿幼时极爱书法，练习十分勤奋，然练书法非常耗费纸张，于是颜真卿就用黄土水在墙上写字，之后再用清水洗去，这就是被后人乐道的"黄泥习字"。颜氏节俭的家风由此可见一斑。

（2）次级群体。次级群体又称次属群体，是指规模较大、人数众多、有严密的组织结构、成员间保持稳定间接接触的群体。次级群体以达到实际的特殊目标为目的，其成员之间的关系是专门化的、非人格化的、不带感情色彩的，仅仅涉及当事人有限的个性特征，如学校、职业群体、社团等。人们在这种关系中关心的是如何达到特定目标，而不关心对方是怎样的人。

中华典故　　　　　汉武帝创立太学

太学是中国古代的最高学府，在汉武帝元朔五年创立。早在西周时就有太学之名，但当时太学和明堂混而不分，不具备专业的教育功能。汉武帝时期，为了加强中央集权，思想上奉行"罢黜百家，独尊儒术"，选官制度上实行推恩令，但建设有效的吏治需要培养符合要求的人才。董仲舒提出"愿陛下兴太学，置明师，以养天下之士"的建议，于是汉武帝在京师长安设立太学。太学生毕业后大部分走上了仕途，体现了学而优则仕的办学宗旨。太学最主要的贡献便是培养了一大批拥护儒家大一统国家观念和宗法思想的人才，最终达到了维护和巩固中央集权的目的。

形成次级群体的主要原因有：①成员的合作需要。任务宏大而个人的力量有限，只有群策群力、发挥集体的智慧、统一行动，才能实现共同的目标。②成员的秩序需要。为了有效地发挥全体成员的力量，需要分工合作、秩序井然，才能达到预定目标。③成员的传播需要。只有在组织严密的群体中，人们才能把他们的共同事业和理想持久地、有系统地加以保存与传播。④成员的发展需要。只有在有组织的群体中，组织成员才能发挥集体智慧，从纷然杂陈的事物中取合于社会需要的，进而推动社会的前进。

3. 其他分类方式

（1）按群体发挥作用分为参照（或标准、示范）群体和一般群体。参照群体是指群体的目标、标准和规范成为人们行动的指南和效法的样板，有别于一般群体。

（2）按成员联系紧密程度和群体发展水平分为松散群体、联合体和集体。

（3）按个体实际归属分为隶属团体（实属群体）和参照团体。隶属团体是指个体实际参加或隶属的团体。参照团体是指成员的团体目标和规范成为个人行为参照的团体。

◆ 5.1.3 群体结构

群体有自己的特定属性，以区别于其他群体，如群体角色、群体规范、群体地位、群体规模、群体内聚力等。

1. 群体角色

角色指人在某个社会单位中表现出占有一个职位的人所应当具有的行为模式。群体角色分为自我中心角色、任务角色和维护角色三种：自我中心角色指只关心自己，可能是阻碍者、寻求认可者、支配者和逃避者；任务角色可能是建议者、信息加工者、总结者和评价者；维护角色可能是鼓励者、协调者、折中者和监督者。

自我中心角色对群体绩效起消极作用，任务角色和维护角色对群体绩效则起积极作用。在群体发展不同阶段，不同角色体现不同的重要性。比如在形成阶段，监督者能增强成员的主人翁意识，建议者能为群体提供努力的方向。

不同的角色构成不同的群体类型，如任务群体、团队群体、人际群体和无序群体。任务群体中任务角色居多而维护角色较少，一般用于应付紧急任务。团队群体中任务角色和维护角色都很多，完成长期目标最有效。人际群体中维护角色多而任务角色少，管理者应该多扮演任务角色。无序群体则需要管理者同时扮演好任务角色和维护角色。

2. 群体规范

群体规范指群体成员共同接受的行为标准，规定他们在特定情境下该做或不该做的事情，包含绩效规范、形象规范、社会交往规范和资源分配规范。群体规范形成的原因包括有影响力的任务的明确陈述、历史上的关键事件、私人友谊和过去经历中的保留行为；也有学者分为个体特征、群体构成、群体任务、地理环境、组织规范和群体绩效。群体规范形成的群体压力，迫使群体成员予以遵守；多数成员对群体规范的评价，决定群体规范的约束力。个体在群体中可能产生从众行为、越轨工作行为。[①] 20 世纪 60 年代后期，S. 皮尔尼克（S. Pilnick）提出"规范分析法"，通过明确规范内容、拟制规范剖面图和进行改革三个层次的努力来提升群体工作效率。

群体规范作为群体的支柱，有利于群体的生存，也能对成员起到评价、约束和矫正行为的作用，维持和强化群体的存在。那么，规范如何影响群体？首先，群体成员若违背规范则将受到排斥和口头攻击，一部分被劝回到群体，另一部分则被群体拒绝或冷待，适当的惩罚也使得群体规范更明确。其次，规范被成员认可接受后，会成为外部控制程度最低的约束成员行为的手段。比如，建立规范时让所有成员发言，解释群体规范和他们的愿望基本一致，帮助他们理解遵循规范的成员是怎样为群体目标做贡献的，奖励遵守规范的成员，驱逐不遵守规范的成员并让所有成员知晓，等等。最后，高层和底层不一定同样严守规范，但高层必须顾及忽视规范的后果。

中华典故　没有法律约束的游侠群体如何维系内部凝聚力？

司马迁在《游侠列传序》中这样写："今游侠，其行虽不轨于正义，然其言必信，其行必果，已诺必诚，不爱其躯，赴士之厄困，既已存亡死生矣，而不矜其能。羞伐其德。"因行踪不定的特点而被称为"游侠"。引用《新华字典》对"游侠"一词的第一条解释为：古称豪爽好结交、轻生重义、勇于排难解纷的人。游侠是功于私名、奋与私斗、结党连群，君臣观念薄弱、家庭观念淡薄，只为义气和名气而生存的人群。班固在《汉书·游侠列传》中写道："温良泛爱，振穷周急，谦退不伐，亦皆有绝异之姿。"历朝历代对游侠都有较高的正面评价。

其一，最现实的资金问题。活动经费来自富家豪族自身的家族背景，或养门客，或依靠自身能力和游侠群体，形成"创收"能力。

其二，群体分工多元化。游侠出于不同目的加入群体，各怀绝技，使得群体能面对各种复杂的社会问题。广义的游侠包括《史记·孟尝君列传》里求生存的"闻君好士，以贫身归于君"的游侠，也有出身豪门的郭解；《史记·刺客列传》里为报恩的聂政、报杀父之仇的魏无忌；鲁迅在《三闲集·流氓的变迁》里说的"孔子之徒为儒，墨子之徒为侠"，为救亡图存奔走游说的墨子；等等。

其三，群体规范宽松但有效，即义气。"义"对他们而言首先是正义和公正，恩怨分明、扶危济困；其次是忠于朋友和知己，重承诺。为了义，他们可以放弃自己原本稳定的生活，挺身而出，将生命置之度外。而吸引其他游侠也可能是自身人格魅力，比如郭解。郭解姐姐的儿子劝人喝酒被人杀了，他姐姐闹着要报仇，把尸体停放在街头不发丧，他不但不生气，反而找到这个人赔礼道歉，放走这个凶手，此乃大度；名声最大时不乘车出入县廷，此乃恭谨。也可能是做官府的耳目、帮官府铲除不必要的麻烦带来的社会地位提

---

① Robinson 和 Bennett（1995）基于越轨行为的程度和指向，将员工越轨行为分为生产型、财产型、人际型和政治型四类。Hollinger 和 Clark（1982）提出制定控制策略的四个关键，即掌握越轨行为、传播公司正面信息、实施惩罚制度、维护制度约束力和宣传公司制度。

升。但有学者评价"只知义气,不知正义,只知兄弟,不知秩序,却不过是政府不作为下形成的社会怪胎"。《韩非子·六反》写道:"行剑攻杀,暴憿之民也,而世尊之曰廉勇之士;活贼匿奸,当死之民也,而世尊之曰任誉之士。"随着中央集权的加强,游侠群体对社会治安和政权稳定的威胁越来越大,这种松散的群体规范及官府的不认可也间接导致游侠群体解散。

3. 群体地位

群体地位是一种社会界定,分正式地位和非正式地位,其中正式地位指群体正式给予的工资、头衔、资历、实权等。群体地位的影响因素包括:个体驾驭他人的权利;个体对群体目标做贡献的能力;个体的个人特征。

地位公平使员工相信地位和等级秩序的合理性,进而影响群体绩效。比较有趣的是,与群体中其他成员相比,一个地位较高的群体成员拥有较大的偏离群体规范的自由,因为他能更有效地抵制从众压力。

4. 群体规模

群体规模影响着群体行为。就完成任务而言,小群体比大群体快速得多;就复杂任务而言,小群体做得更好;奇数的群体更受欢迎。

5. 群体内聚力

群体内聚力指群体成员相互吸引并共同参与实现群体目标的程度。

5.1.4 群体发展阶段

自20世纪60年代中期起,群体五阶段发展模型被多数人认可和接受。群体发展过程遵循"形成—震荡—规范—执行—解体"五个阶段。在形成阶段,成员初入群体开始破冰,探求组织认可的行为;在震荡阶段,成员产生冲突并抗拒控制,管理者难以确定;在规范阶段,各方势力平衡,短暂性地平息冲突,成员开始拧成一股绳,为目标而齐心协力,归属感也使团队结构更规范、更稳定;在执行阶段,成员经过磨合,可以完成任务、持续性应对挑战。

  在今天,游侠群体消失了吗?

形成期。分封制形成了天子—诸侯—卿大夫—士的格局。士作为贵族阶层的底层,他们有个"贵族"的空头衔,却没有任何政治待遇。士人靠着技能或武力周游列国寻找用武之地,途中也做一些行侠仗义的扬名之事,这些人就是初期的游侠。

震荡期。到秦朝建立后,随着分封制的终结,士族阶级连"贵族"的空头衔也没了,士族彻底沦为平民阶层。尽管始皇大一统,但秦史十分短暂,没有对游侠造成致命打击。楚汉相争后,汉朝再次一统,可是在汉朝建立后仍然是一种"虽欲治之,无可奈何"的低依序国家状态。加上秦末战乱对经济的破坏,迫使汉初只能采取休养生息、无为而治的政策。在这种社会环境里,专门在不够严格、不够完善的法律边缘寻求公义的游侠得以继续生存和发展。

规范期。汉初被裂土分封的刘氏子弟或出于政治野心，或出于骄奢需要，模仿战国贵族开始豢养门客，养士之风重新兴盛起来，"吴濞、淮南皆招宾以千数"；民间也有一些家境殷实或者名声显赫的游侠纠集宾客数十上百人，甚至各自划分势力范围。两汉和春秋战国的游侠同样看重名节，到东汉，个人的名声响亮与否更是获荐举做官的条件之一。那时，行侠仗义不仅能帮助一个人树立声望，还能使其得到官府的认可，或被举荐为官。这也助长了游侠为己任的风气，甚至一些人为了成名，睚眦必报做出一些极端之事。"盖其时轻生尚气已成习俗，故志节之士好为苟难，务欲绝出流辈，以成卓特之行，而不自知其非也。"

解体期。两汉魏晋豪门士族集团覆灭加上中央集权的加强，最高统治者越来越无法容忍游侠群体的存在。从郭解以后，游侠群体开始进入两极分化的历史进程。"顺我者昌，逆我者亡。"游侠要么依附朝廷，为封建统治者所用；要么游离于国家和法律之外，那就只能被打压和清除。两汉以后，正史不再为游侠单独列传便可窥见这一趋势。游侠并没有消失，但因为依附朝廷的游侠大多以武将的身份被载入史册，而那些行走江湖、四海为家的游侠无人再记载他们的事迹，自然也无人知晓他们的名字，以至于很多现代人误以为两汉之后再无游侠。

◆ 5.1.5 群体功能

1. 达标功能

群体形成和发展的本质意义就是因为群体是组织实现整体目标的基本形式。组织运行程序和分工协作关系等组织行为的客观规律，决定了组织只有把整体目标分解为各个群体的职能目标，通过各个群体目标的逐步实现最终才能实现组织的整体目标，所以实现组织目标是群体的本质功能。

2. 互补功能

合理的群体结构和人事安排可以产生"1+1＞2"的整体互补效能。通过有机组合而形成的人群整体在共同目标的引导下能产生一种群体合力，这种合力所形成的能量变化不是简单的量变，而是综合的质变；同时，把群体成员根据职能工作的要求和成员个人的特征进行合理分工、恰当安排，使成员在工作中扬长避短、优势互补，适得其所、各尽所能，那么相同数量的成员所产生的效能必然会远远大于成员随意组合所产生的效能。

中华典故 从群体角度看，刘邦为什么能战胜项羽？

刘邦的团队成员来自各行各业，各有所长。刘邦作为领导者把控全局、协调各方，张良、陈平出谋划策，萧何安顿后方、供给军队，韩信统帅军队、征战沙场，樊哙担任先锋、冲锋陷阵，共同构成一支强大且分工合理的团队。刘邦身为团队的领导者，能够平息并处理团队成员之间的矛盾，将团队中所有人的能力发挥到极致。

刘邦担任亭长一职时，曾负责押送犯人到骊山服劳役，一路上许多犯人偷偷逃跑了，加之天气恶劣，无法按期抵达，按秦律当斩。于是刘邦干脆解开绳子，放犯人离开。他认为既已延期，又跑了许多犯人，自己肯定无法免于死罪，不如放犯人一条生路。不少犯人感恩刘邦的义举，纷纷表示愿意追随他。由此可见，刘邦最大的优点是"知人善用"，以此"义举"收买人心，拉拢可以团结的力量，孤立敌人，最终横扫天下，成为汉朝的开国皇帝。易中天说刘邦的成功之处在于"有饭大家吃，有衣大家穿，有钱大家赚，有财大家发"，其大度的想法和做派在中国大得人心。

3. 控制功能

制度健全、管理严格的群体对成员的行为表现能够产生控制的作用。群体规范和群体管理能够形成一种约束力，使成员的言行与群体规范的要求相符合，与实现群体目标的要求相适应。在成员行为中，凡是有利于群体利益的行为表现就会得到群体的赞成和鼓励，凡是有损于群体利益的行为表现就会受到群体的批评和反对，由此形成一种有形与无形的群体控制力。这种群体控制力的功能性质取决于群体规范和群体管理的性质。合理的规范和正确的管理能够形成积极的控制力，从而保证和促进群体的健康发展；错误的规范和落后的管理则会形成消极的控制力，从而干扰和阻碍群体的正常发展。

4. 协调功能

结构合理、规范有效的群体具有协调关系、化解矛盾的功能。所谓的结构合理，是指群体的结构关系符合群体要素之间的内在联系，符合群体的正确目标和成员的合理需求，符合群体运行的客观条件和客观规律。这就为群体积极防范结构性矛盾的发生奠定了结构性基础，同时也为有效化解认知性矛盾、策略性矛盾、人际性矛盾等非结构性矛盾提供了必要的约束机制。所谓的规范有效，是指群体的规范体系符合群体的正确目标和成员的价值需求，因而得到群体成员的认同并被自觉遵守，同时符合群体运行的客观条件和客观规律，因此在规范群体运行、约束成员行为的过程中具有可行性。这就为有效防范并化解群体矛盾、协调群体关系、加强群体团结、促进群体和谐提供了必要的制度保证。

5. 激励功能

目标正确、规范合理的群体对成员具有极大的激励作用。正确的群体目标既符合组织目标的要求，也符合成员的价值需求，因而能激发成员努力实现共同目标的积极性和创造性。同时，合理的群体规范不但和组织规范的要求相一致，而且也符合成员合理的价值判断准则，因而对成员符合群体规范要求的合理行为能够产生积极的肯定和鼓励作用，进而会强化和促进成员的合理行为不断发展。

中华典故　苏洵发愤

苏洵，字明允，北宋时期著名文学家，"唐宋八大家"之一，擅散文，与苏轼、苏辙合称"三苏"。然而，这样一位大文豪，幼年时并不喜读书，直至二十七岁依然浑浑噩噩、一事无成。看到周围许多同龄人刻苦读书，中了秀才、举人，方知自己的粗陋浅薄，对自己平日里没有刻苦读书的做法感到懊悔，遂发愤读书。虽然年纪大了，但他勤能补拙，手不释卷、废寝忘食。此时苏洵的长子已有几岁，次子刚刚出生不久，他便与两个孩子一起学习，一边读书、一边教育子女。三年后，第三子也加入其中。而后，苏洵与其子苏轼、苏辙均高中，成为享誉一时的文学家。

《宋史》记载苏洵的事迹："焚其文，闭户读书，五六年，乃大究《六经》、百家之说。嘉祐初，与二子轼、辙至京师。欧阳文忠公献其书于朝，士大夫争持其文，二子举进士亦皆在高第。"

6. 社交功能

社会性本质决定了人的社会性需要，而社会交往的需要则是重要的组成部分。群体成员亦不例外，也渴望与其他社会成员进行行为交往、思想交流，以满足自我精神上的需要。群体为成员的社会交往提供了必要的平台，创造了有利的条件，使其成员在群体共同的工作、学习、生活中以及在与其他群体的相互联系中开展不同内容、各种形式的社会交往，不断满足成员日益增长的精神需求。

中华典故　　　　中国古代的文人诗社

诗社通常是士大夫带有消遣性质的文学社团。诗社成员或科场失意，相互慰藉；或志同道合，惺惺相惜；或高官致仕，闲居野处寂寞难耐，故彼此相与往来。《明史·张简传》记载："当元季，浙东、西士大夫以文墨相尚，每岁必聊诗社，聘一二文章巨公主之，四方名士毕集，宴赏穷日夜，诗胜者则有厚赠。"明嘉靖年间，诗社更是发达，仅杭州一地就有"西湖八社"，即紫阳诗社、湖心诗社、玉岑诗社、飞来诗社、月岩诗社、南屏诗社、紫云诗社、洞霄诗社。

这些文人士子，或怡情山林，或把酒言诗，"赓歌酬诗""鼓琴瑟陈几筵"，这些活动极大满足了文人士子的社交需求。

7. 感应功能

环境是决定组织行为的重要因素，特别是特定的人文环境对组织成员的行为产生直接的作用，人在特定的环境氛围中会自觉不自觉地受感染而产生相应的行为。群体作为成员特定的人文环境，对成员行为的表现过程必然会产生直接作用，而通过示范和效仿等互动式方式形成的群体感应是重要作用之一。不同的群体氛围会产生不同的感应效果，特别是不同的人际感应氛围必然会产生不同的感应效果，和谐、进取的人际感应对相关成员会产生积极的促进作用，排斥、落后的人际感应对相关成员会产生消极的拉退作用。

中华典故　　　　南宋和北宋百姓的审美差异

清代"四王"之一王原祁说："南宋北宋，各分眷属。"北宋和南宋有着不同的社会环境，也就造成百姓审美的不同。宋朝初期，海外贸易显著增长，诸多异域民众、海外特产汇集京都，开阔了宋人的视野。从社会政治角度讲，北宋之始便制定"以文抑武"的治国方针，文官占据朝廷高位，拥有绝对的文化话语权，甚至决定社会风俗的走向。具体而言，北宋社会认为自己是承继汉唐江山的中华正统，宫廷受众喜欢波澜壮阔、慷慨激昂的文风，文人受众则以文学作品彰显个人的兴趣情操，北宋艺术作品呈现"雅俗并举"的特点。南宋时期，因北宋国破兵败而迁都杭州，社会环境发生了翻天覆地的变化。南宋初期，社会大众还受"壮志饥餐胡虏肉，笑谈渴饮匈奴血"遗恨的感召；但随着经济的发展和战火的停歇，艺术受众审美特点也由"残山剩水、半山一角"构图、"水墨刚劲的大斧劈皴"技法，过渡到婉约风雅、安然自乐的审美趣味；随着"经世致用"思想的传播，民众也开始注重艺术的实际价值。

8. 传承功能

结构合理、业务精进的群体具有不断传承群体文化和专业技能的功能。不断进步的群体在发展过程中，总是相继出现一些先进个人、产生一些先进技术、形成一些先进经验、发展形成一种先进的群体文化。这种不断发展的群体文化不但对当时的群体成员产生极大的影响——所谓榜样的力量是无穷的、近朱者赤等说的就是这个道理，而且对后来的群体新成员也产生深刻的影响——所谓名师出高徒、青出于蓝而胜于蓝等说的就是这个道理。

中华典故　　　　黄道婆传授纺织技术

黄道婆是我国宋末元初的棉纺织专家。黄道婆幼时流落到崖州，在崖州的几十年间，她向黎族妇女学习棉纺织技艺并有改进，总结出"错纱、配色、综线、挈花"的织造技术。她返回故乡后，虽然当时上海的纺织业已经普及，但技术仍然很落后，于是黄道婆开始在松江府乌泥泾一带传授技艺，造就了松江府"衣被天下"的棉纺织业中心地位。上海世代相传的一首歌谣"黄婆婆，黄婆婆，教我纱，教我布，二只筒子两匹布"，表达了人们对黄道婆为棉纺织技术做出卓越贡献的感激之情。

5.2　群体心理与群体行为

5.2.1　群体心理概述

1. 含义与特征

群体心理是群体成员之间相互作用、相互影响下形成的心理活动。所有复杂的管理活动都涉及群体，没有群体成员的协同努力，组织的目标就难以实现。

中华典故　　　　"替天行道"的梁山好汉

"替天行道"既是《水浒传》中一百零八条好汉奉行的原则之一，也是水泊梁山的宣传口号。在当时的社会环境下，奸臣当道、闭塞贤路、鱼肉乡里、欺压百姓，"替天行道"的口号正好顺应民心，为底层民众主持公道。因而，这一口号具有极强的号召力，成为维系团队的精神纽带。彼时，正义是民众的共同追求，在众人眼里，梁山好汉们"替天行道"，是正义的化身，这体现了群体心理的认同意识。

群体心理具有以下特征：

（1）认同意识。无论是正式群体还是非正式群体的群体成员，对自己所属群体都有着极强的认同感，即认为自己属于群体的一员。他们对群体的共同目标有着一致且清晰的认识，遵守共同的群体规范，并自觉在规范内为达成群体目标而努力，并且对重大事件和原则问题保持共同的认识和评价。当然，不同群体的内部认同度是不同的，一般来说，群体规模越大，其内部认同度越低。

（2）归属意识。归属意识是指群体成员所具有的认为自己归属于某群体的共同心理特征，同时他们也具有依赖群体的要求。但是，归属意识还包含一个自愿感和被迫感的问题。非正式群体是成员由于共同的爱好、利益而自发形成的，是自愿的归属意识；而正式群体是按一定的规则组成的，其成员的归属意识是不确定的，可能是自愿的，也可能是被迫的。如果成员的能力在群体中无法展现，或看法不被尊重和重视，就可能对归属于该群体产生被迫感。在这种情况下，成员首先考虑的不是我应该为群体做些什么，而是既然我已经属于这个群体了，群体就应该对我负责。所以，同样是归属意识，自愿的归属可以增强群体凝聚力，而被迫的归属则会导致群体人心涣散。

（3）整体意识。群体成员由于认同群体，归属于群体而产生群体意识，即意识到群体具有整体性。但是，不同成员的整体意识程度或强或弱，他们的行为表现也会有所不同。一般说来，整体意识强的成员，会积极、主动地维护群体利益，行为更多地表现出与大多数成员一致的群体特征；反之，整体意识越弱，做出维护群体的行为就越少，行为具有或强或弱的独立性，不会追求与群体成员一致。整体意识强的个体，在发现其他成员有害整体的行为时，会采取反对态度，必要时会采取一定的手段来制止这种行为；而整体意识弱的个体，就会采取不负责任的态度，在群体中与很多成员一同保持沉默旁观的态度。从上述内容我们可以看出，整体意识和行为一致是两个互相联系的问题，但并不是完全等价的，不能简单地认为行为独立性强的个体的整体意识不强。

（4）排外意识。群体具有相对独立性，群体成员有一定的认同感和归属感，从而必然在不同程度上产生排外意识，这是群体成员普遍会产生的心理。所谓排外意识，是指群体成员所具有的排斥其他群体的意识。排外意识与群体成员把自己看作哪一个群体的成员，以及群体成员之间联系的紧密程度密切相关。认同感越强、规模越小、成员之间联系越紧密的团体，排外意识就越强烈，很难有"外人"可以得到成员的认可进入该群体。群体内部成员往往只关心集体或自身的利益，无视其他集体的利益。

中华典故　　　　　刘备的小圈子主义

"不求同年同月同日生，只愿同年同月同日死"，刘关张的哥们儿义气在刘备势力集团中形成了长期、顽固的"小圈子主义"。刘关张三人内部是紧密的，对外则表现出强烈的排他性。赵云为救阿斗，在长坂坡出生入死，张飞却疑他投曹，斥问："你如何反我哥哥？"黄忠列为五虎大将末位，关羽不满意，专门写信："翼德吾弟也；孟起世代名家；子龙久随吾兄，即吾弟也，位与吾相并可也。黄忠何等人，敢与吾同列？"这让圈子外的其他人很难真正被重用，大大削弱了整体优势，终于先败于吴后灭于魏，为后世叹。

2. 群体心理类型

在不同的群体中会产生不同的群体心理，比如家庭心理、工作群体心理、集体心理、阶级心理、民族心理等都是不尽相同的。

(1) 工作群体心理。工作群体是由共同从事生产活动、相互配合的人所组成的群体，是为了达成共同的生产目标。它具有以下几种特点：

①工作群体是出于共同的生产目标而形成的，群体中每个成员的个人目标和群体目标是一致的。没有群体目标，就不可能组成工作群体。工作群体靠共同目标来维持，但人际关系仍然是影响群体工作效率的一个重要因素。一般来说，人际关系密切的群体，成员在工作时相互配合，具有很高的工作效率；而人际关系紧张的群体，成员之间难以协调配合，工作效率低下，难以在规定的时间内完成预定目标。

②工作群体具有一定的等级体系和权力，一般由组织确定领导班子，有能者居之。能力强、受人拥护的人，会被任命为群体的领导者，居群体的领袖地位。这种体系和权力是可以变化的，群体成员都可以竞争，并不像家庭群体一样具有固定性。

③工作群体的成员有一定自主性，成员自愿加入，而非天然形成。因此，如果成员在工作群体中人际关系良好，个人的看法和意见得到尊重，能充分发挥个人能力完成集体目标，并获得相应的奖励和报酬，他就会继续待在这个集体中；相反，如果个体的一系列要求无法得到满足，他就可能选择脱离并参与其他工作群体。总之，人们选择加入工作群体主要是为了获得经济利益，实现个人价值，带有强烈的动机性。

④工作群体的互动远不如家庭群体深刻。工作群体的成员主要是在生产活动中进行互动。在这种互动中，人们往往很少暴露自己的内心世界，互动往往只停留在表面，难以深入了解他人，往往只知其一不知其二。总之，工作群体的互动大都带有工作性质，情感投入较少，难以达到更深层次。

(2) 集体心理。集体成员是由符合社会利益而又有个人意义的共同活动联结起来的。一个群体的发展会经历若干阶段，如松散群体、联合群体、合作群体等，最后才能发展为集体，集体是群体发展的最高层次。

①集体中的每个成员都是平等的个体，集体中不允许存在剥削与压迫。

②集体是人们为达成社会赞许的目的而结合在一起。一些违法组织、违法者群体虽然有一定的目的，但不能被称作集体。

③集体通过共同活动将个体联结起来。在集体中，人际关系是以有个人意义和社会价值的共同活动内容为中介的。

④集体具有整体性。表现为集体活动系统，它具有自己的组织、职能和分工，有一定的领导和管理机构。

⑤集体能为个人的全面发展创造有利条件。在这里，个人的发展和集体的发展是一致的。

3. 群体心理现象

(1) 心理相容。心理相容是一种社会心理关系，是指群体成员在心理上的真诚接近与行为上的协调一致。它是一种重要的社会心理关系，是群体团结的社会心理特征。心理相容以群体共同活动为中介，中介水平有高低之分。低层次的心理相容不是以共同活动为中介，而只是受个人彼此的情绪、好恶所制约；高层次的心理相容则建立在共同活动的意义与目的的基础之上，它是以成员之间具有共同目标和相同价值观为前提。心理相容是人际交往、团体团结的心理学基础，也是人际交往成功、团体目标实现的重要保障，可以提高群体共同活动的效率，保证群体活动顺利进行。

（2）群体感受。群体感受是指社会共同体内人们相同的情绪状态，是由个体感受引起的群体中多数人的感受。集体中某个成员的心理感受在集体中引发共鸣，蔓延开并最终形成集体感受。心理相容是集体感受形成的重要基础。

集体感受可分为肯定和否定两种。兴高采烈、激情昂扬是肯定的集体感受，心惊胆战、惶恐不安则是否定的集体感受。集体感受也会影响集体或其他共同体中的人际关系。在充满肯定情绪的集体中，成员之间关系和谐，不会爆发冲突；在充满否定情绪的集体中，成员之间关系紧张，剑拔弩张。

（3）社会舆论。社会舆论是社会一定群体内相当数量的成员针对社会事物发表的带有倾向性的议论、意见和看法，它会对有关事态的发展产生影响。社会舆论有自上而下的舆论和自下而上的舆论之分。前者是由政府部门通过媒体向外发布、宣传而来，是官方大力弘扬的，如电视台的"全国质量万里行"；后者则是非官方、无组织、人民群众自发形成的对某一社会热点事件的看法，如群众的"医疗改革"呼声。社会舆论是社会意识形态的特殊表现形式，是相当数量的民众对某一问题的共同倾向性看法或意见，反映了某些阶级、社会团体的利益、愿望和要求，即群体用赞同或批评的方式来表达该群体对舆论对象的评价与态度，为自身争取合理的利益和权利。简言之，社会舆论就是群体中多数人所支持的意见，其精神内核是群体意识，现象外观是议论形态。

中华典故　　周厉王止谤

周厉王是西周的第十位君主，在位时为政暴虐，民怨四起。召穆公对厉王说："百姓们对大王的政令感到不满，民意沸腾，怨声载道！"周厉王听后勃然大怒，令卫国的一名巫师监视民间舆论，将那些胆敢批评自己的人处死。政令之严苛，使国民甚至不敢说话，路遇他人，只能用眼神相互示意。《国语》中《召公谏弭谤》一文记载："厉王虐，国人谤王……王怒，得卫巫，使监谤者，以告，则杀之。国人莫敢言，道路以目。"周厉王很高兴，召见召穆公说："我能消除百姓的批评了，他们都不敢说话了。"召穆公说："你这是堵住他们的嘴啊。堵住百姓的嘴，比堵住河流的危害更严重。河流被堵塞而溃决，伤害的人一定很多；堵住百姓的嘴，道理也是一样。"

周厉王以武力制止社会舆论，表面上百姓不敢说话了，但大家心里的怨气、舆论带来的后果并没有被消除。最终，周厉王三十七年（前842）百姓不约而同奋起反叛，袭击周厉王。

社会舆论是一种大众社会心理现象（俞国良，2006），具有以下特点：

第一，社会舆论是社会上大多数人的共同意见，可以制约个人行为。因此，这也成为社会对个体行为、组织活动施加精神影响的一种有效手段，对群体执行调节、教育与管理的职能。

第二，社会舆论是多数人的共同意见，但最初也是由不同意见演变而来，因而是各种意见的综合体。每当发生一起社会热点事件，人们总会对此展开热烈的讨论，最后形成一种比较一致的看法。

第三，社会舆论有时是一种合理的判断，有时则纯粹是一种情感的表现，应视具体情境而定。有的情境可以引起人们冷静的思考、充分的讨论，从而形成一致意见；有的情境可能会引发人们情感的冲动，进而形成共同的看法。

①从过程看，社会舆论的形成大致可以分为三个阶段。第一阶段，问题的发生。社会舆论一般由人们对某些社会热点事件的普遍讨论引起。第二阶段，引起议论。许多人注意到某一热点事件，并发表自己的观点、看法，议论中可能还会夹杂种种情绪表现。第三阶段，意见的归纳与综合。众说纷纭的讨论中能得到大多数人认可的意见，经过不断的宣传推广，成为主流趋势，并最终形成社会舆论。从形成过程看，社会舆论主要通过人际交往途径实现。

②从结构看，社会舆论包括认识成分、情感成分和意志成分。艾尔贝格从社会心理学角度对社会舆论的结构进行分析，认为认识成分包括事实陈述、价值评价、思维观点和信仰信念，统称为见解（view）；情感成分包括肯定或否定的价值取向、喜怒哀乐的情绪选择，称为偏好（preference）；意志成分包括动机、意图、愿望要求，称为意向（intention）。他认为这三种成分相互影响、相互作用，从而使社会舆论变得扑朔迷离、错综复杂。一般而言，认识成分越多，程度越准确，意志成分就会变得越合理，社会舆论就越理性和客观；情感成分越多，就越容易影响意志成分的合理性，社会大众的意图和愿望要求就会变得越"感情用事"，社会舆论就越容易失去理性。

5.2.2 群体心理对个体的影响

群体效应是指个体形成群体之后，通过群体对个体进行约束和指导，个体身处群体之中，受到群体中他人的影响，在心理和行为上发生一系列变化（罗宾斯和贾奇，2008）。三个和尚没水喝，对于一个工作群体而言，群体效应既可以产生"1+1>2"的工作成果，也可能产生"1+1<2"的工作成果。常见的群体效应包括以下几种：

1. 社会助长与社会惰化

（1）社会助长。社会助长作用又称社会促进效应，是指当他人在场或与他人一起活动时，个体行为效率有提升的倾向。也就是说，在做某一项工作时，一个人和别人组队往往做得又快又好，比一个人单独做时效率更高。

1897年，N. 特里普里特（N. Tripeett）在《美国心理学杂志》发表了一篇旨在考察他人在场和竞争对个人行为的影响的实验报告。他让被试在三种情境下骑行25英里。第一种情境是单独骑行，第二种情境是让一个人跑步伴行，第三种情境是与其他骑车人竞赛。结果表明，第三种竞赛情境下被试的速度（32.5英里/小时）显著快于前两种情境（分别为24英里/小时和31英里/小时），表现出社会助长效应。报告引起了社会心理学家的广泛关注。1916—1919年，F. 奥尔波特（F. Allport）在哈佛大学进行了一系列社会实验，结果证实群体共同工作可以提高工作效率，即个体在群体中活动有增质增量的倾向。

综合实验结果，社会助长效应的成因可以归结为以下几方面：①与他人一起工作时，因他人的评价比较而产生了工作动力；②个人可能将一起工作的他人视为竞争者，从而提高了工作效率；③群体共同工作减轻了单调和孤独带来的心理疲劳，并提供了向他人学习的机会。

(2) 社会惰化。社会惰化也称社会懈怠，是指当个体与群体其他成员共同完成某件事情时，个体的工作效率比单独完成时有所下降，个人的努力程度和活动积极性均有所下降的现象。这一般发生在多个个体为了一个共同的目标而相互合作，只评价总体绩效而不单独评价个人绩效的情况下。事实证明，社会惰化是一种不可忽视的群体现象，它会带来严重的负面影响，比如降低群体工作绩效、浪费社会资源、埋没人才，等等。

社会惰化的成因主要有以下几方面：①不公平感。人们常常把自己付出的努力与得到的成果与他人相比，如果比较的结果是公平、公正的，就会继续努力工作以换取更高的报酬；比较结果一旦被认为不公平，个体就会产生挫败感、被欺骗感，从而削弱其工作积极性。②社会评价的弱化。社会心理学家拉奈尔等（Latance 等，1979）认为，在群体作业的情境下，只有群体绩效得到评价与关注，而个体绩效并未单独计算与比较，个体就有机会对自己的工作不负责任，因为这并不会被关注与批评，由此个体为工作所付出的努力也相应减少，典型的例子是"小和尚效应"。③社会认知的偏差。群体中的个体，在信任和沟通不充分的情况下，很可能持有其他成员可能会偷懒、不努力工作的想法，在这种心理的作用下，个体的努力程度就会下降。④责任分散。责任分散是指个体在与他人共同工作时，如果责任是由群体共同承担的，群体中每个个体感受到的责任就会减少，群体规模越大，这种责任感就越弱，指向群体的责任压力分散在个体身上的现象即为责任分散。在这种情境下，个体就会相互依赖、推诿责任，责任分散程度随群体规模的增大而变得越发严重。⑤个人协作意愿不足。心理学家巴纳德（Barnard，1938）认为，社会惰化产生的主观因素是个人协作意愿不足。他提出构成组织的是人的协作意愿或贡献意愿，而非人。协作意愿意味着自我克制，个体放弃对个人行动的控制权，个人行为朝集体目标努力，成员之间相互协调、相互配合。只有当成员之间有协作意愿时，才能把人们的行动协调起来。然而，协作意愿具有极大的个体差异，个体主观上的协作意愿不足就表现为可观察的社会惰化。明朝的徐阶、张居正和高拱都是有名的辅臣，三个人都有治国安邦之才，为国之栋梁；但他们同时在内阁争夺首辅之位，从而争权夺利，摩擦不断。

2. 从众心理

从众心理是指个体在群体的影响或压力下，放弃自己的意见或违背自己的观点，使自己的言论、行为与群体保持一致的现象，即通常所说的"随大流"。从众行为一般指群体成员跟从群体的倾向行为。当个人发现自己的行为和意见与群体不一致或与群体中大多数人有分歧时，就会感受到一种压力，这会促使他采取与群体一致的行为。

1956 年阿希（Aseh）通过"线段判断"实验对从众行为展开一系列研究。实验以大学生为被试，每组 7 人，坐成一排，其中 6 人为事先安排好的实验助手，只有一人为真被试。实验者每次向大家出示两张卡片，其中一张画有标准线 X，另一张画有三条直线 A、B、C。X 的长度明显与 A、B、C 三条直线中的一条等长。实验者要求被试判断 X 线与 A、B、C 三条线中哪一条等长。实验者故意安排真被试最后一个回答问题。第 1 次至第 6 次测试大家没有区别，第 6 次至第 12 次前六名被试按事先的设定故意说错，借此观察真被试的反应是否有从众行为。

实验结果表明，25% 的被试在 12 次实验中都坚持自己的判断，没有受到影响；50%

以上的被试在后 6 次实验中至少有 1 次选择跟随实验助手的错误判断，甚至有 5% 的被试在后 6 次实验中都表现出从众行为。将从众行为出现的总次数除以被试数目再除以实验次数，得到有从众行为的发生概率约为 33%，也就是 1/3。

（1）影响机制。从众的影响机制主要是两种，一种源自信息压力，另一种源自规范压力。

一是信息压力。当问题情境比较模糊、难以做出准确判断时，人们会认为多数人的选择是正确的，从而产生从众现象。

20 世纪 30 年代，谢里夫（Sherif）将游走现象应用于从众行为研究。实验过程是这样的：谢里夫首先告诉被试黑暗环境下的光点在运动，然后让大家判断一个光点运动的距离。由于人们一般没有游走错觉的知识，因而距离判断各种各样。随后，谢里夫再让一名实验助手以肯定性的口吻指出距离判断的尺度，结果发现经过几次实验之后，被试的距离判断越来越接近实验助手做出的距离判断。

这一错判现象的社会心理学依据是，在该情境中，由于信息不足，被试很难做出明确的判断，他们只好听从他人的判断。这种从众行为是由缺乏必要的信息所引起的，并不是盲目服从。因为在谢里夫的实验中，如果实验助手告诉被试，其实光点并没有运动，他们感受到的光点运动只是一种视觉幻象，被试就会立刻停止从众。这说明在缺乏必要信息的情况下，我们会不自觉地向他人的想法靠拢，当有了可靠信息的支撑，这种从众心理就会消失。信息压力可以出现在人们的想法不确定时，也可以出现在人们的意见不一致时，它能够切实地改变认知。

二是规范压力。群体中的个人往往不愿意违背群体标准而被其他成员视为越轨者，害怕与众不同而成为"一匹离群之马"，遭到孤立，因此选择跟随多数人的意见。

毋庸置疑，在阿希的从众实验中，规范压力应该是导致被试从众行为的主要因素。三条比较线之间的长度区别十分明显，很容易看出哪一条与标准线一样长，在没有错误答案干扰的情况下，所有被试都能做出正确的判断。从这里可以看出结果几乎是显而易见的——不存在信息压力的影响，可当除自己以外的所有人都故意说错时，人们会改变自己的说法，哪怕他们很清楚这是错的。规范压力不会改变认知，从众者并不相信大多数人的看法，他们只是不想做那个率先说出真相的人，害怕"枪打出头鸟"。

规范压力的强弱随着一些因素的改变而改变。在阿希的从众实验中，如果增加隐私性（比如单独询问每个被试的答案），以匿名方式回答（让每个被试把自己的答案写在纸条上，不用说出来），或者减少小组人数，那么即便除自己以外的所有人都故意做出错误的判断，被试也会有更大的概率坚持己见，因为这样他们"不合群"的意见就不会为他人所知，不会被嘲笑也不会被排挤。

（2）影响因素。从众的影响因素主要分为群体因素和个体因素。

一是群体因素。群体因素主要包括群体一致性、群体规模、群体凝聚力、个体在群体中的地位、是否要面对群体压力。

①群体一致性。面对一致性的群体，个体所面临的从众压力是非常大的。当群体中意见并不完全一致时，从众者的数量会明显减少。研究显示，只要有一个人站出来表达异议，从众者的数量就会明显减少；而群体外成员提出的异议，所造成的影响则小于群体内

成员的不一致意见。

②群体规模。在一定范围内，人们的从众性随着群体规模的增大而提高。但一个较小的群体也可以引发强大的从众效应。研究发现，相比于1—2人的群体，3—5人的群体能够引发更多的从众行为；当群体规模超过5人时，从众行为却会随着人数的增加而减少。在1969年米尔格拉姆（Milgram）从众实验中，让1、2、3、5、10或15人在人行道上抬头观望。当人群规模从1人增至5人时，过路人同样抬头观望的比率稳步上升直到接近80%；当人群规模从5人增至10人时，该比率却缓慢下降；当人群规模从10人增至15人时，比率又开始上升，不过上升幅度不如从前。

中华典故　　　　　　　三人成虎

"三人成虎"出自《战国策·魏策二》，意为传谣的人多了，人们就会将谣言当作事实。

战国时期，魏国大臣庞葱陪同太子前往赵国当人质，临行前，他对魏王说："今一人言市有虎，王信之乎？""不信！"魏王立刻答道。庞葱又问："二人言市有虎，王信之乎？"魏王说："我会有些怀疑。"庞葱接着问："三人言市有虎，王信之乎？"魏王想了一会儿，回答："我会相信。"庞葱曰："夫市之无虎明矣，然而三人言而成虎。今邯郸去大梁也远于市，而议臣者过于三人矣。愿王察之矣。"王曰："寡人自为知。"

庞葱以"三人成虎"故事劝诫魏王，自己此行前往赵国，路途遥远，走后向魏王进谗言的人必不在少数，期望他能明察秋毫，不轻易相信。庞葱走后就有人诋毁他，魏王果然相信这些谗言，庞葱陪太子回国后，魏王也不再召见他。

③群体凝聚力。群体凝聚力越强，个体对群体的依附心理越强烈，越容易对自己所属群体产生强烈的认同感。比如，在一个种族群体里人们会感受到一种共同的"归属群体的从众压力"，这种压力促使人们在言行举止、穿衣打扮方面尽可能地向群体靠拢，否则便会遭人讥笑。

④个体在群体中的地位。个体在群体中的地位及身份越高，越具权威性，就越不容易屈服于群体压力；反之，地位较低者在发现权威者的意见与自己相悖时，更容易想也不想地舍弃自己的观点，从而产生从众行为。同样，个体在群体中的地位越高，身份越贵重，他的观点的影响力就越大，自然越容易引发从众行为。

中华典故　　　　　　　卖骏马者

有个要卖骏马的人，接连三天待在集市上，人们不了解那匹马，由此马一直无人问津。这人就去见伯乐，说："我有匹骏马要卖，我接连三天待在集市上，人们都不与我交谈。希望您绕着我的马察看，离开时再回过头看它一眼，我愿意奉送给您一天的花费。"伯乐接受了这个请求，于是就去绕着马察看，临走时又回过头再看一眼，这匹马的价钱一天就涨了十倍。

⑤是否要面对群体压力。在阿希的从众实验中，如果以匿名方式回答，被试就有更高

的概率坚持自己的判断。在这种情况下，即使意见与多数人不一致，也无须担心会遭到群体的排斥，被试可以坦然做自己，从众行为就会减少。

二是个体因素。个体因素主要包括性别、年龄、个性特征、知识经验。

①性别。人们通常认为男性比女性更不容易从众，但事实并没有这么简单。研究表明，女性在一些比较男性化或男性比较擅长的话题（如汽车、足球等）上容易展现更多的从众行为；男性则更容易在一些女性化的话题（如化妆、文学）上展现从众倾向；在男女都比较了解的中性话题上，性别对从众行为的影响不大。

②年龄。从年龄上看，儿童和青少年比成人更容易从众。这很容易理解，毕竟前者还没有形成自己独特的价值观，容易受到外界声音的影响。

③个性特征。个人的能力、自信心、自尊心、社会赞许需要等与从众行为密切相关。一般来说，一个人能力越强、自信心越强、自尊心越弱、对社会赞许及认可的需要越少，他缓解焦虑情绪的能力越强，就越不容易产生从众行为。在阿希的从众实验中，有25%的坚持己见者正是如此。

④知识经验。任务越简单，人们对它越了解，所掌握的信息越多，他们的判断就越清晰，就越不容易从众；反之，则越容易从众。这也是受到信息压力的影响。

积极的从众心理无疑能为我们带来许多益处。如果一个集体中的人们都站在同一条战线上，大家心往一处想、劲往一处使，从大局出发、团结一致、锐意进取，自然会"众人拾柴火焰高"，大家共同的目标就会很快达成。积极的从众行为能够起到鼓励、激励的作用，有利于营建良好的群体氛围。

但从众也有消极影响。在集体决策时大多数人会选择人云亦云、随波逐流，如果少数人有预谋地抢先发言、占据先机，那么大多数人很有可能会不假思索地表示赞同，由此形成损害集体利益的危险决策。

3. 去个体化

去个体化是由社会心理学家费斯汀格（Festinger）等人提出的，是指个体有时湮没在群体中，会丧失对自己行为的责任感，自我控制系统的控制作用减弱甚至消失，从而做出自己平时不敢做的行为。去个体化包括个体责任感的丧失，以及对团体行为的敏感度提升。

个体身处群体之中，一旦群体情绪高涨，他就很容易处于去个体化的状态。这时，个人的自我意识下降，自我控制能力减弱，个体的行为更倾向于顺从整个群体的状态。去个体化现象随群体规模的增大、群体气氛的高涨而增多。去个体化容易引发群体暴乱活动，此时群体中的个体往往忘乎所以，丧失责任感。去个体化状态使人最大限度地减弱了自我观察和自我评价的意识，使个体不再受社会评价的制约，因而内疚、羞愧、恐惧和承诺等行为控制力量都被削弱，使个体表现出在通常状态下不会产生的所作所为，做出违反社会秩序的行为，甚至会侵犯他人的权利。

去个体化产生的原因有以下几种：①匿名性。由于匿名，群体中的个体认为外人无法获取自己真实的身份信息，自己的反社会行为不会受到惩罚，从而随心所欲、为所欲为。②责任分散。个体单独行动的行为后果是由自己独立承担的。在群体行为中，个体往往认为反社会行为的责任由群体共同承担，自己可以趁机推卸责任。③自我意识因素。自我意识减弱会诱发去个体化行为或反社会行为。如果个体自我意识水平很高,他就能很好地认识自己的行为,做出正确的自我导向。④自信心不足。个体在群体交往活动中如果缺乏安全感和自信心,就会不顾判断标准去迎合群体的心理,导致丧失责任感和自我控制能力。

对于处于去个体化状态的个体,群体行为极具导向性。一旦群体中的部分个体表现出不道德行为,就很有可能引发整个群体的不道德行为;或者如果群体中存在少数对某种道德无知的个体,这种无知心理就会扩散到整个群体。由于处于去个体化状态的个体"唤醒水平"较高,容易对错误心理行为产生内部认同,以后即使脱离原有群体也仍然会保持这种不道德行为。此外,由于去个体化状态存在很强的"匿名性",个体感觉自己只是整体的一部分,以为"法不责众",此时的个体容易产生侥幸心理,导致自我控制水平下降、羞耻感淡化、违规行为增加。

5.2.3 群体动力

所谓群体动力,是指群体中的各种力量对个体的作用力和影响力(Lewin,1947)。群体动力理论由德国心理学家库特·勒温开创于 20 世纪 40 年代。他援引物理学中的力场概念来说明群体中各种力量如何相互作用地影响个体行为,认为人的行为取决于内在需要与周围环境的相互作用,并提出以下著名公式:

$$B = f(P \times E)$$

其中,B 表示个人当前行为的方向和强度,P 表示个人的内部动力和内部特征,E 表示个人当时所处的可感知的环境力量。

勒温认为,群体行为不是群体中个体行为的简单加和,而是集体智慧的结晶,即群体协同活动所产生的力量会超过个体单独活动所产生的力量总和,而且在一定条件下量变还能引起质变。马克思在《资本论》中也指出,一个骑兵连的进攻力量或一个步兵团的抵抗力量,同单个骑兵的进攻力量的总和或单个步兵分散展开抵抗力量的总和有着本质的差别。

群体动力来自群体的一致性,这种一致性表现为群体成员共同追求的目标、观点、兴趣、情感等。在群体动力的影响下,群体成员的行为会发生或好或坏的变化。

1. 群体规范

(1)含义。群体规范是指群体成员遵守的行为范式的总和。广义的群体规范包括社会制度、法律、纪律、道德、风俗和信仰等,是一个社会里多数成员共有的行为模式。社会成员不遵守规范就要受到谴责或惩罚。

(2)群体规范的形成。群体规范形成的心理因素有:①模仿,指有意或无意地对某种刺激(榜样)做出类似反应的行为方式;②暗示,指用含蓄、间接的方法对人的心理与行为施加影响的过程;③服从,指依照群体规范或他人意志等办事的行为。

中华典故　　　　　　**秦始皇规范治理天下**

秦始皇,战国秦庄襄王之子。13 岁立为秦王,22 岁亲政,39 岁"尽并兼天下诸侯,立号为皇帝"。春秋战国时期,长期的诸侯割据,加上各地地理、气候、民族等的诸多差异,使诸侯各国形成"田畴异亩、车涂异轨、律令异法、衣冠异制、言语异声、文字异形"(许慎·《说文解字》)的"异"格局,严重影响着秦王朝的政治稳定、经济发展和文化繁荣。为了使经济、文化等诸多方面与政治的统一相适应,秦始皇采取统一度量衡、统一文字、统一货币、统一车轨、统一田亩制等一系列措施来强化中央集权制。在改革和统一这些制度的过程中,对手工业生产的产品(如兵器)、工艺、建筑工程等制定统一的规格或标准件(如样板、模板),通过政令或技术规范进行原始的标准化活动……这些措施对提高生产的有序化程度和社会效益成效十分明显。

群体规范的形成大致经历以下三个阶段:

①探索阶段。群体成员按照自己的标准去看待和了解群体中其他成员的行为标准或已存在的群体规范体系,彼此之间产生双向的接近和同化,努力寻找共同的因素并以此作为建立新的群体规范的起点。

②形成阶段。不同的行为、价值和观念体系互相融合,通过心理和行为的互动过程,逐步形成公认的、可接受的、规范群体成员行为的标准。

③定型阶段。通过群体和个人之间、个人和个人之间行为观念的交换、归属和服从过程,最终形成对群体所有成员具有共同约束力的行为规范体系。

(3) 群体规范的作用。①维系群体。群体的存在形式是它的整体性,而这种整体性就表现在群体成员的行为、感情和认识的一致性上。群体规范是促成这种一致性的手段,它促使群体成员产生一致的意见和看法,并规范其行为。没有群体规范,群体也就失去整体性,群体便不复存在。另外,群体是由许多个体结合形成的,要维持整体,使其存在下去,就要有一定的准则来约束成员,而成员也正是依据对准则的认同而彼此一致地形成一个整体。一个群体规范越标准化,成员的活动越协调、关系越密切,群体就越整合、越集中,也就越容易让人们感到它的存在;相反,如果群体规范标准化不充分,群体就会很松散。所以说,没有群体就没有群体规范;同样,没有群体规范也就没有群体。

②认知标准化。个人独处时各自的看法往往是不同的,一旦结合成为群体,他们就会在判断和评价上逐渐趋于一致,这种统一成员意见、看法的功能,就是群体规范的认知标准化。群体规范就像一把尺子,摆在每个成员的面前,约束着他们,使他们的认知、评价有一个统一的标准,从而形成共同的看法和意见,即使个别人持不同意见,但因规范的压力和个人的遵从性而与群体保持一致。

群体规范的认知标准化功能并不是外在的、强迫的,而是内在的、自觉的,它已内化为每个成员的个人意识,在无形中发挥作用。成员们在无意识中做出相同的评价,表现出一致的看法。

总之,在群体中产生的群体规范,制约着人们的认知活动,使群体成员对某一事物的评价和看法趋向统一。因此,谢里夫认为,群体规范是一种评价尺度,它可以用来评价行为、活动、信念或与群体有关的任何对象的可被接受程度,以及必须加以反对的范围。

③定向行为。群体规范对行为的定向功能,主要是为成员划定活动的范围,确定日常的行为方式,告诉人们应该做什么、不应该做什么、怎样做,等等。比如,佛教群体的成员不能杀生,少先队员不能打人等,即表明群体规范规定着人们的行为。群体是社会与个

人之间的中介，是社会影响个人的具体形式，社会准则要通过群体才能影响个人，这是通过群体规范约束人的行为方式来实现的。

2. 群体凝聚力

（1）含义。群体凝聚力又称群体内聚力，是指群体对成员的吸引力和成员对群体的向心力，以及成员之间人际关系的紧密程度综合形成的，使群体成员固守在群体内的聚合力量。这里所说的群体凝聚力，并不等同于我们日常所说的群体团结概念，两者是有区别的。凝聚力主要是指群体内部的团结，且可能出现排斥其他群体的倾向。而群体团结既包括群体内部的团结，也包括与其他群体的相互支持与协调。

凝聚力来自物质纽带、感情纽带和思想纽带。在群体中，特别是在企业中，仅仅用金钱去凝聚员工是远远不够的，感情纽带和思想纽带属于文化范畴，必须用文化和价值观念去引导人、管理人、凝聚人。因此，提高群体的凝聚力资本必须同时发挥这三条纽带的作用，缺一不可。

高凝聚力群体有以下特点：①成员间关系密切，相互了解，群体氛围好，能够快速沟通意见、交流信息；②群体对每个成员都有较强的吸引力、向心力，成员愿意参加团体活动，具有极强的积极主动性；③群体成员愿意主动承担更多的群体工作和责任，关心群体成员，时刻维护群体的利益和荣誉；④群体中每个成员都对本群体有着较强的归属感、尊严感、自豪感。

（2）群体凝聚力的测量。要了解和分析群体凝聚力的高低，可以进行心理测量。测量凝聚力有多种方法。例如，可以请群体每一个成员评定自己对其他成员的感情，然后将这些评定汇总在一起；也可以让群体成员评价整个群体或自己的归属感。其中，评定群体中人际关系的社会测量法是测量群体凝聚力的主要方法。

心理学家莫顿·多伊奇（Morton Deutsch）曾提出一个计算凝聚力的公式：

群体凝聚力 = 成员之间相互选择的数目/群体中可能相互选择的总数目

（3）群体凝聚力的影响因素。群体凝聚力的影响因素有：①群体的领导方式。群体的领导们会采取不同的领导方式，这对群体凝聚力会产生不同的影响。心理学家勒温和怀特（White）等人的实验发现，相比于采用"专制型"和"放任型"领导方式的群体，采用"民主型"领导方式的群体成员之间更友爱，群体凝聚力更强。②群体成员的一致性。如果群体成员有共同的目标、需要、兴趣爱好，群体成员就会向着共同目标努力，更容易达成行为一致。应该说，群体成员的一致性是凝聚力的基础。③群体规模。群体规模是影响群体凝聚力的重要因素之一。群体规模过大，成员相互接触的机会相对减少，彼此之间的关系淡薄，易产生意见分歧，从而削弱群体凝聚力。群体规模过小，群体力量不足，又会影响任务的完成。因此，群体规模应既能保证群体的工作机能，又能维持群体的凝聚力，一般来说群体规模以7人左右为宜。④外部影响因素。一旦群体遭受外来压力，群体成员就会摒弃前嫌，团结起来一起抵抗外来威胁，该群体就会爆发极强的凝聚力和协作精神。比如抗日战争时期，中华民族同仇敌忾地抵御外来侵略。⑤群体成员需求的满足。任何人加入群体，总会对群体抱有期望，希望群体能满足自身的物质需求与精神需求。群体满足个人需求的能力越强，对成员的吸引力就越强。⑥群体内部奖励方式。群体内部奖励方式会对群体成员产生不同的心理作用。如果只强调个人成功，只对个人进行奖励，就会造成群体成员之间的矛盾冲突。研究证实，个人和群体相结合的奖励方式能有效增强成员的集体意识和责任感，增强群体的凝聚力。

（4）群体凝聚力与生产效率的关系。探讨影响群体凝聚力的主要因素，目的在于运用和创造这些因素来增强群体凝聚力，提高工作效率。那么，群体凝聚力与生产效率的关系如何？是否凝聚力越高生产效率越高？这是心理学家十分关注的问题。研究表明，群体凝聚力并不能稳定提高生产效率。凝聚力强，可能提高生产效率，也可能降低生产效率，关键在于群体规范的性质和水平，即群体共同指定的生产指标的性质和数量。在一个高凝聚力群体里，成员的行为高度一致，个人有较强的服从群体规范的倾向。若这个群体的目标与组织目标不一致，则凝聚力与生产率负相关；反之，若群体目标与组织目标一致，则凝聚力与生产率正相关。

社会心理学家斯坦利·沙赫特（Stanley Schachter）通过实验研究群体凝聚力对生产率的影响情况。在有严格控制条件的情况下，沙赫特检验了群体凝聚力及其对群体成员的诱导对生产率的影响。实验中的自变量是凝聚力和诱导，因变量是生产率。设1个对照组、4个实验组，分别设定4种不同的条件，即高凝聚力、低凝聚力和积极诱导、消极诱导4种不同的组合。

实验发现：第一，无论凝聚力高低，积极诱导都提高了生产率，而且高凝聚力群体的生产率更高；消极诱导明显降低了生产率，而且凝聚力最高群体的生产率最低。第二，若高凝聚力群体的群体规范规定的生产标准很低，则会降低生产率。第三，对群体的教育和引导是关键的一环，不能只靠加强成员间的感情联系来提高群体凝聚力。

因此，在提高群体凝聚力的同时，管理者必须提高群体的生产指标规范水平，加强对群体成员的思想教育和指导，消除群体中的消极因素，使群体凝聚力真正成为促进生产力发展的因素。

3. 群体士气

（1）含义。群体士气是指群体成员对群体的认同与满意并愿意为群体目标而奋斗的精神状态，它代表个人成败与群体兴衰休戚相关的一种心理，是群体的工作精神和成员对组织的态度表现。"一鼓作气，再而衰，三而竭"指的就是士气对作战的影响。韩信的"背水一战"、项羽的"破釜沉舟"以及西晋时期的前秦将士"风声鹤唳、草木皆兵"等记载，都从正面或反面证实了士气在决定战争胜负中的重要作用。在当代的组织管理实践中，士气也是每个管理者必须面对的重大课题。

（2）影响因素。在组织管理中，要想提高工作和生产效率，保持高昂的士气是不可缺少的必要条件。想要提高员工的士气，就要了解员工士气的影响因素。它们主要包括：成员对组织目标的赞同程度；成员对工作的满足感；合理的经济报酬和奖励制度；群体成员参与管理的程度；有优秀得力的领导者；良好的意见沟通以及良好的工作心理环境。

（3）士气与生产。美国心理学家达维斯（Davis，1962）研究了士气与生产率的关系，认为士气与生产率的关系可能出现三种情况，即高士气－高生产率、高士气－低生产率、低士气－高生产率。

①士气高，生产率也高。这是由于员工在组织里既获得满足感，又体会到组织目标与个人需要相一致，正式组织与非正式组织的利益相协调，使员工尽其所能地去实现组织

目标。

②士气高，生产率低。这是由于员工在群体里虽然获得满足感，但组织目标不能与个人需要相联系，于是出现所谓的"和和气气地怠工"现象，而缺乏紧张工作的气氛。如果出现高士气群体与组织目标相抵触，就可能构成生产的障碍。

③士气低，生产率高。这是由于管理者过分强调物质条件和金钱刺激，使员工暂时获得某些物质需要而达到较高生产率；然而，由于忽略了员工的心理需求，生产率高的情况也只能是暂时的。

除了达维斯提出的三种情况，还有一种情况为低士气-低生产率。这是由于员工在群体内得不到满足感，而且组织目标与个人需要也不能发生联系，员工对生产没有兴趣，于是出现"当一天和尚撞一天钟"的现象。

5.3 团队与团队管理

中华典故　　　　　孙权的团队管理

孙权，字仲谋，三国时期孙吴开国皇帝。孙权的父亲孙坚和兄长孙策在东汉末年群雄割据中打下了江东基业。建安五年（200），孙策遇刺身亡，孙权继任。当时孙权只有18岁，而东吴内忧外患，但孙权仅用六七年的时间就做到"保江东，图王业"，使江东地区享有五十余年的太平。孙权说过一句话："能用众力，则无敌于天下矣；能用众智，则无畏于圣人矣。"孙权的成功其实就是一手打造最佳团队的成功。孙权的人才团队前后有"六老臣、五宰相、四帅、十二名士、猛将如云"。

鼓励举贤荐能，注重梯队建设

周瑜病重时写信给孙权推荐鲁肃代替他，赞鲁肃"智略足任"。吕蒙本是一名武将，小时候没读过多少书，鲁肃有些轻视吕蒙，有一次两人酒后讨论防备荆州关羽的计策，吕蒙为鲁肃献上五策，鲁肃惊喜之下，与吕蒙结拜，后又向孙权极力推荐。鲁肃死后，吕蒙代鲁肃统领江东军马。吕蒙生病后，孙权问吕蒙谁可替代，吕蒙推荐陆逊，并赞陆"意思深长，才堪负重"。周、鲁、吕、陆这四帅不恃功自傲，互相举荐，先后击败曹操、关羽、刘备。更值得一提的是孙权都悉心听之，平时也非常注意培养、激励他们，如劝吕蒙多读书，将兄长孙策的女儿嫁给陆逊，等等。

致力打造年轻团队

周瑜33岁被孙权拜为大都督，鲁肃、吕蒙担任大都督时也只有30多岁，陆逊21岁即受到孙权重用，讨伐山越叛乱。在任用年轻将领上孙权是充分信任且完全放权的，而且越是大战越是起用年轻人。赤壁大战时孙权对周瑜说："前线你放手去打，如果失败，我再亲率大军与曹操决战。"夷陵之战中，30余岁的陆逊采用诱敌深入的策略，与刘备率领的十余万大军对峙，有人认为陆逊畏惧刘备，向孙权反映，孙权不仅不干涉，还派人去前线慰问，最后陆逊仅用四万人马一举烧毁蜀军四十几个营寨，获得全胜。

提倡用人"忘其短而贵其长"

孙权曾对陆逊说，用人要学习周瑜"不求备于一人"。他评价鲁肃虽然有借荆州的失误,但这些短处不足以损伤鲁肃在赤壁之战中的历史性贡献。擒获关羽的潘璋是个"两头突出"的猛将,打仗勇猛,可平时贪图享受,甚至率众打劫富户,监察官员向孙权举报,孙权看重他的军功,并不处罚。张昭赤壁之战中主降,成为其一生中的大污点,而孙权敬重张昭的忠直,一直以"公"相称,从不直呼其名。

善于"经营"人心,团结下属

凌统和甘宁有杀父之仇,孙权屡次做凌统的工作,让两人和睦相处,后来二人抛开私怨,在逍遥津之战中联手死战救了孙权的性命。孙权拜周泰为平虏将军,朱然和徐盛不服,孙权就在濡须请诸将欢宴,席中让周泰解开衣服,露出累累伤疤,孙权流着泪一边细数周泰的伤痕,一边让周泰介绍每道伤痕是在哪一次战争中造成的,朱然、徐盛诸将镇服。孙权在世之时,江东的文臣与武将、老臣与小将、重将与偏将虽然在决策中有过分歧,但在大局上仍体现出极强的团队合作意识。

广纳百川,注重团队人才构成

孙权继位后做的第一件大事就是开设"迎宾馆",并派高级谋士迎接四方宾客,很快他手下既有父兄的旧臣(如张昭、黄盖等),也有敌对势力投降而来的孙邵(原是孔融的功曹)、甘宁(原为黄祖部属)等;既有江东世族的代表(如顾雍、陆逊等),也有外来投奔的人才(如诸葛瑾、鲁肃等)。所有人不问出身,不论早晚,依才任用,以功论赏,开创了"江东称得人之盛"的局面。孙权非常注意人才构成的合理性与延续性,他执政的每个阶段都有一批能臣猛将,没有出现过断层,客观上也为西晋统一储备了人才。

5.3.1 团队概述

1. 团队的含义

团队(team)是由员工和管理者构成的共同体,旨在合理利用每个成员的知识和技能进行协作,以解决共同问题和实现彼此目标。斯蒂芬·罗宾斯把团队定义为:由两个或两个以上的个体互相作用、互相依赖,按照一定规则联结起来,以实现特定目标的组织。虽然群体和团队有一些共同之处,且群体能向团队转化,但它们之间存在根本性的区别(见表5-1)。

表5-1 群体和团队的根本性区别

项目	群体	团队
目标	共享信息 与组织目标一致	集体绩效 有自己特定目标
协同效应	中性	积极
责任	个体责任	个体责任和共同责任
技能/人格	随机、不同	相互补充
使命	合作完成既定任务	创造性地解决问题

(续表)

项目	群体	团队
领导权	强化、清晰聚焦的领导	分享领导权
有效性测量方式	间接，如财务表现	直接（团队成果）
行为	讨论、决定、授权	讨论、决定、做实际的任务

2. 团队的构成要素

团队的构成要素可概括为5P，分别为目标、人、定位、权限、计划。

（1）目标（purpose）。团队应该有一个清晰的目标来指引成员，并且该目标应当与组织目标保持一致。如果没有这样的目标，团队就没有存在的意义。团队还应当把大目标分解为小目标，并具体分配给团队成员，大家齐心协力实现整体目标。此外，团队的目标应该得到充分的宣传，可以通过将目标贴在办公桌或会议室等方式让团队内外的成员都了解这些目标，以此激励团队成员为目标而努力工作。

（2）人（people）。团队的核心是人，两个及以上的人就能构成一个团队。在实现团队目标的过程中，团队中人员的选择非常重要。在一个团队中，需要不同的人扮演不同的角色：有人提出想法，有人制订计划，有人负责执行，有人协调人员，还有人监督团队的工作进展并评估最终成果。通过分工合作，团队中的不同人员协同完成共同的目标。在选择团队成员时，需要考虑他们的能力、技能是否互补以及经验背景等因素。团队中的人员应该有着明确的职责分工，以最大化整个团队的工作效率。

（3）定位（place）。团队的定位涉及两个方面：一是团队在企业中的定位，包括团队成员的选择和决策责任、团队的最终负责人、激励下属的方式等；二是个体在团队中的定位，即成员在团队中扮演的角色。这个角色可能涉及制订计划、具体实施、协调沟通或评估成果等方面。在确定团队的定位时，需要充分考虑团队的任务和目标，以及成员的能力和特长，从而分配合适的角色和职责。

（4）权限（power）。团队的权力结构与其发展阶段密切相关。一般来说，在团队发展的初期阶段，领导者的权力相对较集中，随着团队的成熟，领导者的权力相应减小。团队的权限涉及两个方面：①团队在组织中拥有什么样的决策权，例如财务决策权、人事决策权和信息决策权等；②组织的基本特征，例如组织的规模大小、团队数量以及组织对团队授权的程度等，还要考虑业务类型等因素。

（5）计划（plan）。计划有双重含义：①为了实现团队的目标，必须有一系列具体的行动方案，而这些方案组成计划，可以将计划视为目标实现的具体程序；②提前进行计划可以确保团队目标的顺利进展。只有按计划有条不紊地进行，团队才能逐步接近目标，最终实现目标。

3. 团队的类型

（1）按照存在的目的和形态，可将团队分为以下几种：

①问题解决型团队。这类团队常常是为了解决组织中某些专门问题而设立的。团队成员通常每周利用几个小时讨论改进工作程序和工作方法并提出建议，例如讨论如何提高产品质量与效率和改善工作环境等问题，但他们通常没有权力根据这些建议单方面采取行动。

②自我管理型团队。自我管理型团队是与传统的工作群体相对的一种团队形式。传统的工作群体通常由领导者决策，群体成员遵循领导的指令。自我管理型团队则承担很多过去由领导者承担的职责，例如进行工作分配、决定工作节奏、决定团队的质量如何评估，甚至决定谁可以加入团队，等等。

自我管理型团队能够很好地提高员工满意度，但与传统组织相比，自我管理型团队的离职率和流动率较高。

③多功能型团队。多功能型团队又称跨职能型团队，由同属于组织内不同部门或工作领域的成员组成，他们合作完成包含多样化任务的大型项目。多功能型团队打破了部门之间的界限，使得来自不同领域的员工能够交流，有利于激发新观点，协调解决复杂的问题。

近年来，越来越多的组织采用这种跨越部门界限的横向小组形式。20 世纪 60 年代，IBM 公司就组建了大型的特别任务工作组，成员来自公司的各个部门，用于开发后来十分成功的 360 系统。这个特别任务工作组就是一个临时性的多功能型团队。现实中被广泛采用的委员会也是一种多功能型团队。

④虚拟团队。传统的团队协作都是面对面进行的，但随着科技的发展，如视频电话、在线会议等，协同工作不再需要面对面进行。虚拟团队使用网络技术将现实中分散的成员联结在一起以实现共同目标，可胜任传统团队能够完成的一切工作任务。与传统团队相比，虚拟团队具有以下特点：社会背景有限；缺乏非语言沟通线索；克服了时间和空间上的限制。这些特点既造就了虚拟团队的工作优势，但也引发了一些新的困难，如情感困扰。

(2) 按照团队在组织中的功能，可以将团队分为生产服务团队、行动磋商团队、计划发展团队、建议参与团队。

①生产服务团队通常由专职人员组成，从事按部就班的工作且自我管理程度较高，例如生产线上的装配团队、民航客机的机组等。

②行动磋商团队由拥有较高技能的人员组成，以任务为中心，每个成员都有明确的角色。行动磋商团队面对的任务十分复杂，有时是不可预测的，例如医疗团队、谈判团队、运动团队等。

③计划发展团队由技术十分娴熟的专业人员组成，通常需要很长时间才能完成一项发展计划，例如科研团队、生产研发团队等。

④建议参与团队主要提供建议和参与决策，工作范围较窄，且成员在组织中可能还承担其他任务，例如董事会、人事或财务的专业顾问团队、质量控制小组等。

5.3.2 团队建设

团队建设是一系列旨在优化团队结构设计和员工激励等行为，以实现团队绩效和产出最大化的措施。团队建设主要通过自我管理小组的形式实现，每个小组负责一个完整工作的流程或其中的部分工作。小组成员协同作业，以改善操作或产品。除了处理日常事务，他们甚至可以参与组织内更高层次的问题解决。团队建设也是一种有效的沟通过程，可以增强参与者之间的彼此信任，探讨可以使工作小组出色发挥作用的关键因素。

团队建设可通过以下四种途径实现：

1. 角色界定途径

团队角色是团队建设者常用的方法。1981年，雷蒙德·梅瑞狄斯·贝尔宾（Raymond Meredith Belbin）提出了由八个重要角色组成的小组形式。在随后的修订中，他将"主席"改为"协调者"，将"公司工人"改为"实施者"，但这些角色的含义基本保持不变。

表5-2 团队角色的行动与特征

角色	行动	特征
主席（协调者）	明确目标和目的，帮助分配责任和义务，并为群体做总结	自信，稳重，智力适中，信任他人，公正自律，积极思考
左右大局者	寻求小组讨论，促成小组一致意见并做出决策	敏感，易激动，有耐心，精力充沛，高成就感，善于交际，喜欢辩论，具有煽动性
内线人	提出建议和思路，为行动提供新视角	谨慎，博学，聪明，非正统，个人主义
监测/评估者	分析复杂问题和事件，评估他人的成就	冷静，聪明，谨慎，公正，客观，理性
公司工人（实施者）	将观念和想法转化为行动	吃苦耐劳，务实包容
团队工人	为他人提供支持和帮助	敏感，善于交际，注重团队
资源调查者	介绍外部信息，与外部人士谈判	好奇心强，多才多艺，善于交际，直言不讳，勇于创新
实施者	按照既定程序完成任务	勤奋，精益求精，坚持不懈，注重细节，充满希望

贝尔宾通过一系列模拟练习总结出以上角色。他发现成功的团队是由不同角色的人组成的，并在此基础上提出团队建设的五项原则：

（1）每个团队都承担着职能和团队角色。

（2）团队需要在职能和团队角色之间找到令人满意的平衡，这取决于团队的任务类型。

（3）团队效能取决于团队成员的各种相关力量及其调整程度。

（4）一些团队成员比其他成员更适合特定团队角色，这取决于其个性和智力。

（5）团队中的团队角色必须均衡，才能充分发挥其技术资源优势。

2. 价值观途径

M. A. 魏斯特（M. A. West）提出了指导团队建设的五项原则，这些原则旨在帮助团队形成共识并确立共同的价值观和原则。

（1）明确团队的目标、价值观和指导方针。

（2）鼓励成员相互支持，使团队成员相信观点并愿意为之努力。

（3）确定力所能及的目标，避免不现实或无法达到的目标。

（4）确保所有团队成员支持这一共识，避免彼此目标冲突

（5）团队共识必须具有未来潜力，随时重新审视共识以适应新的情况和环境。

3. 任务导向途径

任务导向途径强调团队想要完成具体任务，团队成员必须清楚地认识到任务的挑战，并根据已有的知识基础研究完成任务所需的技能，发展具体的目标和工作程序，以确保任务的顺利完成。这一途径需要团队成员之间的协作和沟通，共同制定完成任务的计划和策略，并及时调整和优化工作流程，确保任务完成的高效性和质量。

卡特森伯奇（Katzenbach）和史密斯（Smith）强调，在表现出色的团队中，以任务为导向的团队建设途径尤为重要。他们提出建设高效团队的八条基本原则，适用于现实组织环境：

（1）确定任务的重要性和优先级，并制定指导方针。
（2）根据技能和潜力选拔团队成员，而非个人性格。
（3）给予第一次集会和行动以特别关注。
（4）建立明确的行为准则。
（5）设定紧急的、以任务为导向的目标，全力以赴地实现。
（6）定期提供新的事实和信息，考验团队成员的能力和表现。
（7）尽可能多地共度时光，增强团队凝聚力。
（8）利用积极的反馈、承认和奖励来激励团队成员。

4. 人际关系途径

人际关系途径旨在通过增强团队成员之间的高度理解和尊重，推动团队的工作。其中，小组训练是该途径的早期方法。人际关系途径主要基于心理学实验，通过实验和培训来建立良好的交流和沟通模式，以实现团队的协同工作。

5.4 跨文化情境下的团队管理

随着跨国企业国际化项目合作的增加和组织边界的模糊化，海外项目团队成为一种适应国际市场复杂环境的灵活经营模式。越来越多的跨国企业和新兴经济体企业采用项目团队模式，由不同国家和业务部门成员临时组成，以任务为导向，实现跨界整合资源和激发创造力。但是，海外项目团队也面临文化碰撞和冲突问题，这会影响团队效能。此外，海外项目团队的独特结构和存续模式增加了跨文化冲突的管控成本与协调难度，要求管理者付出更多的精力来应对并做出准确、有效的响应。

5.4.1 跨文化团队

跨文化团队是指成员来自不同文化背景的团队。陈晓萍（2009）认为跨文化团队可以分为三类：

（1）象征性文化团队（token group），指的是只有一个或两个成员来自不同文化，其他成员来自同一文化的团队。在这类团队中，文化多元性不明显，个别成员容易被边缘化，平等交流困难。

(2) 双文化团队（bi-cultural group），指的是成员基本上来自两种文化，但两种文化的成员数量相当，此时可能会产生冲突。

(3) 多文化团队（multicultural group），至少有来自三种或三种以上文化的成员，文化多元性明显，团队资源丰富，创意十足。

与单文化团队相比，跨文化团队的绩效要么明显偏低，要么明显偏高，往往会表现出极化趋势。因此，跨文化团队具有很大的潜力，但需要正确的管理和协调，否则存在很大的风险。

5.4.2 跨文化冲突

跨文化冲突是指由于不同文化背景引起的心理状态和行为过程的不和谐，发生在两个或两个以上相互依赖的主体之间（Orr 和 Scott，2008）。其中，文化价值的差异是导致跨文化冲突的关键来源（许晖等，2020）。

1. 跨文化团队产生冲突的原因

跨文化团队产生冲突的宏观原因包括：

(1) 交流障碍。语言交流障碍可能会导致团队成员难以理解彼此的意思，从而降低团队的凝聚力和效率。

(2) 观念差异。来自不同文化背景的团队成员的观念和思维方式可能存在差异，导致团队合作中产生认知差异和误解。

(3) 团队文化权重。当团队中主流文化成员占绝大多数时，其他少数文化成员可能会感到被孤立和忽视，从而影响团队的和谐与凝聚力。当一个跨文化团队中存在两种人数相当或相近的文化时，团队则容易分裂为两个对立的群体。

跨文化团队产生冲突的个体原因包括：

(1) 自我中心感。部分成员对自己所属的文化过度自豪，并产生优越感和自大心理。这种心态可能导致该成员不愿以学习的态度参与团队工作，容易与其他成员发生冲突。

(2) 感性（主观）认知的个体差异。每个人都是独特的，各自对事物或行为的看法各不相同。这种主观认知差异可能导致跨文化团队成员之间的误解，从而引发冲突。

(3) 对其他文化的态度。人们对非自身文化的态度因人而异。态度的不同可能导致言语和非言语沟通失误，从而产生冲突。

2. 跨文化团队解决冲突的策略

(1) 功能型管控是一种通过加强人际情感、个人责任感与团队认同等隐性机制实施冲突管控的策略。当文化嵌入聚焦外部时，主要反映了跨国组织适应东道国文化的程度，并相应地做出组织行为的调整（Oehmichen 和 Puck，2016），这种文化外嵌入有利于建立本土关系和拓展知识来源。解决跨文化冲突需要营造开放氛围和建立互惠关系，主要采用功能型冲突管控策略。这种策略的重点在于增强团队中成员对来自不同文化的认知的互相理解，以缓解由负面偏差引发的冲突。通过建立互信和互动，团队成员可以更好地了解和适应彼此的文化差异，减少冲突的发生。

(2) 结构型管控是一种通过调整网络位置、渠道布局、组织结构等显性机制来实施冲突管控的策略。当文化嵌入聚焦内部时,团队应强调跨国组织与母公司规范的一致性,以便调整组织行为。在这种情况下,采用结构型的冲突管控方式可以帮助本地成员更好地理解自己的角色位置,从而减轻成员之间的心理排斥并降低冲突的发生率。

(3) 混合型管控强调整合功能型策略与结构型策略。当文化嵌入同时关注内部和外部时,实现内嵌入和外嵌入的平衡非常重要,有助于获得来自母国和东道国的双重支持与认可。在这种情况下,采用混合型的冲突管控策略,发挥结构型管控和功能型管控的互补作用十分关键。一方面,为适应东道国文化,需要重构团队成员的认知,发挥功能型管控的作用来建立良好的关系;另一方面,为促进母国文化的转移,需要不断更新组织惯例和架构,此时结构型管控的作用至关重要。

现实观察

中国航天科技集团:同心共圆飞天梦

2021年6月23日,离地390公里的轨道上,神舟十二号飞船与天和核心舱成功交会对接,中国人首次进入自己的空间站;在3.6万公里这个轨道高度上,北斗卫星遥看地球,指引着前进的方向;距离地球38万公里之遥,嫦娥三号、嫦娥四号分别在月球的正面和背面留下中国印迹,嫦娥五号更成功将1 731克月壤带回地球,完成了"月宫取宝、月轨对接、太空投递"的壮举⋯⋯

中华民族流传千年的"天宫"梦想,从神话一步一步变成现实。而这成就的背后,离不开一代代中国航天团队的奋斗,他们自主创新、不断突破,在中国航天史上书写了一页页的绚丽篇章。

◆ **中国航天梦的启航**

1957年,世界上第一颗人造地球卫星发射成功,这大大鼓舞了中国人民,坚定了中国人的飞天梦想。毛主席在八届六中全会上豪迈地号召:"我们也要搞人造卫星,要搞就搞个大的。"从此,中国的航天事业正式起步。钱学森受命组建了中国第一个火箭、导弹研究机构——国防部第五研究院(现在的运载火箭研究院),广大科学家埋头科研,夜以继日,不断取得新进展。

1960年11月5日凌晨,酒泉发射场,夜空如洗,繁星满天。9点02分,一声轰鸣刺破戈壁的宁静,中国制造的第一代地对地导弹——"东风一号"喷着火焰从发射台缓缓升起,越飞越快,消失在天际。约8分钟后,成功命中目标的消息传来,发射场上的人们欢呼雀跃。这标志着中国在掌握导弹技术的道路上迈出了关键一步,为后续航天产品的研制奠定了人才、技术、管理等方面的基础。东风破晓,气贯长虹,中国航天事业自此迎来了崭新天地。

火箭上天了,发射人造卫星也就成为可能。科研人员加紧研究,努力探索将卫星送入指定轨道的技术方法,经过数年的艰苦实验,终于取得突破性进展。1970年4月24日,我国第一颗人造地球卫星"东方红一号"发射成功,拉开了中国人探索宇宙奥秘、和平利用太空、造福人类的序幕。

在有了火箭和卫星技术的坚实基础下,1992年9月21日,中国决定实施载人航天工程,并确定了三步走的发展战略:第一步是发射无人和载人飞船,将航天员安全送入近地轨道，进行对地观测和科学实验，并使航天员安全返回地面；第二步是继续突破载人航天的基本技术，即多人多天飞行、航天员出舱在太空行走、完成飞船与空间舱的交会对接；第三步是建立永久性的空间实验室，建成中国的空间工程系统，航天员和科学家可以来往于地球与空间站，进行规模较大的空间科学实验。

1999年11月20日，中国第一艘试验飞船"神舟一号"首发成功，中国成为继美、俄之后世界上第三个拥有载人航天技术的国家。在完成了21个小时的空间科学试验后，"神舟一号"试验飞船成功回收。这次飞行成功为中国载人飞船上天打下了非常坚实的基础，成为中国航天史上的又一里程碑。

◆ "以国为重"是不变的信念

航天科技集团一院天津航天长征火箭制造有限公司主要承担新一代大型运载火箭长征五号、长征五号B，中型运载火箭长征七号、长征七号A、长征八号的零件和部段生产及总装、总测，以及常规运载火箭长三甲系列零件、部段生产等任务。这是一支敢于作为、勇于担当、平均年龄不到30岁的年轻队伍。

为确保如期完成国家任务，在前期各类配套设施不到位的情况下，尽管吃了两年路边摊售卖的盒饭，又吃了两年建筑工棚的临时食堂饭，他们始终不忘初心、坚定前行。2015年，在长征七号合练箭总装测试的两个多月中，公司百余名员工几乎每天晚上都是12点以后下班，第二天早上8点半又准时来到工位上。没有一个人抱怨，"以国为重"是他们不变的信念。

◆ 高标准，高要求，航天人一刻也不松懈

在文昌发射场，从总装测试厂房到发射塔架，有一段直线距离约3公里的转运轨道。轨道一侧，"严肃认真、周到细致、稳妥可靠、万无一失"16个红色大字格外醒目。短短16个字，见证了一枚枚火箭飞向太空、筑梦"天宫"的脚步，也蕴含着文昌航天人圆满完成空间站建造任务的制胜密码。

2022年给控制系统指挥员尹景波留下了印象的深刻。8月盛夏，骄阳似火。文昌发射场的航天人刚刚完成问天实验舱任务，就马不停蹄地投入梦天实验舱任务准备工作。"问天实验舱任务完成得十分出色，实现了'零窗口'发射，为我们积累了经验、打下了基础。因此，梦天实验舱发射任务也提出'零窗口'发射目标——火箭发射时间和预定点火时间偏差不超过1秒。"尹景波回忆。为了确保"零窗口"点火，从火箭到场第一天起，尹景波就带领团队反复细化发射前流程，将相关程序精确到分钟，发射前10分钟工作甚至精确到秒。"我们要确保发射前每一项操作都精细，每一个节点都精准。"尹景波说。

10月31日15时37分，尹景波分秒不差地准时按下点火按钮。在响彻大地的轰鸣声中，长征五号B运载火箭托举梦天实验舱顺利升空。

◆ "青出于蓝而胜于蓝"的团队传承

"正所谓'青出于蓝而胜于蓝'，航天事业能有今天的成就，离不开拥有精湛技艺、敢打敢拼、敢啃硬骨头的航天技能团队，离不开一代又一代航天人的传承与创新，更是每一位航天人本着以国为重的情怀，在'特别能吃苦、特别能战斗、特别能攻关、特别能奉献'的载人航天精神的激励下，大力协同、攻坚克难、忘我工作干出来的。"作为一名在

航天系统工作近四十年的老航天人、中国载人飞船第一个密封舱的加工者,王连友深有感触地说。

肖雪迪是航天科技集团五院总体设计部的一名新人,年仅29岁的她入职才一年半,就已经参加神舟十二号、神舟十三号和神舟十四号飞船的发射任务,三次担任"长城"岗位的调度,负责给北京中心播报飞船状态的口令。曾有人提出疑问,把新人放到这个岗位上是否合适。神舟飞船飞控技术组组长杨海峰表示:"肯定不是压力全给她,后边是我们整个团队,前期我们做了大量的准备工作。"杨海峰是肖雪迪的督导师,不管徒弟提的问题多么烦琐,他都会把自己知道的知识倾囊相授。肖雪迪说:"(督导师)最关键的作用应该还是引路人,一方面是告诉我应该学习哪些文件,能够让我们快速了解这个飞船系统,另一方面是指引工作的方向。"

中国航天事业成功的背后,是一代代中国航天人在接力前行,共同建设航天强国。而现在一群年轻的航天人,燃烧自己的青春岁月,在一项项重大航天任务中茁壮成长。

六十多年来,中国航天事业从无到有、从小到大、从弱到强,走出了一条具有鲜明中国特色的发展道路。伴随着航天事业的发展,在出成果、出人才的同时,航天科技工业培育形成了航天传统精神、"两弹一星"精神和载人航天精神。航天"三大"精神是航天文化在不同历史时期的具体体现和继承发展,是伟大的民族精神与航天实践相结合的产物,是中国航天事业之魂,也是中国航天企业文化之魂。

资料来源:(1)34号军事室. 航天特刊 | 航天圆梦正当时 [E/OL]. 2022 - 11 - 23, https://mp. weixin. qq. com/s/6IU8MOBvlYnxxkNyKO_ctw. (2)人民画报. 从"神舟"到"天宫"——中国飞天梦的历程 [E/OL]. 2022 - 06 - 01, http://www. rmhb. cn/sh/202206/t20220601_800295891. html; (3)中国航天科技集团有限公司官网, http://www. spacechina. com/n25/index. html. (4)新华社. 同心共圆飞天梦——记航天报国的"嫦娥""神舟""北斗"团队 [E/OL]. 2021 - 06 - 23, http://www. mod. gov. cn/education/2021 - 06/23/content_4887968. htm.

> **感悟与思考**
>
> 1. 结合案例及本章所学,谈谈中国航天事业取得成功的原因。
> 2. 结合案例,谈谈群体对个体的影响有哪些。
> 3. 结合案例,谈谈你认为应该如何建设团队。

5.5 群体心理与团队管理的前沿探索

 ### 5.5.1 群体心理的研究新进展

1. 凝聚力的统一定义

Forsyth(2021)重新审视并设想了凝聚力的概念——一个群体过程变量,在群体心理学界受到广泛关注。Forsyth(2021)认为群体凝聚力是群体的统一程度。一个高凝聚力群体是紧密结合与统一的,一个低凝聚力群体是缺乏统一性与分裂的。这种方法区分了凝聚力的成因(指个人之间的相互吸引)和凝聚力的结果(指个人参与率的提高)。此外,他认为凝聚力维度还包括以下几方面：①对群体本身的吸引力；②对群体定义的任务的承诺；③社会分类（指群体对个人很重要）和对群体的社会认同（指个人的自我定义部分符合群体价值观）；④与群体共享情感体验，如士气、团队精神；⑤稳定的群体结构；⑥感知的凝聚力或代表性，指个体被视为一致行动或显示共同特征。

2. 行动者—伙伴相互依存模型

Kivlighan（2021）检查了行动者—伙伴相互依存模型（actor-partner interdependence model，APIM）。20世纪90年代末，APIM的发展及其在群体治疗中的应用表明了研究方法的滞后性。团体管理从业者早就知道，个体影响群体，群体影响个体及其结果。在将APIM和多层次建模应用于分组数据之前，大多数研究者只是简单地评估个体，就好像他们没有嵌入一个群体/组中，而忽略了数据的依赖性（指相互影响）；或者他们汇总了个体得分来代表群体/组，而忽略了组内（指成员之间）的可变性。通过APIM和多层次模型，研究者最终能够汇总个体和群体对个体结果的影响，并将这一影响分为因素效应（指个体如何影响自己的结果）、伙伴效应（指群体中其他人对个体结果的平均影响）以及两者的相互作用（指某些个体在特定群体中表现得更好或更差）。

Kivlighan（2021）对内部变异性的讨论与Forsyth（2021）的凝聚力定义吻合。研究团队内差异的APIM模型评估了三种合作伙伴效应：数量（平均组水平）、一致性（一次会议中评分的可变性）、数量和一致性的相互作用。若将这一逻辑应用于Forsyth的模型，则内容一致性组内聚力（组成员之间评分的低变异性）中的高平均内聚力值表明群体/组具有更强的内聚力。然而，在群体凝聚力不一致的情况下，较高的平均凝聚力（群体成员之间评分的高变异性）表明群体凝聚力较弱。正如Forsyth（2001）所期望的，数据分析方面的复杂性进步可能为跨群体研究带来更多的机会。

3. 社会关系模型

Marcus（2021）讨论了社会关系模型（social relations model，SRM）及其在理解群体中发生的互动、感知和影响方面的效用。SRM由Kenny（2020）开发，主要用于理解社会认知。Marcus（2021）探讨了SRM在组织环境中的应用。正如Kivlighan（2021）所讨论的那样，成员之间相互影响，同时也影响组织。因此，嵌入群体/组中的单个数据是非独立的。如果不针对非独立性建模，就可能会扩大I型错误并导致错误拒绝。SRM是构建非独立性模型的一种方法。Marcus将组数据识别为循环数据，即可以要求每个组成员对自己和其他组成员进行评分。因此，一个人可以发表对其他人的个人总体看法，以及其他人对自己的评级。与Kivlighan讨论的APIM模型一样，SRM模型中的数据方差可以分解为参与者方差、合作伙伴方差以及参与者和合作伙伴评级的交互作用。Marcus介绍了一个简单易懂的SRM，并提供了群体/组交互的具体示例。

SRM数据的收集较为复杂，评级问题或项目数量必须限制在合理的范围内，否则对小组成员来说任务太繁重。此外，对评估者的要求也很高，一些关于人际关系的评级较难界定，需要对评估者进行培训。尽管Kenny（2020）提供了适用于通用数据分析程序的语法，但SRM数据的分析仍很复杂。收集SRM数据有一定的挑战性，而它们有助于产生具有科学相关性和现实意义的结果。想要在整个职业生涯中保持一定程度的热情、承诺和工作联系（而不是被无聊或琐碎的事困扰）的研究者，必须进行具有个人激励和科学意义的研究。

4. 临床心理学与群体心理的协同作用

反思功能是一种心理发展和临床心理学概念,将父母—婴儿互动视为双方互动和儿童功能形成的先兆。反思功能是从儿童的经历中发展出来的,儿童看到父母的内在状态反映在他们的面部、声音和表情中。这种嵌入社会环境中的互动每天多次发生,随着时间的推移,它们成为个体理解(反映)自己和他人心理状态(如欲望、思想、行为、情感、意图)的基础,这是儿童和成人的移情与认知信任(相信来自他人的信息是可靠和相关的)等能力形成的基础。该理论还指出心智化的缺陷,即特定的前心智化状态与较差的功能和精神病理学有关。反思功能并不独立于环境,Luyten 等(2020)认为反思功能复杂地嵌入儿童成长的社会背景。此外,团队认知是来自社会和组织文献的研究成果(DeChurch 等,2010)。团队认知是团队的一种新兴状态,其中对团队重要的知识被标示为认知结构,在了解其他团队成员的想法以及管理团队方面起着关键作用。沟通可以通过团队自我反思(指讨论目标和如何实现目标的过程)和团队心理安全(指团队共享信息安全的隐含信念)来增强。团队认知和反思功能在理论与概念上的重叠是惊人的,认知信任和团队心理安全涵盖了类似的基础。这两个方面都表明,信任和警觉是思想的一部分,能够在社会或工作环境中更好地发挥作用。

反思功能理论和团队认知相关研究探讨如何进一步提升目标,并进一步促进团队和团队中个体的功能。未来研究可以关注反思功能理论是否有益于群体或社会环境的心智化状态,研究人员可以 APIM 模型和响应面分析(Kivlighan,2021)作为一种手段,估计团队作为一个整体的反思能力及其对个人结果的影响。Tasca(2021)认为,无论个体能力如何,如果团队或团队的总体反思能力较强,个体的表现都会更好。

5.5.2 团队管理的影响因素

1. 年龄

人口老龄化的加快以及技术、健康科学和营养方面的进步提高了大多数发达国家和许多发展中国家人民的平均预期寿命,组织中出现了越来越多的老年人(Boehm 和 Dwertmann,2015;Rudolph 和 Zacher,2015),这对就业市场、人力资源管理和其他员工都产生了各种影响(Kooij 等,2020)。目前,大多数研究集中于个体心理层面,比如不同年龄段员工的工作动机差异、年龄刻板效应、老龄员工的身体和心理变化等。在组织层面,学者们主要专注于探讨针对劳动力老龄化的干预措施,包括老龄员工的工作再设计、老龄员工培训、人力资源应对措施、工作场所代际氛围等。Aaltio(2013)针对老龄员工的管理、人员保留等进行了研究,Setti 等(2015)针对老龄员工的培训动机和学习能力等展开了相关研究,King 和 Bryant(2017)针对工作场所的年龄歧视进行了测量(指代际氛围量表的开发)。学者们对于工作场所老龄化在中观组织层面的研究不多,尤其是团队层面的研究基本上处于空白,且研究主要围绕老龄员工的人力资源管理问题展开,定性分析居多,缺乏员工老龄化对组织的影响的实证调查分析。

未来的研究应更深入地理解年龄和工作动机的构成。例如,除了个人的时间年龄,还有与年龄有关的结构(如工作年限、组织年限、未来时间观点、主观年龄形式)可能会影响集体努力模型的组成部分。深入了解时间年龄和其他年龄相关结构的相互作用，可能会对时间年龄、年龄相关结构以及个人在团队中的努力程度有更深刻的理解。

2. 技术

（1）虚拟工作团队。科技的发展和数字化的进步推动了居家办公的普及，这提供了一个观察团队在虚拟环境中开展团队活动的机会。在这种情境下，建立和维持团队关系也是十分重要的，主要包括致力于与团队成员建立联系的"社交互动"，致力于非正式互动的"小型互动"，致力于团队工作时间以外的指导和发展反馈的"发展互动"。社会和发展活动对于促进富有成效、高凝聚力的团队互动是必要的。

原先的社交活动需要面对面互动，现在的虚拟工作团队让员工有更多的时间和家人相处。然而，社交互动的质量在虚拟环境中较低，很难增强团队凝聚力。尽管组织会积极尝试调整社交互动，但许多人认为这些活动本质上不如面对面互动有效。这可能是由于虚拟互动与面对面互动相比，其丰富性减弱且分散注意力。当团队进行远程工作时，领导者会尽力安排社交时间。然而，经常发生在走廊或茶水间的隐性信息交流在虚拟环境中消失了。没有非正式的互动，可能会导致团队互动效率下降。需要注意的是，远程工作剥夺了管理者与团队成员在非正式场合打交道的能力。

团队活动如何适应虚拟环境以及数字技术在促进虚拟团队活动方面如何发挥作用？未来还需要更多的研究深化人们对如何促进有效的个人和团队层面工作的理解，无论这些活动是在并行工作环境中还是在虚拟工作环境中进行。

（2）社交媒体。近年来，随着诸如推特和微信等社交媒体平台的流行，越来越多的企业将社交媒体应用于内部沟通交流，作为一种促进员工相互协作的新手段，企业社交媒体（enterprise social media，ESM）这一概念应运而生。根据企业社交媒体初始设计是用于办公还是用于社交，可以将其分为两大类：一类是在办公系统中增加社交元素，如 Yammer、钉钉等；另一类是将社交平台应用到办公场景，如微信、微博、Facebook 等。企业社交媒体被认为有利于打破组织中的水平和垂直边界，促进员工间的沟通、协作及知识共享，提高员工的工作绩效和工作满意度。但目前，企业社交媒体的应用并没有给企业带来预期的效益。社交媒体的"泛在性"在赋能员工随时随地工作的同时，也会打破员工的工作与生活平衡，增加员工的工作压力，引发员工的焦虑、倦怠等负面情绪，进而降低员工的满意度和绩效。苗蕊等（2022）对 2006 年到 2021 年 6 月的相关文献进行元分析后发现，企业社交媒体的使用是一把双刃剑，它既可能为员工提供充足的工作资源，又可能消耗企业的工作资源。

目前，关于企业社交媒体使用行为的研究主要聚焦在它与任务绩效、创新绩效和工作满意度等积极结果间的关系上，而关注企业社交媒体使用行为与工作/生活冲突、情绪耗竭、离职倾向等变量间的关系的研究较少。学者们不应仅从单一维度探索企业社交媒体使用行为的影响机理，还应区分其不同的使用目的。虽然近年来越来越多的学者已经认识到这一问题，但仍缺少针对企业社交媒体不同使用行为的交互效应及其对组织和员工个人结果的交互影响的研究，这有待未来的研究去探索。

5.5.3 团队管理的研究新进展

1. 团体心理资本

（1）定义。Bandura（1997）从集体角度，将"个人效能"延伸为"集体效能"，同时将团队心理资本定义为团队成员间互动和协调的产物。团队心理资本不仅是协调机制和领导才能的产物，还会产生期望行为和绩效结果。Walumbwa 等（2011）认为团队心理资本是一种心理品质，这种品质产生于团队成员的合作与发展，并促进团队的发展。Peterson 等（2011）提出，团队心理资本是团队成员在积极的发展环境下，通过自身的努力和毅力获得成功的可能性。魏荣和黄志斌（2008）提出，团队心理资本是在个体心理资本的基础上发展形成的，不仅包含团队成员的一般个体心理特征，还能将团队心理的整合性与特殊性表现出来。团队心理资本是能够提升团队创造力的一系列心理品质及特征，是在团队成员的心理默契及积极心理状态的基础上，再整合团队成员的优势而得以形成。项高悦等（2016）认为，团队心理资本由五个维度构成，分别为共同愿望、团队效能感、团队韧性、团队乐观、团队归属感。徐礼平和李林英（2016）在已有文献研究的基础上提出，团队心理资本是一种心理聚合力，表现为团队成员在心理、行为相互感染的基础上形成的默契，最终促进团队快速发展。郑立勇和孔燕（2016）认为，团队心理资本是团队成员展现的积极心理状态，能够促进团队及成员的成长和发展。总之，基于以上研究可以发现，团队心理资本是团队成员在团队活动中发展起来的一种共有的积极心理品质，能够促进团队的发展。

（2）团队心理资本的维度与测量。目前多数学者认为团队心理资本的维度与个体心理资本的维度相同。魏荣和黄志斌（2008）将团队心理资本分为显性心理资本与潜在心理资本。其中，显性心理资本由团体效能、乐观归因、工作韧性、共同愿景四个维度组成；潜在心理资本包括认知优势、情绪智力、特质型动机、价值观念四个维度。于兆良和孙武斌（2011）认为团队心理资本由个体层面和团体层面构成。其中，个体层面则包括远景、乐观、韧性和自我效能；团体层面包括团队效能、信任、团队远景和合作。Vanno 等（2014）运用 Luthans 的 PCQ-24 心理资本量表，发现团队心理资本的四个维度与个体心理资本的四个维度一一对应且正相关。Luo 和 Chen（2014）编制了集体心理资本量表，分为集体效能、集体希望、集体韧性三个维度。徐礼平和李林英（2016）认为，团队心理资本包括团队效能、团队自信、团队愿景、团队韧性、团队信任、团队合作、团队责任感七个维度，在中国文化背景下，团队责任感维度显得尤其重要。李林英和徐礼平（2017）发现，重大科研项目团队心理资本由团队自信、团队希望、团队乐观、团队韧性、团队合作、团队责任六个维度构成。

综合以上研究结果可以看出，团队心理资本维度与个体心理资本维度的构成相似，并且存在相关关系。目前的研究发现团队心理资本维度为 4—6 个，但具体由哪些维度构成尚没有统一定论。

对团队心理资本的测量主要有个体心理资本总和法、个体评估平均法、团队讨论法三种方式。个体心理资本总和法是将每名团队成员的个体心理资本总和作为团队心理资本。

个体评估平均法分为两种：一是将每名团队成员的个体心理资本相加，再计算其算术平均数得到团队心理资本；二是让团队成员填写团队心理资本量表，最后将其算术平均数作为团队心理资本。团队讨论法则是整个团队一起讨论并填写团队心理资本量表，最后将团队成员的共识作为团队心理资本。此法将团队视作整体，兼顾了团队内部的交流沟通互动行为。

（3）相关研究。国内外有关团队心理资本的研究不多，团队/组织层面的相关研究证实，团队心理资本与团队创新绩效、团队创新水平、团队创新行为、团队反思、团队公民行为等团队特征密切相关；个体层面的相关研究发现，团队心理资本对员工创新绩效、员工敬业度、员工工作满意度、员工对变革的支持行为、组织公民行为等个体特征的优化具有重要意义。

2. 团队社会网络

（1）定义。社会网络是一组行动者以及联结他们之间的关系的集合。依据行动者类型的不同，社会网络主要包括个体网络、群体网络、组织网络。作为群体网络的一种类型，团队社会网络是指团队成员间以及团队成员与外部行动者因正式或非正式关系而形成的关系结构（Oh 等，2006）。

（2）团队社会网络的测量。Kilduff 和 Tasi（2003）认为社会网络分为个体网络和整体网络两个角度，前者聚焦于以行动者为中心的社会网络如何影响行为及绩效等，后者则探讨整体网络特征如何对行为和绩效产生影响。而团队社会网络研究同样可以围绕这两个角度展开：基于个体网络视角，关注以团队某个成员为中心的社会网络或以特定团队为中心的外部社会网络对团队成员或团队的影响；而基于整体网络视角，即团队内部成员因互动而产生的社会网络，主要关注团队内部整体网络结构对团队的影响。

一是整体网络视角下的团队社会网络的测量。基于整体网络视角开展团队社会网络的调查，通常采用名册法获取成员之间的关系状况（Troester 等，2014）。具体而言，先列举团队内部所有成员的姓名，然后依据研究主题选择相应的网络测量问题。整体网络视角下的团队社会网络研究主要测量网络密度、网络中心势、层级结构、核心-边缘结构、结构对等性、派系等指标（彭伟等，2017）。

二是个体网络视角下的团队社会网络的测量。个体网络视角下的团队社会网络研究主要关注两种类型的社会网络：一是以团队内某一成员（如团队领导者）为核心，其与团队内外部成员之间建立的网络关系（Carboni 和 Ehrlich，2013）；二是以团队为核心行动者，其与团队外部行动者建立的社会网络（Chung 和 Jackson，2013）。因此，个体网络视角下的团队社会网络研究一般采用提名法进行调查。具体而言，先选择特定的行动者，然后由行动者列举在某种具体关系下与其进行互动的数名行动者，再进一步询问相关行动者，了解他们彼此间的关系程度等信息（Venkataramani 等，2010）。已有文献通常基于中心性、结构洞、网络范围、连带强度等指标对个体网络视角下团队社会网络的结构特征进行测量（彭伟等，2017）。

（3）相关研究。臧祺超等（2020）对团队社会网络文献进行热点分析并发现，国外研究团队社会网络的初始阶段为1997—2005 年，2006 年之后相关研究进入快速发展阶段；而我国的团队社会网络本土化研究相对较少。目前，相关研究视角主要分为个体网络和整体网络,后者包括团队内部社会网络、团队外部社会网络。此外,有研究还发现团队社会网络与团队绩效、团队学习等变量存在重要关联。Janhonen 和 Johanson(2011)对 49 个组织中的 595 名员工进行调查,发现小团队对团队绩效有影响,但网络密度与团队绩效无关。Wise(2014)认为社会网络与团队绩效呈反曲线关系,表现良好的团队之间有相似的团队社会网络,表现不佳的团队之间也有相似的团队社会网络,但两者的团队社会网络是不同的。

其一,在互联网时代背景下,网络信息技术改变了人们的沟通方式,不管是内部沟通还是外部沟通,团队的边界正变得模糊。未来的研究需要考虑团队内外部网络相结合对团队的影响。其二,互联网和信息技术的发展使得社会网络联结发生了新的变化,虚拟团队这一组织模式使团队的社会网络能够突破环境限制进行便捷的知识传递,但虚拟网络结构缺乏面对面交流所带来的亲密感,这可能会损害团队的沟通质量,未来需要进一步研究如何将虚拟网络有效地应用到工作当中(臧祺超等,2020)。社会网络的形成本质上是人际互动关系的集合,考虑到中西方文化情境的差异,西方文化情境下团队社会网络的研究结果能否适用于中国组织情境仍需进一步考证。中国具有独特的文化背景,团队领导者往往会依据亲疏远近将团队成员划分为圈内人与圈外人,并倾向于与圈内人建立特殊的信任关系(罗家德,2012)。其三,在儒家"尊卑有序""以和为贵"思想的影响下,中国员工之间的公平感知在组织中的差异较小,这有助于建立和谐的人际关系和组织氛围。另外,中国组织情境下的领导者深受"面子"思想的浸染,"爱面子"的领导者可能会积极与团队内外部人员维持良好的人际关系,并积极利用自身的社会网络寻求更多的"面子"(Zhang 等,2011)。因此,基于中国独有的文化情境,探讨中国组织文化情境下团队社会网络的形成、演化及作用机理等问题,对推进团队社会网络的本土化研究、丰富不同文化背景下的社会网络研究具有重要意义(彭伟等,2017)。

数字资源

本章数字资源由三大部分组成:一是 UTD 24 文献推荐,二是推荐的群体心理相关量表,三是参考文献。详细内容可下载"拓展学习资源"获取。

1. UTD 24 文献推荐

Constantinos G. V. Coutifaris, Adam M. Grant. Taking your team behind the curtain: The effects of leader feedback-sharing and feedback-seeking on team psychological safety [J]. Organization Science, 2021, 33 (4): 1251-1699.

Jessica R. Methot, Emily H. Rosado-Solomon, et al. Office chitchat as a social ritual: The uplifting yet distracting effects of daily small talk at work [J]. Academy of Management Journal, 2021, 64 (5): 1445-1471.

2. 群体心理相关量表

◎ Carron 开发、马红宇等人修订的中文版"群体凝聚力量表"

3. 参考文献

第 6 章 领导心理

知识点

领导、领导力、正式领导与非正式领导、领导权变、领导者特质、跨文化领导

学习要点

◎ 了解领导与管理、领导者与跟随者、正式领导与非正式领导的区别和联系。
◎ 了解领导者应具备的独特品质,中西方关于领导者个人特质的观点。
◎ 了解彰显更好领导力的领导行为,以及领导行为理论的经典研究和观点。
◎ 掌握领导权变理论的核心以及不同情境下的领导方式选择;探讨领导权变理论发展和进步。

思维导图

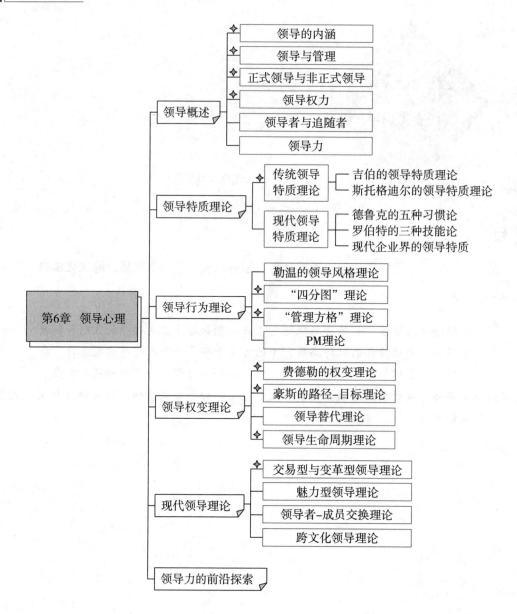

新理念　中国情境下的引进与转化

在技术层层演进、数据不断迭代的背景之下，时代正面临着剧变。党的二十大报告指出，新时代十年的伟大变革，在党史、新中国史、改革开放史、社会主义发展史、中华民族发展史上具有里程碑意义。当前，世界之变、时代之变、历史之变正以前所未有的方式展开，即世界格局之变、地缘政治之变、权力结构之变、大国关系之变、全球体系和价值链之变、科学技术之变、思想观念之变、传播方式之变，不但明显提速，而且环环相扣、相互影响，不断迭代放大，深刻改变着人们的生产、生活方式和国际关系。

在这个流变的时代，领导力研究如何打开视角适应时代背景，并催化产生多元、可信的研究成果，值得我们进一步思考。企业领导者需要梦想、格局、视野，需要在重重雾霾中看到大河彼岸的能力。当今中国环境的特征是技术、人文、价值体系和国际关系等不断发生变化，企业最高领导者如果不深入思考、不持续学习、不紧跟时代变化，就很难带领大家向正确的方向前进。

近年来，国内有关领导力的研究领域和层面得到较大幅度的拓展，研究的方法和基础进一步提升，研究的过程和成果也日益与管理实践相结合。但总体而言，大部分研究专注于验证西方学者发展的理论，并且忽视中国的特殊情境。中国的经济在飞速发展，历史已经把中国推到世界的前台，中国在全球化中扮演着举足轻重的角色。中国学者应当响应时代的召唤，紧随时代的脚步，关注社会中的重要现象，敏锐地发现适合本学科研究的问题。随着IT技术的飞速发展、市场监管的不断完善、全球化和资本市场的驱动等一系列因素的渐进融合，在信息科技高速发展、世界经济一体化的背景下，步入数字化时代的各类组织正面临数字化转型的挑战，这对领导者而言必然也是值得反复思考的话题。

史上择慧　郭嘉《十胜十败论》评袁绍和曹操

三国历史上曾流传"郭嘉不死，卧龙不出"的说法。三国中能够与诸葛亮（号卧龙）齐名的谋士非郭嘉莫属。据说郭嘉死后，蜀汉的重要人物诸葛亮才开始崭露头角。郭嘉（170—207），字奉孝，颍川阳翟（今河南禹州）人。郭嘉原为袁绍部下，后转投曹操，为曹操统一中国北方立下了功勋，官至军师祭酒，封洧阳亭侯，史书上称他"才策谋略，世之奇士"。

良禽择木而栖，贤臣择主而事。郭嘉出生在混乱的东汉末年，少年时期便已有远见，洞悉时势。20岁时，郭嘉归隐山林，不问俗世，潜心修学，广交英杰。初平二年，郭嘉北上冀州，投奔刚刚夺取冀州地区控制权的汉末世家大族子弟、当时公认的群雄领袖——袁绍。经过一段时间的观察，郭嘉发现袁绍尽管声名显赫，但绝非自己可以终生效命的对象。郭嘉曾对同乡好友辛评和郭图说道："袁公徒欲效周公之下士，而未知用人之机。多端寡要，好谋无决，欲与共济天下大难，定霸王之业，难矣！"（《三国志·魏书·郭嘉传》）于是，郭嘉很快离开了袁绍阵营。

六年后，曹操颇为器重的一名谋士戏志才去世，伤心之余，曹操写信给荀彧，请他推荐可以接替戏志才的谋士。于是，荀彧将好友郭嘉推荐给曹操。曹操召见郭嘉，共论天下大事，曹操说："使我成大业者，必此人也！"从此，郭嘉担任曹操的军事参谋，为曹操的四方征战出谋献策，成为曹操最重要的谋士。

官渡之战前期，袁绍统一黄河以北的态势已不可阻挡，其强大的军力令人望而生畏，公孙瓒在幽州只是坐而待毙，曹操周围还有吕布、张绣、刘表等强敌环绕。在这样的情况下，曹操军中人心不稳、士气不足，即使是曹操自己，对这场战役也是迟疑而无信心。对此，郭嘉提出著名的《十胜十败论》，为曹操分析曹袁之间的优劣，积极劝说曹操对战袁绍。郭嘉认为："绍繁礼多仪，公体任自然，此道胜也；绍以逆动，公以顺率，此义胜也；桓、灵以来，政失于宽，绍以宽济，公以猛纠，此治胜也；绍外宽内忌，所任多亲戚，公外简（间）内明，用人惟才，此度胜也；绍多谋少决，公得策辄行，此谋胜也；绍专收名誉，公以至诚待人，此德胜也；绍恤近忽远，公虑无不周，此仁胜也；绍听谗惑乱，公浸润不行，此明胜也；绍是非混淆，公法度严明，此文胜也；绍好为虚势，不知兵要，公以少克众，用兵如神，此武胜也。"这十条理由充分证明了"公有十胜，绍有十败"，从而极大地鼓舞了曹军将士的斗志，也激励了曹操的对战信心，最终击溃了袁绍，获得官渡之战的胜利。

故事启示

在郭嘉对曹操和袁绍的评价中，我们不仅可以看出郭嘉对当时局势的把控和剖析，还可以看出郭嘉之所以甘心追随曹操，其根本也在于这"十胜"，即道胜、义胜、治胜、度胜、谋胜、德胜、仁胜、明胜、文胜、武胜。这"十胜"就是曹操领导力的体现，也是郭嘉所认为的一名领导者应该具备的特质。这十大品质对其他领导者同样适用，"坦率自然，名正言顺，管理严明，任人唯贤，执行力强，品德高尚，思虑全面，明辨是非，奖赏分明，才能出众"，是领导者应当具备的特质和领导力。

虽然郭嘉对形势的透彻分析是曹操赢得官渡之战的关键，但也离不开曹操对其谏言的采纳。郭嘉的计谋多与曹操"不谋而合"，多为曹操所采纳，例如有名的"割发代首"就是郭嘉提出来的。此外，曹操对郭嘉欣赏和信任有加。据载，曹操与郭嘉关系亲密，犹如朋友一般。二人行则同车，坐则同席。在严格治军的曹营帐里，郭嘉有很多不拘常理的行为，但在偏爱他的曹操眼里，"此乃非常之人，不宜以常理拘之"。在长年征战的生涯中，曹操总是把郭嘉带在身边，以便随时切磋、见机行事。每逢军国大事，郭嘉的计策从无失算。曹操对年轻的郭嘉寄予了无限的希望，打算在平定天下后，把身后的治国大事托付给郭嘉。郭嘉死后，曹操亲往祭之，悲痛欲绝，说"奉孝死，乃天丧吾也！"可以说，曹操与郭嘉是相互成就、相互依存的关系，曹操对待郭嘉礼贤下士、亲密友善，郭嘉对待曹操至真至诚、誓死追随。郭嘉以及其他众多下属组成的跟随者成就了曹操这位领导者，正是在他们共同的努力下，组织的宏伟目标才得以实现。

6.1 领导概述

6.1.1 领导的内涵

欲治兵者，必先选将。在中国传统管理思想中，"将领"被认为是军队管理中的核心，决定着一支军队是否能征善战或一场战役能否凯旋告捷。同样，在现代组织管理中，"领导"扮演着组织中的灵魂角色。现代管理学之父彼得·德鲁克认为，领导能够将人类的愿景提升到更高的境界，将人类的绩效提升到更高的标准，使人们能够超越正常的个性局限。可见，从古至今，无论是何种类型的组织结构，领导对组织内成员的个人成长和组织集体发展都至关重要。那么，组织中的哪类人或者哪个人能被称为"领导"呢？

领导的概念和体系是从西方传入的，中国此前并没有专门的领导力学科。但中国人自古以来追求的就是入世和经世致用，诸子百家探讨的多是治国之道，必然涉及领导者、领导力这样的主题，有大量的关于领导者及领导力的思考。虽然，中国传统领导理念和西方关于领导的内涵解读虽然因文化而有所差异，但究其根本又有着异曲同工之妙。表6-1列示了部分学者对领导内涵的理解和定义。总体来看，对领导的看法主要从四个视角给出，即行为过程、影响力、权力、艺术。

表6-1 领导的定义

视角	定义
领导是一种行为过程	斯托格迪尔（Stodgill）认为，领导是对组织确立目标和实现目标所进行的活动施加影响的过程
	赫姆菲儿（Hemphil）认为，领导是指引团队共同活动、共同解决问题来实现目标的过程
领导是一种影响力	坦南鲍姆（Tannenbaum）认为，领导就是在某种情况下，经过意见交流过程而形成的为了达成某种目标的一种影响力
	阿吉里斯（Argyris）指出，领导即有效的影响。为了施加有效的影响，领导者应当实地了解自己的影响
	达夫特（Daft）认为，领导是在领导者和追随者之间的一种有影响力的关系
领导是一种权力	杜平（Dupin）认为，领导即行使权威与决定
	弗兰奇（French）认为，领导是一个人所具备并施加于他人的控制力
领导是一种艺术	孔茨（Koontz）认为，领导是一门促使人们充满信心、满怀热情来完成任务的艺术

综上所述，虽然关于领导概念的说法各不相同，但各学者的表述仍然有助于我们全面理解领导的概念与性质。根据以上分析，领导是指在一定条件下，指引和影响个人或组织，实现团队或组织目标的行动过程。其中，领导者是指实施指引的人，凡是实施领导行为的人都是真正意义上的领导者。换句话说，处于"领导"岗位上的人的行为并非一定属于领导行为，而处于非"领导"岗位上的人的行为也并非不属于领导行为。被领导者是指接受指引和影响的人。

由此可见，领导由三方面的相关因素构成，即领导者、被领导者和组织环境（或领导行为），在这三个因素中，领导者为主导因素，被领导者和组织环境会对领导的有效性产生影响。总之，三者相互作用，密不可分。

6.1.2 领导与管理

"领导＝管理"，这是很多人容易走进的误区。但事实上，领导与管理的关系十分微妙，两者既紧密联系，又相互区别。传统管理理论认为，管理有四项基本职能，即计划、组织、领导、控制，可见领导实质上是管理的一项基本职能（见表6-2）。接下来，我们将从多个视角出发，阐述两者的区别。

表6-2 领导与管理的区别

视角	领导	管理
性质	偏向于艺术性	偏向于科学性
原理	全局性、超前性、超越性	局部性、当前性、操作性或细节性
要素	人	人、财、物、技术、信用、组织、文化等
侧重点	处理变化的问题 强调宏观问题 重在决策	处理复杂的问题 强调微观问题 重在执行
作用	做正确的事	正确地做事

1. 性质不同

"管理是科学，领导是艺术"是业内公认的真谛。相较于领导，管理本质上偏向于科学性，领导则偏向于艺术性。管理与领导的性质差异主要源于两者的对象不同。管理的对象更为广泛，包括人、财、物、技术、信用、组织文化等，管理行为必须使众多因素资源得到合理配置，这要求有一套科学和相对模板化的方法去引导与实践，从而促进个人和组织成长。因此，有效的管理必须有科学的理论、方法来指导，必须遵循管理系统化的知识体系、基本原理、理论原则，即管理是一门科学。领导的对象是"人"，人性与人的思维是一个复杂的系统，面对复杂系统，我们很难用"模具"式的方法去塑性，必须采用制度与人性相结合的方法去解决这一复杂系统的问题。只有采用艺术性的方法，才能让自身和组织焕发不一样的活力，甚至产生超越系统模板化管理的价值，即领导是一门艺术。

2. 原理不同

从管理学和领导学的一般原理来看，领导和管理有三个不同之处。第一，领导具有全局性，管理具有局部性。领导活动注重对组织整体的计划、协调和控制，而管理注重某项工作的效率。第二，领导具有超前性，而管理具有当前性。领导侧重于整个组织的未来发展方向和战略目标制定，而管理把注意力集中于当前的工作。第三，领导具有超越性，而管理具有操作性或细节性。领导要从根源和宏观层面把握活动过程，而管理必须注意细枝末节的所有问题。

3. 要素不同

管理的职能比领导更宽泛。管理是一个"资源系统"，涵盖各种元素，包括人、财、物、技术、信用、组织、文化、信息、物流等；而领导的对象是人，且"人"也是领导的唯一要素。简单来说"管理是管理事务，领导是领导人心"。

4. 侧重点不同

管理与领导的侧重点差异可以从以下三个方面来看：其一，侧重问题复杂程度。管理以解决复杂问题为主，在这种情况下，可以通过分解任务、制订计划、实施监督等方法来保证目标的实现；领导则是负责应对变化的问题，领导者必须与员工进行有效的沟通，识别出任务的前景，制定应变策略，引领企业走出困境，最终达到目标。其二，侧重问题的宏微观程度。管理注重微观层面，所涵盖的期间在数月至数年不等，力求合情合理，降低风险；领导则强调宏观，注重长远的、有一定风险的、全局的战略安排。其三，工作重心。管理的重点在于执行，对人、事、财、物、信息、时间等各种资源进行实时控制，利用事无巨细的工作达到管理的目的；领导则注重决策，这使得领导者不必去处理具体的、琐碎的事情，而是从根本上和宏观上控制整个组织的活动。

5. 作用不同

管理和领导的作用与功能有所差异。管理的功能包括计划、命令、控制和协调，强调正确地做事；领导的功能则更加抽象和能动，包括塑造未来、发展和激励部属、提高组织绩效，强调做正确的事。

总之，管理和领导既有联系又有区别，任何企业都要同时具备管理者和领导者，只有这样才能真正实现企业的经营和战略目标。

◆ 6.1.3 正式领导与非正式领导

在管理学中，组织类型有正式组织与非正式组织。其中，正式组织具有严密的组织结构，由组织管理层正式统筹；相应地，非正式组织是指在没有正式规范的情况下，由人们在交往过程中自发组成的一种个人关系和社会关系的网络。非正式组织并不是由工作、职权、岗位等关系形成，而是一种自发形成的人际关系。研究发现，非正式组织能够在一定程度上弥补正式组织的不足和遗漏，比如满足成员心理需要，鼓舞成员的士气，促进正式组织的稳定，改善组织信息沟通状况等。

中华典故 　　　**从朱元璋看非正式领导**

大明开国皇帝朱元璋凭借自己的能力，从一个贫穷的放牛郎，一步一步建立了明朝。他在刚刚参加红巾军时，只是一个小小的步卒，但在之后的两个月里，朱元璋英勇过人、聪明灵活，深知民间疾苦，关心战友，每次战斗都是最勇猛的那一个。在打了胜仗之后，他从不邀功，只是低调行事，并将得到的很多战利品献给郭子兴，其余的则分给自己的手下。如此为人处世的风格，令军中上下对他的评价都极好。

朱元璋身经百战、屡建奇功，由于他处事得当，打仗时身先士卒，多次得到赏赐。得到赏赐后，他每次都谦虚地说："功劳都是大家的。"还把领到的奖品统统分给大家。不久，朱元璋在部队中的好名声不断传播开，名气大增。为了招兵买马、壮大起义队伍，朱元璋重回北照寺，自称白莲教指派回来招兵买马的，得到师兄弟的支持，当地村里的伙伴们也闻讯前来入伙，不到两个月就组建了一百多人的队伍，他们把和尚坟当练兵场、寺庙当兵营、三角塘当饮马池。

由此我们可以看出，在加入红巾军前期，朱元璋仅仅是一个普通的无名小卒，并不是一个领导者。然而，由于朱元璋作战英勇、声望高，能镇得住场面，且军事能力强，能令人信服，因此朱元璋在军中拥有很强的声望和影响力，军中士卒以及各地起义队伍都愿意响应他的号召、听从他的领导，这使得朱元璋虽不是领导者，但具备极高的影响力和领导力，成为"非正式领导"。

相应地，领导类型有正式领导和非正式领导。正式领导是指利用正式组织所赋予的职权来指导并影响下属，从而达到组织目的。正式领导按照既定的路线和严格的章程来开展各项活动，例如制定方针、授权、奖惩等。一般而言，正式领导者这一职位是比较稳固的，领导者离职后会由其他人补位。非正式领导是指在正规或非正规的机构中，机构成员自发形成的行为。非正式领导的作用是协调组织中成员之间的关系，引导员工的思维和信念从而对他们的价值观产生影响。非正式领导者这一职位是领导者凭借自己的能力和人格魅力获得的，领导者的离开很可能会使整个非正式组织走向瓦解。

◆ 6.1.4 领导权力

领导的核心在于权力，正是因为拥有相应的权力，领导者才能发号施令，管理下级，从而率领和引导组织成员为实现组织目标而努力。领导权力又称领导影响力，通常指影响和改变他人的能力，助力组织排除各种障碍完成任务，实现既定目标。关于领导权力的来源和分类，1959年社会心理学家约翰·弗兰奇（John French）和伯特伦·雷文（Bertram Raven）共同提出权力的五种来源，即法定权、强制权、奖赏权、专家权和参照权。

中华典故 范雎剖析权力的重要性

范雎是战国时期秦国史上智谋深远、继往开来的一代名相。公元前266年，范雎在昭王闲暇方便之时进言议事，他说道："臣居山东，闻齐之内有田单，不闻其王。闻秦之有太后、穰侯、泾阳、华阳、高陵，不闻其有王。"而造成这一现状的原因则是秦王权力没有得到彰显。范雎认为，在秦国，"太后擅行不顾，穰侯出使不报，泾阳、华阳击断无讳，高陵进退不请"，太后、穰侯、泾阳君、华阳君以各种身份操纵朝政，使秦王有名无实，最高权力得不到彰显。人们处在这四种权贵的统治下，"乃所谓无王"，如此下去将"权焉得不倾"。秦昭王听了这番话如梦初醒，大感惊惧，于是废弃太后，把穰侯、高陵君、华阳君、泾阳君驱逐出国都，收回穰侯的相印，重新将权力集于自己手中而不至旁落。

第一，法定权。法定权指领导者依据自己在组织等级中的地位而获得的固有权力，当领导者处于组织结构中的某一职位时，便获得与之相称的法定性权力。法定权由官方组织任命来保证。

中华典故　　　　　　　雍正立储制保障法定权

自西汉始，皇位继承以"嫡长子继承制"为主，遵循"立嫡以长不以贤，立子以贵不以长"的原则。康熙晚年在立储一事上摇摆不定，导致九子夺嫡风波。雍正深受其苦，曾言："建储大事，朕岂忘怀，但关系甚重，有未可轻立者……今欲立皇太子，必能以朕心为心者，方可立之，岂宜轻举……太子之为国本，朕岂不知，立非其人，关系匪轻。"雍正创建了秘密立储制，一直延续到咸丰时期。"今朕诸子尚幼，建储一事，必须详慎……朕身为宗社之主，不得不预为之计。今朕特将此事亲写密封，藏于匣内，置之乾清宫正中世祖章皇帝御书'正大光明'匾额之后，乃宫中最高之处，以备不虞。诸王大臣咸宜知之，或收藏数十年亦未可定。"据记载，雍正在8月21日得病，且能照常处理政务，但在8月23日就溘然长逝。得病突然，此前又未有预兆，直到驾崩后，才按照秘密立储制公开皇位继承人。从某种意义上说，秘密立储制保证了古代储君的择贤而立，同时又保障了皇位的顺利交接。

第二，强制权。强制权指通过负面处罚或剥夺积极事项而强制下属服从的权力。

中华典故　　　　　　　别勒古台之败：汗权的强制性

"马上得天下者"成吉思汗凭借汗权"长生天"的至上性和武力的效用，对臣民生杀予夺拥有绝对的权力。据《蒙古秘史》记载，不里孛阔是一名著名的大力士，一天，成吉思汗让不里孛阔与别勒古台相摔，在相摔的过程中，成吉思汗授意别勒古台杀死不里孛阔，最终不里孛阔不敌别勒古台而丢掉性命。然而，不里孛阔临死前却说："我本来不是输给别勒古台的人，是惧怕成吉思汗的权威而佯倒在他手下，丢掉了我的性命！"实际上，不里孛阔本来能很轻易地摔赢并压制别勒古台，正是因为成吉思汗的强制权，才不得不绝对服从，所谓"君让臣死，臣不得不死"正是强制权的一种表露。

第三，奖赏权。奖赏权指领导者给予或取消下属各种有形无形奖赏的权力。奖赏权和强制权正相反。强制权强调惩罚，下属不服从领导就会产生负面后果；奖赏权则强调奖励，下属服从领导就会得到相应的收益。

中华典故　　　　　　　汉王朝对奖赏权的运用

汉王朝的君王对下属的赏赐可谓不计其数。比如，汉武帝对寻常斩杀敌人首领的士兵封赏颇多，《史记·平淮书》记载，"捕斩首虏之士受赐黄金二十馀（余）万斤"；汉惠帝刘盈同样对有功官员赏赐极多，《汉书·惠帝纪》记载，"将军四十金，二千石二十金，六百石以上六金，五百石以下至佐史二金"。奖赏权的行使，一方面让有功臣子得到激励，另一方面彰显了君主的赏罚分明和王朝大气。相反，若领导者不能很好地行使奖赏权，致使下属得不到应有的奖励，他们的不满情绪就会反过来影响领导者的影响力。投奔刘邦的陈平曾评述项羽："项王为人，恭敬爱人，士之廉节好礼者多归之。至于行功爵邑，重之，士亦以此不附。"也就是说，项羽虽然有很有优点，但他很吝啬，不愿意赏赐下属，长此以往，下属就会觉得项羽并不是真正爱惜和看重自己，也就不愿意跟随他。

第四，专家权。专家权指因掌握特殊知识技能及专业技术而获得的权力。如凭借"运筹帷幄之中，决胜千里之外"的能力获得领导力和影响力，便是因在组织中具备杰出的判断力和技术技能而能够高效完成任务，实现组织目标，从而获得这种非正式的领导权力。

中华典故　　　　　　　"法制专家"：商鞅

商鞅是战国时期法家的代表人物。商鞅四见秦孝公，因提出《治秦九论》而被孝公任命为左庶长，积极实行变法，使秦国成为富裕强大的国家。商鞅认为："法者，国之权衡也。"他在《法经》的基础上制定《秦律》，自秦朝一统"全国"后，又进一步修订《秦律》法令，并广泛施行。《秦律》是中国传统法制及现代法制的先祖，商鞅由此成为法家哲学体系的重要影响人物之一。

第五，参照权。参照权也称感召权，是指领导者因个人所具备的特殊品格、人格特点或个人魅力而获得的权力，表现为人心所向，建立在下属或同事对领导者的尊重、敬佩和忠诚之上。参照权是所有权力中最抽象的，却是最有力量的。

中华典故　　　　　　　宋太宗以魅力赢人心

《宋史》记载，有一次宋太宗在北培园饮酒，大臣孔守正和王荣侍奉酒宴。结果两人酩酊大醉，争吵起来，失去了臣下的礼仪。内侍奏请太宗将他们治罪，但太宗让两人回家。第二天，两人酒醒了，想起昨晚酒后在皇帝面前失礼，十分害怕，一起跪在金銮殿上请罪。太宗笑笑说："昨晚朕也喝醉了，记不得有这些事。"宋太宗托词说自己也醉了，不但没有丢失了皇帝的权威，反而因其大度和宽容而赢得了人心。

◆ 6.1.5　领导者与追随者

没有追随者就没有领导者，领导者与追随者在不同的情境中通过互相影响实现个人和组织的目标。领导者与追随者，即上司与下属，实质上是一种相依相生、相互影响的互动关系，在组织管理的过程中，领导者是主体，追随者是领导活动的对象，当领导行为对追随者的心理、行为产生影响后，追随者又会反向作用影响领导者的行为。因此，追随者在组织中同样十分重要，追随者与领导者的互动直接影响到组织的绩效与目标的实现。

中华典故　　　　　　　三国中的典型追随者

《三国演义》中有这样的记载。攸曰："某不能择主，屈身袁绍，言不听，计不从，今特弃之来见故人。愿赐收录。"操曰："子远肯来，吾事济矣！愿即教我以破绍之计。"攸曰："吾曾教袁绍以轻骑乘虚袭许都，首尾相攻。"操大惊曰："若袁绍用子言，吾事败矣。"许攸本为袁绍帐下谋士，因与袁绍不合，转而投奔曹操，为曹操出谋划策，伏击袁绍军的粮仓，致使袁绍大败于官渡。后人谈论曹操的取胜之道，均认为曹操当时在战事初期实际上处于劣势，之所以能够获得官渡之战的全面胜利，离不开许攸的情报和计谋。相反，当许攸因得到可靠消息而建议袁绍分兵占领许昌时，却被怀疑与曹操有密谋。

之后，曹操击败刘备，刘、关、张失散，关羽被曹操军包围。曹操非常欣赏关羽，希望招降关羽，面对前来劝说的张辽，关羽坚定要做刘备忠义的追随者，为了保全刘备的家人，同意与曹操约法三章后暂时归降。公曰："一者，吾与皇叔设誓，共扶汉室，吾今只降汉帝，不降曹操；二者，二嫂处请给皇叔俸禄养赡，一应上下人等，皆不许到门；三者，但知刘皇叔去向，不管千里万里，便当辞去。三者缺一，断不肯降。"尽管曹操爱才心切，努力想要关羽真心归降，但关羽在得到刘备的消息后，立即挂印封金、过五关斩六将，只为一心追随刘备，助其成就霸业。

"人中有吕布，马中有赤兔。"陈寿在《三国志·吕布传》提出："吕布有虓虎之勇，而无英奇之略，轻狡反覆（复），唯利是视，自古及今，未有若此不夷灭也。"吕布本是丁原的属下，却杀了丁原而追随董卓，后又杀了董卓而追随司徒王允，被李傕等人率军击败后又欲投奔袁术，但袁术非常厌恶吕布反复无常的行径，拒绝接纳。建安三年，吕布再次叛投袁术。从汉灵帝建宁五年跟随丁原进京，到汉献帝建安三年吕布被曹操绞死，九年间换了六人七次主子。吕布这个三国时期武艺最高的人，由于缺乏追随者的忠诚特质，落得"三姓家奴"的蔑称，本可成就一番事业，最终却碌碌无为。

追随者在领导行为中的角色可划分为重要追随者与一般追随者两类。重要追随者是领导者的"心腹""左膀右臂"与"肱股大臣"，他们通常是组织中的关键成员，往往具备独当一面的能力。一般追随者并不会过多地参与领导活动，也不会与组织的文化价值观和利益有很强的联系，他们在组织中所能发挥的作用非常有限。

关于追随者的理论研究主要经历了三个阶段。一是以领导者为中心的研究阶段，研究重点为领导者，追随者只是领导过程的辅助者、支持者、执行者，是被动的配角。二是以追随者为中心的领导理论中对追随者的研究阶段，随着经济发展和社会进步，组织结构、管理观念发生了巨大的变化，组织中职位间的层级关系变得模糊，追随者的主观能动性和自主决策权更强，从而显著影响领导者的投入、机制和产出决策。然而，关于追随者的研究仍以提高领导有效性为目的，在领导活动中依然处于从属地位。三是以追随者为中心的追随理论研究阶段，罗伯特·凯利（Robert Kelley）最早提出追随者理念，将追随者置于与领导者同样重要的地位，他把追随者分为疏远追随者、盲从者、唯是者、生存者和有效追随者五种。

领导者与追随者之间有交易、等级、追随、伙伴四种关系。其中，交易关系以奖惩行为和利益驱动为基础，追随者服从并完成领导者安排的任务而获取回报；等级关系指组织职能结构划分而自然形成的上下级关系，追随者对领导者的命令绝对尊重服从；追随关系以领导者个人魅力为基础，依靠领导者的人格、素养、阅历、作风等非权力因素促使追随者自愿追随；伙伴关系指领导者与追随者之间形成的平等合作互利、职能分工相辅相成、互帮互助的关系，没有明显的命令者与服从者。

6.1.6 领导力

领导力是管理学和社会科学研究得最多的内容之一,同时也是组织行为学中最"模糊"的理论,它的内涵至今没有统一的解释。一般认为,领导力是指领导者及其下属在特定情境下,通过交流互动而持续表现出的一种能力,而这种能力有助于组织达到既定的目的。南加利福尼亚大学管理学教授沃伦·班尼斯(Warren Bennis)认为,领导力就像一种美感,它难以定义,但当你看到它时就会知道。班尼斯将领导力定义为"赋予组织以愿景,以及将愿景转化为现实的能力",而约翰·安东纳基斯(John Antonakis)认为领导力的本质就是"强调领导者的影响力"。

经典的领导力理论主要从三个方向展开阐述,即个性特质、行为风格、情境与权变,领导力理论从单纯研究领导者的个性特质,发展到研究领导者的行为风格。基于前人成果,后续的研究分别将领导力引入其他领域,还将环境、情境等因素考虑在内,包括基于员工动机、领导成员关系、与下属之间的相互影响等,领导力研究体系不断完善。总的来说,领导力的研究先后经历了四个主要阶段,即领导特质研究,领导行为研究,领导情境或权变研究,现代领导研究。

6.2 领导特质理论

孙子说:"将者,智、信、仁、勇、严也。"对此,张预认为"五德皆备,然后可以为大将"。梅尧臣对此也有更经典的解释,即"智能发谋,信能赏罚,仁能服众,勇能果断,严能立威"。其中,智指才智智慧,信指信任果真,仁指仁爱友善,勇指决断果敢,严指严格纪律。这五种德行是将领必备的品质和特征(见表6-3)。那么,领导者和非领导者相比应该具备哪些独特品质呢?怎样的领导风格才是良好的,自信果断抑或外向热情?基于这些疑问,领导特质理论分析领导者的特征,试图区分领导者与普通人的特性,寻求一套相似的领导者的特征和特点。

表6-3 我国的领导特质观点

时期	人物:观点
春秋战国时期	孔子:"仁政"思想
	老子:"无为"思想
	管子:品德、功绩和才能
	孙子:智、信、仁、勇、严
秦汉时期	李斯:王者不却众庶,故能明其德
	刘邦:美名、美德、事迹、仪表、年龄、健康等
三国时期	曹操:治平尚德行,有事赏功能
	诸葛亮:志、变、识、勇、性、廉、信
	刘邵:清节、制法、权谋、国体、器能、臧否、伎俩、智意、文章、儒学、口辩、雄杰

(续表)

时期	人物：观点
南北朝至唐宋时期	李世民：任贤、纳谏、清明、正直、公平、俭约清廉、谨慎戒骄、仁义诚信、善始善终
明清时期	王夫之：民主议政
	林则徐："用民"思想
	康有为：以平等之意，用人立之法
现代	常建：生理特征、背景、智力、情感和情绪、驱动力、价值与道德、领导技能
	郑伟文：能量、推动力、决断力、执行力、热诚

在学习西方领导特质理论之前，我们先了解中国古代和近代的领导特质观点。实际上，中国自古以来便重视领导者的品质，这些认识和观点早已凸显先人的智慧，也与西方的领导特质理论在许多观念上不谋而合。

6.2.1 传统领导特质理论

领导特质是指领导者特有的品质和特性，在我国传统文化中，领导者应具备的美好品质很多。比如，爱国爱民，故有范仲淹"先天下之忧而忧，后天下之乐而乐"；重视人才，故有曹操吟咏"青青子衿，悠悠我心"；勤政廉政，故有周公"一沐三握发，一饭三吐哺"；诚信为本，故有商鞅"南门立木，建信立法"；等等。

西方早期的领导特质理论是以一些杰出人物、社会名流为研究对象，希望根据他们的生理特征（比如身高、体重、体型、相貌等）总结出领导者应具备的条件，从而证明领导者具有异于常人的禀赋，认为领导特质是领导者与生俱来的。

1. 吉伯的领导特质理论

美国心理学家吉伯（Gibb）1969年提出天才的领导者应具备七项天生的特质：①善辞令，如张仪凭借高超的智谋和说辩之术，游说六国，瓦解合纵；②外表英俊潇洒，如"生得器宇轩昂，威风凛凛"的吕布，"身长八尺，姿颜雄伟"的赵云都是外貌帅气英俊的领导者；③智力过人，如鬼谷子王诩身怀旷世绝学、智慧卓绝，精通百家学问，其著作被后世誉为"智慧禁果，旷世奇书"；④有自信心，如"毛遂自荐"的勇敢和信心；⑤心理健康，如越王勾践卧薪尝胆，越国的转弱为强离不开他过人的心理素质和坚忍的意志；⑥有支配他人的倾向，如"早朝宴罢，发号施令"便是中国古代优秀君王的常态；⑦外向而敏感，如豁达开朗，甚至"不像个女孩儿家"的史湘云。

2. 斯托格迪尔的领导特质理论

美国学者斯托格迪尔（Stogdill）1974年在《领导力手册》（*Handbook of Leadership*）一书中提出领导者应具备的十项特质：①才智；②强烈的责任心和完成任务的内驱力；③坚持追求目标的性格；④大胆、主动的独创精神；⑤自信心；⑥合作精神；⑦乐于承担决策和行动的后果；⑧能承受挫折；⑨社交能力和影响他人行为的能力；⑩处理事务的能力。随后，他在考察诸多人格特质理论的基础上，将与领导才能有关的特质划分为五种身体特征、两种社会性特征、四种智力特征、十四种个性特征、六种与工作有关的特征、九种社交特征。具体包括：①五种身体特征为精力、外貌、身高、年龄、体重；②两种社会性特征为社会经济地位和学历；③四种智力特征为果断性、说话流利、知识渊博、判断分析能力强；④十四种个性特征为适应性、进取心、热心、自信、独立性、外向、机警、支配力、有主见、见解独到、情绪稳定、作风民主、不随波逐流、智慧；⑤六种与工作有关的特征为责任感、事业心、毅力、首创性、坚持、关心他人；⑥九种社交特征为能力、合作、人际关系、老练沉稳、正直、诚实、权力欲望、影响他人、与人共事的技巧。

在早期，关于领导特质的研究主要从调查研究和心理测试两个角度展开，并找到有效领导与某些品质特征之间一定的联系，这无疑是非常重要的进展。但是，早期的领导特质理论也存在相对明显的缺陷。首先，早期的领导特质理论过于重视先天因素，而忽略后天教育、环境等因素对领导能力的影响。事实上，很多有天赋的领导特质的人，最后并没有成为领导者或好的领导者；反之，一些人即使没有具备以上所说的领导特质，也可以在后天教育下成为杰出的领导者。其次，早期的领导特质理论只是简单解释领导者与被领导者、有效领导和非有效领导之间的特征差异，而没有指明每一种特征对有效领导的影响中的重要性。例如，相对于个性特征和工作特征，身体特征在所有领导特质中的重要性可能会较小。最后，早期的领导特质理论建立在"领导是一个静态过程"的基础上，但实际上领导是一个动态过程，领导特质在实践和训练中会发生变化。此外，谋求领导地位、维护领导地位等不同的领导阶段，所需的领导特质也是不同的。

中华典故　　从故事中看传统领导特质理论的矛盾

好的领导者一定"外表英俊潇洒"吗？

据《三国志》记载，周瑜是一位相貌英俊、风流倜傥、才华横溢的军事统帅，有"王佐之资"。尤其是苏轼千古传诵的《念奴娇·赤壁怀古》如此描绘："遥想公瑾当年，小乔初嫁了，雄姿英发。羽扇纶巾，谈笑间，樯橹灰飞烟灭。"更重要的是，周瑜不仅"胆略兼人""治军有方"，而且宽宏大度，"性度恢廓""雅量高致""折节容下""谦让服人"。因而，周瑜得到东吴统治政权的重用，并跟随孙策征战沙场，助其奠定割据基础，为开拓东吴疆域建立了巨大战功。

相反，《三国演义》中的"凤雏"庞统虽是一位大贤，却长相丑陋，与周瑜"面如美玉，唇若点朱，姿质风流，仪容秀丽"相比，庞统就像个乡野老农。他面貌丑陋，五短身材，给刘备的第一印象不佳，也就难免被轻视，被派去偏远的耒阳县当县令。后来刘备派张飞、孙乾去巡视，知其不到半日便处理好百余日所积公务，刘备才拜庞统为副军师。可见，"以貌取人"不仅会影响凡夫俗子，同样会影响到领导者的选择和决策。

好的领导者一定"性格外向"吗？

《红楼梦》中的王熙凤是一个典型的外向性格领导者，从林黛玉进贾府初见王熙凤时贾母的介绍便可以看出，王熙凤是一个性格泼辣开朗的人："你不认得他，他是我们这里有名的一个泼皮破落户儿，南省俗谓作'辣子'，你只叫他'凤辣子'就是了。"

相反，司马懿是一个内敛含蓄的人，有人这样形容司马懿的一生：前半生低调内敛，后半生厚积薄发。早年，他埋头苦读诗书，积攒了满腹雄才，见汉朝国运衰微，曹操虽屡次征召，他硬是在家装病多年；后来不得已做了官，他还是处处小心、事事低调。

以上两个人物的性格截然相反,但不可否认,他们都是优秀的领导者。那么,"外向"真的是好领导所必备的特质吗?

事实上,中国历史上一些伟大的名人是性格内向型的,如成吉思汗、韩信、卫青、曾国藩、粟裕等。当今,世界五大科技巨头——苹果、微软、亚马逊、谷歌和脸书等公司的CEO也都偏于内向。

对不同领导者的领导特质,我们不能一概而论。不具备上述领导特质的人同样可能是出色的领导者。一方面,他可能在其他特质上十分突出,从而弥补了短板,如曹操虽才貌不出众,但他求贤下士、才能出众,依旧能成为出色的领导者;另一方面,随着在现实中的不断实践和学习,领导者将动态地发展相关的特质。由此,领导特质理论进入现代领导特质理论这一崭新阶段。

6.2.2 现代领导特质理论

20世纪六七十年代是人们探究领导特质的一个新时期,有关领导特质的理论成果通常被归类为"现代领导特质"。现代领导特质理论强调领导特质对领导效能的作用,并将其视为一个动态过程,认为领导特质可以从实际工作及教育和培训中养成。

1. 德鲁克的五种习惯论

"五种习惯论"是领导特质论的主要流派。德鲁克认为,领导者是否优秀很难从个性或智力水平等方面加以区分,领导的有效性实质上是一种"习惯",即通过学习才可以得到。因此,一位好的领导者应具有以下五种基本习惯:

第一,善于利用有限的时间。时间是最稀缺、最珍贵的资源,一个优秀的领导者最显著的特点就在于珍惜并善于利用有限的时间。《魏略·儒宗传·董遇》记载:"冬者岁之余,夜者日之余,阴雨者时之余也。"领导者应用好这"三余"。

第二,注重贡献和工作绩效。贡献和绩效是领导有效性的关键,这里包括三个主要方面的绩效成果:一是直接成果,如收入和利润,这是组织得以壮大和发展的根本因素;二是人才绩效和贡献,人力资源是企业可持续性发展的动力来源;三是价值观与文化,这是提升组织工作绩效的软实力。

中华典故　李广难封的根本原因:贡献不足

《汉书·李广传》记,李广,陇西成纪人也。孝文十四年,匈奴大入萧关,而广以良家子从军击胡,善射,杀首虏多,为郎,骑常侍,数从射猎,格杀猛兽。文帝曰:"惜广不逢时,令当高祖世,万户侯岂足道哉!"王勃在名篇《滕王阁序》中更是留下了"冯唐易老,李广难封"的感叹。据《史记》和《汉书》记载,汉武帝时期因军功封侯共有26人,李广却因未达到标准而遗憾未能封侯。封侯标准有:捕斩敌军王、相、将军、阏氏等;斩敌千级以上;在战斗中为夺取胜利等做出重大贡献。但是,李广在对匈战争中虽然参加了七十多场战斗,但他的主要任务为防守,不在上述重大贡献之列,惜未达到封侯标准。

第三，善于发挥人之所长。《庄子·逍遥游》中讲道："鹏之徙于南冥也，水击三千里，抟扶摇而上者九万里，去以六月息者也。野马也，尘埃也，生物之以息相吹也。"鲲鹏从北冥到南海，便是借助水势风势，达到最终目的。世上万物莫不是借助外力来达成目标的，领导也是一样，善于借力（人才）才能更好地实现组织目标。因此，能够发现并留下人才，善于利用"外脑"，发挥下属的个人所长，对领导而言是非常重要的。

中华典故　　刘邦的用人之策

刘邦言："夫运筹策帷幄之中，决胜于千里之外，吾不如子房。镇国家，抚百姓，给馈饷，不绝粮道，吾不如萧何。连百万之军，战必胜，攻必取，吾不如韩信。此三者，皆人杰也，吾能用之，此吾所以取天下也。"与之类似，唐太宗的"十八学士"是一群通达古今、明达政事、善于文辞、优势各异的人才，在这一"智囊团"的扶助下，唐太宗顺利赢得天下、安治国家，也才有了之后的"贞观之治"。

第四，集中精力于少数主要领域，建立有效的工作秩序。优秀的领导者做事必"精而专"，充分利用有限的时间，凝神深钻，挖掘领域内更深远的价值。比如，诸葛亮历经多年，躬耕于南阳，博览群书和自我修行；司马迁专注十三年，终成史家之绝唱《史记》；曹雪芹批阅十载，增删五次，历时十余年，成就中国四大名著之一《红楼梦》。

第五，有效的决策。决策是领导者特有的任务。领导者最大的价值就在于做正确和有效的决策，且都是具备企业高度和富有战略性的决策。有效的决策是领导者带领组织实现目标的关键，而无效、错误的决策则会给组织带来莫大的损失。

中华典故　　火攻决胜与连营失策

魏主曰："刘玄德不晓兵法；岂有连营七百里，而可以拒敌者乎？苞原隰险阻屯兵者，此兵法之大忌也。玄德必败于东吴陆逊之手，旬日之内，消息必至矣。"蜀汉章武元年，为报吴夺荆州、杀关羽之仇，刘备决定在夷陵一带布置长达七百里的连营，率大军攻吴。然而连营的布局分散了兵力，也给后勤补给带来了不便；同时，炎炎夏日下的"树栅连营"为陆逊提供了火攻的绝佳机会。此时，陆逊看准时机，考虑到气候闷热，且蜀军的营寨皆由木栅筑成，周围又全是树林、茅草，便吩咐将士们各带一捆稻草，对蜀军后营展开猛烈火攻。最终，蜀军大乱，被吴军连破四十余营。

在这场战役中，陆逊正确分析军情，巧用火攻蜀军连营的作战方法，一举击败蜀军，其决策充分体现了他审时度势的能力。反之，刘备"以怒兴师"，恃强冒进，不察地利，犯了兵家之大忌，显然没有遵循有效决策的原则。

2. 罗伯特的三种技能论

1955年，罗伯特提出管理者应具备的三种技能为：

其一，技术技能。这是指使用某一专业领域内有关的流程、制度、方法和知识来完成组织任务的能力，强调的是专业知识的掌握程度以及运用专业知识的能力，也可称为专业能力。

其二，人际技能。这是指在组织中与人共事、与人沟通、激励他人的能力，强调的是人员的整合能力。

其三，概念技能。这是指面对复杂情况，管理者能够站在组织的高度进行分析、判断并迅速做出决断的能力，具体包括系统性和整体性能力、识别能力、创新能力、抽象思维能力、战略思考能力。

中华典故　　刘备的领导技能

刘备是蜀汉开国皇帝，然而刘备的能力并不出众。可以说，刘备创下的基业几乎都不是他自己打下来的，而是依靠身边几个人才的帮助打下的，如武功方面的人才关羽、张飞，文略方面的人才诸葛亮、庞统等，以至于后人评价刘备为"只知哭哭啼啼"。那么，刘备这样一个军事才能不突出的君主为何照样成就霸业呢？为何刘备仍然足以让曹操评价他"今天下英雄，唯使君与操耳。本初之徒，不足数也"。实际上，刘备所具备的领导能力是一种更具高度性和抽象性的才能，是比具体专业技能更重要的战略技能。

罗伯特的三种技能论指向管理者，但同样适用于领导者。领导者在组织层级中所处的地位不同，对掌握这三种技能的要求也有所不同。越是组织基层的人员，越需要掌握更多的技术技能，对人际技能和概念技能的要求不高；越是组织高层的领导者，则需要掌握更多的人际技能和概念技能，特别是概念技能，对技术技能的要求反而相对较低。

3. 现代企业界的领导特质

除了上述现代领导特质，现代企业界也提出领导者应具备的一些特质。比如日本企业界提出的领导者应具备的10项品德和10项能力，10项品德包括、公平、热情、勇气、使命感、责任感、信赖感、积极性、进取心、忍耐性、忠诚老实；10项能力包括规划力、判断力、创造力、洞察力、决策力、说服力、理解他人、解决问题、培养下级、调动积极性。再如，美国企业界提出企业家应具备的10大条件，具体包括合作、决策、组织、善于授权、应变、负责、敢于求新、敢担风险、尊重他人、品德过人。

俗语说，"一根筷子易折断，十根筷子抱成团""人心齐，泰山移"，特别是在现代市场激烈竞争的环境下，分工和合作是提高效率与质量的必要途径，合作共赢是驱动企业乃至国家整体发展的重要引擎，组织内部成员、组织与组织之间、国家与国家之间，任何经济政治活动都离不开合作。我国的传统文化尤其重视"合作"这一领导特质。

中华典故　　合纵连横中的合作理念

战国时期，齐、楚、燕、韩、赵、魏、秦七雄并立，各大国为保存自身实力或扩大领土而互相争取盟国，以图击败对方。据《战国策·秦策》记载，起初，公孙衍和苏秦联合"天下之士合纵相聚于赵而欲攻秦"，由公孙衍发起、苏秦游说六国推动六国最终完成联合抗秦。秦在西方，六国在东方，由此六国土地南北相连，故称"合纵"。与之相对，秦国自西向东与各诸侯结交，自西向东为横向，故称"连横"。《韩非子·五蠹》对合纵连横有一个很好的概括："从（纵）者，合众弱以攻一强也；而衡（横）者，事一强以攻众弱也。"最后，因六国各有私心，只顾自身利益，使得合纵失败。即便如此，秦国在很长一段时间内也不敢轻视六国联盟，合纵对秦国吞并六国起到一定的阻碍作用。

同样，当今我国也在积极推进"一带一路"合作。依托中国与相关国家既有的双边、多边体制，利用区域合作平台，积极发展与沿线各国的经济合作伙伴关系，共同构建利益共同体、命运共同体和责任共同体，以合作的方式推动我国与盟友的共同发展。

6.3 领导行为理论

在 6.1 节我们已经知道，领导者、被领导者和领导行为是领导的基本因素，领导者固然重要，但领导的效果只能在领导行为的过程中体现出来。因此，很多人不再关注领导者的个体特质，转向关注领导者的行为，产生领导行为理论。根据领导行为理论，领导者的最佳类型是根据每个人的行为模式来划分的，方法多种多样，且每种分类结果没有绝对的优劣之分。本节将重点介绍其中有代表性的几种理论和方法。

6.3.1 勒温的领导风格理论

心理学家库特·勒温将领导者的行为风格划分为三种基本类型：放任式、专制式和民主式。

1. 放任式领导风格

放任式领导风格是指领导者采用一种完全自由的管理方式，允许下属大胆变革，偶尔给予支持。放任式领导风格具有以下特征：(1) 多数情况下由下属自己做出决策，领导者不参与也不干涉工作方针和政策的制定；(2) 领导者只负责为下属提供必要的工作条件，不给予下属任何明确的指示；(3) 要求下属具备较高的主动性、积极性和创造性，但很可能导致群龙无首、效率低下的局面。

中华典故 以秩序代替人治，看曹参如何实行放任式管理

受中国传统道家文化的影响，老子的"无为而治"理念为许多治国或治理公司的领导者所学习。当然，此处的"无为而治"并不是指"不作为"，而是指"以秩序代替人治"，即减少领导者过多的干预，领导者的工作重点是将合适的人才放在合适的岗位上，具体事情分配给下属去做，不必事必躬亲。《史记·曹相国世家》记载，公元前193年，萧何辞世，曹参得到西汉朝廷的任命，接替萧何担任相国。曹参做了几件典型的事情：一是嘱咐后任齐国丞相"以齐狱市为寄，慎勿扰也"；二是一概遵循萧何制定的法度，按部就班；三是招募甄选质朴而不善文辞的厚道人任下属官吏，解聘或淘汰舞文弄墨、追逐名利的官吏；四是与官吏们同欢同乐，打成一片；五是忽略下属的细小过失，隐恶扬善。同时，曹参鼓励下属官吏自己做出决策，允许下属在监督者给定的条件下执行职能，尊重下属的想法、意愿与感觉。对此，汉惠帝产生了疑惑和不满，曹参却说："高帝与萧何定天下，法令既明，今陛下垂拱，参等守职，遵而勿失，不亦可乎？"听罢，汉惠帝终于了解也认可了曹参的放任式领导风格的管理模式。

2. 专制式领导风格

所谓专制式领导风格，是指领导者对下属采取专制鞭策的管理方式，所有决策由领导者一人决定，下属只需听命执行。专制式领导风格的主要特点有：（1）独揽决策权，所有决策都是由领导者单方面做出，不征求下属的意见；（2）强制式命令，领导者以命令的形式强迫下属完全听从和执行他的指令；（3）包揽一切管理权，无论事务大小，领导者都会把权力掌握在自己手中；（4）组织成员的积极性和活力较弱，但在严格管理下能够较好地完成任务。

中华典故　　　　　　皇权专制的产物：明朝内阁

明朝内阁是明朝建文四年（1402）至崇祯十七年（1644）的皇帝咨政机构。内阁的雏形始见明太祖朱元璋。朱元璋草根出身，深知皇权来之不易，非常重视皇权的稳定。他认为宰相制妨碍了皇权的高度集中，会导致社会动荡，由此裁撤了中书省和丞相，将相权与皇权合二为一。随后，明成祖朱棣即位，选派翰林院官员入主文渊阁，参与政务处理，内阁由此正式成立。"然其时，入内阁者皆编、检、讲读之官，不置官属，不得专制诸司。诸司奏事，亦不得相关白。"可见，内阁成立以后，议政权分给了内阁，而原来宰相拥有的决策权仍牢牢把持在皇帝手中，内阁并无决策权。内阁的设立使得君主专制得到空前强化，可以说明朝内阁是皇权专制下的产物。

3. 民主式领导风格

民主式领导风格是指领导和下属一起商讨、一起做出决定的一种领导行为。民主式领导风格的特点主要体现在以下几个方面：（1）领导者会对下属进行激励，让他们参与相关政策的制定，并上下共享决策权，经讨论后解决问题并发出指示；（2）领导者会尽量将问题转给下属，并采取双向交流的方式，协助下属解决工作中遇到的困难；（3）领导者会根据目标、标准对下属进行奖励与惩罚，但主要采取赞扬与鼓励的激励方式；（4）领导者与下属之间具有兼容性，领导者会较多地关注下属的需要，尊重下属的个人利益。

自古以来，"民主"一直受到领导者的分外重视。《荀子》有言"水能载舟，亦能覆舟"，《礼记·礼运》有言"大道之行也，天下为公"，《管子》有言"务本之道在于经营民心，争取百姓"，等等。这些中国传统思想无一不在提示着领导者应当重视民心、关心下属；这些思想同样也奠定了我国"人民当家作主"制度的理论基石。

在实际工作中，这三种极端的领导风格并不多见，勒温认为大多数领导者采取的往往是处于两种极端类型间的混合型领导风格，如图6-1所示。

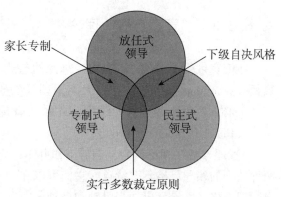

图6-1　领导风格定位关系

6.3.2 "四分图"理论

美国俄亥俄州立大学的领导行为研究者 1945 年在调查的基础上列出一千多种刻画领导行为的因素，通过高度概括，他们把领导行为归纳为定规维度和关心维度，也就是"抓组织"和"关心人"两大类。

"抓组织"强调"以工作为主"，领导者以工作为主要目标，更注重工作能否高效地完成，注重组织设计、权力关系、工作效率，严格管理下属。"关心人"强调"以人为主"，领导者以下属能达成心理情感上的满足为目标，更关心领导者与下属之间的信任与交流，重视组织成员间和谐亲近的关系。

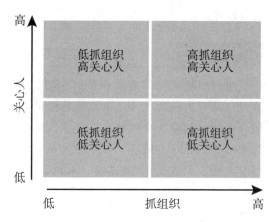

图 6-2 领导行为"四分图"

现实情境下，领导行为是两类行为的具体结合，即四种情况，这四种类型的领导行为并没有好坏之分，可以用两度空间的"四分图"来表示（见图 6-2）。

（1）低抓组织，低关心人。领导者不在乎工作，也不在乎下属，这样的领导行为往往收效甚微，导致低绩效、高不满意度、高流动性。

（2）低抓组织，高关心人。领导者注重与下属之间相互信任、相互尊重的关系，不太关注工作绩效，因而更易出现低绩效、低不满意度、低流动性。

（3）高抓组织，低关心人。领导者关注工作绩效，忽视下属的需求及其与下属之间的关系，因而更易出现高绩效、高不满意度、高流动性。

（4）高抓组织，高关心人。领导者既注重工作绩效，又注重与下属之间相互信任、相互尊重的关系，领导效果好，会产生高绩效、低不满意度、低流动性。

6.3.3 "管理方格"理论

在俄亥俄州立大学"四分图"理论的基础上，罗伯特·布莱克（Robert Blake）和简·莫顿（Jane Mouton）把领导行为类型理论的研究推向一个高峰，进一步扩展"抓组织"和"关心人"两个领导行为维度，并在《管理方格》一书中总结出著名的"管理方格"模式（Blake 和 Mouton，1964）。

"管理方格"理论认为，领导工作并不一定"非此即彼"，"关心工作"和"关心人"两种类型的领导风格各有特点，它们可以在一定程度上相互融合。据此，布莱克和莫顿提出管理方格法，设计出一张纵轴和横轴各九等分的方格图（见图 6-3）。

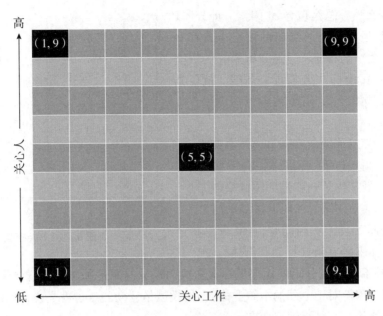

图 6-3 管理方格模式

图 6-3 中纵横坐标分别代表一个组织中的领导者对人的关注程度和对工作的关注程度。在据此形成的二维矩阵中，纵向和横向共有 81 个小方格，分别代表 81 种不同的领导行为类型。其中，五种典型的领导行为类型为：

（1）（1，1）贫乏型。领导者既没有考虑员工的需求和员工的发展，也不关心工作进度和成果。

（2）（9，1）任务型。领导者只注重工作效率，而忽视对员工的激励与关心。

（3）（1，9）俱乐部型。领导者重视对员工的支持和理解，而忽视工作效率和任务监督等。

（4）（5，5）中间型。领导者在员工与工作之间维持一种平衡，并努力提高员工的工作效率，同时增强员工的积极性。

（5）（9，9）战斗集体型。领导者高度关注人员，高度关注工作，力求将个人需求与组织目标最大限度地结合起来。这种类型被认为是最有效、最佳的领导方式。

6.3.4 PM 理论

基于前人研究，日本心理学家三隅二不二在 20 世纪 60 年代提出领导行为 PM 理论。与俄亥俄州立大学的"四分图"理论类似，PM 理论也是从两个维度分析领导行为，即绩效（performance）和维系（maintain）。在 PM 理论中，团队有两项职能：一是绩效，着重于完成团队工作，如计划和结果等；二是维系，着重于加强团队关系，改善团队自身的正常运转。关于领导者的基本目标是完成工作还是维持关系，读者可选用数字资源提供的"最难共事者问卷"进行测验。

PM 理论认为，领导者的作用就在于执行这两种群体职能，由此领导者的行为也就包括这两个因素。这样，不论 M 因素多么强，总是包含某种程度的 P 因素；同样的道理，不论 P 因素多么强，总是包含 M 因素。此外，P 和 M 两方面都强或两方面都弱的情况也是存在的。以 P（绩效）为横坐标、M（维系）为纵坐标，并在 P 和 M 坐标中点各画一条线，就可划分出 PM、Pm、pM、pm 四种领导行为类型，如图 6-4 所示。

(1) PM，高工作绩效和强群体维系能力。
(2) Pm，高工作绩效和弱群体维系能力。
(3) pM，低工作绩效和强群体维系能力。
(4) pm，低工作绩效和弱群体维系能力。

与"四分图"理论不同的是，PM 理论将群体视作一个整体来研究领导行为和群体行为。此外，PM 模型并不像"四分图"模型那样对称地四等分，而是基于被测群体中所有成员的均值进行分割，因而对于不同的组织群体，PM 模型是变动的。也就是说，PM 模型的四个区域并不总是相等，而是视情况而定。

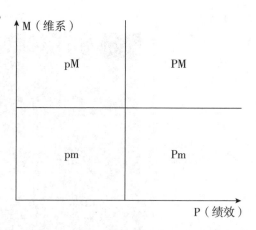

图 6-4 PM 模型

在"四方图"理论、"管理方格"理论、PM 理论中，领导行为特质大致可分为两个维度——关怀（指对人）和工作。

中华典故 不同领导者对"组织"与"人"的侧重

高关心人的领导行为特质

吕蒙是三国时期孙权麾下的一名武将。孙权上位之后，对吕蒙极其看重，但深知吕蒙存在短板——读书少。于是，孙权劝说吕蒙多读书、多学习："卿今当涂掌事，不可不学！"在孙权的建议下，吕蒙开始刻苦学习，一分耕耘一分收获，长此以往，鲁肃也夸赞吕蒙不再是"吴下阿蒙"，而他自己也道出一句举世名言："士别三日，当刮目相待。"可见，吕蒙作为一名武将，即使工作重心与文官不同，孙权仍关心其个人素质等非任务领域的发展。吕蒙病重之际，孙权更是尽心请人为吕蒙治疗，每当医者给吕蒙针灸，孙权就为此难过。孙权想多看看吕蒙，又怕他太过劳碌，于是命人凿通墙壁暗中观看。发现吕蒙吃下点东西，孙权就高兴，对手下人有说有笑；发现吕蒙不进饮食，孙权就长吁短叹，夜不能寐。吕蒙病情略有好转，孙权就下达赦令，让群臣都来庆贺。后来，吕蒙病情加重，孙权亲自到床前探视，命道士为他祈祷。种种迹象表明，孙权是一位极其关心下属的领导者。

高关心工作的领导行为特质

《资治通鉴》记载，汉代名将程不识是一位非常严谨的将领，他以最严苛的军纪要求军队，分工明确，等级分明。在出征时，军队总是"人不解甲，马不卸鞍"。凡是他率军作战，前面一定有斥候，左右一定有掩护，一队一队互相呼应、互相照管，安营扎寨很有章法。程不识极度重视军队的组织设计、职权关系、工作效率，是一位极为稳重和高要求的将领。

中间型的领导行为特质

《太极图说》有这样的描述："无极而太极。太极动而生阳，动极而静，静而生阴，静极复动。一动一静，互为其根。分阴分阳，两仪立焉。"阴阳学说是我国古代哲学思想的精髓，传递一种阴阳、刚柔、软硬等辩证统一的观念。曾国藩曾说："太柔则靡，太刚易折；刚自柔出，柔能克刚。"身为领导者，既不能太刚、太强硬，也不能太软弱、太柔和，刚柔并济、软硬兼施的中庸之道不失为一种有效的领导风格。清代著名的"红顶商人"胡雪岩就把这一招领导风格用得绝妙非常。胡雪岩早年在阜康钱庄打工，得到钱庄于老板的欣赏和栽培，于老板临死前将阜康钱庄托付给胡雪岩。胡雪岩将于老板安葬之后，又花了两个多月的时间祭奠他，前前后后总共花了三个月时间。三个月后，胡雪岩回到钱庄，第一件事就是召集大家开会。他说："于老板走了，大家都很伤心，我守孝三个月，虽然在这段时间内我没有过问具体的事情，但大家这三个月做了什么、怎么做的我都心知肚明，有些人趁机偷懒我也知道，我不为难大家，只希望大家跟着我好好干。从今往后，每个人的年资在目前基础上增加10%。"从这里我们可以看到胡雪岩在领导方面的艺术，他既向下属晓以利害，又郑重其事地劝慰下属、恩威并施，既震慑了偷奸耍滑者，又笼络了人心。

6.4 领导权变理论

有关领导的研究还表明，领导的有效性不仅与领导者个人特质或行为有关，还与其所处情境有关。在某些情况下表现得很好的领导风格，在其他情况下的表现可能会变得很差。所以，有效的领导风格取决于不同的情境，并非一成不变。

中华典故　"嫂溺叔援"的权变之辩

战国时期，孟子游历到齐国，被齐国思想家和政治家淳于髡百般刁难："嫂溺"时是否会"援之以手"？孟子："男女授受不亲，礼也；嫂溺，援之以手者，权也。"（《孟子·离娄上》）也就是说，嫂嫂若掉在水里，此时小叔子用手去拉她，并不是违反礼仪道德，而是一种"通权达变"。

权变之理深蕴在中国古代文化之中，如《周易》其中一易为"变易"，为变换之意，其中"易"来自"蜥易"——蜥蜴就是一种能够随着环境而变色的动物。他告诉我们，宇宙万物永远变动不居，四季交替，寒来暑往，人事代谢，世间一切都是变动的。

权变即灵活应付随机变化的情况。组织领导中的权变也与之同理。孙子说："夫兵形象水……水无常形，能因敌变化而取胜者，谓之神。"用兵之法，在于不采取固定的作战形式，而是依据敌情做出相应变化，用兵的规律就像"五行"相生相克的自然规律一样，遇木则土而不能金，遇水则土而不能火，遇火则木而不能水。现代管理活动中的领导亦是如此。领导过程中涉及的因素千变万化，由此领导者也要能在"金木水火土"五种能力和应对方法中自然切换，根据实际情况而采取不同的对策。正如《道德经》所言的"大道无形"，领导特质和行为理论发现领导力是有形的，但是我们将进一步认识到领导力也是无形的，因势利导、因材施教的变通更为重要。

6.4.1 费德勒的权变理论

弗雷德·费德勒（Fred Fiedler）的权变理论指出，职位权力、任务结构、领导者与下属关系是影响领导工作绩效的三个重要因素。

（1）职位权力，指与领导职务相关的官方权力，领导者借此得到来自上司和整个组织的支持。

（2）任务结构，指工作的清晰度。

（3）领导者与下属关系，上下级之间的关系能够影响下属对领导者的信任和爱戴，进而让他们做出愿意与领导者共事的决定。

按照这三个要素，我们可以将领导的工作环境从最佳到最差分成八类（见表6-4）。三个因素都具备，那就是最好的环境；三个因素都不具备，那就是最坏的环境。要取得良好的领导效果，领导风格要适合不同的环境。

表6-4 费德勒对领导方式与绩效的调查

情境	领导者与被领导者的关系	任务结构	领导者职位权力	有利程度
1	好	明确	强	最有利
2	好	明确	弱	比较有利
3	好	不明确	强	比较有利
4	好	不明确	弱	中等有利
5	差	明确	强	中等有利
6	差	明确	弱	不太有利
7	差	不明确	强	不太有利
8	差	不明确	弱	不太有利

费德勒的权变理论与我国古代军事家孙武的思想不谋而合，《孙子兵法·九地篇》认为，战地"有散地，有轻地，有争地，有交地，有衢地，有重地，有圮地，有围地，有死地"九种类型，针对不同的环境，用兵者必须因地制宜，此乃动也。因此，"是故散地则无战，轻地则无止，争地则无攻，交地则无绝，衢地则合交，重地则掠，圮地则行，围地则谋，死地则战"。作战的计划要随着敌情的变化而不断修正。领导也是如此，需要根据任务环境的不同，选择相适应的领导方式，随机应变。

6.4.2 豪斯的路径-目标理论

1971年，加拿大多伦多大学的罗伯特·豪斯（Robert House）提出路径-目标理论，与费德勒的权变理论不同，路径-目标理论立足于下级，而不是立足于领导者。这一理论认为，领导者可以为下属指示工作方向，并为下属扫除障碍与隐患，帮助下属顺利完成工作目标。这包含两项基本原则：一是领导风格要为下属所接受，让下属感到满意；二是领导风格要有激励性，能够促进下属业绩的提升。

在此基础上，豪斯确定了四种领导行为（见表6-5）：

（1）指导型领导。领导者会对下属将要完成的任务做出详细且明确的说明和指示。

（2）支持型领导。领导者会对下属表现出格外友好和平等的态度，关心其需求和困难，并在下属需要时给予帮助。

（3）参与型领导。领导者会让下属参与决策，充分征求下属意见，真诚地与下属进行商讨。

（4）成就导向型领导。领导者将鼓励下属尽其所能地完成工作。这样的领导者会给下属设定较高的标准，从而促进下属不断进步成长，使下属能够具备解决更有挑战性的工作的能力。

表6-5 不同情境下的有效领导行为

情境特征		指导型	支持型	参与型	成就导向型
任务	结构型	-	+	+	+
	非结构型	+	-	-	-
下属	技术熟练	-	+	+	+
	技术不熟练	+	-	-	+
	高成就需要	-	-	-	+
	高情感需要	-	+	+	-
正式职权	充分	-	+	+	+
	有限	+	+	+	+
工作团队	有效的沟通渠道	+	-	-	-
	有合作经验	-	-	-	+
组织文化	支持参与	-	-	+	-
	成就激励	-	-	+	+

根据不同的下属特性和环境变量，采取有针对性的领导行为，是路径-目标理论的核心。正如韩愈在《马说》中批判饲马者"策之不以其道，食之不能尽其材，鸣之而不能通其意"，若不能根据下属的特性采取适当的领导方式，则必然会导致失败。

中华典故　　王熙凤八面玲珑的领导模式

《红楼梦》中，王熙凤对待不同人展现出八面玲珑的处事能力和变通能力。贾母是王熙凤最具权威的后台、府中辈分最高的老祖宗，因此对待贾母王熙凤采取讨好的态度，如书中讲到王熙凤会以开玩笑的方式夸赞贾母，凤姐不等人说，先笑道："那时要活不得，如今这大福可叫谁享呢！可知老祖宗从小儿的福寿就不小，神差鬼使碰出那个窝儿来，好盛福寿的。寿星老儿头上原是一个窝儿，因为万福万寿盛满了，所以倒凹高出些来了。"未及说完，贾母与众人都笑软了。贾母笑道："这猴儿惯的了不得了，只管拿我取笑起来，恨得我撕你那油嘴。"凤姐笑道："回来吃螃蟹，恐积了冷在心里，讨老祖宗笑一笑开开心，一高兴多吃两个就无妨了。"这些话无不在讨着贾母欢心，甚至王熙凤对黛玉和宝玉的关照在很大程度上也是为了让贾母高兴。

王熙凤协理宁国府，采取事无巨细的指导型领导模式，按照规定分配好各个下属的工作，且不论大小事均严格把控时间和效率，"素日跟我的人，随身自有钟表，不论大小事，我是皆有一定的时辰。横竖你们上房里也有时辰钟。卯正二刻我来点卯，巳正吃早饭。凡有领牌回事的,只在午初刻。戌初烧过黄昏纸,我亲到各处查一遍回来,上夜的交明钥匙。"

对丫头小红和平儿,王熙凤发现小红聪明能干、语言简短、办事麻利,而平儿性格温和,善于处理复杂关系且非常忠诚,因此与她们友善相处,表现出充分的支持乃至授权。王熙凤小产后,荣国府暂时交由探春、李纨、宝钗三人打理,平儿这时就成了王熙凤的全权代表,王熙凤对她说"我是恐怕你心里眼里只有了我,一概没有别人之故,不得不嘱咐。"可见王熙凤对平儿的看重和关心。

6.4.3 领导替代理论

在知识经济时代,员工普遍受到更多的教育,他们的工作与学习能力都得到极大的提升,很多情况下员工也可以"替代"领导者的某些责任。《易经爻卦·上九》写道,"不在君王之位,却行君王之事",以及《细柳营》所言"军中只闻将军令,不闻天子诏",便凸显"领导替代"的意味。1978年,史蒂文·克尔(Steven Kerr)和约翰·杰迈尔(John Jemier)提出领导替代的概念,这就是领导替代理论。

克尔和杰迈尔认为,个人特性、任务特性与组织特性可能会导致正式领导力的弱化和被替代,并提出14种领导替代因素(见图6-5)。其中,个人因素包括能力、经验、培训与知识,独立需要,职业化导向和组织奖励漠视;任务因素包括任务标准化、任务常规化,任务方法不变性,任务完成情况反馈,任务内在依赖性;组织因素包括组织规范化,组织僵化,组织高度具体、完善的指导,员工职责安排,亲密、团结的工作团队,非领导控制的组织奖励,上下级空间距离。这些因素可以对员工起到激励、引导和控制的作用,对员工的"领导替代"起到一定的反作用或抵消作用。

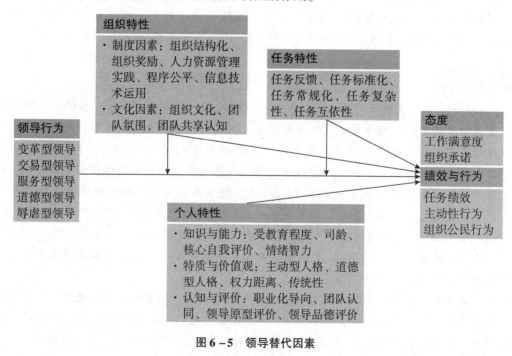

图6-5 领导替代因素

6.4.4 领导生命周期理论

美国心理学家丹尼尔·卡尼曼提出的领导生命周期理论（见图6-6）指出：领导者的领导/工作模式应该与下属的成熟度相匹配，当被领导者的工作模式趋于成熟时，领导者的工作模式也应随之发生变化，随着下属成熟度的提高，领导模式应当从以工作为中心，逐步转向以关系为中心，最终注重下属的自主性。

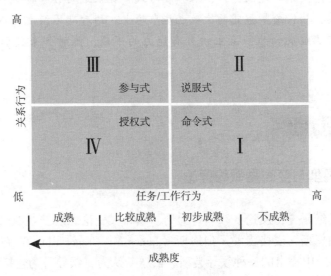

图6-6 领导生命周期理论

如图6-6所示，领导生命周期理论认为，在一个员工由"不成熟"向"成熟"转变的变化过程中，领导行为应该按以下步骤做出相应调整：

（1）第Ⅰ象限：命令式（高工作，低关系）。在下属不够成熟的情况下，领导者应采取"高工作，低关系"的领导模式。领导者要做到有规划、有安排、有监督、有检查，这一点在对待新员工尤其是那些知识水平较低、业务能力较弱的员工以及基层员工中更为重要。

（2）第Ⅱ象限：说服式（高工作，高关系）。当下属初步成熟时，领导者应采取以工作行为为主、关系行为为辅的说服式领导模式。在这种情况下，领导者分配工作不但要讲清楚应该做什么，而且要讲清楚为什么这么做，要讲清楚道理，而不是让下属盲目服从。

（3）第Ⅲ象限：参与式（低工作，高关系）。随着下属逐渐成熟，领导者应减少和放松工作行为，强化关系行为，并采取参与式领导模式。领导者要对下属传递信息，进行情感交流，让下属参与领导工作，为下属提供情报和意见，从而提高彼此之间的信任程度。

（4）第Ⅳ象限：授权式（低工作，低关系）。当下属的成熟度、工作能力和技术水平均很高时，领导者应采取低工作、低关系的授权式领导模式，提出任务后放手让下属去干，充分发挥下属的主观能动性；在下属有需要时再给予帮助和支持，过多的关心和支持反而会引起下属的反感，认为上级不放手、不信任，从而挫伤其积极性而产生猜疑，影响工作成效。

中华典故　孙悟空的成长与领导管理模式的变化

《西游记》中，如来对孙悟空的管理模式便遵循领导生命周期理论的原则。前期，孙悟空相对不够成熟，类似于组织中的一名新入职员工，此时如来将他压在五指山下，以强制性、命令式模式进行管理。随着孙悟空逐渐成熟，如来改变先前的管理模式，选择更加重视交流和引导的方式进行管理，即给孙悟空戴上紧箍儿，同时让唐僧加以引导和教育，任务目标的要求和情感关系的建设并行，采取参与式和说服式的领导模式，取经途中随着孙悟空逐渐成熟沉稳，唐僧念紧箍咒的次数也越来越少。到后期历经九九八十一难完成西天取经使命，孙悟空已经成长为一名主动且有能力的下属，此时如来便取下孙悟空的紧箍咒，完全授权放手。

6.5　现代领导理论

6.5.1　交易型与变革型领导理论

变革型领导是继领导特质论、领导行为论、领导权变论之后，在20世纪80年代由美国政治社会学家詹姆斯·麦格雷戈·伯恩斯（James MacGregor Burns）在其经典著作《领袖论》（*Leadership*）中提出的一种领导类型。伯恩斯认为，领导行为包括以下两种：

（1）交易型领导。交易型领导通过明确角色和任务要求来指导或激励下属达成既定目标。交易型领导理论认为，领导者与下属的关系建立在一系列"契约"和"隐性合同"之上。例如，领导者对下属许诺，完成工作之后会给予报酬奖励，这一过程就是领导者和下属之间的一种交易行为。

（2）变革型领导。变革型领导是领导者将新理念、新价值观植入下属思想的行为，从而激发下属的工作热情。在这个过程中，领导者除指导下属把所有的工作都做好之外，还经常利用个人的人格魅力来鼓励和关心下属，使得下属的工作态度、信念和价值观发生改变，让他们愿意为组织利益牺牲自己利益，进而更专注于分内工作。

关于变革型领导类型，读者可选用数字资源提供的"变革型领导问卷"进行测验。

6.5.2　魅力型领导理论

1977年，罗伯特·豪斯提出魅力型领导理论，认为魅力型领导者能够通过自己独特的人格特质而形成的一种"人格魅力"作用于下属，驱使下属更愿意跟随自己的上级，同时也能提高员工的满意度和工作绩效。魅力型领导者与被领导者的需求、信仰、价值观以及领导环境的相互作用，是领导者特质、被领导者特质和环境条件共同作用的结果。

部分学者对魅力型领导的看法如下：韦克斯·韦伯（Max Weber）认为，魅力型领导者对下属的一种天然的吸引力、感染力和影响力；豪斯认为，魅力型领导者具有高度自信、支配他人的倾向、对自己的信念坚定不移的人格特征；本尼斯认为，魅力型领导者拥有远大的目标和理想，能明确地对下级传达目标和理想并使之认同、贯彻和执着，知道自己的力量并善于利用这种力量。表6-6是对魅力型领导者和无魅力领导者的区别总结。

表6-6 魅力型领导者和无魅力领导者的区别

项目	魅力型领导者	无魅力领导者
现状	反对并努力改变现状	认可并力求维持现状
目标设置	设置远大的理想前景	设置离现状不远的目标
自信心	信心十足	信心不足
愿景解释能力	善于表达，并使下属很快认同	缺乏表述愿景的能力
行为表现	不合传统的行为	循规蹈矩
敏感性	对组织环境的变化敏感	对组织环境的变化不敏感
实现目标	突破传统，采用新方法	遵守传统，采用旧方法
权力	专家权力、参照权力	仅靠法定权力
形象	改革创新者	现状维持者

中华典故 魅力型领导者：曾国藩

曾国藩可以说是晚清最具影响力的人士之一。无数人将曾国藩奉为精神领袖和人生导师，蒋介石赞誉"曾公乃国人精神之典范"，毛泽东也给予曾国藩高度评价："予于近人，独服曾文正。观其收拾洪、杨一役，完美无缺，使以今日易其位，其能如彼之完满乎？"甚至有人将他誉为"千古第一完人"。那么，曾国藩究竟为何得到如此盛誉呢？这或许与曾国藩"修身养性"的人格修炼息息相关。曾国藩认为，一个人想要成功，就必须有高尚而出众的人格，而人格是可以修炼的，并且以"诚、敬、静、谨、恒"严格要求自己。这种高尚非凡的个人特质所带来的魅力使他成为一位极具影响力的领导者，成为无数人的精神榜样。

6.5.3 领导者-成员交换理论

领导者-成员交换（leader-member exchange，LMX）理论指出，领导者与下属的关系存在差异，有的下属属于领导者的"圈内人"，有的下属则属于领导者的"圈外人"。对此，领导者对不同关系下属所采取的领导方式也存在差异。

圈内人与圈外人之分，是领导者-成员交换关系的主要内容。具体而言，领导者根据关系亲疏将下属划分为圈内人和圈外人，属于圈内人的下属，会从领导者那里获得更多的关心、支持及资源，表现出高度的信任、相互交流、支持和忠诚；而领导者和圈外下属的关系只限于履行工作职责和完成任务。

中华典故 雍正的圈内人：李卫

在以严格著称的雍正皇帝手下，有一位大字不识几个的官员却一路青云直上，成了雍正的第一心腹重臣，他就是李卫。《清史稿》中描述："卫受上眷最厚，以敏集事。"即使雍正对权力一向甚为谨慎，也仍然将李卫封为两江总督，并且在雍正过世、乾隆登基之后，乾隆也非常尊重李卫，不但重重赏赐，而且在李卫病重时也非常关照。由此可见，雍正已将李卫划为自己的圈内人范畴。

中华典故　　　　　　　宋江石碣排列圈内圈外人

再看《水浒传》第七十一回"忠义堂石碣受天文，梁山泊英雄排座次"道："那地下掘不到三尺深浅，只见一个石碣，正面两侧，各有天书文字。"而后，好汉的排名按"天意"石碣而定，但我们不难发现宋江圈内人排在前面而宋江圈外人排在后面。比如，前朝皇室后裔"小旋风"柴进，武艺一般，排在第十位；和宋江关系极好的戴宗，排在地煞第二十位，而对梁山的意义极大的时迁、安道全等却排在戴宗之后；救过宋江的朱仝武功虽远不及武松，但宋江视他为圈内人，将朱仝排在第十二位；同样救过宋江的江湖卖艺人薛永却被宋江划在圈外，排在第八十四位。

6.5.4　跨文化领导理论

随着经济全球化的高度发展，越来越多的跨国企业及组织逐渐形成，不同国籍、不同种族、不同宗教和不同文化的员工汇聚在一起。在全球化背景下，企业在成长过程中不得不面临跨文化融合问题，跨文化领导者的重要性日益凸显。相对于传统的单一文化群体，多元文化群体呈现多样性的特征，异质文化之间的碰撞、融合必将对组织的管理和领导力提出各种挑战。为了更好地了解新情态下的领导特质和领导活动，保持多元文化碰撞过程中领导的有效性，跨文化领导理论逐渐产生。跨文化领导理论主要针对多文化背景下领导的内涵、方式、问题和解决策略等进行系统研究。跨文化领导实质上就是在"跨文化"情境下领导者应具备的领导力和所做出的领导活动。

在跨文化领导产生之前，领导理论更多地关注某一特定文化体系内的现象，而忽视不同文化体系间的差异。然而，领导科学是文化的产物，不同文化体系中的领导者具有不同的特征，领导特质、领导行为和领导活动在不同文化背景下有着不同的属性。西方文化倾向于个人主义、契约精神和宗教思想，推崇绝对的理性、客观和科学，如古希腊的亚里士多德、柏拉图等最开始都是以绝对理性来解释世界，这些思维模式和文化习俗也自然而然地映射到西方领导理论体系之中。但中国文化思想与西方截然不同，中国古代传统文化以儒道法三家思想为主，儒家为核心，道法两家为辅。儒家"仁""义"思想主张领导者应具备德行和仁慈，"为政以德"方能"齐家治国平天下"是儒家的重要管理思想；与此同时，儒家提出"四海之内皆兄弟"，重视人情义理和互惠道德。法家倡导"人治有刑罚，法治有刑罚"，以"富国强兵"为己任，法家管理思想和中国传统的君权神授、封建中央集权等思想奠定了权威式领导的形成。道家最早提出"人性主张"，道家"道法自然""刚柔并济"的思想与儒家"中庸"思想不谋而合，主张"普遍适用"而不失偏颇。此外，中国古代兵家思想对现代管理与领导也有着重要的影响和启示，兵家注重谋略，强调"天时、地利、人和"的运用。这些传统文化为我国现代领导哲学奠定了深厚的文化基础。因此，中国现代领导体系具有集体主义、高权力距离、关系文化、圈子文化、权威级别、群体认定等特点。

几千年沉淀的独特文化，形成了中国领导理论的文化根基，必然使得中国情境下的领导理论和领导体系具有自身的文化特殊性。因此，我们不能仅从西方领导科学的角度去审视中国领导活动，而忽视中国管理与领导活动的发展轨迹，忽视中国文化对领导的内化影响。基于此，学者也在思考如何根据中国文化的特殊性来构建领导理论，以增强文化适用性。例如，中国传统文化的"三纲五常""帝制集权"强调领导的权威性，"德治礼治"强调领导的德行，"互惠"强调领导的柔性，由此郑伯埙基于中国传统文化提出家长式领导二元理论，讲求"恩威并施"与"刚柔并济"的中庸之道（周浩和龙立荣，2005）。再如，前节所述的领导者-成员交换理论强调工作关系，而儒教文化的情义观念形成了中国人社会活动的基础，因此本土的领导者-成员关系（leader-member guanxi，LMG）理论融入了中国特有的"关系文化"，强调私人关系。读者可选用数字资源提供的"中国伦理型领导测量问卷"来测验中国特色的领导力。

除理论之外，在实际工作中，我们又该如何实现不同文化体系特别是中西领导文化的有机融合呢？第一，在领导文化适应性方面，组织中的中方成员应更注重理性；而西方成员也应适应中国情感文化。第二，在领导权力意识方面，中方成员应弱化个体领导，缩短权力距离，强化群体领导；而西方成员应增强集体意识，培养互利共赢思想，淡化个体主义和自我意识。第三，在领导管理模式方面，中国文化背景下的领导者应改变命令式领导模式，强化任务导向和项目导向，引导下属提高积极性和能动性；而西方文化背景下的领导者应对下属给予更多的关注，强化情感导向和关怀导向。

现实观察

孟晚舟：领导力进化

华为创立于1987年，是全球领先的ICT（信息与通信）基础设施和智能终端提供商。孟晚舟，华为创始人任正非之女，现任华为公司副董事长、轮值董事长、首席财务官（CFO）。孟晚舟在福布斯发布的"2017中国最杰出商界女性排行榜"中排名第八。

◆ 全民瞩目的拘禁历程

2018年12月1日，华为CFO孟晚舟在中国香港登机，此行她的目的地是阿根廷。但意外在加拿大转机时发生，加拿大当局代表美国政府扣留孟晚舟，而美国要求引渡孟晚舟。面对一系列未明指控，孟晚舟与华为表达了强烈的抗议，并表示这些指控均出自政治动机，是对司法程序的滥用。"这相当于给华为在美国的发展判了死刑。这是个摆脱竞争的好办法。"律师爱德华·雷曼这样评价美加两国谋划孟晚舟案背后的动机。

孟晚舟和华为一同进入至暗时刻。2019年5月，美国宣称华为威胁国家安全，对华为发起制裁攻势；2020年5月，美国加大制裁力度，切断华为所有的芯片供应来源。有人说，此刻的华为正在渡劫，就看会成为什么样的神了。

华为没有屈服，拒绝用技术交换孟晚舟。孟晚舟同样没有屈服，在出席法庭审判时掷地有声地回答"事关尊严，我不会让华为和中国蒙羞"，表达了她决不妥协的信念。

时隔1 030天，2021年9月24日，孟晚舟终于踏上归国的飞机。没有罚款，没有认罪，更没有其他"后遗症"。这背后，是人民的全力支持和政府的不懈努力，中美两国博弈以美方妥协落下帷幕，而华为也度过了最困难、最危险的时期。

◈ 获释背后的意义

对当下的中国企业而言，孟晚舟获释无疑是一种激励，中国就是企业强大的后盾，要敢于做研发、敢于突破美国的科技封锁，这样的企业才会真正有未来。

对华为人而言更是士气的振奋与鼓舞——要知道，华为创始人任正非曾公开表示绝不会因女儿而用国家和企业的利益去交换，自己已经做好今生再也见不到女儿的准备。

对孟晚舟而言，此次经历中她展现出极强的个人魅力和极高的能力素养——有望在华为重塑与当年任正非一样的名望。在国外各种限制和高压下，在明知道一辈子可能无法自由的情况下，孟晚舟不低头、不签字认罪、不泄露企业及国家机密，足以体现其心智刚强和对国家利益的守护。

被困期间，孟晚舟脚腕时时刻刻都带着电子镣铐，这对身体和心理都有着极大的压力；然而，在几乎所有的公开露面中，孟女士都面带微笑、衣着优雅得体，展示着自信和无所畏惧。事实上，孟晚舟自信、坚定的微笑对华为和关心此事进展的人来说都是一针强心剂，就舆论而言也为自身塑造了处变不惊、坚强成熟的领袖魅力和政治声望。这次与国一战，孟晚舟成了整个华为在国家级战斗中的象征与信仰，这段经历足以令她在华为甚至整个中国商界举足轻重，即"有功于华为，可自托之"。

◈ 孟晚舟的三封信

在这一千多天里，孟晚舟一共写过三封信，记录了自己被拘押在加拿大期间以及获得自由后的心路历程和对祖国、对公司、对父亲深深的思念之情。2019年10月25日是华为总裁任正非75岁生日，这一天他收到孟晚舟的家书，一句"等我回来"令人泪眼潸然。

2019年12月1日，孟晚舟写下名为《你们的温暖，是照亮我前行的灯塔》的信。"这些点滴时刻，这些无数瞬间，总能带给我温暖，总能带给我力量，真心谢谢你们的陪伴常在，真心谢谢你们的温暖如春，这些都已汇成生命的记忆，都已聚成奋斗的力量。正是你们的一句话，你们的一份心，支持着我多读一本书、多上一堂课，不惧距离遥远，不畏前路泥泞，在不自由中寻找心灵的自由，在坎坷中品味生命的芳香。

灯，左'火'右'丁'，火是希望，丁是人本。有你们的地方，就有万家灯火，荧荧光芒是温暖，更是方向，总能在黑暗中给予我们信念的力量。

亲爱的你们，这些温暖都是照亮我前行的灯塔！"

此时已被扣押一年整的孟晚舟在信中感谢华为的同事、客户和供应商，感谢网友和民众，她说"忙碌把时光缩短，苦难把岁月拉长"，吐露了煎熬和挣扎但坚强和无畏。

2021年9月24日，孟晚舟在飞往祖国的政府包机上发表一段归国感言："感谢亲爱的祖国，感谢党和政府，正是那一抹绚丽的中国红，燃起我心中的信念之火，照亮我人生的至暗时刻，引领我回家的漫长路途。"她说"近乡情更怯"，让所有素未谋面的群众都与她深深地共情。

三封信，不同的时间点，不同的心境，却有着相同的情感。

◈ 成为华为最年轻的轮值董事长

2022年4月3日，华为官方发布公告称，完成了监事会换届选举，选举产生了监事会主席、监事及候补监事。在华为公司官网上，孟晚舟照片下方注明了副董事长、轮值董事长、

CFO 的职务。孟晚舟正式增补成为轮值董事长三人组里的其中一位，成为最年轻的轮值董事长。

在大众的眼里，孟晚舟似乎就是华为董事长的最佳人选，但其实任正非在接受 BBC 采访中曾说"孟晚舟不可能做接班人，因为她没有技术背景"。

华为的轮值董事长制度始于 2018 年 4 月，脱胎于华为 2011 年开始实行的轮值 CEO 制度。孟晚舟的上任，是华为自 2011 年以来首次出现轮值管理者的人选变更。这是否意味着孟晚舟即将成为华为正式接班人？"轮值董事长"或许是对孟晚舟的一次"期末考"，而她能否真正符合任正非接班人的标准，还需要时间的考验。

自 1993 年加入华为至今，孟晚舟已在华为工作三十多年，从打杂开始积累阅历，她的真实身份在 2011 年晋升为 CFO 后才向大众公开。她在临产前一天还淡定上班，产后半个月就回到岗位；2011 年日本 9 级地震引发福岛核泄漏，别家电信公司纷纷撤离，华为却留了下来，孟晚舟单枪匹马亲自飞到日本坐镇，稳定士气。

◈ "隐姓埋名" 18 年

孟晚舟自深圳大学毕业，21 岁加入华为，进入行政部门，从基层文员干起。她 1998 年在华中科技大学获得 MBA 学位，并于同年加入华为财务部门。从 2003 年开始，她领导华为建立了全球统一的财务组织结构、流程、系统和 IT 平台，使全球财务组织能够以更低的成本有效运作。2005 年，她建立了五个财务共享服务中心，以支持华为的全球会计和报告工作，并推动在深圳建立了华为的全球集中支付中心。2007 年起，她负责与 IBM 公司合作实施华为 IFS（综合财务服务）转型项目，为各运营机构提供更全面、更准确、有价值的财务数据，使华为能够持续为客户提供高质量的综合解决方案。这个项目为华为走向精准管理铺平了道路，成为华为持续增长的关键因素之一。

2011 年孟晚舟晋升为 CFO 后，公开了自己的身份，此时她已在华为工作了 18 年之久。2014 年，孟晚舟领导华为的数据变革，建立完善的数据管理体系，实现"数出一孔"，使数据成为公司的战略性资产。2018 年 3 月 23 日，经持股员工代表会投票选举，孟晚舟出任华为副董事长。2019 年至今，孟晚舟构建了财务数字化整体蓝图，建立了敏捷经营管理体系，基于数据和 AI 算法，实现了经营管理及决策智能化。

2022 年 3 月 28 日，华为 2021 年度报告发布会在深圳华为坂田基地举行，孟晚舟自回国后首次公开亮相，与郭平一起出席发布会并解读财报数据。华为的财报用一句话总结是"收入少了，钱赚多了"，孟晚舟也称华为已经穿越"黑障区"。

孟晚舟表示，自己上一次参加华为财报发布会还是在四年前，过去四年世界的变化很大，祖国的变化也很大，回国的几个月中自己一直在努力学习以跟上这些变化。

◈ 孟晚舟和华为人才观

孟晚舟曾在公开演讲中提到华为的人才观。

第一，打开组织边界：炸开人才金字塔尖。传统战争是机械化集团军作战，现代战争却是"班长的战争"，华为的组织架构就是适应现代化作战方式的转型，让听得见炮声的人呼唤炮火。随着华为组织结构变革的深入，"班长"将有更多的作战能动性、更广的作战半径以及更高效的炮火支援。

第二，跨越专业边界：人才循环流动。未来世界的创新点将越来越多地出现在边缘科学上，因此华为也在培养跨界人才。华为的人才培养机制是"打破专业界限"和"打破岗位界限",通过人才的有序流动、跨岗轮换来培养面向未来的"之"字形人才。

第三,突破发展边界:以责任结果为导向。不拼爹,不拼妈,一切看贡献和能力。干部选拔没有年龄、资历标准,只以责任结果贡献为考核标准。

◆ 任正非的接班人准则

华为的接班人,除了视野、品格、意志要求,还要具备对价值的高瞻远瞩和驾驭商业生态环境的能力;

华为的接班人,要具有全球市场格局的视野,具备交易、服务目标执行的能力以及对新技术与客户需求的深刻理解,而且具有不故步自封的能力;

华为的接班人,对公司巨大数量的业务流、物流、资金流等,还必须有端到端地简化管理的能力。

感悟与思考

1. 运用领导特质理论分析孟晚舟不同阶段所体现的特质。
2. 运用领导行为理论,分析案例中孟晚舟的相关领导行为。
3. 运用领导权变理论,分析孟晚舟在被拘禁期间的领导力体现。
4. 根据案例中的内容,谈谈领导者在组织中的接班和传承。
5. 结合案例,谈谈跨文化背景下西方领导理论在中国的适用性和局限性。
6. 在中国文化背景下,我们应如何提高领导力?

6.6 领导力的前沿探索

领导力是管理心理学的核心内容,近一个世纪以来,研究者对领导力进行定义、建构和一系列实证探索,这里主要从现代领导力理论研究、领导有效性研究、领导力影响因素研究、领导力提升研究四个方面展开评述。

◆ 6.6.1 现代领导力理论研究

1. 领导风格

领导力的传统研究主要集中于领导行为、领导特征、情境因素与成熟企业领导力的关系,而新的领导力理论更强调"价值"(柴宝勇和李梓琳,2021)。交易型领导主要通过物质价值方面的"交换关系"展现领导力,而变革型领导主要通过精神价值的激励展现领导力(简文祥和王革,2014)。除此以外,还出现一些基于领导力实践的领导力理论,如公仆型领导、真诚型领导、伦理型领导和破坏型领导等。无论哪种理论,领导力的核心作用始终不变。

Chen 等(2019)将变革型领导力定义为一种由追随者的情感依恋和动机驱动的现象,这种情感依恋和动机是由领导者驱动的,以实现预期目标。这种刺激导致的结果超出最初的预期。变革型领导倡导以人为本的领导模式，表现出对员工的信任、在员工需要帮助时提供支持以及在组织中营造温暖氛围、以身作则。表现出个人魅力、正直和可靠的领导者会让员工感到值得信赖和关心，从而产生自然的信任感。

根据 Afsar 等（2016）的说法，交易型领导力基于交换或交易关系提高绩效和稳定性。研究者强调任务导向和结果导向两个特征，涉及交易型领导的内涵。Afsar 等（2016）强调了面向任务的特征，这是通过明确定义员工职责、细化任务要求和表达对员工的期望来建立的，交换关系旨在略微改善和稳定绩效，结果导向强调追求可预测和可持续的结果，领导者通过权变奖励和惩罚以及密切监督来促进组织目标的实现。陈文晶和时勘（2014）基于来自中国文化背景和中国公司的数据，提出交易型领导具有权变奖励、权变惩罚、过程监控和预期投入的思维结构。有学者提出中国式交易型领导的独特维度，强调预期投入。这个维度强调交易型领导者会提前投资于下属，包括物质和情感方面，并期望下属以工作回报，而且此预期投入相对隐性。

Chen 等（2014）构建了多层次模型，研究并证实了组织正义调解员与工作压力源（挑战、障碍）和工作绩效五个维度（任务绩效、帮助行为、意见行为、反生产行为、创造力）之间的关系。而变革型领导和交易型领导分别调节压力源与工作绩效之间的关系。Yang 等（2019）基于 2013—2018 年国际顶级期刊中国语境领导力研究的高频关键词，以关键词出现频率为 X 轴、中心性为 Y 轴，原点为中位数频率和中心性，绘制了战略地图。战略地图表明，变革型领导与绩效研究是领导力理论研究的热点和趋势。陈文晶和时勘（2014）根据中国公司的情况绘制了中国交易型领导力量表。

公仆型领导是一种超越领导者个人利益的领导风格或行为（Greenleaf 等，2002）。公仆型领导者充分尊重下属的尊严和价值观，优先为他人服务，然后满足下属的生理、心理和情感需求（孙健敏和王碧英，2010），通过员工对领导者的信任（Phramchubua，2015）和下属的领导效能感（赵宏旭，2011）来影响组织的承诺。通过表现出为他人服务的意愿，领导者可以激励员工超越常规的能力，最终使组织受益（凌茜等，2010；Jaramillo 和 Schultz，2014）。

根据 Avolio（2004）的说法，真诚型领导者是那些对自己的形象和行为有深刻理解，能够客观把控自己的价值观、道德、知识和优势的人。真诚型领导者有着明确的目标和强烈的自律性，可以根据自己的本性领导他人，从而建立一个持久的组织（George，2003）。在过去二十多年里，学者们一直关注真诚领导力对相关变量的影响，经常使用建设性行为、员工满意度和工作态度等关键词加以检验。道德型领导者对员工实施道德管理，员工模仿领导者的道德行为，表现出与领导者保持一致的现象（Bandura 和 Lyons，2002）。在协调过程中，如果员工的行为不符合道德型领导者的期望，他们就会受到较少关注，并被标记为"局外人"。领导力概念在当今的企业界仍然十分重要，特别是真诚领导力的重要性怎么强调都不为过。

伦理型领导是一种被广泛认可的、以利他为核心的、以伦理为导向的领导模式。研究者扩大了传统领导者的内容，将伦理/道德领导力视为有效领导的重要组成部分（Brown，2005）。Ciulla（1995）认为，伦理领导力涵盖的领域不能只限于工作，还应当将领导者个人的品格、日常言行以及决策等道德因素包括在内。

学术界越来越关注领导的负面影响，其中破坏型领导的表现形式包括霸凌和虐待他人，这些行为会对组织的发展造成不利的影响。破坏型领导可能会给员工带来极大的负面情绪，如人身攻击、冷漠感等，甚至可能引发罢工等恶性行动，应当引起重视以防止这种情况发生（Byrne 等，2014；Mawritz 等，2014；Mackey，2015）。李伟和廖鑫（2017）以来自中国的 306 个样本为基础，得出的研究结论为：破坏型领导对员工积极工作行为有负向预测作用，对员工退缩行为有正向预测作用；状态自控在破坏型领导和员工积极工作行为、员工退缩行为之间起部分中介作用。

虽然近年来许多新型领导力不断涌现，但变革型领导风格和交易型领导风格仍是学术界关注的焦点（朱秀梅等，2015）。数字化转型强调以结果为导向的方法，而组织绩效是评估和衡量领导效能的直接指标。交易型领导研究主要集中于理论方面，缺乏对相关中介和调节变量的实证研究，定量分析不够彻底。虽然学术界一直关注变革型领导和交易型领导的作用机制，但需要进一步揭示交易型、变革型领导风格与个人、团体和组织结果变量之间的关系，以及这两种领导风格的作用机制。虽然国内的相关研究日益增加，但所使用的概念与测量工具大部分来自国外。未来大力开展及时的实证研究，可增强领导理论的包容性和时代特征。

2. 安全领导力

安全领导力是在领导力理论的基础上发展起来的。领导力可以看作一个闭环系统，安全领导力则是其分支系统之一（Barling 等，2002）。与领导力相比，安全领导力强调员工组织生产和行为以安全为导向。

毕默（2012）、秦臻（2014）认为安全领导力与安全行为存在正相关关系。组织安全领导力越强，员工安全行为就越规范，最终有助于减少甚至避免安全事故。安全领导力紧密联系决策者和企业员工且相互互动，强化安全生产在组织行为中的重要性，最终促进组织效益的提升和组织目标的实现。他们提出，管理层可以在组织中营造安全的氛围来促进安全绩效目标的实现，改善和提高企业各方面的安全管理水平是增强安全领导力的必要条件。关锐（2019）提出，通过专门的职业安全技能培训，可以提高企业的领导力和控制水平。张博辉（2020）认为，管理者拥有的安全领导力水平应该是关注的焦点，因为它最终会影响企业安全生产绩效水平。

国外学者对安全领导力进行了较为全面的研究，主要集中于安全领导力与安全文化、安全绩效、安全行为等的关系，相关理论也比较成熟。中国关于安全领导力的研究起步较晚，国内学者大多以国外理论为基础展开研究。自 2012 年以来，越来越多的中国学者开始深化这一领域的研究，他们对安全领导力的研究重点主要集中于安全领导力与安全行为的关系、组织绩效、安全氛围和安全绩效改进策略等方面。研究表明，安全领导力对员工的安全行为、企业安全绩效水平的提升、企业安全文化的建设具有积极的影响。安全领导力的提升要求企业各方面安全管理水平的提高（高伟明等，2015；刘晴，2019）。目前关于安全领导行为的研究发现，领导力的一般维度不能完全满足安全领导力的要求。例如，安全领导要求领导者具备安全风险意识、安全价值观和安全管理方法知识。此外，西方的领导结构可能不适用于中国，需要开发本地化的衡量工具（孟慧等，2013）。总体来看，目前国内外对安全领导力的研究主要围绕其地位或作用展开，但安全领导行为结构、安全领导力量表等方面仍亟待进一步探讨。

3. 政治领导力

西方学者从影响力和政治能力两个方面定义政治领导力。一个国家的执政组织在从主体的角度动员客观的资源型力量上发挥关键性作用。一个经济力量相对较强的大国，不一定拥有强大的经济竞争力和深刻的全球影响力；而经济力量相对偏弱的中等大国，如果可以完全统一大国意志，有了相应的对内、对外策略，就一定能够在国际舞台上全面展现其竞争力。所以，政治领导力才是构成国家权力主体功能的关键因素，是对增强和动员资源型力量以及在国家综合体系建设上产生重大效能的最主要力量。一个国家的政治领导力主要表现在两个层面：一是国内执政管理能力，特别是动员和利用国内外政策优势的能力；二是大国利用政治优势积极参与世界管理、建立全球秩序的可能性。这关乎一个大国合理的对外策略，从而促进世界管理、全球公信力与国际利益的改善。

西方学者提出，政治领导力与政治领导技能、政治制度、政治行为、领导风格、政治文化及其他因素密切相关（Mouritzen 和 Hedegaard，2004）。随着经济竞争的加剧和维持国际地位的压力，大多数西方主流学者强调地区、城市和国家之间政治领导力的重要性。西方民主国家的政治领导人应该更加关注经济和社会利益相关者的需求，寻求有效的政治领导，增强社会凝聚力，保持和改善各自国家的经济地位。

从20世纪70年代开始，政治领导力研究的重点是高层管理者的任命和管理培训。在80年代末和90年代初，有人呼吁建立更先进和集中的政治领导，以改善城市和区域的政治领导状况。90年代后期，大多数西方学者从研究个人领导者转向研究领导集体。进入21世纪，越来越多的学者在个性化领导研究中发现，互动式政治领导符合时代发展趋势，便于领导者与其他公共领袖、公民和利益相关者互动，彰显领导者魅力，赢得公众支持。互动式政治领导力理论来自治理理论和民主理论，也适合中国国情的发展需要，能够将民主与发展结合起来。

我国关于政治领导力的研究主要聚焦于中国共产党的政治领导力，习近平总书记首次提出"党的政治领导力"这一概念，相关研究内容包括：

一是党的政治领导力的概念内涵。目前国内学者对党的政治领导力概念主要有两种理解（崔桂田和刘玉娣，2019；樊鹏，2019；韩庆祥，2020）。一种观点认为这是一种能力，这在早期的相关论文中更为常见；另一种观点认为党的政治领导力是在党的政治领导过程中表现出的实际效能。

二是党的政治领导力建设的理论基石研究。相对来说，对习近平总书记关于党的政治领导力的重要论述的专题研究较多，而对其他人的思想所包含的关于政治领导力建设内容的专题研究较少，其中许忠明（2013）从五个方面入手梳理总结了列宁思想中涉及政治领导力的相关内容。

三是对现实挑战和价值意义（黄相怀和李凯，2018；彭正德，2019）、内在逻辑（吕剑新，2018；熊秋良，2018；丁俊萍和李雅丽，2019）的研究。关于新时代党的政治领导力建设，研究成果比较丰富，但对其价值意义有不同的认识。代表性观点如裴泽庆（2018）认为，从政治价值看，彰显了马克思主义政党的根本属性和固有优势；从战略价值看，表明了党是最高政治领导力量的目标导向；从实践价值看，指明了党的政治领导实践落地的现实路径。其他研究基本上也是从这三个方面展开。

四是新时代推进党的政治领导力建设的路径策略研究（李锡炎，2018；江桑榆，2021）。已有研究对于保障政治领导落实的措施主要集中于两个方面：第一，要加强相关制度建设；第二，要严肃党内政治生活以提升凝聚力、战斗力。从内容上看，主要集中于提高能力、完善方法、保障落实三个主要方面。从提高能力看，已有研究主要有两个重点：第一，立足整体角度，即增强党实施政治领导力所要发挥的必要作用；第二，立足个体角度，即提高领导干部所要具备的确保党顺利实施政治领导的政治素养。

五是不同视角下新时代中国共产党政治领导力的研究。郭庆松（2021）认为党的强大政治领导力是党成功应对各种关键问题的核心密码，主要体现为"在党中央坚强领导下建立了一个统一高效的指挥体系并始终保持高度的政治定力、战略定力、工作定力，积极发挥政治导向和政治引领作用"。刘超（2019）基于变革型领导理论视角，对党的政治领导力提升进行了系统研究。

国外研究者对新时代中国共产党政治领导力建设的相关研究大多停留于简单解读政治现象，系统、深入的专题学术研究几近空白。总体来说，关于党的政治领导力的研究成果数量较少，质量有待提高。

6.6.2 领导有效性研究

衡量领导效能取决于领导有效性（马箭，2011），但由于研究重点的不同，领导效能的定义和指标差异很大（Yukl 和 Lepsinger，2004）。贾汇亮（2004）认为，领导效能包括领导者实现领导目标和整合领导效果的能力，包括工作状态、行为能力、领导实施后的结果，在分析领导效能时必须考虑组织的特殊性。领导效能是领导者与组织、外部环境、下属和外部人员表现出的个人或行为组合之间相互作用的结果（徐立，2018）。用于衡量领导效能的指标也因领导者的环境和类型而异，常用的指标包括团队绩效、组织承诺、工作满意度、组织公民行为（刘博逸，2009）。

1. 团队绩效

领导者的重要职责之一是协调工作资源，带领团队实现组织目标，并帮助团队取得突出的绩效，这是衡量领导效能的重要标准（Hiller 等，2011）。Bass 和 Stogdill（1990）指出，团队绩效是指团队实现组织目标的程度，团队成员的工作满意度及其协作能力。刘博逸（2012）选择工作质量、数量、及时性、团队成员反应能力、团队创新能力、工作模式、团队合作、运营模式、整体绩效等指标来衡量团队绩效。团队绩效是衡量团队成员完成工作任务的结果，包括数量、质量和及时性。量表中的示例题项如"我管辖的团队充分完成了所分配的任务""我管辖的团队达到了常规的绩效要求"等（Williams，2007），这些项目被证实有较高的信度。负面团队情绪与团队绩效存在显著的负相关关系，即负面的团队情绪对团队绩效产生负面影响（Chi 等，2014）。

2. 组织承诺

组织承诺是指团队成员对团队目标、价值观、情感体验的信任和强烈的认同感，对工作绩效有显著影响，而领导者通常被认为是影响员工组织承诺的主要因素。组织承诺是组织成员自愿履行责任和义务，这是在思想、情感和心理方面的高度认可，以及不断地怀着责任感和职业抱负的工作。组织承诺包括情感承诺、行为承诺、规范承诺和持续承诺（Swailes 和 McIntyre，2002）。凌文辁等（2000）认为组织承诺包括情感承诺、经济承诺、机会承诺、理想承诺和规范承诺。李秀娟和魏峰（2007）收集了 676 名员工的数据样本，发现组织承诺与工作满意度和工作绩效显著正相关。责任型领导对员工的尊重与重视会促使其形成更高的组织承诺（Voegtlin 和 Kaufmann，2012）。当企业员工对组织形成深厚的情感、提出较高的组织承诺时，进一步深化自己和组织之间联系的意愿会促使他们为组织付出更多努力，进而创造更高的组织价值（Stamper 和 Masterson，2002），此时除了完成本职工作，他们还会自觉承担角色外的责任。还有研究指出组织承诺是推动员工采取组织公民行为的重要因素（朱飞，2021）。

3. 工作满意度

工作满意度是指组织成员在完成工作任务时体验到幸福感的心理状态，包括他们对工作本身及其环境的感受。大多数学者认为员工的工作满意度本质上是主管对员工工作状况的口头评估。Locke（1976）将员工工作满意度定义为与员工的工作价值观密切相关的个人工作满意度。还有研究认为，员工工作满意度本质上是员工对自身工作时情绪状态的表达。工作满意度、薪资满意度、同事满意度、晋升满意度和领导满意度是工作满意度的主要组成部分，常用于衡量工作满意度（Smith 等，1994）。国内有研究认为，员工工作满意度是指员工的工作期望与其感知现实之间的差距，而员工福利满意度是指员工对雇主实施的福利政策的心理或情感反应。孙晓华（2018）进一步将工作满意度分为福利质量满意度、福利成本满意度和福利信息满意度。员工福利满意度反映了个人对组织福利政策的认可，也影响着员工对组织的归属感。

工作满意度基本上代表了员工对工作的满足感，这种满足感受到一系列经历和组织环境的影响。员工通常需要上级或同事的认可、积极的工作评价和鼓励来提高工作满意度，他们喜欢工作的程度将对其工作满意度产生深远影响。员工经常判断各自在工作岗位上的角色，这可能导致影响员工工作满意度的积极或消极情绪（Kalleberg 和 Marsden，2012）。

总体而言，影响工作满意度的因素可分为四个主要方面：一是岗位奖励，主要指薪酬的公平性，包括岗位内容、节日福利、社会保险、职业发展、工作激励、相应的管理权力变化、奖惩机制、个人发展、社会地位等。二是工作环境，包括让员工感到快乐舒适的工作环境，指工作的硬件环境，如提供场所、工具、资源、设施等；还包括工作环境的舒适度、工作中的安全管理、与个人匹配的适当工作量及舆论引导。三是工作小组，包括同事之间或跨部门的工作氛围，部门内部和同事之间的团队精神，上下级之间良好的工作氛围，舆论引导等。四是企业管理，主要指员工对公司经营发展过程的参与程度，对未来规划和战略部署的认同感，对整体管理模式和流程体系的接受程度，融入企业文化的程度等。

4. 组织公民行为

组织公民行为是指团队成员有益于组织的自愿行为。员工是组织最重要的资源，组织必须激励员工超越工作职责，从事有利于组织的积极行为活动，这被称为组织公民行为。根据社会交换理论，领导行为会极大地影响员工的超角色行为。当领导者赋予员工一定程度的自主权时，他们会做出超越工作职责的积极行为，使组织受益，这就是组织公民行为（吴志明和武欣，2007）。组织公民行为是员工个人的自觉行为，有利于组织，不受组织系统的影响，还可以提高组织效率。Farh 等（1997）根据国内外研究的综述，确定了中国团队组织公民行为的四个方面，即责任感、人际和谐、同事之间的利他主义和组织认同。Podsakoff 等（2000）将组织公民行为分为组织忠诚度、组织合规性、帮助行为、自我发展和公民道德。刘博逸（2012）在总结国内外学者研究的基础上，提出共享领导模式下组织公民行为由助人行为、责任意识、自我发展和同事间利他主义四个方面组成。

一些学者研究了性别、任期、教育水平和培训经验对组织公民行为的影响。成晓霞和杨琳（2015）研究了员工工作满意度对组织公民行为的影响。胡恩华等（2012）发现员工组织承诺水平与组织公民行为之间存在正相关关系。张四龙等（2014）分析了信任对组织公民行为的影响，发现信任与组织公民行为呈正相关关系。工作满意度高的员工更容易表现出对组织内同事的关心，并做出更多的组织公民行为（毛晋平和唐晨，2015）。变革型领导风格可以促进员工的职业奉献行为，主要体现在员工建议的增加、工作方法的创新、组织公民行为的改善等方面（王桢等，2015）。授权型领导对组织公民行为有积极影响（张慧娟等，2018；黄杉杉，2020）。

◆ 6.6.3 领导力影响因素研究

领导力是一种复杂的现象，受个人、组织、社会等多维度因素的影响。

1. 个人因素

其一，性别是影响领导力的重要因素。Helgesen（1996）提出女性领导风格学说，认为男性和女性的领导风格存在差异。有研究发现相比于男性，女性表现出更多的变革型领导风格，而男性擅长交易型领导。Eagly（2003）发现女性倾向于采用民主型或参与型领导模式，这与性别的刻板印象一致。也有研究者持不同的观点，认为女性和男性在变革型领导行为上存在差异，但差距非常小。Maher（1997）提出男性和女性在变革型领导行为上并无显著差异。女性领导者与男性领导者在领导风格上的性别差异并不总会显现出来，在某些由男性主导的行业中女性管理者的决策偏好和领导风格与男性差别甚小（钱芳莉，2000）。Eagly（2003）虽然发现女性表现出更多的变革型领导风格，但这样的现象并不是绝对的，它还有可能受到其他因素的影响。受环境影响，女性领导者往往也会表现出男性领导者的相关特质，男性领导者身上也会体现出部分女性领导者的特质。

其二，智慧、勇敢、自信等非凡的个人品质被视作领导力的重要影响因素。研究者发现的人格五因素结构包括神经质、外向/外倾性、开放性、宜人性和尽责性，大量研究表明大五人格特质对领导力产生重要的影响。Stogdill（1970）看重身体特性、社会背景特性、智力特性、个性、与工作有关的特性、社交性特性；Baumol（2002）则强调合作精神、决策能力、组织能力、精于授权、善于应变、敢于求新、勇于负责、敢担风险、尊重他人、品德高尚。曲庆等（2013）认为谦卑对领导力有显著正向影响。总的来说，信任、创造性、多样性、前瞻性、集体意识、笃实精神、参与意识、求知意识等过人的品质，都是领导者不同于其他人所具有的特质。

其三，领导者的情绪调控也是十分重要的影响因素。Vecchio 等（2010）验证了幽默行为对领导力的影响。稳重、知性的形象可以让人更加信服，较强的情绪控制力能增强领导者的个人魅力（黄俊汉，2005；张小娟，2005）。

2. 组织因素

其一，组织氛围。一般而言，在一个组织机构中，下属对领导者的领导能力的感知往往会转化为对组织氛围的感知，好的组织氛围更有利于组织政策的传递和领导决策的贯彻落实。Fiedler（1970）指出，领导有效性是领导者特质与领导者所处组织情境相互作用的结果。McClelland 和 Steele（1973）认为，领导力的研究要与工作情景相联系，要将个体放在一定的组织氛围中。王淑华和王以宁（2021）采集来自中国的 349 份样本，发现组织氛围对领导力具有显著正向影响，良好的组织氛围能够搁置分歧、形成合力，对于正确决策、命令传达和有效贯彻落实具有重要的推动作用。

其二，与下属关系。在组织中，与下属关系包括对下属的信任、授权等。部分领导者强调下属自我影响的过程，包括自我责任意识、首创精神、鼓励自我奖励、鼓励自我领导、鼓励参与目标设定、鼓励团队工作等，与下属的这种关系具有活力和弹性，能适应各种场景。除此之外，领导者通过提供愿景、沟通以激发灵感、个性化的关怀等手段建立与下属的关系，获得追随者的信任和认同，有助于管理和决策的落实，对领导力有显著影响。权变奖励和交换关系的建立也是一种下属关系，此时通过构建工作 – 回报机制，加强奖励的公平性和吸引力都将有助于这种关系的建立，并影响领导力的作用成效。

其三，领导距离。距离是人际交往中的客观因素，在领导者和追随者之间也客观存在，而且是影响领导过程的重要因素。领导距离被定义为领导者与追随者的身体距离（空间距离）、社会距离和接触频率共同产生的结构性影响。吴刚（2006）认为，影响过程和程度依据这三个维度上追随者距离领导者的远近而不同：社会距离不同的领导者，其绩效在不同层面的表现不同。社会距离远的领导理论上在团体层面上绩效明显，因为领导者趋向于同质对待追随者；而社会距离近的领导理论上在个体层面上绩效明显，因为领导者趋向于差别对待追随者。人员在空间位置上越接近，越容易形成彼此间的亲密关系。空间距离的接近使双方相互交往、相互接触的频率不断增加，彼此间更容易熟悉。空间距离一般来说与领导绩效负相关，但是某些魅力型领导在空间距离大时可能会更有效。接触频率可以独立于身体和社会距离而运作并对追随者感知领导距离发挥作用，更高频率的接触会使追随者靠近领导者，更低频率的接触则会使追随者远离领导者。

3. 社会因素

社会因素主要由社会文化和社会关系两方面组成。

领导者 – 成员交换关系的形成和发展深受社会文化因素的影响。在西方语境中，强调个人主义和平等主义，遵循"自然权利和互利"原则。在这种情境下，领导者 – 成员交换关系侧重于绩效结果和任务交互，因为双方的角色和行为都围绕着这些方面。然而在中国文化背景下，个人必须尊重上级、关心下级或下属、遵守规则和履行义务、重视权威主义和责任，导致领导者 – 成员交换关系表现为等级关系和道德关系的组合。实际上，对于成员来说，领导者象征着部门或团队，由此对领导者的信任转化为对组织的信任。在中国文化语境中，领导与成员的关系不仅仅是一种职业互动，也是一种更广泛的人际互动。引入人际关系模式分析有助于揭示中国语境下领导—成员交换关系的独特模式。领导者的角色决定了他们在交换关系中的主导地位，尤其是在中国的社会文化背景下，他们为成员提供的支持和投入越多，获得的信任和回报就越多。当领导者－成员交换关系升级到团队层面时，它们就会发展为团队—成员交换关系。成员不再仅仅从属于领导者，领导者和成员都将实现部门或团队目标视为自己的使命，从而持续改进部门或团队绩效。

除了社会文化，社会关系也发挥着重要作用。与组织内部领导行为不同，这里的社会关系主要指人际关系、友谊支持和帮助。与朋友的互动对工作的有序进行会产生积极影响；但是，如果人际关系处理不好，就会对管理工作产生负面影响。良好的伙伴关系、人际关系网络和其他因素都会影响领导者的工作。实证分析结果表明，成员的注意力一般更集中在领导者的个人特质、领导能力、组织管理机制、晋升前景等因素上，而忽略社会关系的重要性。此外，在实际的工作和生活中，社会因素对领导力的影响主要通过个人和组织因素反映出来，因为社会因素过于宏观，难以在特定情境下表现出来。

6.6.4 领导力提升研究

大多数学者认为，领导力不是先天得来的，可以通过后天训练习得，可以在学习和训练中不断得以提升。领导力大师约翰·马克斯维尔在所著的《领导力21法则》中给出提升领导力的21条建议，在所著的《中层领导力》中指出如何通过自我修行来提升领导力；武庆新在所著的《赢在领导力》中指出提升领导力的16层修炼；约翰·马托尼所著的《领导力核能》被哈佛商学院力推为领导力精品学习教程。

胡继华和张再生（2007）从提升企业领导力途径方面总结出五要素：一是提升领导者的个人能力，二是提升下属素质以及员工的工作满意度，三是优化企业的流程和规章制度，四是构建相应的评价标准并制定出有竞争力的激励制度，五是对文化进行创新或优化。总结来看，我们可以从领导者个人、领导者与被领导者群体、领导者所在组织三个层面看待领导力提升策略。

1. 个人层面

在大数据时代，领导力的缺失会直接影响企业的竞争力和积极发展。因此，企业必须适应时代变化，转变传统管理观念，增强领导力，在激烈的市场竞争中取得优势地位，从而促进企业长期稳定发展。互联网既是一种技术，也是一种产业，更是一种思维方式。邱愿飞（2018）认为，企业领导者应与时俱进，转变思维方式，突破固有思维模式，将大数据互联网思维融入决策，遵循以数据说话、以数据管理、以数据决策的思维模式，同时摒弃基于经验和直觉判断的思维模式。王建军等（2020）主张领导者应发挥大数据分析、大数据预测、大数据动态跟踪等优势，以大数据作为企业决策的技术支撑，实现精准、及时、有效的决策，从而达到提升领导力的目标。

企业领导者还必须具备整合资源的能力。企业应整合自身的物力、人力、组织资源，使经营更加多元化，建立自己的业务平台，提升核心竞争优势。刘玮（2021）认为，管理层尤其是中层管理人员的领导力不足，已成为许多企业需要解决的紧迫问题。企业中层管理人员只有具备积极的学习态度和意识，不断提高自己的语言表达和人际沟通能力，增强管理过程中的组织决策能力，快速适应工作环境，才能有效解决领导力不足甚至缺失的问题。朱芳芳和岳颖（2021）认为，不断增强内部领导力是个人提升的关键，领导者除了加强对商业知识的学习，还要整合自己的管理、法律、金融等领域的知识；他们还应提高个人修养，树立良好的职业道德观，并获得其他层面的支持和认可。任丽翠（2021）将个人层面提升策略细化为管理、价值观、计划执行、沟通影响、专业能力五个方面，有针对性地制订了阅读提升计划，其中不乏《麦肯锡团队管理法》《领导力21法则》《狼道》等经典书目。

2. 群体层面

根据创意领导力中心（CCL）的一项研究，领导力发展包括三个层次，即阅读和培训、案例学习和经验分享、基于实践的反思和完善，相应的比例为1∶2∶7。这一比例反映出领导力发展不能仅仅依靠培训，更重要的是处于相似水平的个体之间的相互分享和学习，以及在实践中不断总结和反思。

管理活动中最重要的参与者是领导者和追随者，追随者行为是管理活动的结果，也是管理绩效的直接创造者，领导行为发生在具体追随者行为的基础上。企业经营管理目标的实现，有赖于全体员工的共同努力。员工是追随者，领导者与追随者的交流和影响是双向的，在这一过程中领导者既是塑造者也是被塑造者。因而，企业领导者应重视员工队伍的建设和培养，建立领导者与员工之间的交互关系，营造有利于员工成长的工作环境，促进员工发挥内在潜力；同时，根据员工层次的不同，有针对性地采取激励策略，平衡好物质、精神的关系（王建军等，2020）。朱芳芳和岳颖（2021）提出，可以通过参与和沟通技能来增强外生领导力。除与各部门的一般工作人员沟通外，领导者还要与公司高层领导、金融和税务机关、注册会计师等沟通，建立广泛的关系群，提高相互协作的可能性，进而增强影响力。打造一个专业、高效的团队对领导者来说需要借助领导力的软技巧与硬技巧。领导者一方面借助传统命令、控制等领导力硬技巧，另一方面利用沟通、尊重等领导力软技巧，不断提升团队员工的职业能力，从而提升员工对领导者的认同感和忠诚度。总的来说，在组织管理过程中，领导者是激励者，领导者对追随者的工作能力、工作业绩给予物质报酬，采用尊重、表扬、关爱、信任、宽容、发展等精神激励方式激发他们的工作热情，达到提高领导效能的目的。然而当领导方式、领导行为与追随者的期望有较大偏差时，也可能会起到反作用，降低领导效能，导致组织目标无法实现。

3. 组织层面

罗文豪和李明波（2016）基于中国背景，提出中国企业应该从战略高度着眼，确保对领导力的培养及提升，使领导力的发展形成企业文化。企业领导力由领导人员、工作人员、企业文化理念和企业规章制度等方面组成，王建军等（2020）强调环境氛围的影响，认为领导者应当给予员工人文关怀，使员工感受到企业富有人情味，进而从内心真正对企业产生感情，而不是觉得工作只是生存的方式和手段。任丽翠（2021）将"愿景"视作企业长期生存和发展的总体规划，面对外部环境的剧烈变化和严峻挑战，它是企业战略目标的整体体现，为企业的生存和发展指明方向。愿景可以为员工建立统一的价值指南，其强大的精神力量有助于在员工之间形成思想和意志合力。

欲筑室者，先治其基。在中国特定的政治结构和政党制度下，强大的基层组织网络在任何时候都是中国共产党稳固执政的重要基础，强化基层党组织的政治领导力是重要的研究议题。人民群众是我们党的力量源泉和胜利之本，紧密联系群众，才能为党的长期执政提供战略性基础。张钰铨（2019）等提出，通过增强党的基层组织的组织协调性，调动和激发人民群众的积极性和创造性，把人民群众的智慧和力量集中到党的领导中，使党的决策始终代表人民群众的根本利益而得到广泛认可和支持，使党的基层组织成为社会基层组织网络的"骨干"。这样，党就会成为社会基层组织网络的"主心骨"，党的领导植根于基层组织的目标也就可以实现。

大数据时代下，企业的经营管理模式发生了巨大变革，相应地对企业领导力提出了更高的要求。经过多年的实践研究，领导力提升理论得到了长足的发展，取得了许多引人注目的研究成果。但是，国内外学者对领导力提升要素的认识并不一致，还没有形成统一的观点，需要进一步进行探索和研究。

数字资源

本章数字资源由三大部分组成：一是 UTD 24 文献推荐，二是推荐的领导力相关量表，三是参考文献。详细内容可下载"拓展学习资源"获取。

1. UTD 24 文献推荐

Roman Briker, Sebastian Hohmann, Frank Walter, et al. Formal supervisors' role in stimulating team members' informal leader emergence: Supervisor and member status as critical moderators [J]. Journal of Organizational Behavior, 2021, 42 (7): 913-932.

John Antonakis, Giovanna Adda, Roberto A. Weber, et al. Just words? Just speeches? On the economic value of charismatic leadership [J]. Management Science, 2022, 68 (9): 6355-7064.

Robert Dur, Ola Kvaløy, Anja Schottner. Leadership styles and labor market conditions [J]. Management Science, 2021, 68 (4): 3150-3168.

2. 领导力相关量表

◎ 费德勒开发的"最难共事者问卷"
◎ 李超平和时勘开发的中国版"变革型领导问卷"
◎ 朱伟春和郑晓明开发的"中国伦理型领导量表"

3. 参考文献

第 7 章 沟通心理

知识点

沟通、沟通过程、正式沟通与非正式沟通、沟通障碍、有效沟通、跨文化沟通

学习要点

◎ 何谓沟通？了解在组织管理中沟通承担的职能。
◎ 掌握完整的沟通过程应具备的要素，理解正式沟通与非正式沟通的内涵。
◎ 理解不同类型沟通方式的优缺点及其分别适用的工作情境。
◎ 了解影响沟通的常见问题，以及应采取的解决措施；理解团队有效沟通以及克服跨文化沟通障碍的方法。

思维导图

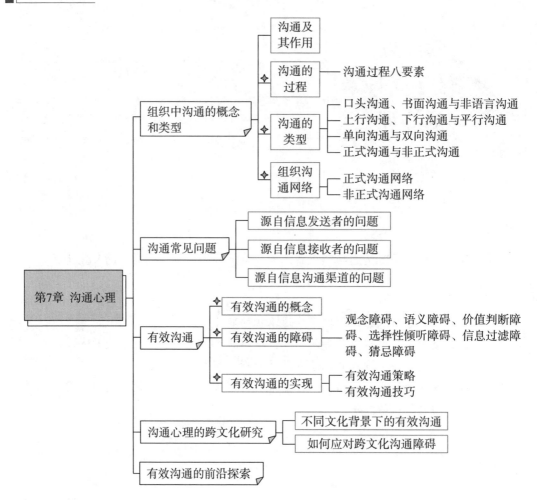

新理念　　　　　海纳百川的沟通艺术

信息技术的发展、经济全球化的推进以及企业规模结构的改变，无一不催化着现代沟通方式的快速发展；线上化与网络化不断渗透到社会经济的各个领域，推动生活方式、生产方式、管理方式的全面数字化转型。在百年未有之大变局下，国际关系与经济秩序都将面临调整重组，这对中国来说，既是挑战，也是机遇。

深受儒家"以和为贵""天时地利人和"等思想的影响，和谐共赢、兼容并包是根植于中国传统文化的沟通理念。早在西汉时期，我国古人就与来自不同文化背景的民族有着广泛的贸易往来，例如张骞出使西域，开辟了一条连接亚欧大陆的古代东西方文明交汇之路。时至今日，我国的"一带一路"建设仍致力于构建亚欧非大陆等沿线各国全方位、多层次、复合型的互联互通网络，以文明交流超越文明隔阂，以文明互鉴超越文明冲突，以文明共存超越文明优越，推动各国彼此尊重、相互理解、共同进步。九层之台，起于垒（累）土，为顺应国际形势和时代潮流、增强文化软实力、坚持正确舆论导向，每位中国公民都有责任和义务去传承海纳百川的沟通理念，发扬中华语言艺术与特色魅力，用情用力讲好中国故事，向世界展现可信、可爱、可敬的中国形象。

当前百年未有之大变局的背景下，世界进入动荡变革期，人类面临许多共同挑战。"和则一，则多力，多力则强，强则胜物"（《荀子·王制》），在此关头更需要各国人民加强思想交流、促进文化沟通，在国际合作中谋求发展共赢。我们应坚持推动构建人类命运共同体，在沟通协商、凝聚共识的基础上，为携手应对全球性挑战贡献中国智慧和力量。

史上择慧　　　　　烛之武退秦师

烛之武，春秋时期郑国人，原为郑国的一个圉正（养马官），公元前630年，晋、秦联军围困郑都城，烛之武临危受命于郑文公，以一己之力劝退秦军，后被拜为郑国大夫，民间称赞他"五论救弱国，妙语退秦师"。

在接受与秦君谈判的重任后，当夜烛之武系着绳子潜入城中，暗中拜访秦伯。

既见秦伯，烛之武曰："秦、晋围郑，郑既知亡矣。若亡郑而有益于君，敢以烦执事。"意思是假如灭掉郑国对秦国有好处的话，势必不愿意劳烦对方退军。烛之武言辞诚挚、推心置腹，此言一出，立刻拉近了自己与秦君的距离，以"自己人"的身份引出后续对话，此为一论。

"越国以鄙远，君知其难也，焉用亡郑以陪邻？邻之厚，君之薄也。"越过相邻的晋国，将离得较远的郑国攻打下来作为秦国的东部边邑，绝非明智之举。为什么？一方面，秦国与郑国间隔着晋国，秦国耗费兵力攻打郑国，却不便于统治郑国，反而白白为晋国作嫁衣；另一方面，灭掉郑国为晋国扩大国土，增强了晋国的国力，却削弱了秦国的国力，此举有百害而无一利。烛之武指出"秦国攻打郑国不利"的论据，此为二论。

紧接着，烛之武又尽陈"秦国不攻打郑国有利"的论据，"若舍郑以为东道主，行李之往来,共其乏困,君亦无所害"。如果放弃围攻郑国,而把郑国当作秦国接待东方道路上过客的主人,为出使秦国的人提供物资,那么"不攻打郑国对秦国有种种好处",此为三论。

最后,烛之武使出离间之计,"夫晋,何厌之有?"谴责晋国向来忘恩负义、贪得无厌,总结晋国根本不会感到满足,此为四论。

"既东封郑,又欲肆其西封,若不阙秦,将焉取之?"烛之武进一步预见,晋国一旦得到郑国、扩充其东方边境,必定还想扩充其西方边境,到时不占领秦国的土地,还能从哪里扩充国土?巧妙使用反问句,加强肯定的语气以点醒秦穆公,此为五论。

烛之武用简洁的五论表达了"自己为秦国着想""攻打郑国的坏处""不攻打郑国的好处""晋国贪得无厌"和"帮助晋国后患无穷"五个观点,层层递进,思维缜密,句句皆站在秦国的立场上,只字不提郑国利害。

秦穆公听后深以为然,遂与郑国签订盟约,并派遣杞子、逢孙、杨孙戍守郑国。晋见大势已去,不久也从郑国撤军。

故事启示

烛之武审时度势,巧妙抓住秦穆公心理,祭出五个大招,终使秦穆公退兵,体现了烛之武卓越的沟通技巧,展现了博大的沟通智慧和精妙的语言艺术。烛之武说服秦伯主要有五条理由,步步为营、层层递进。首先从秦国的利益出发阐明"亡郑利晋阙秦";其次从郑国的所处位置阐明"存郑利秦";最后从晋国既往的所作所为指出晋国忘恩负义,不可共事。句句切中要害,条条抓住秦穆公心理,具有撼人的逻辑力量。正所谓"五论救弱国,妙语退秦师",既体现烛之武的智勇双全,也足见他过人的沟通智慧。

现代管理学之父彼得·德鲁克认为,人们在沟通时应持积极、包容、共情的心态,明白对谁说、何时说、说什么、怎么说,以提高沟通效率。因此,对优秀的沟通者来说,同理心与语言艺术都是不可或缺的。既要换位思考、将心比心,照顾对方的情绪,又要精准抓住对方的需求,选择适当的表达方式,这样的沟通才能达到事半功倍的效果。

7.1 组织中沟通的概念和类型

7.1.1 沟通及其作用

人本质上是社会关系的总和,沟通是构建社会关系的基础。我们可以简单地将沟通理解为:社会是一台机器,人是组成机器必不可少的零件,而沟通是维持机器正常运转的动力。在任何团体或组织的管理中,沟通都担当着上传下达、控制协调的重要角色。沟通传递信息、沟通引导行动、沟通凝结关系,正如沃尔玛创始人山姆·沃尔顿(Sam Walton)所说,"沟通是管理的浓缩"。

1. 沟通的定义

"沟通"一词源自拉丁文 communis,意为共同化,其英文单词 communication 在《大英百科全书》中被定义为通过任何途径的信息交换。在中国,"沟通"一词最早出自《左传·哀公九年》,"秋,吴城邗,沟通江淮",可直译为开凿水路,使江、淮两条河通水,后来又逐渐引申出信息交流等含义。《新编汉语词典》中这样注解"沟通,使两方能通连"。

今天"沟通"多指意义的传递和理解,是指一种把可理解的信息、思想或情感在两个或两个以上主体间传递和反馈的过程。需要注意的是,完整的沟通必须包括意义的传递与被理解两个环节,以确保不同沟通主体间的意见达成一致,所传递的客体包括但不限于事实、情感、观点态度、价值取向等(周三多和陈传明,2018)。

在组织中,个体成员的地位、利益和能力等不同,各成员对组织目标及战略方针的理解也不尽相同,这就可能导致个体目标偏离总目标,进而影响组织目标的实现。因此,组织沟通的主要功能在于传递信息(如组织目标、计划、工作安排等),使组织成员充分理解目标、统一思想认识,自觉地协调其他个体的工作活动,进而提升管理效率。除此之外,随着传统的人力成本观向人力资本观转变,组织成员逐渐成为专有知识的载体,组织沟通在一定程度上也促进组织内部的知识分享,有利于增强组织的核心竞争力。

2. 沟通的作用

组织沟通的作用可以概括为信息传递、控制协调、成员激励、情绪表达、组织凝聚几个方面。

(1)信息传递是组织沟通最基本的作用。通过沟通,下级能够按组织目标树立个体目标,快速熟悉任务安排,执行工作计划;上级根据反馈了解情况,及时调整方针政策,做出最佳决策;成员间相互交流消息、分享知识经验,从而提升个人能力、增进彼此了解。

中华典故　　　　　　妙计频献的"谋主"荀攸

三国时期人才济济,各诸侯阵营皆广招谋士。这些谋士上为主公排忧解难、出谋划策,下为将士排兵布阵、安排战略任务,发挥着不可替代的沟通作用。例如曹操手下的荀攸,"是时荀攸常为谋主",妙计频献,堪称算无遗策。在奠定曹操统一北方的官渡之战中,荀攸"公到延津,若将渡兵向其后者,绍必西应之,然后轻兵袭白马,掩其不备,颜良可禽(擒)也"解白马之围诛杀颜良,"此所以禽(擒)敌,奈何去之"计斩文丑,"绍运车旦暮至,其将韩猛锐而轻敌,击可破也"妙遣徐晃截击袁绍运粮车,"邻计不用,怒而来,君何疑"巧说曹洪接受张郃、高览来降,每一步都献上了奇策妙计,最终大败袁绍。曹操曾夸赞荀攸曰:"自初佐臣,无征不从,前后克敌,皆攸之谋也。"

(2)组织成员的控制协调离不开沟通。组织可以通过制定规章制度、划分权力等级等方式,明确成员的权利与义务范围,控制、引导其行为符合工作需要。由于个体间的价值观、理解能力、思维方式等存在差异,只有协调好组织内的各项活动及成员间的团队配合，才能有效缓解组织冲突，推动个体目标向组织目标靠拢。

中华典故　　从王熙凤看团队协调

《红楼梦》中的王熙凤形象鲜明、精明能干，具备极其出色的管理协调能力。在她的管理下，荣国府一应事务井然有序，原著中赞其：金紫万千谁治国，裙钗一二可齐家。

《红楼梦》第十四回，秦可卿去世，府中杂乱失调，贾珍特请王熙凤协理宁国府。王熙凤上任后立刻召集府中上下，按行列排好，吩咐道："这二十个分作两班，一班十个，每日在里头单管人客来往倒茶，别的事不用他们管。这二十个也分作两班，每日单管本家亲戚茶饭，别的事也不用他们管……这下剩的按着房屋分开，某人守某处，某处所有桌椅古董起，至于痰盒（盂）掸帚，一草一苗，或丢或坏，就和守这处的人算账描赔……以后那一行乱了，只和那一行说话。"其后她又安排专人作为领班，在权力范围内处理纠纷："来升家的每日揽总查看，或有偷懒的、赌钱吃酒的、打架拌嘴的，立刻来回我。"并以时间作为划分任务节点的统一标准，"不论大小事，我是皆有一定的时辰。卯正二刻我来点卯，巳正吃早饭，凡有领牌回事的，只在午初刻。戌初烧过黄昏纸，我亲到各处查一遍，回来上夜的交明钥匙。"

王熙凤短短一番话，很快划分了各人的职责范围，条理清晰、分工明确，事无巨细皆安排得清清楚楚，此后果真立竿见影，临期推诿的现象不复存在。

（3）沟通具有激励组织成员的功能。凭借引导积极情绪、设置具体目标、接受目标实现过程的反馈、给予对应的物质或精神奖励等一系列方式，沟通能够充分调动成员的工作动力及竞争意识，改善组织经营效率，营造良好的工作环境和积极的工作氛围。

中华典故　　褒亡厚往：曹操的激励之术

"褒亡厚往"是曹操管理思想的另一精髓所在，他曾言："褒亡为存，厚往劝来也。"意思是说厚待死者是为了激励活着的人，厚待前人是为了激励后人，其激励之术可见一斑。建安五年，官渡之战一触即发，袁绍拥兵七十万大军，而曹操麾下不过几万人马，曹军心中生惧。曹操见此，慨然道："吾任天下之智力，以道御之，无所不可。"此话一出，既稳定了军心，又激励了谋士们巧思献计。紧接着曹操又道："绍军虽多，不足惧也。我军俱精锐之士，无不一以当十。但利在急战，若迁延日月，粮草不敷，事可忧矣。"曹操既称赞曹军为精兵锐将，又将大目标化解为小目标：只要每人迎战对方十人即可，充分调动起将士们的积极情绪，成就了官渡这场以少胜多的著名战役。曹军获胜后，袁绍弃车杖、金帛而逃，曹操将所缴获金银绸缎皆赏赐给兵将，重赏有功之臣之下，军队士气更盛。

（4）沟通为组织成员提供情绪表达的渠道。表达情绪是正常的社交及精神需求，组织中的人际沟通为成员提供了一种释放情绪的情感表达机制，发挥着心理保健作用。

中华典故　　诸葛亮巧言化解关羽不平

建安十九年，马超主动归降，刘备欣喜至极，任命他为平西将军，并加封都亭侯，职位仅比刘备低半级。关羽听说后十分不满，他自认蜀中第一大将，职位却低于新来的马超，故写信问诸葛亮"马超能力如何"。须知马超成名已久，其悍勇闻名天下，诸葛亮见信立刻明白关羽是在表达心中不平，他思考一番后回信曰："孟起兼资文武，雄烈过人，一世之杰，黥、彭之徒，当与益德并驱争先，犹未及髯之绝伦逸群也。"表示马超能力过人，甚至可与张飞并驾齐驱，却仍比不上关羽。既夸了马超，也顺带夸了张飞，最后又借此盛赞关羽，巧妙化解了关羽对马超的敌意。后来关羽将此信收藏起来，每有客访，便展示于人。

（5）组织凝聚需要沟通。组织成员正是在不断交流的过程中建立感情，培养相对接近的价值取向和行事作风，从而促进组织文化的产生与发展，增强成员归属感和组织凝聚力。

中华典故　　曾国藩"情义"铸悍勇湘军

曾国藩（1811—1872），字伯涵，晚清时期政治家、战略家、文学家、书法家，同时他还是"以十万胜百万"的悍勇湘军首领，留下了"以儒生领山农"的美誉。

1853年，太平军攻占南京，清廷正规军难以抵御，命各省举办团练以助攻剿。时任礼部右侍郎的曾国藩奉命组建湘军，他招募家乡儒生为湘军将领，广招湘乡一带农民为士兵，利用地缘情感因素作为凝聚军心的坚韧纽带。曾国藩的建军标准为：呼吸相顾，痛痒相关，赴火同行，蹈汤同往，胜则举杯酒以让功，败则出死力以相救。为了便于士兵理解，提升队伍凝聚力，他专门编写歌谣《要齐心》在军中推广传唱："我境本是安乐乡，只要齐心不可当。一人不敌二人智，一家不及十家强。你家有事我助你，我家有事你来帮。若是人人来帮助，扶起篱笆便是墙……百家合成一条心，千人合做（作）一双手。"在曾国藩的带领下，湘军团结一致的集体归属感、勇猛坚强的战斗意志世所罕见。无论是日常生活的感情交流，还是行军打仗的战术沟通，成员们始终保持高度一致，"吃得苦，霸得蛮，舍得死"的湖湘精神与"忠义血性"的组织文化在湘军中展现得淋漓尽致。

7.1.2　沟通的过程

人们通常认为，沟通就是信息的传递或交换。但在管理学意义上，沟通是一个复杂的过程。它是指信息发送者对沟通内容进行加工后，以信息接收者能够理解的形式，通过选定的渠道传送至接收者，由接收者进行解读、分析、理解并反馈的过程。

如图7-1所示，具体的沟通过程主要由八个要素组成，分别为信息发送者、编码、信息、沟通渠道、信息接收者、译码、反馈、噪声。

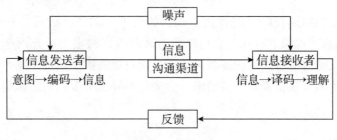

图7-1　沟通过程

（1）信息发送者。完整的沟通过程至少存在一个信息发送者和一个信息接收者，当某主体产生明确的沟通意图，想要传递信息或表达想法时，该主体就成为信息发送者。

（2）编码。为了确保沟通的有效性，发送者需要将所传递信息转换为接收者能够理解的形式，如文字、图表、图片等，此转换过程就是对信息的编码。

（3）信息。这里的"信息"是指经发送者编码处理后、便于接收者理解的沟通内容，可以是语言、文字、图片、手势、表情等多种形式。

（4）沟通渠道。信息由发送者传送至接收者的途径即为沟通渠道。由于所传递信息的形式不同，相应的沟通渠道也多种多样，如口头、肢体、书面或者通过电话、电报、互联网等，恰当的沟通渠道将大大提升信息传递效率。

（5）信息接收者。接收者是信息传递指向的客体，需要根据信息的传递方式选择合适的接收方式，以保证所接收内容的完整性，避免信息被遗漏或误解。

（6）译码。译码是指接收者解读信息的过程。只有接收者将接收到的内容转换成与发送者所表达含义相近的信息，并充分理解发送者的意图，沟通才得以实现。正如彼得·德鲁克所说，"信息不是沟通"，信息本身是中性的，沟通则带着目的性或意图。

（7）反馈。信息发送者通过反馈来检查沟通效果，了解其意图是否被对方准确无误地接收和理解。此时，发送者与接收者的身份互换，反馈过程构成信息的双向沟通。

（8）噪声。在沟通过程中干扰信息传送、导致信息失真的沟通障碍被视作噪声，例如通信信号差、信息超载等技术障碍，以及语言不通、语义误解、文化差异等因素造成的人为障碍等。为实现管理上的有效沟通，我们应采取适当的方法消除噪声。

7.1.3 沟通的类型

按照不同的标准，组织内的沟通可以被划分为以下几种类型：

1. 口头沟通、书面沟通与非语言沟通

按照所使用的媒介，沟通可分为口头沟通、书面沟通与非语言沟通。

口头沟通是最常见的沟通类型，如会议、交谈、电话等，其优点在于传递迅速、反馈及时、信息量大。采取口头沟通方式，发送者可以在短时间内传送大量信息，并及时得到对方的反馈。若接收者对消息的理解不准确，则可以快速予以更正。需要注意的是，参与传递的人数越多，信息失真现象可能会越严重，核实也越困难（车丽萍，2016）。

书面沟通一般用于严谨正式的场合，如刊物、通知、报告等，具有持久、有形、易核实等优点，可供重复阅读和使用。它的缺点也很明显，即效率低、不够灵活且缺乏反馈。

非语言沟通是指除语言以外的表达方式，如表情、动作、语调、身体距离等（见表7-1）。非语言信息可以独立存在，也可以作为语言内容的重要补充而蕴含在语言沟通当中。它带有态度或情绪暗示，解读思路灵活，为接收者提供了更加丰富的信息内涵。但非语言沟通的传递距离有限，界限不甚清晰，受文化差异及主观判断的影响极大。

表7-1 非语言沟通类型

基本类型	说明、解释和举例
身体动作	手势、面部表情、眼神、触觉接触等
身体特征	体形、体格、姿态、身体、体味、身高、体重、头发颜色和肤色
语言特点	音质、音量、语速、音调、叹词（如"啊""嗯""哈"）、笑、叹息等
生存空间	使用和感知空间方法，如座位安排、谈话距离等界定个人空间的"领地"倾向
环境	建筑和房间的设计、家具和其他物件、内部装饰、清洁、光线和噪音
时间	早到或迟到、让别人久等、对时代感受的文化差异、时间和地位的关系等

资料来源：马新建（2015）。

随着科技的发展，电子沟通也逐渐成为主流沟通方式之一，如传真、视频会议、电子邮件等。电子沟通的优点包括信息容量大，传递速度快，不受时间和空间的限制，沟通成本低，可实现多人同时传递。它的缺点在于无法保证得到及时的反馈，削弱人际沟通时的情感联系，并且有一定的硬件要求。

2. 上行沟通、下行沟通与平行沟通

按照沟通的方向沟通，沟通可分为上行沟通、下行沟通与平行沟通。

上行沟通是指组织内从一个水平流向更高水平的沟通，是自下而上的沟通。组织成员往往通过上行沟通向上级汇报工作、反馈问题、询问意见，管理者也可以从中了解成员对待工作、同事、组织的态度，获取有关改进工作的想法和建议。然而在实际应用中，上行沟通的作用十分有限，下级可能会为自身利益而误报、瞒报或夸大，管理者也可能因职责过重而无暇顾及下级意见，导致上下级间产生信息偏差。

下行沟通是指组织内从较高水平流向较低水平的沟通，是自上而下的沟通。管理者通常采用这种方式向组织成员分配任务、提供指导、解释规章制度等，若组织内层级过多，可能会因不同接收者对信息的理解不同及信息过滤而导致信息失真。研究显示，管理者在下达命令的同时详细说明内容及原因，能够有效提高成员的认同度和执行力。

平行沟通是指层级相同的成员间的信息传递，也称横向沟通。作为上行沟通和下行沟通的补充，平行沟通有助于促进部门内成员协调配合、提升工作效率。但在影响到正式的垂直沟通渠道的情况下，避开或隐瞒直属领导的平行沟通可能会导致恶性冲突（Robbins等，2016）。

3. 单向沟通与双向沟通

按照是否进行反馈，沟通可分为单向沟通与双向沟通。

单向沟通是指没有反馈的信息传递，如演讲、报告、下达指令等。在单向沟通的过程中，信息发送者仅负责发出信息，信息接收者仅负责接收信息，不存在反馈回路。因此，单向沟通的优点是时间短、效率高、受噪声干扰小，通常更能使发送者感到满意。

中华典故　　三十年不上朝的万历皇帝

自明太祖朱元璋建国以后，明朝一共经历了16位皇帝，万历皇帝朱翊钧是第13位继任者，被称为明神宗。《明史·神宗本纪》中这样评价"明之亡，实亡于神宗"，认为明朝真正步入灭亡是从万历皇帝开始的。朱翊钧在位共48年，前10年尽心尽力，后长达30

年却不再上朝，任凭大臣苦苦请求，他一概不见、不批、不郊、不庙，即不见大臣，不批奏章，不到郊外祭祀天地，也不去祭祀宗庙和太庙，大部分时间是他对朝臣下达命令，很少有朝臣向他请示或反馈。尽管不上朝不等同于不理朝政，朱翊钧仍然通过一定的方式控制着朝廷的局势，但不可否认的是，这种长期的怠政行为对明朝的灭亡有着难以估量的影响，万历帝死后仅仅24年，明朝就消逝在历史的浩瀚长河中。

《管子·牧民》中有言："上下不和，虽安必危。"如果一个国家的君主和属臣之间不和谐一致，表面上可能相安无事，但长此以往必然产生危机。国家是这样，组织机构也同样如此，长期的单向沟通可能会埋下分崩离析的祸患。

双向沟通是指有反馈的信息传递，如会谈、协商、谈判等，是接收者较青睐的沟通方式。采用双向沟通的方式，信息接收者能更准确地理解发送者的意图，还能向其传递疑惑和建议。但由于与信息无关的内容容易进入这一过程，双向沟通的噪声比单向沟通要大得多。

4. 正式沟通与非正式沟通

按照组织系统，沟通可分为正式沟通与非正式沟通。

正式沟通是指以正式组织系统作为渠道的信息传递，主要用于交流组织内的工作信息，例如上级指令通过组织系统逐级向下传达、下级问题逐级向上反馈等。正式沟通方式的保密性较强，信息内容准确；缺点是传递速度慢，效率较低，不够灵活。

中华典故　　　　　　　古代的公文传达制度

在消息传递不方便的古代，公务文书的传达具有严格的制度，这里简要讲解保密制度和驿递制度。公文涉及国家机密，历代都制定了严格的保密防范措施和惩治泄密条例，从缮写、校对、用印到火漆密封都有御史在旁严密监视，非收文官员不得私自拆阅，泄密者将受到严厉的法度处分，其保密性可见一斑。关于公文的传递，早在西周时就已形成制度，驿传属兵部系统，由地方监管，是准军事性质的组织，遵循迅速、准确、安全的原则。据《光绪会典》记载，清代京师设皇华驿，下达地方的公文均经此站发出，全国设有各类驿站1 785个，并根据公文性质规定快慢缓急的邮传速度，普通公文一昼夜须行三四百里，紧急军事达五六百里，更加急的函件还会插上羽毛，称为羽檄。

非正式沟通是指以非正式组织系统或个人作为渠道的信息传递，可用于分享组织正式活动外的非官方信息，如传播小道消息、私下议论某人某事等。非正式沟通的约束力较弱，没那么刻板，可以满足组织成员在社交和情感上的需要。由于非正式沟通不受层级的控制，传播速度快，通常会传递一些不便于在正式渠道交流的信息，从而有效弥补正式沟通的不足，避免产生管理者滥用正式渠道导致的信息过滤现象。然而，这种方式所传递的信息往往不够真实可靠，甚至可能歪曲事实、煽动不良情绪、妨碍正常工作，需要管理者加以重视和引导。

中华典故 平儿为探春治家提供助力

红楼梦中凤姐的丫鬟平儿是贾府里情商极高的姑娘,她协助凤姐处理家务琐事,和上上下下、里里外外的各色人等打交道,积累了许多应对各种复杂人际交往场合的经验。

在凤姐生病、探春代理持家初始,因为探春年纪轻、无甚威望,府里的婆子媳妇们并不听从她的指挥,平儿用智慧帮助探春树立了领导威信。她在探春洗脸时特意蹲下来帮她取下手镯、挽袖子;到了吃饭时间,她主动领取传饭这种下等奴仆的工作,用肢体语言向其他人表明对探春的尊重和支持。她还凭借自己在丫鬟中的人缘和声望,私下里悄悄责备那些自由散漫的婆子媳妇,并代替探春将不便于在台面上讲的话告诉她们,晓之以情理利害,劝她们不要小视探春。她指着众媳妇说道:"你们也闹得太不像样了,她是个姑娘家,不肯发威动怒,这是她尊重,你们就藐视欺负她?果然招她动了大气,不过说她一个粗糙就完了,你们就现吃不了的亏!她撒个娇,太太也得让她一二分,二奶奶也不敢怎样。你们就这么大胆子小看她,可是鸡蛋往石头上碰。"同为丫鬟身份,平儿与奴仆们的利益一致,所讲的话也确实站在她们的立场上,逻辑清晰地摆出利害关系,婆子媳妇们听了她的劝说,果然规矩安分许多,从此认真听从探春的工作指示。聪明的平儿巧借非正式沟通,将不便于在正式场合讲的话传递给婆子媳妇们,轻松帮助探春树立了威信。

7.1.4 组织沟通网络

组织沟通网络是根据人际沟通中信息传递的方向形成的路线形态,是指组织成员间联系的一种结构化形式。由于支持着组织运营所需的文化、信念和价值体系,并决定了沟通的流向和内容,因此组织沟通网络类型将影响到沟通的有效性。组织沟通网络可以分为正式沟通网络与非正式沟通网络,它们分别具有不同的形式特征和优缺点。

1. 正式沟通网络

正式沟通网络是由用来传递与组织活动直接相关信息的沟通途径所组成的结构形式,通常根据组织机构、规章制度、权力系统等设计。一般认为正式沟通网络包括链型、轮型、环型、Y型和全渠道型五种类型,如图7-2所示。每种类型都具有一定的结构属性,明确规定了组织成员的沟通路线和规则,不可随意打乱(马新建,2015)。

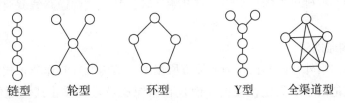

图7-2 正式沟通网络

(1)链型沟通网络是指按层次逐级传递、信息仅在上下级之间交流的结构形式,链条两端的组织成员无法直接交流。在链型沟通网络中,信息传递及解决简单问题的速度较快,但不利于提高成员的工作积极性,常见于严格的官僚组织结构。

(2)轮型沟通网络是指信息仅在核心领导者与其周围成员之间传递的结构形式,成员间没有相互交流，所有沟通都要通过核心领导者。轮型沟通网络的传递速度快、消息准确，有利于领导者把握主动权，但可能会对成员积极性及其配合效果造成负面影响。

（3）环型沟通网络是指每个组织成员只与相邻成员进行交流的结构形式。在环型沟通网络中，团体成员间表现出平等关系，成员间呈现协商互助的状态，能够有效提高成员积极性，有利于团队合作解决复杂问题，但沟通效率相对不高。

（4）Y型沟通网络兼具链型沟通网络与轮型沟通网络的特点，信息也是逐级传递的，当团队领导者处于不同位置时，沟通方式会有所变化。Y型沟通网络解决问题的速度较快，但成员满意度不高。

（5）全渠道型沟通网络是指任意成员都可以与其他成员直接沟通的结构形式。在全渠道型沟通网络中，领导者的作用不明显，所有成员都处于平等地位，沟通效率较高。随着现代网络化组织、团队自主管理和流程再造的推进，企业内部越来越推崇全渠道型沟通网络。

根据亚历克斯·巴维拉斯（Alex Bavelas）等学者对以上五种沟通结构的实证研究，我们可以得到它们的有效性比较以及各自对个体与群体行为的影响，如表7-2所示。

表7-2 正式沟通网络的对比

网络类型	沟通效率	精确度	组织效果	领导者的作用	士气	其他影响
链型	快	准	较易组织化且组织很稳定	显著	低	任何环节都不能有误
轮型	快	准	迅速组织化并稳定下来	非常显著	很低	成员间缺乏了解，工作难以相互配合
环型	慢	低	不易组织化且组织不稳定	无领导作用	高	相邻成员可以沟通，稍远则无法联系；临时性
Y型	快	准	较易组织化且组织稳定	显著	低	—
全渠道型	慢	较准	不易组织化	无领导作用	高	成员间相互了解，适合解决复杂问题

在管理实践中，多种沟通网络通常同时并存或交替存在。管理者应根据组织结构、组织文化、任务情境等权衡成本，灵活选择相应的沟通网络形式，组织成员应配合掌握各种沟通网络的运用方式，提高组织沟通效率。重要的是，正式沟通渠道所传递的信息必须是直接的、真实的、准确可靠的，组织一旦开始运转，其正式沟通路线就要保证畅通且不能间断。

2. 非正式沟通网络

除正式沟通网络外，由非正式沟通渠道所组成的结构形式叫作非正式沟通网络。非正式沟通网络并不是由组织固定设置的，而是在组织成员进行非正式沟通的过程中自然形成的。

中华典故　　小道消息频传，夏婆子煽风点火

《红楼梦》中夏婆子这个角色的出场不多，但每次出场都会引发一场闹剧。有一次，赵姨娘正因小戏子芳官拿茉莉粉当作蔷薇硝糊弄贾环的事愤愤不平，恰好在园中碰到夏婆子，两人简单交流几句后，夏婆子发现这是报复芳官等人的好机会，于是趁机挑唆赵姨娘闹事。夏婆子对赵姨娘道："我的奶奶，你今儿才知道！这算什么事，连昨儿这个地方，他们私自烧纸钱，宝玉还拦到头里……你老想一想：这屋里除了太太，谁还大似你！你老自己掌不起来；但凡掌的（得）起来，谁还不怕你老人家……快把这两件事抓着理，扎个筏子，我在旁作（做）证。你老把威风抖一抖，以后也好争别的理。便是奶奶姑娘们，也不好为那起小粉头子说你老的。"赵姨娘听了这话，觉得有理，便说："烧纸的事我不知道，你却细细的告诉我。"夏婆子便将前事一一说了，又说："你只管说去，倘或闹起来，还有我们帮着你呢。"赵姨娘听了越发得意，仗着胆子便到怡红院中和芳官吵骂起来，藕官、蕊官、葵官、豆官等小戏子跑来给芳官出气，四人与赵姨娘扭打作一团。

夏婆子煽风点火、借刀杀人，亲手造成一场荒唐闹剧，干扰了府中秩序，自己却在暗处看笑话，这正是非正式沟通的小道消息对组织的破坏作用。

美国组织行为学家戴维斯将非正式沟通网络归纳为单线型、辐射型、随机型和集束型四种类型，如图 7-3 所示。

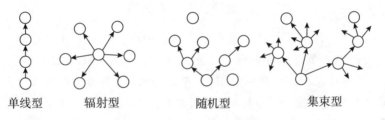

图 7-3 非正式沟通网络

（1）单线型沟通网络是指以串联方式"一对一"传播消息的信息流通渠道。例如，成员 A 传递消息给成员 B，B 传给 C，C 传给 D，依次传播下去。

（2）辐射型沟通网络是指由某个组织成员将消息"一对多"传播给所有成员的信息流通渠道。例如，成员 A 传递消息给 B、C、D、E、F、G 等人。

（3）随机型沟通网络是指组织成员随机传播消息的信息流通渠道。例如，成员 A 随机传播消息给部分人，这些人又随机传播消息给其他人，具有偶然性和不确定性。

（4）集束型沟通网络是指组织成员将小道消息选择性地传递给朋友或有关人员的信息流通渠道。这是一种十分典型的非正式沟通网络，消息在小圈子里传播，最后"一传十，十传百"。例如，成员 A 将消息传播给特定的 B、C、D 等人，这些人再传播给各自熟悉的其他人。

相较于正式沟通网络，非正式沟通网络传播信息的速度更快，且信息内容无法保证真实、可靠，可能会对组织成员产生消极影响。但非正式沟通渠道不受组织机构的限制，可以获得成员的真实想法或传递某些不便于在正式沟通网络传递的消息，管理者应适当地对非正式沟通网络施加引导，在弱化其负面影响的同时，弥补正式沟通网络的不足。

7.2 沟通常见问题

《管子·明法》中有言："夫国有四亡，令求不出谓之灭，出而道留谓之壅（拥），下情求不上通谓之塞，下情上而道止谓之侵。"意思是国家面临危亡有四种征兆，天子的政令无法传出朝堂叫作"灭"，政令传出朝堂却停留在半道叫作"壅"，民情不能上达天听叫作"塞"，民情上达而中途停止叫作"侵"。现代组织管理也难以避免类似的沟通问题，从信息沟通的过程来看，我们可以将其分别归结为信息发送者、信息接收者及信息沟通渠道的问题。

◆ 7.2.1 源自信息发送者的问题

信息发送者是沟通过程的发起人，负责产生沟通意愿、组织信息内容、传递信息给接收者并使其理解，源于发送者进而影响沟通过程通常有以下因素：

1. 沟通目的不明确

清晰明确的沟通目的是沟通的前提，若信息发送者本身目的模糊，导致信息接收者难以领会其意图，沟通就是无意义的。

中华典故　　馈金珠，李肃说吕布

《三国演义》中，吕布最初以丁原义子的身份出场，武艺非凡，董卓想要拉拢吕布，其部下李肃主动请缨。李肃以吕布同乡的身份求见，一见面便送宝马赤兔，吕布见马心喜，高兴道："兄赐此龙驹，将何以为报？"李肃回曰："某为义气而来。岂望报乎！"时机不到，李肃只字不提拉拢一事。待双方酒至酣时，李肃先吹捧吕布："贤弟有擎天驾海之才，四海孰不钦敬？功名富贵，如探囊取物，何言无奈而在人之下乎？"李肃见吕布深以为是，才试探着表露意图："良禽择木而栖，贤臣择主而事。见机不早，悔之晚矣。"并借机推荐董卓，引入此行正题："某遍观群臣，皆不如董卓。董卓为人敬贤礼士，赏罚分明，终成大业。"接着再赠送吕布金珠玉带若干，坦诚赤兔马为董卓相赠，一番话层层递进、铺垫情绪、渐入主题，既避免过早暴露意图的突兀，沟通目的又十分明确，最终顺利说服吕布。

2. 沟通计划不完善

信息发送者在发起沟通之前，应当对沟通目的、沟通内容、沟通方式、沟通对象等细节做好完备的规划，以确保对沟通过程的把控。

中华典故　　诸葛亮智劝东吴联合抗曹

建安十三年，曹操势大，诸葛亮与刘备商议后确定了"联吴抗曹"的战略，其后诸葛亮身负重任出使东吴。在这次说服行动中，诸葛亮分别要获得鲁肃、吴方谋士、孙权及周瑜这四方沟通对象的同意，他根据四方人不同的性格特征选择了相应的沟通方式。面对鲁肃，他欲擒故纵，假意要与别人合作抗曹，"使君与苍梧太守吴臣有旧，将往投之。刘使君与孙将军自来无旧，恐虚费词说，且别无心腹之人可使"。鲁肃果然着急，主动提出合作请求。面对吴方谋士，诸葛亮据理力争，舌战群儒，以至于众人"尽皆失色"。面对孙权，他采用激将法："昔田横，齐之壮士耳，犹守义不辱。况刘豫州王室之胄，英才盖世，众士仰慕。事之不济，此乃天也。又安能屈处人下乎！"孙权自然不愿屈居人下，同意联盟提议。

面对周瑜，诸葛亮同样采用激将法，建议他献"二乔"求和，周瑜大怒，不再阻挠。

在整个说服过程中，诸葛亮步步为营、循序渐进、水到渠成，无论是沟通对象的性格，还是他们的反应，每一步都尽在把控之中，体现出高超过人的沟通智慧。

3. 信息内容不真实、不完整、不可靠

信息发送者所传递的信息本身必须是真实完整、严密可靠的，内容虚假、残缺或未经加工处理的信息将影响其可理解性。

中华典故　　　　周幽王烽火戏诸侯

历史上周幽王是一个极其残暴的君王，他有个名为褒姒的爱妃，虽有沉鱼落雁之貌，却生性不爱笑。周幽王为博取美人一笑，悬赏千金。后来有人出了个主意：点起烽火戏耍诸侯，以此换取娘娘笑靥。于是一天傍晚，周幽王带着褒姒登上城楼，命手下点起城楼上的烽火。周幽王的叔父郑伯友劝他："先王设置烟墩，与诸侯约定，是为传信，以备贼寇入侵。今日无故举烽，乃戏弄诸侯。若他日贼寇入侵，偶有不测，再点烽火，诸侯必不来救。"周幽王没有听从郑伯友的劝告，结果燃起的烽烟引起周边诸侯的警觉，以为西戎来犯，皆立刻领兵前去救援，赶到后却发现周幽王为博爱妃一笑而戏耍他们，愤怒而归。褒姒看见这样的情形，笑了起来。没过多久，西戎真的来犯，周幽王急忙点起烽火，诸侯们却以为周幽王故伎重演，没有带兵前来援助，结果都城被西戎攻占，西周灭亡。因此，信息发送者务必确保信息内容的真实性和可靠性，避免造成误解或降低信息可信度。

4. 信息表达方式不恰当

除信息内容外，信息的表达方式也很重要，缜密的语言逻辑、精准的用词、恰当的修辞手法以及生动的肢体语言等都有助于信息接收者理解；而错误的表达方式可能会阻碍信息的有效传达，甚至诱发接收者的抵触心理。

中华典故　　　　忠臣李时勉：直言得罪三朝皇帝

李时勉（1374—1450），江西吉安人，永乐二年进士及第，历任翰林编修、刑部主事等官职，性格清正廉洁，曾因直言进谏而得罪三朝皇帝。

永乐十九年，明成祖朱棣想迁都北京，大部分臣子不敢忤逆其意，只有李时勉直言反对，"备陈十五事：一曰停止营建，二曰罢四夷朝贡，三曰沙汰冗官，四曰赈恤饥荒，五曰慎选举，六曰严考核，七曰清理狱囚，八曰罢黜赃官……"连提十五条建议，批评朱棣连年征北、建北京城等劳民伤财之举。朱棣虽接受了这些建议，心中却始终对他直白的说话方式耿耿于怀，后来有奸佞小人弹劾李时勉，朱棣顺水推舟判了他一年牢狱之刑。

在明仁宗朱高炽执政期间，李时勉又上书直言："臣闻居丧中不宜近嫔妃，太子不宜远左右。"意思是要求明仁宗不得近女色，且太子待在南京太远，若仁宗驾崩则赶来不及。仁宗听后不悦，在金殿上训斥李时勉，结果李时勉竟当众反驳。明仁宗大怒，命人将其投入大狱。此后不久，仁宗忽然病倒，临终前还对首辅夏原吉说："时勉辱我太甚。"

明宣宗朱瞻基继位后，命人将李时勉绑至殿上，亲自审问他如何得罪了明仁宗："尔小臣敢触先帝！疏何语？趣言之。"李时勉如实回答："臣言谅阴中不宜近妃嫔，皇太子不宜远左右。"明宣宗听后发现虽过于直白，但确为忠言，便又让其官复原职。

1447年，李时勉退休而离京返乡，三千多名学生和一众朝臣前去送行。《明史·列传第五十一》评价李时勉：性刚鲠，慨然以天下为己任。

5. 沟通时机不合适

"天时"与"地利"是"人和"的基础条件，适合的沟通时间与环境能够达到事半功倍的效果，沟通时机不当则可能反受其害。

中华典故　　　　**"王佐之才"许攸：因口无遮拦而死**

许攸，字子远，袁绍军中谋士，少时与曹操相识。在官渡之战的关键节点，许攸家人因犯法受到重罚，许攸怒而投靠曹操。作为袁绍的主要谋士，许攸对袁绍的军事机密了如指掌，他提出偷袭乌巢粮仓的妙计，帮助曹操取得官渡之战的决定性胜利。后来曹操攻打冀州，他再次献计破城，获胜之日，许攸当众指着城门笑道："曹阿瞒，汝不得我，安得入此门乎？"

许攸居功自傲，虽有王佐之才，却终日口无遮拦，经常在公共场合直呼曹操乳名，多次轻慢曹操，曹操面上故作大笑，心中却极为不悦。《三国演义》中，许攸因得罪许褚被杀，但据正史记载，许攸后为曹操所杀。

6. 感情因素

诸如沟通双方的地位有差别、缺乏共同价值观、人际关系不佳、对沟通怀有恐惧心理、故意过滤信息、个性特征等统称为感情因素，也会阻碍沟通的顺利进行。

◆ 7.2.2　源自信息接收者的问题

信息接收者是信息的传达对象，也是沟通过程中的重要一环。接收者应完全接受、理解发送者的意图并做出相应反馈，源于接收者进而影响沟通过程的因素主要有以下几种：

1. 不善于聆听

若信息接收者不善于聆听，更关注自己的意见，没有耐心听完对方的谈话，或者过早下结论而不愿意了解全部情况，都会影响所传递信息的完整性。

中华典故　　　　**鸿门宴，项羽错失良机**

楚汉相争时，范增是项羽集团的谋士，精于计谋。《史记·项羽本纪》中记载：居巢人范增，年七十，素居家，好奇计。范增曾建议项羽在鸿门宴上杀掉刘邦。巨鹿之战后，项羽成为各路反秦诸侯的盟主。在各诸侯中，范增劝项羽急击刘邦。范增对项羽说："沛公居山东时，贪于财货，好美姬。今入关，财物无所取，妇女无所幸，此其志不在小。吾令人望其气，皆为龙虎，成五采（彩），此天子气也。急击勿失。"范增认为刘邦"志不在小"并且"有天子气"，应该"急击勿失"。鸿门宴前，范增与项羽达成了共识。鸿门宴上，他忠心耿耿，先是"数目项王，举所佩玉玦以示之者三"，项王不应。范增无奈，自己命项庄舞剑刺杀，却被项伯阻挠，项庄无从下手，后来刘邦的部下樊哙带剑持盾闯入军门，刘邦趁机逃走。范增气道："竖子不足与谋！夺项王天下者必沛公也，吾属今为之虏矣！"他的预言也在数年后应验：项羽和刘邦在随后几年屡次对战，最后项羽惨烈败北，在乌江自刎而死，刘邦建立汉朝，是为汉高祖。项羽正是因为固执己见、刚愎自用，只相信自己的判断，过早地对刘邦做出"不足为惧"的错误判断，又不愿意听取范增的建言，最终放虎归山。刘邦后来感叹道："项羽有一范增而不能用，此其所以为我擒也。"

2. 认知差异

信息接收者可能因自己和发送者的个性特征、价值观等方面存在差异而产生不同的信息认知，或因利益关系而选择性地接收信息，导致信息内容被错误解读。

中华典故　　　　　　　"何不食肉糜"的晋惠帝

晋惠帝司马衷（259—306），字正度，西晋第二代皇帝。晋惠帝从小就不爱读书，登基后更是只知吃喝玩乐，不懂民生疾苦。公元297年，天下饥荒，百姓无粮，只好以草根、观音土为食，饿死者的尸骨遍地。大臣将消息报至宫中，晋惠帝听完后大为不解，问道："百姓无粟米充饥，何不食肉糜？"正是因为晋惠帝自幼锦衣玉食、不通民生，其眼界狭隘，价值观扭曲，这才会对灾情噩耗产生如此巨大的认知差异，蒙蔽至此也。

3. 主观意见

对信息发送者的偏见、猜疑等负面情绪会影响接收者对信息的理解和判断，从而主观上曲解信息原意或拒绝接收信息。对发送者的亲密、喜爱等情感偏向同样会干扰接收者的态度和行为，不利于正常的信息交流。

中华典故　　　　　　　后汉重臣史弘肇，因文臣偏见而死

史弘肇，字元化，郑州荥泽人，因少时跟随晋高祖征战，高祖视其为亲信。后高祖病危，史弘肇与杨邠、郭威、苏逢吉等人一同接受遗命，为托孤重臣。史弘肇为人独断专横，不喜文臣幕僚，曾多次说："文人难耐，呼我为卒！"认为文人瞧不起武将，太可恨。

史弘肇性格严苛，无论罪行大小，一律严惩，得罪了许多大臣。其中，以皇帝的舅舅李业等人为首，因受史弘肇压制，在隐帝面前寻机挑拨。隐帝刚刚成年，正希望独立主政，摆脱史弘肇等大臣的控制，李业就投其所好，说史弘肇专权震主，必将心生异志、作乱犯上。这使隐帝异常恐慌，便与李业等人在宫中密谋，准备诛杀史弘肇。内务省使阎晋卿为人仁义，意外得知此事后，冒着被杀头的危险急忙去史弘肇家中，想要告诉他。但史弘肇因一向厌恶与文臣往来，竟以有事为借口，拒绝面见阎晋卿，错过了逃命时机。

第二天，史弘肇入宫朝见，与枢密使杨邠、三司使王章一同坐在广政殿东边廊庑下，突然有几十名甲士从殿内涌出，于阁中杀死史弘肇。史弘肇对文臣心存偏见，拒绝与文臣沟通交流，最终因此吃了大亏，丧失了性命。

4. 信息超负荷

在信息量过多、超负荷传递的情况下,信息接收者可能因没有足够的时间和精力应对而选择草率了事、延迟接收、过滤信息或视而不见等不恰当的处理方式,难以领会信息发送者的全部意图,阻碍信息传达或影响沟通的及时性。

> **中华典故**　　　　**明朝重臣茹太素:因万字奏章受杖责**
>
> 茹太素,洪武年间举人,因才能出众而颇受朱元璋器重。洪武八年(1375),茹太素时任刑部侍郎,曾向朱元璋呈上一篇政事建言,内容多达数万字。朱元璋素来勤勉,事必躬亲,每次大臣写的奏折他都会认真批阅。面对这篇万言奏章,朱元璋根本看不下去,只好耐着性子命中书郎王敏读给他听,读了一万多字后仍未到正题,朱元璋怒不可遏,令人将茹太素拖出去重打,第二天又接着向下读,直到最后五百字终于谈及正题。茹太素在结尾提了五点可行性建议,朱元璋十分赞赏并采纳了其中四条。
>
> 事后朱元璋慨然曰:"为君难,为臣不易。朕所以求直言,欲其切于情事。文词(辞)太多,便至荧听。太素所陈,五百余言可尽耳。"(《明史》)意思是,当皇帝难,做臣子也不容易。我要求臣子直言,是希望他们能切中事理,若辞藻太多,便不知所云。茹太素所呈意见,五百字就能说完。于是,朱元璋命中书省制定奏章格式,禁止奏文烦琐冗长。

5. 未及时反馈

对于部分较复杂或模糊不清的重要信息,接收者应及时予以反馈,确保信息内容的准确性,避免因主观推测造成信息误解。

> **中华典故**　　　　**忘口谕,牛弘殿上折返**
>
> 牛弘,字里仁,曾任中外府记室、内史下大夫、大将军仪同三司,一直颇有美名。隋文帝因牛弘学识渊博、认真严谨,升任他为秘书监。一日隋文帝身体抱恙,命牛弘替自己传一则口谕,牛弘行至殿中记不清口谕内容,大臣们静待口谕,却见牛弘又转身走了。隋文帝见牛弘回来,感到十分奇怪,结果牛弘诚恳认罪,如实告知自己因忧心工作而忘记口谕。隋文帝笑道:"传语小辩,故非宰臣任也。"(《牛弘传》)隋文帝听后并未生气,反而十分赞赏牛弘的耿直。魏征曾评价牛弘:事上尽礼,待下以仁,讷于言而敏于行。

◆ 7.2.3　源自信息沟通渠道的问题

信息沟通渠道作为信息传递的媒介,对沟通效果具有至关重要的作用。常见的影响信息发送者与接收者相互交流的沟通渠道问题如下:

1. 沟通渠道选择不当

不同沟通媒介的信息携带能力、加工速度、安全保密性及稳定性等特征各异,信息发送者应根据信息本身和接收者的习惯选择合适的沟通媒介。例如,需要快速得到回复的信息应选择电话通知,不太紧急的信息则可以选择短信告知。

中华典故　　高效直达的"密折制度"

雍正帝在位时，发明了密折制度。因清朝廷循明朝旧例，由通政司和内阁整理奏本后再交由皇帝批阅，奏本内容毫无保密性可言。雍正帝为确保奏章的安全性和高效性，建立了密折制度。密折一般分为奏事折、请安折、谢恩折等几种，所奏内容大到政治事件，小到街头巷闻、民间琐事，甚至是君臣闲聊。只有皇帝特许的官员才能奏密折，须亲自将奏文缮写于折叠的白纸上，装入特制皮匣，皮匣的钥匙只有两把，一把在写密折的官员手中，另一把由皇帝保管，官员派亲信送皮匣直达御前，交由皇帝批阅。密折制度是一种保密性强且高效的沟通渠道，保证了信息和政令完全出自官员与皇帝的个人意志。

2. 信息沟通渠道太长

信息沟通渠道越长，经手信息的人也越多，传递速度越慢。在这一过程中，信息极可能被多重过滤或丢失部分内容，导致信息失真及残缺。

中华典故　　身陷欺上瞒下困局：被掩耳遮目的唐德宗

唐德宗李适从小聪明果断，即位之时虽逢内忧外患、局势混乱之际，但他在执政初期励精图治、革新朝政，隐现"贞观之风"，后期却渐被小人蒙蔽。

贞元末年，关中大旱，农作物颗粒无收。京兆尹李实骄横乖张，变本加厉剥削百姓，疯狂敛财。一日唐德宗向李实问询收成，李实故意隐瞒道："今岁虽旱而禾苗甚美。"唐德宗听罢便宣布税收照旧，百姓只能拼尽全力去筹集上缴的粮食。有个叫成辅端的人心中痛恨，编了首反映实际情况的歌谣："秦地城池二百年，何期如此贱田园，一顷麦苗硕伍米，三间堂屋二千钱。"结果歌谣还未传进唐德宗耳朵里，成辅端就被李实除掉了。

其实自古君王是最容易被蒙蔽的人，因为底层信息需要经历漫长的过程才能上达给他们，传递过程中还会经过层层过滤，最终君王听到的信息往往是臣子想要他听到的。

3. 组织结构不合理

组织结构对信息沟通渠道的影响极大，从广义上讲，组织结构其实就是沟通方式的体现。因此，如果组织结构设置不合理，下达命令不统一，信息传递渠道不明确或太混乱复杂，就会严重影响信息沟通效率。

中华典故　　李斯赵高篡改遗诏，致使秦朝二世而亡

公元前210年，秦始皇嬴政在第五次东巡途中薨逝于沙丘宫，留下遗诏时伴随在他身侧的只有李斯和赵高二人。本来按照遗诏内容，秦始皇属意的继位之人应为长子扶苏，但赵高与扶苏有隔阂且认为胡亥更容易掌控，他决定将遗诏改为胡亥继位。考虑到李斯同样对诏书内容知情，赵高又劝说李斯，若扶苏登上王位，必然会让蒙恬为相；可若李斯协助篡位，将来胡亥定会让他长保封侯、封妻荫子。李斯因权动，伙同赵高发动"沙丘之变"，合谋篡改嬴政的传位诏书，废太子扶苏，改立胡亥为新帝，并列举扶苏与蒙恬的数条罪过，逼迫

二人自杀。丞相李斯颇得嬴政看重，在朝堂中的地位堪称"一人之下，万人之上"，宦官赵高因精通律法也受到嬴政青睐，因此当两人宣告胡亥的皇位继承权时，文武百官并无异议。结果胡亥继任后残暴嗜杀、昏庸无道，赵高弄权，致使秦朝二世而亡。

正是因为秦朝不合理的组织结构，始皇遗诏被权臣任意篡改，才导致最终灭亡的结局，倘若继位者是仁慈宽厚的扶苏，秦朝历史就可能会被完全改写。

4. 噪声干扰

在信息沟通的过程中难免会出现噪声干扰，包括信息超载等技术障碍和语言不通、文化差异等因素造成的人为障碍，对信息传递造成一定的影响。尤其在信息化时代，诸如通信信号差、网络不稳定等状况都会妨碍正常沟通。

中华典故　听不懂官员方言，雍正帝严令"正音"

"官话"一词通行于明清两朝。明清两朝做官须遵守回避制度，即官员不得在家乡为官，但在为官之地讲家乡话，当地人不容易听懂，影响工作，故需要讲大部分人都能听懂的官话。官话究竟以什么音为标准，起初并无明确规定，只是官员们的自发行为。直到雍正帝在位时，福建、广东一带的官员觐见，皇帝丝毫听不懂他们的方言，深觉不便。公元1728年，雍正皇帝训谕："朕每引见大小臣工，凡陈奏履历之事，惟有闽广两省之人乃系乡音，不可通晓。官民上下语言不通，必致吏胥从中代为转述，于是添饰假借，百弊丛生。"（《圣谟》）他下令各级官员在公务场合（如上殿陈奏、宣读训谕、审断词讼等）必须讲官话，同时于各地设立"正音书院"，八年之内率先在福建、广东等省普及官话。

上述是一些常见的信息沟通问题，在管理实践过程中还存在许多其他影响有效沟通的障碍，例如失败的沟通经历导致的沟通恐惧心理、不良的人际关系等。

7.3　有效沟通

7.3.1　有效沟通的概念

有效沟通是指成功地将信息或感情传递给沟通对象，并获得其理解和及时反馈的过程。沟通的有效性包括传递的内容准确、效率高、实时性强等方面，从而确保信息的真实性、可靠性、完整性与及时性。在沟通的过程中，由于存在外界干扰及其他因素，信息被丢失或曲解的状况时常发生，使得组织沟通不能发挥应有的作用。因此，组织沟通越有效，往往表示组织对内外噪声干扰的抵抗能力越强。

根据沟通过程及要素，许多学者总结了有效沟通原则，在此简要介绍美国公共关系学家斯科特·卡特里普（Scott Cutlip）和艾伦·森特（Allen Center）1952年在其著作《有效的公共关系》中提出的"7C沟通原则"。

（1）可信赖性（credibility）。信息发送者应建立自身的可信赖性，从而提高信息可信度。

（2）情境协调性（context）。信息传递过程需要与环境（如物质环境、社会环境、心理环境、空间与时间环境等）相协调，适宜的情境架构有利于达成良好的沟通效果。

（3）内容可接受性（content）。沟通内容必须是可接受的，从组织语言、逻辑、修辞、兴趣等方面满足沟通对象的需要，促进沟通对象接受与理解。

（4）表达明确性（clarity）。信息内容要清晰明确，避免因混乱复杂而被错误解读。

（5）渠道多样性（channel）。信息发送者应根据信息性质和沟通对象的特征，选择恰当的信息沟通渠道，充分发挥渠道速度快、保密性强或实时性等优势。

（6）持续连贯性（continuity and consistency）。为确保沟通目标的实现，组织在增加新传递内容的同时，应持续连贯地重复沟通，以达到信息渗透效果。

（7）受众差异性（capability of audience）。考虑到沟通对象在认知能力、理解能力、文化水平、性格特征等方面的差异，需要采用不同的交流方式有针对性地沟通。

7C沟通原则基本概括了沟通的全部环节，在管理实践与应用中具有重要意义。以有效沟通原则为指导，有利于增进成员关系、提高组织效率，促进组织目标的实现。

7.3.2 有效沟通的障碍

在组织沟通的过程中，一些噪声干扰经常会阻滞或歪曲信息的传递，被称为有效沟通的障碍。

1. 观念障碍

参与沟通的双方可能会因不同的教育背景、人生经历、性格特征等而产生认知差异，从而对同一信息持有不同的想法和观念，阻碍沟通的有效性。

中华典故　曹操与陈宫：观念相悖导致的分道扬镳

《三国演义》中记载了这样一则故事，当年曹操献刀刺杀董卓失败，逃亡至中牟县时被守关士兵擒获，中牟县令陈宫因敬佩其以身犯险的忠义与胆识，愿弃官出逃，辅佐曹操成就大业。两人一路投奔曹操故乡，行至成皋时遇到曹操父亲的结义兄弟吕伯奢。吕伯奢念及旧情收留曹操和陈宫，并让两人在吕家宽心安坐，他去村外买酒款待他们。曹陈两人虽已坐下等待，心中却非常不安，担忧吕伯奢去报官领赏。疑虑之下，两人突然听到院中有磨刀声，又惊又怕，以为对方要生擒自己，立刻提剑将吕伯奢家人全部杀害，结果杀人后才发现他们在杀猪。心知是误会，曹操和陈宫急忙出庄奔逃，却在路上碰见了打酒回来的吕伯奢，于是曹操又挥剑砍杀了吕伯奢。见此情景，宫曰："知而故杀，大不义也！"陈宫愤怒地质问曹操，既然知道之前是错杀，为何还要一错再错、滥杀无辜？操曰："宁教我负天下人，休教天下人负我。"陈宫恼怒离去，后辅佐吕布，讨伐曹操。正是因为曹操与陈宫在性格认知、价值观等方面有着极大差异，导致两人无法沟通，最终分道扬镳。

2. 语义障碍

语义障碍指因使用的语言或词汇问题导致的语义表达及理解上的障碍，例如不同国家的人由于语言不通或文化差异而交流不畅，又如外行人不理解某领域的"行话"。

中华典故　　柳宗元的柳州岁月

柳宗元是唐宋八大家之一，他一生历经坎坷，颇具传奇色彩。唐宪宗元和十年，遭受多次贬谪、已过不惑之年的柳宗元被贬为柳州刺史。因唐朝官话是洛阳太学的标准读书音，而柳州少数民族居多，语言文化与中原差异极大，沟通交流成了难题。柳宗元曾留下一首七言律诗，记录自己当时的语言困境及柳州风俗民情："郡城南下接通津，异服殊音不可亲。青箬裹盐归峒客，绿荷包饭趁虚人。鹅毛御腊缝山罽，鸡骨占年拜水神。愁向公庭问重译，欲投章甫作文身。"这说明柳州峒人的服饰、语言都与中原不同，他们用鹅毛制被、山罽缝衣，还通过鸡骨占卜、跪拜水神来祈求降雨。柳宗元想与柳州百姓亲近交谈，无奈之下请了位懂官话和本地方言的人传译，又因文化背景的差异，经常需要传译员解释很久，大半时间都在无效沟通。于是他决定在公务之余学习柳州方言，并组织当地人一起学习官话，教学相长。从起初的"声音特异，鴂舌啅噪"，完全不明白本地人在说什么，到"听之怡然不怪，已与为类矣"，能听懂还能讲，柳宗元逐渐融入柳州。

后来，柳宗元在柳州解放奴隶、兴利除弊、开荒挖井、发展生产，还大力兴办学校、推行教化，深受当地人的敬重。柳宗元去世后，柳州百姓为他修建了祠堂——柳侯祠。尽管柳宗元早已溘然长逝，但纪念他的"柳侯祠"至今犹存。

3. 价值判断障碍

若信息接收者在接收信息之前就已经完成对信息的价值判断，就极有可能受到该判断的影响，无法准确理解信息含义。另外，信息发送者也可能捕捉到接收者赞同或反感的非语言暗示，为迎合对方而更改谈话内容。

中华典故　　名将吕蒙：士别三日当刮目相待

三国名将吕蒙虽战功赫赫，却是草莽出身、胸无点墨，时常被称作一介武夫，于是孙权特地劝他稍微读些书以增长见识。结果吕蒙开始读书后，逐渐沉迷其中，手不释卷，学问大有进益。周瑜去世之后，鲁肃接任其职位，途经吕蒙的驻地，部下建议他去拜访吕蒙，与吕蒙一同探讨军事谋略。因鲁肃与周瑜、陆逊等人皆出自士族大家，饱读诗书，心中其实看不起吕蒙，虽前去登门拜访，但态度极为敷衍。吕蒙看出鲁肃的轻视，故意问道："你去把守陆口，需与关羽为邻，打算用什么办法防备他突袭啊？"鲁肃不欲与吕蒙多聊，随口答道："到时候再说吧。"吕蒙闻言反驳他："关羽乃悍勇猛将，不可轻视，务必提前做好防备。"接着又为鲁肃提供了五条建议。鲁肃听后十分震惊，收起了自己轻视傲慢的态度，惭愧地对吕蒙予以肯定："吕子明，吾不知卿才略所及乃至于此也。吾谓大弟但有武略耳，至於今者，学识英博，非复吴下阿蒙。"吕蒙笑着打趣鲁肃发现太迟："士别三日，即当刮目相待，大兄何见事之晚乎！"两人从此结为好友。鲁肃虽然过早地错误评价吕蒙的建议，但他勇于认错、及时悔改，避免了价值判断的消极影响。

4. 选择性倾听障碍

信息接收者可能只接受符合自己利益、立场及观念的信息，有选择地倾听、不倾听或曲解与个人期望不符的信息，从而降低了组织功能和效率。

中华典故　　　　曹操拒听贾诩建议，曹军赤壁之战溃败

公元200年，曹操打败袁绍，获得官渡之战的胜利，逐渐统一北方。公元208年，曹操南下荆州攻打刘表，恰逢刘表病逝，刘表次子刘琮继任荆州牧，却在蔡瑁、张允等人的胁迫下归降，使得曹操不费一兵一卒就拿下南方战略地位最重要的荆州。紧接着，曹操又在长坂坡大破刘备，接二连三的胜利让他喜出望外，未作修整便率军到达南郡治所江陵城，准备直取江东。然而，曹操的谋士贾诩看出盛势下的隐患，此时局面尚不稳定，操之过急可能会适得其反，应待休养生息、安抚民心后再做打算。于是贾诩劝告曹操："明公昔破袁氏，今收汉南，威名远著，军势既大；若乘旧楚之饶，以飨吏士，抚安百姓，使安土乐业，则可不劳众而江东稽服矣。"（《三国志·魏志·贾诩传》）意思是，如今刚得荆州，最应该做的是奖赏军队官吏、招揽名士、安抚百姓，等到军力、人才、民心等条件俱全，攻打江东就如探囊取物。但曹操此时沉浸在一统天下的豪情壮志中，完全听不进贾诩的建议，以致赤壁之战大败。

赤壁之战是曹操人生的重要转折点，正是因为他不愿意接受与个人期望不符的建议而贸然进攻，导致战败后实力严重受损，刘备、孙权、曹操三分天下的局势逐渐形成。

5. 信息过滤障碍

出于利益方面的考虑，信息发送者会对要传递的信息进行筛选和过滤，仅传递对自身有利或无害的信息而隐瞒不利信息，堵塞部分信息的流通渠道。事实上，只要存在地位差异，信息过滤就会存在，且组织内垂直层级越多，过滤的机会就越多。

中华典故　　　　贾琏瞒报府内亏空，唆使鸳鸯典当救急

《红楼梦》中贾府衰败的原因有很多，尤为重要的一点是渗透全府上下的贪利腐败，从掌家媳妇到婆子丫鬟，中饱私囊者比比皆是。其中，荣国府的嫡长孙贾琏与妻子王熙凤，一个是荣国府对外事务的代理管家，另一个是府内真正话事人，更是利用职权之便牟取巨额私利，纵使贾府已面临衰败亏空却仍然选择瞒报，靠"拆东墙补西墙"来粉饰太平。

《红楼梦》第七十二回，贾琏急需几千两银子筹备过节要送的礼，然而各处资金无法周转，账房也没有余钱。无奈之下，贾琏只好求贾母的贴身丫鬟鸳鸯，让她偷贾母值钱的东西出来典当。贾琏对鸳鸯道："这两日因老太太的千秋，所有的几千两银子都使了。几处房租地税通在九月才得，这会子竟接不上。明儿又要送南安府里的礼，又要预备娘娘的重阳节礼，还有几家红白大礼，至少还得二三千两银子用，一时难去支借。俗语说，'求人不如求己'。说不得，姐姐担个不是，暂且把老太太查不着的金银家伙偷着运出一箱子来，暂押千数两银子支腾过去。不上半年的光景，银子来了，我就赎了交还，断不能叫姐姐落不是。"直至贾母去世，这笔典当补缺的银子不仅没有交还，甚至因经手之人都要从中捞一笔，累积漏缺至四五千两银有余，彼时贾琏与王熙凤攒下的体己钱却足有七八万金。由此可见，如贾府这样上下欺瞒、消息层层过滤的腐朽组织，衰败与倾覆只是时间问题。

6. 猜忌障碍

参与沟通的任何一方不信任或猜忌另一方,都可能引发上述一种或多种障碍,影响正常沟通。发送者可能会因猜忌而过滤重要信息,接收者则可能会因过早形成价值判断而拒绝听取对方信息,或因选择性倾听信息而造成误解。

中华典故　　　　　　　　　　　夫差冤杀伍子胥

伍子胥(前559—前484),春秋末期吴国大夫、军事家,曾任吴王阖闾之重臣。公元前496年,吴王阖闾出兵越国,亡于越王勾践手下。伍子胥临危受命,忠心辅佐吴王夫差报仇雪恨。两年后,夫差攻下越国,越王勾践向吴国太宰伯嚭送上重金,乞求伯嚭帮忙留他性命。在伯嚭的巧言中,夫差不顾伍子胥反对"越王为人能辛苦,今王不灭,后必悔之",留下勾践性命,后来又因伯嚭的挑拨离间,逐渐对伍子胥心生猜忌。过了几年,伍子胥再一次劝说夫差杀了勾践:"勾践食不重味,吊死问疾,且欲有所用之也。此人不死,必为吴患。今吴之有越,犹人之有腹心疾也。而王不先越而乃务齐,不亦谬乎!"(《史记·伍子胥传》)夫差心生厌烦,对伍子胥猜疑更甚,不再接受伍子胥的忠言良计,没过多久就赐死了他。直至公元前473年,勾践带兵攻占吴国,夫差受困姑苏台,再无退路,临死前念及伍子胥的劝谏,才后悔道:"使死者无知,则已矣;若其有知,吾何面目以见员也!"(《国语·吴语》)

◆ 7.3.3　有效沟通的实现

在了解常见的沟通问题及沟通障碍后,我们可以结合有效沟通原则,通过学习沟通策略、掌握沟通方法和技巧,提升信息沟通的有效性。

1. 有效沟通策略

沟通障碍并非无法解决,适当的行为方式能够缓解或消除之。因而,在组织沟通过程中,有效沟通的实现取决于对沟通方式的开发和改进,这里分别从沟通主体、沟通客体、信息本身及沟通渠道的角度,探讨有效沟通的方法策略。

(1) 沟通主体策略。其一,明确沟通目的。管理者在发起沟通前必须明确自己的目的,并根据目的制订完整计划,实现目标导向型沟通。目标包括三个层次:①最终目标,指管理者希望能够实现的总体组织目标;②行为目标,指为实现最终目标而进行的阶段性、具体行为的目的;③沟通目标,指沟通活动想要达成的效果,以及期望信息接收者做出的反应。

中华典故　　　　　　　　　　　淳于髡隐喻谏齐王

淳于髡(前386—前310),战国时期齐之赘婿,出身卑微,但博学多才且善于辩论,齐威王拜其为政卿大夫,为齐国的振兴与强盛做出了较为重要的贡献。

齐威王当政初期,常常彻夜饮酒作乐、不理政事,朝中百官亦上行下效,放纵无度。后来周边诸侯国逐渐来犯,国家存亡危在旦夕,却无人敢去劝谏。一天,齐威王再次召群臣取乐,淳于髡巧妙地向齐威王发问:"国中有大鸟,止王之庭,三年不蜚(飞)又不鸣。王知此鸟何也？"意思是，齐国有只大鸟，栖息于大王宫中，三年来既不起飞也不鸣叫，大王知道是何缘故？齐威王听懂了淳于髡的暗示，心中羞愧，决意从此改过，故回道："此鸟不飞则已，一飞冲天；不鸣则已，一鸣惊人！"遂振作起来，勤理朝政，兴旺齐国。

淳于髡精通语言的艺术，婉言隐喻的同时又能让对方清楚沟通目的，令人心悦诚服。司马迁曾称赞他"其谏说，慕晏婴之为人也"，认为淳于髡颇有晏子风范。

其二，选择合适的沟通形式。信息发送者应根据自己对沟通内容的控制程度以及沟通对象的参与程度，选择合适的沟通形式。常用的沟通形式有四种（见图7-4）：①告知，即发送者仅向受众叙述或解释信息而不需要他们的参与意见，适用于发送者具权威性或完全控制沟通内容的状况，例如领导向下级传达指令；②说服，当发送者处于主导地位但接收者拥有最终决定权时，发送者只能通过说明利弊、提供建议等方式说服对方实行某种行为，例如技术部门向领导者提出增加研发经费的建议；③征询，若发送者希望就计划执行的行为得到受众的认同，或通过商议共同达成某个目的，可以通过征询与受众交换意见，例如主管解答部门成员关于季度规划的疑惑；④参与，指发送者尚未得出最终结论，需要通过共同讨论发现问题的解决办法，具有最大限度的合作性，例如与会成员一起讨论设计方案。前两种沟通形式统称为指导性策略，目的在于帮助成员提升工作质量，重在能力；后两者统称为咨询性策略，目的在于帮助成员解决情感思想和个性问题，重在态度。

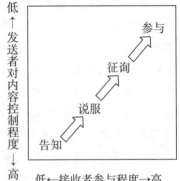

图7-4 沟通的四种形式

中华典故　王熙凤与薛宝钗迥异的沟通形式

王熙凤协理宁国府，严语立威

宁国府长孙媳妇秦可卿去世时，宁国府请来众亲戚朋友大办丧事，府中大小事务乱作一团，却缺少一个能够镇得住场面的话事人，于是王熙凤受贾珍之托协理宁国府。

因宁国府平日里管理制度就比较松懈，王熙凤又是个外人，为防止府中下人阳奉阴违，她揽下差事后首先立规矩，约法三章。只听凤姐与来升媳妇道："既托了我，我就说不得要讨你们嫌了。我可比不得你们奶奶好性儿，由着你们去。再不要说你们'这府里原是这样'的话，如今可要依着我行，错我半点儿，管不得谁是有脸的，谁是没脸的，一例现清白处治。"王熙凤丝毫不因暂时代理而好言商量，而是直言告知自己的规矩立场，并不留任何情面和周旋余地。"来升家的每日揽总查看，或有偷懒、赌钱吃酒的，打架拌嘴的，立刻来回我，你有徇情，经我查出，三四辈子的老脸就顾不成了。如今都有定规，以后那一行乱了，只和那一行说话。素日跟我的人，随身自有钟表，不论大小事，我是皆有一定的时辰。"

为确保无人闹事生非，王熙凤除了宣布严格纪律，还辅以相应的处罚。有一回，凤姐按名查点，只有迎送亲客的一人迟到，凤姐冷笑道："我说是谁误了，原来是你！你原比他们有体面，所以才不听我的话。"那下人辩解："小的天天来的早，只有今儿，醒了觉得早些，因又睡迷了，来迟了一步，求奶奶饶过这次。"凤姐却不饶他："明儿他也睡迷了，后儿我也睡迷了，将来都没了人了。本来要饶你，只是我头一次宽了，下次人就难管，不如现开发的好。"登时放下脸让人将他带出去打了二十板子，凤姐又接着说："明日再有误的打四十，后日的六十，有挨打的，只管误！"宁国府的下人们这才彻底领教了凤姐的利害，再也不敢偷闲耍滑，自此完全听她指挥，兢兢业业，执事保全。

王熙凤直白告知、严语立威的沟通方式与其身份地位、性格特征及管理风格有关。她作为荣国府的话事人，性格泼辣、心有成算、手腕强硬，这种方式对她来说简单高效。

宝钗助探春除宿弊，小惠全大体

探春接任凤姐掌家后，深感贾府铺张浪费严重，决定除宿弊，取消不必要的开支。她先将下人们常用来中饱私囊的公费和脂粉钱等项目免除，又对大观园内园圃花木的管理实行承包制，承包人每年向贾府上缴四百两银子。宝钗却向探春建议，可以免除承包人上缴银子的义务，只需把丫头们的头油、胭脂、扫地的笤帚簸箕等花费付了，年终再拿出一小部分钱发给丫鬟即可。原文中宝钗道："有一句至小的话，越发说破了：你们只管了自己宽裕，不分与他们些，他们虽不敢明怨，心里却都不服，只用假公济私的多摘你们几个果子，多掐几枝花儿，你们有冤还没处诉。若他们也沾带些利息，你们有照顾不到，他们就替你照顾了。"这条建议得到广泛的支持。宝钗通达人情世故，知晓探春贸然改革必将受到利益受损之人的抵制，适当的小恩小惠反而可以收买人心。

园中婆子丫鬟们听闻此事，前去感谢宝钗，宝钗又借机软言敲打："妈妈们也别推辞了，这原是分内应当的。你们只要日夜辛苦些，别躲懒纵放人吃酒赌钱就是了。不然，我也不该管这事，你们一般听见，姨娘亲口嘱托我三五回，说大奶奶如今又不得闲儿，别的姑娘又小，托我照看照看。我若不依，分明是叫姨娘操心。你们奶奶又多病多痛，家务也忙。我原是个闲人，便是个街坊邻居，也要帮着些，何况是亲姨娘托我。我免不得去小就大，讲不起众人嫌我。倘或我只顾了小分沽名钓誉，那时酒醉赌博生出事来，我怎么见姨娘？你们那时后悔也迟了，就连你们素日的老脸也都丢了。何如自己存些体统，他们如何得来作贱。所以我如今替你们想出这个额外的进益来，也为大家齐心把这园里周全的谨谨慎慎，也不枉替你们筹画（划）进益，既能夺他们之权，生你们之利，岂不能行无为之治，分他们之忧。"众人听宝钗这话体贴，既感激又敬服："姑娘说的很是。从此姑娘奶奶只管放心，姑娘奶奶这样疼顾我们，我们再要不体上情，天地也不容了。"从此探春掌家越发顺利。

宝钗性格温和、处事周全，但身份为贾府外客，不便插手贾府家务，所以她采用的沟通方式多是提供建议、婉言相劝。由此可以看出，王熙凤与薛宝钗二人的身份地位、掌控权与管理风格不同，采用的沟通形式也迥异，但无疑都是适合她们的最佳方式。

其三，提升自身可信度。沟通者的可信度受身份地位、良好意愿、专业知识、外表形象、共同价值五个因素的影响。因此，信息发送者应通过强调身份地位、做出利益承诺、体现知识能力、展示个人魅力、寻求共同价值取向等方式来提升自身可信度，其可信度越高，所沟通内容的被接受度就越高。

中华典故 祖逖中流击楫

祖逖，范阳人，东晋名将，少有大志，闻鸡起舞。西晋末年，"八王之乱"爆发，羯族和匈奴族趁机进攻中原，中国北方四分五裂。祖逖忧国忧民，向晋元帝请求带兵北伐，希望能够恢复中原。晋元帝虽无收复中原之志，但经不住祖逖屡次上书，就封他为奋威将军，并象征性地赐给他三千匹布和一千人的口粮，以此敷衍祖逖。

公元313年秋，祖逖率领自己组织的部队，横渡长江北上，城中百姓纷纷到江边为他送行。祖逖身着战袍，腰佩宝剑，站在船头与百姓道别。当船行至江心时，祖逖看着不断向前奔流的江水，心情激动，他仰望苍天，手持木桨，不停敲打着船舷，慨然发誓道："祖逖不能清中原而复济者，有如大江！"他发誓如不能收复中原，必投入江中。听到祖逖的誓言，将士们都很激动，纷纷响应："誓死追随将军，身首异处在所不辞。"

许多有志之士听闻此事，纷纷前来投奔，祖逖的北伐军队不断壮大，捷报频传。当时长江以北地区存在很多地主武装，祖逖把这些地主请到军营中，劝说道："胡人来犯，国家处于生死存亡之际。若我们内斗，则无异于民族的罪人。我们应该联合起来把胡人赶出国土，这才是英雄豪杰。"地主们听后加入了北伐。祖逖的领兵能力、壮志大义和所作所为皆令人敬佩，加之他有将军官职在身，其威望越来越高，队伍也日渐强盛。

(2) 沟通客体策略。其一，分析沟通对象心理。信息发送者首先要区分关键听众与次要听众，明确受众中的领袖或决策者，并以他们为沟通中心。然后，发送者应分析沟通对象对信息背景的了解情况以及对新信息的需求程度，评估对方实现有效沟通的能力与可能性。

中华典故 刘姥姥的草根智慧

《红楼梦》中刘姥姥出场的次数并不多，可荣国府上至贾母、太太小姐，下至丫鬟婆子，没有人不喜欢她，这一切源于刘姥姥的草根智慧。

刘姥姥与贾母初次见面时，贾母昵称她为老亲家，但二人其实并非亲家关系，若同样称呼贾母为"老亲家"难免显得攀权附贵，叫"老太太"又显得疏远。这时刘姥姥分析，荣华富贵儿孙绕膝的贾母，目前主要愿望应该就是长寿，于是她恰到好处地称呼贾母为"老寿星"，立刻让贾母欢喜起来。在贾母羡慕刘姥姥身体硬朗时，她又笑道："我们生来是受苦的人，您生来是享福的。若我们身子也娇贵，那庄稼活也没人做了。这也正是老太太的福分了，我们想这么着还不行呢。"巧妙地将贾母身体不大好的缺点转为"享福命"的优点，正中贾母下怀。后来大家坐一起聊天，刘姥姥知道贾府众人世面大，什么好东西都见过，得拣吉利、有彩头的故事来讲。她先是讲了个年轻貌美女子的故事，引起了在座的宝玉和姑娘们的兴趣。接着她注意到王夫人与贾母信佛且对宝玉万分宠爱，她就讲了一个九十岁老奶奶吃斋念佛，感动菩萨，得了个宝贝孙子的故事，恰好顺了贾母、王夫人的心思。宴会上，刘姥姥的酒令也颇为幽默，"大火烧了毛毛虫""一个萝卜一头蒜""花儿落了接了个大倭瓜"等酒令虽取材于乡村寻常事物，在特定场合却显得更加诙谐有趣。

事实上，刘姥姥几乎每句话都离不开山野乡村的世俗物件，如铁锹、牛、毛毛虫、萝卜、蒜、倭瓜等，正是抓住了贾府众人对乡村生活充满好奇的心理。她生活在社会底层，艰难困苦的生活练就了体察人情、练达通透的性格，故而凭借生动幽默的语言和乐观向上的态度，赢得了贾府上下的喜爱，这就是刘姥姥大智若愚的草根智慧。

其二，激发沟通对象兴趣。激发听众的交流兴趣可以提高信息的可接受性，具体可以通过以下三种方式：①说明某一事物或行动的价值，强调对方能够从中获得的利益；②利用合理的开场白、生动的修辞手法等方式，组织出吸引听众的信息结构；③提升自身的可信度等。

中华典故　　　　　荀息智谏晋灵公

荀息，春秋时期晋国大夫，能言善辩、足智多谋，是晋国有史记录的第一位相国。晋灵公在位时，骄奢淫逸，专横朝政。有一次，他想要耗费千金造一座九层高台，并下令凡劝谏者一律斩首。荀息听说后，前来求见。晋灵公猜到荀息要来进谏，举着弓箭接见他，只等荀息一出言反对就要将他射杀。但荀息并未提及此事，而是要展示一个杂技。晋灵公听闻果然很感兴趣，询问杂技内容，荀息回道："臣能累十二博棋，加九鸡子其上。"意思是，我能够将十二枚棋子叠在一起，并在上面放几个鸡蛋。晋灵公立刻放下弓箭，命其表演。随着荀息叠好棋子，开始在上面放鸡蛋，晋灵公屏息凝视，越来越紧张，忍不住叫道："危哉！危哉！"荀息笑着说："此殆不危也，复有危于此者。"这还不算危险，还有比这更危险的事呢。晋灵公好奇有什么事情更危险，荀息回答："九层之台，三年不成，男不耕，女不织，国用空虚，邻国谋议将兴，社稷亡灭，君欲何望？"晋灵公听荀息言辞恳切、分析合理，明白自己的过错，惭愧道："寡人之过也，乃至于此！"遂停造高台。

其三，注意倾听和接收信息。沟通者应注意倾听，重视对方的意见与反馈，给予对方自由建议的空间。在倾听时应遵循以下原则：①对方说话时，避免抢话或插话；②不要过早做出价值判断，完整倾听并思考后再给出回复；③留意对方讲话时的情感偏向和情绪；④展现耐心的倾听态度，必要时重述对方的观点；⑤对于不明白的地方，细心询问。

中华典故　　　　　从谏如流的唐太宗

唐太宗李世民是千古明帝之一，以善于纳谏著称，他励精图治、乐于接受朝臣的意见，宰相魏征则以直言进谏出名，二人成就了一段君臣佳话。

贞观十三年，阿史那结社反叛，当时气候长期干旱，甚至云阳有石头自燃，魏征认为这是唐太宗志骄意满、有所懈怠的缘故。于是他上书一篇名为《十渐不克终疏》的奏章，指出这些天灾就是上天的警示，批评唐太宗在多个方面逐渐失去贞观初年的理政优点，并劝诫太宗不要自恃功高业大，放任骄奢淫逸的欲望滋长，而应该保持贞观初年那样的精神品质，修德治国、勤政爱民。唐太宗看了上书后道："自得公疏，反复研寻，深觉词强理直，遂列为屏障，朝夕瞻仰。"（《贞观政要》）他不仅没有发怒，反而命人将这篇奏章写到屏风上，日夜诵读以警示自己，并令史官据实记载，使千古万世了解君臣之义。

因魏征博学多识、直言进谏，唐太宗经常私下与他讨论治国施政的得失。在魏征去世后，唐太宗恸哭长叹，感伤道："以铜为镜，可以正衣冠；以古为镜，可以知兴替；以人为镜，可以明得失……魏征殂逝，遂亡一镜矣！"（《旧唐书·魏徵传》）他还令大臣把魏征遗表中的话写在朝笏上，以魏征为榜样，做到"知而即谏"。正是这样从谏如流、虚心纳谏的精神，唐太宗才得以在明臣贤士的辅佐下开创了辉煌灿烂的贞观盛世。

（3）信息策略。其一，合理组织信息。在决定沟通内容时，发送者应围绕沟通目标组织信息，使用简洁明了的语言、丰富的事实依据和严密的逻辑结构，使信息内容更有说服力。然后，发送者应注意强调关键信息，将沟通重点放在开头，结束时再总结或重申，以突出重点。

中华典故　　邹忌讽齐王纳谏

公元前378年，齐威王即位，九年不理朝政。一天，他叫邹忌弹琴，邹忌大谈乐理，却不弹奏。齐威王不高兴地说："您的乐理讲得很好，但具体怎样还要听琴音才行，请您弹一曲吧。"邹忌回道："臣以弹琴为业，自然应研究琴技；大王以治国为要务，为何不研究治国大计呢？我抚琴不弹，您不乐意，那百姓瞧您拿着齐国的大琴却九年不弹一回，都不乐意呢！"齐威王十分震惊，立刻拜邹忌为相国，辅佐朝政。有一次，邹忌突发奇想，分别问妻子、妾和客人：我与城北徐公比，谁更美？均得到自己比徐公更美的回答。邹忌心知自己容貌不如徐公，经过几天思考，他明白缘故后立刻向齐王进谏："臣自知不如徐公美，但臣妻偏爱我，妾怕我，客人有求于我，所以都说我比徐公美。而我们齐国土地千顷、城池百余，王后嫔妃无不偏爱您，朝中大臣无不怕您，全国上下无不有求于您。这样看来，您所受的蒙蔽是多么厉害呀！"齐威王听后深觉有理，特地下令："凡当面指责我者，受上等赏赐；用书面文字批评我者，受中等赏赐；在大庭广众下非议我的，只要让我知道，即受下等赏赐。"命令颁布后，朝野内外纷纷向齐威王进谏，齐威王听从合理建议，积极改正，齐国也由此逐渐强盛起来。

邹忌精通语言的艺术，他每每进言先以微不足道的话题作开场白，引起齐王兴趣后再切入国家层面的大问题，层层递进、以理服人，使自己的话更易被接受。

其二，善用非语言暗示。在沟通的过程中，非语言暗示同样具有不可忽视的作用，肢体、表情等非语言可以透露出深层次的含义，如皱眉暗示不赞同、点头暗示认可。沟通者应善于运用非语言表达，确保它们和语言内容匹配，强化语言表达的作用。

中华典故　　巧读心音的东郭牙

东郭牙，春秋时期齐国著名谏臣，初时由齐国名相管仲推举为官，后被称为齐桓公时期五杰之一。齐桓公在任时，齐国国力强盛，经常突袭讨伐周边诸侯国。有一次，齐桓公和管仲在城楼上暗中讨论攻打莒国的事，结果第二天此事就传遍全城。计划泄露，突袭之事自然难成，齐桓公既气愤又困惑。管仲经寻访，断定是一名叫作东郭牙的人泄露此事，便带他前来面见齐桓公。齐桓公询问东郭牙如何得知计划，东郭牙回道："臣闻君子有三色……欢欣爱说，钟鼓之色也；愁悴哀忧，衰绖之色也；猛厉充实，兵革之色也。是以知之。君东南面而指,口张而不掩,舌举而不下,是以知其莒也。"意思是,君子通常有三种表情:欢欣雀跃是参加宴会的表情,郁卒惆怅是哀痛的表情,猛厉强悍则是想要发动战争的表情,且您手指向东南面、嘴张开、舌翘起,故明白是商议攻打莒国的计划。

后来,东郭牙根据这套非语言解读理论,又总结出读人心音的方法:"目者,心之符也;言者,行之指也。夫知者之于人也,未尝求知而后能知也,观容貌,察气志,定取舍,而人情毕矣。"意思是,眼睛是心灵的窗户,话语是行为的意向,想要了解一个人,无须接触后再查探他要做什么,观察容貌气度、神态举止就差不多能明白他的为人和行动了。

(4) 沟通渠道策略。其一,选择恰当的沟通渠道。身处信息化时代,信息沟通渠道多种多样,如电话、微信、微博、传真、电邮、视频会议等,不同的沟通渠道有着不同的优势与缺陷,对沟通效果也会产生不同的影响,沟通者应根据信息的常规性程度选择丰富性程度不同的渠道。渠道丰富性是指渠道的信息传递能力,丰富性程度越高则信息传递能力越强,如面对面交谈可以提供语调、表情、动作等多种信息(见图7-5)。信息常规性是指信息的明确程度,常规信息往往简洁明了,非常规信息较复杂且指向不明。因此,常规信息利用丰富性程度低的渠道传达即可,非常规信息则只有通过丰富性程度高的渠道传达才有效。另外,沟通的实时性、保密性、反馈及时性、沟通对象的通信习惯等也是选择渠道时应考虑的因素,例如需快速得到反馈的信息选择电话而非短信传达,与常用电子邮箱的人沟通选择电子邮件而非微信。

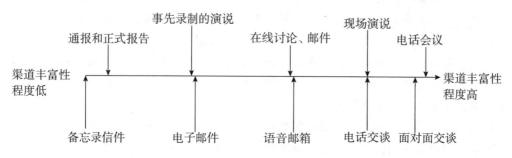

图7-5 沟通渠道的丰富性程度对比

中华典故 武则天设立匿名举报箱

古代的匿名举报箱专供百姓举报官员贪污、腐败、渎职等罪状,最早可以追溯到上古尧舜时期,官方在交通要道埋设木柱,称为"诽谤木","政有缺失,民得书于木",方便民众向执政者表达意见。战国时期,魏国相国李悝推行"举奸揭凶"举报制度,在偏僻的巷子里设置"蔽竹",就是一种圆形的筒,上面留有三寸见方的入口,方便举报者把写有举报内容的竹简投进去。西汉宣帝时期,颍川郡守赵广汉为整顿吏治而发明"缿筒"——"状如瓶,为小孔,可入不可出",挂在集市街巷,方便群众举报。到了唐代,武则天执政后设置的"铜匦",就是唐朝盛行的匿名举报箱,也是古代举报箱制发展的巅峰。

据《新唐书》记载,唐朝垂拱二年(686),武则天命人在洛阳朝堂的东南西北四面分别设置青丹白黑四个铜匦,为"延恩匦""招谏匦""申冤匦"和"通玄匦",各司其职。铜匦形状似箱,"其器共为一室,中有四隔,上各有窍,以受表疏,可入不可出"。并设立专门的知匦使院,知匦使负责分拣,理匦使负责审阅,补阙(缺)、拾遗、御史等专职人员负责看护开启,将举报信呈送女皇定夺。为了封闭言路,武则天任用周兴等酷吏监管文武百官,鼓励官僚相互检举揭发,一经查证,立刻重办。同时,她还下令地方官员:凡各地有进京告密者,地方官员不可细问举报内容,还应及时派驿马护送至京城。长寿元年(692),狄仁杰被来俊臣诬陷谋反一案,正是通过"申冤匦"得以平反。

在消息闭塞的古代,武则天选择设置匿名举报箱,就是因为它由专人负责、直达圣听,保密性与实时性较强且能有效缓解中间人信息过滤问题,惩治了官员勾结腐败行为。

其二,注意沟通时机与沟通环境。沟通的时机与环境对提高沟通的有效性也很重要。例如,在上级忙碌的时候询问其意见,可能会得到敷衍含糊的回答。又如,领导批评下属时应尽量选择私下的场合,公开批评可能会激起对方的抵触情绪,无法达到预期的沟通效果。

中华典故　鲁肃与"联刘抗曹"

《吴书》中评价鲁肃:肃为人方严,寡于玩饰,内外节俭,不务俗好;治军整顿,禁令必行,虽在军阵,手不释卷。鲁肃为人严肃,治理军队颇有一手,他在战术谋略方面更有着独到的见解,曾经促进孙权与刘备联合,共同抵抗曹操的入侵。

公元208年,曹操接连完成消灭袁绍、平定乌丸、统一北方的壮举,紧接着又要挥师南下直取荆州。因荆州地处长江中游,与东吴接壤,曹操占据它便可顺流而下,战略地位极其重要,故荆州得失直接关系到东吴安危。东吴兵力不敌曹操,孙权麾下的许多将领纷纷劝他投降曹操,在朝野上下"投降"的喧嚣声中,唯有鲁肃面色沉静、一言不发,待孙权起身更衣时,他抓住机会追上孙权,郑重地向孙权吐露肺腑之言:"向察众人之议,专欲误将军,不足与图大事。今肃可迎操耳,如将军,不可也。何以言之?今肃迎操,操当以肃还付乡党,品其名位,犹不失下曹从事,乘犊车,从吏卒,交游士林,累官故不失州郡也。将军迎操,欲安所归?愿早定大计,莫用众人之议也。"鲁肃从孙权的立场出发,指出投降此举实不可为,文武百官投降可保平安,但孙权若投降则曹操必然会为斩草除根而取其性命,继而鲁肃又趁机提出"联刘抗曹"计划。在鲁肃的劝说下,孙权同意这个计划,命周瑜等人带三万人马与刘备会合,最终在赤壁之战中大败曹操。

在群臣争辩时鲁肃默不作声,当两人独处时再发表意见。这一方面是因为朝堂上群情激昂,不是表达相反观点的好时机,单独交谈可以避免被打断,确保孙权领会自己的意图;另一方面是维护孙权的尊严,因为鲁肃的部分言论虽发自真心却有碍领导权威。

2. 有效沟通技巧

有效沟通的关键在于倾听、共情以及合适的沟通方法。为提升沟通效果,管理者及组织成员都应学习和掌握良好的沟通技巧,以避免不必要的沟通障碍。

(1)积极倾听。倾听是接受并理解信息的关键环节,积极倾听是指积极主动地对所接收的信息进行搜寻和解读,从而更准确地获知信息发送者的意图。接收者首先要从内心认识到倾听的重要性，然后是要有正确的心态，克服先验意识，在倾听过程中给予对方适时的回应和反馈。

积极倾听的小技巧包括：①表达认同，在谈话的间隙以微笑点头、身体前倾或应声附和等举动来表达对谈话内容或对方感受的认同，鼓励对方继续；②重复谈话内容，可以在适当的时机简要复述谈话内容，既验证信息是否准确接收，又显示自己对谈话的专注和重视；③综合概括，当谈话内容较多时，需要综合全部内容，概括分析对方的想法，避免片面解读不完全信息；④观察对方的情绪和肢体语言，除倾听谈话外，还应捕捉对方的情绪和肢体语言，了解其中潜藏的深层含义和态度；⑤留意对方避而不谈的方面，这些方面可能正是问题的症结所在，必要时可以想办法激发兴趣，引导对方涉及相关话题；⑥控制情绪，交谈时尽量保证冷静、客观的情绪，避免非理性的情绪化行为等。

（2）学会共情。沟通者要学会共情，明确角色并换位思考。参与沟通的发送者与接收者在沟通的过程中都应换位思考、将心比心，询问自己三个问题：对方需要什么？我能提供什么？如何将对方需要的和我能提供的有机联结？将注意力集中在对方的角度，不但要意识到对方的想法和期望，还要考虑到对方的心理和情绪。充分关注受众的背景和需要，真诚地尊重和关心他人利益，并尽可能使用平等、肯定、令人愉悦的交流方式。

共情的小技巧包括：①专注，沟通者要给予对方全心全意的关注，如眼神对视、与对方情绪相适应的面部表情等，以表明自己对交流的投入与重视；②镜射，即在沟通过程中应时刻注意给予对方情绪上的回应，如"您说得很有道理""我非常理解您现在的心情"等，使对方感受到共鸣；③判断抽离，沟通者应仅对沟通内容本身进行分析，而避免对沟通对象的思维、性格做是非评判；④鼓励，符合时机且简单、明确的鼓励可以给予对方肯定，如"不错""是这样的"等，促使交流更加深入；⑤具体化，适当地要求对方就某个细节详谈，如"关于这点可以详细讲讲吗""举个例子怎么样"等，可以令对方感受到认真与细心；⑥一致性，沟通者应尽量与对方情绪保持一致性，如"换作是我，我也会这样想"，从而获得对方的认同；⑦开放式提问，尽量避免是或否的简单提问，而是询问对方"您觉得……怎么样""您希望获得怎样的结果"等，可以广泛获取信息；⑧复述，复述对方的谈话内容及观点，以示理解；⑨肯定后再建议，在向对方提出个人观点或建议前，应先给予对方肯定，如"您会这样想是正常的，其实还可以……""您这样说也没错，不过也可以试试……"等，使对方更乐于接受自己的沟通内容。

（3）有效表达。与倾听对应的环节是表达，沟通者既要积极倾听他人意见，也要有效表达个人想法。有效表达的小技巧包括：①简洁明了的表达方式，信息发送者应尽量避免专业术语、俚语及烦琐冗长的表达方式，易理解的简要信息更利于有效沟通；②使用非语言表达，比如目光接触、面部表情、肢体动作、身体距离等，吸引对方的兴趣并传递更丰富的信息内容；③选择合适的沟通方式，应针对沟通对象的心理需求、性格、气质等选择沟通方式，例如给予成就需要型的人大量的工作反馈与肯定；④要求反馈，信息发送者可以通过提问、讨论、观察对方肢体和神态等方式，了解受众的信息接收准确度以及对信息的认知感受，将单向沟通变为双向交流；⑤注重礼节，以尊重真诚的态度、文明礼貌的用语获取对方的好感等。

事实上，根据马歇尔·卢森堡（Marshall Rosenberg）的著作《非暴力沟通》（Nonviolent Communication），和谐、高效的表达有一个完整的公式：观察＋感受＋原因＋期望＝表达。首先，我们要注意区分观察和评论的区别。观察需要我们陈述客观事实，评论则往往带有个人感情色彩，例如"你的房间地板上有好几双袜子"是观察，而"你的房间太乱了"就是评论，带着主观判断的评论往往会引发逆反心理。其次，沟通中需要学会正确、直接地表达自己的感受。大声说话、愤怒的肢体语言、扭曲的表情不利于沟通，委曲求全也不一定能获得对方的尊重，坦诚、平和地表达感受不仅体现出真诚的态度，还能拉近彼此的距离，获得应有的尊重。但是，仅仅表达出感受并不够，我们还需要进一步解释自己感受的由来，例如对同事的质疑表示不开心，同时还应对此做出解释"因为一直以来我都很信任你，所以才会对你的质疑感到伤心"。解释感受的由来能够帮对方更好地理解你的感受，也令对方更容易接受你的观点。最后，通过表达，期望能给予对方一些补救的机会。表达个人情绪、观点或态度仅仅是铺垫，真正的沟通目的在于期望对方采取行动，因此你需要在最后提出自己的期望，给对方提供补救的机会，比如"我希望你能再给我一些信任"。此时，对方理解了你的想法和意图，并有了具体的行为目标，沟通的目的才能够达成。

7.4 沟通心理的跨文化研究

随着经济全球化的进程，跨国组织增多，文化冲突受到越来越多的重视，研究跨文化沟通具有十分重要的现实意义。

7.4.1 不同文化背景下的有效沟通

不同文化背景下有效沟通的实现方式具有一定的差异，如中国、韩国、日本等东亚国家属于高语境文化国家，其沟通往往依赖于非语言线索和微妙的情景气氛，"一切尽在不言中"。而欧洲、北美各国则属于低语境文化国家，其沟通更看重所传递信息内容本身，肢体、距离等非语言线索在其次。这里以中美文化并存的跨国企业为例。

中国传统文化强调人伦关系，伦理道德占据主导地位。故在以伦理型文化为基础的中方组织中，沟通呈现隐晦含蓄、留有余地的特点，例如两方谈判时点到为止，不会将话说得太满。中式沟通技巧也与这种特点有关，中方组织成员可能会用婉转的修辞、眼神暗示、肢体动作等代替直白陈述。另外，中式沟通还深受儒家文化的影响，"礼之用，和为贵"，真诚的态度和尊重的礼节尤为重要。因此，在与中方成员沟通的过程中，应尽量避免直白激烈的言辞，善用非语言暗示，在平等和相互尊重的前提下实现和谐共赢。

相较于中式情境，美国文化主张满足个人意愿，表现出强烈的个人主义本位思想。美方成员可能更看重坦诚、能力与利益，沟通者应直接爽快地表达意图，明确双方利益，中式的含蓄、和谐、自谦在此并不适用，反而可能会弄巧成拙。

除了上述例子，其他国家及地区也有各自文化背景所决定的独特沟通方式，这些沟通方式的差异性是客观存在的，了解和接受外国文化环境是跨文化沟通的前提。

7.4.2 如何应对跨文化沟通障碍

尽管文化差异难以避免,但从理论上说它并不必然导致文化冲突,正如费孝通先生认为的"各美其美,美人之美,美美与共,天下大同"。在全球化及国际并购过程中,企业必须掌握跨文化的商业沟通技巧,充分发挥多元文化优势,使组织焕发无限生机和活力。

1. 克服文化偏见,尊重文化多样性

跨文化沟通首先要克服文化偏见,承认并尊重文化多样性。组织成员往往有着文化方面的自我中心主义情结,对其他文化背景的成员存在偏见,以质疑、否定的态度与对方沟通,这是跨文化组织沟通的常见障碍。因此,组织成员应努力克服非客观情绪的影响,秉承求同存异的沟通理念,防止先入为主的文化偏见妨碍信息判断。

2. 了解对方文化背景,换位思考

文化偏见往往源自不了解,组织成员应主动、深入地了解其他成员的文化背景,调整自己的认知视角和判断标准,做到思维方式、文化价值观层面的换位思考。

3. 借鉴对方文化中的沟通方式和技巧

不同文化背景造就各异的沟通习惯,这些差异会导致沟通内容的失真或误解。所以,组织成员应学习与借鉴不同文化中的沟通方式和技巧,避免交流不畅。

4. 形成融合多元文化优点的组织文化

组织本身应克服"文化霸权主义",杜绝某一种或几种文化的强势主导,形成一种融合不同文化偏好的"第三方文化"。充分利用文化多样性优势,积极强调并维护群体身份与目标,促进跨文化组织实现根本意义上的平等、和谐、有效沟通。

随着经济的飞速发展,跨国企业的数量和规模与日俱增,不同文化群体之间的距离越来越近,不同成员在语言、价值观、宗教信仰等方面的差异为组织沟通带来极大的挑战,如何进行跨文化的有效沟通、协调和管理将直接影响到跨国企业内部的运行效果。因此,跨文化沟通是经济全球化的必然要求,也是未来企业发展亟须解决的重要难题。

现实观察

吉利汽车的管理沟通:从中国走向世界

浙江吉利控股集团始建于1986年,1997年正式进入汽车行业,目前在中国的上海、杭州、宁波,瑞典的哥德堡,英国的考文垂,美国的加利福尼亚州,德国的法兰克福等地均建有车型设计和工程研发中心,研发、设计人员超过2万人,拥有2.6万余项创新专利;尤其在吉利汽车联手大庆国资收购沃尔沃汽车公司后,其产品销售及服务网络遍布世界各地,资产总值超过5 100亿元,成为全球汽车品牌组合价值前十名中唯一的中国汽车集团。在较短时间内取得如此不凡的成就,与吉利汽车独特的管理沟通理念是分不开的。

◆ **持续改进的管治结构**

合理的组织结构是企业有效管理沟通的基础,它既是沟通的表现形式,又是反受其影响的产物,而吉利汽车的管治结构一直在持续不断地优化和改进。

吉利集团的前身是典型的家族制企业，董事长李书福等四兄弟拥有全部股权，掌握着公司经营权，但随着公司的发展，家族制企业的弊端逐渐显现。李书福意识到，要想让吉利集团走得更远，就必须对公司的管治结构进行改革，重视制度化管理。"吉利的管理是透明的，企业管理要有章法，我们兄弟之间要有人情，这两者并不矛盾。"2002年5月，吉利集团开始着手公司制改造，四兄弟经过私下长谈，一直担任吉利总裁的李胥兵及李书通等兄弟三人退出决策层，并正式聘请职业经理人担任高管，由此开启管治结构的转型之路。之后为提升金融资源的整合能力，浙江吉利控股集团有限公司于2003年正式成立，随后在香港联交所上市，为此后通过境外并购走向全球化奠定了坚实基础。

为配合全球化战略，吉利的管治结构再次发生重要的调整和变化，逐步建立起与全球价值链网络匹配的成熟架构。在收购沃尔沃汽车公司后，为促进吉利的多元化和全球化发展，吉利汽车高管层中开始出现非本土成员，并向沃尔沃高层提供进入吉利集团董事会的机会；不仅如此，集团内部还特别注重吸纳经验丰富、有全球化运营经验的中层管理人员，其中40%的直管干部有着外资企业或合资公司的从业经历。

为了维持沃尔沃原本的稳定发展，吉利集团采用分而治之的管理方式，对吉利和沃尔沃两家公司实行适合各自经营特点的分别管理，形成双轨运行的组织管理架构，但又在看似独立的两家公司间设立"沃尔沃—吉利对话与合作委员会"，以保证双方能够就产品供应、技术开发以及市场推广等各层面合作进行及时、高效的无障碍沟通。委员会由九名成员组成，吉利与沃尔沃各指定四名，李书福担任主席，每年召开两次会议，这样的沟通机制能确保双方在平等的基础上展开对话。

◈ 大道至简的管理风格

现任吉利集团董事长李书福对于管理和经营有着自己独到的见解，他推崇大道至简的管理风格，故吉利的管理沟通受其影响，同样呈现简单、清晰、高效的特征。

李书福独特的管理风格与他白手起家的经历、持续创业的无畏和执着有关。进入汽车领域之前，李书福历经开设照相馆、提炼废金属、制造冰箱、做装潢材料、制造摩托车等五次创业，1997年宣布进军汽车业时，这位创业者已年至35岁。创业初期，面对无数质疑与嘲笑，李书福缺少人才、资金、技术和设备，甚至彼时的汽车行业尚未对民营企业开放，他的梦想如此不切实际，李书福却豪言"轿车是什么？不就是四个轮子、一个转向盘、一个发动机、一个车壳，里面两个沙发吗"，语惊四座。吉利集团董事起初强烈反对制造汽车的想法，李书福为他们分析：无论是家电、建材还是正在经营的摩托车行业，只要一获得成功，就有大批模仿者蜂拥而入，挤压原本的生存空间，归根结底还是因为门槛太低。可汽车是一项高度复杂的业务，并非谁都能随便进出汽车行业，且汽车行业刚刚兴起，未来更有广阔的发展空间。在他构想的光明前景中，董事会决定只投资5亿元，给他一次尝试的机会。

李书福本想在自己的家乡路桥建立造车厂，但当地政府一直不同意，幸运的是临海市决定为他提供场所——城东一片始终发展不起来的省一级经济技术开发区。其实临海市看上的是李书福的摩托车产业，希望借此带动开发区的GDP增长，哪知他实际是要用来制造汽车。因为缺少造车许可证，李书福假借生产摩托车的名义，在厂中秘密造车，他广泛招收刚毕业的大学生，从拆车、模仿起步，慢慢摸索。直到1999年12月，时任国家计委主任的曾培炎在浙江台州调研，李书福当面请命："请允许民营企业大胆尝试，允许民营企业家做轿车梦！即便可能失败，也请给我一个失败的机会！"经过坚持与不懈努力，2001年李书福终于拿到造车许可证，成为中国首家获得轿车生产资格的民营企业。

作为资金密集型企业，吉利集团在发展过程中需要大量融资，其资金来源主要有四部分。一是通过生产摩托车所赚取的5亿元是吉利汽车的第一笔资金；二是2001年吉利成为首家有轿车生产资格的民营企业后，吉利取得银行贷款及韩国大宇国际的巨额贷款；三是李书福的同胞兄弟李书通创办了上海杰士达车厂，李胥兵拥有湘潭车厂，他们的支持同样为吉利提供了大笔资金；四是2005年吉利上市后，来自香港资本市场的融资。正是有这些资金的支持，才为吉利汽车的爆发式扩张创造了无限可能。

李书福认为，不存在所有企业都普遍适用的管理法则，每个企业都有自身特点。基于这种认识，他提出简化管理的想法：企业不能没有规矩，但也不能有太多规矩，无论程序多么复杂，关键在于就事论事地寻找最简单的办法。他的管理沟通风格也是如此，"一个电话能够解决的问题，不要集中开会；一个工作餐能够交流的话题，不要会议研讨；开小会能够解决的问题，不要开大会；口头能够沟通的事情，不要书面沟通；今天能够谈完的事情，不要拖到明天。"在思维方式不同导致的沟通障碍方面，李书福认为这种沟通障碍需要靠总结与学习来弥补，工程师与总经理看问题的视角肯定不一样，"通过反复地换位思考，更有利于全面了解事物的真相而形成共识，从而避免无谓的争端和矛盾"。

站在系统的角度，李书福特别强调中层管理人员在企业中的作用。① 在吉利的内部沟通中，中层管理者尤为需要掌握简单明了的沟通方法，各层级领导者必须领会上级的战略意图，并根据战略规划及时向下级布置、指导、检查和考核工作，在保证秩序和方向的基础上，充分发挥员工的积极性和创造性，保证管辖范围内系统的正常运作。

◆ 深入人心的企业文化

深入人心的企业文化有利于建立成员间思维与情感的密切联系、统一成员的文化价值观，从而营造和谐的组织沟通氛围，促进组织内部的有效沟通。

在全球化的过程中，吉利同样致力于全球型企业文化的建设。李书福认为吉利追求的全球型企业文化是一种跨越国界、跨越民族、跨越宗教信仰，放之四海皆受欢迎的企业文化。这种文化极度开放兼容，极度远见卓识，积极承担企业公民责任，勇于挑战科技高峰，勇于探索商业文明，充分体现公平、透明、相互尊重的企业治理理念。

吉利还较早地意识到建立诚信合规的企业文化对促进公司在全球化发展中持续稳健经营具有重大意义。2014年吉利集团正式启动合规体系建设项目，包括以下几个重要步骤：①识别合规风险，这是企业合规文化建设的前提；②建立合规制度，在识别合规风险的基础上，吉利制定《浙江吉利控股集团有限公司合规行为准则》作为员工行为规范的文件；③健全合规机制，为确保合规文化作用，吉利将"是否合规地开展业务"纳入员工绩效考核，并建立覆盖全员的合规培训体系，完善相关举报渠道和查处机制；④形成合规企业文化，在持之以恒地推广合规文化、完善合规培训机制的过程中，吉利自上而下逐渐形成高度共识。这种企业文化在思维和行动双重层面上的高度共识，正是吉利成员之间能够和

---

① 百度文库. 吉利汽车管理：大道至简［E/OL］. 2022 - 05 - 19, https://wenku.baidu.com/view/aa1e79b0-d7d8d15abe23482fb4daa58da0111c1d.html.

谐、高效、无障碍沟通的重要原因之一。

◆ 开放多元的沟通原则

吉利集团收购沃尔沃的壮举闻名世界，那么，吉利为什么要收购沃尔沃呢？原因只有一个：沃尔沃的原创能力很强，车内空气质量控制、环保及安全技术世界领先，而吉利要发展壮大就需要创新技术。在与全球多家企业竞争的过程中，为取得沃尔沃的青睐，吉利向沃尔沃管理层许下承诺"放虎归山""以沃制沃"，明确保证不干预沃尔沃汽车公司内部管理制度，充分展现自身诚意。后来沃尔沃工会刁难李书福，要求他用三个词语陈述吉利收购沃尔沃的优势所在，李书福沉思片刻郑重回答道"I Love You"，工会成员被深深打动，立刻将沃尔沃徽章别到李书福胸前，最终吉利以 18 亿美元的价格得到沃尔沃 100% 股权。这体现了吉利集团对外并购企业所秉承的一贯原则：平等尊重，以诚动人。

收购沃尔沃、进军国际市场后，跨文化管理沟通在吉利的企业沟通中占据重要地位，为配合全球化战略目标，开放多元已成为吉利的沟通原则。①

（1）全球化与本土化相结合。吉利在广泛招收全球人才、开拓国际视野的同时，还在投资所在国雇用大量当地员工，利用他们的本土化经验开展业务活动，入驻当地市场。通过这样的人才结合，一方面建立互补优势、实现协同效应，另一方面促进中国市场与国际市场的沟通和对话。

（2）差异中寻求文化认同。吉利坚持认为，企业成员应当以开放包容的心态接纳不同国家的文化差异，将这些文化融合为多元企业文化，使不同背景的员工都能够产生文化认同感。

（3）沟通互信促进文化融合。吉利鼓励思想碰撞，强调人文关怀，用"和而不同"包容各种建设性意见。在收购沃尔沃之初，吉利集团就曾邀请沃尔沃工会代表到吉利公司、车间全面了解企业文化与员工关系，帮助他们全面、深入地理解吉利的价值观念，增进彼此合作互信。

除了以上沟通原则，吉利所采取的一系列措施也是促进跨文化沟通的关键。吉利集团与并购企业始终维持"兄弟"而非"父子"关系。吉利集团不直接控制并购企业，而是为对方提供独立的经营空间，尊重对方本土文化与发展理念。针对文化差异，吉利设立"海外人力资源中心"作为跨文化沟通交流的主要对接窗口，聘请专业团队消除文化差异引起的摩擦与冲突。首先，吉利派遣文化专员向海外员工讲解中国文化背景及企业文化内涵，定期就文化差异问题展开沟通与探讨；其次，吉利对派驻海外的中国员工进行跨文化培训，培训内容包括派驻地文化、宗教信仰、风俗习惯、礼仪常识、禁忌等，充分尊重海外员工的文化背景；最后，海外人力资源中心会通过问卷调查或访谈等方式定期收集和整理员工在开展跨国业务过程中的矛盾及问题，围绕矛盾内容及成因进行深入挖掘与分析，并提供具体的解决对策以减轻跨文化沟通障碍。

李书福曾说："目前世界上的跨国企业，几乎都有强烈的'原产地'国家背景和鲜明的局部文化。我主张的全球型企业文化是一种超越国界、宗教信仰、本土文化等因素，全新的企业文化和价值理念，其核心特点是尊重、包容与融合，最终目标是达到合作共赢和

---

① 中国发展观察. 吉利走向全球公司之路——对吉利公司全球化发展路径的研究[E/OL]. 2016-01-20, http://www.chinado.cn/?p=3453.

实现企业在全球市场上的成功。只有充分尊重各相关方的利益,把所有矛盾、所有问题都在并购之前全部说明清楚,才能为企业的成功发展铺平道路。"

❖ 真诚积极的情感联系

组织内沟通除了作用于交换工作信息,还作用于满足员工的社交和情感需要,而组织成员间真诚积极的情感联系反过来又促进沟通的默契与效率。

吉利集团为增进员工间的情感联系,早在员工试用阶段就通过新员工培训、签订师徒协议、建立导师制、提供绩效辅导、举办新员工座谈会等措施,帮助员工快速融入团队、建立感情基础。另外,集团专设共享服务中心,其职能不仅包括办理入职、离职、福利等手续,为成员提供"管家式"的一对一服务,还是企业内部成员沟通交流的重要平台。对于新入职的员工,共享服务中心也有专门的流程安排,包括介绍吉利文化、发放新员工资料文件包等,从而缩短新成员的适应时间,帮助他们快速融入企业。①

作为运用新知识、新技术来创造高附加值产品的企业,知识共享是吉利组织沟通必不可少的一项任务。吉利设立企业大学作为知识共享渠道,为来自世界各地的成员提供国际化交流平台,在思维碰撞中获得提升,并针对集团基层、中层、高层干部分别设计"启航""远航""领航"等管理课程,形成集团内部统一的管理语言。通过提供定制化、体验式培训服务的企业大学,吉利集团培养了员工的综合能力、专业能力和领导能力,消除了成员隔阂,塑造了创新氛围,实现了组织成员的知识交流、沟通互助、共同进步。

感悟与思考

1. 结合李书福的观点及沟通类型,分析当今技术条件下不同沟通类型的利弊。
2. 结合有效沟通的相关知识,分析吉利集团的沟通主体策略。
3. 结合沟通障碍的相关知识,吉利集团的企业大学能够帮助员工克服哪些常见的沟通障碍?它的优势在哪里?企业还可以采取哪些措施来实现有效沟通?
4. 根据案例内容,谈谈非正式沟通在企业或组织中的重要作用。
5. 结合案例,谈谈我国企业在走向世界的过程中应如何实现跨文化背景下的有效沟通。

7.5 有效沟通的前沿探索

在早期的管理理论和实践中,组织沟通较少作为独立的研究主题受得重视。直到20世纪70年代,随着组织沟通理论的逐渐面世,组织沟通才正式成为一门独立学科,至今仅五十多年。近年来,受到信息化、经济全球化、突发疫情等影响,组织沟通的相关研究取得了较大的新进展,本节从现代组织沟通相关研究、有效沟通的新方法、有效沟通的影响因素、有效沟通的策略与技能、管理沟通研究的局限性和展望几个方面展开评述。

---

① 经韬纬略智库. 吉利:共生共融的人才森林[E/OL]. 2021-11-19, https://zhuanlan.zhihu.com/p/435011388.

7.5.1 现代组织沟通相关研究

随着组织沟通相关研究的深入，非正式沟通在沟通渠道中的必要性逐渐凸显（Stockl 和 Struck，2022）。相较于正式沟通，非正式沟通显著提高了员工的知情意识和情感承诺，而这两个因素都将提升工作满意度；而且，非正式沟通并不会降低员工工作效率，反而有助于他们更高效地开展工作（Koch 和 Denner，2022）。需要关注办公室职员和居家办公者在非正式沟通方面的异同：尽管功能相似，但远程工作无疑会减少非正式沟通频率，从而使其效用大打折扣（Viererbl 等，2022）。因此，未来在迎合线上化办公趋势的过程中，增加非正式沟通渠道和频率是有必要的。

在信息技术与经济全球化背景下，知识正成为越来越重要的生产要素，故知识共享型沟通是组织沟通的发展趋势。现代组织中，创新行为是持续发展的关键，而知识共享是开放创新氛围形成的前提（Soares 等，2021）。基于"知识是流动的"这一观点，并假设价值的创造源于知识的使用而非知识的拥有，在部分成员拥有知识的前提下，企业若想创造价值就要传播、共享并利用知识资源（Breunig 和 Roberts，2017）。影响知识沟通的因素主要有共享者、知识、人际关系和制度（Daud 等，2017），沟通能力较强的共享者、层次化的知识网络、令人满意的上级沟通风格（Choi 和 Jeong，2022）、规范化的沟通制度，皆有助于提高知识交流的准确性和便捷性（Yin 和 Qin，2016）。此外，相较于异地投资设立的子公司，收购设立的子公司从知识沟通中获得更大的积极影响，跨国企业应促进组织内不同文化的密集交流以实现全球范围的知识共享，从而提高生产效率、增强创新能力（Suzuki 等，2019）。

在现代多元文化主体的常态下，跨文化沟通被视为组织沟通的重要议题。影响跨文化沟通的问题主要可以分为语言差异、文化差异和个人感知问题三类（Lobanova 等，2019），其中个人感知问题与跨文化敏感性密切相关。跨文化敏感性聚焦于跨文化沟通过程中的情感体验，在微观语境中，跨文化敏感性与跨文化有效性正相关（Hui，2017）。随着技术的进步，跨文化交流通过视频会议、电子邮件等通信工具进入在线虚拟环境，更便于跨国组织从文化多样性中受益，利用多元信息和技能培养组织成员（Dumitrascu-Baldau 和 Dumitrascu，2019）。因此，现代组织应重视跨文化沟通交流，增强成员的创新能力和创造力，提升组织在全球市场上的竞争力和可持续发展水平（Pikhart，2018）。

7.5.2 有效沟通的新方法

有效组织沟通的新方法呈现国际化、网络化特征。组织沟通理论的发展可以分为三个阶段：一是以上下沟通和行政沟通为研究重点的萌芽阶段，二是以横向沟通和人际沟通为研究重点的发展阶段，三是以国际化沟通和网络化沟通为研究重点的飞跃阶段（崔佳颖，2006）。现阶段，组织沟通理论凭借现代网络技术的突破而发展，随着现代组织虚拟化、组织结构扁平化、管理手段和设施网络化以及更加人性化、知识化、全球化等趋势，组织沟通方法也表现出企业流程再造沟通趋势、管理柔性化的文化管理沟通趋势、知识管理沟通趋势、网络经济与全球经济一体化的管理沟通国际化趋势等，这正是迎合未来组织管理需要的沟通发展方向。

沟通方法影响组织结构。从广义角度看，组织结构既是组织沟通的表现形式，又是其产物。在技术不发达的情况下，信息只能以汇报、面谈等方式传递，故传统组织需要通过层层控制的体系来确保管理幅度适应成员的信息处理能力。而信息技术的出现，使传统组织的管理体系发生了变化，企业不再需要很多中层承担信息传递作用，一些职能部门被通信技术代替，从而导致组织结构的变革，进而影响沟通过程及模式的现代化演变（Tourish 和 Hargie，2004）。比如虚拟组织，它通常指以计算机网络为支撑的一种动态结合体，将传统的集权式组织结构变为开放式网络结构，沟通方式以计算机技术为依托，故沟通内容重于沟通形式、沟通信息可实时共享，其沟通网络的结构形式为全通道型。这正是企业信息化、网络化的结果，即组织结构的发展趋向扁平化、虚拟企业趋于普遍、无边界或网络型组织成为新形态。组织内部结构配合线上办公模式进行大幅调整，组织内部的管理沟通基本采取线上渠道；即便步入后疫情时代，组织沟通模式仍不可避免地呈现网络化趋势（Garcia-Morales 等，2021）。

随着企业行为及工作中的动态数据越来越多地产生和存储于网络，组织沟通与知识分享在应对突发危机事件时也发挥着重要作用。研究发现，目前企业的常见危机管理模式呈现以下特征：以自上而下的前期沟通为主，优先达成组织层面信念、态度和情感的一致，然后通过各类会议和培训加速组织内部自下而上、自上而下的信息沟通与知识分享，从危机中促进成员学习和进步，并有效增强员工的信心与情感承诺（李育辉等，2022）。无论是企业高层对危机的快速响应、员工的经验分享，还是客户关系维系，都依靠频繁的线上沟通完成。

7.5.3 有效沟通的影响因素

组织沟通的七大要素包括上下级关系、同事关系、沟通关系开放性、直接上司沟通主动性、直接上司沟通不良倾向、信息接收与发送、沟通氛围。这些要素可视为沟通的自变量，影响着沟通效率、沟通满意度等沟通有效性指标，最终导致组织绩效、员工压力等因变量随之变动（邓丽芳和郑日昌，2008）。近年来，信息技术、经济水平、组织结构等的发展变化促使管理沟通在路径、渠道、方法等各个方面都产生了深刻的变革，在这种变革下，影响有效沟通的关键因素相较之前也有所变化，这里将它们概括为四方面因素。

1. 个人因素

组织沟通的高效开展可以显著强化内部信息管理，除沟通机制外，个人是比较关键的影响因素（宋占新，2015），具体包括各部门的工作属性、工作职级、员工学历等背景条件，员工的建言行为（郭韧等，2018）、个人与组织价值观的匹配程度（詹小慧等，2017）、说服力、行为举止、情绪调节、逻辑性等方面，都将影响组织成员的沟通能力（Kang 和 Tak，2019）。需要注意的是，女性在职场中所沟通内容的被接受度往往低于男性，这可能是由于女性在谈话中缺乏自我推销内容，更多地使用自信的讲话方式也许是女性提高自身影响力及其在劳动力市场中地位的有效策略（Manian 和 Sheth，2021）。

2. 群体因素

人际因素包括人际关系、人际信任、组织氛围以及沟通关系的开放性等，成员间交流不能局限于相互竞争的思维模式，还要满足人际交往需要。这是因为组织沟通除理性思维发挥作用外，也要借助理性意识满足感性评估需要（Ajmal 等，2020）。同时，员工通过正式渠道和非正式渠道的沟通行为构建了完整的知识交流网络，当正式工作网络与非正式咨询网络的一致性较高时，两者互动形成的半正式组织将对组织沟通产生非线性影响，有利于促成更高的工作效率与知识交换整合能力（吕鸿江等，2017）。在组织沟通的过程中，人际交往带来的情感满足是直接的利益或物质所无法替代的，而开放和谐的沟通关系可以缓解沟通障碍。

组织沟通氛围是可以被组织成员感知的一种整体沟通环境，具有相对稳定性和持久性，且能对员工的沟通行为产生影响（马占杰，2012）。组织沟通氛围会产生两种结果变量：直接结果（沟通满意度、沟通愉悦度）和终极结果（企业绩效、员工的工作满意度）（史江涛，2011）。综合近年的研究，通常认为组织沟通氛围会对新生代员工的沟通满意度、工作满意度、离职倾向、工作压力、组织认同、知识共享、工作绩效、冲突化解等要素产生很大影响（李永周等，2016）。其中，沟通满意度的影响因素相对较多，具体体现在沟通方式、沟通渠道与沟通人员等方面，且员工本身的沟通能力尤为重要，将会直接影响内部管理沟通成效与工作满意度（Aziz 等，2020）。因沟通满意度是关乎员工积极性与创造性的重要因素（唐贵瑶等，2016），为提高绩效水平，企业或组织必须高度重视组织沟通氛围的维护，提升组织沟通关系的开放性和员工的沟通满意度，弱化其离职意向。

沟通满意度与工作满意度也有关。首先，上下级沟通关系将影响工作满意度，上司的管理沟通风格越以员工为中心，员工的工作满意度越高（Men，2015）。其次，沟通满意度对员工的离职意愿影响很大，如上下级关系、同事关系等沟通因素对离职的影响最大，而工作满意度低会增大离职可能性（王忠和张琳，2010）。由此可见，沟通满意度是衡量组织成员工作满意度的重要预测因素（崔佳颖，2006）。最后，与沟通满意度、工作满意度及组织绩效等因素相关的另一个重要变量是沟通关系开放性，研究表明开放的组织沟通关系与前三个因素均正相关（刘彧彧等，2011）。

3. 组织因素

组织因素包括组织结构、组织文化。立足于组织结构视角，组织必须结合自身发展状况合理调整战略方案，从而使现阶段生产方式转变与沟通方式转变相契合。组织内部传递信息时应遵循等级链这一基本原则，只在某些较特殊的情况下才选用"跳板"等手段实现跨部门的平行沟通，确保管理沟通质量与效率的提升（Staff，2019）。对于跨文化、虚拟型、知识型等现代组织，优化组织结构并配合调整沟通渠道可以改善沟通效果。此外，聘请专业人员进行沟通培训，可以促使管理层结合组织结构与文化特征改进沟通模式（Bergman，2020）。

4. 技术因素

在现代技术条件下，沟通媒介聚焦线上线下结合状态，甚至呈现以线上为主的发展趋势，借鉴媒介多、效率高等特征，现代组织应创新运用电子化人力资源管理技术助力员工满意度与认同感的提升，如网络化内部管理沟通系统等（杜旌等，2021）。为配合技术变革，组织管理方式也应从静态化、封闭式向灵活化、动态化转变，持续改进企业文化、管理规范、组织结构、沟通渠道等要素，确保更好地符合网络化管理要求（Kovaite 等，2020）。

7.5.4 有效沟通的策略与技能

沟通策略与技能是提高内部管理有效性的关键因素（Ramjaun，2021），为配合网络化、国际化、精简化的组织沟通，沟通策略整体呈现去复杂化、多元化、规范化的发展趋势。

（1）沟通技巧应配合去复杂化的管理思想。在制定管理决策的过程中，管理层要注意创新融合发展思路，尤其要抓住去复杂化这一核心思想，配合感性因子的有效融入来取得更好的整体管理效果（Newswire，2019）。同时，网络化管理模式可以简化企业结构、缩短信息传递距离、节省内部沟通时间，促使企业向更大规模乃至跨国际方向迅速发展（Hola 和 Pikhart，2014）。因此，沟通技巧同样要配合去复杂化管理思想，精简沟通层级，提升组织沟通效率。

（2）技术手段导致发展变化的沟通环境，管理者应挑选最佳沟通渠道（李霆和张朋柱，2002）。现代组织中，尽管知识分享等活动具有动态性和各种沟通渠道可用性的特征，许多团队仍习惯性地在不同活动中采用相同的沟通渠道，而有效的组织沟通则发生在那些能够意识到必要的技术变革并在新活动、新交互目的和沟通技术新用途共同发展的团队，这种沟通目的与技术的共同演变形成新的沟通渠道可用性，确保团队沟通的有效性（Gibson 等，2022）。组织内部可以将正式沟通渠道按组织职能与组织层级划分，非正式沟通用于弥补正式沟通渠道，从而构建宏观、全面的内部管理沟通体系（Starc 等，2019）。有研究表明，双向对称的内部沟通及高效的变革沟通质量将增强员工在组织变革过程中对组织的积极情绪，进而产生更强的组织认同（Lee，2022）。

（3）完善沟通机制，树立民主沟通理念，规范现代化沟通过程。完善沟通机制、树立公平民主的管理沟通理念、规范化处理组织沟通过程等举措，皆有利于提升内部管理沟通成效。企业还可以利用互联网技术来构建上下双向的组织沟通渠道（肖科学，2018），开发基于微信、独立 App 等网络沟通平台，提高内部沟通的实时性与保密性（Lan 等，2020）。

（4）丰富沟通渠道，优化沟通方法，建立沟通监督与评价体系。关于现阶段管理沟通中存在的渠道不畅、方法不合理及评估不到位等问题，组织可以采取丰富沟通渠道、加强沟通评价等解决措施，改善团队建言氛围和创新氛围，进而提升团队绩效与工作满意度（段锦云等，2017）。另外，实施诸如加强管理战略规划、构建有效监督机制、加强部门间沟通效率、提升管理者沟通技能等策略，企业能够从根本上进一步提升管理沟通的有效性（欧绍华和刘志刚，2012）。

7.5.5 管理沟通研究的局限性和展望

尽管当前管理沟通的研究已逐渐深入组织结构各个方面，并给予电子化沟通越来越多的关注，但管理学界普遍认为相关研究仍处于较零散、缺乏体系、不够深入的状态。强调沟通与管理相结合重要性的《哈佛商业评论》原编辑 David Ewing 指出，管理沟通问题是当今商务领域的第一大问题，支持管理沟通的技术一直在飞速发展，而学术界对管理沟通的认识却没有进步。他的言论虽略显偏激，却可以看出相关研究确实存在一定的局限性和不足（崔佳颖，2006）。

（1）管理沟通的研究滞后于现代企业理论的研究进展。传统组织沟通研究虽然产生了管理学派、社会文化学派等两大系统，但目前还是集中于传统企业组织架构下的研究，即以科层组织结构为前提的管理沟通研究。而随着知识经济时代的到来，企业形态与组织架构产生了深刻变化，例如组织架构方面出现了"网络组织""簇形组织"等，基于内部联系方式的企业形态出现了"关系企业""虚拟企业"等，基于资源类型的企业形态出现了知识型企业等。对于这些新的企业类型，关于其组织沟通尚没有较为深入的研究。

（2）沟通对于组织的决定性作用有待深挖。当前关于组织沟通的研究大多局限于将其作为管理手段，重点往往在于沟通技巧方面，但对当今的企业结构来说，管理沟通已成为组织管理的核心，对组织管理的成败起着决定性作用。因此，我们有必要将组织沟通提高到企业或组织管理的战略高度上，结合其他管理要素进行全面的管理沟通研究。

（3）不同类型组织沟通的研究不足。大多数组织沟通研究还停留在广泛的一般性研究阶段，缺少对不同类型组织的有针对性研究。具体研究不仅对深化组织沟通定义、形成系统性管理沟通体系有重要意义，且有利于迎合组织全球化、知识化、网络化的发展趋势。

（4）更重视信息技术对管理沟通的影响研究。信息技术的应用对企业管理产生了极大影响，在对管理沟通的影响上，它使沟通手段、沟通流程、沟通效果及沟通模式等发生了变革，掌握并合理运用其中的规律，将更好地发挥管理沟通的增益作用。但目前研究多从信息技术的角度观察管理沟通，而非从企业整体的管理战略角度上研究如何利用信息技术。

数字资源

本章数字资源由三大部分组成：一是 UTD 24 文献推荐，二是推荐的有效沟通相关量表，三是参考文献。详细内容可下载"拓展学习资料"获取。

1. UTD 24 文献推荐

Shanthi Manian, Ketki Sheth. Follow my lead: Assertive cheap talk and the gender gap [J]. Management Science, 2021, 67（11）: 6880 – 6896.

Alain Cohn, Tobias Gesche, Michel Andre Marechal. Honesty in the digital age [J]. Management Science, 2022, 68（2）: 827 – 845.

Klaus Abbink, Lu Dong, Lingbo Huang. Talking behind your back: Communication and team cooperation [J]. Management Science, 2022, 68（7）: 5187 – 5200.

2. 有效沟通相关量表

◎ Lechler 开发、胡桂兰修订的中国版"团队沟通量表"

◎ Hazen 和 Downs 开发、张虹修订的中国版"沟通满意度量表"（CSQ）

◎ Rubin 和 Martin 开发、赵嘉修订的中国版"跨文化沟通能力量表"

3. 参考文献

第 8 章 冲突管理

■ 知识点

冲突、冲突类型、冲突理论、冲突管理策略、建设性冲突、破坏性冲突

■ 学习要点

◎ 了解冲突的含义与冲突的形成过程。
◎ 了解冲突的类型、特征、产生根源。
◎ 理解冲突管理的理论和相应观点及其联系与区别。
◎ 掌握冲突管理的基本策略。
◎ 掌握未来冲突管理的应用趋势,以及如何正确管理虚拟团队的冲突。

■ 思维导图

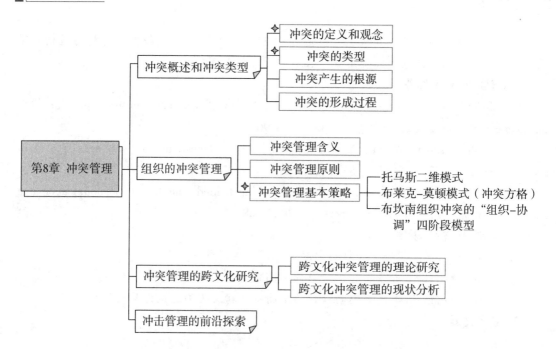

第8章 冲突管理

新理念　　以对话代替冲突，以协商代替胁迫

习近平总书记在纪念中国人民志愿军抗美援朝出国作战70周年大会上发表重要讲话，强调要铭记抗美援朝战争的艰辛历程和伟大胜利，敢于斗争、善于斗争，知难而进、坚韧向前，把新时代中国特色社会主义伟大事业不断推向前进。他进一步指出，世界是各国人民的世界，世界面临的困难和挑战需要各国人民同舟共济、携手应对，和平发展、合作共赢才是人间正道。大道之行也，天下为公。以对话代替冲突，以协商代替胁迫，以共赢代替零和，是当代政治家应有的智慧和担当；努力扩大各国共同利益汇合点，建设和谐合作的国际大家庭，是70多亿人民的共同愿望。

史上择慧　　二桃杀三士

晏婴，史称晏子，是春秋时期齐国著名政治家、思想家和外交家，辅政齐王五十多年，以富有远见卓识闻名诸侯，"晏子使楚"的故事更是广为流传。后人对他多为赞许，苏轼曾评价晏子："贤哉晏平仲，事君不以私。"但对晏子的评价也存在质疑声音。《梁甫吟》中写道："步出齐城门，遥望荡阴里。里中有三坟，累累正相似。问是谁家墓，田疆古冶子，力能排南山，又能绝地纪。一朝被谗言，二桃杀三士。谁能为此谋？相国齐晏子。"晏子和三士之间的故事似乎能反映晏子的另一面。

公孙接、田开疆、古冶子三人都是齐景公身边的得力猛将，被称为"齐邦三杰"。《晏子春秋·内篇谏下》中记载："公孙接、田开疆、古冶子事景公，以勇力搏虎闻。田开疆平徐，古冶子斩鼋，公孙捷打虎。"《喻事警言》也有言："公孙捷双拳敌虎，救驾景公，被封寿宁君；古冶子勇搏蛟龙，助景公渡黄河，被封武安君；田开疆击退敌军，护柱疆土，被封威远君。"

然而，公孙接、田开疆、古冶子三人功高震主，挟功恃勇，全无君臣之礼，甚至在景公设宴相待之时，三杰仍"带剑立于阶下，昂昂自若，目中无人"。相国晏子见状，便向齐景公提出除掉三人的建议，晏子曰："臣闻明君之蓄勇力之士也，上有君臣之义，下有长率之伦，内可以禁暴，外可以威敌，上利其功，下服其勇，故尊其位，重其禄。今君之蓄勇力之士也，上无君臣之义，下无长率之伦，内不以禁暴，外不可威敌，此危国之器也，不若去之。"景公听后也隐隐担忧，遂向晏子请教计谋。

晏子向景公献上"三人争二桃"的计策。一天，鲁昭公来访，齐景公命晏子摘取名贵的"万寿金桃"宴请鲁昭公。晏子摘来六枚金桃，齐景公和鲁昭公各食一枚，晏子和景公的宠臣叔孙婼各食一枚。剩下两枚，晏子建议让众臣自述其功，功劳最大的两位可以吃到这两枚桃子。公孙接自认为："接一搏猏而再搏乳虎，若接之功，可以食桃而无与人同矣。"公孙接能在击退野猪后又击退猛虎，他的英勇无人能比，因此他拿走一桃。而田开疆认为："吾仗兵而却三军者再，若开疆之功，亦可以食桃而无与人同矣。"田开疆能带兵多次击退敌军，守卫国土之功无人能比，因此也拿走一桃。古冶子自是不服，他认为："吾尝从君济于河，鼋衔左骖，以入砥柱之中流。当是时也，冶少不能游，潜行，逆流百步，顺流九里，得鼋而杀之，左操骖尾，右挈鼋头，鹤跃而出，津人皆曰'河伯也！'视

之则大鼋之首也。若冶之功，亦可以食桃而无与人同矣。二子何不反（返）桃？"古冶子曾护国君周全，救驾有功远在二人之上，晏子也在旁连连称赞并表示尊敬，于是古冶子抽剑而起，欲作拼杀。听了古冶子的话，公孙接、田开疆都自愧不如，为自己"取桃不让"的贪婪感到无比羞愧，于是纷纷交出桃子，刎颈自杀。古冶子看到这样的情形，也深感自己的所作所为实在是不仁、不义、无勇，叹道："二子死之，冶独生之，不仁；耻人以言，而夸其声，不义；恨乎所行，不死，无勇。虽然，二子同桃而节，冶专桃而宜。"说完也放下桃子，刎颈自杀。

晏子成功地引发冲突，利用二桃杀三士后，帮助齐景公除去了功高震主的臣子，解除了后患。齐景公拜服晏子神机妙策，晏子名气大增，获得齐王礼遇。

故事启示

二桃杀三士这个故事有两个层面的冲突：一是君臣之间的冲突，即三士与齐景公之间的冲突，齐国重视政治礼仪和官阶礼数，三士自恃功绩而无礼于朝中一般官员，最终无礼于丞相晏子，无视官阶差距，无视政治礼数，甚而无礼于齐景公，进而引起君臣之间、朝臣之间的冲突；二是三士之间的冲突。三士在分两个桃子时都报功不让，誓要得桃，且表明自己的功劳独一无二，不愿与人同享一桃。而古冶子的抽剑怒喝使得其他二人感到羞愧，继而返桃自刎。古冶子道出三人实亲如骨肉，二位兄弟已死，自己独活怎能心安，最终也自刎谢罪。

对于组织来说，冲突一般具有破坏性，不受欢迎。冲突给组织带来的不良影响包括使组织凝聚力涣散、破坏组织协调统一、成员之间相互对立以及增加人际敌意等诸多方面，所以组织在发展中要合理地解决和处置冲突。但在这个故事中，对于齐国这个组织，三士的无礼傲慢无疑成为齐国未来发展的严重隐患，如何排除隐患（即如何处理三士的无礼傲慢）呢？晏子通过两个桃子挑起三人之间的矛盾，利用三人自恃功高的性格特点引发冲突，形成三人对立的局面，最后以三人自刎的结果解决冲突，为齐国扫除了隐患。晏子的方法引发了组织冲突，并且利用冲突对组织的正面效应，发挥了冲突对组织的建设性意义。

8.1 冲突概述和冲突类型

8.1.1 冲突的定义和观念

1. 冲突的定义

何谓冲突？"冲"在古汉语中表示猛烈撞击、情绪激烈等；"突"则表示忽然，超出。"冲突"一词最早出现在《后汉书·刘虞传》："瓒乃简募锐士数百人，因风纵火，直冲突之。"意思是碰撞、冲撞。而《论语·子路》中有言:"君子和而不同。"古人在很早之前便以指出,人与人之间的思想、观念、行为等有分歧是极为常见的。

中华典故　　　　　大义灭亲

《左传·隐公四年》中记载了这样一则故事:春秋时期,卫庄公十分宠爱自己的儿子卫州吁,以至于他恃宠而骄甚至杀兄(卫桓公)篡位。他结识了卫国大夫石碏的儿子石厚,两人共谋,成功即位。卫州吁即位后民不聊生,朝野怨声载道,纷纷提出向周天子揭露卫州吁的恶行。于是卫州吁与石厚商量对策,石厚想到求助父亲石碏,石碏对他说:"陈桓公方有宠于王。陈、卫方睦,若朝陈使请,必可得也。"石碏让他们去找周天子最信任的陈桓公,让其美言几句。二人信之遂赶往陈国。与此同时,石碏已经向陈桓王说明这两人的恶行:"卫国褊小,老夫耄矣,无能为也。此二人者,实弑寡君,敢即图之。"请求陈桓公在卫州吁和石厚去陈国时,将他们逮捕并处以极刑,为卫国除害。两人刚一入境就被捕。九月,卫人使右宰丑涖杀卫州吁于濮、石碏使其宰獳羊肩涖杀石厚于陈。"大义灭亲"这一典故由此而来,故事中包含了君臣、父子冲突。

在当今人类社会组织中,人与人、人与群体、群体与群体之间在日常交往、交流互动中往往会出现摩擦和分歧,彼此之间的关系也会变得更紧张、更疏离,这种双方言语或者肢体上的对峙就叫作冲突。一旦这种紧张状态被交往和互动双方意识到,就会发生组织行为学所称的"冲突"现象(马新建,2015)。冲突是社会学、心理学等学科中的重要概念。冲突广泛存在于各种社会场景,包括组织的正式活动以及人类社会活动的各种形式、各个层面、各个领域和所有主体,影响与制约组织和组织成员的行为倾向及行为方式。

关于冲突的定义有几种不同的看法。Deutsch(1973)认为,冲突是一方获得利益必须以牺牲另一方的利益为代价,对不一致或表面上不一致的目标的追求。Turner 和 Stets(2005)认为,冲突是两方之间公开的互动,冲突行动旨在禁止对方达到目标,是两个以上的统一体为至少一种形式的敌对关系或敌对互动而联结的现象。无论如何定义冲突,对冲突的解释总是围绕着分歧、敌对和目标等概念展开。

关于冲突的主体、客体、管理的看法有:(1)冲突的主体可以是个人、群体或组织,冲突的客体可以是资源、利益、权力、目标、方法、关系、价值观、意见、感情、程序和信息等。冲突是不同主体或主体的不同取向对特定客体处置方式有分歧而产生的行为、心理的对立或矛盾的相互作用状态。(2)冲突管理是对主体的行为、心理、言语等方面进行干预的过程。当人们从对不同主体行为的比较中真正意识到内在冲突、内心矛盾后,才能知觉到冲突,即对冲突的管理是从知觉到行动的全过程。

2. 冲突的观念

人们关于冲突的观念随着社会实践的发展和认识的提高而逐步变迁,概括起来分为传统观念、人际关系观念和相互作用观念(马新建,2015)。19世纪末到20世纪40年代,第二次工业革命结束,世界各国开始激烈地争夺资源。这个时期形成的对冲突的认识比较片面,普遍认为冲突是有害的、消极的,冲突会破坏正常的社会关系,因此应该消灭和避免它，由此形成冲突的传统观念。到了 40—70 年代，第二次世界大战结束，各国大力发展经济，发展成为主题，关于冲突的观念也从原来消极的、有害的转变为正向的，可能会对组织产生积极作用的人际关系观念。70 年代后至今，由于多极化的社会背景、经济全球化浪潮的推进以及跨国公司的出现，对冲突的认识上升到一个比较理性的高度，冲突既具有破坏性也有建设性，应该辩证地看待冲突，这就是相互作用观念（见表 8-1）。

表 8-1 冲突的观念

观念类型	主要内容
传统观念 （19 世纪末至 20 世纪 40 年代）	·冲突是群体内功能失调的结果 ·不良的、消极的、破坏性的 ·管理工作的主要任务之一是避免冲突
人际关系观念 （20 世纪 40—70 年代）	·冲突是与生俱来、不可避免的客观存在 ·冲突具有产生积极作用的潜在可能 ·管理工作应当接纳冲突，使冲突的存在合理化
相互作用观念 （20 世纪 70 年代至今）	·冲突既有建设性、推动性等正面属性，又具有破坏性、阻滞性等反面属性 ·适当的冲突能够刺激组织或群体的活力、生机和创新，成为促进组织变革、保持旺盛生命力的积极动力，从而提高组织绩效 ·管理工作应当刺激功能积极的冲突，充分利用和发挥冲突的积极影响并控制其消极影响

8.1.2 冲突的类型

冲突是普遍存在的现象，有人就有纠纷和冲突，冲突也是现代群体和组织难以避免的社会现象。冲突可大可小，根据人们对冲突的不同视角和不同侧重，常见的冲突分类如表 8-2 所示。

表 8-2 冲突分类

冲突分类	具体类别
冲突主体	个体内部冲突、人际冲突、组织内冲突、组织间冲突、跨文化冲突
冲突性质	破坏性冲突、建设性冲突
冲突形式	认识冲突、情感冲突、目标冲突、程序冲突

1. 按冲突双方主体，可分为个体内部冲突、人际冲突、组织内冲突、组织间冲突和跨文化冲突

（1）个体内部冲突。这种冲突往往是在个人面对多项任务、多个目标且各任务和目标都具有相关性，同时各目标又存在对立性的情况下产生的，通常表现为个人的纠结、犹豫和徘徊等情绪。社会心理学家勒温按照冲突中接近和回避两种倾向的不同组合，划分出个体内部冲突的不同类型（见表 8-3）。

表 8-3　个体内部冲突的不同类型

类型	主要含义
双趋型冲突	个人在对两个及两个以上可能产生正面效应的方案进行抉择时的冲突，如"鱼我所欲，熊掌亦我所欲"式冲突
双避型冲突	个人在对两个及两个以上可能产生负面效应的方案进行抉择时的冲突，这是一种"左右为难""进退维谷"式冲突
趋避型冲突	个人在对一件既可能产生正面效应又可能产生负面效应的方案进行抉择时的冲突，如"祸兮福所倚，福兮祸所伏"式冲突
多重趋避冲突	当两种或两种以上趋避型冲突同时出现时，会形成复杂的多重趋避冲突

中华典故　关云长义释曹操

赤壁之战后，曹操由乌林向华容道败退。曹操途中三笑诸葛亮智谋不足，未在险要之处暗设伏兵。其实诸葛亮派了赵云、张飞和关羽来截击，准备乘胜追击，一举歼灭曹军。诸葛亮本没有安排关羽，因为他知道关羽与曹操的关系，担心关羽放走曹操，为求得诸葛亮的同意，关羽便签下军令状，势必执行命令驻守华容道，消灭曹军。大败而逃的曹军见到关羽，亡魂丧胆、面面相觑。程昱对曹操说："某素知云长傲上而不忍下，欺强而不凌弱；恩怨分明，信义素著。丞相旧日有恩于彼，今只亲自告之，可脱此难。"曹操只得纵马上前，向关羽求情："曹操兵败势危，到此无路，望将军以昔日之情为重。"关羽说："昔日关某虽蒙丞相厚恩，然已斩颜良，诛文丑，解白马之围，以奉报矣。今日之事，岂敢以私废公？"曹操又说："五关斩将之时，还能记否？大丈夫以信义为重。"

关羽当年五关斩将后辞别曹操时曾许下诺言："其有余恩未报，愿以俟之异日。"此时曹操重新提起，关羽义字当头，如何忍心拒绝？于是把马头勒回，对众军说："四散摆开。"这是想放走曹操。曹操见云长回马，便和众将一齐冲过去。关羽回身时，曹操已与众将过去了。关羽大喝一声，众军皆下马，哭拜于地。关羽愈加不忍，正犹豫时，张辽纵马而至。关羽见了又动故旧之情，长叹一声，并皆放去。

关羽陷入公与私、"忠"与"义"强烈的内心冲突：一方面曹操惜才，当年"上马金下马银"，赐关羽"赤兔马"，曹操有恩于己；另一方面关羽奉军令截杀曹操，虽非本意，但军令如山不可违。关羽既想知恩图报，又不想违抗军令。关羽放走曹操最终导致诸葛亮计划失败、功亏一篑，却成就了关云长义薄云天的佳话。还有一种说法认为关羽义释曹操，防止北方大乱。赤壁之后三足鼎立之势形成，从某种意义上，关羽不仅顾全了个人小义，也成就了天下大义。后人有诗曰："曹瞒兵败走华容，正与关公狭路逢。只为当初恩义重，放开金锁走蛟龙。"

(2) 人际冲突。两个或两个以上群体成员在交往时，由于工作或生活目标、风格和价值理念互不相同，容易产生人际冲突。

中华典故　庞涓和孙膑的"相爱相杀"

战国时期，庞涓和孙膑都师从鬼谷子学习兵法。两人一起学习，共同进步。魏惠王想效仿秦孝公寻觅治国理政人才，于是找到庞涓，请他出任魏国的大将和军师。庞涓来到魏国后大有作为，魏惠王甚是满意，又听说孙膑曾是吴国大将孙武的后代，还知晓《孙子兵法》，便想请孙膑前来助力与庞涓一起共事。孙膑来了之后，"庞涓自以能不及孙膑，乃召之；至，则以法断其两足而黥之，欲使终身废弃"。庞涓自知技不如人，于是污蔑孙膑与齐国私通，魏王信以为真，欲杀孙膑，后受庞涓教唆，削去孙膑的双膝盖骨，使他无法站立，成了残废，还以受人贱视的"邢（刑）徒"之名羞辱他。孙膑知道真相后失望至极，意欲逃走，在齐国使臣的帮助下，来到齐国。齐威王也正在改革图强，他跟孙膑谈论兵法后，大为赏识。

后魏国派庞涓进攻赵国，举大量兵力围攻赵国都邯郸，赵国国君向齐国求救，齐威王派田忌、孙膑救赵国。孙膑道："今梁赵相攻，轻兵锐卒必竭于外，老弱疲于内。君不若引兵疾走大梁，据其街路，冲其方虚，彼必释赵而自救，是我一举解赵之围而收弊于魏也。"他认为魏国现在派精锐兵力攻打赵国，国内空虚，正是趁虚而入的时机，庞涓听到后一定会放弃攻赵转而回国，可在半路拦截迎头痛击。果然，庞涓得知后赶紧撤兵，在半路桂陵之地遇到齐军，两军开打，庞涓大败。这就是有名的"围魏救赵"。

公元前341年，魏国又派兵攻打韩国。韩国也向齐国求救。孙膑也使用这一招，只是这次齐国的兵马进入魏国，后在魏国顽强抵抗下，齐国退兵。孙膑说："彼三晋之兵素悍勇而轻齐，齐号为怯，善战者因其势而利导之。兵法，百里而趣利者蹶上将，五十里而趣利者军半至。使齐军入魏地为十万灶，明日为五万灶，又明日为三万灶。"以减灶的方式营造出齐军怯懦的假象，使魏军放松警惕。庞涓果然信了，乃弃步军，与轻锐倍日并行追击齐军。孙膑猜到庞涓会在黄昏到达马陵，马陵道陕而旁多阻隘，可伏兵，乃斫大树白而书之曰"庞涓死于此树之下"。庞涓见到时为时已晚，齐军万弩俱发，庞涓自知智穷兵败遂自刎。这就是著名的"马陵之战"。

孙膑和庞涓之间的冲突以庞涓的自刎结束。"孙膑尝与庞涓俱学兵法"，两人师出同门，共同学习兵法，最后却走到相爱相杀的地步，究其原因就是两人在交往的过程中，其工作和生活目标、风格和价值理念存在差异。

（3）组织内冲突。组织内部由于对目标、习惯、性格、程序、认识等方面意见各异进而产生成员之间的冲突，称为组织内冲突。

中华典故　　　　　　　　　司棋怒砸小厨房

司棋是贾迎春的大丫头、王善保的外孙女、秦显的侄女。她脾气刚烈，雷厉风行。《红楼梦》第六十一回，迎春房里的小丫头莲花到厨房，对柳家的说："司棋姐姐要碗鸡蛋羹，炖得嫩嫩的。"厨房管家柳家的说："就是这一样尊贵，不知怎么，今年鸡蛋短的很，十个钱一个还找不来。昨日上头给亲戚家送粥米去，四五个买办出去，好容易才凑了二千个来，我哪里找去？你说给她，改日吃罢。"莲花儿道："前日要吃豆腐，你弄了些馊的，叫他说了我一顿，今儿要鸡蛋又没有了？什么好东西，我就不信连鸡蛋都没有了？别叫我翻出来！"柳家的借口说鸡蛋短缺，改日再来。莲花趁此说出前几日的不满，还揭开菜箱一看，里面有十来个鸡蛋。一来二去，二人便争吵起来。

— 328 —

此时，司棋打发人来催莲花。莲花赌气回来，把柳家的说的话，添油加醋地跟司棋说了。司棋火冒三丈，伺候迎春吃完饭后，便带了小丫头们来到厨房，喝令小丫头们动手，说："箱柜里所有蔬菜，只管扔出去喂狗，谁也赚不成。"小丫头们七手八脚抢上来，一顿乱翻乱扔，众人一顿好言相劝，司棋才将气渐渐消了。小丫头们东西没摔完，便被拉开了。司棋连喊带骂，闹了一回，带着小丫头们回去了。柳家的摔碗丢盘地咕嘟了一回，蒸了一碗蛋羹叫人送过去。司棋一口没吃，全泼到地上。

柳家媳妇为何会在一碗小小的鸡蛋羹上刁难司棋？柳家媳妇和司棋都是贾府的下人婢女，地位相当，但司棋仗着是秦显的侄女、贾迎春的大丫头而肆意妄为，还指挥柳家媳妇做事，自然会引起柳家媳妇不满。柳家媳妇和司棋性格都很刚烈，容易产生矛盾。这仅仅是《红楼梦》中一处小小的冲突，正如平儿所言：如今各处大小人儿都作起反来，一处未平又起一处，让人不知该管哪一处的事。

（4）组织间冲突。由于资源有限、组织目标等不同，容易形成组织间冲突。

中华典故　　　　被孔子差评的鲁国"三桓"

鲁庄公时代，孟孙氏、叔孙氏和季孙氏三家卿大夫共同把持鲁国大权，史称"三桓专鲁"。鲁桓公之后孟孙氏、叔孙氏、季孙氏三家是鲁国私家势力的代表，与公室开始了夺权之争。卿大夫的同族及其子弟是公室的近亲称公族，子爵贵族等则为私家势力。鲁宣公时期，鲁国大权落于东门氏。宣公死后，其他三家私家势力驱逐东门氏，自此三家私家势力独大之势形成，由此日益骄横僭越。昭公时私家势力更强大，他们甚至将公室的土地和人口私下瓜分，给予公室的纳贡和税赋也减少大半。见此，昭公欲除去其中最强的季孙氏，打击私家势力，结果却被三家私家势力联合击败，败走齐国，在外流亡七年而亡。到了鲁哀公时期，私家势力空前壮大。哀公想要借助越国之力除去三家，但是季孙氏向越国行贿，致使越国拒绝哀公的请求。至此实权完全由私家势力掌握，鲁国公室要看三家脸色行事，从此私家势力完全控制了鲁国，公室再无机会振作。生于春秋后期的孔子坚决反对"三桓"专权。鲁国公族势力和私家势力对政权的争夺体现的就是"公室"与"私室"的组织间冲突。

（5）跨文化冲突。这是指不同形态的文化或者不同的文化要素之间相互对立、相互排斥的过程。在组织对外投资、并购重组等过程中，跨国企业因与东道国文化观念不同而产生跨文化冲突。此外，跨国企业内部因文化的多元性、宗教信仰的差异、员工分属不同文化背景而产生冲突。例如，个体文化鼓励竞争行为，而集体文化强调合作精神，来自这两种不同文化背景的员工在一起工作时，跨文化冲突就在所难免。此外，跨国企业经营理念和管理模式也会面临水土不服以及如何融入当地文化的问题。

中华典故　　　　慈禧乘车

清末，正是中西文化相互交流和碰撞的时期。据说袁世凯为了讨慈禧欢心，从德国进口了一辆汽车送给慈禧。汽车车身为木质敞开式，带顶篷双排座，外形保留着18世纪欧洲马车的痕迹,因形状怪异、体型庞大,与当时宫里的出行工具完全不同,因此被大臣们广泛热议,并上奏道:"伏念中国自尧舜以来,历朝王帝,未闻有轻以万乘之尊,托诸于彼风驰电掣之汽车者……"大臣们认为此等怪物与慈禧尊贵的地位和身份不配,劝慈禧不要乘坐。但慈禧不听,偏要坐车取乐,上座后,发现司机的位置在她之前,这种座位安排严重违背当时中国传统的尊卑秩序。汽车解决不了尊卑问题,让慈禧非常恼火,当即责令司机孙富龄跪着开车。孙富龄只能奉懿旨跪着开车,但手不能代替脚踩油门和刹车,险些酿成大祸,这可吓坏了当时的王公大臣,他们纷纷下跪祈求慈禧太后不要冒这个险。因为不能容忍司机坐前面开车,慈禧对汽车失去了兴趣,这辆车就被长期弃置。这个故事反映了以慈禧为代表的"守旧"观念与以汽车为代表的西方先进技术之间的碰撞和冲突。

2. 按冲突对组织的作用性质,可分为破坏性冲突和建设性冲突

抽象而言,对冲突的看法应该持对立统一的观点。根据刘易斯·科塞(Lewis Coser)的社会冲突理论,冲突具有两个功能,一是正功能,二是反功能。反功能体现的是冲突对组织的负面影响,一般称为破坏性冲突。正功能体现的就是冲突对组织的正向影响,一般称为建设性冲突。

(1)破坏性冲突是对组织有消极影响的冲突。这种冲突的发生主要是因为冲突双方在目标认识、利益和资源分配上不一致,进而产生的双方在言语、行动和心理上的排斥。破坏性冲突对组织来说是不利的,它会打消成员对组织的归属感和认同感,给成员造成心理压力,阻碍组织目标的顺利实现。

中华典故　　晋国解体

春秋时代,晋文侯协助周平王向东迁徙,晋国开始振兴。晋国初期在晋文公、晋襄公、晋悼公几位国君的带领下一度国力强盛、所向披靡,先后称霸长达一百多年。晋国作为中国历史上称霸时间最长的国家,经历了由盛转衰的过程,其中卿大夫起到了决定性作用。晋国自曲沃武公夺取国君之位以来,公族因内部斗争而势力日渐衰落,姬姓公族自相残杀的事件屡见不鲜,晋献公时期更是发生了骊姬之乱。与此同时,卿大夫阶层却发展壮大,公族开始担心卿大夫的壮大会影响到公族权力,于是试图利用卿大夫之间的矛盾使其内部自相残杀。《东周列国志》记载:晋国公族大臣屠岸贾杀死正卿大夫赵朔并灭赵氏家族满门,唯一赵氏孤儿得救并被赵朔的朋友程婴、大臣韩厥抚养成人并取名赵武。赵武长大后在晋悼公的默许下除掉了屠岸贾,复兴了赵氏。这虽然在一定程度上对卿大夫起到了打击作用,但实际上卿大夫势力已如日中天。到了晋灵公时期,国君因荒淫无道、重用奸臣、残害忠良而被卿大夫杀害,公族与卿族的尖锐矛盾浮出水面。后来在卿大夫的相互兼并后,形成了实力最强的六家,即赵、魏、韩、智、中行、范。卿族势力大过公族,六卿把持国政,国君如同傀儡。公元前349年,赵、韩杀晋君,晋国灭亡。由此看来,晋国灭亡的主要导因是公族因利益冲突自相残杀而削弱了自身的实力,卿族势力得到了发展。晋国各方势力都在为自身利益争夺,形成多方割据、势力分散的局面,破坏了组织的协调统一,最终导致晋国解体。

（2）建设性冲突。现代企业管理对冲突的认识已经不仅仅局限在冲突的破坏性作用上，而是转向冲突带给组织的积极影响。组织内的个人主体差异是必然存在的，但为了组织目标的实现，很多时候成员们都会选择隐藏差异，共同营造表面和谐温馨的场面。随着时间的推移，这种表面的和平在特定的条件下会爆发，对企业造成不可逆的负面影响。建设性冲突能允许人们表达自己的观点和看法，有助于组织内部理解和澄清问题，同时在冲突过程中为了解决问题而创造性地寻找问题的解决方案。这种冲突的突出特征是强调事前的识别并创造条件引发冲突，而不是在冲突产生之后予以补救。这样做的好处是能减轻冲突对组织的不利影响，将冲突可控化，提高成员的沟通解决能力，利于决策和协调。

中华典故　　赵奢智谏平原君

赵奢为战国时期赵国名将，与蔺相如、廉颇同位，被后人誉为东方六国的八名将之一。赵奢受封"马服君"，其子孙遂以"马服"为姓，后改单姓"马"，是马姓的重要来源。后人评述赵奢"白起、赵奢、乐毅之属，神于用兵，所向无敌"。

赵奢年轻时曾担任田部吏，负责征收田税。一次他到平原君家收税，平原君是赵国的相国、赵王的弟弟，也是权势显赫的战国四大公子之一，位尊一时。平原君的管家见赵奢前来收税，仗着自己有平原君在背后撑腰，态度十分骄横，拒不纳税，还将赵奢和他的几个手下团团围住。

赵奢十分气愤，以法治之，杀用事者九人。这件事传到平原君那里，他大发雷霆。赵奢对平原君说："君于赵为贵公子，今纵君家而不奉公则法削，法削则国弱，国弱则诸侯加兵，是无赵也，君安得有此富乎？以君之贵，奉公如法则上下平，上下平则国强，国强则赵固，而君为贵戚，岂轻于天下邪？"大意是，您若凭着自己是赵国的贵戚蔑视法律，国家法律的力量就会被削弱，国家的实力也就下降了，到时周边国家就会趁机侵犯我国。赵国灭亡了，您还能享受这些荣华富贵吗？若您作为贵戚带头奉公守法，可使全国上下一心，则国家富强，国家富强了，赵国的政权自然稳固，您作为皇亲国戚，还会被天下人轻视吗？

平原君理解了赵奢的忠心，认定赵奢是个贤能的人才，把他推荐给赵王，赵王命赵奢统管全国赋税。几年后，赵国的税负公正合理，适时按量收缴，出现"国赋大平，民富而府库实"的安居乐业景象。可见赵奢的一番话不仅解决了自己和平原君之间的冲突，还为国库收支带来了好处。

3. 按冲突呈现的基本形式，可分为认识冲突、情感冲突、目标冲突和程序冲突

（1）认识冲突。这是因不同主体对同一事物存在不同看法和观点而产生的一般性认识偏差引起的冲突。

（2）情感冲突。这是因不同主体受不同情感因素影响而对事物产生不同的看法所引起的冲突。

（3）目标冲突。这是因不同主体对同一事物产生不同的目标追求或者对结果具有不同的接受程度所引起的冲突。

（4）程序冲突。这是因不同主体对目标实现采取的程序和方式存在顺序与偏好误差而产生的冲突。

8.1.3 冲突产生的根源

觉察和理解冲突的来源,对于解决冲突至关重要。目前对于冲突产生的原因,分析较为全面的是杜布林冲突根源分析、纳尔逊-奎克冲突根源分析及罗宾斯冲突根源分析三种类型。

1. 杜布林冲突根源分析

杜布林(Dubrin)列举了冲突产生的八个方面原因(见表8-4):人的个性、有限资源的争夺、价值观和利益的不一致、角色矛盾、追逐权力、职责划分不清、组织出现变化、组织风气不正。

表8-4 杜布林冲突根源

冲突根源	具体解释	古代示例
人的个性	人的个性影响人的行为,在不同的环境下产生不同的效果	《红楼梦》中林黛玉被下人如此评价"这张嘴说出话来比刀子还尖",贾宝玉的丫鬟也说林姑娘的嘴刻薄
有限资源的争夺	资源有限而人的欲望是无限的,这种矛盾造成了资源的稀缺性,加剧了人们对资源的争夺	如韩非所言,"人民众而货财寡,事力劳而供养薄,故民争"
价值观和利益的不一致	不同的个人、群体和组织受教育、成长环境的不同会形成不同的价值观和利益,当他们在一起工作时,观念上的分歧往往会造成行为的不和谐进而引发冲突,同时对利益的追求会加剧冲突的发生	荀子认为冲突的根源在于人与生俱来的欲望,"人生而有欲,欲而不得,则不能无求,求而无度量分界,则不能不争。争则乱,乱则穷。"
角色矛盾	组织中的个人和群体都扮演不同的角色,处于不同的职位,承担不同的责任。当两个或多个角色一起工作时,角色赋予的责任会影响成员的行为进而引发冲突	一个人"既唱红脸,又唱白脸",这种角色矛盾会引发个人或群体的紧张状态,从而引发冲突
追逐权力	人的社会属性驱使人渴望和追求权力。权力在个人或群体中的吸引力往往是很大的,权力欲望和追逐权力的行为会消极地作用于与自身发生交往和互动关系的其他个人或群体,导致彼此间发生冲突	康熙时期的"九子夺嫡"源于皇子们对权力的追逐
职责划分不清	职责划分不清意味着在一个组织或群体中对于既定的目标,成员无法理解任务分布情况,对自己的责任和义务认识模糊。在这种情况下容易出现成员之间互相推诿责任或揽为己任以争夺好处的情况,自然会引起冲突	如对中国古代监察制度,明太祖曾说:"风宪之任,在肃纪纲,清吏治,非专理刑。"监察机关的专职是"劾",而不是"理刑"或者"审"。然而在具体实践中并未实现,甚至在唐朝出现了御史台收受诉讼,还自设监狱,与大理寺分庭抗礼的局面

(续表)

冲突根源	具体解释	古代示例
组织出现变化	组织出现较大的变化或变革能够引起或加剧冲突。组织实施改革、重组或兼并时，必然会打破旧有的利益格局，使不同的个人或群体产生不同程度的恐慌和焦虑，这是组织冲突的高发阶段	如王莽新政中的举措：土地改革、币制改革、商业改革和官名县名改革。由于政策多迂腐且不合实情，百姓未蒙其利而先受其害，朝令夕改，使百姓官吏无所适从，不仅未能挽救西汉末年的社会危机，反而进一步激化各种矛盾
组织风气不正	组织冲突的水平和性质与组织的风气密切相关。正常和健康的组织文化、传统、组织风气和组织关系往往能促进冲突的顺利解决	《宋人轶事汇编》曾记载，钱俶进宝犀带，太祖曰："朕有三条带，与此不同。"俶请宣示，上笑曰："汴河一条，惠民河一条，五丈河一条。"俶大惭服。赵匡胤以江山为宝，不沉迷于凡尘之宝，不玩物丧志，立意悠远、格局宏大，在某种程度上这也是一种健康的组织文化

2. 纳尔逊-奎克冲突根源分析

纳尔逊（Nelson）和奎克（Quaker）认为冲突产生的根源可以分为结构因素和个人因素两个大类（见表8-5）。结构因素又可分为专业化、工作流程、共用资源、目标差异、职权关系、地位矛盾和管辖权的模糊；个人因素可以分为技术和能力、个性、价值观和道德观、情绪、沟通障碍和文化差异。

表8-5 纳尔逊-奎克冲突根源分析

因素	具体类别	相关解释
结构因素	专业化	当工作高度专业化时，可能会出现成员对工作不理解的情况，认识上的偏差最终会导致冲突
	工作流程	工作流程也会引发冲突。当个人和群体在前任的个人或群体之后继续完成工作，可能会出现信息交接和传达的问题，进而造成情绪上的不满而引起冲突
	共用资源	类似于杜布林冲突根源分析中的有限资源的争夺，当共享资源稀缺时，个体或群体都会争夺资源进而产生冲突，如春秋五霸、战国七雄争夺土地等资源
	目标差异	若组织内部存在多个不相容的目标，则成员在为各自目标工作时难免会产生冲突
	职权关系	好的职权关系会激发成员的创造力和想象力，为组织带来更大的效益。命令式的职权关系则会压制员工的积极性，打击员工的上进心，甚至造成上下级的冲突
	地位矛盾	组织中的地位悬殊和特权横行会造成成员心理的不平衡，引起怨恨和不满。司马迁对此也说过："以权利合者，权利尽而交疏。"强调特权会造成组织内部的疏离
	管辖权的模糊	组织中权责不清晰、界限不明，会产生员工推卸责任或者争相邀功等情况，推卸责任则会引起冲突

(续表)

因素	具体类别	相关解释
个人因素	技术和能力	技术和能力的参差让组织内成员们的工作进度不一致，能力强的员工会互相产生依赖，而能力弱的员工则需要不断学习，能力不同的员工间沟通不畅。孔子曾说："生而知之者，上也；学而知之者，次也；困而学之，又其次也；困而不学，民斯为下矣。"强调了技能水平的重要性
	个性	人的个性在成长环境、教育、家庭等多种因素的共同影响下形成。个性的差异会使个人采取不同的方式解决问题，在一起工作的过程中，人们可能会因差异化的个性而产生冲突，"性相近，习相远"说的就是这个道理
	价值观和道德观	价值观和道德观的差异会引发冲突。在德行上，儒家强调做君子，而君子与小人总是对立存在的，两者在思想与行为上是相互冲突的。"君子中庸，小人反中庸。君子之中庸也，君子而时中。小人之（反）中庸也，小人而无忌惮也。"
	情绪	情绪可能是工作中冲突的来源，家庭中的问题也可能波及工作场所，因此做好情绪管理很重要，"乐而不淫，哀而不伤"是情绪管理的最高境界
	沟通障碍	空间距离、语言等方面的沟通障碍可能会导致信息被误解，也可能导致冲突，"智者善听，愚者善说"说的就是要重视沟通的作用
	文化差异	文化的多样性可以为组织的创新注入活力，但有时也可能成为冲突的根源

3. 罗宾斯冲突根源分析

斯蒂芬·罗宾斯将冲突根源分为三类：结构因素、沟通因素和个体行为因素。

（1）结构因素是指组织内部因存在管辖范围不清晰、领导风格不适配、奖酬体系不合理等组织结构问题而造成的组织内成员的冲突。

中华典故　　　　　　　　　　**不患寡而患不均**

春秋时期，鲁国政权在公族势力和私家势力的争夺中逐渐落入私家势力手中，为了巩固自己的私家势力，季氏想通过兼并属国颛臾来扩大优势，但这一行为遭到孔子的反对，他提出自己的治国理念："丘也闻有国有家者，不患寡而患不均，不患贫而患不安。盖均无贫，和无寡，安无倾。夫如是，故远人不服，则修文德以来之。既来之，则安之。"孔子认为，有些国君，不去积累财富，反而担心财富分配不均匀；不去安抚人民，反而只担忧境内不安定。若财富平均，便不会有贫穷；若境内和平团结，便不会觉得人少；若境内平安，国家便不会倾危。如果做到这样，远方的人还不归服，就用仁义礼乐招徕他们。他们既然来归顺了，就要使他们安心。如今国家内部四分五裂却不能稳定统一，反而策划兼并其他属国，恐怕季氏的忧虑，不在颛臾，而在鲁国内部。

孔子指出鲁国目前出现矛盾的原因并不是外在的威胁，而是内部管辖范围内的奖酬体系没有做到平均而难以服众，季氏的做法只是通过外部冲突来转移内部分配不均的冲突。

（2）沟通因素是指主体双方对语义理解的困难、双方信息交流的不充分以及沟通渠道中的噪声都会成为引发冲突的潜在原因。

中华典故　　　　　　　　孔子误会颜回

颜回是孔子最得意的学生，在孔子三千弟子中得到的夸赞最多。即使如此，两人也曾发生过误会。《吕氏春秋》中记载孔子在周游列国时有一次受困于陈国和蔡国之间，七天没有吃过米饭。一天中午颜回讨来一些米煮粥，饭熟时，孔子看见颜回居然偷偷地用手抓取锅中的饭吃。孔子有些震惊和不满，但还是装作没看见。当颜回进来请孔子吃饭时，意思是道："今者梦见先君，食洁而后馈。"意思是在这等艰苦的环境下还有米饭可吃，实在感恩上天馈赠，理应先用这些米饭来祭祀上天。颜回对曰："不可。向者煤室入甑中，弃食不详，回攫而饭之。"意思是刚刚炭灰飘进了锅里，弄脏了米饭，丢掉又浪费，就抓起来吃了，因此不能用来祭祀上天。孔子曰："所信者目也，而目犹不可信；所恃者心也，而心犹不足恃。弟子记之，知人固不易矣。"孔子方知刚才误会了颜回，感叹眼见未必为实。这个故事中颜回未及时与孔子沟通解释自己的想法和行为，导致孔子误会颜回对天地和恩师不敬，引发后面两人的对话。

（3）个体行为因素是指个体的价值观、身份地位、权力高低等特征。例如，高权威且武断的人更容易引起冲突。在中国历史上，有很多君王为维护自身权威而削弱诸侯势力进而引发战争的故事，如繻葛之战。

中华典故　　　　繻葛之战：箭射周天子

腐败、昏庸、残暴的周幽王被犬戎兵杀死后，王室实力大减。周平王在位期间，仰仗晋国和郑国势力勉强维持天子权威，郑国国君也被封为王朝卿士，一度一人之下、万人之上，权力颇大。后周平王重用西虢公并一度想削弱郑国势力，但都未能成功。公元前720年，周平王死，周桓王即位。

为了实现削弱郑国势力的目的，周桓王即位后，采取了一系列强硬措施：任命虢公林父为右卿士，以分郑庄公之权。这一举动直接削弱了郑庄公的权力，引发了郑庄公的强烈不满，二人矛盾激化。公元前707年，周桓王更是免去郑庄公卿士一职。同年秋，为维护天子尊严，周桓王亲自率领陈、蔡、虢、卫四国联军围攻郑国，郑国迎战于繻葛之地，这便是著名的"繻葛之战"。战中，郑庄公巧用车战战斗队形"鱼丽之阵"，相互掩护、密切协同，直接击溃敌军，郑国大将祝聃更是一箭射中周桓王左肩，敌军仓皇而逃。

经此一战，周天子威信全无，礼乐及发令征伐的权力彻底崩坏。正是因为周天子为维护自身权威而引起与诸侯间的冲突才会引发战争，最后战败而逃，权威尽失。

◆ 8.1.4　冲突的形成过程

任何事物的发展都不是一蹴而就的，而是一个动态的过程。所谓过程，是指一切事物都有发生、发展和转化为其他事物的历史，都有它的过去、现在和未来。冲突也不例外。

现实中的冲突一般是从冲突的相关主体在沟通、结构和个人的前提条件下产生的潜在对立意向转化为对双方感觉、认知上的差别认识，进而形成双方在冲突处理情绪上的行为意向，再到将冲突公开的行为过程，最后生成行为结果，造成对组织的正面或负面的影响的过程。组织内的冲突一般来说是相互依赖和相互作用的（见图8-1）。

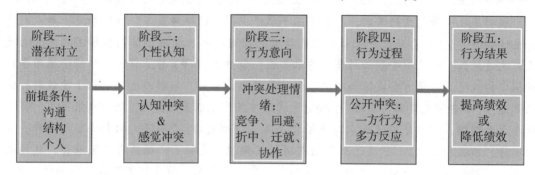

图8-1 冲突形成过程

目前，对冲突形成过程影响最大的理论是美国著名管理学者斯蒂芬·罗宾斯提出的"五阶段模式"（见图8-2）。他把冲突的整个变化过程划分为五个可以辨认的发展阶段：潜在冲突—知觉（认知和个性化）冲突—意向冲突—行为冲突—结果冲突。

图8-2 冲突五阶段模式

（1）潜在冲突阶段是冲突的萌芽阶段。这一阶段冲突双方受到组织结构、个人价值观、沟通因素的影响，开始形成不同主体对同一事物的差别认识，为引发冲突做好准备。这些条件是冲突的催化剂，会一定程度地加速冲突进程。

（2）知觉冲突阶段又称冲突的认知期。这一阶段冲突主体已经感觉到双方的认识差别，他们会辨别冲突产生的根源、时间以及对冲突的忍受程度。但目前冲突还不会表象化，只是主体内心产生的焦虑和不满的活动较多。

（3）意向冲突阶段又称冲突的行为意向阶段。这一阶段冲突已然形成，冲突双方开始决定采取怎样的方式和手段来处理冲突。双方会站在自己的价值观、利益区间、个人认知上进行抉择，感性因素和理性因素开始博弈，选择出一个最佳方式来解决冲突。

（4）行为冲突阶段又称冲突的行为阶段或冲突的公开表现阶段。这一阶段双方正式采取行动并做出一定的冲突行为，按照自己的利益区间、基于自己的价值半径、执行自认为正确的行动方案，只为实现自己的愿望。这一阶段也是冲突最剧烈的阶段，组织应该做好控制和协调以避免较大损失。

（5）结果冲突或冲突结果的影响阶段。这一阶段冲突行为已到尾声，双方采取的行动都产生了具体的后果和影响。这些后果会反映到主体个人或者组织层面，形成对个人或者组织积极或消极的影响，也就是建设性冲突或者破坏性冲突。

总之，冲突形成过程可以分解成上述五个阶段来加以分析认识，但是实际的冲突过程是千变万化、复杂多变的。运用冲突形成过程的五阶段分析模型，我们能够比较系统地解析和认知冲突形成中循序演进的不同冲突形态产生、发展、演变、结束的动态过程。

中华典故　　　　晴雯被逐出贾府

晴雯是贾宝玉房里的四个大丫鬟之一，金陵十二钗又副册之首。晴雯幼失父母，被贾府大总管赖大买去，后为贾母所喜，赖大家的又将她孝敬给贾母。此时晴雯才十岁，连自己的姓氏都不知道。贾母见晴雯"甚好"，其他丫鬟"言谈针线都不及她"，就把晴雯派到宝玉身边，供宝玉"使唤"。晴雯长得风流灵巧，眉眼儿像林黛玉，口齿伶俐。晴雯的判词为：霁月难逢，彩云易散；心比天高，身为下贱；风流灵巧招人怨；寿夭多因毁谤生，多情公子空牵念。判词中"心比天高"与"身为下贱"本身就是一对冲突。晴雯从被贾母喜欢，甚至有意让晴雯做宝玉的偏房，到被逐出贾府，是冲突形成的一个典型过程。

潜在冲突阶段：风流灵巧招人怨

晴雯虽是丫鬟，却孤傲不驯、自命不凡、锋芒毕现、朴直念旧、性急浮躁、火爆易怒、口齿尖刻、争强善妒、骄纵任性。晴雯因自身存在问题而引起众人不满。袭人曾笑道："我们都去了使得，你却去不得。"晴雯道："唯有我是第一个要去，又懒又笨，性子又不好，又没用。"袭人笑道："倘或那雀金裘褂子再烧个窟窿，你去了，谁能以补呢？你倒别和我拿三撇四的，我烦你做个什么，把你懒得横针不拈、竖线不动。一般也不是我的私活烦你，横竖都是他的，你就都不肯做。怎么我去了几天，你病得七死八活，一夜连命也不顾，给他做了出来。这又是什么缘故？"宝玉的溺爱造成晴雯骄纵的个性，为冲突埋下了隐患。

知觉冲突阶段：寿夭多因毁谤生

知觉阶段正是贾府减侈时期，加上王善保家极尽渲染晴雯有多"咬牙难缠"："太太不知道，头一个宝玉屋里的晴雯，那丫头仗着她生得模样儿比别人标致些，又生了一张巧嘴，天天打扮得像个西施的样子，在人跟前能说惯道，掐尖要强。一句话不投机，她就立起两个骚眼睛来骂人，妖妖娇娇，大不成个体统。"王夫人在王善保家的提议下，把晴雯叫来亲自验视。这一验视，坐实了王善保家的话。王夫人不但亲眼见过晴雯"骂小丫头"，而且出现在王夫人面前的晴雯，"钗軃鬓松，衫垂带褪，有春睡捧心之遗风"，确实如王善保家的所说"妖妖娇娇，大不成个体统"。这本来已经够"咬牙难缠"的了，结果却远不止于此，接下来因为王善保家的开了头，"本处有人和园中不睦的，也就随机趁便，下了些话在王夫人耳中"，那些平时受够了气的婆子，都趁这个机会来出气。

意向冲突阶段：挑选新人守规矩

此时王夫人已有意并决定赶走晴雯，同时也做出相应的行动。王夫人自那日着恼之后，王善保家的趁势告倒了晴雯，本处有人和园中不睦的，也就随机趁便下了些话，王夫人皆记在心中。因节间有事，故忍了两日，今日特来亲自阅人，一则为晴雯犹可，二则因竟有人指宝玉为由，说他大了，已解人事，都由屋里的丫头们不长进教习坏了。因这事比晴雯一人更甚，乃从袭人起以至于极小作粗活的小丫头们个个亲自看了一遍。

— 337 —

行为冲突阶段：病弱丫头惨被撵

得王夫人吩咐后，老婆子忙说道："你们小心，传齐了伺候着。此刻太太亲自来园里，在那里查人呢。只怕还查到这里来呢。又吩咐快叫怡红院的晴雯姑娘的哥嫂来，在这里等着领出他妹妹去。"因笑道："阿弥陀佛！今日天睁了眼，把这一个祸害妖精退送了，大家清净些。"宝玉闻得王夫人进来吩咐老婆子叫怡红院将晴雯领回去。晴雯四五日水米不曾沾牙，恹恹弱息，从炕上被拉了下来，蓬头垢面，两个女人才架起来去了。王夫人吩咐，只许把她贴身衣服撂出去，余者好衣服留下给好丫头。

结果冲突阶段：多情公子空牵念

晴雯被逐后住在亲戚家，整日病恹恹的，卧病在床。宝玉得知后前去看望，见其睡在芦席土炕上，幸而衾褥还是旧日铺的。在宝玉见她的几天后，晴雯便死了。在晴雯被逐的整个过程里，体现了冲突形成的五个阶段，从潜在时期自身骄纵埋下的祸根，到贾府减仆时期王善保家的多言，再到王夫人亲眼所见的感知判断并产生意向，最后做出逐出晴雯的行为，最终导致晴雯惨死的结果。

8.2 组织的冲突管理

8.2.1 冲突管理含义

有了冲突，也知道了冲突产生根源后，接下来就是如何做好冲突管理。冲突管理（conflict management）是指对冲突双方信念、个性、价值观念等差异性关系的重组和协调。冲突管理是对相悖的利益关系、消极被动的管理反馈机制、无序的组织规章和僵化的沟通体系等组织内部流程及个人特性的调节和变革。冲突的形成不是单一因素造成的，是个人、组织、管理等多因素共同作用下形成的，对冲突的管理也不应局限于解决冲突双方的个人因素，而应该辩证地看待冲突的两面性。

8.2.2 冲突管理原则

《孟子·公孙丑上》记载："得其法者事半功倍，不得其法者事倍功半犹不可知。法者章法也，原则也。"冲突管理若失去"章法"，把握不住原则，则不仅会事倍功半，而且可能会事与愿违、适得其反。冲突管理中常用的原则如下：

1. 激发建设性冲突，避免破坏性冲突

现代西方冲突理论中最主要的冲突管理原则就是激发建设性冲突，避免破坏性冲突。冲突对组织的影响有两面性：破坏性冲突会削弱组织的凝聚力和向心力，激发恶性竞争，甚至引发暴力行为；建设性冲突会促进成员头脑风暴，刺激思想碰撞，给组织带来新的创意和想法，进而提高决策效益。因此，冲突管理中应当奉行此原则，一定要正确处理和尽量控制引起破坏性冲突的各种因素、冲突过程、冲突行为，同时努力把已出现的冲突引向建设性的方向，为建设性冲突的产生创造必要的条件和环境，达到趋利避害的效果。

2. 树立大局观点，兼顾事前、事中和事后

对冲突的管理不应仅仅局限在事后处理上，事前准备和事中控制也应得到重视。很多冲突的出现往往是因对冲突事前根源分析不到位所导致的。片面地认识冲突、简化冲突产生阶段、忽略冲突产生的4和必要条件，容易导致冲突呈现破坏性的特征，同时为冲突的管理和解决埋下隐患。冲突管理贯穿于事物发展的始终，事前预防冲突，阻断冲突产生的途径；事中控制冲突，采用合理的策略解决冲突并维护主体利益；事后分析冲突，了解冲突发生的必要条件，及时排查冲突隐患。

中华典故　　田单复齐

田单，战国时期齐国名将，初任市掾，只是管理市场秩序的小吏，即墨之战后他一战成名。乐毅率领五国军队，攻打齐国，齐国丢失了七十多座城邑，危在旦夕。《史记·田单列传》中对田单以弱胜强，大破燕军，恢复齐国的故事大加颂扬，司马迁在《史记》中为他作传。这场战争之所以能大胜，原因在于田单用计之巧，他善于兼顾事前、事中和事后，纵观全局。

（1）巧用反间计，注重事前准备，制造冲突。燕昭王死后，燕惠王成为新的君王，燕惠王与一直辅佐燕昭王振兴燕国的大臣乐毅有嫌隙。田单得知此事后，利用两人的关系巧用反间计制造"乐毅欲王齐"的虚假舆论，传达出乐毅假借即墨之战、实则欲为齐王的消息。宣言曰："齐王已死，城之不拔者二耳。乐毅畏诛而不敢归，以伐齐为名，实欲连兵南面而王齐，齐人未附，故（姑）且缓攻即墨以待其事。齐人所惧，唯恐他将之来，即墨残矣。"燕惠王听到后信以为真，使骑劫代乐毅。这样一来，乐毅这位卓越的军事家和战略家就无法为燕国出谋划策，燕国也损失一名大将。此外，田单深知民心之重，又知齐人不满燕军割被俘齐人的鼻子还破坏齐人祖先坟墓，于是暗中照此行事，激发齐人对燕军的愤怒，形成众志成城之势。

（2）巧用造神计和诈降计，合理事中调整，控制冲突。在抗击燕军时，他让齐人在饭前先用食物祭祀祖先，食物残渣吸引了鸟雀，然后命一卒假称"神师"，利用神师之说营造天神营救的假象，向齐人传达必胜决心，鼓舞士气。此外，他派使者约降于燕军，说道："即墨即降，原无虏掠吾族家妻妾，令安堵。"意思是，希望在齐人投降时燕军不要俘虏家眷妻儿，让他们安居，利用诈降的计谋让燕军松懈。

（3）巧用火牛阵破燕，开展事后行动，解决冲突。此时双方士气此消彼长，正是攻其不备的好时机。夜晚，田单乃"收城中得千余牛，为绛缯衣，画以五彩龙文，束兵刃于其角，而灌脂束苇于尾，烧其端。凿城数十穴，夜纵牛，壮士五千人随其后"。牛尾热，怒而奔燕军，燕军夜大惊。田单用披五彩龙文绛缯衣之火牛，大破燕兵于即墨，并乘胜追击，收回齐国丧失的七十余城，迎齐襄王入临菑听政，恢复齐国。

在这个过程中，田单合理利用冲突的事前准备、事中调整和事后行动三个阶段，全面综合地看待矛盾和问题，从而大破燕军，复兴齐国。

3. 和而不同，因地制宜

"和而不同"这一观点出自《论语·子路》："君子和而不同，小人同而不和。"意思是，和睦地相处但不随便附和，要保留事物本身的特质，从事物本身出发，对具体的问题具体认识、分析和解决。尊重事物的差异性、多样性、多变性和独特性，这种思想与现代冲突管理的实践尤其是处理冲突的经验是相同或相近的,很有指导价值。这一原则追求一种平衡状态,维护共同的利益,"求同存异"既保持普遍性又允许特殊性,能够减轻破坏性冲突引发的负面影响。

中华典故　　伍子胥因地造姑苏

伍子胥,春秋时期吴国大夫,他足智多谋,在诸侯中素有威名。

一次吴王阖闾向伍子胥请教治国安民的大计,子胥曰:"凡欲安君治民,兴霸成王,从近制远者,必先立城郭,设守备,实仓廪,治兵库。斯则其术也。"伍子胥认为安邦治国应该修筑城墙,装备武器,粮仓充实,治理兵库。阖闾也十分赞同:"善。夫筑城郭,立仓库,因地制宜,岂有天气之数以威邻国者乎?"子胥曰:"有。"阖闾曰:"寡人委计于子。"阖闾又问能否根据天象地形造城池进而威慑邻国,伍子胥使用"相土尝水,象天法地"造筑大城。伍子胥按照水陆并行的双棋盘格局,修建坚固的城墙,修护城河,奠定了今天苏州江南水乡的基础。"周回四十七里,陆门八,以象天之八风。水门八,以法地之八聪。筑小城,周十里,陵门三,不开东面者,欲以绝越明也。立阊门者,以象天门通阊阖风也。立蛇门者,以象地户也。"楚国在西北方向,阖闾想向西攻占楚国,于是根据天象设立了阊门,并取名为"破楚门";又想向东兼并越国,于是设立蛇门制衡越国。伍子胥派人观测天象,考察地理,又根据四方邻国的实际情况确定各个城门的朝向和大小,造出坚固的城池。宋范成大在《吴郡志·城郭》中提出:"周回四十七里,陆门八以象天之八风,水门八以法地之八卦。筑小城,周十里。门之名,皆伍子胥所制。东面娄、匠二门,西面阊、胥二门,南面盘、蛇二门,北面齐、平二门。"伍子胥为吴国建造了一个新的都城——阖闾大城,即苏州城。这种"因地制宜"的办法,果然很快使吴国强盛起来。据统计,与苏州城同期建立的古城全国有140多座,至今尚存6座,而仍坐落在原址的古城唯有苏州。

8.2.3　冲突管理基本策略

1. 托马斯二维模式

美国的行为科学家托马斯(Thomas)和基尔曼(Kilmann)提出二维模式,以沟通者潜在意向为基础,认为冲突发生后,参与者有两种可能的策略可供选择:关心自己和关心他人。其中,纵坐标"关心自己"表示站在自己利益的程度,横坐标"关心他人"表示站在自己利益的基础之上与他人合作的程度,从而形成冲突行为的二维空间,由此产生五种不同的冲突管理策略:竞争、合作、妥协、迁就和回避(见图8-3)。冲突管理的五种基本策略及其表现形式如下:

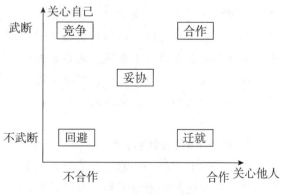

图8-3　托马斯二维模式

（1）竞争策略。竞争策略又称强制策略，是一种"我赢你输"、利己而不顾他的冲突管理策略。采取这种策略的人，往往通过自身权力、地位、身份等优势向他人施压，从而迫使对方采取退让、妥协甚至损害自身利益的方式应对冲突。采取这种策略的人往往很难让人信服，同时也可能背负骂名。竞争策略常利用"赢—输"局势、敌对争斗、迫使对方认输、运用权力等优势来达到目的。

中华典故 旗鼓相当的左宗棠和李鸿章相斗二十余年

清朝晚期，左宗棠和李鸿章成为中国军事与国防的两大"山脉"。两人文武双全、才智过人，双雄并立，在面对国家大计时都有自己的看法，时而产生摩擦。

在镇压太平天国运动时期，朝廷派左宗棠统浙江事务，派李鸿章协助曾国藩和曾国荃包围太平天国都城天京，但李鸿章不愿前去而转战浙江并在此劫掠财富。在李鸿章的压榨下，左宗棠几乎筹集不到军饷，这让他怒火中烧，性格倔强耿直的他直接一封奏折呈上金銮殿，状告李鸿章"越境掠功"，对此李鸿章回应道："此间军事粗称顺手，欲保苏、沪不得不分攻常、嘉，而左公忌嫉之深，不以保土相谅，揆古例今，殊非常情。"因此事两人结下梁子，正式交恶，几乎到了老死不相往来的地步。

之后朝廷命两人剿灭捻军，李鸿章负责东捻军，左宗棠负责西捻军，但因李鸿章救驾不力，西捻军直逼北京，引得皇帝震怒，遂决定以"拔双眼花翎、褫夺黄马褂"等处罚李鸿章。李鸿章写信给其弟讨伐左宗棠："左公（左宗棠）放贼出山，殃及鄙人！"而后又因左宗棠上报朝廷说明捻军统帅张宗禹逃走一事，破了李鸿章说其已死的说法，引得李鸿章更大的不满。再到后来，新疆库车爆发农民起义，建立热西丁政权，同时日本入侵台湾岛，在腹背受敌的情况下，李鸿章主张塞防，将"停撤之饷，即匀作海防之饷"。左宗棠则主张"自撤藩篱，则我退寸而寇进尺"，又被任命为钦差大臣，督办新疆军务，最后成功收复新疆，获封侯爵、东阁大学士，可入军机处。但李鸿章认为他小人得志，并戏称他为"破天荒相公"。

一直到左宗棠病逝前，两人都一直处于明争暗斗状态，悲郁不已的左宗棠死后，李鸿章送了一副挽联总结两人的恩怨："周旋三十年，和而不同，矜而不争，唯先生知我；煜耀九重诏，文以治内，武以治外，为天下惜公。"

（2）回避策略。回避策略是指既不满足自己利益也不顾及对方利益的冲突管理策略。采取这一策略的人始终保持中立的态度，将自己置身事外，任由事态肆意发展，对冲突的解决和处理并不上心，以回避的方式试图冷处理冲突，避免经历尴尬、紧张和对峙的场面。回避策略的常见表现有：①忽略冲突并希望冲突消失；②以缓慢的程序节奏来平抑冲突；③不把问题作为主要考虑对象或将此问题束之高阁。这种策略在冲突双方关联性较弱时作用较大，可以尽量避免冲突面扩大，防止破坏性冲突对组织产生消极影响。但是，一旦冲突双方关联性较强，这种策略就可能会加剧冲突，会影响到组织任务的效益，浪费组织资源并增加组织处理冲突的成本。

中华典故 六尺巷

安徽桐城六尺巷的故事一直广为流传，故事中张英忍让谦逊的品格更受到人们普遍的称赞。近代姚永朴的《旧闻随笔》一书中记载，张文端公居宅旁有隙地，与吴氏邻，吴越用之。家人驰书于京都，公批诗于后寄归，云："一纸书来只为墙，让他三尺又何妨。长城万里今犹在，不见当年秦始皇。"吴闻之感服，亦让三尺。其地至今名为六尺巷。清康熙年间，张英担任文华殿大学士兼礼部尚书。他老家桐城的官邸与吴家为邻，两家因一条巷子争执不下，张家人写信告知张英。张英看信后认为应该谦让邻里，遂写下这四句话。张家人看到后心中明白便主动让出三尺空地，吴家顿时信服，也让出三尺，"六尺巷"由此得名。"六尺巷"所承载的"礼让"品德，不但巧妙化解了冲突，更让这种精神深入人心。

（3）合作策略。合作策略是指既满足于自身利益又充分考虑对方利益的冲突管理策略。采取这种策略的人追求的是双赢的局面，在不损害任何一方利益的情况下顺利解决冲突。这种方法以一种和平、柔和的方式控制冲突，将冲突控制在可控范围内，防止产生破坏性冲突，对组织也有建设性的作用，减少了解决冲突的各种成本。合作策略的基本前提是：①冲突是双方必须面对的共同问题；②冲突双方始终处在平等的地位；③冲突双方愿意和平解决冲突，充分沟通；④每一方都积极理解对方的需求和观点，寻找"双赢"方案。

中华典故 范蠡卖马

范蠡，春秋末期政治家、军事家、谋略家、越国相国、上将军，曾献策扶助越王勾践复国。除了在军事上具备卓越的才能，他也具有经济头脑。在齐国生活期间，范蠡发现这里的马匹优良，非常适合作战，而吴越一带缺少这种良马；但是齐越两国相隔甚远，且路途经常遭遇强盗土匪，如何将马匹顺利运出去是个至关重要的问题。范蠡经过调查发现：齐国有一个商人姜子盾，势力庞大，经常贩卖麻布到吴越地区，沿途之地，姜子盾都会用金钱仔细打点，也就没有强盗土匪抢劫他的货物。了解到这些后，范蠡计从心来，准备利用姜子盾的势力帮自己运马。当天，范蠡拟写了一张榜文，贴在城门处公示，其上大意为："本人最近组建了一支马队，用来运送货物。开业优惠期间，运送货物一律免费。"此榜文一出即传至全城，自然也传到姜子盾耳中，于是他立即到范蠡府上拜访。对于姜子盾的到来，范蠡早已料到，不过他表面上还是故作惊讶，礼遇有加。两人寒暄一番后，姜子盾直入主题，谈及来意，请求帮运布料，范蠡当即答应。最终，借助姜子盾的"钱道"，范蠡平安把马匹运至越国，赚了无数钱财。姜子盾恍然大悟，对范蠡佩服不已。

范蠡巧妙地将贩卖马匹和贩卖麻布结合在一起，最终实现了双方互惠互利、合作共赢。

（4）迁就策略。迁就策略又称克制策略或迎和策略，是指完全放弃、牺牲或压制自身利益而成全对方利益的冲突管理策略。采取这种策略的人通常站在大局的角度，以长远全面的观点武装自己,换得日后与对方的合作机会或者受到对方势力的压迫而不得不屈从。迁就策略的常见表现有:①退让或让步;②屈服或顺从;③赞扬、恭维对方;④愿意改进关系,提供帮助。

中华典故　　　　　昭君出塞

汉王朝自建立之后,一直与强大的游牧民族匈奴有争端,两者在你强我弱的来回争夺中不断周旋。汉王朝在汉武帝时期国力骤增,而匈奴一直内讧不断,汉匈关系发生了根本性的逆转,处于汉强匈弱的状态,但匈奴的实力仍然强劲。当时匈奴内部出现五单于争位的情况,其中以郅支单于和呼韩邪单于的势力最大,竞争也最激烈。郅支单于最后击败呼韩邪单于,占据漠北的广大地区。

呼韩邪单于自知处境困难,其手下左伊秩訾王劝他:"称臣入事于汉,从汉求助,今事汉则安存,不事则危亡。"呼韩邪单于听从他的建议,于汉宣帝甘露元年派其子右贤王铢娄渠堂入汉朝拜。竟宁元年,呼韩邪单于第三次来到长安,汉朝对他礼敬如初,所赐之物也十分贵重。于是,他提出"欲娶汉女而身为汉家婿",欲借助汉王朝的实力压制郅支单于。汉元帝为保汉王朝长久太平,从宫女中选出王昭君出塞和亲。

汉元帝答应和亲,牺牲了自己的利益换得汉匈合作,改善了汉匈关系,化解了双方的矛盾冲突,促成了汉匈的长期和平,也使汉匈之间保持了近四十年无战事。

(5)妥协策略。妥协策略是指既适度满足自己利益又考虑对方利益的冲突管理策略。采取这种策略的人一般要求冲突双方都让步,双方都要考虑对方的利益,采取折中的方式选择冲突解决方案。实现这种策略的方式一般为谈判,双方在约定的时间和地点见面,开诚布公地指出自己的可接受程度,然后寻找双方共同的利益区间并在此范围内进行谈判,最后达成共识。这种策略是对眼前利益进行划分,往往会出现短视的问题。妥协策略的常见表现有:①谈判;②寻求交易;③寻找双方满意或可接受的解决方案。

中华典故　　　　　华元卫宋

华元,春秋时期宋国大夫,为宋国六卿之一。春秋时期,宋楚两国纷争不断。公元前595年,楚将子反围攻宋国都城,宋国情势危急。情急之下,华元悄悄地混进楚军营地,潜入楚军主帅子反营帐并登上他的卧榻,把他叫起来说:"今城中虽急,宁灭天下,不为城下之盟。子能退三十里,曰楚命。"华元表明现在城中的情况虽很紧急,但是宁愿全国毁灭,也决不作城下之盟。你们如能退兵30里,我们就听从楚国的命令。子反见宋人不肯屈服,被迫答应了他的要求。第二天将华元的话报告楚庄王,楚军退到30里外,和宋国停战,双方保证不再互相欺瞒,华元作为这项和约的人质到楚国居住。盟约上写着:"我无尔诈,尔无我虞。"意思是,我不欺骗你,你也不必防备我,与宋握手言和。

由此可见,华元以自己的自由逼迫子反妥协,使得宋国免于战乱,解决了两国冲突。

2. 布莱克 – 莫顿模式(冲突方格)

布莱克与莫顿根据管理方格模式,修改后设计出冲突方格(conflict grid)模式,从关心员工（人）和关心工作两个维度分析管理者在处理冲突时的态度与风格，如图 8-4 所示。

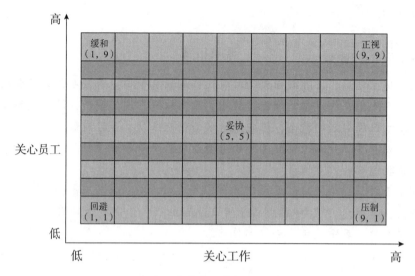

图 8-4 布莱克-莫顿冲突方格

在冲突方格中，（1,1）"回避"表示漠视人和工作，这种冲突管理方式缺乏目的性，获得成功的可能性不大。（9,1）"压制"表示聚焦于工作而忽视人的发展，这样会使员工权益不能实现而引起不满，领导人以权威诱逼，迫使员工奉命行事。（5,5）"妥协"表示部分关注员工工作、部分关注工作绩效，中庸的方式使得员工获得部分自主性，又能部分推动工作进度。（1,9）"缓和"表示聚焦于人的需求，但忽视工作目的所带来的效益和成本，约束制度也更偏向人性化，会降低企业效益。（9,9）"正视"表示既聚焦于人的需求，又聚焦于工作绩效；既能发挥人的主观能动性，又能按时完成企业绩效和经济目的，营造良好的工作氛围和工作环境。

3. 布坎南组织冲突的"组织-协调"四阶段模型

冲突并不全是有害的，激化良性冲突是现代企业管理的重要课题。过去的研究主要集中于解决和处理破坏性冲突，探讨建设性冲突的管理的研究少之又少。随着企业内部管理制度与员工结构和素质的不断优化，冲突管理逐渐转向将冲突引向建设性冲突的轨道上。布坎南关于组织冲突的管理着重体现在激化建设性冲突上，从企业领导层面、人力资源管理、组织重组、员工特质等角度综合分析，合理利用冲突的特征激化矛盾，从而改变现状（见表 8-6）。

表 8-6 布坎南的"组织-协调"四阶段模型

方法	含义	古代示例
沟通	管理者对员工隐瞒信息或不传递完整而清晰的信息，让员工意识到不确定性和危险，进而促使其进行争辩	如孔子所说"侍于君子有三愆：言未及之而言，谓之躁；言及之而不言，谓之隐；未见颜色而言，谓之瞽"。其中第二条表示对于事情若不和盘托出则会出现过失

(续表)

方法	含义	古代示例
重组	如调整工作群体，成立新的部门并改变规章制度	子曰："麻冕，礼也；今也纯，俭，吾从众。拜下，礼也；今拜乎上，泰也；虽违众，吾从下。"对于组织来说，战略、制度条例等要不要改，应看其本质有没有改变
引进外部人员	将与现有人员拥有不同背景、价值观、态度或者管理风格的人纳入群体	如刘备三顾茅庐请诸葛亮出山，但这一举动引起关羽不满，致使后来两人产生诸多矛盾
魔鬼的辩护士	组织需要有人充当批评家，以激发人们进行批判性思考以及对现实进行检验	如唐代的魏徵，据《贞观政要》记载，魏徵向李世民面陈谏议五十多次，呈送给李世民的奏疏十一件，一生的谏诤多达"数十余万言"
辩证的方法	在进行重大决策前，让成员展开争论，产生足够多的思想冲突以形成更多的可选择方案，使考虑更加充分	如中国春秋战国时期的"濠梁之辩"，两位思想家庄子和惠子以河中的鱼是否快乐及怎么知道鱼是否快乐为主题展开一场辩论，从而形成思想碰撞
领导风格	在设计绩效考评、激励制度等的工作中，强调个人或群体的差别和利害比较，可提高冲突水平	"既生瑜，何生亮"的说法反映的正是这种比较的关系

8.3 冲突管理的跨文化研究

全球化浪潮下，跨国企业成为重要的经济载体。与一般企业不同，跨国企业组成人员的文化背景存在差异，更容易产生冲突。研究跨文化背景下企业冲突产生的缘由，做好冲突管理，有利于跨国企业更好地生存。

8.3.1 跨文化冲突管理的理论研究

近年来，国内外专家学者对跨文化背景下跨国企业的冲突管理进行了深入的探讨，其中占据重要地位的是哈贝马斯的交往行为理论（尹玮彬，2020）和塞缪尔·亨廷顿的文明冲突理论（郭云泽，2019）。

1. 哈贝马斯的交往行为理论

交往行为理论由德国哲学家尤尔根·哈贝马斯（Jürgen Habermas）提出，是在理性社会背景下形成的，强调"以工具认知理性"（1990）。在哈贝马斯看来，交往行为以目标为导向，通过语言这一工具，交流者在互动过程中传递共识和认知，进而形成一致理解。在交往过程中采取的措施、策略都是围绕交往目的进行的。为了使交往行为具有合理性，哈贝马斯设定了三个基本要求：一是真实性，要求交流者陈述的内容必须是真实的；二是正确性，要求在规范的相关语境中的交往行为是正确的；三是真诚性，要求交流者的交往语言要发自内心。他认为只有通过语言这一工具才能将交流者的认知和传达功能统一起来。对于实现理性交往的路径，哈贝马斯认为要从社会规范准则、合理语言学、规范语境三个角度出发，即创建共同的社会规范准则、合理语言学、规范语境。通过合理语言学和语境规范以及社会规范准则来约束与改造个人的行为，最后达成理性的交往文明世界，具有强烈的社会改良属性。

2. 亨廷顿的文明冲突理论

美国著名政治学家塞缪尔·亨廷顿（Samuel Huntington）在其著作《文明的冲突与世界秩序的重建》（*The Clash of Civilizations and the Remaking of World Order*）中试图重构世界政治秩序和结构。这部书的写作背景正是冷战之后，亨廷顿将文化冲突分为两类：一是微观层面不同群体集团的文化差异冲突，二是宏观层面国家之间的文明冲突。现阶段西方文明对现有其他文明的强烈冲击和侵略，让文明范式出现了断层和瓦解。微观层面组织集团的文化差异冲突包含在宏观之中，也会对宏观层面的国家文明冲突产生影响，但通过交流和沟通的方式可以缓解文明冲击与文化差异冲突。因此，宏观层面上范式的消失和出现呈现循环往复、不断更迭的态势。

 8.3.2　跨文化冲突管理的现状分析

现今，无论是东方社会还是西方社会，冲突的产生已经呈现常态化的趋势，而且冲突类型也更加多样化和复杂化。不同的文化背景会形成不同的冲突管理方式，进而影响组织管理者解决冲突的行为和手段。

从冲突管理方式来说，西方社会中由于公民的民主意识十分强烈，自由主义盛行，组织高度自治。各类社会组织不断萌生并作用于社会，公民也会选择通过社会组织实现自我管理，社会组织成为公民对外的门户和窗口。这样，若冲突方的组织结构良好，则冲突易于管理。美国企业或一般组织的管理者会采用直接的方法来公开解决冲突，例如通过合理的争辩、提出相应的建议、列示有关的证据等来公开冲突。在西方世界讲究效率和效益的情境下，大多数人会选择尽可能用最短的时间取得最大的效益从而快速解决冲突。

中国的冲突管理方式截然不同。在维稳思想的影响下，危机或者冲突发生后的补救和抑制成为人们管理冲突的主要措施。冲突管理往往凸显了地方政府的领导风格和管理水平，体现了政府在非常态下的应变和常规化管理能力。由于注重整体价值、强调统一意识，这种思想渗透到社会各领域，为了实现社会稳定、邻里团结、家庭和睦的目标，当冲突发生时，调节人际关系、站在他人的角度和利益看问题等成为一种和谐型的冲突管理模式。受中国传统思想的影响，中国的组织管理者更愿意用权威、威严来掩饰冲突，或者用私下解决等间接方式来降低冲突程度。商议、谈判或妥协、折中都是中国管理者较常采用的方法。中国的组织管理者都愿意由第三方出面调解冲突。当冲突发生在组织内部时，冲突双方往往使用情感、关系、辈分和人情等虚拟因素来混淆上级及旁观者的注意力，以期取得对另一方的控制权。比较之后可以发现，中国的组织管理者较为被动地选择避免发生正面冲突。

中西方冲突管理方式之所以有差异，是因为理念不同。西方是一个讲究科学和效率的世界。受基督教文化的影响，西方人在管理上强调"爱与救赎"，避免冲突，以爱感化他人；同时又以理性精神作为思想基础，突出物质的经济目标和个人的全面发展作为人生追求。至于社会是否稳定，他人是否受到伤害，只要与个人利益无关，统统可以忽略，经济利益才是最终目的；然而，在追求经济利益的过程中很容易产生冲突。其中的一个重要因素就是契约精神。西方人强调契约的约束作用，也会将契约精神应用到管理的方方面面，比如尊重制度与规则，一切按合同办事，用法律手段解决问题，保持相对中立和理性。

中国文化背景与西方文化背景不同。自古以来，在农耕文明的熏陶下，中国人含蓄而内敛，他们在传达意图时讲究点到为止、心领神会。通过联想和猜测来了解被讲述者的全部意图和思想，这往往只能在高度的语境中才能实现。当冲突发生时，双方不会通过直面的方式去解决。中国人还强调集体意识，集体利益高于个人利益，为了实现集体利益有时甚至可以牺牲个人利益。这就意味着当冲突发生时，个人会服从集体的安排，选择息事宁人、保全集体。儒家思想中的"以和为贵"成为组织和集体的价值追求，约束集体的同时也约束个人，具体表现在冲突管理中就是以人情法则和特殊主义原则来调节人际关系。

现实观察

王老吉与加多宝：红罐之争

◆ 故事背景

公元1828年（清道光八年），王泽邦在广州靖远路开设凉茶铺，"王老吉"品牌得以创立。1956年公私合营期间，国有企业收购私人企业，王老吉也在收购名单之中，几经周折被收入广州医药集团（以下简称"广药集团"）旗下，由王氏后人继续经营。1991年，广州羊城药厂开始研制王老吉清凉茶饮料。"王老吉"牌清凉茶于1992年获得注册商标。到了90年代，随着市场经济发展壮大，投资和消费市场勃起，香港鸿道集团主席陈鸿道趁势而来，他找到王氏后人说明来意，王氏代表——香港王老吉国际执行董事王健仪听后表达了浓厚的兴趣。在几次商榷和衡量后，王健仪决定与陈鸿道合作共同开发王老吉市场以期做大做强，于是交给陈鸿道正宗王老吉凉茶的配方。配方虽然到手了，但并不代表万事大吉了。

根据当时的情况，在陈鸿道面前有一个重要选择。当时在内地，王老吉的商标权属于当时的羊城药业，陈鸿道不能直接使用"王老吉"这一商标。是自己创立一个全新的品牌，以王老吉正宗配方为支撑，还是找到羊城药业开展合作，共同使用"王老吉"商标？反复思考权衡之后，陈鸿道选择与羊城药业合作。1995年，陈鸿道创建加多宝公司，羊城药业则将红罐王老吉的生产销售权租给加多宝公司。1997年，羊城药业与加多宝母公司香港鸿道集团正式签订商标许可使用授权合同，至此陈鸿道正式拿到"王老吉"这一商标，也正式开启王老吉的全盛时代。2000年，双方第二次签署合同，延长鸿道集团对"王老吉"商标的使用期限。2003年，双方多次签订补充协议，香港鸿道集团对红罐"王老吉"的生产经营权（包括商标使用权期限）延续到2020年。

"怕上火喝王老吉"，这句广告语传遍大江南北，王老吉成为凉茶的王牌代名词。2007年，王老吉凉茶的销售额突破50亿元，一度赶超当时声名鹊起的可口可乐、红牛等饮料，成为2007年销量第一。2011年，王老吉的销售额达到160亿元，超过可口可乐。在巨大的市场利益和品牌声誉的驱使下，王老吉和加多宝的纷争正式打响。

◆ 纷争过程

首先是商标之争。由于之前签订的补充协议违背了广药集团大多数股东的利益，2010

年 8 月 30 日，广药集团向鸿道集团发律师函，指出之前签订的补充协议——延长"王老吉"商标使用权期限至 2020 年的协议无效。次年 4 月，广药集团正式提出仲裁请求。2012 年 5 月 11 日，经仲裁裁决关于商标使用权期限的补充协议无效，并要求加多宝立即停止使用"王老吉"商标。6 天后，加多宝不服仲裁并向北京一中院提出撤销裁决书。同年 7 月，北京一中院驳回加多宝撤裁申请，并维持原仲裁裁决，最终加多宝正式失去"王老吉"商标的使用权。在被驳回前，加多宝已经开始生产带有"王老吉"字样的产品。败诉后，加多宝紧急召回带有"王老吉"字样的产品并销毁，同时开始疯狂宣传"加多宝"产品，相关广告无孔不入。

其次是广告语之争。涉案广告语——"加多宝凉茶荣获中国罐装饮料市场七连冠"。2014 年 6 月，王老吉向北京市三中院提起诉讼，指控加多宝疑似通过虚假宣传恶意竞争，涉及加多宝使用的广告语——"加多宝凉茶荣获中国罐装饮料市场七连冠"等宣传语。这些广告语存在一定的虚假宣传性质，并损害了王老吉的声誉，要求加多宝立即停止虚假宣传并向王老吉和广大消费者公开道歉，同时向王老吉赔偿损失 2 000 万元及相关费用 100 万元。王老吉认为，2012 年起"加多宝"牌凉茶才开始生产销售，在此之前是"王老吉"牌凉茶取得销量第一的荣誉，加多宝宣称的"凉茶连续 7 年荣获中国饮料第一""加多宝凉茶荣获中国罐装饮料市场七连冠"等与事实不符。言外之意就是，王老吉认为涉案广告语——"加多宝凉茶荣获中国罐装饮料市场七连冠"和其他广告语"全国销量领先的红罐凉茶改名加多宝""中国每卖 10 罐凉茶 7 罐加多宝""祖传凉茶配方""正宗配方""怕上火，喝正宗凉茶；正宗凉茶，加多宝"等构成虚假宣传。虚假宣传是《中华人民共和国反不正当竞争法》做出明确规制的一种行为，触犯者要依法承担法律责任。《中华人民共和国反不正当竞争法》第八条明确说明："经营者不得对商品的性能、功能、质量、销售状况、用户评价、曾获荣誉等做虚假或者引人误解的商业宣传，欺骗、误导消费者。经营者不得通过组织虚假交易等方式，帮助其他经营者进行虚假或者引人误解的商业宣传。"

之后是红罐之争（颜色官司）。2012 年 7 月，广药集团和加多宝互诉对方侵犯自己权属的红罐包装，广东高院将两案合并审理。两年后的 12 月，广药集团胜诉，加多宝败诉并被判向广药集团赔偿 1.5 亿元同时立即停止使用和销毁全部红罐产品。加多宝由此将红罐包装改为金罐。

最后是商标之争。2015 年 6 月，最高人民法院公开开庭，共同审理广东加多宝饮料食品有限公司、广州王老吉大健康产业有限公司、广州医药集团有限公司两起知名产品擅自使用独特包装侵权纠纷案件。加多宝认为，红罐凉茶的特有包装、装潢与"王老吉"注册商标不同，是加多宝公司在长期经营中形成的，其权益应归属加多宝；王老吉认为，"王老吉"注册商标及名称同时也是红罐凉茶包装、装潢的重要部分，特有包装、装潢权益应一并归属王老吉。这里的商标宣传涉及《中华人民共和国反不正当竞争法》中的混淆行为，即王老吉认为加多宝使用与其相近的包装等侵犯自己的合法商标权益。

◈ 最终结局

2017 年，双方的官司打到最高院，判决结果如下：从红罐王老吉凉茶的历史发展历程、双方的合作背景、消费者的认知以及对公平原则的考量来看，广药集团及其前身、加多宝及其关联企业在本案包装装潢权益的形成、发展和商誉构建中都发挥了积极作用,将本案涉及的包装装潢权益判给一方当事人将导致明显不公平的结果并可能损害公共利益。因此,在不损害他人合法权益的前提下,在遵循诚信原则、尊重消费者认知的前提下,本案涉及的知名产品特殊包装装潢权权可以由广药集团和加多宝共同享有。此后,广药集团提出再审,2018 年,最高院驳回广药集团的再审申请。至此,王老吉和加多宝的一段"旷世纷争"终于尘埃落定。

感悟与思考

1. 根据冲突分类指出案例冲突的类型。
2. 根据冲突根源理论,分析造成"红罐之争"的根源是什么。
3. 运用罗宾斯的五阶段模式,分析整个冲突过程。
4. 运用托马斯的二维模型,分析加多宝和王老吉的冲突管理策略。
5. 结合案例,谈谈如何综合地解决"红罐之争"。

8.4 冲突管理的前沿探索

冲突是群体行为和组织管理中不可避免的内容,近七十年来,学者针对组织冲突产生了众多新的观点和思想。针对冲突的研究涉及多个学科,例如组织行为学、社会学、政治学、管理学和心理学等。随着现代经济多元化的发展,公司的组织管理更加复杂化,冲突管理成为组织治理的重要一环,学者对冲突及冲突管理的探讨更深入、更多样,对冲突和冲突管理的理解更理性、更全面,研究的视角囊括宏观和微观、公司组织和员工个体、组织内部到组织之间再到跨文化组织,甚至涉及虚拟团队。

综上所述,本节将从组织冲突管理的新场景、冲突管理的影响因素、冲突管理与结果变量、冲突管理策略四个部分进行阐述。

◆ 8.4.1 组织冲突管理的新场景

信息技术和经济全球化的发展催生了跨国企业、虚拟团队和知识链等与传统意义上性质与形态不同的组织,这些组织之间同样存在冲突,也需要进行冲突管理。

1. 虚拟团队的冲突管理

Williams 和 O'Reilly(1998)认为,冲突、社会交往和沟通是虚拟团队组织学家最常讨论的话题。然而,目前国内外对虚拟团队冲突管理的研究较少。因此,全面开展全球虚拟团队冲突管理研究具有重要意义。

虚拟团队被认为是网络化组织的进化形式(Miles 和 Snow,1986),这是它最初的概念。后来相关学者进行了补充,认为虚拟团队是信息技术的产物,强调新技术在其中的作用(Malone 和 Davidow,1992;Townsend 和 Demarie,1998)。虚拟团队成员往往来自不同的大洲,具有巨大的文化背景差异,沟通方式不同,任务目标的及时性也不同,容易引起冲突。其冲突主要表现为团队成员通常会根据自身文化背景的价值观来衡量和判断事物与信息，这样容易导致信息的失真和误解，从而引发冲突。另外，虚拟团队成员由于身处不同大洲，双方通过网络通信进行交流，缺乏面对面沟通的机会，这样容易出现无法准确理解对方意图的问题，难以建立信任关系。虚拟团队通常是针对特定的任务而成立的，团队成员的总体目标相同，但如果团队成员的个人目标与实际不一致时，各方就会发生冲突；或者当一个人在团队中工作时目标发生改变，冲突就会产生。虚拟团队成员之间的沟通障碍会造成信息传送和信息生成的时间滞后，这是一种信息不对称情况。信息不对称的存在又会巩固虚拟团队成员之间的沟通障碍，提高成员之间的冲突程度。

中西方学者对虚拟团队的冲突管理方式进行了研究。因为文化背景不同，虚拟团队的冲突具有一定的复杂性。Lipnack 和 Stamps（1997）认为对虚拟团队的管理主要依靠人，其次依靠技术的作用，而沟通在其中发挥巨大的作用。沟通可以将文化差异呈现在表面，人们可以通过互相理解和洽谈来缓解文化差异的尖锐程度。文化差异阻碍正常沟通，集体主义和个人主义的价值观对虚拟团队的工作会产生不同的影响。集体主义注重群体利益，这会使得团队成员以整体目标为导向而行动，符合团队大多数人的利益。个人主义则注重个体利益，这会使得成员秉持个人至上主义，当个人利益与群体利益产生冲突时选择更有利于自己的方式，甚至损害团队其他成员的利益。因此，在不同的文化背景下建立相互信任关系以最大化沟通的作用至关重要。Maznevski 和 Chudoba（2000）表明，面对面的交往有助于建立信任，虚拟团队也是如此。任何团队的高效都离不开信任体系的建立和维护，但对于虚拟团队这种临时和短暂的组织，彼此之间建立信任关系是很难的。Lipnack 和 Stamps（1997）认为，虚拟团队短暂存在即解散，成员之间没有时间建立信任机制，需要通过高度鼓励与激励成员的行为和热情的方式进行信任转化。如何进行信任转化呢？虚拟团队成员应该利用熟悉的环境植入对信任的预期，即重视每个人的第一印象。信任机制一旦建立后，沟通就能发挥长久的作用，人们能够在沟通中保持信任，两者相互作用（胡浩，2006）。

中国学者对此也进行了探讨。胡峰等（2008）认为在复杂的环境中，全球虚拟团队必须进行有效的冲突管理。目前，全球虚拟团队冲突产生的主要原因是空间距离、成员文化背景和技术依赖。全球虚拟团队的冲突管理策略包括冲突回避管理、直接冲突管理和间接冲突管理。冲突回避管理策略主要包括在冲突发生时保持沉默、漠视冲突产生的问题、在冲突发生时顾左右而言他。胡浩（2006）也认为，虚拟团队冲突产生的诱因离不开文化背景和技术依赖度，管理者在冲突管理中应起到重要的中介作用，这是管理者的职责和义务。团队领导者和监督者应更早意识到冲突的严重性并及时控制。另外，冲突管理中应注重技术的作用，通信技术等作为沟通媒介始终占据举足轻重的地位。

虚拟团队如何做好冲突管理需要不断的探索和研究。在分析冲突成因的基础上，针对问题的特殊性进行分析和讨论，发挥沟通的作用，从机制、信任、培训、薪酬、权力结构、目标体系、任务分布等方面辩证地看待和认识冲突，根据实际情况选择合适的管理策略，同时关注冲突管理对虚拟团队的影响，从而有利于解决冲突、提高团队绩效。

2. 知识链的冲突管理

冲突无处不在、无时不有，它不仅存在于正式组织的活动，也存在于包括知识链在内的非正式组织的人类社会活动。知识链是指知识在参与创新活动的不同组织之间流动而形成的链条结构，以企业为创新的核心主体，以实现知识共享和知识创造为目的（叶苏和顾新，2007）。知识链作为一种松散的联盟，以知识作为中介，联结各大学、科研院、客户、经销商等主体。知识链也会产生冲突，但是因为其联结的主体存在多样性且中介知识具有非实体性的特性，很难加以度量和衡量。当冲突发生时，冲突关系会更加复杂。基于波特的价值链模型，Halsapple 和 Joshi（2001）首次明确提出系统的知识链概念模型，开发了优化组织内部知识链的方法，通过优化个体知识和信息流来改善组织的价值链。国内对知识链组织的研究成果丰富、方法多样，以四川大学的顾新和吴绍波为代表（刘建准和姜波，2016）。

知识链冲突是指知识链上的两个或多个成员组织因相互矛盾的行为或目标而引起的矛盾积累到一定程度所产生的不和谐（全力和顾新，2008）。何铮与顾新（2009）阐述了知识链组织成员的建设性冲突和破坏性冲突，探讨了冲突产生的原因，指出了组织间冲突随着孵化期、组织期、经营期和转型期的发展过程呈现不同的特征，建立了知识链组织冲突的三维动态模型，揭示了知识、利益和结构是三大冲突动机。知识链能够稳定运行的前提是链中的每一个成员都能获得来自组织知识和经验创造的个人最大收益，以往的研究发现，获得收益的过程并不是一帆风顺的，往往会受到机会主义的影响。对知识链中组织间冲突的解释包括五个方面：其一，知识链中组织间冲突是知识在流动过程中组织间各种差异引起的对立或矛盾的状态；其二，知识链中组织间冲突反映的是两个及两个以上组织间的勾稽关系；其三，知识链中组织间冲突的主体是组织，冲突的对象可以是知识、利益、权力和资源等；其四，知识链中组织间冲突的爆发是一个过程，反映了组织间交往互动的情况；其五，冲突各方既对立又统一，共同促进组织的发展。

至于知识链组织冲突管理策略，全力和顾新（2016）在传统二维模型的基础上，加入冲突水平变量形成冲突管理策略三维模型。研究结果显示，合作策略是知识链组织处理冲突的合理选择。吴绍波和顾新（2009）认为，信任机制是知识链冲突管理的核心，要建立以信任为基础的冲突协调机制，同时重视企业价值观的培养和扶持并精心维护。王实和顾新（2010）对冲突管理策略的看法是，为了营造公平和谐的竞争环境，需要建立有序的利益分配体系，始终站在信任的基础上，同时结合高度流畅的沟通机制；除了组织自身的维护和建设，还可以引入第三方管理冲突。刘敦虎等（2010）倡导知识链中组织引入第三方管理机构，认为第三方管理机构站在中立的位置可确保利益分配绝对公平，拉近成员的沟通距离，减轻交流的信息不对称，方便成员做出正确的选择。

综上所述，完善的知识链组织结构和组织环境需要公平的利益分配机制、成员相互信任机制、有效沟通机制、畅通的信息流动以及良性的竞争环境。这些条件可以更好地服务于知识链组织的冲突管理，通过完备的冲突管理知识和人力资源，合理划分知识链组织类型，探究冲突发生的原因，科学运用策略解决或激发组织间冲突，从而促进知识链的健康发展。

3. 跨文化组织的冲突管理

经济全球化进程不断推进，跨国企业成为重要的经济载体。跨国企业作为多元文化联结形成的组织，难以避免会出现各种冲突，相关人员或机构应找出冲突产生的原因，合理选择冲突管理策略，削弱破坏性冲突威胁，充分激发建设性冲突，构建良好和谐的组织管理氛围，从而实现组织目标，提高组织绩效。

任何冲突的发生都是有原因的，跨文化组织也不例外。针对跨文化组织冲突的来源，现有文献认为主要分为两个层面：一是外部层面，二是内部层面。有学者认为，跨文化冲突的主要来源是外部层面上文化价值观念的不同（Kirkman 等，2017；Beugelsdijk 等，2017），不同国家成员通常会因文化观念不同而导致组织内部分化、分层（赵可汗等，2014；Ernesto 等，2019）。对于临时组建的团队，其成员由于互相之间不熟悉对方的文化背景、不信任对方的行动目的也会激发冲突。外部层面的冲突来源还包括对部分国家的刻板印象、国家分布的地理位置、组织布置任务的复杂性等。内部层面的冲突来源体现在组织内部成员在团队中的权力、受教育文化程度及个人目标追求等的不同，这些差异成为成员间冲突产生的诱因。在整个全球化进程中，大环境的变化和发展时刻影响着企业和组织的决策与判断，方针政策、法律法规都可能会成为理解和沟通的障碍。

如何管理跨文化组织的冲突呢？在解决跨文化组织冲突管理问题时，中国很多专家提出从企业管理层面解决文化冲突。例如将法治与人治相结合，从企业制度上解决文化冲突。我们应该把西方僵化的"阳"和中国灵活的"阴"结合起来，也就是把西方式的事业成功理念和中国式的家庭幸福理念结合起来。为了减轻文化冲突，跨国企业的管理者应该遵循一定的原则，快速识别这种冲突是否有益，然后基于双赢原则及时做出反应。

基于团队层面为跨文化组织冲突管理提供新的思路和视角。一是从团队合作和竞争的角度出发，重视沟通、谈判和跨文化适应，合作策略成为主要的冲突管理方式。合作减少了冲突的恶性摩擦，减轻了破坏性冲突对组织和企业的消极影响，避免了隐患。二是从团队内部关系的角度出发，发展互利互惠的关系（Tjosvold，2010）和人性类比的关系，这样可以跨越文化障碍，增强团队成员之间的认同感和归属感。三是从团队领导管理的角度出发，基于回避、对抗与合作的不同冲突管控风格（Chen，2008）、跨文化领导力（谭乐等，2020）等会影响组织的冲突管理方式选择。跨文化组织文化具有重叠性、特殊性和复杂性的特征，我们应当从实际情况出发，有针对性地进行分析和判断，剖析跨文化组织冲突管理的方式方法，立足于实践化解冲突困境。

随着世界经济的发展，经济形势和状态会不断变化，企业面临的文化困境不同，新的文化问题也会不断出现，我们必须不断开发新的解决方案和创新思想，只有这样才能解决不断出现的新问题。跨文化组织冲突管理研究要结合时代特征和新时代发展趋势，结合企业内部发展状况，综合对待跨文化冲突的管理，从而为企业的健康发展提供坚实的理论支撑，为企业的健康发展提供长期动力。

◆ 8.4.2 冲突管理的影响因素

为什么要管理工作场所的冲突？在什么情况下需要管理工作场所冲突？如何管理工作场所的冲突？本小节主要从组织因素、领导者因素和个体因素对相关研究进行梳理。

1. 组织因素

现有研究主要从组织水平、组织公平、组织学习、组织文化四个方面分析了组织相关因素与冲突管理的关系。组织水平是组织的基本特征之一，根据组织水平辨识冲突管理风格有利于组织人员的培训和组织发展。Blake and Mouton（1964）研究了组织中八个不同水平的冲突管理风格。他们先估计每个经理的"管理绩效商"，即经理的管理风格得到团队的认同。其研究结果表明，采用合作与竞争方式处理冲突的管理者，其管理绩效商由低到高；而采用妥协、迁就和回避方式处理冲突的管理者，其管理绩效商由高到低。由此可见，组织水平与冲突管理的显性风格（如竞争风格而非合作风格）显著正相关；组织水平与冲突管理的非显性风格（如迁就风格而非回避风格）显著负相关。Thomas 等（2008）进一步用实验检验职级高低和性别差异造成的冲突管理模式差异。其研究结果显示，越高职级的组织层次，所采用的冲突管理模式越偏向竞争型和合作型；越低职级的组织层次，越偏向使用回避型或迁就型的冲突管理模式。而在性别方面，男性在不同冲突管理模式中的竞争更激烈。

组织管理者希望创建一个让成员感到公平、关心和开放的组织系统。公平、关心和开放的组织系统能让组织成员安心工作，更专注于工作。如果管理者不重视组织的公平，就会导致冲突和组织功能障碍，而冲突会造成成员情感上感知损失，包括愤怒、不断抨击竞争对手或不断因错过机会而自责。如果管理者关注组织的公平性，情感成本就会持续下降。Tatum 和 Eberlin（2008）检验了组织公平与冲突管理的关系，实证结果表明当组织管理者更重视组织的公平性时，将更容易意识到潜在的问题和冲突，并且采取合作的方式加以解决；反之，则会采取竞争的方式进行解决。

现代企业在解决冲突时通常采用组织学习的方式，以增强冲突解决的有效性。因此，研究组织学习与冲突管理的关系变得尤为重要。对于学习型组织来说，企业通过员工培训和定期学习，利用相关经验和知识传递创新思维，从而培养员工的学习能力，包括如何与身边的同事打交道和正确沟通，以及在冲突中如何利用谈判技巧平衡当事人的利益，从而解决冲突。另外，学习型组织通过组织评价系统对组织和员工个人进行评定分析，在一定程度上可以加深员工对自己的认识；同时，在学习中灌输组织的价值观和组织文化，加强各方的使命感和责任感，可以减少冲突的发生。

上面提到的组织文化主要体现在组织文化背景、传统价值观、集体主义和个人主义上。Fitzpatrick（2007）通过跨学科的文献整理发现，价值观的一致性培育了合作，从而形成了积极的冲突管理方法。Komarraju 等（2008）检验集体主义和个人主义在组织冲突中的博弈过程，发现相较于集体主义者，个人主义者更关注自身的利益需求，采取激烈的方式解决冲突，集体主义者则可能为了组织的整体利益而选择牺牲个人利益。

2. 领导者因素

Altmae 等（2012）结合 Thomas 等（2008）的冲突管理模式和 Fiedler（1964）的领导风格理论，从理论和数据两方面分析了冲突管理模式与领导风格的关系。根据 Fiedler（1964）的领导风格理论，任务型领导者更关注任务的完成而忽略员工的呼声和需求，他们会选择相对激烈的竞争性冲突管理模式，关系型领导者则更倾向于采用适应性冲突管理模式。研究发现，年轻的管理者往往更关注业绩的实现程度，倾向于采取任务导向的冲突管理方式；年长的管理者更愿意息事宁人，采用回避和迁就的方式解决问题。男性管理者相比于女性管理者更宽容，引起冲突的可能性更小。在管理领导风格（即动机）和工作场所（即认知和认同）的关系中，Doucet 等（2009）的研究结果表明，激励动机和过度的消极冲突管理会引起认知冲突。激励动机和个性化考虑对关系冲突有消极作用，而过度的积极管理和过度的消极管理对关系冲突有积极影响。

3. 个体因素

个体因素包括个人智力、情绪、性别、偏好等内在变量，它们会影响个人在冲突中的选择。Shih 和 Susanto（2010）探讨了印度尼西亚地方政府的情绪智力、冲突管理模式与工作绩效之间的关系，证实了情绪智力是整合与妥协冲突管理模式的前因变量，综合冲突管理模式对工作绩效有直接影响，而综合冲突管理模式在情绪智力与工作绩效之间起部分中介作用。Benharda 等（2013）认为，当女性在组织冲突处理中作为第三方时，由于她们对冲突双方而言都不具有权威，最终将促成一个双方和组织都能接受的结果。Aritzeta 等（2005）研究了角色偏好与人际冲突管理的关系，结果表明个人在处理冲突时会考虑自己的角色偏好。

综上所述可以发现，大多数研究主要集中在组织、领导者和个体三个层面。一是组织层面，通过大环境和组织层次结构的研究，深入探究冲突管理的模式与结果；二是领导者层面，从组织结构小环境中的领导风格和领导习惯出发，研究冲突形成原因和解决方法；三是个体层面，从员工自身角色偏好、情绪价值及性别视角，剖析冲突形成的内在逻辑。

8.4.3 冲突管理与结果变量

冲突对冲突主体的影响体现在组织、企业和个体三个方面，冲突管理产生的影响也体现在这三个方面。现有文献着墨最多的就是冲突管理对组织绩效、企业创新、员工发展等的影响，剖析冲突产生和形成的发展趋势是探讨冲突管理策略及影响的重要路径。

1. 冲突管理与组织绩效

关于冲突管理与组织绩效的代表性研究成果就是冲突与组织绩效呈倒 U 形关系的理论。这是理查德·沃尔顿（Richard Walton）在 20 世纪 60 年代首次提出的。Jehn 等（2003）通过定量分析的方式首次验证冲突和组织绩效呈倒 U 形关系。冲突强度也会对组织绩效产生影响。Covey 和 Brown（2001）认为，冲突强度和组织绩效也存在倒 U 形关系，即过高和过低的冲突水平对组织绩效都不利，维持适度水平的冲突有利于提升组织绩效。

谢作渺（2002）区分了组织冲突和组织变革，认为组织冲突是组织的目标、价值、资源或情感达不到预期水平而在工作中的一种表现。关于冲突管理与组织绩效的关系，他认为组织冲突与组织绩效的最优倒 U 形曲线并不是在所有情况下均为标准的正态分布，其绩效最大点与组织特征有关，并随组织的发展而改变，组织类型、组织规模、组织年龄、组织目标、组织激励手段、组织领导者的影响力等因素都会影响曲线形状。倒 U 形关系理论指出，冲突与组织绩效的关系不能处在两个极端（高水平或低水平）。高水平的冲突会导致内部产生混乱，影响组织和个人的判断，甚至引起恶性竞争，危害组织成长；低水平的冲突会导致组织内部毫无生机、缺乏工作热情和创新，员工丧失思辨能力。只有适当水平的冲突，才能更好地激发组织内部的活力，敦促组织进行自我革新和评判，促进组织成长，提高组织绩效。

不同的冲突管理行为对组织绩效的作用不同。关于冲突管理行为对企业绩效的作用，Montoya-Weiss 等（2001）通过实验研究表明，当组织采用回避型冲突管理行为时，虚拟团队的绩效水平呈下降趋势。为了减小负面影响，企业通常可以采用协调、劝说等方式缓和冲突。合作型冲突管理行为更加人性化，凸显组织成员在团队中的作用，也更加关注成员的个人利益，因此对团队绩效具有明显的推动作用；与合作型冲突管理行为类似，竞争型冲突管理行为与虚拟团队绩效显著正相关；妥协型冲突管理行为与虚拟团队绩效之间的关系类似于回避型冲突管理行为，因为妥协行为只是在表面上弱化了冲突的激烈程度，并没有找出和解决冲突产生的根源，冲突的隐患依然存在；迁就型冲突管理行为对团队绩效的影响不显著。Lovelace 等（2001）认为任务冲突差异对团队绩效的影响因素有：组织成员各自任务存在的差异如何说明；对于与任务和项目有关的问题，成员通过何种方式（竞争或合作）加以陈述；团队领导者如何感知团队能力与任务的创新性、及时性和效益的关联，是书面呈递还是面对面交流。当任务冲突明显影响到组织成员的积极性时，适当调整领导和管理风格对组织绩效的作用有待探讨，而研究表明合作交流风格与团队创新呈显著的正相关关系。

综上所述，冲突的水平、强度、方式等都会影响组织绩效。

2. 冲突管理与企业创新

当出现任务冲突时，不同的成员会采取不同的措施去实现组织目标。一般情况下，面对任务目标，组织成员在人员物资分配、方案挑选、实施路径等方面会存在分歧，进而引起冲突。当发生冲突时，成员们会积极讨论和争辩，进行思维碰撞和交流，进而产生新的想法和创意，创造新的创新绩效。不协调的状态可以激发团队成员的创造性思维等认知活动，团队任务冲突可以激发知识型员工产生新的灵感或有价值的思维活动，有助于提高创新绩效。Putnam（1994）还指出，从团队任务冲突中产生的新思想和新方法可以帮助知识型员工想出更多的新方法，更好地理解和完成任务，这反过来又可以提高知识型员工的创新绩效。

但是，冲突并不是越多越有利。过多的任务冲突不仅会增加知识型员工的认知负担，还会分散知识型员工的注意力和精神资源，阻碍创新思维，从而降低其创新绩效。因为知识工作者拥有不同的知识背景和专业知识，太多的任务冲突会让他们产生压力和抑郁等负面情绪，不利于刺激创造性思维（孙锐等，2007）。知识型员工因任务冲突过多而产生的消极情绪，容易导致团队关系冲突。如果知识工作者集中大量的注意力资源和精神资源在解决人际冲突上，他们的创造性思维就会受阻，这也表明冲突管理与企业创新呈倒 U 形关系。Gelfand 等（2012）以某大型银行 92 家分支机构为研究对象，剖析组织内部的冲突氛围的作用。其研究结果表明，合作轻松的文化氛围更能激发组织活力，组织也会更有效率、更有凝聚力、更少消耗资源，做到高产出和低能耗；与之相比，权威型冲突管理氛围和回避型或迁就型冲突管理氛围与组织活力负相关，它会加重组织成员的心理负担，影响成员的专注度、减弱组织活力。Tjosvold 等（2010）发现，不同的冲突管理方式还会影响成员的表达意愿，公平、正义、合作的组织氛围会让员工获得尊重，进而乐意表达和分享。

不同的冲突管理方式也会对组织创新产生不同的影响。合作型冲突管理方式强调解决问题而不是解决对方。合作型冲突管理方式以组织的整体目标为出发点和落脚点，双方站在对方和整体的利益角度协调冲突，共同商量两全的办法来解决问题，从而使目标顺利达成。在整个过程中，双方积极协商和沟通，形成创新性的策略和方法。竞争型冲突管理方式强调目标下放，具有强制性和约束性的特点，组织领导者会利用职权权威迫使员工放弃自己的利益而为整体利益服务。这种类型的管理方式忽视员工个人的努力，缺乏对员工的尊重，使员工对领导者的不满不断累积和发酵，为下一次的冲突爆发埋下隐患。职场上下级关系不和谐的情况时有发生，大家应及时的沟通和协作会缓和紧张情绪，双方公平、公开地讨论，交换彼此的意见和看法，减少信息传递有误造成的损失，同时在讨论中交流意见、思想碰撞，最终产生新的创意和理念。

3. 冲突管理与员工发展

在冲突旋涡中，员工是受到直接影响的主体。他们既是冲突的制造者，也是冲突的受害者。很多学者认为，为了减轻冲突对员工的负面影响，应该引入第三方主体介入进行协调。Ross 和 Conlon（2000）表明，当发生人际冲突时，第三方满意度和组织公平性是非常重要的。强制性的第三方冲突管理基于领导者和组织的整体利益而忽视员工利益，因此冲突主体双方的利益诉求会更强烈，冲突产生的概率更高。强制性的第三方冲突管理使员工感觉自己的隐私被他人侵犯，失去自主权。此外，领导者对第三方冲突管理的回避会加重员工对领导者的错误认识，他们理所当然地认为解决冲突是领导者的职责。领导者的强制性冲突管理也会让自己卷入冲突风暴。但 Giebels 和 Janssen（2005）发现，当第三方介入时，成员的接受程度往往会根据自己的情绪和身心健康状态进行调整。

Giebels 和 Janssen（2005）指出，寻求他人帮助在一定程度上可以转移成员的负面情绪，缓解成员因利益冲突造成的不理智和精神内耗甚至离职等负面倾向。因此，由他人协助解决冲突可以预防组织中人际冲突的负面影响。对于个人的认知和行为来说，需要重点关注个人情绪。情绪在社会交往中的作用很大，它会影响到个人的行为，在特定的环境下甚至会起到支配性作用。在冲突管理中也不例外，积极的冲突管理方式可以有效缓解组织和个人在处理冲突中产生的负面情绪。Posthuma（2011）在探讨员工情绪与冲突管理的关系时发现，无论是积极的情绪（如开心、兴奋等）还是消极的情绪（如伤心和愤怒等），都与冲突管理的方式和策略高度相关。

不同的冲突管理方式会对员工工作行为产生影响。周密和赵欣（2017）指出，当出现任务冲突时，员工会产生退缩的想法——离职意向；但是受中国传统思想的影响，员工会抑制这种行为倾向，其中真诚型和严厉型的领导风格会起到调节作用。从某种程度上说，员工与企业会达成一种精神契约。王帅（2017）在探讨冲突管理风格与员工精神契约的关系中发现，合作型冲突管理风格对员工精神契约有正向促进作用，而竞争型冲突管理风格对员工精神契约有负向影响，由此可知员工因冲突而产生的消极情绪会加速其离职。刘泽林（2016）发现，上级采取的合作型冲突管理方式可以加强上下级沟通，使下属对组织产生归属感,从而减弱离职意向;上级采取的竞争型冲突管理方式会加剧下属的对立情绪,使下属在心理上逐渐远离组织,最终增强离职意向。

第三方冲突管理及不同的冲突管理方式都会对员工的心理和行为产生影响。当员工在冲突环境中拥有自主意识时,他们对冲突状况的控制会增强,从而减轻冲突的压力影响。当冲突发生时,管理者应该理清思路,确定冲突根源,选择正确的冲突管理方式,判断冲突管理方式对冲突各方主体造成的个人利益和心理等方面的影响,并采取适当的措施。

8.4.4 冲突管理策略

1. 冲突管理策略应用现状

学者对冲突管理策略有不同的看法。布莱克和莫顿的研究视角是关心人和关心工作二维结构。行为科学家托马斯及基尔曼也从两个维度形成竞争、合作、妥协、回避和迁就五种策略。基于现有文献,学者们发现有不同文化背景的人会选择不同的冲突管理策略。美国的管理者更愿意采取积极、正面的冲突管理策略,直接从冲突问题入手,能很快发现问题并及时加以解决。中国的管理者则会采取迂回、消极的冲突管理策略,从侧面旁敲侧击地缓慢解决冲突问题,导致效率低下和策略可行性存疑。中国通常采用"非对抗"冲突管理策略来解决组织内冲突问题。随着全球化的发展,西方思想不断进入中国,传统文化中的非对抗思维正在逐步走向对抗思维,忍让和退缩正在退出历史舞台。

2. 冲突管理方式的应用策略研究

正如上面所说,冲突管理是一个综合过程,我们应该注重事前、事中和事后管控,激发建设性冲突并规避破坏性冲突。面对冲突,我们应当通过发现真相和解决问题来处理冲突。如果不能直接解决冲突,那么可以考虑控制冲突。如果这种方法失败,再寻找第三方解决争端,如调解、仲裁、诉讼等。谈判(调解)和仲裁是解决冲突的首选策略,它们成本低,而且可以维持双方的关系。相比之下,诉讼周期长、消耗大、成本高,是处理冲突的最后选择。若谈判失败则可以采用其他争议解决方案来避免诉讼,这种方法可以有效降低纠纷解决成本,维护项目参与者之间的合作关系。

事前规避比事后解决更重要。企业文化是组织的价值信仰和价值遵循,随着公司全球化的发展,形成支持性的企业文化变得越来越困难。为了生存,企业必须重塑与当地文化背景相融合的新型企业文化,去规范、协调、激励员工的行为。组织文化的重构需要不偏不倚的文化氛围,一种不带有母国偏见的企业文化。协调性行为一旦固化并形成习惯,文化融合就会慢慢形成(秦晓蕾,2002)。此外,组织应以制度作为规避冲突的牢笼。现代企业中完善的管理制度是实施有效管理的重要途径,也是规避企业内利益冲突的重要手段(曾勇等,2002)。制度的强制性和广泛性可以将每个冲突个体圈入其中,管理制度对于每个组织个体的效用是固定且平等的,如果管理制度足够详细和全面,就能一定程度地及时压制冲突的发生。

总的来说,冲突管理的应用策略应该站在实际的组织层面进行选择,因地制宜、因时制宜,同时利用事前、事中和事后的有利时机,把握冲突管理的有利机会,解决破坏性冲突或激发建设性冲突，助力组织成长和发展。

3. 冲突管理具体策略

（1）组织的日常管理必须有一套完整的规则、程序、制度和标准。组织管理制度一经实施，每个人都要严格执行，违者必究。在管理制度运行的过程中，由于制度本身的客观性加上在制度制定中的主观性，可能会产生观点矛盾和操作冲突。为解决这一问题，我们应该站在大多数人的利益角度进行思考和完善，形成制度规范、运行规范、人员规范的格局。其一，完整合理的规则程序应该包括对权利、义务、职责、奖惩等各方面的概括和说明，始终让权力在标准的框架内运行，不越界、不粗暴、不轻视，共同约束人员和组织的行为；其二，严格的管理制度应该避免情绪化，公正、客观地看待每一个人，严禁以权谋私。因此，实施严格的规范可以促进组织内部和谐共处，避免不必要的冲突。

（2）用好"沟通"这一手段。所有的冲突都可分为良性的和恶性的。恶性冲突应该及时避免和解决，但良性冲突对组织有一定的积极作用，我们应该采用激发和诱导等方式加以处理，从而发挥良性冲突的积极作用。沟通就是激发良性冲突积极作用的方式和手段。沟通把冲突摆在明面上，从沟通中获取成员对组织的真实看法，为组织的发展奠定基础。沟通在组织中的作用主要体现于激发组织成员的思想碰撞和灵感爆发，形成创新思维和创新氛围，拔掉冲突硬刺，促进团队内部柔性发展，让员工更有归属感和受尊重感。组织领导者灵活运用沟通这一法宝，可以减轻员工冲撞，利于团队管理和协调，增强员工信心。高级管理层应根据具体情况，在解决冲突时采取必要的措施，或者故意引发冲突以致无法实现具体目标或得不到组织的支持，使冲突转化为创新的催化剂。

（3）组织应不断加强内部文化交流，建立信任机制，如建立"员工邮箱"以了解情况。建立邮箱是为了尊重员工隐私，提供合理温馨的渠道给员工，鼓励内向的员工进言。对于组织架构比较固定的组织来说，为了能更好地倾听群众的声音，设置邮箱信箱是十分有必要的。组织运行的过程离不开每一个员工，员工知道组织现存的优点和缺点，能够从实际的角度为组织创造效益。除了设立固定邮箱，还可以定期开展组织生活会、讨论会、茶话会和素质拓展活动等，员工分享生活的琐事和烦恼、工作的顾虑和乐趣以及闲暇时刻的趣事等。在分享中，员工们更能产生共鸣，增进对彼此的了解和认识，当出现问题时，更能站在对方的角度思考问题，增进彼此间的信任。部门领导者至少每半年或每年与下属进行一次系统的会议和谈话，以便清楚地了解员工的真实想法。领导者不应表现得太居高临下而应态度友好，长此以往，员工和领导者之间会形成默契，权势在领导者和员工之间的阻碍作用也会减弱，冲突自然也会减少。

数字资源

本章数字资源由三大部分组成：一是 UTD 24 文献推荐，二是推荐的冲突管理相关量表，三是参考文献。详细内容可下载"拓展学习资源"获取。

1. UTD 24 文献推荐

Ni Dan, Zheng Xiaoming, Liang Lindie H. Rethinking the role of team mindfulness in team relationship conflict: A conflict management perspective [J]. Journal of Organizational Behavior,

2021, 43 (5): 878 - 891.

Chang Man-Ling. On the relationship between intragroup conflict and social capital in teams: A longitudinal investigation in Taiwan [J]. Journal of Organizational Behavior, 2017, 38 (1): 3 - 27.

Ruchi Sinha, Chia-Yen (Chad) Chiu, Santosh B. Srinivas. Shared leadership and relationship conflict in teams: The moderating role of team power base diversity [J]. Journal of Organizational Behavior, 2021, 42 (5): 649 - 667.

2. 冲突管理相关量表

◎ 可参考"冲突处理风格量表"

3. 参考文献

第 9 章 组织结构与组织设计

知识点

组织、组织结构、组织结构理论、组织设计

学习要点

◎ 掌握组织的概念、功能、类型和基本原则。

◎ 掌握组织结构的要素和影响因素。

◎ 了解组织结构理论的传统理论及其现代发展。

◎ 理解各种组织结构的优缺点,以及它们各自在什么情境下适用。

思维导图

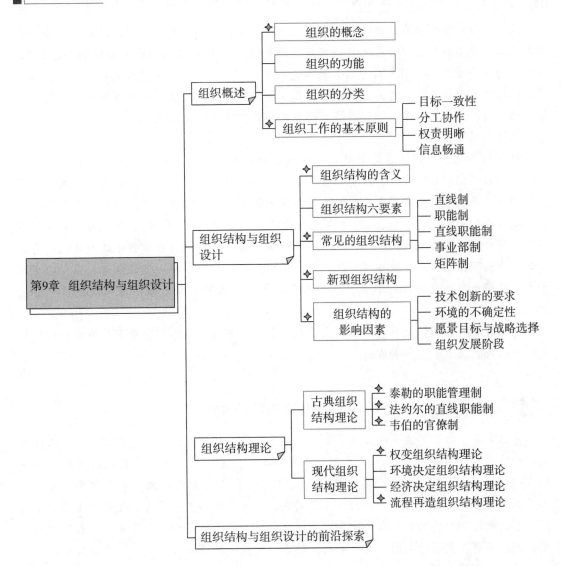

新理念　如何在社会主义市场经济体制下建立和发展政府组织结构？

政府履行职责的重要基础是有一个科学合理的组织结构。自改革开放以来，为适应党和国家工作重心转移、社会主义市场经济发展的要求，政府组织结构不断地调整、优化。1981—2018年党和国家机构改革前，我国先后集中进行了七次较大规模的机构改革，每一次都把优化政府组织结构作为重要任务，在职能转变、妥善处理政府和市场关系方面迈出了较大步伐，基本实现了从计划经济下的机构职能体系向社会主义市场经济下的机构职能体系的重大转变。

21世纪以来，数字技术得到爆发式的发展和应用，特别是互联网和移动网络技术已经完全融入人们的日常生活，人类社会已经与手机、电脑、互联网无法分开。全国各级政府已经在抖音、今日头条等大众媒体上开设官方账号，方便信息的通报并加深与基层民众的交流。根据第49次《中国互联网络发展状况统计报告》，截至2021年，我国互联网政务服务用户规模达9.21亿，全国已有20多个省（区、市）相继出台数字政府建设的有关规划，为我国互联网政务服务发展注入新的活力。因此，为了进一步提供适应当今的生活方式，更好地帮助政府履行职责、提升工作效率，深入研究政府组织结构就变得十分有意义。

总而言之，我国的政府组织结构应该在社会主义市场经济体制背景下，为适应时代的发展和人民的需求而改革和发展。

史上择慧　蜀汉集团组织结构的演变

东汉末年，数代君主早逝，新帝登基时大多年幼，致使外戚专政、宦官夺权，又逢天灾与瘟疫的双重打击，百姓苦不堪言。公元184年，走投无路的贫苦农民在河北人张角（？—184）的号令下，纷纷揭竿而起，高喊"苍天已死，黄天当立，岁在甲子，天下大吉"的口号，向官僚地主发起猛烈攻击，对东汉朝廷的统治产生巨大的冲击。由于黄巾之乱，东汉朝廷下令各郡自行募兵守备，虽成功镇压了黄巾起义，却使地方州郡长官拥兵自重，形成了群雄割据的局面。这一时期，刘备、曹操、孙坚等人纷纷加入讨伐黄巾军的队列，开启"创业"之路。

刘备（161—223），字玄德，西汉中山靖王之后，蜀汉开国皇帝。《三国志·蜀书·先主传》记载："灵帝末，黄巾起，州郡各举义兵，先主率其属从校尉邹靖讨黄巾贼有功，除安喜尉。"184年，刘备随邹靖讨伐黄巾军，因战功获封安喜县尉。之后，刘备历任下密丞、高唐尉、别部司马、平原令。

194年，在曹操攻打徐州时刘备前往徐州支援陶谦。刘备来到徐州不久后，陶谦病故，死前对徐州别驾糜竺说："非刘备不能安此州也。"糜竺率州内人众迎请刘备接管徐州，最初刘备谦而不受，最后在陈登、孔融等的劝说下，接收了徐州以及陶谦的旧部。当地豪族糜家、陈家等也纷纷归附刘备。但好景不长，刘备在与袁术的作战中遭到吕布的背叛而丢失徐州。数年间，刘备归附曹操讨伐吕布，又奉"衣带诏"讨伐曹操，兵败北投袁绍，南联刘表。

208年，刘表病故，其子刘琮想投降曹操，刘备向南逃去，联盟孙权。同年，刘备联合孙权后于赤壁大败曹操。"先主表琦为荆州刺史，又南征四郡，武陵太守金旋、长沙太守韩玄、桂阳太守赵范、零陵太守刘度皆降。琦病死，群下推先主为荆州牧，治公安。"由此刘备成为荆州的领导人，并收复荆南四郡，手下有诸葛亮、庞统等文臣，又有关张赵、魏延、黄忠等猛将。

212—214年，刘备西进蜀地，击败刘璋，又得法正、黄权等人才，并获得益州士族和东州派的支持。215年，刘备在汉中击败曹操，手下120位臣子进言："今操恶直丑正，实繁有徒，包藏祸心，篡盗已显。既宗室微弱，帝族无位，斟酌古式，依假权宜，上臣大司马汉中王。"由此刘备进位"汉中王"。

221年，曹丕谋害汉献帝称帝后，刘备遂在百官的建议下称帝以对抗曹魏。

223年，刘备病故于白帝城。后主刘禅时期，刘禅放权诸葛亮，诸葛亮总揽军政大权，鞠躬尽瘁，但在他死后蜀汉人才凋零。至此，刘备集团历经讨伐黄巾军、任安喜县尉的小团体时期、徐州任徐州牧充实手下人才的成长期、荆州寻找诸葛亮职业经理人的成熟期、益州进位汉中王并称帝的巅峰期、后主刘禅的衰败期，其间由于士族投资、特殊人才的加入、团队业务的扩大、组织目标的变化，组织结构经历多次调整变化。

故事启示

河北时期：刘备集团的初次创业是在河北讨伐黄巾军，此时刘备手下只有关羽、张飞等武将，刘备一人决断组织的重要事项，属于简单的直线结构，凭借军功被封为安喜县尉，也为自己的集团打出名号，有了正式的组织名称。

徐州时期：陶谦病逝后，刘备临时被推举为徐州牧，获得以徐州糜家、陈家为首士族的天使投资，收获大量的人才，手下有了孙乾、糜竺、糜芳、陈登、陈珪、陈群、孔融等文臣，又有关羽、张飞、曹豹、许耽等武将。受组织规模扩大、下属专业管理能力增强、管理性事务增多的影响，组织内部事务刘备一人不能完全处理。因此，刘备需要指派专人做专事，此时刘备集团将组织结构转变为职能制。

荆州时期：刘备在徐州兵败曹操后，辗转多年夺得荆州，再次获得一州之地。在此期间，刘备先后拜徐庶、诸葛亮、庞统等人为军师。军政大事交由军师出谋划策，同时由于荆州士族的支持以及黄忠、魏延、霍峻、傅彤等将领的加入，组织人才再次增多，此时刘备集团组织结构转变为由军师参谋而自己发号施令的参谋制。

汉中王时期：赤壁之战后，刘备夺取西蜀，并让关羽领武将关平、周仓、王甫、赵累、糜芳、傅士仁等，谋士马良、伊籍、杨仪等，文臣潘濬、廖立、向朗等驻守荆州，自己则带领张飞、马超、黄忠、诸葛亮、法正、许靖等进入西川。占据西川后，刘备和关羽兵分两路进攻曹魏的汉中和樊城，他们每人手下均有武将、谋士、文臣等组成的职能部门，集团组织结构转变为事业部制。

称帝时期：刘备以恢复汉室为己任，曹丕逼迫汉献帝刘协禅让皇位，为了保证汉室的正统，221年刘备在蜀国称帝。但此时，由于关羽大意失荆州，巴蜀仅占一州之地，刘备集团再次采用参谋制的组织结构。

刘禅时期：诸葛亮总揽军政大权，但诸葛亮用人风格是事必躬亲，事无大小必须亲自确定，以致积劳成疾。与此同时，由于诸葛亮的过度干预，导致蜀汉其他人才没有得到很好的培养，诸葛亮死后国家人才凋零，不久就亡国了。这一时期的蜀汉集团组织结构为刘禅以及诸葛亮等大臣都能向下属发布命令的职能制。刘禅采用放权、中庸的管理模式，致使蜀汉出现了国家内部各派别暗中争夺利益、诸葛亮作为职业经理人管理所有事务的现象，实现了类似现代的所有权和管理权分离的两权分置的组织结构。

9.1 组织概述

9.1.1 组织的概念

在我国古代，"组织"一词早早就出现在史书和诗歌之中，如《辽史·食货志》记载"饬国人树桑麻，习组织"，意思是让国家的人民都学习种植桑和麻、养蚕，并进行纺织。在我国汉语中，"组织"一词的最早释义为丝、麻等制成的布帛，也含有编织的意思。这些纺织物的形态已具有现代管理的韵味，织物是通过一条条线纵横相搭而成，横向线代表管理幅度，纵向线代表管理层级。英文中的组织一词"organization"则源于器官（organ），取其中器官组成生物整体系统、具有特定功能的结构的含义。现代管理学中"组织"一词的含义则可追溯到1873年，英国社会学家赫伯特·斯宾塞将"组织"一词引入社会科学领域，代表已经组合形成的系统或者社会团体，从此逐渐发展成为当今社会科学的核心概念。

构成当今社会主体、主宰人们生活的基本组织形态（如企业）是在20世纪才大量涌现的。20世纪初期，马克斯·韦伯将组织作为基本对象进行系统的研究并加以界定。自韦伯之后，许多学者又对组织的概念分别给出不同的定义，但迄今为止尚没有一个公认的定义。但总的来说，组织的定义必须包含社会实体、人、目标、系统、协同活动等基本要素。

一般来说，对于组织的认识包含传统组织观和现代组织观两种。

传统组织观认为，组织是为了达到某一特定目标，各成员分工合作，并通过各种责任制度去协调一群人的行动。这个定义包括以下要点：第一，组织包含一个共同的目标。组织所聚集的这一群人是因为有一个共同的目标，如果缺失共同目标，组织就如一盘散沙，一点风吹草动就会消散。第二，组织包括不同层次的分工合作，而保证这些分工协作稳定则要通过权利和责任的划分及规章制度来约束。组织通常有着个体或者一般小群体无法实现的目标和工作效率，而组织目标和工作效率的实现源于分工协作——赋予不同的人员以不同的权责。这样的分工协作与权责赋予是组织区别于个人和一般小群体的重要特征。第三，组织要协调人们为实现共同目标而开展活动。这种协调不仅存在于组织层次内部和组织层次之间，还针对组织内部的客观因素和人们心理上的主观因素。

现代组织观认为，组织是一个开放的社会技术系统。这个定义有多种含义：第一，组织是一个开放的系统，不断与外部环境进行资源（如原材料、信息等）的交换，随着环境的变化而改革和发展；第二，组织是一个社会技术系统，包括结构、技术、社会等多方面；第三，组织是一个整合系统，各子系统的相互依存是组织建立的基本条件，同时组织也离不开与外部环境的交互。

与传统组织观相比，现代组织观更强调组织是需要与内外部环境进行交互的系统；而传统组织观仅说明组织最基本的特征，将组织看作不与外界交流的封闭结构。显然，在外部环境快速变化的现代社会，现代组织观能够更清楚地定义组织的基本含义。人们一般认为，组织是一群人在特定的社会环境中，为了达成特定的共同目标，按照一定的组织结构和规则进行活动的具有特定功能的开放系统。任何组织都具有以下四方面的特征：

1. 共同目标

任何组织的存在都必须有一个共同的目标，这是组织建立的前提条件。人们聚集起来形成组织就是为了能够更好地实现这个共同目标。如果缺少共同目标，就不会有为实现目标而进行的分工协作，不会存在相应的权利与责任划分，也就无法形成真正意义上的组织。

2. 分工协作

分工协作的根本目的是更好地实现组织目标。组织目标往往是个人或者一般群体所难以实现的，为了能够更好地实现目标，往往需要多部门的共同努力，不同的部门由组织统一协调，各自负责不同的工作、相互配合。就如汽车生产工厂，一辆汽车的生产需要不同的班组负责不同零件的生产，再由总装组进行组装；同时，整个生产过程也离不开财务、人力资源等职能部门的支持。这样的分工协作使得组织能够以更高的效率实现共同目标。

3. 权责明晰

组织内部分工协作的稳定需要一套完整的权责制度来加以保障。组织内部在确定目标并分工协作之后，需要赋予负责不同工作的部门及部门中的每个人相应的权利以方便实现目标，但同时要求他们明确自己的责任。组织中的权责相互依存，没有权利只有责任，无法保证任务或者目标的完成；只有权利没有责任，则会导致权利被滥用。因此，权利和责任的割裂会影响任务或者目标的完成。

4. 环境交互

组织不是一个封闭、孤立的社会团体，而是一个开放、时时刻刻都在与外界进行交互的系统。它需要随时与外界进行信息、资源的交换，正如企业生产的成果只有与组织外部买家交易后才能取得利润，再进行下一轮的生产；有新的生产技术面世，企业需要安排技术人员到外部学习，以提升自身的生产技术。同时，企业也必须随着外部环境的变化而发展和变革组织，就如数字技术高度发展的今天，企业需要利用新兴技术来提升管理水平，调整组织结构以适应新兴技术。

◆ 9.1.2 组织的功能

1. 组织的社会功能

组织是人类长期从事生产和社会实践的产物。在长期的生产生活实践中，人们为了实现共同的目标而与他人分工合作，并赋予不同的人不同的权利与责任，这种群体行为经过长期的演化形成组织。组织整合社会资源，提高生产效率，并有计划地从事产品生产或者提供服务以实现既定目标，使得从事生产的劳动者也可以在组织中获取一部分家庭和学校之外的技能。同时，组织通过规范、协调和评价劳动者的行为来维持社会秩序。当今社会具有现代意义的组织（如企业、政府）已经渗透人类社会活动的方方面面，形成人类文明的重要标志，凝聚出一股推动社会发展的持久动力。

2. 组织的管理功能

组织的诞生有效地提高了社会生产效率，其中重要的原因就是组织发挥的管理功能。组织为了提高生产效率、更好地实现组织目标，往往需要分工，组织的管理者应将一个大目标拆分成各个小目标并交给不同部门完成，而各部门在进行生产活动或提供服务时也不是割裂进行的，不同部门需要相互配合、协同工作。例如进行不同零部件生产的班组需要由生产计划制订部门统一协调，生产计划的制订不仅要考虑不同生产班组的生产能力相互适合，还要求库存管理部门参与其中。而在分工协作的过程中，组织会适当地赋予不同部门以不同权利和责任，以保障生产有序进行。除此之外，组织对员工心理施加的影响也体现了管理功能，如适当的激励可以提高组织效率。

3. 组织的个人功能

组织的基本元素是人，而人要生存和发展就要满足自身的物质需要与心理需要。人们各种各样的需要构成组织存在的意义，一个合理的组织必须满足人们的各类需要。比如，组织应提供工资、奖金、津贴和各种福利以满足人们的基本生活需要，同时组织也应提供人际沟通的渠道、激励的规章制度、团体的建设活动来满足人们人际交往、自我满足、自我实现、归属等的需要。

◆ 9.1.3 组织的分类

1. 按组织目标和社会责任分类

组织可以根据其形成的目标和承担的社会责任分为经济组织、军事组织、政治组织、宣传组织、卫生组织、文化组织等。

2. 按组织性质分类

（1）正式组织。正式组织指的是人们按照一定规则、为实现一定目标而建立的特定结构的组织。正式组织具有目标具体、利用权力实现管理、沟通渠道由管理部门提供、具有明显上下层级结构的特点。

（2）非正式组织。非正式组织指的是没有正式文件规定而自发形成的，以感情、兴趣、爱好为基础，满足个体不同需要的非官方组织。

中华典故　　　　竹林七贤的分崩离析

竹林七贤指的是魏正始年间的嵇康、阮籍、山涛、向秀、刘伶、王戎及阮咸七人，他们是魏晋时期文学家。因为常在嵇康所在山阳县的竹林下肆意酣畅地纵酒狂歌，并且在文学上具有较高成就，他们被世人合称为竹林七贤。南朝宋刘义庆《世说新语·任诞》记载:"陈留阮籍、谯国嵇康、河内山涛,三人年皆相比,康年少亚之。预此契者:沛国刘伶、陈留阮咸、河内向秀、琅邪(瑘)王戎。七人常集于竹林之下,肆意酣畅,故世谓竹林七贤。"

竹林七贤的作品多揭露和讽刺司马氏掌控的朝廷的虚伪,他们对司马氏集团的不满为当时朝廷所不容,最后被迫分崩离析。阮籍、刘伶、嵇康为曹魏旧臣,对司马氏朝廷表现出强硬的不合作态度,最终嵇康被杀,其余人各奔东西。竹林七贤出于共同的兴趣爱好而相聚在一起形成非正式组织,共同表达对司马氏集团掌控的朝廷的不满,创作出许多流传后世的文学作品,对当时的朝廷产生一定的影响,但受到司马氏朝廷这一正式组织的压迫而最终解散,体现出非正式组织对正式组织的影响以及正式组织面对与非正式组织的目标冲突会选择解散非正式组织。

◆ 9.1.4 组织工作的基本原则

1. 目标一致性原则

《周易》有云"二人同心,其利断金;同心之言,其臭如兰",在我国古代,古人已经充分意识到多人一起工作时目标一致、团结协作能提升效率。对现代组织来说同样如此,组织是人们为了更好实现共同目标而根据一定规则建立的社会实体,而不是漫无目的的一般群体。共同目标是组织建立的前提和基础,如果缺失共同目标,组织的协调工作、明晰的权责制度就无从而谈。因此,目标是组织工作效率提升的动力,是组织开展工作的前提。

中华典故　　　　　　　十八路诸侯共讨董卓中的聚与散

曹操(155—220),字孟德,沛国谯县人,东汉末年权臣,三国时期曹魏奠基者。董卓(?—192),字仲颖,陇西郡临洮县人,东汉末年权臣,天下大乱的始作俑者之一。袁绍(?—202),字本初,汝南汝阳人,东汉末年军阀,汉末群雄之一,讨伐董卓联军的盟主。

《三国演义》第五回描述了曹操受卫弘资助后,广发矫诏,召集天下英雄共讨董卓的情景。"操大喜,于是先发矫诏,驰报各道,然后招集义兵,竖起招兵白旗一面,上书'忠义'二字。不数日间,应募之士,如雨骈集。"东汉末年,董卓专政,废少帝,立献帝,致使天下之人无不激愤。曹操共召集十八路诸侯讨伐董卓。这十八路诸侯歃血为盟,推举袁绍为盟主,命孙坚为前部,攻破虎牢关,一路打到洛阳,董卓只能挟天子逃往旧都长安。至此,十八路诸侯有着共同目标——匡扶汉室,所以他们才能一路击败华雄、吕布等猛将,到达洛阳。

《三国演义》第六回,孙坚率先攻入洛阳,于一井中发现传国玉玺,程普对孙坚说:"近闻十常侍作乱,劫少帝出北邙,回宫失此宝。今天授主公,必有登九五之分。此处不可久留,宜速回江东,别图大事。"孙坚回应道:"汝言正合吾意。明日便当托疾辞归。"自此孙坚生异心,不再想救回献帝。而孙坚军中有一袁绍同乡,将此事禀报给袁绍。袁绍知道后,逼孙坚交出玉玺,孙坚不肯,自己领兵离开洛阳,向江东而去。曹操独自追击董卓失败后于席间说:"始兴大义,为国除贼……今迟疑不进,大失天下之望。操窃耻之!"

散席后，曹操见大家都起了异心，带兵向扬州而去。公孙瓒对刘关张说："袁绍无能为也，久必有变。吾等且归。"也向北方离开。而兖州太守刘岱向东郡太守乔瑁借粮未果，直接杀了乔瑁。至此十八路诸侯因不能达成一致的目标而各生异心，致使联盟分崩瓦解。

不难看出，初期曹操矫诏天下，十八路诸侯齐聚讨伐董卓，组织成立初期大家是一心匡扶汉室，目标一致，所以能够一路高歌猛进攻入洛阳，而在眼看快要胜利夺回献帝的时候，各路诸侯为了战后的利益都起了异心，有了自己的打算，再加上一些外物（玉玺）、时代背景（董卓开了私自废立皇帝的先例）等因素的影响，各路诸侯不再齐心击败董卓，迎回献帝，最后导致这个以袁绍为盟主的组织彻底解散。这则典故说明了目标的一致性往往决定着组织的存亡。

2. 分工协作原则

一个组织中最重要的元素始终是人，任何组织的运行都离不开人。但是，如果人们只是聚集在一起各干各的，没有分工协作，即使是朝着一个共同目标而努力，也不能产生聚集效应。为了提升组织的运行效率，我们在进行组织设计时必须注重每个人职务和工作的明确性，让每个人明白自己应当做什么。同时，仅仅只做好自己分内的事情还不够，组织中的每个人或者团体都应当了解与自己工作相关的人或者团体的工作情况，及时交流，适时调整工作才能更好地提升组织工作效率。

中华典故 　　　　师旷调琴

晋平公让人制作了一张琴，琴弦精致，但大弦和小弦没有区别。晋平公请来远近闻名的乐官师旷帮忙调弦校音。然而，师旷调弦一整天还是无法使琴发出和谐的音调。晋平公不悦，责怪师旷不会调琴。师旷回答："夫琴，大弦为君，小弦为臣，大小异能，合而成声，无相夺伦，阴阳乃和。今君同之失其统矣，夫岂瞽师所能调哉？"（《郁离子》）师旷表示，琴之所以能发出和谐的音调，是因为大弦为主、小弦为辅，彼此配合，只有大小相应、各司其职，才能音声相和，奏出美妙的音乐。"师旷调琴"的故事形象地比喻了明确分工、相互配合对组织的重要性。

3. 权责明晰原则

组织与一般群体最大的区别就在于：组织有明确的权责关系和明显的层级结构。一个效率高的企业必须拥有明确的权责关系，组织中的每个成员、每个岗位、每个部门都应当明确自己的工作是什么、自己拥有哪些权力、自己对哪些事务负有责任、哪些人被自己管辖、自己又被谁领导。拥有这样明确的权责关系，组织中各个环节才能提高自身的效率，更好地为实现目标服务。

中华典故 　　　　明朝中书省的消失

《明史》记载："（明太祖）革中书省，归其政于六部。"皇帝朱元璋建立明朝后，继承元制，依旧设立三省六部来提升朝廷的行政效率。其中，中书省长官被称为丞相，是位高权重的正一品官员，总揽天下政务。丞相可以帮助皇帝处理日常事务，减轻皇帝的负担，让皇帝有更多的精力用于协调朝堂内外关系。但是，元末时期丞相权力过大，已经达到可以私自废立皇帝的程度，这引起了朱元璋的担忧。因此，朱元璋趁着中书省左丞相李善长生病的机会，卸去李善长宰相的职务，任命汪广洋、胡惟庸等新人为中书省丞相，削弱了中书省的影响力。之后，朱元璋更是在胡惟庸犯错之时，诛杀胡惟庸，彻底废除中书省，形成以六部为主干、府部院寺分理政务的行政格局。三省的诞生是为了满足皇帝削弱相权的需要，但也由此导致三省各自为政，降低了行政效率。明朝废除中书省，改变了朝堂上皇帝一派、宰相一派的局面。在改革初期，六部直接对皇帝负责，起到明确各部门、各职位之间权责关系的作用。

4. 信息畅通原则

组织工作不仅需要分工还需要合作，而各部门、各团体良好配合的前提条件就是保持信息畅通。组织的信息流通包括自上而下、自下而上以及平级的信息交流，无论哪一种信息流动方式都是企业高效率运行的前提条件。信息于企业就像血液于人体一样，血液可以将身体外部的条件和身体内部的情况传送给各器官处理，以便各器官协调工作，信息也是将组织内外部的情况传递到各部门，保证它们协调工作，及时应对外界的变化。因此，有效的组织必须保持信息畅通。

中华典故 长平之战中谣言的威力

赵括（？—前260），战国时期赵国人，名将赵奢之子，"纸上谈兵"的主角。

战国末期，经过商鞅变法后，秦国国力大幅增长，秦昭襄王领导下的秦国逐渐有了逐鹿中原的野心。因此，秦、赵两国为了争夺上党在长平决战。战争初期，赵国名将廉颇与秦军数次交手皆被打败，但经验丰富的廉颇及时转变战争策略，选择在长平坚守不出。秦国人尽管连续打了胜仗士气正盛，但毕竟远道而来不能长留。结果，秦军久攻不下后果然士气下滑。此时，秦国丞相范雎派间谍到赵国首都邯郸散布谣言，说："秦之所畏，独畏马服君之子赵括为将耳！廉颇易与，且降矣！"（《资治通鉴》）赵孝成王由于对前线情况不了解，听信谣言，决定派赵括代替廉颇。尽管有军事才能，但只会纸上谈兵的赵括被秦军打败，导致之后赵国的灭亡。因此，赵国长平之战的失败体现出对组织来说保持信息畅通是一个重要原则，不能保证信息畅通甚至可能导致组织灭亡。

9.2 组织结构与组织设计

9.2.1 组织结构的含义

组织结构是指组织内部分配工作和指导组织协调、沟通，在职务、责任和权利等方面形成的模式。组织结构在一定程度上可以反映组织的文化以及组织的权责关系，是组织设计的重要体现。

9.2.2 组织结构六要素

1. 工作专门化

明代赵弼在《青城隐者记》写下:"女织男耕,桑麻满圃。"古人早已知晓充分发挥男女间的不同特点而分工协作的重要性。这种分工协作最先体现在小农经济上,而随着社会的进步、生产力的提升、国家需要的变化,这种分工变得更加细致。我国商周时期就已经对从事不同工作的人群进行划分,随着王朝的兴衰逐渐有了"九流"的说法,将世间从事不同工作的人分为九类。

中华典故 　　　　　　　刘邦取天下的秘诀

刘邦(前256—前195),字季,沛县丰邑中阳里人,西汉开国皇帝。

楚汉争霸刘邦取得胜利后,在庆功宴上向众将士描述自己取得天下的原因,《史记·高祖本纪》中记载:"夫运筹策帷幄之中,决胜於千里之外,吾不如子房。镇国家,抚百姓,给饷馈,不绝粮道,吾不如萧何。连百万之众,战必胜,攻必取,吾不如韩信。此三者皆人杰也,吾能用之,此吾所以取天下也。"这句话说的就是,刘邦虽然各方面才能不及张良、萧何、韩信三人,但他能知人善任,把合适的人放到合适的地方做合适的事情,让他们做自己擅长的那一部分事,而项羽只有范增一人且不能很好地发挥其才能。因此刘邦取得了天下,这表明了工作专门化的重要性。

20世纪50年代以前,人们始终认为可以通过工作专门化来提升企业的生产效率。此期间关于工作专门化最著名的例子就是福特汽车制造厂,福特给每个员工分配具体的、重复性的工作来提升生产效率,甚至达到每10秒就生产出一辆汽车。直到现在,我国许多工厂仍然采用这样的生产方式——生产流水线,流水线上工人的工作具体到只需拧好某一颗螺丝钉。

工作专门化实质上就是分工,将一个庞大复杂的任务分解为许多细致小任务并分派给不同人完成来提高生产效率。分工的好处有许多,比如提升员工在一项工作中的效率水平,细致划分使得工作简单到大部分人都能胜任,在工作的同时完成技能训练过程等。

60年代后,人们逐渐发现不断地细化工作并不能无限地提高工作效率。分工所带来的种种"经济"因素,被一些"不经济"因素抵消甚至使工作效率下降,主要体现在过分机械重复的工作使员工产生厌倦感、疲惫感、压力感等心理问题,从而导致缺勤率上升、工作效率下降、产品质量下降等情况。因此,虽然分工可以提升工作效率,但人毕竟不是机器,员工需要不同的工作内容来提升工作积极性。

2. 部门化

当组织完成任务划分后,就应当将担负同质性工作的人按某种规律分组以进一步提升他们的工作效率。部门化带来的好处是巨大的,比如减少工作间互动较多岗位的通勤距离,方便上下游岗位间的合作,聚集专业技术相近的岗位以实现规模效应等。部门化的划分方式也是多种多样的,包括按职能进行部门化、按产品类型进行部门化、按地域进行部门化、按生产过程进行部门化等。不同的部门化方式应结合企业经营活动的具体情况进行选择。比如，一家公司的经营业务区域非常明显地被分为东南西北四个方向，此时可以选择按区域部门化，给每个区域设置一个总代理人。再如，宝洁公司拥有多条产品线，此时可以按产品部门化。总之，组织的部门化以提升生产效率为目的，应当根据实际情况进行。

中华典故　　　　　　　　三省六部制

杨坚（541—604），弘农郡华阴人，隋朝开国皇帝。崔仲方（539—614），字不齐，博陵安平人，北周、隋朝大臣。

隋朝开国皇帝隋文帝杨坚在统一华夏后，总结历代王朝更迭的经验发现，王朝的衰败大多源于君主的昏庸无能，导致朝堂腐败、百姓民不聊生。然而，不良的行政制度也是推动一个王朝走向覆灭的原因之一，如果君主将权力过度下放，就会导致手下的官员脱离控制、逐渐做大、欺上瞒下甚至废立君主，使君主成了一个傀儡。但是，如果过度集权，那么不仅会加大君主的管理压力，还会使各官员不能发挥应有的作用。于是，他听从崔仲方的建议废除北周六官，设立以三省六部为核心的行政管理制度，将权力下放且分配到不同的岗位上，三省长官都是宰相，分别负责不同的工作并相互制约。三省中，中书省是决策机构，主管草拟诏旨政令；尚书省是执行机构，主管诏旨政令的实施；门下省是审议机构，主管审核批驳。六部中，吏部，掌管全国官吏的任免、考察、升降、调动等事务；户部，掌天下土地、户籍、税赋、财政收支等事务；礼部，掌管国家典章法度、祭祀学校、科举、接待外宾等事务；兵部，掌武将选用、兵籍、军械、军令等事务；刑部，掌管法律、刑狱等事务；工部，掌管山泽、屯田、工匠、水利、交通、各项工程等事务。

3. 命令链

命令链是一种从组织最高层延续到组织底层的连续的权力传递路线。明确的命令链能让组织人员了解自己应该听谁的指挥，自己又能指挥谁。命令链包含两层含义：权威和命令的统一性。权威指的是管理职位发布命令并期望命令被执行的权力。为了完成分工协作，每个职位在命令链上都有一个位置，为了保证命令能够顺利传递下去，管理者会被赋予一定的权威。命令的统一性指的是每个职位上的人只对一个上级负责。如果一个人同时对多个上级负责就会产生冲突，进而降低效率。然而，随着数字技术的发展，命令链这一概念在组织管理中变得不再显性，完备的企业数字信息控制系统不仅使领导者的管理幅度变大，也可以让一个人同时被多人领导；并且，互联网技术的广泛应用和市场需求的变化，让企业员工能够与组织任何层级的人员进行交流，更多的决策权被下放，以前明显的层级结构也在逐渐被打破。

中华典故　　　　　　　　烽燧示警

烽燧示警制度最早出现于《墨子·号令》："出侯无过十里，居高便所树表，表三人守之，比至城者三表，与城上烽燧相望，昼则举烽，夜则举火（燧）。"书中记载白天点烟叫作"烽"，晚上点火叫作"燧"。这种早期的示警方法主要是为了应对北方游牧民族的入侵。君主们通常会命令在边境修建连续的烽火台，当有敌情时士兵点燃烽火，后面的烽火台看见则相继点燃烽火用来传递信息。烽燧示警的方法非常符合命令链的原则，是一种单向传递信息的模式，每一座烽火台只需根据前一个烽火台的情况做出反应。

4. 管理幅度与管理层次

管理幅度是指管理者直接能够领导的下属的数量，而管理层次是指组织职权等级链上设置的职位数量。组织内部的管理人员受精力、知识、能力等的限制，能够有效领导的下属数量是有限的，超出这个数量就不能实行有效、具体的领导，容易降低组织效率。一般来说，管理幅度与管理层次有着直接的关系。在组织规模一定的情况下，管理幅度与管理层次成反比，管理幅度越大则管理层次越少，组织所需的管理人员数量越少，决策信息传递越快，组织的效率也就越高，管理费用相对降低；管理幅度越小则管理层次越多，但能发挥下属的自主性。

在数字技术快速发展的今天，管理幅度有逐渐加宽的趋势，互联网技术的深度应用使得管理人员能够直接领导的下属数量得以增加。一般企业想要通过加宽管理幅度来降低运营成本、提升决策速度的需求与技术进步导致组织结构扁平化的结果相符，进一步加快企业组织结构的扁平化程度。

中华典故　蜀汉为何后继无人

诸葛亮（181—234），字孔明，号卧龙，三国时期蜀汉的丞相，蜀汉建国的重要人物。《三国演义》第一百零三回，诸葛亮为激司马懿应战，故意送女装羞辱司马懿，司马懿看到女装后心中大怒，但假装笑着说："孔明视我为妇人耶！"重赏来使并问道："孔明寝食及事之烦（繁）简若何？"使者回答："丞相夙兴夜寐，罚二十以上皆亲览焉。所啖之食，日不过数升。"司马懿对众将士感慨道："孔明食少事烦，其能久乎？"果然不出司马懿所料，当年八月，诸葛亮星陨五丈原。诸葛亮北伐时期，凡事必躬亲，以致积劳成疾。诸葛亮在世时蜀汉尚能与曹魏对抗，但由于其宽泛的管理幅度，更多地消耗了自己的精力，加快恶化了自己的病情，手下也尚未能得到很好的培养，在诸葛亮死后不久蜀国即走向衰败。

5. 集权与分权

集权是指组织中的决策权和行动决定权完全由组织最高领导者保留，代表决策集中在高层的程度；相反，分权是指组织的决策行为发生在多层次、多部门，代表基层人员参与决策的程度。集权和分权是一组相对的概念，在集权程度高的组织内部，高层管理人员很少或者几乎不考虑基层人员的意见，决策全部由高层管理人员制定，基层人员只负责执行命令；相应地，在分权的组织内部，无论高层抑或低层人员都会参与决策制定。相较于集权组织，分权组织的行动效率、决策效率以及问题解决能力都更强。同样，在数字技术的冲击下，信息在组织内外部能够快速流通，组织需要对外部环境变化快速做出反应，因此管理实践中更趋向于分权化组织。

中华典故 　　　　　　　　　分封制与郡县制

周武王推翻纣王的统治后，向血亲和功臣一共分封了七十一个诸侯国。尽管周朝通过分封制加强了天子对地方的统治，即开发边远地区、扩大统治区域并逐步构筑出遍布全国的交通网络；同时也利用分封扩大了势力范围，即先封诸侯，再令诸侯打下提前封给自己的土地。但是，由于过度的分权，周王朝后期，分封制加剧了各诸侯国对周王室的不忠，形成了各诸侯国武装割据的状况，加速了周王朝的灭亡。

秦一统六国后，始皇帝在如何统治燕、齐、楚等偏远地区的问题上询问众臣是否应该设置藩王，丞相黄绾等官员说："诸侯初破，燕、齐、荆地远，不为置王，毋以填之。请立诸子，唯上幸许。"（《史记·秦始皇本纪》）秦皇让诸位大臣讨论这条建议，大臣都认为可行。廷尉李斯反驳道："周文王所封子弟同姓甚众，然后属疏远，相攻击如仇雠，诸侯更相诛伐，周天子弗能禁止。今海内赖陛下神灵一统，皆为郡县，诸子功臣以公赋税重赏赐之，甚足易制。天下无异意，则安宁之术也。置诸侯不便。"李斯用周武王的例子反驳实行分封藩王的制度，并推崇郡县制，始皇帝最终采纳李斯的建议。至此，从秦始皇开始，郡县制正式成为秦汉时期的地方管理制度，这有利于中央集权的加强以及国家的统一。明代思想家李贽在《史纲评要·后秦记》中赞扬李斯推行郡县制的主张是"千古创论"。

6. 正规化

正规化指的是组织工作的标准化程度。正规化实质上就是对组织内各类人员的工作任务、时间、方式等方面进行标准化。正规化程度较高的组织会对工作制定一定的规则，并用繁复的规章制度来保证人员按规则开展工作。正规化程度较低的组织对规则的设定不会太详细和死板，允许人员对工作拥有一定的自由调整空间。正规化会降低组织人员的自主权，组织人员无须考虑其他行为方式；但同时，正规化能够保证组织人员以同样的方式投入工作，从而降低管理成本并带来稳定的产出。

中华典故 　　　　　　　　　虎符带来的绝对权威

虎符最早出现于春秋战国时期，用黄铜或黄金制成伏虎的形状。虎符通常被分为两半，一半由带兵打仗的将军持有，另一半由国君持有，只有两半虎符集齐才能发挥调兵遣将的作用。公元前257年，长平之战中秦军主帅白起坑杀四十万赵国士兵，赵国的军事防御能力几乎崩溃，秦国随即逼近赵国都邯郸，企图一举击破赵国。

赵国的军事实力在长平之战中基本消耗殆尽，秦国为了一举灭亡赵国，发兵围困邯郸，赵国随时有被秦国灭亡的危险。这时赵国不得不向魏国求援，魏王命将军晋鄙领兵十万救援赵国，但又害怕秦国的强大，中途停兵不进。信陵君魏无忌请求魏王进兵，但魏王始终不肯。于是魏无忌向门客侯嬴请教计策，侯嬴说："嬴闻晋鄙之兵符常在王卧内，而如姬最幸，出入王卧内，力能窃之。嬴闻如姬父为人所杀，如姬资之三年，自王以下欲求报其父仇，莫能得。如姬为公子泣，公子使客斩其仇头，敬进如姬。如姬之欲为公子死，无所辞，顾未有路耳。公子诚一开口请如姬，如姬必许诺，则得虎符夺晋鄙军，北救赵而西却秦，此五霸之伐也。"（《史记·魏公子列传》）于是魏无忌冒险贿赂魏王小妾如姬，偷到了魏国虎符，夺取了魏国兵权，不仅成功击败秦军援救了赵国，同时也巩固了魏国的大国地位。此典故表明我国古代的军队已经有高度正规化的管理，将军对士兵的控制权完全来自虎符，调兵遣将必须经由虎符。

9.2.3 常见的组织结构

1. 直线制

直线型组织结构又称直线管理制，简称直线制，如图9-1所示。

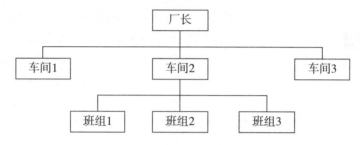

图9-1 直线制组织结构示例

直线制是一种上下级职位、权力、责任关系呈直线形的组织结构，具有以下特点：

（1）各层级都设有主管人员且其拥有绝对的管理权力，不再单独设置职能部门予以协助。

（2）自上而下的单一领导模式，下级要绝对服从上级，不能跨级执行或传递命令。

（3）各级管理人员对自身负责的事务非常熟悉，必须亲自处理各种业务。

（4）组织结构简单、权责明晰，有较高的工作效率。

（5）一般适用于人数较少、规模较小、生产难度不大或者初创期的组织。

（6）由于人员少、规模小等，管理费用一般偏低。

（7）随着组织规模的扩张，生产范围扩大、生产难度增加，以至于企业会受制于管理人员的个人能力。

直线制组织结构具有结构简单、决策权力集中、执行效率高、权责明晰、信息传递快等优点。组织管理者往往根据自己的经验对组织工作做出决策，因此管理者的个人能力至关重要。相应地，这种组织结构的缺点在于，组织的发展依赖于高层管理者的个人能力，如果他们的管理能力不强就会导致组织快速走向灭亡；并且，由于往往需要亲自处理业务，管理者常常受制于日常事务而没有精力全面考虑组织的重大问题。

我国古代也有类似的管理制度，以政治制度为例，西周天子、诸侯、卿大夫、士的格局就呈现直线制，等级森严分明，从上到下垂直领导，上级对下级有绝对的话语权，等级设置标准是血缘亲疏关系，如图9-2所示。

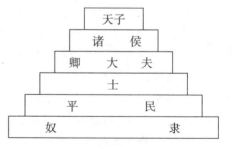

图9-2 西周社会等级示例

2. 职能制

职能型组织结构又称职能管理制，简称职能制，如图9-3所示。这是在直线制的基础上为各级组织领导者设置相应的职能管理部门，各职能部门拥有在自身职责范围内向下级发布命令的权力，下级不仅要接受上级管理人员的领导，还要听取上级职能部门的指挥。

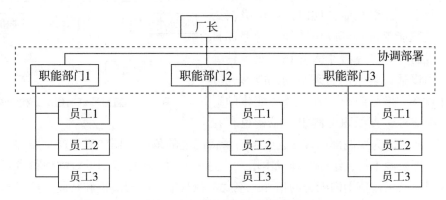

图9-3 职能制组织结构示例

职能制组织结构的优点在于：将管理工作细分，发挥了各职能部门的专业管理能力，减轻了组织直线领导者的工作负担，使组织领导者有更多精力考虑重大问题。尽管职能制组织结构克服了直线制组织结构的许多缺点，但仍存在较突出的缺点：其一，由于上级领导者和职能部门都能对下级发布命令，因此职能制容易导致多头领导问题；其二，组织的直接领导者和职能部门的权责划分不够明晰，且各层级间缺乏横向的交流。因此，职能制组织结构仅适用于有着较强平衡能力的组织。

我国隋唐时期的三省六部制就是职能制结构，如图9-4所示，皇帝把相应的管理职责和权力交给相关的职能机构，各职能机构有权在自己业务范围内向下级行政单位发号施令，但同时又要听从皇帝的直接命令。

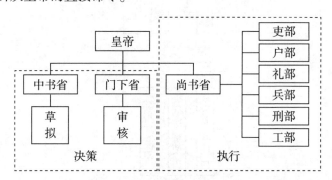

图9-4 唐朝前期三省六部制

3. 直线职能制

直线职能型组织结构又称直线职能制、直线参谋制，如图9-5所示。各级直线领导者根据分工设置各种职能部门，从事相应的管理工作，减轻直线领导者的工作负担。直线职能制组织结构与职能制组织结构的不同在于，各级职能部门对下级单位没有指挥权，只对直线领导者起到参谋作用。直线职能制是一种结合直线制和职能制的组织结构形式，吸收了直线制和职能制的优点,又克服了它们的一些缺点,是当前社会使用最广泛的组织结构形式。

直线职能制组织结构的优点在于:分工明确、权责明晰、职责划分清晰,便于进行岗位管理,即设立岗位责任制;同时,各层级都为领导者设置职能单位,可以协助领导者完成日常事务,帮助领导者克服个人知识不足、精力有限的问题以适应复杂的管理活动;能够充分激发集群效率,增强组织对外界环境变化的适应能力。相应地,直线职能制组织结构也存在

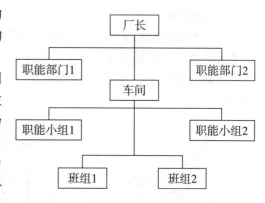

图9-5 直线职能制组织结构示例

缺点:一方面,因为职能部门过多,各部门看待问题的角度不同,容易产生摩擦、发生内耗,难以开展协调工作,组织管理成本增大;另一方面,职能部门的设立使得直线领导者往往只重视自己工作范围内能力的培养,不太重视其他方面的知识和技能,这样不利于组织培养高层综合型人才。

明朝内阁为直线职能制结构,皇帝作为最高级别的领导者,内阁、都察院、锦衣卫、东厂、西厂直接向皇帝负责,作为皇帝的参谋或秘书,没有向下级领导者直接发布命令的权力,如图9-6所示。

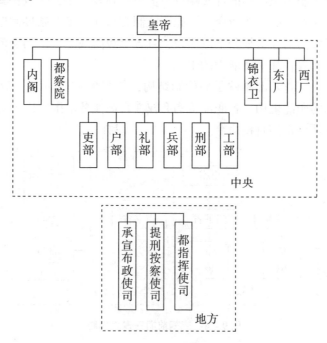

图9-6 明朝中央集权的组织结构

4. 事业部制

事业部制组织结构又称分权结构、部门化结构,如图9-7所示。这是由美国通用汽车公司总裁阿尔弗雷德·斯隆(Alfred Sloan)于1924年提出的一种在总公司领导下,根

据产品、地域、客户划分各个事业部的组织结构形式。一般情况下，总公司治理下的各个事业部都有自己独特的产品、市场或客户来源，能形成独立、自负盈亏的利益责任中心，适用于规模大、产品多、生产工艺差别大的企业。

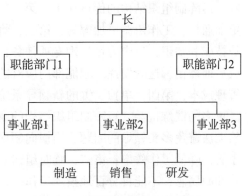

图9-7 事业部制组织结构示例

事业部制组织结构的主要优点在于：第一，总公司将权力下放给各事业部，有利于公司最高层领导者从繁杂的日常事务中抽身出来考虑组织的重大战略问题；第二，独立核算、自负盈亏的组织形式，有利于激发各事业部的工作积极性，提升组织效率和创新能力；第三，有利于将联合化和专业化结合起来；第四，各事业部独立领导，使得事业部的领导者能够得到很好的锻炼，是组织培养后备高层领导者的途径之一。事业部制组织结构的主要缺点有：第一，各事业部各自为战，容易产生本位主义和短视行为；第二，物理距离大或者相互竞争等原因不利于各事业部之间交流管理经验和生产技术；第三，各事业部同样会设置职能部门，容易重复设置相同功能的机构，提升管理费用水平。

唐朝初期沿袭隋朝旧制，在重要的边疆地区设置总管统兵，初期他们负责管理调度军需兼任管理屯田。唐朝天宝后，节度使权力得到扩大并兼任采访使的权力，集军、民、财三政于一身，时称"节镇"。唐朝末期，节度使在地方上的势力达到巅峰，独揽所有地方事务，部分地区节度使的军事实力甚至超过中央，导致后期唐朝藩镇割据。

5. 矩阵制

矩阵式组织结构又称目标-规划制，是一种新型的二维组织结构形式。这种组织结构包含纵向和横向两种领导系统，摆脱了传统层级制组织结构的缺陷，如图9-8所示。这是在垂直领导系统的基础上，在执行任务时临时组建一套横向领导系统。矩阵中的组织人员主要服从横向组织的领导，但行政上仍属于原有单位，在完成工作任务后回归原有单位。在执行任务时，人、物、财等生产要素一般由横向系统调度，纵向系统主要用于保障横向系统完成任务所需的必要条件。矩阵制组织结构最大的特点在于打破了组织人员只有一个直接领导的原则，减少了信息沟通层级，问题的反馈和解决速度得到大幅提升，但仍然存在多头领导的问题，不适用于中小企业。

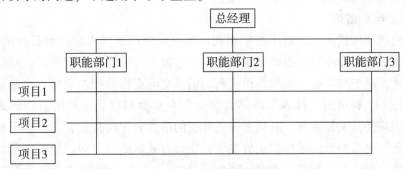

图9-8 矩阵制组织结构示例

矩阵制组织结构的优点在于：第一，横向组织结构确定，使得部门间的横向交流变得更加通畅，工作协调更加容易；第二，将职能分工和组织合作相结合，有利于集中各种优势技能和知识，集中力量处理专项任务；第三，根据任务而设置的横向领导系统在任务完成后即撤销，这既发挥了职能部门应有的作用，又避免了组织结构的臃肿，降低了组织的管理成本；第四，单独设置的新领导系统有利于提升领导者的个人能力，为组织人员提供了更多的锻炼机会。矩阵制组织结构的缺点在于：第一，尽管是临时组建的工作组，但仍然无法避免多头领导的问题，当横向领导系统和纵向领导系统的关系处理不当时容易产生矛盾，降低工作效率；第二，临时组建的工作小组的不稳定性也会使矩阵中人员缺乏安全感和归属感，不能百分百地投入工作。

  钦差大臣林则徐

林则徐（1785—1850），字元抚，福建侯官县人，清朝后期的政治家、文学家，著名的销烟英雄。

钦差制度始于明朝，当时钦差相当于一种特殊性质的兼职，皇帝需要一个代言人去外地办事情时就会封其为"钦差"，事成之后回归原职，这种职务具有明显的时效性。同时，钦差去地方办理事务，皇帝会允许钦差组建自己的队伍以顺利完成皇差。著名的销烟英雄林则徐就是皇帝委派到广东的钦差大臣。

9.2.4 新型组织结构

1. 团队型组织结构

团队型组织结构指的是以团队为单位完成组织任务的结构模式。在团队型组织结构中，组织层级往往较少，团队本身拥有较高的工作自主权，能够更好地发挥组织成员的积极性和创造力，有利于增强组织活力。同时，团队型组织结构的沟通也比传统层级组织结构更加通畅，有利于增强组织成员间的团队协作。然而，维持团队型组织结构需要花费大量的时间和精力，并且对团队成员个人能力的要求很高，要求其具备全面能力的同时又具备某一方面的专长。一般情况下，采用团队型组织结构的是大型的、对创新要求高的企业。例如谷歌就是典型的团队型组织结构，企业由负责各种项目的小团队组成，组织层级少，基层员工也能与高层领导者平等沟通。

2. 网络型组织结构

网络型组织结构指的是以若干组织相互协作完成生产或提供服务为目标的结构模式。其特点在于能够实现以小资本推动大规模的生产与经营，部门化程度较低。在信息技术高度发达的今天，组织与环境、组织与组织间的信息交流变得快捷、方便，由此形成一批以一个组织为核心，利用通信技术来协调大量合作企业参与产品生产的组织形式。一般来说，核心组织只经营关键业务，其他业务以外包的形式分配给其他企业，并承担协调各合作企业的任务。网络型组织结构的优势在于，能够有效地整合资源，根据环境的变化及时调整组织模式。相应地，网络型组织结构的不足在于，核心组织对合作组织的控制力不强，在市场竞争下成本容易上升。

9.2.5 组织结构的影响因素

1. 技术创新的要求

技术是指把原材料等资源转化为产品或服务的机械力和智力。技术不仅会影响组织内部的生产工艺和流程,也会影响到组织内部人员的交流与协调。同时,组织结构不仅受到内部技术的影响,还受到外部技术发展的影响。数字通信技术的发展也极大影响了现代组织结构,组织领导者的管理幅度扩大,组织结构变得扁平化、柔性化。

中华典故　　　　　　　　　历史上第一支火器部队

由技术进步触发的组织结构变革在历史上是十分常见的。元末明初时,由于冶炼金属和制造火药的技术得到发展,火器已经广泛应用到战争方面,明太祖朱元璋在攻打金陵城(南京)时就曾动用大量的火器。明朝初期,军队大量装备了火器,明成祖朱棣在漠北作战时提出了"神机铳居前,马队居后"的作战思想,由此专门成立了火器部队——神机营。神机营作为明朝禁卫军三大营之一,是掌管火器的特殊兵种,开启了世界上火器部队的先河。

2. 环境的不确定性

组织的管理活动是在一定的环境下进行的。一般来说,组织会面临两类环境:一般环境和任务环境。一般环境是指对组织生产活动产生间接影响的政治、经济、社会和文化环境。任务环境是指与组织活动直接相关的环境,包括政府、行业协会、合作方、供应商、客户、竞争对手等。组织设计中应考虑上述影响因素,组织要根据所处的环境设置相应的部门。同时,环境的不确定性也会影响组织结构。一般来说,当组织所处的外部环境相对简单且静态时,环境的不确定性小,组织会采用严格的规章制度、明确的权力层级、高度的集中化和正规化来提升组织效率;反之,当组织所处的外部环境复杂且变动较大时,环境的不确定性大,组织会采用相对灵活、权力下放、集中化和正规化程度较低的组织结构,以便对变化的环境迅速做出反应。

中华典故　　　　　　　　　　钓鱼城之战

公元1234年,金朝与蒙古、南宋进行蔡州之战,金朝战败,战后金朝灭亡。这对南宋来说无疑一雪靖康之耻,然而在蒙古军眼里,蒙宋联军伐金的过程中,南宋军队的文弱之气一览无遗。次年,蒙古正式对南宋发动战争,四川、两淮和荆湖成为三大正面战场。此时的四川,由于两宋时期长期的社会安定,已经成为全国经济最发达的地区,每年能够供应军米两百万石以上,约占全国的三分之一。因此,南宋在四川的防守成为重中之重。蒙古大汗蒙哥率领蒙古军队攻无不克,已经攻占四川大部分地区,只需攻破钓鱼城就能将整个巴蜀地区收入囊中。面对如此危机的局面,南宋朝廷集中力量守护钓鱼城这一重要的战略要地,将陕南和川北的民众迁入钓鱼城,借助地利,构建了一座军民数万的大型堡垒。1259年,在蒙哥的率领下,蒙古军队发起攻城战,钓鱼城之战正式打响,但号称有几十万兵马的蒙古军队始终无法攻破只有几千守军的钓鱼城。这是因为守将王坚在预先了解到危险的外部环境后，采取了严厉的治军、治民模式，不仅提前迁入了周围的军民，还储备了大量粮食，使钓鱼城成为一颗钉子，横在蒙古军队南下的路途中。最终，蒙哥在钓鱼城折戟沉沙，导致蒙古帝国陷入内乱，最终改变了亚欧大陆的历史走势。

3. 愿景目标与战略选择

愿景目标与战略选择是企业组织结构的重要影响因素。成功的组织都有与其战略目标匹配的组织结构。如果在单一领域发展，那么企业只需配备高度集权化的组织结构。如果希望多元化发展，那么企业应该采用倾向于分权的事业部制组织结构。

中华典故　　　　　秦统一六国为何最先灭韩

公元前376年，韩、赵、魏三家分晋，魏国分得河西地区，直接阻挡了秦国东扩的道路。自秦穆公到秦惠文王，秦国经历数百年终于将河西地区收入秦国的版图。完成占领河西地区这一战略目标后，秦国的对外战略开始摇摆不定。秦昭王时期，秦国数次东征进攻魏国、赵国等无功而返。秦王嬴政上台后，他发现失去战略目标的秦国虽然仍旧四处出击，但都没能成功东进。于是，嬴政召集王绾、尉缭、李斯、王翦等大臣商议。李斯说："昔者秦穆公之霸，终不东并六国者何也？诸侯尚众，周德未衰，故五伯迭兴，更尊周室。自秦孝公以来，周室卑微，诸侯相兼，关东为六国，秦之乘胜役诸侯，盖六世矣。今诸侯服秦，譬若郡县。夫以秦之强，大王之贤，足以灭诸侯，成帝业，为天下一统。"（《史记·李斯列传》）李斯认为此时周天子式微，六国皆弱，正是一举攻灭六国成就霸业的好时机，提出"先灭韩，以恐他国"的吞并顺序。从此，秦国确定了自己的战略目标，逐渐调整组织结构、文化、奖惩制度等，最终实现了一统六国的伟业。

4. 组织发展阶段

一个组织总是会经历初创、发展、成熟、稳定、衰退、灭亡等几个阶段。组织处于不同阶段，其面临的挑战也不同。随着组织的发展壮大，组织往往从结构简单、层级较少、集权化程度高的组织结构逐渐转变形成结构复杂、层级较多的组织结构形态。在每个阶段，组织的目标市场和客户甚至生产的产品或提供的服务都会发生改变，由此组织结构必须随着组织的发展进行优化调整，转变为最适合组织当前发展阶段的组织结构。

中华典故　　　　　明朝组织结构的变化

明朝（1368—1644）以儒家理念为基础，形成了文官武官相互制衡、内臣外臣相互制约的独特的政治结构。

明朝初期，明太祖朱元璋沿袭元朝的中书省丞相负责制，在中央设立中书省作为辅佐皇帝处理政务的机构。胡惟庸案后，朱元璋"罢丞相不设，析中书省之政归六部"。六部，即吏、户、礼、兵、刑、工。至此，自秦朝开始延续1 500余年的丞相制度彻底退出历史舞台。

明成祖朱棣在位期间，设立了类似秘书机构的内阁。《明史》曰："以其授餐大内，常侍天子殿阁之下，避宰相之名，又名内阁。"内阁大学士参与机务、论道议政，取得部分相权。但此时的内阁大学士仅为正五品，不能与正二品的六部尚书相比。

洪熙、宣德年间，阁权迅速增加，并在部分领域超过部权。此时，只有尚书、侍郎等三品及以上的官员才可入阁，内阁大学士往往身兼数职。入阁加衔，内阁大学士成为最高官位。

正统、正德年间，内阁的权位进一步巩固，阁权已全面超过部权，内阁大学士中的首辅地位也日益尊崇。

嘉靖、万历年间，内阁制度发展进入鼎盛阶段。夏言、严嵩担任内阁首辅时，"赫然为真宰相，压制六卿"；张居正担任内阁首辅时，其权势显赫，"部权尽归内阁"。

到了明代最后一位皇帝明思宗朱由检执政时，由于他"性多疑而任察，好刚而尚气"，在位期间更换了几十位内阁大学士，内阁的稳定性和权力遭受了极大的削弱。

纵观明朝的发展，组织结构的变化对此影响甚大。

9.3 组织结构理论

9.3.1 古典组织结构理论

1. 泰勒的职能管理制

弗雷德里克·泰勒，美国工程师，被誉为"科学管理之父"，他长期观察工厂生产流程，提出职能管理概念，建立职能工长制，代表作是1911年出版的《科学管理原理》(*The Principle of Scientific Management*)。

泰勒年轻时曾在费城一家工厂当模具工和机工学徒，从机械工人做起，历任车间管理员、小组长、工长、技师、总工程师等。因此，泰勒对工业企业的生产流程有着较深的理解，受益于深入基层、参与制造的经历，泰勒的组织管理理论更倾向于微观层面。泰勒对组织理论的重要贡献为：

（1）根据劳动分工原则，将生产和管理区分，提出单独设立职能管理部门的设想，让生产者专心生产、管理者专心管理，改变了当时一个人身兼多职的情况。

（2）提出例外原则，认为规模较大的工厂在生产时不能完全依照职能管理原则实施管理，高层领导者应该下放权力，将日常事务交给下属去完成，自己只需要考虑组织中的重大问题。

泰勒提出的职能管理思想和例外原则为日后组织职能部门的建立、管理的专业化以及组织分权提供了参考。

2. 法约尔的直线职能制

亨利·法约尔，法国著名管理学家，被誉为"现代经营管理之父"。法约尔出生于法国君士坦丁堡一个富裕的小资产阶级家庭，与泰勒侧重于某一车间的微观视角相比，他从更高的视角——企业整体，针对组织管理提出了新论点，建立了有关行政管理的理论体系，代表作是1916年出版的《工业管理和一般管理》(*Administration Industrielle Et Générale*)。

法约尔对组织理论的贡献在于：

（1）提出法约尔桥的设计，又称跳板原则。跳板原则实质上是一种沟通方式，其允许组织人员跨越权力界线直接进行横向沟通，也就是当生产班长 A 想要与同级生产班长 B 沟通时，班长 A 不需要逐级上报到最高组织领导者再将反馈向下传递到班长 B。跳板原则在保持统一指挥原则不变的情况下，加强了组织的横向沟通，提升了组织解决一般事务的能力，让高层管理者得以从繁杂的日常事务中摆脱出来。

（2）改进组织结构形式，设置直线参谋机构。由于高层管理者的知识、技能等个人能力有限，并且平时忙于工作，没有时间进行学习与研究，因此需要一批具备专项管理能力的人来协助，即组建参谋机构。参谋机构直接向组织领导者负责，帮助他处理日常事务，但无权向下级发布命令。

（3）总结管理过程的五大职能，即计划、组织、指挥、协调、控制。

法约尔总结的五大管理职能沿用至今，对后世管理学的发展起到重要的参考作用。

中华典故　　　　翰林院的参谋职能

清代赵翼《陔余丛考》中记载："翰林之名，本于扬子云《长杨赋》，所谓子墨客卿问于翰林主人，盖谓文学之林，如'词坛''文苑'云尔。古未有以此为官名者。其设为官署，则自唐始。"也就是说，"翰林"本意为文学之林，其用于官职的名称要追溯到唐朝。翰林院为始建于唐朝的供职机构，原本只是为了陪皇帝娱乐而设置的非正式官署；到唐朝晚期，翰林院逐渐演变成专门起草机密诏制的重要机构，曾在翰林院任职的人被称为"翰林官"——直到宋朝才成为正式官职。翰林的职能在明朝得到发展，特别是在朱元璋废除丞相制之后，翰林院成为皇帝的个人秘书机构，负责顾问应对、拟写诏制等，对文化、政治方面都产生了巨大影响。

3. 韦伯的官僚制

马克斯·韦伯是法国著名社会学家、哲学家，他提出理想行政组织体系，被誉为"组织理论之父"。

韦伯自小生活在政治氛围良好的家庭环境中，青年时代就结识了许多学术界和政界人士。在获得博士学位后，韦伯在多所大学执教，并对政界产生一定影响。因此，韦伯的组织管理理论具有明显的官僚色彩，他的主要贡献表现在以下两个方面：

（1）认为行政组织体系的基础是合法合规的权力，并提出权力论。韦伯把所有权的来源分为三类：第一类是理性和法律权力，这类权力来源包括社会法律所规定和掌握职权者下达的命令；第二类是传统式权力，这类权力来源是历史传承下来的惯例、习俗等；第三类是崇拜式权力，这类权力来源是人们对某人特殊品质、性格的崇拜。同时，他还认为传统式权力的效率很低，崇拜式权力带有过多的感情色彩，只有理性和法律权力才适合作为行政组织体系的基础。

（2）韦伯研究了理想的行政组织体系，其观点包括：①实行劳动分工，明确职责范围，使职责合法化；②形成权威层级制度；③职位人选以技术能力为挑选依据；④公职人选任命形式的制定；⑤给予行政管理人员固定的薪酬，并享有退休金；⑥管理人员不是机构的所有者；⑦摒弃个人感情，行政管理人员的行为应以严格的规章制度为基础；⑧理想的行政组织体系结构分为最高领导、行政官员、一般人员三层。

中华典故   九品中正制

  陈群（？—237），字长文，颍川郡许昌县人，三国曹魏政治家，"九品中正制"的主要创造者。

  九品中正制又称九品官人法，是中国古代三大选任制度之一，主要存在于魏晋南北朝时期。魏国建立初期，国家选官制度仍然沿用东汉的察举制，但由于士族多年经营，通过察举制当官的渠道被其完全控制，想要从底层挑选有才能者几乎不可能。这种状况极大地影响了当时国家选贤举能的能力。220年，曹丕采纳了时任尚书令陈群的建议，施行九品中正制。九品中正制要求各郡县推举一名德高望重的人作为大中正（中正就是评价人才的官职），再产生一名小中正。中正需要根据中央分发的调查表，评价各地所知的无论是否出仕流亡人士，将他们分别评定品级并附上评语。调查表将人才分为上上、上中、上下、中上、中中、中下、下上、下中、下下九个品级。大小中正完成调查表的评定和审核之后交由吏部，吏部以此作为标准对人员进行升迁调动。九品中正制解决了两汉察举制选拔官员无标准的问题，针对官吏的选拔制定了一套相对客观的标准，使当时的吏治一度澄清，为北方政权统一全国打下了基础。

9.3.2 现代组织结构理论

1. 权变组织结构理论

  20世纪60年代初，权变理论开始出现，并在60年代后期正式形成，代表人物是阿尔弗雷德·钱德勒（Alfred Chandler）。

  长久以来，组织理论的研究者和实践者都试图找出一个具普适性的组织结构，或者确定管理幅度、管理层级、集权、分权程度的最佳点的固定算法。然而事与愿违，以此为研究方向的学者并没有找到这样的结构模式或算法。因此，权变理论假设组织是一个动态开放的系统，不存在一个最有效的组织结构形态，组织结构的适用性随着外部环境、在用技术、组织策略等的改变而改变，只有与当下情境匹配的组织结构才是有效的。同时，权变理论认为管理者是组织结构变革的主导力量。权变理论利用管理者对影响组织结构变化的权变因素的主观选择来剖析组织结构变化的原因，认为管理者是组织结构变革的主导力量。

中华典故   清朝设伊犁将军，稳定边疆

  乾隆二十七年（1762），清政府平定大小和卓叛乱、重新统一天山南北后，在当地设置伊犁将军。伊犁将军为清朝新疆地区最高官职，之下设都统、参赞大臣、办事大臣、领队大臣，统辖新疆南北两路（包括巴尔喀什湖以东、以南，额尔齐斯河上游，天山南北两路，直至帕米尔等地）的军政事务。设置伊犁将军是清政府经过边疆地区多次叛乱后，为了加强对北部和西北部边疆的统治，维护国家的统一和领土的完整而做出的组织结构调整。

2. 环境决定组织结构理论

20世纪中期，社会学对组织理论的发展造成了剧烈的冲击。70年代以来，涌现出多种以社会学为基础的组织结构理论。汉南（Hannan）和弗里曼（Freeman）的总体生态理论认为，组织变革机制并不是某一个组织按自身意愿进行的有目的的调整，而是整体系统的达尔文式自然选择过程。因此，各种组织就会进入优胜劣汰的进化，适应当前环境的组织形式会留下，不适应当前环境的组织形式会被淘汰。迈耶尔（Meyer）、罗恩（Rowan）和朱克（Zucker）的制度理论认为，组织结构不是由完成一定工作任务的客观需要决定的，而是迎合更大社会范围内的团体关于组织形式合法性、有效性和理性的看法的产物。因此，一个组织的组织结构有表面结构和实质结构之分。普费弗（Pfeffer）和萨兰西克（Salancik）的资源依赖理论认为，组织无法自给自足所有的资源，势必会依赖其他组织的资源，为了减少对外来资源的依赖，组织会寻求控制关键资源的办法。

中华典故 管仲推行的"官山海"政策：对重要资源的垄断

管仲（？—前645），姬姓，管氏，名夷吾，字仲，谥敬，春秋时期齐国政治家，法家代表人物。

首位提出"官山海"思想的人是齐国宰相管仲。他在齐桓公咨询何为国家强大时说"唯官山海为可耳"（《管子·海王》）。所谓"官山海"，指的是盐铁专卖政策。盐和铁这两种资源在当时的自然经济中占据非常重要的地位，它们是生活必需品但又不能随时生产，只能依靠市场供给。在管仲改革之前，盐铁实行租税制，即征收山泽税和关市税，可以私人买卖，尽管官府可以从中获利，但大部分利益还是流入商人手中。在管仲改革之后，官府对盐铁实行专营，控制这两样重要商品的供给，使利润收入归国有，成功使齐国成为一方霸主。齐国通过管仲的改革成功变得富强表明了组织对重要资源的依赖性。

3. 经济决定组织结构理论

20世纪末，经济学对组织理论的发展有很大的贡献。詹森（Jensen）和麦克林（Meckling）提出代理理论，所谓代理就是指资源的所有者将资源委托给其他拥有专业能力的人员打理的行为。当资源使用者本身就是资源所有者时，他自然会努力为自己工作，争取最大的回报。但是，当资源使用者不是资源所有者时，资源使用者就会产生提高在职消费水平、自我放松和降低工作强度等代理问题。威廉姆森（Williamson）系统地研究了交易费用理论，其中交易费用一般指为促成交易而产生的费用总和。交易费用理论认为，市场和企业是两种可以相互替代的资源配置机制，而市场由于存在有限理性、机会主义等不确定性因素，交易费用率较高，为了节约交易成本，企业会替代市场成为新的资源配置机制。代理理论和交易费用理论共同认为，被托付资源的企业管理者是不可信的，他们为了追求自身利益最大化会损害资源所有者的利益，因此必须设计相应的制度来加强对企业管理者的控制。

| 中华典故 | 秦设"御史制",防止贪污 |

御史大夫初设于秦朝,与丞相、太尉合称三公,具体职能是对百官进行考课、监察和弹劾,是我国最早的政治监察官职。在御史大夫之下还设有御史中丞、侍御史、监御史等专门负责监察的官职。其中,侍御史负责在内廷监督百官并保存档案,监御史负责对全国各郡县官员进行考核。《汉书·百官公卿表》记载:"御史大夫,秦官,位上卿,银印青绶,掌副丞相。有两丞,秩千石……"由此可见,在秦代,御史大夫这一负责对百官进行监察、防范代理问题的官职地位极高,仅次于丞相。

4. 流程再造组织结构理论

美国著名管理学家迈克尔·哈默(Michael Hammer)与詹姆斯·钱皮(James Champy)是流程再造组织结构理论的提出者,详细论述见于他们的著作《企业再造:商业革命宣言》,并在20世纪末发展到顶峰。流程再造组织结构理论提出的时代背景是90年代,当时社会生产力得到极大发展,人们的物质生活得到满足,顾客对产品和服务的要求越发多样化,并且企业内部员工越发强调自身价值的实现,传统的古典组织理论无法满足管理的需要。

流程再造组织结构实际上是一种企业流程,旨在从根本上彻底重新设计企业管理程序,选定多项对组织极为重要的组织工作重新规划以达到提升企业效率、生产绩效的目的。其主要思想在于:改变当时以职能设立部门的现状,转向以工作流程为核心,从整体的角度重新设计业务流程,寻求对总体而非个体最优的组织形式。流程再造组织结构的典型例子是IBM公司的逆风翻盘。20世纪20年代,IBM公司占据了市场大半的个人电脑业务,但到了90年代,由于IBM公司拒绝继续使用英特尔公司提供的芯片,最终被许多公司超越。1993年,IBM公司接任董事长兼CEO路易斯·郭士纳(Louis Gerstner)就职,他关注客户需要,大力推动企业流程再造,大幅缩短采购订单的处理时间、签订合同的时间、平均合同履约时长,成功实现企业转型。

现实观察

万科集团组织结构演变

万科企业股份有限公司(以下简称"万科集团")创建于1984年,1991年在深圳证券交易所上市,主要经营范围是开发房地产和提供物业服务,如今的万科集团已经成长为国内领先的城乡建设和生活服务商。

◈ **集团初创期**

1984年万科企业股份有限公司在深圳成立,法人代表为王石,1988年万科集团正式进军房地产。初创期的万科集团,集团人员较少,涉及业务相对简单。此时,万科集团负责人对集团组织结构的要求是:相对简单,并且能够高效完成上级指派的任务,集团领导者对集团拥有绝对话语权。因此,万科集团早期的组织结构属于直线制,随着企业的扩张、业务范围的扩大、人员的增加,其组织结构转变为直线职能制,如图9-9所示。

图 9-9 万科初创期的组织结构

◆ **集团业务扩张期**

进入1990年，万科集团经过多年的积累和周密的战略部署，制定"综合商社"的发展模式，正式向多个行业进军，力求多元化发展。王石领导下的万科集团在20世纪90年代中期经由多元化的业务模式进入发展黄金时期，贸易、房地产、文化传播、工业成为集团产业的主要模块。此时，万科集团需要的是一个相对简单、能高效执行集团战略任务且能依据不同业务执行不同工作任务的组织结构。事业部制就是此时万科集团的组织结构。事业部制能够在组织结构简单、高效的基础上完成分权，适合当时万科集团多元化发展战略，如图9-10所示。

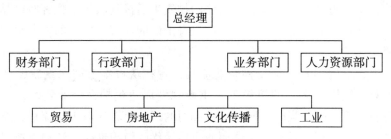

图 9-10 万科集团业务扩张期的组织结构

◆ **集团专业化发展期**

尽管万科集团在业务扩张期在多领域取得了相当出色的成就，但随着时间的推移，万科集团意识到业务范围扩张带来风险降低、资源高效整合的同时，分散投资、业务结构不合理、管理体制混乱也随之而来，尤其是集团利润率无法再进一步提高。因此，万科集团迫切要求对业务模式进行战略调整。1993年，万科集团正式放弃以综合商社为目标的多元发展模式，提出向专业化方向发展，迅速在城市居民住宅领域完成规模化发展的战略规划。在经历业务范围大扩张阶段后，万科集团开始缩减业务范围。2001年，万科集团旗下万佳超市的转让正式标志着万科集团完成地产业务的专业化。这种从多元化发展转向专业化发展的转型，要求万科必须找出一种适配集团以"专注大众住宅开发为核心，做到全国高质量、大规模房企，建立标准化房屋生产流程"为目标的组织结构。为了同时完成集权和分权的要求，建成专业化、高质量、高速度生产的房企，实现同一房企不同项目共享案例资源、业务流程、工作标准、操作指引但又保留总部专家资源的战略方针，万科集团最终将组织结构转变为矩阵结构，按照房地产的专项职能设计重新划分四条主线，如图9-11所示。

在矩阵式组织结构下，万科集团旗下分公司、分项目的职能部门和生产单位不仅受区域分公司总经理的管理，同时还受总部职能部门的管理。这种组织结构不仅强化了企业总部的专业能力和权威性，也保证了分公司拥有一定程度的自主权。因此，万科集团顺利实现了民用住宅的标准化生产和全国扩张，也在全国范围内建立了极高的声誉。

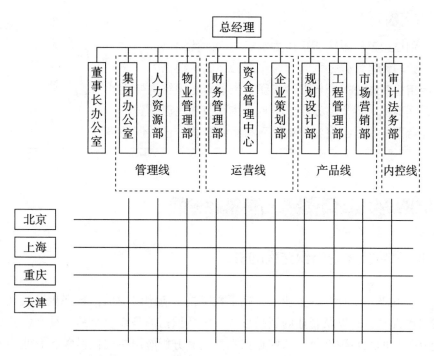

图 9-11　万科集团专业化发展期的组织结构

◈ **集团区域化调整期**

凭借矩阵制组织结构带来的优秀品控和标准化房屋生产流水线，万科集团成功以高质量房屋在全国打下不小名头，旗下城市分公司遍布全国各省市。然而，一个新问题随之产生，数量过多的分公司和分项目如何保障每一家分公司都能严格执行总部制定的标准，而这些标准的执行又由谁来监督管理？因此，万科集团决定放权，按照价值链对区域和城市分公司进行管理，增设区域分公司管理城市分公司。

◈ **后王石时代的组织结构**

2017年6月，万科集团发生一件影响整个集团未来走向的大事——万科集团创始人王石卸任董事长，新任董事长郁亮上台。郁亮对万科集团的组织架构进行了大刀阔斧的改革，2018年9月，万科集团宣布重新调整总部组织结构，撤销总部原有十二个部门的设置，按照前中后台设置三大中心——事业发展中心、管理中心、支持中心，并针对总部新成立的三大中心设置合伙人，分为四个层次——第一层次集团合伙人、第二层次中心合伙人、第三层次执行合伙人、第四层次普通员工合伙人。这一模式解决了困扰万科集团多年的问题——应该将股东和员工中的谁摆在前面，同时三大中心日常运行相对独立，业务流程设计减少了部门壁垒，提高了集团效率。同时，万科集团开始推行"小草计划"，以投资入股的方式鼓励员工辞职创业，目的在于让集团负担变得更轻，更方便企业未来的转型，也以更低的成本从专业型企业转变为投资方。

> **感悟与思考**
>
> 1. 分别描述万科集团所采用的组织结构的优缺点。
> 2. 讨论增设区域分公司管理城市分公司的优缺点。
> 3. 运用权变理论,分析万科集团三十多年组织结构变迁的体现。
> 4. 根据案例内容,谈谈组织结构对集团有哪些影响。
> 5. 结合万科集团的现状,谈谈万科组织结构应该做何调整。

9.4 组织结构与组织设计的前沿探索

9.4.1 数字技术对组织结构的影响

近年来,几乎每个行业的企业都实施了数字技术应用的举措,数字化极大地改变了企业与消费者的互动方式以及企业的贸易形式。大数据指的是线上交易、社交媒体和各类传感器等交互产生的大量数据集,这些数据本身及其分析应用在现代科学和商业中发挥了重要作用。近年来,大量文献研究认为,大数据的应用对组织文化和组织结构产生了重大影响(Sagiroglu 和 Sinanc,2013;Nambisan 等,2019)。在大数据的帮助下,决策变得更加理性,管理者可以根据数据和事实做出决策,而不是凭借直觉。每个员工都可以访问信息,由此较低级别的员工也可以做出决策,从而极大提高了企业决策的效率和准确度。数字技术具有许多交互功能,我们从机会和挑战两个角度梳理它对组织结构造成的影响(Chang 等,2017;Hammerström,2018)。

1. 对正式组织的影响

大数据的广泛应用促使企业内部权力发生转移——转移到具备大数据分析能力的专家手中,并允许他们进行实时决策,这导致编程和分析部门获得权力的同时管理层失去权力。随着人工智能的实施,这种转移进程将更明显、更快速,必将导致企业重新考虑组织的流程、结构和文化。人工智能技术彻底改变了以前的商业规则,不愿意采用新技术的企业终将走向灭亡。

赵文(2001)认为,企业经营决策权和利益分配权由掌握在企业家、投资者和利益相关者等少数人手中转向顾客与提供创新、知识和技术的一线员工,组织结构也由传统科层制的多层级结构转向层级较少的扁平化结构,同时组织边界逐渐模糊。Galbraith(2012)认为,随着人工智能进一步融入企业,它能够自动执行更多的日常任务,并自行做出简单的决策,这可能导致企业人员减少,尤其是中低层管理人员。在更微观的方面,人员组合也受到大数据的影响,即人员—数据的应用。纪华道(2014)总结道,随着信息技术的不断完善,传统科层制组织结构的弊端已经显现,企业组织结构向扁平化、虚拟化转型已经不可避免,未来可能会出现更多"工"字形组织结构。所谓"工"字形组织结构也就是上文提到的中间管理层减少,"工"字上面一横和下面一横分别代表决策层和执行层。对大数据的广泛收集和应用,将导致企业结构从垂直整合转变为水平整合,并且大数据的影响往往率先促使行业领先公司的战略和结构发生改变。例如，许多研究探讨了我国近些年高校（王志强，2022）、出版社（尹章池和邓红艳，2010）以及制造业和流通业头部企业（王凤彬等，2019；于赞，2022）中的科层制向平台化和模块化的组织结构变革。平台化和模块化以扁平化、去中心化、无边界化为特征的组织结构反映了科层制不适应当代以工具理性压制价值理性的现状（丁棻，2021）。尽管企业的业务复杂度不断增大，但这也带来许多好处，比如决策速度加快和准确度提升。

在数字经济背景下，尽管一些学者认为扁平化或虚拟化转型会带来诸多好处，但目前的研究更强调组织分类的过程和结构，组织结构在环境变化的时空层面缺乏连续性发展。Sandhu 和 Kulik（2019）指出，高度形式化的组织结构对解决复杂的社会挑战和环境并没有太大的帮助，企业应当在集中化与形式化中寻找平衡。Schildt（2017）认为，大数据及高级智能算法的广泛应用使得企业的组织结构更加灵活。Zhang 等（2018）认为，在外部环境的动态性和不确定性下，组织结构应根据部门化和任务的变化而变化，而组织流程应随着信息依赖性和复杂性的变化而变化。

2. 数据应用给组织带来的挑战

数字技术的发展为各行各业累积了大量的经济数据，这些数据有效提高了企业管理层决策的速度和效率，但数据的应用同样带来了一些问题，例如数据收集中涉及的存储、使用、隐私等问题。

Berner（2014）认为，获取大量的数据必然会增大透明度、加强对员工的持续监控，这会导致员工的工作意愿减弱，从长远来看会使生产力整体下降。因此，为了协调生产能力和收集更多数据，调整组织结构是必然的结果。为了成功实施大数据转型，Sostak 和 Kurz（2020）认为组织应该采用更灵活、更分散的结构，让访问信息变得越来越容易，从而减少数据收集工作量。这往往也导致企业在组织结构设计中增加额外的维度或者结构，比如各国鼓励本国消费者利用国际金融服务转移并使用在线服务。通过整合线上实时决策以应对日益复杂的经济事务，企业还要建立新的单元和工作来监控这些流程。网络空间的安全尚未得到保障，并且许多企业对此也不够重视。马书明等（2016）整理企业信息安全应急响应相关文献，发现应急响应组织结构、应急响应队伍、应急预案都能显著正向影响企业信息安全事件中的应急响应效果。李奎乐（2017）总结日本政府和企业应对网络安全风险的经验，提出我国在网络安全领域应建立统一的情报管理归口单位、情报共享体系结构和深入到科室的网络安全管理组织机构。

3. 对非正式组织的影响

新兴技术除了对正式的组织结构产生影响，对非正式的组织结构也会产生不小的冲击，衍生出新的组织形态。与上文不同，非正式组织形式是不确定的，不存在非正式组织结构的说法，但智能技术的发展确实通过非正式组织影响了组织的生产模式。为了梳理这种影响，我们将自组织也纳入讨论，与非正式组织不同的是，自组织强调组织的自发性。

Bonanomi（2020）考察了数字化转型对大型建筑和工程公司的正式与非正式组织结构的影响，发现组织的非正式角色在数字化转型下的建筑和工程公司中发挥了超越正式角色的作用，因为数字技术的应用创造了一个非正式的社交网络，对组织结构产生正向影响。邱新平（2022）在顾客需求日益个性化、企业实行模块化生产的背景下，对服装和家具制造行业内的两家企业进行案例研究，发现智能辅助系统的应用能够促进企业员工自发组织，增大企业员工参与管理的可能性以及优化自我管理、自我激励的效果。数字通信技术的发展也使得社会诞生了新的经济形式，比如零工经济，它们往往只掌握核心业务或技术，员工呈现高流动、高松散的特征。李延昊和苏竣（2022）以外卖骑手的自组织为例，研究智能技术创新对自组织的创立和形态的影响，发现聚集于正式组织周边的外卖骑手基于外向、内向或互动的动机而脱离他组织，形成实体态、虚拟态和交互态的自组织，并且这种自组织通过或紧或散的交互共享资源取得组织认可。总之，在通信技术进步的今天，信息获取更加容易，组织成员私下交流的机会剧增，导致非正式组织的形式更加多样，新兴在正式组织中起到的作用、扮演的角色也更加多样。

总而言之，数字技术快速发展的今天，组织的各个方面都要顺应时代进行变革，尤其是组织结构方面。数字技术给组织带来了许多的机遇与挑战，它不仅作用于正式组织，对非正式组织同样产生影响，未来应该从更多的视角去看待新技术对组织结构的影响。

9.4.2 企业发展战略对组织结构的影响

长久以来，企业发展战略与组织结构的关系一直受广泛关注，其中最著名的莫过于权变理论。Chandler（1992）认为，组织结构没有最佳形式，而应围绕企业发展战略随时调整，尽管两者密切相关，但企业发展战略优先于组织结构，组织结构随着企业发展战略的改变而调整。如今，权变理论已经将组织结构调整的影响因素扩展到战略目标、企业资源、战略环境等多方面，随着企业战略持续调整和更新，组织结构也会相应发生变化。冯米等（2014）认为，企业发展战略会影响组织结构，反过来组织结构也会限制企业发展战略。尽管组织结构是组织当前活动的基础，但组织结构的不适应也在一定程度上限制了信息及资源在组织内和组织间的传递。因此，组织结构也会相应地逆向影响组织发展战略的选择及结果。还有一些学者提出，发展战略和组织结构之间是相互作用的动态过程。组织结构围绕发展战略进行构建、变革、重建，但有时企业战略转变目的本身就是组织结构，将两者拆开来研究并不能对企业的生存发展提供有效的建议，只有研究企业发展战略与组织结构的匹配问题才有意义。陆春萍（2018）从技术经济、制度环境等多个角度分析影响战略与结构匹配的因素，认为组织结构随发展战略而动态变化就是企业利用资源、促进目标实现并提高竞争能力的表现形式。张炳辉和张凯旋（2022）按照迈克尔·波特提出的竞争战略概念，总结与不同战略匹配的组织结构：采用成本领先战略的企业凭借较低的成本抢占市场份额，其组织结构具有标准化、程序化的特点；采用差异化战略的企业使产品在消费者心中产生差异印象而赚取超额利润，其组织结构应具有灵活性和弹性的特点；采用差异化战略的企业将重心集中于特定市场或者群体，其组织结构应与市场结合，通常采用事业部制。

关于企业发展战略与组织结构的关系的探究还远远没有结束，特别是在信息化时代的今天，企业发展战略受到数字技术应用的影响，其适配的组织结构研究仍在继续。

9.4.3 组织结构对企业创新和绩效的影响

创新是企业保持生命力的重要法宝，保持创新能力是组织的一项重大挑战。在知识经济背景下，企业不再仅仅是只需要完成加工的普通工厂，许多企业成立相关研发部门，主动开展有竞争力产品或服务的自主研发，因此企业的研发组织结构与创新息息相关。现代企业的组织结构更加扁平化，加上信息技术的应用，企业高层将研发决策权部分下放，这大大提高了企业处理信息、进行决策的速度，加快了新产品或新服务的研发进度。然而，这种状况也有一些缺点，例如分权带来的优势会被不能进行大规模研发部分抵消。显然，尽管企业的所有者或管理者追求企业利益最大化，但由于组织内部存在各结构间的协调成本，分散式研发组织结构难以达到效率、效果最大化，而集中式研发组织结构中企业领导者可以利用权力，强行让各部门投入溢出效应更佳的项目，并且研发活动相对集中组织的管理目光也会更长远。

1. 国内研究方面

于茂荐（2021）发现，长期导向型研发组织结构倾向于利用供应商创新，而市场导向型研发组织结构更有利于利用客户创新，且供应商创新更有利于企业提高创新绩效。张靓妹和王磊（2022）使用问卷调查方法研究组织结构对创新绩效的影响，发现知识分享与企业创新绩效呈正相关关系，组织结构在这种关系中起到中介作用。李子叶和冯根福（2013）考察组织结构正式化程度和组织创新绩效的关系，发现知识转移机制的强制性和非强制性都与组织创新绩效呈显著正向关系，组织结构分别对上述关系起到 U 形和倒 U 形的调节作用。陈建军等（2018）以中国宇航企业为样本，发现组织结构与组织创新绩效具有显著关联，且组织结构中的集权和规范维度对创新绩效产生负向影响，创新氛围、动态能力在上述关系中起到部分中介作用。

2. 国外研究方面

许多研究已经证明，在瞬息万变的现代商业环境中，公司必须从单纯的内部研发转向开放式研发创新，也就是获取组织外部的资源和技术知识等增强企业的创新能力（Chesbrough 和 Appleyard，2007）。因为开放式研发创新具有成本低、成果商业化速度快、市场差异化等多种优点，相较于大企业，中小企业能够从中获得更多的利益（Chesbrough 和 Crowther，2006）。Arora 等（2014）发现，与拥有分散型研发组织的企业相比，拥有集中型研发组织的企业的研发投入更多、专利收获更多。这两种类型企业的接入技术都是通过并购实现的，但它们在收购频率、收购规模和整合程度上存在差异。集中型研发企业从内部研发中获取更多的价值，分散型研发企业则更多地依赖外部知识。John 和 Kapoor（2021）基于 1996—2015 年 49 家行业领先的制药企业数据，探究企业创新与组织设计的关系，发现与拥有集中型研发部门的企业相比，拥有分散型研发部门的企业更能激励部门经理将发明推向市场，而拥有分散型研发部门的企业经理更有可能从外部购买发明作为创新发明的储备。但也有研究认为，当公司在某一技术领域拥有深厚的技术知识时，由于担心知识泄露以及从合作中学习产生新效用的可能性小，公司可能不愿意进行合作创新；相反，当公司拥有广泛的技术知识时，由于对自身从合作伙伴那里快速学习的能力更有信心,公司可能会有很强的结盟倾向。此外,当一家公司将研发集中于一个中心位置时,会抵消两个知识库特征对联盟形成的积极影响和消极影响。因此,对外部资源依赖程度较低的集中型研发组织会采用并购方式获取外部知识的频率更低、规模更小(Zhang 和 Baden-Fuller, 2010)。

数字资源

本章数字资源由三大部分组成:一是 UTD 24 文献推荐,二是推荐的组织结构相关量表,三是参考文献。详细内容可下载"拓展学习资源"获取。

1. UTD 24 文献推荐

Oliver Alexy, Katharina Poetz, Phanish Puranam, et al. Adaptation or persistence? Emergence and revision of organization designs in new ventures [J]. Organization Science, 2021, 32 (6): 1439-1472.

John Eklund, Rahul Kapoor. Mind the gaps: How organization design shapes the sourcing of inventions [J]. Organization Science, 2021, 33 (4): 1319-1339.

2. 组织结构相关量表

◎ 宋金波开发的"组织结构四维量表"

◎ 王晓玲开发的"互联网时代组织结构二维量表"

3. 参考文献

第 10 章 组织文化

知识点

组织文化、组织文化的类型、影响因素、组织文化的创建与维系、组织文化理论

学习要点

- ◎ 掌握组织文化的定义及其对组织的作用。
- ◎ 了解组织文化的类型及其带来的影响。
- ◎ 了解组织文化的影响因素。
- ◎ 掌握创建与维系组织文化的方式方法。
- ◎ 理解组织文化理论形成的内在原因。

思维导图

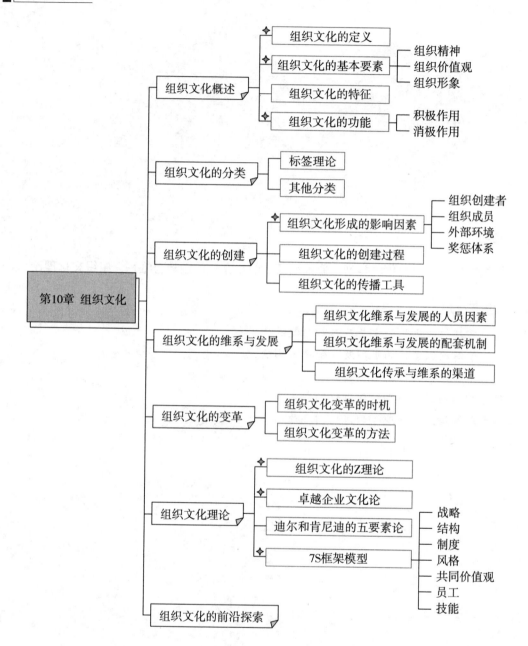

新理念　　中国本土文化与组织行为

文化是一个国家、一个民族休戚与共、血脉相连的重要纽带。习近平总书记指出："历史和现实都表明，一个抛弃了或者背叛了自己历史文化的民族，不仅不可能发展起来，而且很可能上演一幕幕历史悲剧。"中华民族五千多年延续不断的文化传承正是历经各种各样的磨砺而刻在每个中国人骨髓里面的力量。

近年来，在一些境外势力的干涉、错误引导下，文化虚无主义和历史虚无主义在我国又有抬头的趋势，这不仅造成了不必要的内耗，还严重影响了文化自信建设的进程。如何让中国人民更好地理解、实践社会主义核心价值观，保持文化自信，在马克思主义思想的指导下行动，在物质世界丰富的同时主动充实精神世界，是需要引导和解决的问题。发扬本土企业文化、提升本土企业的国际地位，是宣扬我国文化实力的好办法，可以说文化是我国企业在世界舞台上站稳的基石，企业又是发扬我国文化的渠道。

历史经验和许多量化研究都已经表明，企业文化与社会文化、民族文化有着密不可分的关系。企业文化是企业价值观、企业精神和企业形象的重要外显形式，是企业在长期的生产、生活、管理实践中创造的宝贵财富。只有与本土文化相互契合的企业文化才能得到广大人民群众的支持，才能让世界人民眼前一亮，让本土企业走出国门站在世界中央。

史上择慧　　晚清时期湘军的组织文化

湘军，也称湘勇，是晚清时期对湖南地方军队的称呼。清朝末年，太平军起义后，清廷派出八旗、绿营等军队镇压。然而，朝廷的正规军队无法与太平军抗衡，太平天国运动愈演愈烈，清廷决定借助地方武装力量予以镇压。1853年，因母丧而返乡的礼部侍郎曾国藩奉旨襄助湖南巡抚张亮基督办湖南团练。然而，曾国藩认为地方团练并不足以对抗太平军，于是他决定组织新式军队——湘军。

湘军最大的特色在于独特的组织文化。

湘军在建制上"别树一帜，改弦更张"，效仿明朝戚继光的营制，以营为基本单位。在选将上，大力延揽讲义理、有才干之士。湘军中有一大批集理学与经世之学为一体的士人，以及自然科学家和能工巧匠。晚清文人徐珂描述湘军大营内各色文人："幕府人才，一时称盛，于军旅吏治外，别有二派：曰道学；曰名士。道学派为：何慎修、程鸿诏、涂宗瀛、倪文蔚、甘绍盘、方某诸人。名士派为：莫友芝、张裕钊、李鸿裔诸人……一时文正幕中，有三圣七贤之目，皆一时宋学宿儒，文正震其名，悉罗致之。"另一类是精通西学的洋务人才。湘军集团创办西式学堂，翻译西式书籍，促成清朝政府派遣留学生向西方国家学习。在选将上，曾国藩要求"带勇之人第一要才堪治民，第二要不怕死，第三要不急于名利，第四要耐受辛苦。治民之才，不外公、明、勤三字……大抵有忠义血性，则四者相从以俱至；无忠义血性，则貌似四者，终不可恃。"早期湘军的首领，大多公正明断、清廉质朴且忠义血性。

除"选士人"外，"领山农"也是湘军一大特色。湘军最开始募士兵必以朴实的山农为主。曾国藩规定："募格，须择技艺娴熟、年轻力壮、朴实而有农夫土气者为上。其油头滑面，有市井气者，有衙门气者，概不收用。"因为"山僻之民多犷悍，水乡之民多浮滑，城市多游惰之习，乡村多朴拙之夫。故善用兵者，常好用山乡之卒，而不好用城市、近水之人"。曾国藩摒弃以国家养兵、兵籍征兵的方式，采取兵自招、将亲选、先选将、后募兵的方式。将领直接募兵的好处在于，军队内部人际关系亲密，上阵互相照顾，有效防止了战场上上下级、平级之间互相不熟悉、人际冷漠、只顾自保的问题。湘军兵士称为勇，其营称为勇营，区别于国家经制军队的绿营。满五百人的为大营，不足五百人的为小营；每营辖四哨，每哨辖八队。凡驻扎一地，不进攻，先扎营，修墙挖壕，墙高八尺厚一尺，壕沟深一丈五尺，壕沟中挖出的土搬到两丈之外，壕沟外埋花篱，花篱高五尺，两尺埋入土中，拒马队冲击之用；作战则必分三大支，分别冲锋、救败、埋伏，或左右先出、中间接应。久而久之，形成了湘军"结硬寨、打呆仗"的风格。

湘军受到儒家文化的影响，形成了共同的价值观、使命和愿景，拥有了非比寻常的战斗力。曾国藩招募了大批士人加入湘军，形成了一支"以儒生领山农"的特殊军队。除了利用儒家文化对军队管理层进行约束和管理，对于军队的基层组成——山野农夫，曾国藩也能做到亲自走入基层，教士兵读书、写字。"常教士卒作字读书，书声琅琅，如家塾然。又时以义理反复训谕，若慈父之训其子，听着潸然泪下。"湘军秉持"呼吸相顾，痛痒相关，赴火同行，蹈汤同往，胜则举杯酒以让功，败则出死力以相救"的建军标准。曾国藩最痛恨"败不相救"，他制定了"其将死，其军散；其将存，其军完。从湘军之制，则上下相维，喻利于义"的规矩。其意义在于，若上级战死，则整个建制全部解散，组织内部成员就丧失了赚取军功、谋求利益的机会。因此，下级会拼命保护上级，受到保护的上级也会想着保护下级，这样就将本就需要做到的道德责任转换为利益关系，成为凝聚力的重要来源。此外，湘军的统领曾国藩的势力在湖南地界，湘军里同族、同宗、同乡比比皆是，以宗法和契约为辅，形成了湘军组织中从上到下、从内到外的环环相扣及层层衔接的关系，产生了凝聚效应和向心效应。

"无湘不成军"，湘军乃至湖湘军事文化，对中国近现代史产生了深远的影响。

故事启示

清朝正规军在面对太平天国起义军时的溃败不仅在于腐败的内部管理和落后的作战指挥，还在于缺失能打胜仗的组织文化，组织成员仅仅将任务视为工作，缺乏对完成同一目标的使命感。曾国藩组建的湘军，不仅有复杂、亲密的人际关系，并且塑造了组织的价值追求、实现目标的使命感和组织归属感。另外，合理的制度可以帮助组织的价值观念落地实现。太平天国后期内部出现内讧就是因为制度设计的不合理。洪秀全在创建"拜上帝教"时，宣称自己是上帝的二儿子，而东王杨秀清自称"天父下凡"，是上帝本人降临人间，权力与职位分配的失衡最终导致内部成员的分裂和自相残杀。而曾国藩利用上级对下级的直接招募方式保证了组织成员之间的亲密关系，使管理层的工作能够得到更好的配合，并将道德规范转化为利益追求，最大限度地激发人性向善的一面。

10.1 组织文化概述

10.1.1 组织文化的定义

"组织文化"可以被拆分为组织和文化两部分，上一章我们已经介绍了组织的概念和来源，这里主要讨论文化。在我国，"文化"一词最早记载于《周易·贲卦》，"观乎天文，以察时变，观乎人文，以化成天下"，其意为以礼仪、风俗习惯等教化天下。彼时的"文化"还不具备现代文化的含义，经过历史的变迁，逐渐拥有现代意义上文化的含义。例如，在汉朝刘向的《说苑·指武》中表述"凡武之兴，为不服也；文化不改，然后加诛"，此时的文化已经具备现代文化含义的雏形。现今我们常常提到的"文化"源自拉丁文"cultura"，包含语言、文字、习惯、风俗、制度和思想等多方面内容。总的来说，广义上，文化就是在生产实践中创造的一切物质、精神的产物的集合；狭义上，文化是诸如风俗、习惯、规章、制度、价值等人类发展过程中，人类开发自然科学和社会意识形态的社会意识形式，起到指导、推动人类生产生活和社会发展的作用。

与组织的定义类似，组织文化的定义也源于各方学者经验、经历、研究方向的差异等，尚没有得到统一。在这里，我们介绍几种经典的组织文化定义。

1. 三层次说

三层次说指的是组织文化由三个层次——外显（物质）、制度、核心（精神）组成。其中，第一个层次为外显层，指的是企业的办公室、厂房、产品、商标和装修等外部的、物理上客观存在的物质所表达的文化；第二个层次为制度文化，指的是组织内明文的规章制度、工作指导、奖惩条款等条款所体现的文化；第三个层次为核心层，指的是企业价值观、目标等精神层面所体现的文化。

2. 二元说

二元说将组织文化二分为看得见、摸得着的物质文化和看不见、摸不着的精神文化。物质文化也称外显文化或表层文化，指的是企业诸如厂房规划、办公室布置、产品外观等物质性的内容；精神文化也称内隐文化或深层文化，指的是诸如企业共同目标、共同价值观念、办公室氛围等。

3. 精神文化说

精神文化说认为企业价值观（意识形态）是组织文化的核心部分，包括思想意识、信念、行为习惯、道德等各种能体现价值观念的方面，它具备对企业的物质方面形成影响的特点，但本身不包括物质内容。

由此可见，组织文化的定义并没有得到统一，并且它们之间因应用场景的不同而存在细微的差别。这里我们给出关于组织文化的一般定义：组织文化是组织内部向外部表现出的组织内部认同并遵循的一套价值观、信念、道德素养、管理哲学等的总和，它们无处不在，指导着组织内部人员的思维方式和价值判断。

10.1.2 组织文化的基本要素

1. 组织精神

组织精神是组织文化的灵魂所在,是组织文化中最核心的内容,是凝聚组织的关键。组织精神一般指组织成员在组织的生产活动过程中,逐渐形成的被全体组织成员认可的、对组织活动和生活的相对稳定的看法。组织精神通常与组织价值观紧密关联,它们是组织意识形态的重要表现形式,代表了组织全体成员中共性的精神特征、组织形象和行为规范,体现了全体成员对发展目标和未来的共同期望,体现了整个组织的风气、风格。组织精神为组织成员努力工作提供了精神支持,直接影响到组织的发展进程。组织精神经常通过经营理念、歌曲、口号的形式表现出来,例如腾讯提出"一切以用户价值为依归"的经营理念。

中华典故　越王勾践的励精图治:持续改进和自我发展

勾践(前520—前464),姒姓,本名鸠浅,春秋时期越国君主。

勾践在位期间,励精图治,力图使越国变得更强大。在他的领导下,越国进行了大规模的军事改革和国家建设。他通过军事训练、改进武器,建立了强大的军队。同时,他还进行了一系列的社会改革,包括推行新的法律和制度,提高了国家治理水平。最重要的是,他一生都在为越国与吴国的战争而奋斗。公元前494年,越国在吴越会战中被吴国击败,越王勾践向吴王夫差投降,越国成为吴国的附庸。然而,在越国成为吴国附庸后,勾践并没有放松警惕,反而励精图治,进行了大规模的军事、社会、经济、文化和外交改革。这一切都在为最终反攻吴国做准备。在持续改进和自我发展的过程中,越国逐步形成强大力量,越军最终在公元前473年攻破吴都,实现了对吴国的复仇。这个过程体现了越国持续改进和自我发展的组织精神。

2. 组织价值观

组织价值观是组织内部绝大多数人员认可的价值观念,是以组织为主体的价值取向。进一步地,组织价值观是组织在追求组织目标和实现组织发展的过程中所奉行的价值判断方式与行为准则,能够引导组织内部人员以共同方式行动,增强组织的凝聚力。

中华典故　刘邦、项羽进入咸阳不同的所作所为

秦朝末年,秦二世宠幸奸臣赵高,在其残暴统治下,天下大乱,各地豪杰争相起义。楚怀王是起义军的名义领头者,他立下盟约:"先破秦入咸阳者王之。"于是,刘邦和项羽这两支最有能力的军队展开角逐。项羽与秦朝军队正面对抗,而刘邦则一路大胜,率先进入咸阳。刘邦进入咸阳后,接受了秦王子婴的投降,与城内百姓秋毫无犯,封存了秦的宫廷和财宝仓库,并退兵霸上。他召集城中居民宣布:"与父老约,法三章耳;杀人者死,伤人及盗抵罪。余悉除去秦法。"(《史记·高祖本纪》)三秦之地的百姓都十分开心,将牛羊送给刘邦的军队,希望他能继续治理三秦之地,从而刘邦赢得了百姓的支持。而项羽后一步进入咸阳后，不但杀了子婴、烧了阿房宫，而且没有放过当地百姓，彻底毁掉了咸阳城。刘邦、项羽同样是反秦的义军，有着同样推翻秦朝残暴统治的理想，但他们进入咸阳后不同的所作所为体现了不同的组织价值观。

一般来说，组织价值观由以下七大原则组成：

第一，目标原则。组织价值观中必须存在一个远大的目标，组织中的所有成员都要向着实现这个目标的方向努力工作，并在此过程中实现自身价值。

第二，共识原则。组织应从一人统领的价值观转变为共同决策的价值观，组织目标的实现离不开组织成员的共同认可和努力。

第三，卓越原则。卓越不是指完成某项任务或实现目标，而是指组织成员的一种不断追求变得更好的精神。

第四，成效原则。组织存在的目的就是为顾客提供产品或服务、为员工提供发展机会、为各方利益相关者争取利益等，因此组织活动是以成效为基础，对组织内部成员的考核也应以绩效为标准。

第五，实证原则。组织活动需要规则，管理者在决策前应独立思考，不能听风就是雨，必须在收集相关的数据、信息并综合多方面因素后，有根据地做出决策。

第六，亲密原则。组织在实现共同目标的过程中，应该为组织成员营造可以互相亲密交往的工作环境。这样不仅能满足组织成员心理上的需要，还能增强组织的凝聚力，助力组织成员实现共同目标。

第七，正直原则。组织成员应该具备诚实守信、无私正直的品质，组织成员之间、组织上下级之间的相互信任在推动组织发展的过程中是非常重要的，只有具备正直品质的领导者才能让下属自愿追随。

组织价值观还具有以下特征：

第一，调节性。取得共识的组织价值观对组织成员具有强大的凝聚力和感召力，能够协调、规范和影响组织成员的各项生产生活活动。

第二，批判性。组织价值观是组织成员进行价值判断的指导，组织成员根据组织价值观对事物做出价值判断，对不同的事物进行衡量取舍。

第三，驱动性。组织价值观为组织成员指出远大的目标，让组织成员能够持久地向着实现这一目标的方向努力，是组织重要的激励方式之一。

3. 组织形象

组织形象指的是组织外部的社会人员或社会团体对组织开展的各项活动、取得的成果、行事作风等综合考量后形成的总体评价，包括组织精神、组织价值观、组织行事作风、组织成员能力、组织管理者能力等多方面。

中华典故　　　　郑和下西洋：强而不欺

郑和（1371—1433），世称"三保太监"，云南昆阳州人，明朝航海家、外交家。

1406年，郑和奉明成祖朱棣的旨意率领船队访问西太平洋和印度洋周边国家。郑和船队到达爪哇时遭遇一场兵祸。时值爪哇内战，岛上有东王和西王两方势力，东王不敌，西王占领了东王的领地。此时,郑和的船队正在登岸贸易,被西王的士兵误以为是救援东王的军队,杀了郑和船队百余人。郑和的部下希望向西王宣战,让西王血债血偿。郑和并没有直接选择攻伐西王,而是选择冷静处理。西王得知误杀了明王朝的人,大惊失色,立即遣使向明王朝认罪。最终,朱棣原谅了爪哇西王,并责令赔付六万两黄金以补偿官兵。郑和冷静处理冲突的方式,不仅避免了一场流血冲突,并且向南洋各国树立了明王朝并非占领土地而是宣扬国威的文明大国形象,从此南洋各国对郑和船队十分欢迎,并向明王朝朝贡。

组织形象具有以下特征:

第一,整体性。组织形象是一个组织综合评价的体现,涉及组织本身、组织员工、组织产品或者服务、企业技术能力等多方面,组织形象就是由各方面不同因素构成的。

第二,主观性。组织形象是社会个人或者社会团体对组织的综合看法,其本身具有很强的主观性。社会人士所处的地理环境不同、经济地位不同、认识能力不同、价值观念不同,他们看待事物的角度自然存在很大的差别,组织在传播宣传自身形象时一定要发挥成员的主观能动性,向不同团体有针对性地宣传组织形象。

第三,客观性。尽管对组织的评价是主观的,但对组织进行评价的基础和依据是客观的。组织所面对的评价不是来自某一个人或者某一个团体,而是来自社会无数主体,即便个别主体对组织的评价有偏差,但综合所有主体的评价符合统计规律。

第四,相对稳定性。社会对组织形象的评价一旦形成就具有稳定性,短时间内很难改变。然而,这种情况是把双刃剑,企业树立了良好的组织形象能持续获利,组织形象不好就要付出更大的代价来改变。

组织形象是由多方面因素综合评价而形成的,自然也受到多种因素的影响。

第一,组织领导者的形象。组织领导者的形象是指领导者的生理特征、行事作风、交往谈吐、战略眼光、道德素养等的综合体现。随着信息技术的发展、人民生活水平的提高,许多企业经营管理者也从幕后走到台前,例如马云在双十一晚会上频频亮相、雷军在新产品发布会上亲自宣讲等。企业领导者是企业的矛头,领导者散发的气质往往能够代表企业形象,并且企业经营管理者亲自下场宣传自家企业和产品似乎已经成为一种趋势。因此,组织领导者应当更加注重自身的形象,这不仅会影响组织内部人员,还会影响社会大众对组织形象的评价。

第二,产品或服务。现代企业存在的直接目的是通过提供产品或服务来赚取利润,大多数社会大众对企业的了解也是从它们所提供的产品或服务开始的。因此,企业只有提供优质的产品和优良的服务才能改善自身的形象。

第三,成员形象。组织成员是组织的基本构成要素,组织目标的实现、组织的发展等都建立在组织成员的基础之上。组织是一个开放的系统,组织间的接洽也是由组织成员完成的。因此,组织成员的外貌、衣着、学识和谈吐都会形成他人对组织的看法。

第四,办公环境。办公环境是组织成员工作和生活的场所,整洁干净的办公环境会提升参观者对企业的心理评分。另外,许多企业在招聘新员工时大多以办公环境作为一个重要的卖点来吸引更多人才加入本企业。

第五，其他因素。组织形象还受到许多其他因素的影响，比如企业社会责任承担情况、企业受政策支持情况、企业所处地理位置等。总之，组织形象是一个综合评价结果，也是社会大众对组织的第一印象，组织应从多方面入手把握自身形象。

10.1.3 组织文化的特征

1. 独特性

组织文化的形成受多方面因素的影响，具有一定的独特性。组织的历史、规模、类型以及组织内部人员的职业道德、素质、价值观念等都会影响组织文化的形成，即组织文化是反映这些综合因素的影子。组织文化的独特性越强，组织文化带来的凝聚力和实现共同目标的推动力也就越强。

2. 可塑性

组织文化不是天生就有的，而是组织经过长期的生产生活逐渐形成的，并且已形成的组织文化也不是一成不变的，而是适应组织的发展而变化的。随着时代的变迁，一些旧的、传统的组织文化可能不再适应现代社会，受到新技术、新管理方式、新兴营销理念等的影响，企业想要生存并走向兴盛，就必须形成新的、能够被成员认同的组织文化。

3. 长期性和相对稳定性

组织文化的塑造不可能在短期内完成，因为组织文化是由组织成员共同认可的组织精神、组织价值观和外部评价形成的组织形象所共同组成的，并且组织文化还要进行调整，与外部环境相互适应，这些因素的融合不能一蹴而就，从而导致组织文化具有长期性和相对稳定性的特征。

4. 导向性和凝聚性

组织成员的世界观、价值观、人生哲理和行为准则相互影响、相互融合，其中组织文化起到凝聚作用和导向作用。组织成员受到组织文化的驱使向组织的共同目标方向努力工作，与组织目标相互匹配；同时，组织文化带来的信念也能增强组织内部一起向目标努力的成员的凝聚力。

10.1.4 组织文化的功能

由于组织文化具有不同的性质，其对企业的发展会产生重要的作用。这些作用有好有坏。比如，以"天子守国门，君王死社稷"为信念的明朝直到都城被攻破皇帝也没有向南逃去，这固然证明了明朝的气节，但也缩短了明朝的寿命。再如，"士为知己者死"的豫让，作为晋国智氏的家臣，为了报答智伯瑶的知遇之恩，多次以身犯险行刺赵襄子。因此，我们应该将组织文化的作用区分为积极和消极两部分。

1. 积极作用

第一，组织文化能够增强组织内部的团队精神，培育组织精神。组织文化对组织成员的信念、道德、价值观念都有导向作用，它可以让组织成员的个体价值取向和行为向组织整体靠拢，将整个组织引导到为实现组织共同目标而奋斗的道路上，让组织成员对组织产生认同感、归属感、荣誉感。这种组织文化的形成能够成为组织成员在工作中自我实现的精神支柱，为广大成员向组织目标努力提供源源不竭的动力，甚至可以让组织成员为实现组织目标而勇于自我牺牲。组织文化在深化组织成员对共同目标、共同利益认识的同时，还能引导组织向某个特定领域发展，让组织成员朝着一个方向使劲。

第二，以柔性的方式确立组织行为。每个组织都有自己的规章制度，但要求每个成员都能按照明文规定的制度行动颇有难度。因此，组织文化应提供一种无形的约束力，让组织成员遵循制度，使成员在潜移默化中受到组织文化的影响，进而采取一种符合组织风格的方式行动，减轻成员对硬性规章制度的抵触情绪。具体来说，就是让成员自愿、清晰地知道自己应该在什么时间、什么地点做什么行为。这有助于组织成员团结统一、上下协作，共同向目标努力进取。

第三，组织文化能团结组织内部人员的关系，有利于加强合作，增强组织凝聚力。组织文化是组织成员共同价值观念、精神和信念的总和；反过来，它也将组织所有成员聚集在这种文化的影响范围内，增强组织成员的凝聚力，促使他们更好地沟通、协调工作事项，减少部门、成员之间的隔阂，营造更好的人际交往氛围，让成员觉得离不开这个群体，认识到应将自身利益与集体利益相结合，构成成员之间的精神纽带，让成员喜欢这样的工作环境，愿意与同事一同奋斗。

第四，正确的组织文化能营造良好的工作氛围，激发成员的工作热情。良好的组织文化应营造一种以人为本的文化氛围，让组织内部成员感受到自己的价值。同时，良好的组织文化还应当形成一种激励机制，使成员在为组织做出贡献之后获得相应的奖励，从而激发他们的工作热情，让成员愿意为组织目标而不懈奋斗，让成员从被动听取命令完成任务转向主动向组织目标努力，成为成员努力工作的内在动力。

除了上述四点，组织文化还能发挥其他积极作用。例如同化作用，成员在进入组织之后，受到组织文化的影响，会不自觉地做出与周边同事类似的行为；再如辐射作用，强大的组织文化不仅会影响组织和组织成员的行为与信念，还能辐射到组织所处的社会环境，甚至成为一个民族的标志。

中华典故　　合肥之战

李典（生卒年不详），字曼成，山阳郡钜（巨）野县人，曹魏名将。

赤壁之战后，曹操退回北方，刘备抓住时机与孙权瓜分荆州并西进占领益州，集团势力迅速膨胀的刘备随即发动与曹魏的汉中之战。为了响应刘备的进攻，孙权也趁着曹操无暇顾及南方的时机，集结十万大军亲征合肥。为了守备合肥，曹操遣张辽、李典、乐进三位彼此不合的大将前往合肥，并给他们一个锦囊，要求在孙权大军逼近时再打开。孙权大军压境后，张辽打开锦囊，锦囊中要求张辽、李典迎敌，乐进守城，张辽担心李典不愿放下私仇听从命令，李典却说："此国家大事，顾君计何如耳，吾可以私憾而忘公义乎！"（《三国志·李典传》）随后，李典与张辽在孙权兵临城下时，决定放下彼此间的仇怨，共同抗敌。这体现出曹魏团队中秉公办事、公事大于私事的组织文化。

2. 消极作用

尽管组织文化能带来诸多好处，但当组织文化与组织所处的环境、时代、内部成员、组织目标不匹配时，同样会产生许多消极影响。

第一，当组织文化不再与当前环境匹配时，会成为组织变革的阻力。若企业处于稳定的环境，则企业文化可以增强组织凝聚力，提升企业的协调能力、生产效率。但是，若企业所处时空发生变化（例如，新技术的发明和应用、企业经营业务方向需要调整），则企业原本已经形成的、相对稳定的企业文化会成为变革的障碍。就如诺基亚在安卓、ios等系统面世后，仍然保持原有的组织文化，坚持质量才是唯一竞争力，最终导致曾经的世界第一大手机厂商黯然离场。因此，企业管理者应注重观察市场走向，灵活应对多变的市场环境。

第二，一般情况下，企业在招聘员工时会不自觉地选择与自身组织文化契合的人。因此，这也会潜在地导致企业丧失多样性，不利于企业成为各方面都均衡的群体。同质化的组织，容易使企业失去创新活力，失去多方面发展的机会，失去许多不同的思维方式。

第三，当组织文化与外部文化不适应时，会给组织达成组织目标、实现发展带来障碍。企业经历长期生产实践产生的组织文化并没有那么容易发生改变，当企业进军其他市场时，若企业文化与当地的社会文化相互抵触则不利于企业开展生产活动。例如，习惯于终生工作、以企业为家的日本企业在进军其他国家市场时就应改变企业文化，以适应当地的社会文化。

第四，随着经济社会的不断发展，经济事务日益复杂，想要多元化发展的企业往往会选择以合营、收购等方式进军其他领域。但是，合并形成的企业在产品和资金结构上虽然有一定的优势，但是不同企业合并产生的组织文化碰撞往往会增大企业的协调难度，使组织内部成员产生抵触情绪，导致企业凝聚力不足、人心涣散，不能拧成一股力量向同一目标共同努力。因此，企业领导者在进行合营或者收购决策时，不仅要考虑企业产品和服务等物质方面的适合度，还要考虑不同企业精神文化上的契合度。

中华典故　　　　宋襄公之"仁"

宋襄公是春秋时期宋国国君，他在位14年，一直推崇"仁义"治国。宋襄公的父亲宋桓公病重时，时为太子的宋襄公请求宋桓公传位给庶兄目夷，一时成为美谈，留下"仁义"的美名。

宋襄公在位时励精图治，不仅发展了宋国，还率领曹国、卫国和邾国等四国人马帮助齐国平定了内乱。国力强盛后，宋襄公有了继承齐桓公霸主地位的想法。公元前638年，宋襄公知道郑国成为诸侯霸主后，率兵攻打郑国，郑国向楚国求援，最终宋、楚两国军队在泓水相遇爆发大战。大战一开始，宋军已于河岸列阵，楚军欲渡河决战。楚军半渡时，目夷建议："彼众我寡，及其未既济也，请击之。"（《左传》）宋襄公以"仁义"为由，未允。待楚军渡泓水布阵后，宋襄公方命攻击，结果宋军大败，襄公伤腿，次年逝。

以仁义治国是很好的治国理念，但宋襄公的"仁义"行为，仅仅是为了抬高声望以实现称霸的目的，导致错失两次绝佳的机会，最终导致兵败而归。"宋襄之仁"的迂腐贻笑千古，毛泽东称之为"蠢猪式的仁义之师"。

10.2 组织文化的分类

10.2.1 标签理论

标签理论指的是杰弗里·索南费尔德（Jeffrey Sonnenfeld）提出的组织文化分类方式，即将组织文化分为学院型、俱乐部型、棒球队型和堡垒型。标签理论帮助我们认识不同组织文化间的差异，强调个体特质与组织文化相互匹配的重要性。

1. 学院型

学院型组织文化的组织不需要雇用具备丰富经验的熟手，反而喜欢雇用如同一张白纸、经验不足、刚刚进入社会的大学毕业生。这类组织往往能提供大量的培训和成长空间，通过专业的培训，使新人能够快速适应岗位，成为行业熟手。

2. 俱乐部型

俱乐部型组织文化的组织不仅希望组织成员能够始终对组织保持忠诚，还很重视组织成员在组织内部工作的时长。这类组织会提供稳定的、有保障的工作给组织成员，同时希望组织成员具备较强的综合管理能力，对于组织成员职位的提拔往往采用按资历从上向下排位的方式。公立性质的组织表现出更强烈的俱乐部型组织文化。

中华典故 论资排辈的官职制度

崔亮（生卒年不详），字敬儒，清河郡东武城人，北魏大臣。

论资排辈的官员升降制度直到现代也屡见不鲜。那么，这种按任职年限选官的制度在我国起源于什么时候呢？论资排辈的选官制度最早可追溯到西汉时期，但当时主要以察举制和征辟制为主，论资排辈的选官制度只是一种辅助形式。一直到南北朝时期，北魏礼部尚书崔亮正式提出按资历选拔官员的制度。《魏书·崔亮传》中记载，"停年格"选官的基本依据就是任职时间的长短，无论是否贤明，只要在任时间长就优先任用为官，并且这种选官制度不再是辅助形式，而是针对所有的职位。这种制度的诞生与时代背景有紧密的关系。南北朝时期战乱不断，许多人想要凭借军功谋求官位，但因为职位有限且武官集团的力量急剧膨胀，崔亮为了稳定朝堂推行此法，成功遏制了武官集团势力的扩张。

3. 棒球队型

棒球型组织文化的组织喜欢吸收富有冒险精神、创新精神的员工。这类组织特别看重个人能力，往往依据个人能力或绩效发放报酬。因此，这类组织更容易吸引个人能力出众的人才，组织成员的工作热情也较高，但是组织对个人的保障程度相对较弱。一般而言，新兴行业或者对创新要求高的行业的企业会采用棒球型组织文化。

> **中华典故**　　　　　　　秦孝公的求贤令

秦孝公（前381—前338），战国时期秦国国君，在位时重用卫鞅。

古往今来，不少贤明的君主都发布过《求贤令》，而秦孝公书写的《求贤令》堪称千古雄文，对于秦国由弱变强、最终统一六国有着重要贡献。公元前361年，秦孝公即位，他上任第一件事便颁布了《求贤令》。彼时秦国积弱已久，哪怕有心招揽贤才，恐怕也没有人愿意前往秦国这一贫苦之地。然而，秦孝公在《求贤令》中充分展现了其真诚，最终收获一批贤能之才。文中这样写："会往者厉、躁、简公、出子之不宁，国家内忧，未遑外事，三晋攻夺我先君河西地，诸侯卑秦，丑莫大焉。"（《资治通鉴·周纪二》）秦孝公在《求贤令》中直接批评秦朝四代君主的不足，导致秦朝如今国力微弱的情况。又说："献公即位，镇抚边境，徙治栎阳，且欲东伐，复缪公之故地，修缪公之政令。寡人思念先君之意，常痛于心。宾客群臣有能出奇计强秦者，吾且尊官，与之分土。"表明先人为了再现秦国荣光做出了诸多努力，并向各路贤才表达愿意共分疆土的意愿，可谓真诚至极。最终，一卷《求贤令》招揽卫鞅入秦，从此开启了轰轰烈烈的变法，最终助力秦国一统六国。

4. 堡垒型

堡垒型组织文化的组织往往处于衰退期，组织工作的重心是维持组织的生存。这类组织曾经可能拥有学院型、俱乐部型或棒球型的组织文化，但如今转向堡垒型组织文化，它们往往不能给组织成员提供丰厚的报酬，也不能提供长期保障。一般而言，受到新技术冲击的行业往往会采用堡垒型组织文化，比如与线下购物相关的企业。

> **中华典故**　　　　　明崇祯皇帝：历史的必然与无奈

明思宗朱由检（1611—1644），崇祯皇帝，明朝最后一位皇帝。朱由检在位期间，明朝面临内部腐败和外部威胁，为了改革朝廷、改善明朝的状况、延续明朝的生命，他做了如下努力：

（1）严惩腐败。崇祯皇帝非常严厉地惩处了许多贪污腐败的官员，这是他改革朝廷的一部分。他希望通过这种方式来净化朝廷，减少腐败，提高朝廷的效率。

（2）改革军队。崇祯皇帝试图改革明朝的军队，以更有效地对抗外部的威胁，特别是来自关外的威胁。他任命了许多有才能的将领，并尽力提高军队的战斗力。

（3）设立军机处。崇祯皇帝设立了军机处，这是一种类似于现代内阁的机构，负责决策和行政管理。这是他试图改革朝廷决策机构的一部分。

（4）求助于民间力量。面对清军的侵略，崇祯皇帝试图动员民间抵抗力量。他任命许多来自民间的领袖（如李自成）来抵抗清军。然而，这种策略最后并没有成功，反而导致李自成的农民军攻入北京。

（5）促进经济。崇祯皇帝也尝试了一些经济政策，以增强明朝的经济实力。这包括重整税收制度，以及鼓励农业和手工业的发展。

尽管崇祯皇帝做出了巨大的努力，他在位期间勤政爱民、生活节俭，但受限于各种内外因素，这些努力最终未能阻止明朝的衰落。

10.2.2 其他分类

1. 主文化与亚文化

主文化和亚文化也分别被称为主导文化和分支文化。主文化是指组织中大多数成员具有的价值观,并遵循这一价值观而行动,体现出组织的独特性。亚文化是指因地理或者部门设置等导致的成员分离而形成的不同的文化。例如,组织扩张导致在远离组织总部设置的分组织受当地民族文化、地域文化、个人文化等多方面的影响,组织内的一些特定机构会形成独特的亚文化。需要注意的是,亚文化并不是与主文化彼此分离,某部门存在的亚文化与主文化有机结合,是主文化的价值观和部门独特价值观的融合,主文化应渗透于亚文化并指导亚文化。总之,一个组织特别是大型组织,会存在大多数成员认可并具有指引性的主文化,还会存在因特殊地理环境、特殊问题等而形成的亚文化。

2. 强势文化与弱势文化

按所产生的影响力,组织文化可以分为强势文化和弱势文化。强势文化指的是对组织成员有巨大影响的文化,组织成员对这种文化所传递的价值观的认同更强,其行为作风受到的影响更大,从而对整个组织产生更强的控制力。强势文化能够让组织的凝聚力更强,组织成员对组织更忠诚,组织成员流动性更低。另外,强势文化可以在一定程度上代替组织的规章制度,用于调节和控制成员的行为,使他们能够形成一套更加一致的行为方式,有助于提高组织生产效率。

3. 权力的集中和分散

1992年,卡特赖特(Cartwright)和库珀(Cooper)根据组织内权力集中或权力分散以及工作过程以关键人物还是重点职能为中心区分四类组织文化:权力型组织文化、作用型组织文化、使命型组织文化和个性型组织文化。

第一,权力型组织文化也称独裁型组织文化,指的是组织内部的工作全部由一个人或者一个很小的团队来领导,大小事务都由少数人决定,是一种以个人为中心的组织文化。这类组织文化不太重视组织的正式结构和工作程序,适合小型组织。

第二,作用型组织文化也称作角色型组织文化,指的是组织不重视个人的能力,而重视你处在什么位置、与什么人亲近,偏好忠诚、稳定的组织成员。这类组织文化适用于相对稳定、有着成熟稳定的规章制度和工作流程的组织。

第三,使命型组织文化也称任务型组织文化,指的是组织以任务目标为核心,强调完成任务的重要性以及组织团队成员内部的平等性,不设置领导者。这类组织文化为组织成员营造公平竞争的氛围,但是当内部资源有限时,容易产生成员内部争抢、恶性竞争的局面。

第四,个性型组织文化,指的是组织文化以人为本,强调人人平等,允许组织成员按照自己的兴趣爱好选择工作,保持成员间和谐的关系,容易培育出创新的观点,适合创新型组织。

4. 按组织实践和价值分类

方特斯·特朗皮纳斯(Fonts Trompenaars)提出四类组织文化,分类依据是组织文化维度，即家族文化、保育文化、导弹文化、（埃菲尔）铁塔文化。

第一，家族文化。这类组织文化让组织成员产生在家庭中被照顾的感受，组织的领导者就是组织的大家长，组织重视成员个人的发展，而不强调任务完成的强制性。因此，组织出现问题往往不会被公开，将导致组织尽管有很强的内部一致性，但应对外界变化的能力很差。

第二，保育文化。这类组织文化以人为本，同时强调人人平等，组织的层级较少，容易激发组织的创新力。

第三，导弹文化。这类组织文化以任务为导向，当有任务时，组织成员组建新团队去完成任务，团队中人人平等，任务完成后即解散。

第四，铁塔文化。这类组织文化强调严格的层级关系，拥有较多的层级，每个成员都要明确自己的工作职责并谨慎完成。

实际上，组织文化不能完全区分为某几种文化类型，组织所拥有的文化往往是不同类型文化相互融合而成的，并且在不同时期受各种因素影响还会发生变化，具有独特性。因此，我们无法穷尽组织文化的分类，例如按流程标准分类的组织文化、按组织有效性分类的组织文化等。

10.3　组织文化的创建

 10.3.1　组织文化形成的影响因素

1. 组织创建者

一个组织的起源可以追溯到创建者，因此组织文化至少部分受到组织创建者的影响。一方面，组织创建之初往往人数较少，结构较简单，由创建者一人决定所有事务。创建者会寻找一批志同道合的人共同经营组织，最初加入组织的成员本身就被创建者筛选过一遍，他往往只选择与自身气质、行事作风相互匹配的人，并且由于人数较少，组织成员内部交流机会较多，更容易受到其中影响力较大的创建者的影响。另一方面，随着组织的发展壮大，组织需要吸纳新成员，新进成员要么适应组织文化氛围，要么因不适应组织文化氛围而离开。在组织成立后的很长一段时间内，组织创建者往往会以自身的信念、行为准则作为标准要求其他成员，组织成员会潜移默化地接受这些价值观、行事风格。因此，组织创建者对组织文化的影响随处可见，并会持续相当长的时间。

2. 组织成员

一个组织的成员往往具有不同的文化背景、教育背景、民族背景等，组织中每个人的价值观念也不尽相同。组织中不同成员的价值观念发生碰撞是不可避免的，除非相互间的信念冲突已经达到不可调和的程度，一般情况下成员间的价值观碰撞会被调和。在这种不断碰撞、不断互相影响的过程中，组织文化中留下了这些组织成员的印迹。

3. 外部环境

组织不是一个封闭系统，而是一个不断与外界环境互动的开放系统，因此企业成长过程中与外界环境的交互会影响到组织文化。在成长的早期阶段，企业某些特殊的行为或价值观能够更好地助力企业获得利益，这可能会让企业的组织文化受到这些价值观的影响。企业早期所处的社会环境（包括政治、经济、法律、科学技术及社会文化等）都会影响企业所面临的市场竞争，进而影响到企业盈利状况和企业文化。比如，海尔集团在张瑞敏将不合格冰箱全部砸坏也不进行销售的推动下，打开了我国的冰箱市场，自此以后海尔集团始终以高质量作为企业共同认可的价值观。再如，20世纪日本的许多汽车企业采取减少汽车配置而降低成本的策略，在国际市场上凭借高性价比打下了一片天地。这些汽车企业如今仍然秉承生产高性价比汽车的价值观，逐渐形成以价格为导向的企业文化。

4. 奖惩体系

不同组织文化的形成需要不同的奖惩体系来助其形成和发展。奖惩体系可以帮助筛选出组织成员中与组织文化更契合的人员，或者剔除与组织文化不太契合甚至相冲突的成员。例如，想要创建一种组织内部利益一致、能够共同向一个方向使劲的组织文化，企业往往会提出股权激励政策，通过奖励给志同道合员工以股权来保证员工利益和企业利益一致。再如，想要营造一种家庭式组织文化，组织应该给员工提供相对稳定的工作及福利保障，以提升员工的忠诚度。

中华典故　　袁世凯小站练兵

袁世凯（1859—1916），中国近代史上著名的政治、军事人物，北洋军阀领袖。

1894年，中日甲午海战爆发，清军战败。清廷痛定思痛后，为了维护其统治，效仿西方国家整顿旧军、改练新军，遂命广西按察使胡燏棻在天津马厂编练"定武军"。同年12月，袁世凯接任督练事宜。袁世凯的新军训练方法与传统的清军训练方法完全不同。他摒弃八旗、绿营和湘淮军的旧制，引入现代的军事教学方法，包括使用现代化的武器、学习现代的战术、实施严格的纪律等。同时，他还引进西方的军事教育，创设德文、炮队、步队、马队四所随营学堂，让士兵们接受现代化的军事教育。袁世凯的这些改革引起了清朝廷和社会的广泛关注，也为后来的军事改革和近代化打下了基础。袁世凯小站练兵，引入西式军队的教育思想，奠定了新军组织文化的基调。

◆ 10.3.2 组织文化的创建过程

组织文化的创建一般会经历调查分析、总体规划、论证试验、传播执行、评估调整、巩固发展六个阶段。

1. 调查分析

在组织文化的创建之初，组织要对现有的文化基础进行调查，对现有组织内部成员的素质和能力进行记录，对现有价值观传递的软硬渠道进行汇总。组织文化的创建和发展都是建立在现有的、客观的物质和精神基础之上，组织应该调查清楚现状，利用一切有利于组织文化形成的事物，尽量避免对组织文化造成不利冲击。

2. 总体规划

组织在调查清楚组织中现有的物质和精神内容后，应确定创建组织文化的目标和计划，并确认其可行性。在这一阶段，组织应确定组织文化的目标、组织文化所蕴含的组织价值观和组织精神,确定组织日后期望的组织形象,提出培育组织文化的计划并分析计划的可行性,剖析现有文化中哪些要继承、哪些要摒弃。同时,组织要做好组织文化连续性、灵活性、独特性、全面性等方面的平衡。

3. 论证试验

组织在做好总体规划和全面推行组织文化之间,还要进行小面积的试验,以确定推进组织文化的可行性,观察推行是否存在阻力,阻力又来自哪些地方以及能否克服等。在这一阶段,组织在试点推行之后要及时收集、分析反馈回来的信息,总结其中表现优秀之处和不足之处,进而修改、完善计划,删除其中不可实现的内容。上述过程往往不是一次就能完成的,需要多次试验,不断修改和完善计划,进而在组织内全面推广。

4. 传播执行

这是组织文化创建最为核心的阶段,是检验之前所有阶段的成果是否合理可行的最终测试,也是创建过程中耗时最长、情况最复杂的阶段,需要依照规划向组织整体推行之前拟定的计划,利用组织的各种渠道加以宣传,及时收集反馈信息,具体到人进行教育培训;同时,组织在有必要时可以成立专门的部门,针对推行过程中遇到的问题进行分析、解决,并提供双向沟通渠道。

5. 评估调整

组织在组织文化推行后并不是不再加以管理的,而是对组织文化的推行情况进行调查,全面收集信息,评估执行效果,分析、比较预期与实际间差异产生的原因,有针对性地调整组织文化。

6. 巩固发展

在组织文化初步形成之后,组织应进一步利用多渠道从多方面巩固和渗透组织文化,巩固现有的成果;同时,组织应当在组织文化中寻找闪光点,有针对性地进行宣传,走出一条独特的组织文化发展道路。

10.3.3 组织文化的传播工具

在组织文化的创建过程中,文化传播起到关键的作用。那么,有哪些工具有助于组织文化的传播呢?

1. 标志

一个组织最容易被外界记住的就是标志,标志可以通过客观的、物理的形象把无形的、抽象的组织文化具象化地表现出来,是组织综合信息向外传递的媒介,世界上许多知名公司的标志都非常引人注目。例如,可口可乐的标志是简略、易辨认的文字;耐克的勾型标志传递了乐观和活跃的感觉,让人自然联想到体育运动。

2. 人物

每个组织都有一些传奇人物,或许是组织创始人,或许是将组织发扬光大之人,他们往往拥有特殊的地位和影响力,他们的传奇故事更容易被组织内外津津乐道,从而传播组织文化。例如苹果公司创始人乔布斯的传奇经历,他被赶出自己创建的公司,又努力重返公司将其发扬光大。

3. 行话

公司内部的一些行话可以增强组织内部的凝聚力，让人感觉自己是这个大家庭的一员。另外，行话也能增强组织外部同行从业者的认同感。

4. 仪式

许多组织会利用特定的仪式来传播组织文化。例如，许多公司可能会安排在早班时间，一起喊出口号或者做出某些特定的动作。

5. 工作环境

企业的工作环境也能传播组织文化。例如，一些对创新要求较低、程序化程度较高的公司的办公区域相对紧凑，这样能营造紧迫的氛围，提升员工的工作效率，而对创新要求高的公司，可能不仅会提供宽敞的办公环境，还会提供许多配套的生活设施。

6. 规章制度

除了上述相对间接的传播方式，组织还可以通过规章制度直接要求组织成员接受组织文化，并将组织文化传播出去。

10.4 组织文化的维系与发展

10.4.1 组织文化维系与发展的人员因素

组织构成的根本是人，人是组织文化维系和发展的根本因素。与人相关的维系组织文化的要素可以分为三类：组织成员的甄选标准、组织高层对下属的影响、组织成员间的交往。

中华典故　　　　　　周亚夫军细柳

周亚夫（前199—前143），沛郡丰县人，西汉时期名将、丞相。

公元前158年，匈奴拒绝与西汉和亲，大举南下侵犯汉朝边境。于是，汉文帝任命刘礼、徐厉、周亚夫为将军，分别驻扎在霸上、棘门和细柳，防备匈奴骚扰。

皇帝亲自前往三处劳军，前两处皇帝的车驾都长驱直入没有受到阻拦，而到了周亚夫治理下的军营，由于周亚夫治军严明，皇帝的先卫被挡在军营外，士兵说道："军中闻将军令，不闻天子之诏。"皇帝本人的车驾到达也被阻挡在军营外，直到使节拿着符节告知周亚夫才被允许进入军营。皇帝的车驾一进入军营就被士兵告知："将军约，军中不得驱驰。"于是，皇帝的车队只能慢慢行进。到了大营之前，周亚夫手持兵器没有跪拜，只是抱拳向皇帝行礼道："介胄之士不拜，请以军礼见。"皇帝见此深受感动，出了军营仍然感叹："嗟乎，此真将军矣！曩者霸上、棘门军，若儿戏耳，其将固可袭而虏也。至于亚夫，可得而犯邪！"（《史记·绛侯周勃世家》）周亚夫的治军严明与其他两位将军形成鲜明对比，体现了周亚夫个人文化对组织的影响。

1. 组织成员的甄选标准

组织在吸纳新成员时会选择性地招收与组织价值观、组织精神相契合的人员，不仅要求他们的专业技能具备一定的熟练程度，还要维持组织现有的组织文化。通过这种方式挑选组织成员，可以在一开始就将与现有组织文化不契合或者会威胁组织文化的人员拒之门外，保证新进成员能够认同组织价值观，积极融入组织文化。

2. 组织高层对下属的影响

组织高层领导者在组织内部拥有特殊的影响力和地位，能够对组织实施控制。一方面，组织高层在组织内部的行为会成为底层成员的榜样，潜移默化中影响组织成员的行为和价值观，这相当于告诉组织成员哪些行为是组织支持的、哪些行为是组织反对的。另一方面，组织高层对组织的奖惩制度拥有制定和修改的权力，他们可以通过硬性的奖惩措施迫使组织成员与组织文化融合，一些人如果无法接受组织文化，就会因惩罚措施而逐渐离开组织。

3. 组织成员间的交往

除了组织领导者，组织员工在组织内部工作时也会主动融入组织文化。当他们接受组织文化后，按照组织文化的指引行动，这本身也会传播组织文化。组织成员间在长期的交往中互相影响，逐渐接受组织文化，改变自己的行为模式，并通过自己的行为再将组织文化传播出去。

10.4.2 组织文化维系与发展的配套机制

组织文化对员工的管理是软性的，不存在明文规定，为了维护这种软性管理的持久性，保证组织文化渗透组织的方方面面而产生长期影响，需要一些硬性的、有明文规定的措施与之配合。

中华典故　秦朝军功制对维系秦人战斗力的重要作用

商鞅（？—前338），姬姓，公孙氏，名鞅，卫国人，法家代表人物。

战国末年，诸侯间冲突不断，各诸侯国的军队都经历了战火的洗礼，其中又以秦国的军队最为凶悍。然而，在连年的战争下，如何保持士气和战斗力是首要问题。随着冶铁技术的提升，社会生产力得以提高，原有社会生产关系发生改变，先秦爵制和宗法制逐渐瓦解，社会的发展已经不可能由少数几个家族支撑。

公元前361年，秦孝公即位。他为了摆脱魏国的压制，收回河西失地，开始图强变法，广纳天下贤才。此时，不受魏国重用的商鞅在得知秦孝公招贤纳士的消息后，拜托景监向秦孝公举荐自己。前359年，秦孝公命商鞅在全国颁布《垦草令》，拉开改革的序幕。前356年，商鞅被任命为秦国左庶长，正式开启在秦国实施的第一次变法。秦国这次变法中就包括维系秦人凶悍战力的重要制度——军功爵位制。《史记·商君列传》记载："有军功者，各以率受上爵……宗室非有军功论，不得为属籍。明尊卑爵秩等级，各以差次名田宅，臣妾衣服以家次。有功者显荣，无功者虽富无所芬华。"其意为，有军功的人可以按标准获得爵位和奖励；没有军功的人，哪怕是王族也不能列入家族的名册，失去世袭罔替的权利。

这项制度的创建和执行，不仅创建了秦人嗜战的文化，还很好地维系了这种文化氛围,激励了士兵的战斗力。战国著名纵横家张仪用"左擎人头,右挟生虏"描述秦人作战之凶狠,由此可见一项好的制度对维系组织文化的重要性。

1. 明文书写的规章制度

古人云"没有规矩,不成方圆",规章制度不仅是保证组织正常生产生活的基本条件,还是维系和发展组织文化的重要手段。组织成员受硬性规章制度的影响,按照规章制度的指引完成个人工作,逐渐形成习惯,从而保障组织文化长久发展。除此之外,一项好的规章制度也要与组织成员的价值观和行为契合,充分尊重组织成员的习惯、风俗,让硬性的规章制度变为成员自觉自愿遵守的行为准则。

2. 组织的内部环境

组织文化的维系与组织的内部环境密不可分。一方面,组织的办公环境、生活设施、各部门间距离都会影响到组织文化,与组织文化匹配的组织内部环境有利于组织文化的维系。例如,以创新氛围浓厚著称的谷歌团队,公司办公环境就相当舒适,每个人都有较大的私人空间,并且公司还提供完善的生活设施等。另一方面,组织团队建设活动同样能影响组织文化,组织通过一些团队活动更能帮助成员领悟组织文化。这种软环境的构建,能够更有效地将组织文化渗透组织成员的价值观。

3. 成员的成长渠道

组织文化的领会、践行和传播需要组织成员具备相当的素质。因此,为了保证组织成员能够不断提升自身能力,组织应该提供良好的成员培训和上升渠道,定期组织成员参加培训,激发成员为组织学习的欲望,提高成员的忠诚度。同时,组织还可以从外部招聘并接纳一批素质较好、能力较高的人员,以维系组织文化。

10.4.3 组织文化传承与维系的渠道

1. 文化仪式

组织文化是无形的,但又无处不在,组织成员一个不经意的动作也许就能透射出组织文化。最能具象化地表现组织文化的方式就是组织的文化仪式,它是维系组织文化的重要渠道。文化仪式通过诸如口号、团队建设活动、争先创优表彰、升旗、晚会等多种形式将组织成员聚集在一起,向成员传播组织的价值观,表彰与组织文化相符的活动,批评不被组织认同的行为,呈现组织文化期望的员工形象,而且这些活动也能增强组织成员对组织的认同感,提高其对组织的忠诚度。

2. 人物塑造

英雄人物通常是组织价值观、组织精神的人格化,他们的事迹既能感动人心,也能影响人的价值观。组织可以通过塑造与组织价值观符合的人物,引导组织成员向他学习、模仿他的行为,成为组织成员努力工作的精神动力,进而维系组织文化。

3. 组织故事

组织可以将组织的发展历程、英雄人物经历书写成富有传奇色彩的故事,通过人物事迹或者组织历程传播组织文化,在故事中表达组织的价值观、精神,利用组织成员与文中故事的共鸣维系组织文化。

4. 对外宣传

组织可以通过对外宣传的方式帮助组织文化社会化，让社会也感受到组织文化的影响。这样不仅有助于组织文化的传播，反过来也会巩固组织文化。例如，许多加入组织的新成员，本身就是被广泛传播的组织文化吸引来的。组织文化的对外宣传方式有很多，例如广泛使用的标志、口号、发布会、捐款、履行社会责任等。

10.5 组织文化的变革

10.5.1 组织文化变革的时机

组织文化在创建后，不仅需要维系，必要时还需要变革。组织作为在社会大环境中生存的开放系统，随时要与外部环境交换信息，组织文化本身也受到社会文化的制约或者与社会文化相互影响。当外部环境发生重大变化时，组织文化必须随之变化；否则，组织的存续就会受到重大影响。一般来说，当外部与组织工作相关的技术、市场、政策等发生重大变化时，组织文化必须调整，与变化后的外部环境相适应。同时，当组织内部环境发生重大变化（例如领导换届、发展战略调整、遭遇重大损失等）时，组织文化也应适时转变。

中华典故　　　　　于谦组织下的京师保卫战

于谦（1398—1457），字廷益，号节庵，浙江杭州府钱塘县人，民族英雄。

1449年8月16日，明军主力在土木堡遭到沉重打击，二十万明军被围，三大营精锐全灭，损失文臣武将五十余人，明英宗被瓦剌直接俘虏。

8月18日，皇太后令郕王朱祁钰监国，于谦为兵部尚书。此时，瓦剌没有见好就收，而是直奔京城而来。精锐尽失的明朝几乎无力抵抗，朝廷上下文官武将请求效仿南宋向南迁移。郕王朱祁钰在朝会上召集众臣商讨对策，翰林院侍讲徐有贞说最近星象有变，应该南迁。此话一出，于谦当即厉声喝道："言南迁者，可斩也。京师天下根本，一动则大事去矣，独不见宋南渡事乎！"（《明史·于谦传》）于谦的话得到吏部尚书王直、内阁学士陈循等人响应，纷纷支持死守京城。

随后，于谦请求征调全国的预备军和运粮军以及东南沿海的备倭军支援京城，在朝堂上暗示郕王纵容大臣们殴打王顺，请求太后拥立郕王为皇帝等一系列举措安定人心，扫除朝中的投降风气，重新建立明朝誓死守备京城的价值观，最终在来势汹汹的也先部队进攻下守住了京城。

10.5.2 组织文化变革的方法

组织维系与发展的方法也适用于组织文化变革。下面列举一些典型的组织文化变革方法：

（1）改变组织领导者关注的对象，让下属感受到领导者认可的对象发生改变。

（2）改变危机管理方式，让组织内外感受到组织对事项的态度转变。

（3）招募新成员，特别是持有组织期望改革方向价值观的成员，利用新成员激发新的价值观。

（4）改变提拔内部人员的考核标准，体现组织需求人才类型的变化。

（5）改变赏罚制度，引导组织成员向新的行事作风转变。

（6）改变组织文化仪式。文化仪式最能体现组织文化，改变文化仪式也最能让组织成员了解到组织文化的变化。

中华典故　　李悝变法

李悝（前455—前395），魏都安邑人，战国时期法家代表人物。

公元前453年，发生了改变东周历史走向的大事件——三家分晋。韩、赵、魏三家共同灭掉智氏后，晋国公室名存实亡，三家瓜分晋国国土，合称"三晋"。

前425年，赵襄子崩逝，魏文侯魏斯继任为晋国正卿。然而，魏国最初的境地非常糟糕，被诸国包围其中，东临齐国、西接秦国、南望楚国、北连赵国。为了摆脱这种困境，魏文侯在位期间任用李悝，率先开始变法。李悝变法意义之大，在当时的社会产生极大的影响，之后著名的"商鞅变法""吴起变法"都受到李悝变法的影响，被称为"中国变法之始"。李悝变法包括四大内容：其一，废除世袭制度，按能力选拔官吏，赏罚分明；其二，废除井田制，鼓励开垦荒地，允许土地买卖；其三，著成《法经》，推行法治，对国家各方面都做出规定，保证变法的顺利推行；其四，建立武卒制，对军队进行考核，根据士兵特征重新编排军团。李悝变法后，魏国实力不断增强，同时又有"兵家亚圣"吴起为将，一时间国力迅速膨胀。

前413年，魏文侯率领"三晋"向诸侯宣战。其中，秦国被攻伐得最为厉害，"三晋"攻入关中，占领秦国的河西之地。前389年，秦惠公率领50万秦军在阴晋与吴起决一死战，大败而归，从此秦国再也无力抵抗魏国的进攻。

李悝变法迅速充实了魏国的国力，武卒制的推广更鼓舞了魏国军队的士气，使魏国的社会风气焕然一新，摆脱了被诸国挟制的尴尬境地。

组织文化渗透组织的方方面面，除了上述比较常见的组织文化变革方式，组织内部一些细微的变化也能引导组织文化改变。另外，组织文化的变革不是做出上述行为就能完成的，成功施行组织文化变革应当：

（1）深入理解原有组织文化，只有深入理解原有组织文化，才能了解组织文化变革的起点，知道哪些地方需要变革。

（2）充分了解变革中员工的思想，只有与组织成员团结一心才能成功完成组织文化变革。

（3）发掘组织文化变革所需的次级文化并予以发扬。

（4）不随意抨击组织内部的其他文化，而应该引导、融合这些文化。

（5）保持耐心，组织文化变革往往需要较长的时间。

（6）新的组织文化形成后，要进行长久的巩固。

10.6 组织文化理论

管理不是由数量关系可以表示的数学公式，而是一门综合多方面因素的艺术。现代管理理论包含了对组织文化的要求，下面我们通过"企业文化四重奏"——《Z理论》《成功之路》《企业文化》和《日本企业管理艺术》四部企业文化经典著作，介绍对组织文化影响较大的管理理论。

10.6.1 组织文化的Z理论

威廉·大内（William Ouchi），日裔美籍管理学家，最早提出企业文化的概念。自1973年始，大内选取在美国和日本同时设立分公司或分工厂的组织，分析它们的管理模式差异，并将这些成果写进《Z理论：美国企业界如何迎接日本的挑战》一书。他将这些管理类型分为两类：一是具有同质化组织成员、拥有相对稳定的社会关系、以公司为中心的企业，被称为日本组织形式——J型文化；二是具有异质化组织成员、拥有相对流动的社会关系、以个人为中心的企业，被称为美国组织形式——A型文化。在综合两类组织形式的优势后，大内提出Z理论。Z型组织独特的价值观包括：

1. 终生雇佣

第二次世界大战后，工业复苏的日本社会需要一批具备熟练工作能力的员工来支撑企业的运作。这批员工的主要来源有：一是企业将现有员工通过培训的方式来提高技能，帮助他们胜任新工作；二是企业可以雇用大量高素质、高能力的大学毕业生。企业辛苦培训出来的员工离开将会给企业带来巨大的损失，相应地，组织成员如果不能获得稳定的工作报酬，生活压力就会使员工工作效率下降。因此，企业会选择与劳动者签订长期雇佣合同。这种雇佣形式更能传递家庭式企业文化。其优势在于：第一，长期雇佣可以有效避免组织的短视行为，从长远的角度规划组织的发展，并且组织为成员提供的培训一般只会针对本组织的业务，这可以提升成员的忠诚度；第二，长期雇佣可以减轻劳资对立，减少内部矛盾带来的损耗；第三，长期雇佣使组织成员有更多的组织内部交流机会，从而增强员工对组织的认同感和归属感。

2. 信任

雇主与雇员之间存在明显的阶级对立和利益冲突，这些矛盾会导致企业生产效率下降。大内认为，员工之间以及员工和上级之间的相互信任，不仅能使员工在工作时保持心情愉悦，增强员工的满足感和自我实现感，让员工以更加饱满的工作热情投入工作，还能减轻劳资对立，减少企业内部不必要的内耗和对抗。大内主张，组织领导者应该改变劳动者与资本方天然的对立关系，工人不是朝九晚五的工作机器，应该给予他们人格上的平等，提供更加体面的工作环境，有助于提高组织生产效率。

3. 密切的个人关系

信任是密切关系的前提，密切关系是信任的结果。大内认为，除了信任，密切关系也是现代企业应该学习的，即J型文化企业通过员工间亲密的关系提升了组织效率，亲密的关系能够提升企业的信息传递效率、行动执行效率，甚至能够让成员为组织整体利益而做出牺牲。大内还研究了日本文化对组织管理的影响，探讨 J 型文化能否扩展到企业之外。

由此可见，Z 理论主张社会关系和生产效率的平衡，更加注重长期利益，倡导组织内部平等。具体而言，Z 型文化具有以下特点：第一，包容批评和缺点。如上所述，Z 型文化组织中雇员间、雇主与雇员间不但相互信任，而且关系密切。这为他们开诚布公地讨论工作中遇到的问题提供了土壤，雇员和雇主间可以平等地交流工作中的不足，雇员也愿意向其他成员展现自己的优点和缺点。并且，企业很好地接纳这些意见和缺点，这也能激发员工继续积极工作的欲望。第二，信任是组织文化的基础。对于 Z 型文化组织来说，组织文化氛围建立在信任的基础之上。信任可以调节组织的人际关系，也可以为组织价值观提供养料，引导组织成员自觉遵守规章制度，增强员工在组织中工作的舒适感。第三，团队精神。Z 型文化组织的信任基础和亲密的人际关系，使得组织内部工作团队的凝聚力更强。Z 型文化倡导走动式管理，要求管理者走进底层员工的办公室与员工亲切交流，而不是在自己的办公室内翻阅报表、文件来发号施令；并且，走动式管理也不是走马观花地视察员工工作，而是切实地解决员工的问题，将问题扼杀在摇篮之中。第四，产品和服务的质量以及组织的创新能力。与大多数 J 型文化组织类似，Z 型文化组织重视产品质量和组织创新能力，认为产品和服务质量不仅是获取利润的途径，还是承担社会责任的表现，需要以高质量为基础不断创新，为顾客提供更有价值的产品和服务。

中华典故　朱棣和姚广孝

姚广孝（1335—1418），长洲（今江苏苏州）人，明朝政治家、高僧，靖难之役的主要策划者。

姚广孝出身医药世家，14 岁在苏州妙智庵出家为僧，法名道衍，精通三教之学。明洪武十五年，以"臣奉白帽著王"结识燕王朱棣，成为朱棣的主要谋士。据《明史》记载，建文帝朱允炆继位后，采纳齐泰、黄子澄的建议削藩，危及诸位藩王。姚广孝建议发动反抗，随后朱棣以清君侧的名义发动靖难之役。此时，姚广孝与世子朱高炽留守北平，指挥军队抗击南军主帅李景隆，待朱棣回援北平，与朱棣里应外合，大败李景隆。他还建议朱棣轻骑快行，直取南京，最终帮助朱棣顺利攻破南京，登基称帝。朱棣即位以后，对姚广孝多加封赏，他却百般拒绝。永乐二年，朱棣授姚广孝资善大夫，又加太子少师。朱棣多次马踏草原期间都让姚广孝辅佐太子朱高炽监国，之后又让姚广孝教导皇长孙朱瞻基。姚广孝举荐贤能官员，主持重修《永乐大典》《明太祖实录》，为"永宣之治"的重要推手。

永乐十六年，姚广孝病重，朱棣数次前往庆寿寺探望，并赐予金唾壶，也答应姚广孝释放溥洽。不久，姚广孝病逝，朱棣废朝两日，以僧人礼制安葬姚广孝，赞其"辅成家国，其绩居多""为国家之深谋，定社稷之大计""生能建大勋于国家"等，追赠他为推诚辅国协谋宣力文臣、特进荣禄大夫、上柱国、荣国公，赐谥恭靖，赐葬于房山县东北，还亲自为他撰写神道碑铭，并授给其养子姚继尚宝少卿的官职。

朱棣"用兵有天下，道衍力为多，论功以为第一。"朱棣对姚广孝推崇备至，两人相互配合、互相信任，有着超越君臣之间的情谊。

10.6.2 卓越企业文化论

托马斯·彼得斯（Thomas Peters）和罗伯特·沃特曼（Robert Waterman）均为美国著名管理学大师，他们合著的《成功之路：美国最佳管理企业的经验》是管理学畅销书之一，强调企业的创新能力和随环境变革的能力，在当时的社会产生轰动性影响。他们认为不必去日本寻找出色的企业管理模式，美国也有卓越的企业，他们通过对美国62家大型企业的调研，总结出八条卓越准则。

1. 行动至上

世界是复杂、时刻变化的，程序化的视角不足以让企业发展壮大。优秀的企业面对突发的情况，不是用大量的数据、报告进行理论论证，而是成立专门小组，快速应对突发情况。行动至上准则指出，再多的分析也不能激发出真正的创新，不进行尝试永远也不能成功，企业要在内部营造试验的氛围，重点对哪些试验是值得的、哪些试验会带来毁灭性后果达成共识。

2. 接近顾客

顾客对企业生产各个环节的影响是最直接的，保证顾客满意是企业利润增长的源泉，大多数优秀的制造业企业也会以"服务业"自居；同时，优质的服务和优良的产品质量也可以成为企业团结一致的信念力量。

3. 创新精神

优秀的企业往往有优异的创新纪录。为了保证创新能力的持续发展，企业往往会采用相对分散的组织结构，这样可以鼓励企业内部竞争，更容忍失败并鼓励创新。另外，组织还要将组成企业的创新小团体和企业抽象的概念结合起来，让小团队与企业的目标和文化相互融合。

4. 以人为本

尊重企业员工，平等对待组织成员，将组织成员视为志同道合的伙伴。杰出的企业应尊重所有员工，赋予他们一定的自主权，并且给员工提供自我提升的机会，组织员工参加培训，帮助员工接受企业价值观。

5. 重视价值观

卓越的企业不仅会创造利润，还会创造价值意义。利润是企业追求的第一要务，但除了利润，企业领导者还要通过自己的言传身教打入基层，营造令人振奋的工作环境。同时，企业还要思考哪些工作使员工感受到成就感和满足感，应该多朝能让员工感受到自我成就的方向发展。

6. 做专业的事

在经济活动日益复杂的今天，并购、合营等是企业多元化发展的重要渠道，但也有许多企业因大型合并而一蹶不振。其原因在于：一方面，企业合并后，被合并企业的许多管理者离职，导致企业人力资源短缺，无法保证企业正常运营；另一方面，企业原有管理层兼管两家企业，精力和能力的不足导致企业运营效率无法得到保障。因此，企业应做专业的事情，将专业技术与业务紧密结合起来。

7. 简化流程

随着企业的扩张、经营业务的日益复杂，为了保证企业正常运营，规章制度也自然而然变得复杂。为了保证工作效率，使命令能够有效传递，企业需要简化流程，减少不必要的人员。

8. 宽严并济

宽严并济是上述准则的总结，也是最关键的一点。优秀的企业并不采取单一的集权或分权形式，往往是集权和分权的综合体。在大多数层面，组织可以赋予成员较大的自主权，但在一些关键方面必须做到高度集权，比如企业价值观和一些关键的财务事项。

10.6.3 迪尔和肯尼迪的五要素论

特伦斯·迪尔（Terrence Deal），美国哈佛大学教授；艾伦·肯尼迪（Allan Kennedy），麦肯锡咨询公司顾问。两人集中调查了80家企业，著成论述企业文化的经典之作——《企业文化：企业生活中的礼仪与仪式》。他们将企业文化划分为五个方面：

第一，企业环境。企业环境是由相互制约、影响且不断变化的许多因素组成的开放系统，它在很大程度上决定企业的行为，如管理决策和生产经营活动。企业环境包括外部形象、经济环境、政治环境、企业战略等。

第二，价值观。企业价值观是企业文化的核心部分，是企业精神的凝练，是企业成员判断事物好坏的标准。

第三，英雄人物。企业推出的英雄人物包括两类：一是企业核心人物，对企业发展有重大贡献；二是企业文化的具象化。英雄人物为组织成员提供了可供模仿的榜样，起到引导组织成员价值观和行为的作用。

第四，企业仪式。企业仪式包括表彰大会、年度总结大会、团队建设等。它能将组织文化具体化，不仅可以影响组织内部员工，也有利于组织文化的外部传播。

第五，文化网络。文化网络是指组织各类信息的非正式传播途径，通常最能反映组织成员的愿望和态度。

10.6.4 7S框架模型

理查德·帕斯卡尔（Richard Pascale），牛津大学协同院士，被誉为全球50位管理大师之一；安东尼·阿索斯（Anthony Essos），美国哈佛大学教授。两人合著的《日本企业管理艺术》详细阐述了麦肯锡7S框架的诞生过程，对有关愿景的思考起到重大的引导作用。7S框架将企业发展过程的重要因素归类为7个s开头的字母，包括3个硬件要素和4个软件要素。

第一，战略（strategy）。战略是企业整合自身所能利用的各类资源，以企业长期发展为目标，对发展手段、发展路径等的总体规划，是企业经营思路和决策结果的体现。

第二，结构（structure）。组织结构是组织经营活动的基础，是企业人员关系、部门关系、信息关系的有效排列。

第三，制度（systems）。企业制度是企业正常、有序经营的保证，是企业员工行为的指南，是企业精神的具体表现。

第四，风格（style）。杰出的企业往往拥有鲜明的管理风格，例如集权和分权的宽严并济，组织内部的惯例和风俗等。

第五，共同价值观（shared values）。只有当企业上下都认可企业价值观时，企业成员才能团结一心，向同一个方向共同努力以实现目标。

第六，员工（staff）。组织构成的基础是人，企业的经营活动也需要人来执行，员工的素质对企业目标的达成起到决定性的作用，是战略实施最关键的因素。

第七，技能（skills）。企业的运营要求员工具备一定的技能。员工的技能不是凭空而来的，只有经过严格的培训，组织成员才能胜任自身的工作。

现实观察

谷歌的组织文化

谷歌公司成立于 1998 年 9 月 4 日，由拉里·佩奇（Larry Page）和谢尔盖·布林（Сергей Ерин）共同创建。如今的谷歌已经成为全球最大的搜索引擎公司之一，业务范围包括互联网搜索、云计算、大数据、广告、软件开发等，以及大量基于数据和互联网的产品与服务。

◆ **宁缺毋滥的招聘原则**

员工是企业的基础，是企业文化的根本来源，"宁缺毋滥"是谷歌管理人才的重要理念。具体来说，谷歌的招聘原则包括雇用比你聪明的人、雇用能够给产品和服务带来新价值的人、雇用有实干精神的人、雇用充满激情的人、雇用最优秀的候选人。谷歌高度自由的企业文化的基础是员工本身就具备较高的素质，有资料显示，想要获得谷歌提供的工作平均要通过 6.2 轮面试。通过严格程序挑选出来的员工，更能给组织带来新的活力，也更能融入谷歌的创新文化。同时，谷歌也极力推崇以内部员工推荐的方式挑选应聘者，这样挑选出来的应聘者能更好地适应和维护谷歌的企业文化。

◆ **优渥的物质条件**

谷歌自成立以来就花费大量金钱为员工提供舒适的办公环境，"一百英尺之内必有食物"是谷歌极具个性的标语，也映射出谷歌自由工作的组织氛围，让人分不清哪里是休闲娱乐区域、哪里是办公区域。谷歌为员工提供的项目之多、服务之全令人惊叹，包括泳池、健身房、咖啡厅、餐厅甚至按摩室等，并且这些产品或服务往往是免费的，可以说"免费"和"享乐"已经成为谷歌组织文化的一部分。自然而然地，许多人认为谷歌会孕育出一种奢靡风气，然而事实并非如此，谷歌创始人布林曾经说过："公司的创造力就是我们的员工。若是我们的工作遭遇阻碍，一定是因为我们没有雇用到足够多的聪明且富有创造力的员工。"谷歌提供如此优渥的物质条件的原因在于：谷歌是一家依靠创新换取利润的公司，创意的来源则是优秀的员工。提供如此轻松、舒适的办公环境的部分原因是提升员工对企业的忠诚度和跳槽成本；部分原因是自由的环境更能刺激员工产生新的想法和创意，从而为企业创造收入。为此，谷歌不仅向员工提供娱乐设施，还满足保障员工产生创意和保持工作效率的物质需求，比如谷歌配备随时待命的技术人员以保证故障设备能够得到及时维修，也会在办公大楼内留下随处可见的白板方便员工记录灵光一现的想法。

◈ 平等的交流空间

谷歌一直主张开放、自由、民主的企业文化，并且一直秉承吸引最聪明的人才来谷歌工作的理念。为了保持员工的创新力，公司中无论谁都不能轻易对提出建议的人说"不"。这保证了员工们的创新积极性，也提供了更多的员工表达自身诉求的渠道。

为了保证企业内部不同级别的员工都能有平等交流的机会，谷歌的周五会议全球知名，谷歌的两位创始人做出表率，每逢周五都和高层们一起与普通员工共进午餐。大家在容纳千人的饭厅内自由落座，甚至随意坐在台阶上，一边进餐一边与高层们平等交流或表达诉求。

公司设计者着力打造着企业的组织结构。谷歌是一家主打创新的现代化企业，传统科层制的组织结构会使信息传递、决策制定滞后，因此一直标榜走在科技前沿的谷歌不可能采用这种臃肿的组织结构，其一直秉持保持扁平、提供平等交流机会的组织结构设计理念。扁平的组织结构能够给富有创新力的精英更强烈的干实事的欲望，提供更多与决策者交流的机会。同时，谷歌依然保留按职能划分的部门，因为谷歌业务涉及多类型项目，相关人员在做项目时大多以各自团队为工作单位，为防止各团队各自为战，保留财务、运营、销售、采购职能等部门，给予它们与高层管理者交流的渠道，防止企业结构过于松散。哪怕随着企业的扩张、产品开发团队成员的增加，谷歌依然保持大团队与小团队并存，依靠小团队保证整体创新力、大团队增强组织凝聚力。这样的组织结构还有一个好处，就是能促进企业内部员工的流动，让员工更多地了解其他部门的工作，还可以去自己喜欢的部门工作。

◈ 精密的考核制度

谷歌向来不吝啬给予为企业做出贡献的员工优渥的报酬，但前提是这样的报酬分配合理且能服众，因此制定平等、公开的绩效评价体系尤为重要。谷歌采用的绩效评价体系是目标与关键成果（objectives and key results, OKR）法，由英特尔创始人安迪·格鲁夫（Andy Grove）开发，是对员工或者团队的目标完成程度进行公开、公平、量化评价的绩效管理工具，含有一套让所有员工确认自身贡献的考核指标。与之配套，谷歌采用以绩效为导向的全面薪酬制度。所谓全面薪酬制度，就是指不仅提供工资、奖金等自身短期劳动所得，还提供债券、股票等与公司表现息息相关的奖励。实施全面薪酬制度不仅能让员工感受到工资带来的短期激励，还能获得长期激励，让员工感受到自己是公司的一员，增强他们对公司的归属感和认同感，与公司共进退，从而使谷歌得以保持长久的竞争力。

◈ "相信自己"的价值观

谷歌公司流传着一句重要的谚语"别听河马的话"，这里的河马指的是高层人员。他们认为河马是一种危险的动物，它会碾碎阻挡它前行的东西，职场中的"河马"同样危险，他会影响我们做出正确的判断。谷歌鼓励员工屏蔽河马带来的杂音，提炼其中真正有价值的东西。谷歌利润的主要来源——AdWords开发初期，布林提出一些设想，希望能够实现，而当时的技术主管斯里达尔并不认同这些想法，两人对工作方向产生了分歧。布林本可以凭借"河马"的身份强迫斯里达尔支持自己的设想，但他并没有这样做，经过激烈的讨论，反而认可斯里达尔的想法。谷歌从创始人到公司高管，都不主张使用"河马"的特权，而极力营造任人唯贤的组织氛围，让每个员工能够坚持自己的想法。这也许能够将一些真正正确的想法保留下来，也是谷歌始终走在科技前沿的不竭动力。

> **感悟与思考**
>
> 1. 谷歌的企业文化有什么特点？
> 2. 尝试总结谷歌如何塑造企业文化。
> 3. 讨论谷歌企业文化的优缺点。
> 4. 探讨谷歌的企业文化对组织和员工分别有怎样的影响。

10.7 组织文化的前沿探索

组织文化是组织成员普遍接受的价值观、信念、行为准则、职业道德和精神等的综合表现，是组织在长期的生产生活实践中总结得来的。20 世纪，许多学者热衷于研究日本企业崛起和美国企业衰退的原因，此期间的四部企业文化经典著作——《Z 理论》《成功之路》《企业文化》和《日本企业管理艺术》引得学术界掀起了研究企业文化的热潮，积累了大量与组织文化相关的定性研究和实证研究。我们主要从组织文化建设的影响因素、组织文化的测度方法、组织文化建设的作用三个方面展开评述。

10.7.1 组织文化建设的影响因素

1. 领导者

鉴于领导者在企业内部特殊的影响力和地位，他的行为和价值观对企业的影响无处不在。如今，许多研究认为管理者的领导特质对组织氛围会产生显著的影响，其中又以领导者对组织创新文化的影响最为显著。

（1）国内研究主要集中于领导风格对组织文化氛围的影响。陈维政等（2004）使用问卷调查方法对企业文化和领导风格的协同性进行实证分析，研究表明领导风格的变革维度与企业文化发展的导向维度显著相关，领导风格的交易维度与企业文化发展的经济导向维度显著相关。朱春燕等（2010）发现，领导风格对推动组织建设知识支持型文化具有重大的推动作用，因为领导者对于知识管理的支持和信念有利于知识支持型组织文化的建立和发展。辛杰和吴创（2015）调查 587 位企业家后发现，企业家自身文化价值观念中的不确定性规避、长期导向、集体主义三个维度对企业的社会责任感具有显著的影响。张海涛和青国霞（2020）通过对 44 名企业高管及其 310 名下属的问卷调查数据分析发现，变革型领导者对组织创新氛围具有正向促进作用，且知识共享起到部分中介作用；交易型领导者对企业创新氛围并没有直接发挥作用，知识共享起到完全中介作用。

还有一些文献通过案例研究法探讨企业高管、领导者对企业文化的影响。袁敏（2012）对 2012 年高盛高管史密斯离职事件展开案例分析，认为高管对企业目标的达成可能没有直接影响,但会直接影响企业的行为方式和文化氛围。龚洋冉等(2013)以《中国企业家》杂志社的发展经历作为研究对象,系统阐释变革型领导者在组织发展的各个阶段如何通过多种方式促进组织文化的建立和发展,并详细描绘领导对文化的作用机理。

(2)国外研究大致分为两类。一类与国内研究类似,强调领导风格对组织文化的影响。Sarros等(2002)对1 918名澳大利亚管理学院成员的研究揭示了领导力和组织文化之间显著且积极的关系。Melody等(2018)以356名中国员工为研究对象,考察组织文化、领导力和员工成果之间的关系,结果表明支持型领导风格和任务型领导风格以及有说服力的领导策略分别与团队和创新文化相关,并且明显强于其他领导风格或者领导策略。

另一类关注高管某些特定行为对组织文化的影响。Hu等(2012)发现,高层管理人员参与信息安全计划对员工遵守信息安全政策的态度、主观认知和感知行为有显著的直接与间接影响;高层管理人员的参与会显著影响组织文化,进而控制员工遵守信息安全政策的态度和感知行为;高管的参与和组织文化对员工行为意向的影响完全由员工遵守信息安全政策的认知和信念所调节。Davidson等(2015)发现,高管在工作场所外的个人行为(例如不节俭的行为)会导致公司中与欺诈相关的行为增加,包括任用奢侈的高管、股权激励错报增加和降低董事会的监督强度。

2. 员工

对组织文化影响最大的因素是人。除了组织领导者,人因素的另一个方面就是企业员工。国内外学者早已注意到组织成员这一构成组织的最基本、最庞大因素对组织文化的影响。一些学者认为,员工的某些特质可能对组织文化产生深远的影响。Pierce(2012)发现,当公司员工秉持底线原则、对未来充满美好愿景、有着优秀的榜样目标时,企业文化往往能够产生更强的凝聚力;同时,高管的性格特征对企业文化的塑造也有直接影响。张黎(2014)从心理契约的角度解读员工与企业文化的关系,认为只有以心理契约为基础才能构建成员间共享、共认的企业文化,企业和员工间和谐的心理契约是解决人才流失、企业文化建设不落地的重要途径。罗丹妮(2016)认为企业员工是企业文化的主体和践行者,提升企业员工的综合素质(包括思想政治素质、道德素质、身心素质和能力素质)对企业文化建设有正向作用,并提出提升员工素质的方法。有些学者还发现,只有企业人力资源特征与组织文化相契合、相匹配,才能更有效地提升企业财务绩效。刘善仕等(2010)从匹配的视角探讨人力资源管理系统(分为承诺型、市场型、控制型和合作型)与组织文化(分为发展式、理性式、官僚式和团队式)的关系,认为不存在一种万能的人力资源系统能够始终提升企业绩效,人力资源系统必须与企业文化相匹配才能提升企业绩效。李海和张勉(2012)发现,人力资源整合和发展不仅在文化契合度与企业绩效之间起到中介作用,在文化契合度与财务业绩之间也起到中介作用。

3. 技术进步

自20世纪末起,计算机技术得到快速发展,其功能延伸的领域之多令人咋舌。企业作为处于竞争市场的以营利为主要目标的组织,自然会受到新技术的冲击。新技术不仅会改变企业的管理模式、行为方式,甚至会改变企业的价值观念;反过来,企业原有的文化也会影响企业的技术创新、技术引进等。因此，技术与企业文化是相互影响、辩证统一的。

（1）国内研究方面。研究者认为任何技术研发活动总是在一定的社会文化环境中开展的，技术进步服从和服务于组织文化的构建，组织文化建设离不开技术进步，技术进步促进企业精神文明和物质文明齐头并进（王伯鲁，2014）。随着数字经济时代的到来，企业向数字化管理转型是顺应以数字经济、网络经济为特征的新时代的必然要求，而管理模式变革最终会向企业文化变革传导（张岚，2006）。信息技术带来的竞争优势会从物质层面、制度层面、精神层面对组织文化产生影响，并且技术带来的这种竞争优势可以从静态和动态两个方面改变、影响企业文化（詹发荣，2009）。于春雨和张帆（2013）以油田开发行业为研究对象，提出通过数字化建设降低劳动强度，提升员工幸福指数是油田公司迫切需要完成的任务，而企业文化建设成与数字油田开发相互适应、相互促进是优化油田管理效果的关键。刘刚等（2022）表示，数字化技术的发展带来了生产工具的变革，推动了价值创造方式的改变，增加了不同企业间的文化交流，种种变化带来了企业文化建设的新面貌。

（2）国外研究方面。Wei 和 Wang（2004）表示，随着 IT 技术和信息网络的引入，企业文化必须创新和完善以适应新技术。他们分析了传统组织结构在企业文化建设中的弊端、IT 系统对企业文化创新的贡献、用好企业 IT 系统的现实基础，揭示出企业信息化建设与企业文化建设可以相互促进。Klein 等（2005）利用微软公司的无障碍技术，研究存储和信息检索等新兴技术对企业文化的挑战。Mandl 等（2018）认为数字化深刻改变了企业办公场所，影响了信息的交换和使用，而企业数字化改革的高层决策者认为信息系统、信息集成、信息管理结构和公司领导者是通信文化的主要影响因素。Esposito 和 Ricci（2021）采用多案例研究方法，验证文化组织对社会责任的态度受到数字化技术的影响，提出数字文化组织的利益相关者是一种新的社会责任形式。Gregar 等（2021）采用问卷调查方法分析智能化工厂对企业文化的影响，认为当前的组织文化基于层级，甚至在五年后仍然具有科层组织文化的特征，但也产生轻微的转变——转向临时组织文化。

总之，历史经验已经告诉我们，当技术发生较大变革时，不能适应技术进步的企业将被历史淘汰，跟紧时代步伐的企业才能脱颖而出。未来关于企业文化的研究应着重关注在数字化背景下，影响企业文化建设的因素有哪些？新经济时代企业文化建设的特点有哪些？在机器人逐渐取代人工的环境下，原本以组织成员为中心的企业文化会面临哪些挑战？需要做出哪些改变？

10.7.2　组织文化的测度方法

组织文化是组织长期生产生活实践的产物，是组织物质文化和精神文化的凝结，包含价值观、精神和行事风格等很多难以量化的内容。因此，关于组织文化的研究方法一直以来是重点话题。

Hofstede（1980）在对 IBM 企业文化的调查中开发了（文化）价值量表和问卷（value survey module，VSM），将文化价值通过五个维度进行标准化衡量，并持续更新至 2013 年版本，成为最流行的组织文化调查问卷之一。但 VSM 也存在一些质疑。例如，Yoo 和 Lenartowicz（2011）指出，VSM 在对单个国家不同组织的文化进行测量时区分效果不佳。Wallach（1983）将组织文化分为官僚、创新和支持三个维度进行测量。Homburg 和 Pflesser（2000）从市场导向的视角，借鉴组织和营销领域的文献，开发了一个以市场为导向的组织文化多层次模型，明确区分了支持市场导向价值观、市场导向规范、代表市场导向强度高低的人工制品以及市场导向行为。Lund（2003）运用金·卡梅隆（Kim Cameron）提出的组织文化模型（从九个维度将组织文化分为宗族、专制、层级、市场四类），认为工作满意度与宗族和专制文化正相关、与市场文化和层级文化负相关。著名管理学大师丹尼尔·登森（Daniel Dension）从组织效率的角度思考组织文化的分类，先通过 5 家公司的定性案例研究来确定公司特征及其有效性的性质，再定量分析 764 个组织样本中 CEO 对组织文化四个特征（参与、一致性、适应性、使命）的看法及其与主观和客观有效性衡量标准的关系，最终验证组织文化四个特征是组织效率的有效预测工具（Ahmady 等，2016）。

总之，组织文化被广泛认为是改革和现代化行政与服务的重要因素之一，相关研究已经从多角度提出组织文化测量方法。一项针对组织文化测量工具的文献综述总共确定了 70 多种工具，其中 48 种可以进行测量评估，但大部分仍处于开发的初级阶段。该项综述的结论是，没有一种完全理想的组织文化探索工具，任何测量方法的使用都应当从符合研究目的（取决于使用它的特定原因和应用它的环境）的程度加以考虑（Jung 等，2009）。

正因为如此，组织文化测量工具的选择和使用必须与使用目的和使用环境相匹配，为此我国学者在中国背景下提出和改良了许多组织文化测量方法。最早在我国对组织文化进行量化研究的是台湾学者郑伯埙（2003），他在沙因组织文化模型的基础上设计了符合中国本土情境的组织文化价值观量表（value in organizational culture scale，VOCS），包含社会责任、敦信睦邻、顾客取向、科学求证四个外部适应价值以及卓越创新、甘苦与共、团队精神、正直诚信、表现绩效五个内部整合价值。Anne 等（2006）根据企业的具体状况，以中国经济和市场改革催生的三种所有制企业（国有企业、私营国内企业和外商投资企业）为特定对象，开发适用本土情况的中国企业文化量表。他们运用归纳法在不同类型的公司中发现了五个共同的组织文化维度，其中员工发展、人际和谐为内部整合维度，顾客导向、结果导向、勇于创新为外部适应维度，并将涉及这五个组织文化维度不同构成的组织文化分为四种类型，即高度整合文化、市场导向文化、适度整合文化、层级文化。王国顺等（2006）在 Dension 组织文化模型的基础上，提出适用我国国情的组织文化量表。他采用因子分析法重新归纳出企业意识、员工意识、团队意识、创新意识、价值观、顾客意识、目标愿景七个维度，并在原有题项的基础上添加和删减为 45 个题项。

当前的组织文化研究主要分为两类：一是通过问卷调查方法测度组织文化的横截面研究，这类研究往往能够以一种客观的方式反映组织文化或者组织文化与组织绩效、组织效率、员工满意度等的关系；二是通过观察、访谈、干预等方式剖析组织文化的纵向研究，相较于横截面研究，纵向研究能够更加深入地了解组织文化对企业各方面的作用机制。

10.7.3 组织文化建设的作用

1. 组织文化与组织绩效

现代企业（组织）成立的目的是为股东、利益相关者创造利润或价值，而企业（组织）文化对企业（组织）绩效具有多方面的影响。

（1）企业（组织）文化对企业（组织）绩效的影响。郭冠清（2006）使用世界上最大的500家企业的面板数据，对企业文化和企业经营绩效进行实证研究，结果表明组织文化中的个人主义与集体主义、权力距离、合作性三个分指标与企业经营绩效显著相关。Silwal（2022）将企业文化分为权力距离、氏族文化、企业创新、不确定性规避、市场文化五类，其中企业创新和不确定性规避对企业财务业绩有很强的直接影响，而市场文化对企业财务业绩有间接影响。Alexandre等（2022）发现，乐于承担社会责任的企业的组织文化往往更加宽容，而且往往拥有更好的绩效。王泽川和范英杰（2022）以海尔集团为研究对象，进行企业文化和企业绩效间关系的案例与定性研究，总结出海尔集团各个发展阶段两者关系的共性。

（2）企业文化分类型与企业绩效的关系。谢洪明等（2006）实证分析珠三角地区企业，结果表明市场导向的企业文化并不直接影响企业绩效，而是通过组织学习间接影响企业绩效。张旸等（2006）也发现市场导向企业文化与企业绩效存在显著的正相关关系，所有制类型、行业类型和组织规模对此有调节作用。朱兵等（2010）使用182家企业层面的数据，发现当企业秉持支持型文化时，组织文化不仅对创新绩效有直接影响，还可以通过利用式学习和探索式学习间接影响创新绩效；同样，当企业秉持创新型文化时，组织文化不仅对创新绩效有直接影响，还通过探索式学习间接影响创新绩效。Huang等（2015）通过调查数据发现家族企业展示了一种可以提高企业绩效的人力资本增强型文化。曾鹏云等（2022）通过问卷调查分析，发现学习型组织文化与企业绩效具有正相关关系，其中员工知识共享行为起到部分中介作用，领导风格、组织结构具有调节作用。

（3）企业并购视角下组织文化和组织绩效的关系。王艳和阚铄（2014）利用A股上市公司并购事件数据分析组织文化与并购绩效的关系，发现当收购方表现出越高文化强度时，其长期并购绩效越差，并且并购非上市企业、跨省并购、并购不相关行业的并购效果更差。

总而言之，现有研究普遍发现优秀的组织文化对组织绩效起到直接或间接的正向影响，然而鲜有研究组织文化变革前后或组织文化变革中组织绩效的变化情况，未来的研究应更重视组织文化所处阶段对组织绩效的影响。

2. 组织文化与组织行为

企业（组织）文化是企业（组织）生产实践中特有的信念、行为规范和价值观的提炼，对企业（组织）行为具有很强的指导作用。

（1）企业的战略投资行为。张玉明等（2016）利用创业板上市公司数据，发现企业文化从价值观念、企业制度、企业行为实践等方面影响企业研发投入，其中制度环境起负向调节作用，董事长和CEO两职合一起正向调节作用。Alessandrini等（2008）分析意大利银行收购数据,发现文化距离对银行收购中的资产重组策略(清理策略和投资组合策略)选择具有显著的影响。张敏(2008)认为企业文化的四个特征(认知刚性、组织资源依赖性、企业文化的组织记忆特征、企业的社会化过程)对企业战略调整行为有重大影响,并进一步阐释这种影响的作用机理。

(2)企业的创新活动。Pervakova和Zolotova(2012)发现,组织文化对组织创新具有推动作用,并可以间接提升企业(组织)财务业绩。黄越等(2015)讨论持续学习、人际信任、权力距离、长期导向、团队精神等组织文化特征对知识管理的影响,认为这五个组织文化维度都对知识管理的成功有影响,当组织文化偏好学习求知、强调主动式思考求知而非被动式知识灌输时,可以推动企业思想创新、知识共享,促进知识管理的成功。组织文化对员工个人创新行为也有影响。刘云和石金涛(2010)证实,创新性组织文化对于员工创新性思维的培养具有正向引导作用,会促进员工的创新行为,并且心理授权在主管支持、组织支持和员工支持中都起到中介作用。杨晶照等(2012)使用问卷调查分析方法,发现组织文化与员工创新行为呈现显著的正向关系,且员工创造力的自我效能感具有中介效应;同时,不同组织文化类型对员工创新行为的影响存在显著差异,组织集权程度越高,组织文化越趋向封闭,员工创新行为越少。杨治等(2017)基于企业行为理论,向湖北省高科技产业集群发放15份调查问卷并发现,当企业文化偏于绩效导向时,企业更倾向于开发式创新而非探索式创新;当企业处于竞争激烈的市场时,绩效导向文化能促进探索式创新;集权结构较弱的企业文化对企业创新具有正向作用。

3. 组织文化与组织承诺

组织承诺是组织成员对所属组织的价值观、目标的认同程度,即组织成员对组织的归属感、认同感和忠诚度,其对组织的绩效、效率、氛围和竞争能力等均有正向影响。国内外学者对这种影响的作用机理、路径和场景等都进行了大量研究。

(1)国内方面。樊耘等(2011)通过多组织的271名员工样本,实证分析发现组织文化的公平性和激励性都对情感承诺有正向影响,持续承诺仅受公平性的正向影响,且激励性对情感承诺的影响大于公平性。张玮和刘延平(2015)研究分析385个样本并发现,员工导向组织文化与组织承诺呈正相关关系,结果导向组织文化与组织承诺呈负相关关系,且职业成长在其中起到部分中介效应。他们还从调节作用的角度进一步分析同一数据集,发现组织文化导向在组织成员职业成长对组织承诺的影响中起调节作用。具体来说,在高员工导向的情形下,职业成长对组织承诺有正向作用;在高结果导向的情形下,职业成长对组织承诺有负向作用(高新和张玮,2016)。除了组织文化,有学者从教师留岗意愿的角度探讨组织文化与组织承诺的关系。蔺海沣等(2021)对416名青年乡村教师的调查分析表明,学校组织文化与青年乡村教师的组织承诺和留岗意愿显著相关,且组织承诺在组织文化与留岗意愿的关系中起部分中介作用。

(2)国外方面。多数研究关注组织文化对组织承诺的直接或间接影响。Simosi和Xenikou(2010)调查希腊一家大型服务公司的300名员工后发现,文化导向在领导者行为与下属对组织的情感承诺和规范承诺的关系中起中介作用,即建设型文化促使员工对公司表现出更强的情感承诺和规范承诺。Acar(2012)利用从土耳其物流业37家企业344名员工处收集的数据进行统计分析并发现,企业领导风格和组织文化对物流业组织承诺具有积极影响。Netra 等（2014）对印度浦那的 218 名 IT 专业人员进行调查，发现印度 IT 员工对主动、信任、开放和试验等十分看重，其感知到的文化自主性、试验和协作对情感承诺具有积极影响，而对抗和试验对规范承诺具有正向影响。总的来说，高情感承诺可以通过发展一种开放型文化来进一步增强，这种文化信任会鼓励员工产生想法、合作试验和参与决策。

总之，组织文化是组织管理不可分割的一部分，它受到组织中诸多因素的影响，同时也直接影响或者传递影响给其他因素。自 20 世纪以来，组织文化管理研究已经取得长足发展，但随着信息通信等前沿技术的快速发展，更加复杂的经济事务、管理场景应运而生，学者们应当更深入地探究组织文化在不同场景的影响及其作用机制。

数字资源

本章数字资源由三大部分组成：一是 UTD 24 文献推荐，二是推荐的组织文化相关量表，三是参考文献。详细内容可下载"拓展学习资源"获取。

1. UTD 24 文献推荐

Stephanie Bertels, Jennifer Howard-Grenville, Simon Pek. Cultural molding, shielding, and shoring at oilco: The role of culture in the integration of routines [J]. Organization Science, 2016, 27 (3): 573-593.

Oliver Schilke, Karen S. Cook. Sources of alliance partner trustworthiness: Integrating calculative and relational perspectives [J]. Strategic Management Journal, 2015, 36 (2): 276-297.

2. 组织文化相关量表

◎ Wallach 开发的"组织文化问卷"

◎ Dension 开发、王国顺修订的中国版"组织文化问卷"

3. 参考文献

第 11 章
组织变革与组织创新

知识点

组织变革、变革动因、变革能力、变革阻力、组织创新、组织创新氛围

学习要点

- ◎ 了解组织变革对组织的生存与发展的作用及其含义。
- ◎ 了解组织变革的内在动力和外在动力。
- ◎ 掌握清除组织变革阻力的方法。
- ◎ 理解组织变革过程理论,简述勒温的三阶段变革模型。
- ◎ 理解勒温的三阶段变革模型、利维特的系统变革模型、格雷纳的组织变革模型、薛恩的适应性变革循环模型、斯特克兹的情景变革模型。
- ◎ 理解组织创新的含义,探讨组织创新下的特定行为理论与模式。

思维导图

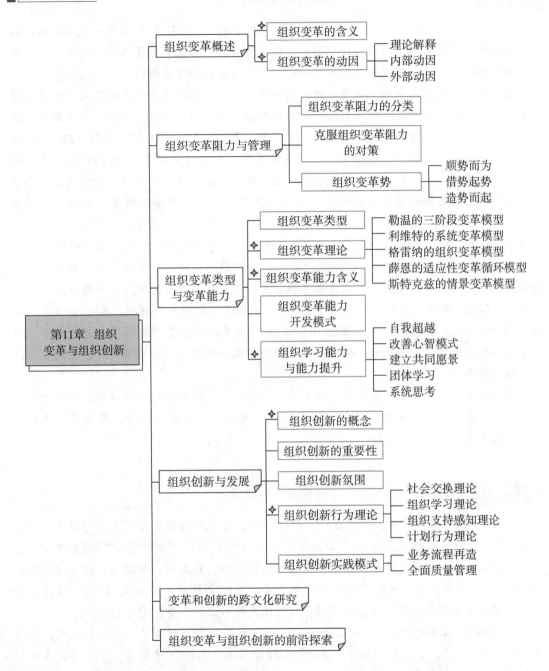

新理念　　　我国创新改革各维度

习近平总书记强调："抓创新就是抓发展，谋创新就是谋未来。"目前，我国政治、经济、社会等环境越来越复杂，实现中华民族伟大复兴的道路上充满了各种未知变数，为了应对当下环境之挑战，我国政府采取了一些富有中国特色的变革措施。

政治上，党的十九大的一项重大理论创新就是将我国社会主要矛盾的定义"人民日益增长的物质文化需要同落后的社会生产之间的矛盾"转化为"人民日益增长的美好生活需要和不平衡不充分的发展之间的矛盾"（丁任重，2017），同时提出"一带一路"倡议，秉承合作共赢的伙伴理念，建构"人类命运共同体"思想（习近平，2017）。经济上，我国正处于经济转型攻坚期，国际环境恶化、国内经济发展系统还不完善，党中央提出高质量发展策略，让经济高质量发展的各动力源相互配合作用，作为高质量发展的动力源泉（蒲晓晔和Fidrmuc，2018）；同时，政府主导"三去一降一补"政策，深化供给侧结构性改革，促进中小企业转型（陈红霞，2018）。社会上，老龄化趋势加深，国家社会生产力下降（张欣悦，2020），为此我国提出"开放三孩"的人口政策，利用人口红利来完善社会保障体系，一定程度地恢复甚至提高了社会生产力。正是因为坚持改革与创新，2022年8月我国正式宣布迈入创新型国家行列。如今，中国在全球创新指数的排名从2012年的第34位上升到2021年的第12位。2022年，我国的高速铁路、基础建设、信息技术等领域处于世界领先地位，太空探索、航天行业等领域实现重大突破，新能源汽车、新型显示产业规模居世界第一。

党的二十大报告强调，完善科技创新体系、加快实施创新驱动发展战略，坚持创新在我国现代化建设全局中居核心地位，科技创新没有终点，未来我们将站在更多技术的前沿，强化高水平科技自立自强。

史上择慧　　　敏探春兴利除弊

《红楼梦》中宝钗是明，凤姐是精，探春独敏，可见探春的聪慧过人。贾探春，"金陵十二钗"之一，父亲是荣国府"二老爷"贾政，母亲却是"奴婢出身"的赵姨娘，与贾宝玉同父异母。虽说生母身份卑微，但探春精明能干、能决断、有腕力，被曹雪芹冠以"敏探春"的美誉，是作者笔下的才女与变革家。王熙凤曾对平儿说起探春："虽是姑娘家，心里却事事明白，不过是言语谨慎；她又比我知书识字，更厉害一层了。"

《红楼梦》第五十六回，凤姐疾病缠身，府内事务打理只能交予王夫人，而王夫人历来号称"老木头"，李纨本"尚德不尚才"，薛家姑娘是客方不好管事，于是管理事务的大权基本上落在探春手里。探春如何在府内上下进行兴利除弊的变革呢？

开始，管事的媳妇们只服从王熙凤，无视探春的管理。"比凤姐跟前便懈怠了许多""都打听她二人办事如何？若办得妥当，大家则安个畏惧之心；若少有嫌隙不当之处，不但不畏服，一出二门，还要编出许多笑话来取笑"。果然，管事的吴新登媳妇来回事，请示她舅舅赵国基丧事的赏银问题。老实的李纨果然上当，说"赏他四十两"。吴家的自然正中下怀，暗中以为得计，接过牌就走，庆幸三姑娘毕竟不足道，这里多捞来银子二十两。谁知探春这里却不动声色,轻言细语唤了一声:"你且回来!"探春问:"老太太屋里的几个老姨奶奶家里死了人,赏的是多少?"吴家的此时已知露了马脚,陷入被动,只好以"便都忘了"搪塞,又以"赏多赏少,谁还敢争不成"佯作奉承来迷惑探春。探春非常清醒地揭穿了吴新登家的刻意刁难:"这话胡闹,若不按理,别说你们笑话,明日也难见你二奶奶。"之后又接住生母赵姨娘的软磨硬泡,做到绝不徇私违例,至此在府内上下树立了权威形象。

之后,探春借助这股在府内散开的威信,开始大刀阔斧地兴利除弊。在"节流"方面,她除去宝玉等学里的银子,削减府内姑娘们的头油胭脂钱;在"开源"方面,她实行大观园承包责任制,"一则园子有专定之人修理,花木自有一年好似一年的,也不用临时忙乱;二则也不至作践,白辜负了东西;三则老妈妈们也可借此小补,不枉年日在园中辛苦;四则亦可以省了这些花儿匠、山子匠、打扫人等的工费。将此有余,以补不足,未为不可。"此外,在花圃的人事安排上,探春专门强调"拣出几个老成本分、能知园圃的,派他们收拾料理……也不必要他们交租纳税,只问他们一年可以孝敬些什么",这样一来不仅安排了专业的变革人员、分清了利益安排,还笼络了园内人心。探春凭借自身的睿智和果决在大观园兴利除弊,解决了府内某些宿弊,开辟了大观园的新气象,连才智出众的管理家王熙凤也连声夸奖赞扬"好,好,好个三姑娘!我原说不错"。连用了三个"好"字,表现出王熙凤对探春管理才能的钦佩和折服。然而,探春的改革最终以失败告终,因为局部性、小范围的改革难以改变沉疴积弊已久的贾府衰败的命运。正如红楼梦里探春的判词"才自清明志自高,生于末世运偏消",虽然探春志向高远、清醒精敏能干,然而生于封建社会衰亡的末世,又是庶出,其"才""志"难以充分发挥。

故事启示

探春在"大观园"的兴利除弊对组织变革有着较好的启示:第一,组织变革要由浅入深地开展变革过程管理。变革前,探春以舅舅丧事为由,树立变革威望;在大刀阔斧地实施变革时,她先从两件事着手,一是宝玉等学里的银两费用,二是府内姑娘们的头油胭脂钱,如此一来既能看到府内对自己的态度与看法,又能证明自己的变革能力,之后再进行园子花圃的变革,将王府打理得井井有条。第二,组织变革要强调变革领导者的作用。子曰:"工欲善其事,必先利其器。"探春在大观园管理与整治上的铁面无私、精敏能干,为自己树立了一种变革领导者形象。第三,组织变革要深化市场化发展、强化资源梳理与开发、厘清组织变革的内外环境。探春在管家的启示下开发大观园花圃,使得王府从一味的"消费者"转变为灵活的"生产者",这也不失为一种新的组织行为,既整合了自身资源、开发了新的职能体系、调整了内外环境,又赋予了大观园更强的创造力与生命力。第四,组织变革可以依据所建立的创新模式实施。在探春的引领下,从内部开始变革,大观园先是省去府内的部分开支,从"节流"到"开源",再引进承包制的花圃管理模式,将其转化为大观园新的管理模式,实现了组织行为的创新,在多层面上对大观园这一传统组织进行了变革。第五,组织变革要注重能力多样性的培育。譬如,探春将花圃的打理交给了府内的几位老婆子,让她们自行打理,如此不仅园内年年有结余,奴婢们还有了自己的营生。这一规定清晰地划分了各利益者的分配界限,使各方受益，调动了组织各方参与变革的积极性，也增强了组织整体变革能力。但在大观园变革后，有些问题也值得我们思考。首先是小姐丫头们私自在婆子们的园中摘些果子、折些花儿，并且"这三四天的工夫，一共大小出来了八九件"，使得婆子们的园圃利益受损，打压了婆子们的工作积极性，惹得她们一身怨气；其次是婆子们之间存在收入差异，有的人可以承包园圃赚钱，有的人却什么也捞不着，这种差异与落差感让大观园的人事关系变得消极、紧张起来；最后是有些婆子拿着钱去赌博，既造成府内资源的浪费，也违背探春的"节流"思想。这些"变革后"问题存在于组织变革后的日常管理中，我们在管理组织时要引以为戒，及时厘清变革后的利益分配、维护变革后的管理体系、建立绩效监督体系，从而保障变革成果不受损，确保"新"组织的运行机制通畅。

11.1 组织变革概述

11.1.1 组织变革的含义

在现代社会，组织变革也是组织的关键活动之一。"变"的正体是"變"，本义为弹琴时手指在不同琴弦上的移动，强调人们在做事时不能拘泥一格；《说文》指出"革"就是"兽皮治去其毛"，即褪去毛的兽皮，强调管理者要革除附在身上的累赘与负担。"革，去故也；鼎，取新也。"我国早在春秋战国时期就有对"革"的总结和思考，"变革"一词最早见于《礼记·大传》："亲亲也，尊尊也，长长也，男女有别，此其不可得与民变革者也。"与"变革"意思颇为接近的"变法"一词最早见于《商君书·更法》，"今吾欲变法以治，更礼以教百姓"。在中国传统社会，变法是各个朝代的重中之重，其中赫赫有名的变法不知凡几。

中华典故 赵国的"救命稻草"——胡服骑射

自古落后就要挨打。战国时期，赵武灵王即位之时，赵国又穷又弱，不仅打不过其他六国，内部还被号称"千乘之国"的中山国分割为南北两块，互不相连。据《资治通鉴》记载，"先时中山负齐之强兵，侵暴吾地，系累吾民，引水围鄗，微社稷之神灵，则鄗几于不守也，先君丑之。"赵国深受各国侵犯，北方还有匈奴等族虎视眈眈，连中山国这种小国的侵袭都防卫不足，国君为此感到羞耻。赵国面临被吞并之困境，武灵王突破各层阻力，决意开启"胡服骑射"。胡服就是在赵国上下改穿短装，束皮带，用带钩，穿皮靴；骑射又意为建立一支像匈奴人那样的勇猛骑兵，驰骋沙场。据《史记·赵世家》记载："主父欲令子主治国，而身胡服将士大夫西北略胡地，而欲从云中、九原直南袭秦。"从胡服骑射次年开始，赵国拥有了一支无敌于北方的骑兵部队，东灭中山，北攻匈奴，"攘地北至燕、代"。胡服骑射不仅保住赵国主权，还促使赵国成为除秦国外国力最强的国家。梁启超把赵武灵王比作"赵之大彼得也"，甚至说他是"黄帝之后的第一伟人"，赵武灵王"胡服骑射"的影响由此可见一斑。

第11章 组织变革与组织创新

"穷则变,变则通,通则久。"(《周易·系辞》)这告诉我们,变革赋予组织生命力。在不稳定的外部环境下,组织变革是一种常态。如何在复杂环境中突破自我,在突破中凝聚力量,在有生力量的引领下实现组织发展,最后获得持久的组织活力,成为变革者管理组织的新挑战。组织变革的含义各有千秋(见表11-1),但目前还没有得到学界统一认可的组织变革定义(鞠蕾,2014)。

表11-1 组织变革的含义

文献	维度	定义
Dessler(1980)	变革行为	组织变革是指组织为了增进组织效能而改变组织的结构、技术或人员的方法
Webber(1979)	变革行为	组织变革能够改进组织的政策结构或者改变人们的态度或行为,以提高组织绩效
Recardo(1991)	变革行为	组织变革是组织为使成员行为有所不同而采取的策略或计划调整
Daft(1994)	变革行为	组织变革是组织采用新的思维或行为模式,其中人员行为及态度的改变是组织变革的根本
Michael(1982)	变革过程	组织变革是指当组织经营行为与环境变化无法协调时,组织为适应环境变化而调整的过程
Charle(2001)	变革过程	组织变革是指企业从目前的状态到未来理想情态而增强自身竞争优势的活动过程,主要包括改造、流程重组和创新三种活动
Morgan(1988)	变革过程	组织透过变革的过程,可以使组织更有效率地运作,达到均衡增长、保持合作性,并使组织适应环境的能力更具弹性

根据上述定义,我们认为组织变革是组织因复杂环境影响、为实现自身目标,根据内外因素的变化而主动、自觉地选择正确的变革工具,引导内部人员积极参与,增加组织弹性、改变自我内容与性质、适应组织环境的过程。

中华典故　　　　　　"变思"之祖:《周易》

虽然组织变革理论日益受到学界的重视,但大多以西方现代变革理论为基础。其实,早在春秋时期的著作《周易》就已经对"变"有了思考。

《周易》相传是周文王所作,是《易经》的"三分之一",被它视为古代变革思想的鼻祖之作。《周易》以阳爻与阴爻构成六十四卦,卦与卦之间的不同组合是《周易》演算宇宙变化规律的工具。并且,"爻者,言乎变者也",《周易》之"变"流动于各个爻之间。所以,爻既是《周易》推算"变"的途径,也是装载"变"的外壳。

在思想上,《周易》强调多元丰富的变化思想,即使到现在,它也能给予我们许多启示。《周易》的一些经典思想如下:"苟日新,日日新,又日新",意思是人要不断去旧更新,这样才能产生新的自己;"观乎天文,以察时变",意思是要观察天气,让百姓找到合适的农作时机;"穷则变,变则通,通则久",意思是事物到了极限就要改变,改变才能通达,通达才能持久;"在天成象,在地成形,变化见矣",意思是各种事物按类别而聚集,万物按类别而分为不同的群体,吉祥与凶险也就产生了。这些观点不仅为古人提供了质朴的哲学世界观,也奠定了古代变革思想的基础。

周易还有一种对变与不变的独特见解。《周易·系辞传》："日往则月来，月往则日来，日月相推而明生焉。寒往则暑来，暑往则寒来，寒暑相推而岁成焉。"意思是，日月交替更迭形成人们生活中的年岁，暗示着世界不断发展、不断变化。《周易·说卦传》："天地定位，山泽通气，雷风相薄，水火不相射，八卦相错。"这句话暗示世界万物都处在自己的位置，固守其位而不变。那么，处于变化环境中的组织究竟是变还是不变？"知变化之道者，其知神之所为乎。"所以，《周易》里的不变思想可以解读为"唯变不变""以不变应万变"，在不变中酝酿变化，以变化的视角观察世界。组织在选择变革方式时，无论是趋于"不变"还是趋于"变"，都要秉持"变"的思想，只有正确认识"变"的内涵，才能在"变"与"不变"间做出正确的选择。

11.1.2 组织变革的动因

《韩非子·五蠹》写道："世异则事异，事异则备变。"这说的是当时代变了，遇到的问题就不一样了，当面临的问题变了，与之相适应的措施也要改变。换言之，组织环境的各要素是不断变化的，它们促使人们动态地设计相应的变革方案，以保障组织竞争力。这些促使组织变革的事件与因素被称为变革动因。管理者在实施变革时，要分析变革背后各动因之间的相互作用，以更好地推动变革方案落地。因此，变革动因是组织变革的根源，也是达成更好绩效的助力。

1. 组织变革动因的相关理论解释

辩证论强调，理论服务于实践。管理者想要进行变革，动因理论就可以起到很好的支撑作用。我们将组织变革动因理论分为生命周期论、竞争选择论、目的论、辩证论四类（刘洪，2018）。

（1）生命周期论。正如《韩非子·五蠹》所说，"不期修古，不法常可"，组织在发展的过程中，从开始到衰落，变革始终伴随。Barnett 和 Carroll（1995）在建构组织内部变革模式中提到生命周期论，认为生物体的生命周期规律同样适用于组织发展管理。该理论聚焦于组织变革战略变化与生命周期，认为企业在启动、成长、成熟、衰退几个阶段，组织变革的内容和战略选择不同（Gray 和 Ariss，1985）。随着组织的发展，组织进入的阶段的变化越频繁，组织结构越复杂，组织变革的触发机制越完善、越成熟，组织变革也就越正式、越复杂（马颖楠和黄中梅，2015）。简而言之，不同时期组织变革的内容不同。

中华典故 生命周期论视角下汉景帝与汉武帝的治理之别

汉景帝刘启，"文景之治"代表人物，如钱时的评价："是以相继四十年，海内富庶，风俗醇厚，而西都之盛独称文景欤。"刘启的统治为后续汉武之治奠定了坚实基础。汉武帝刘彻，"汉武盛世"推动者，实现了封建王权的"大一统"，对后世影响极为深远。汉景帝与汉武帝这对父子，前者重文偃武，后者崇尚武力，但两人之间的这种差异并不是完全由个人性格所决定，还受到汉王朝所处时代的影响。景帝处于开国初期，内有地方诸侯王制衡王权，朝廷权力不统一，人民生活条件艰苦，朝廷亟待"与民生息"；外有强敌窥视中原富饶之地，欲南下征服汉朝。因此，以景帝为首的汉朝集团各项变革中更多以和平、发展、安定为关键词。武帝经"文景之治"后,国库充沛,削藩已经完成,外患问题也已处于箭在弦上不得不发的地步。因此,武帝集团多以扩张、统一、王霸为准则,如刘禹锡诗句所说,"沉舟侧畔千帆过,病树前头万木春"。组织不同生命周期对其行为目标和策略选择有很大影响。

(2)竞争选择论。竞争选择论源于生物学"物竞天择"的竞争思想,它表达的竞争选择策略是 R. H. 格莱姆(R. H. Grime)1979 年提出的物种演替策略之一。竞争选择理念在组织管理中同样适用。竞争选择论认为,组织所拥有的生存资源是组织变革行为产生的重要因素,组织的生存与成长使得组织必须与环境中的其他组织争夺生存资源,而组织只有转变内部与外部的环境关系才能提升资源争夺能力(刘洪,2018)。资源争夺如同进化论所述的"适者生存"法则一般,告诉变革者只有拥有资源争夺能力的组织才能在竞争中胜出,而在提升这种能力的过程中不可避免会发生变革(Kloster,2005)。

中华典故　乐毅纵横破齐的竞争选择思想

乐毅,战国时期著名战略家、军事家,西汉文学家刘向评价:"燕昭王用乐毅,推弱燕之兵,破强齐之雠,屠七十城,而惠王废乐毅,更代以骑劫,兵立破,亡七十城。"可见乐毅是天生的帅才。

乐毅赴齐之前,燕王哙让位于燕相子之,引发燕国内乱,齐宣王见此机会北攻燕国,仅仅五十天就侵占燕国首都,虽然迫于其他诸侯国的压力而齐国退兵、燕国再复,但燕国不得不向齐国俯首称臣。相反在当时,齐国北收燕国、下破南楚、西侵韩赵,使得齐国沃野千里、经济发达,沉重压制东方诸侯国的生存空间。然而,没有诸侯国愿意单独对抗齐国。乐毅看出这一点开展纵横外交,以弱燕之兵,联五国之军,连下齐七十城,几乎灭齐。燕国为此获得了许多财富与土地,使得燕国在与齐国竞争中获得了充足的生存空间与资源,打压了竞争对手齐国的势力,也改善了与其他诸侯国的外交关系,直接推动了自身发展,在与齐国竞争中实现了胜出。

(3)目的论。目的论强调组织变革是以目的为导向的。根据动机的特性,变革目的的产生会受到组织环境刺激的影响,组织内部的心理倾向和环境感知的作用则会影响组织对环境刺激的接受程度(Bekmeier-Feuerhahn,2009)。比如,管理者对组织现状不满,首先在心理上产生变革倾向,然后根据对环境变化所产生的感受来确定自我变革目的。为达到组织目的,管理者会在组织内相应地调整组织结构、进行职能安排。如果目的发生改变,组织就会产生变革,建构新的组织结构与职能安排,以达到新的目的(刘洪,2018)。

(4)辩证论。清代赵翼在《论诗》中如此写:"预支五百年新意,到了千年又觉陈。"辩证论认为任何事物都处于不断变化的发展过程中,事物内或事物间的矛盾推动事物的变化与发展。从辩证论出发,发展中矛盾的利益相关者构成组织的所有者架构,管理者为了协调他们之间的利益冲突,需要在系统结构、机制和目标导向等方面进行相应的变革实践(刘洪,2018)。组织变革是一种具体的、多层次的发展过程,它不断地破坏组织现有特征,就是为了解决组织所面临的各种矛盾;并且,组织变革的方向取决于利益相关者的选择,以及他们拥有的力量。

2. 组织变革的内部动因

组织处在一个非常复杂的动态环境中,内外环境带来的动力或阻力问题成为管理者必须面对的现实。为此,识别和把握组织内外环境因素对组织变革的影响成了驱动组织变革的原始动力(潘安成,2009)。

组织变革与组织内部的组织规模、组织结构、组织战略、组织文化等诸多因素息息相关。它们是置于组织内部的要素,又被称为变革内部动因。

(1) 组织规模。随着组织规模的不断扩大,组织内部的结构、流程和文化也会改变,这些变化可能导致组织遇到问题或机会,需要进行变革以适应新的环境。例如,随着市场的不断扩大,组织的客户群体和业务范围也会不断扩大,组织可能需要对组织结构和流程进行重新设计与调整,以更好地满足客户需求。此外,组织规模的扩大还可能导致管理层级和决策层级增加、效率降低等问题,组织也需要进行变革以提高效率和应对挑战。因此,组织规模是组织变革的重要动因之一。

(2) 组织结构。组织结构是组织全部活动的载体,组织结构是否适应组织环境是组织成长与发展的必要条件。种群生态范式强调组织结构的多样性和适应性,致力于探讨组织适应与变迁的过程,因此组织结构并不是单一的分析单位,而是多元的、适应环境的结构体(Abernethy 和 Lillis, 2001)。当组织结构的运行出现堵塞时,组织内部就会出现更多的噪声信息、组织功能难以发挥、组织部门各自为政等现象,由此组织变革成为"破局"之策,变革也就顺势而起。

(3) 组织战略。组织战略是实现组织目标的行动路径与方向指引,组织战略的调整决定组织未来的行动去向,由此战略变革成为组织未来发展的关键。Macintosh 和 Maclean (1999) 将组织战略变革分为三个阶段:调整与表达规则以实施变革前调控、打破战略系统并实施战略变革、进入正负反馈的自组织循环。

(4) 组织文化。组织文化涵盖了组织共享的信念、价值观和基本假设(时勘等,2014),决定了组织成员对外部环境的理解以及对外部环境变化的反应态度;同时,组织文化还与组织战略、组织结构等内在系统性要素共同作用,影响组织变革进程(魏丹霞等,2020)。在组织价值观里,组织各层级人员的信念对组织变革起到独特的促进作用:首先,当组织内部各层级人员产生变革信念时,变革自然随时而生;其次,当组织内部信念不统一时,组织只有进行合理变革才能整合信念,增强组织凝聚力;最后,当新的思想传入组织内部时,组织只有通过变革组织结构、运行机制、制度体系等才能使新的思想转化为组织内部信念的内容,实现组织内部统一。

中华典故 陈涉起义的信念之助

陈胜者,阳城人也,字涉。秦二世元年(前209)秋,农民出身的陈胜等人被征发前往渔阳戍边,途中在蕲县大泽乡(今宿州)为大雨所阻,按秦律"失期,法皆斩"。于是陈胜等人杀掉随行的官吏,以秦公子扶苏和楚将项燕之名揭竿而起,建立张楚政权,开辟我国历史上第一次大规模农民阶级起义。在整个起义过程中,信念起到不可或缺的作用。第一,求生的信念推动了农民积极响应起义,表面上陈胜一行人起义是因为"公等遇雨,皆已失期，失期当斩"，而实际上暴秦的严刑酷法压迫了整个天下的农民，使得农民阶级上下一心，"伐无道，诛暴秦"；第二，晋升观念激发了农民阶级的起义欲望，"王侯将相宁有种乎"，以陈胜为首的起义集团大多出身寒微，为了打破坚固的阶级壁垒，起义成了他们的选择。这也意味着起义不仅仅是争夺生存，也是争夺高层阶级资格的一种选择。这点燃了农民阶级的起义热情，推动了起义的发展。

3. 组织变革的外部动因

与内部动因相反，外部动因则强调外部环境因素在组织变革过程中的作用。外部动因包括法制环境、市场环境、技术进步、资源、外部利益相关者、社会文化等。

（1）法制环境。组织变革必须依靠一定的法制环境，以确保变革的合法性和可持续性。法律对组织变革具有指导、限制、保护与监管等重要作用，分别从科学性、合理性、合法性和持续性等方面推动组织变革。法制环境的好坏直接影响到组织变革的成败。在良好的法制环境下，各类利益相关者的行为被规范，组织变革的顺利实施能够得到有力的扶持和保护。在不良的法制环境下，组织变革会受到利益相关者的阻挠，从而影响组织变革的推进效果。因此，重视法制环境的影响，是组织变革成功的关键。

（2）市场环境。诸如经济政策调整、社会经济发展、经济体制变革等市场环境变化都会影响组织的适应性，从而引起组织内部更深层次的变革。比如，在计划经济体制下，组织结构大多呈金字塔形，组织的信息流通方向以"自上而下"为主；在市场经济体制下，组织结构大多呈网络状、矩阵化，组织的信息流通以"网格式"运行。在计划经济向市场经济转变的过程中，会引起组织整体结构、信息流通方式等要素的变革。愈发复杂的国际环境亟须我国企业进行有效改革，提升自身竞争能力，开辟新的国际市场。

（3）技术进步。科学技术是第一生产力。随着大数据、人工智能、5G 和区块链等新兴技术的迅猛发展，以技术融合为核心特征的第四次工业革命重塑了组织的生产、经营、运输与交付等系统，也使得组织结构的层级和边界变得逐渐模糊，促进了多元、创新和自由的价值理念与组织文化融合。外部技术的不断发展，增大了环境的不确定性，影响了企业战略稳定性（Abernethy 和 Lillis，2001），从而造就了组织变革需要。因此，现代技术的快速发展，组织迎来更多的全新挑战，也赋予组织新的机会，管理者与变革者可以引进数字化转型、自动化流程、协同工作等方法，搭建一流、快速、高效的技术平台，以"人"为核心、"事"为导向的价值观推动组织变革（Lim 和 Yazdanifard，2014），以适应外部技术变化、抓住组织发展机遇。

> **中华典故　　　　墨翟以技救宋**

墨子，名翟，春秋战国时期墨家学派创始人。墨子思想主张"兼爱，非攻"，同时他精于发明，科学成就十分突出。古时公输盘（鲁班）为楚国国君筑得云梯，欲攻取宋国。墨子听闻后，说服鲁班带他面见楚国君，但楚君仍执意伐宋。于是"子墨子解带为城，以牒为械，公输盘九设攻城之机变，子墨子九距之；公输盘之攻械尽，子墨子之守围有余"。意思是墨子以带为城，以竹片为器械，鲁班九攻其城，墨子皆以先进守城之器械与战术化解攻势。后楚君想要杀掉墨子，墨子说："然臣之弟子禽滑厘等三百人，已持臣守圉之器，在宋城上而待楚寇矣。"最后楚国不得已放弃攻宋之念。墨子救宋依靠的不仅仅是一腔热血与超凡勇气，还依靠先进的"守圉之器"以技救宋。在墨子与楚君的这场斗争中，正是墨子的先进守圉之器打消了楚国攻宋之欲，体现了技术对组织的重要性。

（4）资源。组织保持竞争力的关键就在于组织能否持续获取外部优势资源（Teece等，1997）。有效的组织变革能够建立、巩固和发展组织资源能力（刘洪，2018）。Hart和Sharma（2004）认为，组织的资源吸收能力是通过组织内部演化而来的，并且对外部新资源的吸收可以开启新的变革机会窗。除外部资源对变革的促进作用以外，组织变革也出现于组织吸收外部资源的过程中。在吸收资源的过程中，组织不同阶段的资源开发能力不同，从而导致组织模式不断更新，而模式更新就是通过组织变革来完成的。

中华典故　　　　　　蜀国重要的经济资源：蜀锦

成都别号锦城，流入成都市区的江叫作锦江，位于成都东南部的中心城区名为锦江区，成都的旅游地标之一"锦里"，这些都与蜀锦有关。三国时期蜀锦是蜀国军费的主要来源。据《秘府略》中的《诸葛亮集》记载，诸葛亮曾说："今民困国虚，决敌之资，唯仰锦耳。若南方大种夷侯来诣阙，及吴王求锦者，乃承诏出之。其小种夷及市买，一切不宜用锦。"蜀锦在蜀国具有特殊的战略地位。军事上，蜀锦是蜀国对抗外敌的资本，诸葛亮曾在军令中曰"军中之需全籍于锦"，特别是三国后期诸葛亮"六出祁山"的军事开销，除了蜀汉盐铁收入的支撑，还得益于"蜀锦经济"的支持。外交上，蜀锦是蜀国与南方蛮夷、东吴和魏国外交的"交易券"，因为当时魏国、东吴对蜀锦的需求量相当大，甚至出现"魏则市于蜀，吴亦资西道"。在蜀汉灭国之时，国库还存"锦、绮、彩、绢各二十万匹"，可见"蜀锦经济"规模之大。

（5）利益相关者。在组织变革中，外部利益相关者通过参与、诱导、操纵等方式时刻影响组织变革的发生。他们不仅影响组织变革目的的达成，还秉持不同态度和采取应对措施来回应组织变革的影响（陈宏辉和贾生华，2004）。在解析利益相关者对组织变革的作用时，要注意各层级利益相关者对变革的影响程度（Shankman，1999），相关者在变革中的收益为正会积极推动变革发展，反之则会阻碍组织变革。因此，变革管理者要及时衡量利益相关者的正负影响程度，吸引更多有利于组织变革的利益者，这样才能更好地把握利益相关者对组织变革的作用。

中华典故　　　　　　　　陆游诗天下

陆游，字务观，号放翁，南宋爱国诗人。陆游一生笔耕不辍，作诗九千有余。作为一个外部利益相关者，陆游不断向朝廷和统治者发出警告与建议，督促他们改变政策和行动。他写了很多文章和诗歌，比如《书愤》《冷眼录》《钗头凤·世情薄》《示儿》等，直言不讳地批评当时的政治现状和社会问题。《冷眼录》最能体现他作为外部利益相关者对南宋变法的建议，分别从道德、仁政、贪污等方面批评南宋王朝的积弊，譬如"十年不革，而官污至矣。此痼疾也，尝思所以医之"，表达了陆游作为利益相关者对贪官污吏的痛恶之情。

（6）社会文化。社会文化会影响组织的社会适应性，而社会适应性体现了组织对新的社会刺激的及时反应能力（陈会昌，1995）。如同社会适应，组织变革也是组织对自身环境的适应，必当受到社会文化的影响。社会文化对组织变革的具体影响体现在：当组织进行某项变革时，变革的价值观念、行为准则与思考方式都会受到社会文化氛围的渲染，塑造一种组织改革的"潜意识"氛围，间接影响组织变革中的信息接收、分析转换与决策制定等环节，从而影响整个变革的输出结果。同时，社会文化中的新思想也会促成组织变革，因为组织受到社会文化"潜意识"氛围的间接影响，将新思想与组织思想相融合，进而激发组织变革。

11.2 组织变革阻力与管理

李白说："长风破浪会有时，直挂云帆济沧海。"组织变革通常不是一帆风顺的，也存在许多阻力，要求变革管理者带领组织"乘风破浪"。

中华典故　　　　王安石与司马光的君子之争

列宁曾称王安石是中国11世纪的伟大改革家。王安石变法最大的阻力来自他的老朋友司马光。两人私交甚笃，司马光对王安石说："光不材（才），不足以辱介甫为友。"王安石也回道："无由会晤，不任区区向往之至。"然而在政治上，两人势同水火，存在极大分歧。王安石得到宋神宗的授权开启历史上著名的"王安石变法"，试图利用"新法"挽救宋王朝于危难间，但变法受到以司马光为首的保守派的极力阻挠。变法期间，司马光三著《与王介甫书》，向王安石列举新法之弊端，企图让王安石停止变法。同时，宋神宗欲起用司马光为枢密副使，司马光也趁机复议废除新法，遭到拒绝后坚持外放，不在朝廷内任官，以此表明态度。宋神宗去世后，司马光代替王安石，成为新的丞相，很快全面废除王安石变法。两人的变法之争是王安石变法的阻力之一，也是造成他变法失败的原因之一。

但王安石与司马光之间的政治分歧没有掺杂个人恩怨和利益，司马光说："光与介甫，趣向虽殊，大归则同。"王安石也说："议事每不合，所操之术多异故也。"虽然两人的斗争激烈，但陆游评价："文景之争不过仕宦，而新旧之争乃君子之争。"

11.2.1 组织变革阻力的分类

组织变革阻力因素可以从个人与组织两方面划分。其中，个人阻力因素分为个人利益和个人心理，组织阻力因素则分为组织结构惯性与组织文化。

1. 个人阻力因素

（1）个人利益。利益阻力强调组织变革是资源的重新分配、利益的重新调整、权力的重新安排。在组织层级上，组织成员由于个人利益的不同而产生一定的利益冲突，这种利益冲突形成独特的变革阻力。其原因在于：底层员工担心变革会减少自身经济来源，或者造成"失业"问题；中层管理人员担心权力的重新划分与变动会影响自身权力含量；高层领导担心变革会产生组织抵制，阻碍自己所引领变革的推动与发展，从而限制个人影响力（张军果和杨维霞，2006）。

（2）个人心理。组织变革容易破坏组织原有的稳态，打破组织心理惯性，破坏员工的职业认同感，造成员工心理紧张。德鲁克认为，对于组织管理者而言，变革的阻力在于"面子问题"，若变革失败则会影响他们在组织中的口碑与形象。对于组织中的普通员工而言，对未知的恐惧（费爱华，2019）、对改革的认知偏差、对组织变革的心理容忍度低（孟范祥等，2008）等都会形成个人对变革的心理阻力。

中华典故 镇水兽——石犀牛的都江堰镇"心"之功

　　石犀牛，古时工匠石刻的犀牛雕像，置于岸边防止水中"蛟龙"作祟。古时秦昭王伐蜀，以李冰为蜀地太守，蜀地多有水患，于是"蜀守李冰凿离堆，避沫水之害，穿二江成都中"。都江堰修筑得十分科学，李冰巧用岷江出山口地势，借助高低落差，依据热胀冷缩原理修筑都江堰，极大体现了我国古代人民的建筑智慧。就算都江堰的设计如此科学合理，但古人认为水患并没有真正得到解决，因为古时人迷信鬼神，认为修筑的都江堰没有神兽就无法镇压蛟龙。古时十二生肖中丑牛属土，土能克水，所以牛的形象可作镇水之用，"蜀守李冰作石犀五枚，二枚在府中，一枚在市桥下，二枚在水中，以厌（压）水精"。百姓们看到石犀牛置好后才相信都江堰能够治水，甚至后世百姓受到水神蛟龙信仰的影响，还流传李冰、蛟龙分别化身二牛，流传两苍牛斗於岸的神话故事。都江堰是我国古代伟大的水利工程，余秋雨先生评价"永久性地灌溉了中华民族"，可见其利。但是，百姓心中的"蛟龙"就如同组织变革中的心理阻力，给都江堰修筑造成一定的阻力，与其说石犀牛镇水，不如说石犀牛镇"心"。

2. 组织阻力因素

（1）组织结构惯性。如同群体惯性对社会群体行为的影响，组织在长期运行中也会形成一种组织结构惯性（费爱华，2019）。这种结构的形成来自组织过去的经历或者组织以往的认知与看法，它在解决传统问题时起到较有利的作用，但在组织变革时会形成变革阻力。具体来讲，现有规章制度在组织以往的正常运行中起着重要的作用，但也可能是组织变革的固化阻力。变革是一种利益再分配过程，这种分配不仅是个人利益再分配，也是部门利益再分配，所以变革会改变组织以往的利益结构，自然会产生变革阻力以阻碍组织变革（张军果和杨维霞，2006）。

（2）组织文化。组织文化是组织长期发展中逐渐沉淀形成的，具有较强的相对稳定性，在组织之间产生持续性影响，让组织内部对以往经历感到习以为常，从而抗拒新事物、新思想的介入。通常来讲，组织结构变革滞后于组织战略变革，而组织文化变革又滞后于组织结构变革，一旦组织开展变革，组织文化的滞后性就会让员工与管理者对变革保持一定的消极看法，从而产生组织变革阻力。因此，变革管理者应当重视组织文化在组织变革过程中的潜在影响，否则会严重阻碍组织变革的开展（张军果和杨维霞，2006）。

11.2.2 克服组织变革阻力的对策

《荀子·劝学》道："锲而舍之，朽木不折；锲而不舍，金石可镂。"随着环境愈发复杂，现代企业的管理者必须秉持端正的变革态度，减少组织变革阻力，促使变革顺利进行。变革管理者在克服变革阻力时可以参考以下四类常用措施：

1. 客观分析变革的阻力与动力

组织变革一般会受到阻力源与动力源的共同作用。阻力源强调阻碍组织变革制定、执行与评估的力量因素，动力源则是促进组织变革行为产生、实施与评估的力量因素。当阻力和动力均衡时，组织维持原状，组织变革发展处于停滞或缓慢阶段；当动力大于阻力时，组织变革会向前发展，得到更好实施；反之，变革受到阻碍。因此，变革管理者应当利用各种有效的方式、方法对组织内部的各类因素进行系统分析，及时找到变革突破口，克服组织变革阻碍因素，扩大动力源，推动组织变革（Thomas，1985）。

2. 组织文化创新

组织文化创新对克服组织变革阻力的作用和意义是多方面的。其一，组织员工既是变革阻力、惰性的来源，也是打破变革壁垒的动力（井润田，2020），组织文化创新有助于组织打破陈旧的观念和思维惯性，增强组织员工变革积极性，从而减少变革阻力和提高变革效率。其二，组织文化创新是影响组织行为的关键因素（时勘等，2014），可以为组织带来新的发展思路和理念，提高组织竞争力和增强组织适应性，促进组织持续发展和壮大。所以，建立全新的组织文化是组织打破阻碍的关键措施之一，并且整个组织文化创新的过程应强调员工的个体作用（时勘等，2014）。组织文化创新的一个典型模式是冰山模型。冰山模型将组织结构、生产要素、部门配置等外在要素比作冰面之上的冰山，把组织价值观、行为取向、内部信念等文化特性比作隐在冰面之下的冰山。冰山理论十分强调冰面下的组织文化因素对变革的潜在作用，认为只有创新组织潜在的文化特性，将文化渗透组织各个层面，才能拥有坚实的变革基础（Kruger，2011）。

3. 情绪管理

情绪管理对克服组织变革阻力具有重要意义。在变革的过程中，组织员工会因变革所产生的工作负荷、工作压力、工作困难而产生消极情绪。消极情绪会给组织带来变革阻力，因此变革中的员工情绪管理十分重要（井润田，2020）。作为变革管理者，要及时发现组织中的变革情绪变化，采取合适的措施来缓解与控制消极情绪的影响（井润田，2020）。同时，情绪管理还可以帮助员工更好地与他人沟通和合作，营造组织内部的良好氛围和促进协作精神，共同推动组织变革的实施。

4. 创新策略

组织变革中要改变过分传统与死板的变革手段，设计与采用合适的变革方案，消除组织变革阻力。目前比较常见的变革策略有员工教育或沟通、操纵与合作、员工参与、发展积极关系、公开变革等（Robbins 和 Judge，2018）。此外，还有许多其他的创新策略。譬如，动员式传播强化了组织员工在变革中的主体性，便于组织中的普通成员积极主动参与变革；而在变革后期则应"消解"组织员工的主体性，便于传播发起者——组织变革领导者更快速地推进变革（费爱华，2019）。

中华典故 康熙巧用两"相"之争

康熙为了强化政治权力、更好地处理朝政，起用明珠、索额图两位大臣。索额图、明珠都是皇亲国戚，两人当政四十余年，堪称康熙的左膀右臂，在朝廷上分别被称为"明相"和"索相"。以两"相"为首的两个党派为了权力而进行明争暗斗、你死我活的党派斗争。康熙洞若观火，采取不偏不倚的中立态度，对两人委以重任，使两党在较长时间内保持微妙的平衡，任何一方都无法独大。明珠在康熙"削藩"与收复台湾上起到积极作用；索额图签订历史上著名的中俄《尼布楚条约》。康熙充分利用、分化党争，让两党互相牵制、相互制衡，在康熙的文治武功中发挥重要作用。

11.2.3 组织变革势

何谓势？《孙子兵法》曰："激水之疾，至于漂石者，势也。"《荀子·正论》道："天子者，势位至尊。"势可以被理解为一种力、力量。中国古代强调势的重要性，如"势如破竹""势不可当""顺势而为"等。势的思考多见于《孙子兵法》："水因地而制流，兵因敌而制胜。故兵无常势，水无常形，能因敌变化而取胜者，谓之神。"意思是用兵要如水一般避其锋芒，根据敌情作战；而"应形于无穷"的意思是要顺应各种态势而不断变换兵阵战术。可以看出，变革势是组织在面临变革压力或阻力时，帮助组织变革者实施变革管理的有力工具。

组织变革中如何利用内外部条件，建立自己的变革势，做到顺势而为、乘势而上，是组织变革管理的新目标。虽然对于"势"的含义目前没有准确定义，但我们可以参考西方学者的相关思想（见表11-2）。

表11-2 组织变革势的部分定义

文献	定义
Miller 和 Friesen（1980）	组织变革势是指组织在发展方向上保持创新的趋势
Dutton 和 Duncan（1987）	组织变革势是高层管理者出于特定目的而做出的自愿性的行动努力和承诺水平
Kelly 和 Amburgey（1991）	组织变革势是以往变革所赋予的变革推动力
Denis 等（1996）	组织变革势是管理者或组织对于变革的意愿

与组织惰性相反，组织变革势可视为组织变革的活力（井润田，2020）。同时组织变革势与组织惯性也存在不同。从某种意义上讲，组织变革结果中，若出现的是积极性结果，则组织变革经历是一种势；反之，组织变革经历就是一种惯性（Goodman，1982）。

在组织管理中，组织特别要注意对势的管理，管理途径有三条：顺势而为、借势起势、造势而起（井润田，2020）。

1. 顺势而为

当遇到可以促进组织发展的机遇与机会时，变革管理者要抓住机会，实施变革。如果错过时机，变革阻力自然就会加大。这也证明了为什么同一变革在不同时间点，其结果完全不同的现象。

2. 借势起势

当组织变革状况无法满足组织变革需要时，可以暂缓变革的执行，待变革时机到来再抓住机会实施变革。如老子的"无为而治"、《周易》的"不变"思想，借势并非拒绝变革，而是一种刻意的变革抑制，在维持现状中找寻变革机会，而不是"逆势起势"。

3. 造势而起

所谓造势可以理解为人为、刻意制造推动组织变革的机会。它要求组织管理者对以往变革进行回溯分析，得到相应的变革经验框架，再依据变革框架，结合当下环境，创造组织变革的机会。

中华典故　　　刘备的造势成亲

赤壁之战后，刘备名义上向东吴"借居"荆州。然而，东吴上下一直"意欲诛杀丞相刘备，夺回荆州"。《三国演义》第五十四回，周瑜"上书主公，教人去荆州为媒，说刘备来入赘。赚到南徐，妻子不能勾得，幽囚在狱中，却使人去讨荆州换刘备"。意为周瑜设计鸿门宴，用刘备换取荆州。但是，诸葛亮早已识破周瑜的计谋，让赵云率领五百军士进入南徐郡采购物资，并传说玄德入赘东吴，从而制造一种娶亲的氛围，使得东吴的"假嫁"不得不变成"真嫁"。最终，诸葛亮设计成功，不仅使刘备逃离江东，还让周瑜"赔了夫人又折兵"。这个故事告诉我们，管理者要重视造势的作用，以造势而起势，推动组织变革的发展。

11.3　组织变革类型与变革能力

11.3.1　组织变革类型

组织变革中内容不同、特性不同，变革也就不同。对组织变革进行分类，可以帮助变革者明确变革目标和范围，从而更好地设计相应的变革方案，完成组织变革。按变革层次，组织变革可以分为宏观变革、中观变革、微观变革；按变革方式，组织变革可以分为渐进式变革、激进式变革（Weick 和 Quinn，1999）。

1. 按变革层次分类

（1）宏观变革。这类变革是针对组织长期战略和使命目标的改变，是涉及整个组织的整体性、系统性、结构性的变动与调整，它对组织的未来和生存产生重大影响，是后续变革的纲领性变革，比如组织权力关系调整、组织结构扁平化等。

（2）中观变革。这类变革是对宏观层次变革的具体化。宏观层次的变革是战略性变革，中观层次的变革则是战略执行的策略性变革。它更多表现于某一具体部门为实现某项目标而进行的系统性改变与调整，比如人事部门的重新组建与建设、领导部门职能调整等。

（3）微观变革。这类变革是组织整体性变革的基本组成单位，是组织管理者在确立某项战略性变革前提下的具体行动式变革，是对组织某一细节、某些特定行为或指标的改变，比如设置新的绩效指标体系来评估部门绩效成果、设置在线服务网站以回应顾客反馈等。对于中下层管理者来说，这是可以直接接触到的变革层次。

中华典故 从"摊丁入亩"变法，观变革三类型

"摊丁入亩"是我国历史上有名的经济变革，它的实施促使清朝人口爆炸式增加，奠定了我国人口大国的基础。摊丁入亩变法源于康熙皇帝"滋生人丁，永不加赋"的政策。但摊丁入亩正式开始是在雍正时期，当时摊丁入亩试点由河南巡抚田文镜执行，在朝廷初始康熙新政的规定下，田文镜又颁布《垦荒条约》，目的就是武力查田，让手下官兵可以清查田地归属、强制土豪按田交税。此条约的具体执行调整了农民、佃户、地主和地方官员的利益关系，也使得农民真真切切得到了新法之益。

摊丁入亩在宏观层次上由康熙皇帝提出，雍正皇帝正式引导，以提高国家粮食产量，保证国家粮食安全；各级地方机关执行，协调好各个乡村的耕地、人口和耕作时间，以确保耕地得到充分利用，不浪费资源；在全国范围上，农民根据政策规定的土地分配方式，合理利用自己的土地资源，进行有效耕种。这就从宏观布局、中观具体化和微观落实三个层面实现了上下贯通变革。

2. 按变革方式分类

（1）渐进式变革。这是指在微观层面上，协调资源以最终实现组织目标的变革，具有长期、可持续、按部就班的特征，不会对组织造成很大的干扰，但整体变革速度较为缓慢。所以，渐进式变革是对现有方案"步步为营"式修正，或者延续前人的变革方式、方法。

（2）激进式变革。激进式变革是对整个组织的全面、激进性的变革，旨在较短期内完成组织变革的全部事项。这类变革具有短期性、高回报、高风险的特点，对这类变革控制不当可能会给组织带来难以承受的后果。

中华典故 唐代的渐进式土地变革

历史上唐朝的变革首先针对的是土地制度。这些变革由李世民及其继位者逐步推进，以适应当时社会的发展和需要。《唐书·食货志上》记载了"肇基恢、制丰阓（辟）、封疆定、田亩均、惠养贫、均输调"六项措施。这些措施分为四个阶段：肇基恢、制丰阓（辟）、封疆定、均输调。唐朝通过这些措施废除了士族对土地的垄断，将土地分配给农民，实行均田制，达到了"土地复耕，水利兴修，耕牛归农，田产充实，社稷以安，农民以兴，上下相得，万民归仁"的效果。因此，在进行组织变革决策时，我们应认真选择变革方式，尽可能保障变革效果。

◆ 11.3.2 组织变革理论

针对不同类型的变革任务，研究者提出了不同但行之有效的理论与模型，主要包括勒温的三阶段变革模型、利维特的系统变革模型、格雷纳的组织变革模型、薛恩的适应性变

革循环模型、斯特克兹的情景变革模型。

1. 勒温的三阶段变革模型

库尔特·勒温（Kurt Lewin）的三阶段变革模型包括解冻、变革和再冻结三个阶段（见图 11-1）：在解冻阶段，组织变革者需要打破原有的组织平衡状态或惯性，并传播变革思想；在变革阶段，需要在解冻环境的基础上，制定变革方法、完善变革体制，并实施变革；在再冻结阶段，强调组织变革后要及时稳固和学习，将变革成果保留在组织内部，并强化和巩固变革成果（Burnes, 2004）。这种模型旨在将组织变革的过程分为不同阶段，分析每个阶段的内容和特点，从而管理组织变革过程。

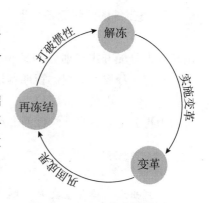

图 11-1 三阶段变革模型

2. 利维特的系统变革模型

系统变革模型的外形类似砖石，又称砖石模型（见图 11-2），是美国学者西奥多·利维特（Theodore Leavitt）提出的解释组织变革的模型，为制定组织变革对策和方法提供一个基本框架。系统变革模型认为组织是一个有机的系统，由技术、结构、人员和任务四个因素构成（Leavitt, 1965）。四个因素相互依赖、相互影响，任何一个因素的变化都会牵动和引发系统的变革。实施组织变革则通过改变其中任何一个或多个变量来实现，从而引起整个系统的变革。通过系统变革模型，我们可以清楚地解析组织变革中各个影响因素的作用大小，从而推进组织变革。

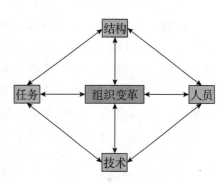

图 11-2 系统变革模型

中华典故　郑和下西洋的系统要素

自公元 1405 年明成祖朱棣第一次派郑和出海开始，郑和历时近三十年，七下西洋，史称郑和下西洋。郑和下西洋的主要目的是"欲耀兵异域，示中国富强"，并试图构建一个以明朝为主导、有等级与秩序的"一统"世界。郑和船队规模庞大，据记载郑和第一次出海，"将士卒二万七千八百余人，多赉金币。造大舶，修四十四丈、广十八丈者六十二"。郑和船队最远航行到沙特阿拉伯的麦加城、莫桑比克的贝拉港，历经亚非三十多个国家和地区，是世界航海史上的伟大壮举。如此规模的航海行动是怎样实现的呢？从系统变革模型的要素来看，首先是船队结构，郑和船队呈严密的等级结构，从郑和到船员之间形成舟师、两栖部队、仪仗队三种编制；其次是技术，当时明朝先进的造船技术、航海技术、罗盘技术直接支撑郑和船队的出海需要；再次是人员，郑和船队人员共分为五个部分，分别是指挥人员、航海人员、外交人员、后期人员与军队，组织人员结构完整，推动航海任务的顺利进行；最后是任务，郑和以出海为任务导向，出航期间始终以外交、和平为行为准则，明晰船队目标。因此，我们可以认为郑和的西洋之旅是一次系统的、结构的历史事件。

3. 格雷纳的组织变革模型

1967 年，哈佛大学教授拉里·格雷纳（Larry Greiner）在《组织变革模式》一书中提出按权力分配方式来划分的组织变革模型。该理论认为，组织的权力分配一般有三种情况：独权、分权和授权。管理者权力的调整与变动是实现变革目标的关键。成功的变革需要在现有结构内重新分配权力，其特点是在组织各层次结构中有更大程度的共享权力；这种权力再分配是一个连续性而非突发性的发展变化过程的结果（Lunenburg，2010）。

中华典故　　　胡惟庸被诛，朱元璋废相

明太祖朱元璋登基之时，明朝仍设立中书省统领六部，而六部之事务皆由中书省丞相胡惟庸掌管。作为明朝开国功臣的胡惟庸，是中国历史上最后一位宰相。据载，胡惟庸被废被杀，在于其咎由自取，"惟庸……独相数岁，生杀黜陟，或不奏径行。内外诸司上封事，必先取阅，害己者，辄匿不以闻"。胡惟庸担任丞相时生杀予夺，在免官升职等问题上他有时不报告皇上自行定夺。各部呈予中书省的密封奏章，他也一定先拿来翻阅，但凡对自己不利的，他就隐藏奏章不让朱元璋知晓。胡惟庸还设计隐瞒占城国进贡的消息，惹得朱元璋大怒，以谋反罪诛杀胡惟庸，并且废除丞相制度，亲自直接掌管六部。其实，朱元璋曾说："设相之后，臣张君之威福，乱自秦起。宰相权重，指鹿为马。自秦以下，人人君天下者，皆不鉴秦设相之患，相从而命之，往往病及于国君者，其故在擅专威福。"朱元璋废相，表面上是胡惟庸的胡作非为所导致，但根本原因在于中书省"百司纲领，总率郡属"的权力过大，对皇权形成威胁。

4. 薛恩的适应性变革循环模型

适应性变革循环模型是美国学者爱德加·薛恩（Edgar Schein）在其著作《组织心理学》中提出的一种变革管理模型（见图 11-3）。该理论认为，组织变革本质上是一个对环境的适应性循环过程。具体而言，组织变革包含六个步骤：观察内外部环境的变化，收集信息，察觉可能的威胁和机会；向变革管理部门提供变革信息、信号，并解释变革的必要性；根据信息改变原有的过程，重新调整组织结构和行动模式，实施变革方案；消除变革执行过程中的阻力；实施变革，输出变革产品和成果；通过信息反馈和评价，分析内外部环境的一致性，评价变革结果并明确变革效能（薛恩，1987）。

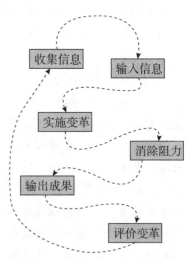

图 11-3　适应性变革循环模型

中华典故　　　古代的绩效考核：张居正的考成法

明朝万历年间，张居正位居内阁首辅。他提出考成法这一官员考核制度，考即"考核"，成即"绩效"，目的在于改变"朝廷诏旨多废格不行"的官场乱象，使政令行之有效。考成法分为随事考成与逐级考成，类似于现代组织的目标和绩效管理。考成法的实施过程分阶段进行。下级部门对官员所要完成的事务进行检查,并将信息传递给六部、都察院。然后,六部与都察院将官员应办之事务分别登记在三本记录簿上,以便进行信息比对和随时检查。六部、都察院根据上传信息逐月检查,若官员未能通过检查则降职甚至罢免处理,以消除官员的贪污腐败问题。同时,张居正还要求六科部门每年述职一次,并核实六科的稽查工作,以确保整个考成过程顺利进行。考成法出台后,"各部及都察院凛凛效之",遏制了官员松懈、无能与贪腐问题,实现了"以严治吏"。

5. 斯特克兹的情景变革模型

罗宾·斯特克兹的情景变革理论认为组织内部和外部环境因素对变革的实施起着至关重要的作用(见图11-4)。情景变革模型关注人际关系与技术能力两个方面,根据两者的高低水平组成四种变革类型:自然性变革,适用于组织成员低技术能力和低人际关系的组合;指导性变革,适用于组织成员高技术能力和低人际关系的组合;合作性变革,适用于组织成员高人际关系和低技术能力的组合;计划性变革,适用于组织成员高技术能力和高人际关系的组合。情景变革模型强调在进行组织变革时,变革者应根据不同的情景来选择合适的人员实施变革。

图11-4 情景变革模型

中华典故 孟尝君自救之术:门下宾客,人尽其才

孟尝君是战国时期四公子之一,以好客养士著称。班固在《汉书·游侠传》中记载:"列国公子,魏有信陵,赵有平原,齐有孟尝,楚有春申,皆借王公之势,竞为游侠,无不宾礼。"在薛邑时,孟尝君不惜散发家财厚待列国犯法之徒,引得众多人前来归附。据说他的食客常有数千人,人才济济、无所不有,且不分贵贱待遇都一样。当时秦昭公求贤若渴,而孟尝君贤名为各国所称道,"秦昭王闻其贤……以求见孟尝君"。尽管孟尝君最初拒绝秦昭王的请求,但后来还是入秦,"昭王即以孟尝君为相"。入秦之后,有人对昭公说:"孟尝君虽贤,却是齐人,如今入相秦,必先齐而后秦,秦国必将受害。"这些人认为孟尝君是齐国人,现在入秦为相肯定会害秦国。昭公听从他们的意见,抓住孟尝君,想要杀他。于是孟尝君求昭公的宠妃帮忙,妃子听说孟尝君有一件价值千金的白狐裘,要求以白狐裘作为交换条件。但白狐裘已经送给昭公。孟尝君门下有一居下坐而能为狗盗者,学狗打洞,夜里潜入昭公府库,偷出献给昭王的那件白狐裘,并献给昭王宠姬。这个宠姬就替孟尝君向昭王说情,昭王便释放了孟尝君。孟尝君获释后,立即乘车疾驰逃离秦国,连夜逃至函谷关。可此时昭公又后悔了,命人追回孟尝君。函谷关只在鸡鸣时分开启,这时"客之居下坐者有能为鸡鸣",宾客学鸡鸣后,附近的鸡都跟着打鸣,于是函谷关打开关门,孟尝君才得以逃出秦国。虽然"鸡鸣狗盗"一词通常比喻那些只具备低级技能或者不认真从事工作的人,但组织管理者可以根据下属的不同技能,合理分工与安排,以此促进组织的成长与变革。

11.3.3 组织变革能力含义

"君子之学必日新,日新者日进也。"(《二程集》)现代社会环境的复杂性程度不断提升,组织面临的新挑战层出不穷,为了保持对环境的感知力,适应各种复杂的状况,进行合理且及时的改革,组织依靠的是组织变革能力(organizational change capacity,OCC)。Judge 和 Douglas(2009)将组织变革能力称为"21 世纪新的持续增强的战略驱动力"。首先,OCC 是一个广泛的概念,涉及不同类型、规模的组织变革;其次,OCC 是组织的一种动态能力,它使组织原先的能力不断得到调整与修正,同时协助组织形成新的能力;再次,基于 OCC 的动态性,OCC 赋予企业组织在复杂环境中进行快速、有效变革的能力,这对于组织的生存和发展至关重要;最后,OCC 可以缓和组织变革与组织稳定的冲突,也可以解决组织变革各主体间的冲突(朱其权等,2015)。

组织变革能力的重要性不言而喻,当前学界对组织变革能力的定义差异较大。部分组织变革能力的定义如表 11-3 所示。

表 11-3 部分组织变革能力的定义

文献	定义
Gravenhors 等(2003)	组织变革能力反映了组织自身与变革过程中各个要素对变革目标达成的贡献度或阻碍程度
Judge 和 Elenkov(2005)	组织变革能力是一种动态的组织能力,能够使企业将旧能力转化为一种新能力以适应新的威胁和机遇
Klarner(2008)	组织变革能力反映了组织不断学习和调整的动态过程,同时体现了组织实施适当的变革以适应不断变化环境的能力
Judge 和 Douglas(2009)	变革能力是一种使组织比竞争对手更快速、更有效地适应不断变化的环境的管理性和组织性的综合能力
Buono 和 Kerber(2009)	组织变革能力是反映组织面对形势变化做出正常反应的一种能力
Judge(2011)	组织变革能力是一种动态的、多维的能力,促使企业通过修正和提高已有能力并创造新能力来确保企业的生存与繁荣
Soparnot(2011)	组织变革能力是一种管理变革和组织学习相结合的能力
Heckmann 等(2016)	组织变革能力是一种动态的多维能力,包括领导力、文化、员工行为等方面的能力,并且能够使企业在持续发展的基础上实施并完成不同类型、规模和形式的变革

根据上述各定义,我们将组织变革能力定义为:组织为维持自身发展、保持竞争力,在多维度和多层次上适应环境变化与挑战的能力。

 ### 11.3.4 组织变革能力开发模式

变革能力是可持续发展的,变革者要注重变革能力的后续开发。组织变革能力开发可以从体系塑造、人员素质提升、多层次系统优化三个方面展开。

1. 体系塑造

管理人员应当积极构建组织变革能力发展体系。该体系应当在宏观层面上涵盖企业文化和发展战略，在中观层面上完善资源保障和体系架构，在微观层面上增强员工变革意愿和提高变革能力（朱其权等，2015）。此外，组织变革能力开发体系的建立需要确立顶层领导者，培养中层变革专家，促使所有管理人员参与战略变革计划的制订，并完善组织持续的内外部沟通机制，以保障组织间能够准确地传递、反映整个组织真实的变革情况（朱其权等，2015）。

中华典故　　**自古驱民在诚信，一言为重百金轻：南门立木**

商鞅，公孙氏，名鞅，卫国人。商鞅在推行变法时，"令既具，未布，恐民之不信"，商鞅的法令已就绪，但担心法令无人听从，于是令人"立三丈之木于国都市南门"，并告示百姓"募民有能徙置北门者予十金"。后来商君恐民不信，又将赏金升到五十金。"有一人徙之，辄予五十金，以明不欺"，让百姓知道他推崇的法令与措施是可信、可靠的。王安石曾写诗云："自古驱民在信诚，一言为重百金轻。今人未可非商鞅，商鞅能令政必行。"

2. 人员素质提升

组织管理者应重视各层次员工在组织变革中的能力素质，通过多渠道提升员工的多元化能力，如分析能力、洞察力、影响力、人际关系能力、政治能力和技术技能等（Shanley，2007）。通过这种方式，组织可以提高高层管理人员、中层管理人员和一线员工的变革能力，从而消除组织变革能力缺失所造成的不良影响，收获可观的变革成果（Judge 和 Elenkov，2005）。

中华典故　　**战国时期最强的军队：魏武卒**

魏武卒是战国名将吴起训练出的一支精锐部队，在吴起的带领下曾创下"大战七十二，全胜六十四，其余均解"的军事神话。吴起带领这支部队，于"阴晋之战"大破兵力十倍于己的秦军，征服了秦国五百余里土地，使得魏国的国威大噪。

魏武卒为何如此骁勇？原因有二：其一，据《荀子·议兵篇》记载，"魏之武卒以度取之，衣三属之甲，操十二石之弩，负矢五十，置戈其上，冠胄带剑，赢三日之粮，日中而趋百里"，即魏武卒军队素养质量得到极高的保障；其二，据《吴子》记载，魏武卒的军事素养训练按照"一人学成，教成十人；十人学成，教成百人……万人学成，教成三军"模式进行，意味着魏武卒善于将个人的优势放大以提升军队战斗力，让士兵的个人能力得到持续提升。

3. 多层次系统优化

对组织变革能力的干预应从领导、团队到个人三个层面加以关注（Buono 和 Kerber，2009）。领导层面，需要培养具有变革思维和行动力的领导者，并且给予他们足够的权力和资源，以便他们能够推动变革的落地和实现；还需要进行系统化的组织设计和人力资源规划,以便有针对性地培养和选拔适合变革的人才。在团队层面,需要建立一种有创新精神和团队合作意识的团队文化,并且鼓励团队成员进行积极的知识分享和协作;还需要对团队进行合理的激励和评价,以提高其对变革的支持力度和投入程度。在个人层面,需要加强个人能力的培养和提升,组织可以通过培训、学习和经验分享等方式,帮助员工提高变革思维、沟通和领导等能力,以便更好地适应变革的需要。在组织持续地响应和参与组织内外变革的过程中,组织变革能力是以组织系统为单位而体现的,组织能力开发也必须以系统方式进行,实现上、中、下三层能力升级,让组织能力真正得到整体性提升。

◆ 11.3.5 组织学习能力与能力提升

正如壳牌石油公司原企划总监阿里·德赫斯(Arie de Geus)所说:"唯一持久的竞争优势,就是保持组织的持续学习能力。"根据学习型组织理论,企业可持续发展的源泉是企业的整体竞争优势与自身竞争力,而学习则是增强竞争力的有效途径。除了推动组织竞争力发展,学习也是改变组织惯性、促进组织变革的有效工具(Chassang,2010)。在组织的发展中,组织的学习能力越来越影响组织的环境适应性与自身的成长发展,它引领组织员工会学、善学和研学。因此,组织应当注重组织学习的重要性,建立相关制度或措施,酝酿学习型组织的工作氛围和企业文化,引领员工与组织持续学习,不断调整新理念,使组织具有更持久的生命力(王永伟等,2012)。

中华典故 大儒宋濂求学

宋濂曾被明太祖朱元璋誉为"开国文臣之首",刘基更盛赞宋濂"当今文章第一",自己甘拜下风。宋濂在《送东阳马生序》中写道:"余幼时即嗜学。家贫,无从致书以观,每假借于藏书之家,手自笔录,计日以还。"宋濂自幼喜欢读书,因为家穷,没有办法买书来读,常常向有藏书的人家借书,亲手抄写,计算着日期按时归还。"当余之从师也,负箧曳屣行深山巨谷中,穷冬烈风,大雪深数尺,足肤皲裂而不知。"成年后跟着老师学习时,他背着书箱,拖着鞋子,行走在深山峡谷之中。隆冬时节,刮着猛烈的寒风,雪有好几尺深,脚上的皮肤受冻裂开都不知道。后来,宋濂凭借自己的刻苦学习,"承天子之宠光,缀公卿之后",并且建立起一支学术派别——太学派,形成有自己特色的政治力量。这些变革和创新推动了官场和学界的进步与发展,为后来的历史发展奠定了基础。

关于学习型组织的研究愈发引起学界的思考和重视。1990年,彼得·圣吉(Peter Senge)在《第五项修炼:学习型组织的艺术与实践》一书中提出学习型组织的五大修炼,他强调建立学习型组织可以通过以下五方面实现:自我超越、改善心智模式、建立共同愿景、团体学习、系统思考(Senge,2006)。

1. 第一项修炼:自我超越

"周虽旧邦,其命维新。"《诗经·大雅·文王》自我超越主要强调愿景和现实间的差距,要求组织形成"创造性的紧张",及时了解愿景与现实间的冲突,并通过变革探索事实,在组织内部承诺进行自我变革,最后评估变革结果是否缩小愿景与现实间的差距。组织只有实现自我超越,才能保持持续创新,才能开启一种真正的学习。

2. 第二项修炼:改善心智模式

心智模式决定组织整体或员工个人理解世界的方式,其形成基础在于组织的理念与认知。改善心智模式要求组织成为员工学习的场所,并作为一面反映自身潜在能力的镜子,充分吸收其他组织或个人的先进思想,从而完善自我心智模式。

3. 第三项修炼:建立共同愿景

共同愿景是指组织成员共同持有的看法和期望,赋予每个员工一种共同体的感觉,并促进组织不同活动的整合,使组织更加紧密和全面。建立共同愿景就是将个人的愿景整合到组织的共同愿景中。共同愿景对于学习型组织的建立至关重要,因为它能为组织学习提供重点和依据,改变成员和组织之间的关系,让员工感到组织不是"他们的公司",而是"我们的公司"。如果没有一个共同的愿景,学习型组织就无法存在。因此,现代组织应明确自身的目标,建立共同愿景,激发员工的工作热情,推动组织变革和发展。

中华典故 玄奘西行的愿景驱动

玄奘,唐朝著名的三藏法师,中国汉传佛教唯识宗的创始人。《西游记》第十二回,玄奘受太宗之邀,举办水陆大会。菩萨化身癞疥和尚与徒弟木叉当街售卖袈裟和禅杖,后经丞相萧瑀介绍,菩萨将袈裟和禅杖赠予太宗,太宗再将两件宝物送给玄奘,从而让玄奘与菩萨结下善缘。后来观音菩萨在玄奘的讲学大会上,就小乘佛法与大乘佛法告诫玄奘:"你这小乘教法,度不得亡者超升,只可浑俗和光而已。我有大乘佛法三藏,能超亡者升天,能度难人脱苦,能修无量寿身,能作无来无去。"并且留下柬帖:"此经回上国,能超鬼出群。若有肯去者,求正果金身。"这让玄奘认识到东土经法与西天真经的落差,激发了他对更深层次经法的向往,促使玄奘产生了去西天取得真经的愿景,最后开启了唐三藏西天取经之旅。

4. 第四项修炼:团体学习

团体学习强调团队更有效的敏捷思维与行动能力。团体学习实践始于一种"深入对话"的互动行为,即小组的所有成员分享假设,发挥思考能力,相互分享思想,分析与吸收他人的看法,最终提升团体思维能力,促进团队行动统一。因此,团体学习效果通常会超越个体学习。团体学习通过一种创造性的方式,促进组织成员了解与吸收他人的智慧,推动组织整体学习能力的提升,加快组织的学习速度,使团队而非单个员工成为组织学习的基本单位。

5. 第五项修炼:系统思考

系统思考旨在寻找环境问题产生的真正原因。学习型组织认为组织是一个缜密的系统,因此对系统性思维的培养是建立学习型组织的关键。只有通过以上四项修炼的共同作用,才能真正实现系统思考,因此第五项修炼被认为高于其他四项。缺乏系统思维的组织无法探索各种变革或创新实践之间的相互作用,无法在变革中获得长期成功。

11.4 组织创新与发展

11.4.1 组织创新的概念

"创新"一词源于拉丁文,我国古代文献记载的"更新"和"鼎新"两词都代表着革新的意思。"更新"出自王通的《中说·述史》:"于是乎扫地而求更新也。"鼎新则来自颜真卿的《抚州宝应寺律藏院戒坛记》:"于是鼎新轮奂,其兴也勃焉。"在现代企业中,创新是组织赢得竞争、获得持续生存能力的核心要素(秦晓芳,2017)。现代组织创新的含义最早由约瑟夫·熊彼特(Joseph Schumpeter)1912 年在《经济发展理论》一书中提出:组织创新就是原始生产要素重新排列组合为新的生产方式的过程,最终体现为新工具或新方法在经济发展中的实际应用(Hansen 和 Wakonen,1997)。组织创新的部分定义如表 11-4 所示。

表 11-4 组织创新的部分定义

文献	定义
Woodman 等(1993)	组织创新是组织变革的子集
Oke 等(2009)	组织创新即组织办事方式的创新,涵盖组织知识化、商业化的进程,某项创造性思维只有在被充分实施或者转化为商业项目后才可以被称为创新
Gumusluoğlu 和 Ilsev(2009)	组织创新是组织开发和改进新产品、提高服务质量,最后将产品或服务推向市场后所取得的兴奋程度
Hamel(2006)	创新打破了组织中的惯性原则、流程和实践模式,表现为对以往组织结构的"背离",这种行为极大改变了组织管理中的方法体系
秦晓芳(2017)	组织创新是组织整合内外部资源,孕育、提出、采纳、实施能有效提高组织绩效的想法、产品、服务、流程等全过程

根据相关学者的定义,我们认为组织创新是指对组织现状的转变,是计划性地改变组织系统、信息输入与产品输出系统、技术流程或转换过程、组织员工角色、组织内部文化以及改善组织环境的过程。

11.4.2 组织创新的重要性

创新对组织具有十分重要的作用。创新是践行新思想,将创新概念变为现实的过程(赵鑫,2011)。同时,创新是一种系统性、有目的、有组织的变革研究,是对机会的系统分析中伴随经济性或社会性的创新。简单来说,组织创新就是在组织层面上,新思想、新行为的产生与实现(朱伟民,2006)。组织缺乏创新就会失去活力,最终惨遭淘汰。

娄子伯智筑冰城

娄圭,字子伯,三国时期著名的谋略家。曹操曾说:"子伯之计,孤不及也。"《三国演义》第五十九回，曹操西征马超之初，曹兵不敌西凉军，被马超围困在渭河之边，由于渭河之土不实，无法筑起坚固的城寨以御马超侵袭，曹军兵心涣散，处于崩溃之际。这时，娄圭对曹操说："丞相用兵如神，岂不知天时乎？连日阴云布合，朔风一起，必大冻矣。风起之后，驱兵士运土泼水，比乃天明，土城已就。"意思是天气寒冷，滴水成冰，让曹操令兵士取水浇洒在土墙之上，等天明便可得坚实冰土城一座，曹操大悟。后冰土城起，"超领兵观之，大惊，疑有神助"。

娄子伯对传统"土城"的筑造方法进行创新，使得曹军免遭灭顶之灾，得以保命。由此可以看出，组织创新是保障组织活力的重要因素。

组织创新与组织变革具有密不可分的相互作用关系。面对经济全球化、社会多元化、数字化转型等愈加复杂的外部环境，组织必须进行变革以适应变化的环境。而组织变革会推动组织创新，促使组织重新审视和调整制度安排、组织结构、内在信念等，并实施一种或多种创新型组织战略，最终形成能适应并应对外部压力的创新文化（赵鑫，2011）。

创新战略是企业创新活动的依据与基础。Miles 等（1978）根据组织外界环境变化所导致的产品更新速度的不同，将创新战略分为探索者（prospector）、防御者（defender）、分析者（analyzer）和应对者（reactor）四种类型。探索者战略是动态型战略，目的在于摆脱现有技术、产品和服务，探索新技术和开拓新市场，寻找新的利润增长点，存在较高的不确定性和风险性，对突破性组织创新具有正向影响（陈建勋等，2011）。防御者战略注重稳定和保护已有市场份额，主要目的是捍卫当前市场地位，适用于稳定的市场，主要通过控制成本、提高质量和服务水平来保持市场份额以维持竞争优势。分析者战略既注重开拓新市场又注重保护已有市场份额，与探索者战略和防御者战略的不同之处在于它更注重研究市场趋势、竞争对手和客户需求，制定更有针对性的市场策略以提高组织的灵活性。应对者战略通常源于组织面临的外部环境变化比较突然和剧烈，没有时间制订长期的市场计划而被动地应对，通过随机应变来应对市场变化，通常是不稳定和不可持续的。

苏中兴等（2015）研究探索型战略时，发现高绩效系统、创新氛围和安全氛围在创新战略影响组织创新上起中介作用。除了 Miles 等（1978）的分类，March（1991）还将创新战略分为探索型战略与挖掘型战略。探索型战略与探索者战略并无不同，而挖掘型战略是基于企业现有经营模式的再创新和再发展，旨在提升组织效率、降低服务成本，因此可行性和稳定性较高、风险性较小，但难以形成颠覆性创新（苏中兴等，2015）。总体来说，探索型战略在创新战略对组织创新的影响中起主导作用。

主体层次上，组织创新的影响因素可分为个体与组织两类。在个体层面，组织创新因素涵盖个性、动机、领导力、认知能力和工作特征（Amabile 等，1996）。比如 Makri 和 Scandura（2010）将战略领导力分为创新领导力与运营领导力，战略领导通过整合战略领导力，促使组织与团队加强学习，最终激发组织创新（赵锴等，2016）。在组织层面，组织创新因素涵盖组织结构、战略、规模、资源和组织文化（Amabile 等，1996）。譬如人力资源可以从三个方面影响组织创新：增加组织知识资本存量、促进组织学习、积极性建构与影响组织创新氛围（蒋建武等，2010）。

11.4.3 组织创新氛围

什么是组织氛围？知觉观点认为组织氛围是组织成员对环境的心理感知，结构观点则认为组织氛围是组织内部的客观属性（王辉和常阳，2017）。组织创新氛围由组织氛围扩展而来，有别于组织文化，独立于组织成员的认知和理解而存在。Amabile 等（1996）将组织创新氛围定义为员工对组织环境创新性的知觉描述，表现为员工对组织环境的创新导向、创新特性和创新支持的感知程度。

组织创新氛围是可以被组织员工感知的组织特质，良好的组织创新氛围由自主工作性、团队协作和组织激励三个要素组成（王辉和常阳，2017）。

（1）自主工作性指组织成员工作环境自由和谐，员工能够自主制订工作计划而不受外界过多干扰的特性。

（2）团队协作意味着团队成员在工作中协调一致、分工明确，并通过协商和谈判的方式解决冲突。

（3）组织激励旨在激发员工的创新思维和工作热情，提供技术、专业信息和设备等方面的支持，并向做出创新性贡献的员工给予奖励。

组织创新氛围是组织成员互动交流的一种氛围机制，也是体现组织适应环境变化与挑战的能力的关键变量，能够影响成员的行为，促进组织创新发展。在组织创新氛围中，成员应当感到自由和安全，可以将自己的新思想付诸实践，并且他们的观念差异也被认可。

中华典故　　　　　　"一字千金"的吕氏春秋

春秋战国时期诞生了一个"兼儒墨，合名法"的流派——杂家。杂家被《汉书·艺文志》列为"九流"之一，其意义在于取各家所长、避各家所短，并且形成了含蓄有方、切实可行的治国思想学派。

《吕氏春秋》又名《吕览》，是杂家大成之作。这部传世之作糅合了孟子的"寡欲"、老子的"动静相养"和"音声相和"、墨子的"骨肉之亲，无故富贵"等一系列思想与观点。据《史记》记载，在编写《吕览》时"吕不韦乃使其客人人著所闻，集论以为八览、六论、十二纪，二十余万言"，表明吕不韦编写的《吕氏春秋》汇集了三千门客游历天下的所见所闻。吕不韦认为这部书"备天地万物古今之事"，故取名《吕氏春秋》。相传，吕不韦在编写这部书时，为了完成文化和意识形态的统一，达到"于百家之道无不贯综"的程度，"延诸侯游士宾客有能增损一字者予千金"。在咸阳城门，吕不韦悬赏千金，只要有人能够在《吕氏春秋》中增或减一字，他就会得到奖金。由此产生的组织创新氛围鼓励人们积极创作，最终著成千秋大作。

11.4.4 组织创新行为理论

如果说组织创新氛围是促进组织创新的软环境，那么组织创新行为既是组织创新的动力来源，也是实现组织变革创新的关键。组织成员创新行为是整个组织创新的基石（Scott

和 Bruce，1994），有助于引进新的思想、执行新的程序，运用新的方法，进而推进、推动组织创新（De Jong 和 Den Hartog，2010）。

组织创新行为的含义是什么？Janssen 等（2004）认为，创新行为是开发新产品的一种方法，也是员工或组织产生新想法并付诸实施来提升绩效或解决问题的过程。Scott 和 Bruce（1994）强调，创新行为是组织成员在工作角色、工作小组或者组织内部有意引进、推广和实施的有利于成员、小组和组织绩效提升的想法、产品、过程和程序。West（2002）认为，创新行为是所有开发、引进和运用新技术、新方法、新产品的行为。陆云泉（2018）认为员工创新行为是员工个体或一群员工在组织活动中表现出来的动机和认知过程。Zhang 等（2018）认为，员工创新行为是指员工在生产过程中运用的新思想、新方法，它不仅代表创新思想，还包括创新思想的产生、推广和实现的全过程。关于组织创新行为的理论有社会交换理论、组织学习理论、组织支持感知理论、计划行为理论等（于贵芳和温珂，2020）。

1. 社会交换理论

社会交换理论强调组织员工创新行为的产生与组织承诺的报酬和利益有关（刘小平，2011），即组织以报酬与利益为条件激发员工推动组织创新。在行为与报酬的交换过程中，主体间关系的信任要素是主体交换产生的关键，而这种信任来自各主体对交换原则和规范的遵守与认同（于贵芳和温珂，2020）。社会交换理论还强调工作场所内各主体的信任要素对员工创新行为的持续影响，投入成本越大，个体期待的报酬也必须越大。因此，当创新行为能够提供更高的报酬和更多的机会时，组织内各主体可能更愿意参与和投入创新，协助创新管理者完成组织创新（Williams 和 Anderson，1991）。

中华典故　　施琅的两次"社会交换"

施琅，字尊侯，明末清初海军将领。起初施琅与郑成功同为郑经龙手下大将，在郑经龙降清后加入郑成功的抗清队伍。施琅与郑成功的关系更多是朋友，"郑成功托故明赐姓栖海上，以琅为左先锋，相得甚，军储、卒伍及机密大事悉与谋"，两人关系甚好，许多大事郑成功皆与施琅相谈，后来施琅帮助郑成功夺取厦门，让郑成功有了与清廷抗衡的资本。但渐渐地，郑成功开始妒忌施琅之才功，"父大宣、弟显及子侄皆为成功所杀"，施琅不得已弃台投清，这意味着施琅与郑成功的交换关系破裂。

康熙元年施琅投效清廷，并在康熙二十年复出，当时郑成功的儿子郑经已去世，台湾内乱。内阁大学士李光地连忙向康熙帝进谏攻台，并且认为施琅之才可用，请求康熙再次起用施琅。满朝文武无不震惊，力拒复用施琅。在李光地的极力推荐下，康熙皇帝还是接受了他的建议，"上复拜琅福建水师提督，谕相机进取"，令施琅与福建总督姚启圣共统攻台大事。康熙二十二年，"琅乘楼船突入贼阵，流矢伤目，血溢于帕，督战不少却，遂取澎湖。克爽大惊，遣使诣军前乞降"，施琅死战不退，大破台湾水师，最终收复台湾。施琅先是与郑成功，再与清廷的两次"社会交换"，皆体现了信任因素在组织各主体间的重要作用，对组织管理者也有启发。

2. 组织学习理论

组织学习理论认为组织学习可以获取专业知识，避免组织知识真空期过长（卢启程等，2018）。学习是组织创新行为的核心动作，当组织内部的学习行为频繁时，标志着组织创新体系进入成熟阶段（Chaminade 和 Vang，2008）。从学习对创新的作用上讲，组织学习有利于管理者制订与执行创新规划，并通过规章制度巩固创新成果，形成稳定的心智模式（陈逢文等，2020）。要注意区分个人学习与组织学习，而学习的社会化与行动属性是区分两者的关键。个人学习是指个人层次上更新知识、获得新技能、变得更有经验等方面的学习；组织学习则是指组织中每个成员的学习，也包括组织内部信息和知识的共享与转化。同时，在区别个人学习和组织学习的过程中，我们要重视组织内各种正式、非正式联系或互动行为对组织学习内容与知识运用的影响（云乐鑫等，2017）。在促进组织学习时，我们还要重视学习文化的影响，即组织中支持员工学习、合作和知识共享的软环境（张国梁和卢小君，2010）。

3. 组织支持感知理论

组织支持感知理论强调如果组织给员工提供更多的组织支持，员工就会表现出更多的承诺和交换行为，进而推动组织创新（刘智强等，2015）。当员工面临变革与创新压力时，积极的组织支持与感知能够有效降低员工对创新的消极情绪。比如组织对创新失败的员工给予更多的信任和认可（于贵芳和温珂，2020），能够消除组织内消极氛围，鼓励员工积极面对失败，采取措施弥补过失。强化组织成员支持感知的途径为组织氛围塑造（张国梁和卢小君，2010），因此创新者在创新进程中不仅要完善支持感知体系，还要建构支持感知氛围。我们要注意区分组织支持与组织支持感知。组织支持的重点是反映组织对组织员工的客观付出（Maisel 和 Gable，2009），而组织支持感知的重点是反映组织员工对组织给予他们的利益与支持程度的感知（Eisenberger 等，1986）。刘智强等（2015）认为，员工的"内部人地位"认知在组织支持与创新行为之间起到很好的中介作用，当员工体验到"内部人地位"且感觉比较公正时，组织支持的激励效果就会被放大；反之，组织支持的激励效果就可能打折扣。

中华典故　　　　　　　曹沫三败犹有为

曹沫，春秋时期鲁国人，以力闻名，且"以勇力事鲁庄公"。后来，齐国在管仲变革下，国力大增，进犯鲁国，鲁庄公令曹沫为将，抗击齐国。曹沫在与齐国对战过程中，"与齐战，三败北"。三战三败，曹沫非常羞愧，于是向鲁庄公请罪，没想到鲁庄公却认为"齐鲁强弱悬殊，非战之罪"，仍任用曹沫为将。

后来，鲁庄公献邑求和，于是"齐桓公许与鲁会于柯而盟"。在会盟过程中，曹沫持匕首冲上去挟持齐王，以"齐强鲁弱，而大国侵鲁亦以甚矣"为由，胁迫齐王归还鲁国丢失的领土。齐王承诺后，曹沫撇下匕首站在群臣之前，面不改色，辞令如常。齐桓公恼羞成怒，想要毁约食言，被齐相管仲劝止。于是，曹沫三败所失的土地又全数归还。曹沫不计生死，以死换得鲁国之生，被誉为古代侠客始祖，在战火纷争的春秋时期凭借鲁庄公的知遇之恩和自己心中的无畏与大义，为自己在历史长河中留下了浓墨重彩的一笔。这则典故强调了组织管理者必须重视员工的支持感知，让他们认可"内部人地位"，进而推动组织发展。

4. 计划行为理论

计划行为理论认为行为受到五个因素影响，分别为态度、规范、知觉控制、行为意向、行为（见图 11-5）。在创新行为中需要特别注意态度、规范与知觉控制三个因素的含义，态度是指员工对行为的态度与感觉，规范是指创新权威人物对员工创新行为的预期与影响，知觉控制是指员工根据自身经验与资源对自身创新行为控制强度的认知。计划行

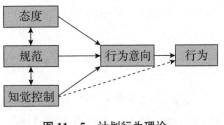

图 11-5 计划行为理论

为理论认为创新行为的产生机制分为两种：一种是指创新行为意向的中介效应，员工态度、规范和知觉控制对组织员工创新行为的间接影响（李柏洲等，2014）；另一种是指知觉控制对组织创新行为的直接影响。计划行为理论强调了不同创新主体对创新战略制定的参与作用，解释了组织成员参与组织变革与创新的行为意向。这种意向是激发组织成员创新行为的动机，同时意向强度也会直接影响员工参与创新的积极性（于贵芳和温珂，2020）。

11.4.5 组织创新实践模式

面对组织创新，上述理论赋予管理者多种视角，告诉我们组织内部创新行为产生的理论基础。在管理实践中，我们需要具体的实践模式来指导组织创新。目前，基于组织创新研究所形成的创新实践模式有业务流程再造、全面质量管理等。

1. 业务流程再造

作为组织管理者，首先要明白组织业务流程是组织为达成业务目的而执行的一系列活动（Hammer，1990），由此创新业务流程成为管理者更有效实现组织目标的需要。业务流程再造概念在企业管理研究领域应运而生，它强调以业务流程、组织结构为核心，对组织进行本质性、根本性的重塑。业务流程再造的核心理念为：在摆脱传统组织分工的前提下，打破原部门职能边界的限制，分析组织行为与活动的基本要素，利用先进的科学技术与管理科学，改变基本和关键的功能要素，重组业务流程，实现革命性的创新并提高组织效率（张楠迪扬等，2022）。业务流程再造的基础是业务流程网络的建立，而业务流程网络是由组织内所有业务流程活动之间的联系所组成。业务流程网络的建立，可以帮助管理者在进行业务调整或流程再造时，找出关键变革点（陈明亮等，2009）。

2. 全面质量管理

全面质量管理（total quality management，TQM）是企业管理的重要内容，TQM 以质量为中心，以组织全体人员参与为基础，其目的在于让顾客满意，保障组织与社会利益持续发展的全新管理模式（南蓉和王文武，2001）。TQM 的作用在于增强组织的控制与协调能力，保障组织创新的活跃性，从而促进组织创新绩效的增长（文东华等，2014）。TQM 有两个特点：其一，它使得组织具备高度的可变性，加上组织对外部环境的依存性，鼓励组织不断创新（文东华等，2014）；其二，TQM 聚焦于组织职能，认为组织职能创新在于通过完善职能来满足顾客需求。TQM 遵守三条原则：关注顾客、持续改进与团队合作

（范闰翻，2013）。在这些原则的引领下，TQM 通过员工参与和竞争力提升等方式，实现组织精益生产（周武静等，2012）。

11.4.6 其他影响因素

在组织变革与组织创新中，组织需要注意两个因素的影响。一是技术对变革与创新的影响。信息技术的迅速发展使业务边界模糊化，组织环境愈发复杂，我们应当关注技术变化对环境的影响，及时进行变革或创新，这样才能确保组织活力。二是"个人"影响。在现代企业管理中，"员工参与""员工行为""员工学习"等一系列员工个人对组织变革或组织创新的影响越来越受到学界与管理者的重视，我们应当正确看待员工个人在组织运营中的积极作用，发挥员工的积极性，建构积极的组织氛围。

11.5 变革和创新的跨文化研究

愈发复杂的企业环境对组织变革创新提出了全新挑战，由于存在地理、语言、科技、经济等差异，现代组织变革与创新在不同文化背景下往往有不同的结果（Trompenaars 和 Woolliams，2002），因此企业领导者在进行组织变革与创新的同时要考虑多元文化对变革与创新的影响。近些年我国本土组织变革一直以西方文化思想、理论为基础，以组织变革能力为例，组织变革能力的内涵、衡量和效果都源于西方文化，特别是美国文化理论（朱其权等，2015）。但在解决本土化问题或者针对本土管理现象时，国外理论的解释力往往不足，同时本土理论探索性研究仍处于停滞状态（Tsui，2009）。如何基于中国传统文化智慧扩展组织变革研究，融合西方文化与东方智慧，成为组织变革与创新研究的重要课题。

中国传统智慧中，道家是对变革哲学认识较为深刻的学派代表。道家经典《周易》提倡的"穷则变，变则通，通则久""唯变不变""苟日新，日日新，又日新"等观点，直接点明变革或创新是一种持续的过程，这与现代企业持续变革思想不谋而合。同时《周易》与道家另一部经典《道德经》提出了"阴阳"思想，"阴"与"阳"是对立、二元性的范畴，根据道家思想，阴阳二元性运动是一种"独立而不改，周行而不殆"的动态协调过程。阴阳思想告诉我们，组织变革要做到"兼容并蓄"，不要一味消灭组织变革中的消极因素，也不要一味肯定组织变革中的积极因素，譬如刘智强等（2015）发现过度的组织支持反而会阻碍组织变革与创新绩效增长。除了道家，其他学派或者古代经典学说也富含变革智慧。譬如《资治通鉴·汉纪》中提到："夫立策决胜之术，其要有三：一曰形，二曰势，三曰情。形者，言其大体得失之数也；势者，言其临时之宜、进退之机也；情者，言其心志可否之实也。"这强调了组织变革要适应环境条件，要保持变革弹性，与现代学者定义的组织变革内涵无异。再如《孙子兵法》对"势"的思考——"故善战者，求之于势，不责于人，故能择人而任势"，强调了组织变革要注重势，选择正确的员工等。

魏丹霞等（2020）指出，中国社会受到儒家的深刻影响，促使中国情境偏向于"关系取向"或者"身份取向"。这种基于"关系取向"和"身份取向"的宗族型传统文化在中国情境下对组织创新的正向影响大于在国外情境下对组织创新的影响，在一定程度上解释了为什么国外先进理论无法解决中国情境下的类似问题。当然，我们不能否定他国文化理论对我国组织变革或者创新的参考意义；相反，我们应当重视国外理论、思想或者模式下的文化变革，譬如马克思主义理论对我国组织、社会甚至国家的参考价值，但也要重视外来理论的本土化，一切以实践为准则。

在实践中，我们如何整合不同文化对组织变革的认知、经验与知识呢？首先，坚持理论中国化，将理论与本土实践相结合，发挥外来理论最大作用；其次，建构完整的变革体系，及时吸收西方先进变革知识，并将知识本土化；最后，在变革方式方面，中国文化背景下的变革管理者应当给予下属更大的变革权力，支持组织员工参与变革，积极推动组织员工参与创新，促进组织变革与创新发展。

现实观察

SpaceX 公司的变革与创新

埃隆·马斯克（Elon Musk），企业家、工程师、慈善家、美国国家工程院院士，现任太空探索技术（SpaceX）公司 CEO。马斯克一直怀有将人类送到火星定居的梦想，他在 PayPal 公司期间就策划过"火星绿洲"项目，但向外购买运载火箭的运输成本太高，只能暂时放弃这一想法。2002 年 6 月，马斯克创建了 SpaceX 公司，并投资 1 亿美元用于开发运载火箭，正式宣告人类运载火箭私人企业代理时代的开启。

SpaceX 公司旨在实现人类移民火星。SpaceX 公司以低成本、高可靠的发展目标，不断推进火箭各方面技术创新，在短短十多年的时间里就成功推出不同系列的火箭，成为商业市场与航天领域的一大奇迹。目前，SpaceX 公司拥有完整的组织体系，业务覆盖太空发射、货物与乘员运输、通信服务等领域，并且与美国航天局（NASA）开展航天合作，被世人视作又一航天巨头。

◆ 技术创新并行

SpaceX 公司之所以能实现载人航天阶段性技术的不断突破，并在航天领域取得过人成绩，依据的是先进的可重复使用技术、发动机技术、软件系统、回收技术等；并且，SpaceX 公司十分看重创新的重要性，从创建开始，SpaceX 公司航天技术的更新换代速度就十分快捷。在可重复使用技术上，SpaceX 公司打破以往单独开发的做法，采取通用化设计理念，实现部件的标准化、流水化，改变火箭"逐个定制"的生产方式，实现火箭各部件的重复使用。在发动机技术上，在 NASA "灰背隼"技术的支持下，成功开发出新一代"灰背隼-IC"。除了充分利用外在技术支持，SpaceX 公司也进行独立开发，目前已经研发出 Merlin、Draco、SuperDraco 等系列发动机，为火箭发射打下坚实的动力基础。在软件技术上，SpaceX 公司自主研发成功集成逃生系统，为任务中的宇航员提供可靠的逃生手段；SpaceX 公司还对航天器的生命支持系统进行优化，深度验证飞船的遥测系统、姿态控制系统和导航控制系统等的稳定性，提高飞船安全性。在回收技术上，SpaceX 公司开发了可重复使用验证机，包括"蚱蜢"验证机和"猎鹰 9 号"验证机等，并突破了垂直回收技术，成功完成了在陆地或海面回收一级火箭的壮举。

◆ 对症下药：SpaceX 公司组织结构的创新点

SpaceX 致力于在航天领域不断突破，专注于航天业务。SpaceX 公司拒绝官僚制度，进行全新的组织结构创新。首先，SpaceX 公司采用平行紧凑的管理模式，让各成员在组织工作中作为独立个体，保障其组织地位与他人一致，让员工在组织内部能有效开展工作，及时进行信息、技术共享，推动人员协作，简化决策和信息传输流程，提高组织运行效率；其次，SpaceX 公司领导者将权力下放，同时采用无边界平面组织结构，打破职能部门边界，提高团队合作效率；最后，减少报告、会议次数，提高研发人员的工作积极性。

◆ 与时俱进，开辟"航天+硅谷"模式

SpaceX 公司重视"互联网"精神，通过对互联网思维的深度渗透，实现互联网商业化，突破在空间上的传统认知，不断为民营商业航天产业的发展注入新的活力。一方面，SpaceX 公司利用互联网工具，推广航天业务，提高公司知名度。例如，SpaceX 公司将月球载人计划的第一个位置售卖给日本人前沢友作，并邀请多名顶级艺术家前往月球，此举无疑展示了公司技术，增强了社会认可，直接提升了 SpaceX 公司社会的曝光度和影响力。另一方面，SpaceX 公司专注于"移民火星"的目标，不断构建"工业互联网"系统，从战略到实施，对生产环节的各个过程进行全面的信息化设计和构建。此外，SpaceX 公司利用互联网平台，大量利用外在专利与成熟技术，完善自身创新链条。

◆ 创新式管理

SpaceX 公司在企业管理上也进行超前创新。在技术链管理方面，SpaceX 公司对各类技术进行有效性测评，更新或者摒弃过时技术，集中管理关键技术，保障自身的技术领先地位。在供应链管理方面，SpaceX 公司主张缩短供应链、减少采购环节，不再分工外包，尽可能地自主研制和自主生产。虽然拒绝外包有悖现代市场规律，但这直接推动了 SpaceX 公司在航天技术上组织创新能力的发展。

◆ 开源式资源创新

首先，SpaceX 公司深化开展社会个体、组织的合作，扩大资金来源种类。比如，SpaceX 公司与 NASA 开展项目合作，获得 NASA 提供的高达 70 亿美元的研发经费。其次，SpaceX 公司利用知识产权保护体系，保护自身的商业优势和合法权益。例如，SpaceX 公司向同行竞争者（蓝色起源）的某项专利提起诉讼，最终使得这项对 SpaceX "猎鹰"系列火箭构成威胁的专利失效。最后，SpaceX 公司善于通过创新型融资工具解决资金问题。从 2017 年起，SpaceX 公司已获得 30 多亿美元的战略性融资，直接确保 SpaceX 公司创新战略的实施，保障其创新活力的活跃性。

> **感悟与思考**

1. 运用魅力型变革领导理论，谈谈马斯克在 SpaceX 公司变革与创新中的作用。
2. 运用组织变革能力相关知识，分析 SpaceX 公司的变革能力。
3. 运用学习型组织五大修炼，分析 SpaceX 公司如何实现组织创新。
4. 结合案例，谈谈跨文化背景下，SpaceX 公司的创新经验对于中国企业的适用性与启示。

11.6 组织变革与组织创新的前沿探索

组织变革与组织创新可以被视作赋予组织生命力、提高环境适应性、增强自身实力的必要路径。本小节从组织变革与组织创新的新挑战及其发展影响因素、结果、理论、现状与不足、展望等展开讨论。

11.6.1 新挑战：复杂环境与组织变革

新时代下的互联网发展、信息技术突破、国际政治问题等因素改变了全球各组织的内外环境，而环境的剧烈变化对组织的变革与创新提出了新挑战。Schoemaker 等（2018）认为，恶劣环境使不稳定、不确定、复杂和模糊的问题愈加严峻。毫无疑问，环境的剧烈变化促使组织系统的作用机制从可控制环境条件下的组织间对话与影响，转变为复杂环境下的组织间互动（Basile 和 Dominici，2016）。在复杂环境的背景下，如何提高组织的生存能力与适应能力成为组织必须思考的问题之一，而组织变革或组织创新成为破局之策，比如组织可以通过改变组织中任务、结构和人的特征来适应环境（Lim 和 Yazdanifard，2014），或者改善管理流程和制度以增强环境适应力（Carr 和 Gabriel，2001），等等。这些创新措施都能让组织的产品或服务保持竞争活力以适应环境，从而使组织获得持续的发展能力（Skupskyi，2012）。

11.6.2 组织变革与组织创新的影响因素

从组织层次上探讨组织变革的影响因素是目前较常用的划分方法，它将组织变革的影响因素划分为三个维度，分别是个人、群体、组织。

1. 个人层面的影响因素

（1）成员学习能力。在组织中，变革的基本单位是组织成员，因此成员对新事物、新思想的学习能力强弱直接影响组织变革的实施与进行。成员在变革与创新的过程中不断接受新事物、新思想，其学习目标聚焦于技能、制度、知识、技术等方面（刘洪，2018）。Santa 和 Nurcan（2016）提出组织变革与学习型组织的关系模型，认为组织变革的目标就是建立强学习能力的新形态组织，员工则充当学习型组织的建设者角色。随着知识的转化，组织成员学习对创新的影响体现于通过知识溢出效应影响企业产品和服务的开发，也通过知识累积效应影响组织内部技术的升级和变革（陈逢文等，2020）。目前，员工学习与企业创新间关系的研究层面包括员工学习的主观能动性对组织创新、知识累积效应（杨特等，2018）、员工学习吸收能力的影响（潘宏亮，2018）等。

（2）员工行为。从员工行为角度上看，可以认为组织变革是组织所采用的新的行为机制体系，而员工行为及员工态度转变是组织变革成功的标准（Choi，2011）。同时，组织变革也可以是为更新组织员工行为而做出的调整（孟范祥等，2008）。还有学者关注组织员工对变革与创新的响应行为在变革中的作用（Oreg 等，2011）。因此，员工行为是组织变革重要的影响因素。

（3）组织变革承诺。这是推动组织变革、激发团队热情的基础性因素。它以组织成功变革为出发点，强调员工对变革与创新中的方案、规则、制度、措施、机制等的情感和反应，认为组织变革的实施是一个动态过程（Becker 等，2012）。组织变革承诺中组织是确定的、唯一的，但承诺对象富含不确定性，所以组织变革承诺在作用于员工行为时要让组织员工理解变革的脉络（Jaros，2010）。

（4）组织成员认知。组织成员对组织变革的认知存在影响，这种认知影响包括组织决策是否令人满意、组织战略是否得到支持、组织是否开放、组织行为是否公平等方面，它们作用于组织各层次员工的价值观，使得他们能够对组织价值或自我价值进行评估（Oreg 等，2011）。

（5）领导者。领导者个人在组织变革中起到重要作用，他们可以通过建构未来愿景、利用领导关怀来激励员工积极工作，推动员工追求更高层次的目标，力争实现员工个人目标与组织变革目标的一致（秦晓芳，2017），也能改善员工素质（Vakola 等，2013）。

（6）自我信念。效能感、神经、自我控制和自尊是构成核心自我评价结构的四种信念因素，而这四种信念源自组织员工内心的自我信念。自我信念在塑造变革对象接受组织变革的观点、态度等方面起着重要作用（Vakola 等，2013）。

2. 群体层面的影响因素

（1）团队学习能力。学习能力旨在通过团队内多人的上下级关系或非正式关系的功能，聚焦于变革创新绩效、协同合作，构建一种学习架构，推动团队吸收新知识，更好地促进组织整体变革，在整个学习型组织结构中作为组织层面与员工个体的中间媒介。然而，若在处理群体关系中偏差过大，反而会阻碍整个组织系统的变革（刘洪，2018）。

（2）团队凝聚力。这是提升组织的团队绩效的有效因素，它可以提升组织情商水平和组织效率，同时促进团队共同意识的形成，整合团队行为，进而推进变革（孙友然等，2022）。Tung 和 Chang（2011）发现高团队凝聚力的企业在竞争创新中存在高绩效倾向。确保团队在变革期间的有效性、推动变革持续发展的一个要点是，在整个变革过程中团队参与至关重要（Goodman 和 Loh，2011）。

（3）团队氛围。组织变革中的团队氛围，特别是分享氛围对成员行为与组织绩效具有重要作用（王雪琴，2015），它影响团队成员对于组织变革的看法与自我价值观，强调正向氛围对组织变革的推动作用。唐翌（2005）发现，团队心理安全氛围对组织的变革与创新具有正向作用，因此营造合适的组织氛围是达成团队学习目的、实现团队创新的必要过程。

3. 组织层面的影响因素

（1）组织学习能力。组织结构是组织学习能力的物质载体，学习型组织的建立是组织学习能力成熟的表现，也是组织变革的结果。学习型组织的运行聚焦于学习氛围、知识互通、技能转移（刘洪，2018），是表现整个组织变革与创新能力的"屏幕"，也是变革与创新发展的推动因素。多组织间学习通过相互影响与相互传播的方式，直接促进多组织的变革与创新，表现为组织间技术传播与多元模式推广（Shin 等，2017）。

（2）组织变革特性。两种特性对组织变革产生影响：变革持续性与变革关联性。变革持续性表达了组织变革的特殊性与复杂度,能够直接影响组织变革后果,并预测变革能否顺利进行(Buchanan 等,2005);变革关联性强调变革是自我强化过程,它能够产生另一项变革,各项变革之间应当存在一种"惯性"关联。

(3)外部变革推动者。这在组织变革中发挥重要作用,外部力量介入的变革实践是成功的组织变革战略的有效组成部分(Alagoz 等,2018)。

(4)组织变革结构。从组织变革结构角度看,一共有四个结构变量对组织变革产生实质性影响:对组织变革的准备程度、对组织变革的承诺、对组织变革的开放程度、对组织变革的反抗程度(Choi 和 Ruona,2011)。

(5)组织变革过程。组织变革与组织创新的开展及进行还在于能否厘清组织变革与组织创新的过程逻辑(高静美等,2010)。

(6)组织变革实践。定期的、量身定制的实践方案是成功的组织变革战略的有效组成部分,欠缺强有力的变革实践行为,单独的变革或创新理论无法推动组织变革发展(Alagoz 等,2018)。

(7)组织对立性矛盾。组织变革的产生是组织对立性矛盾的结果,变革中的组织存在两种矛盾:一是组织内部两种经常相互冲突的策略矛盾;二是制度矛盾,由不同利益相关者的利益关注组成(Stoltzfus 等,2011)。

11.6.3 组织变革的结果

在管理者看来,当组织绩效水平低于基准时,组织变革就会发生(刘洪,2018)。因此,绩效成为组织变革结果的首要衡量指标。近年来,组织变革研究更关注组织员工个体(Choi 和 Ruona,2011),对组织变革结果的关注也转向员工个人的行为、心理及经历(Hempel 和 Martinsons,2009)。组织变革结果的另一个评估标准是"变革是否达到预期目标"(Jacobs 等,2013)。受到不同衡量指标的影响,组织变革结果的维度分为个人与组织两方面。

1. 个人变革结果

(1)压力应对。在组织变革情境下,员工将面临一系列压力。在承受压力的情况下,员工产生的变革结果分为五个方面(唐杰,2010):一是心理健康,它与员工对变革压力的应对正相关,即成员对组织变革压力的应对越积极,变革对员工心理的正面影响越大;二是离职意向,组织变革的应对意向越强,员工离职概率越小;三是个人情绪,在应对组织变革压力时,员工从心理上产生的对变革压力的态度、看法等情绪;四是员工态度,其中满意度是组织员工对组织变革态度中最关键的因素,员工对变革越满意,他对组织变革压力的回应越积极,也越支持组织变革;五是个人绩效,员工越正视变革压力,越及时参与并解决组织问题,就越能提升自身所产生的变革绩效。

(2)组织变革条件。良好的组织变革条件能够改变变革对象的个性,使其更有弹性,也能够改变变革对象对组织的态度和行为,改善他们的心理健康。并且,组织变革条件对变革前的影响或者影响所产生的变革后果,在一般情况下可以与其他组织、本组织的历史进行比较(Oreg 等,2011)。

（3）组织信任。在不确定环境下，组织拥有的信息不完全，在组织员工获得组织信任而被授予变革权力时，也就意味着员工在变革方面获得主动权，员工能够更好发挥个人在变革中的作用，从而产生客观的变革绩效与变革结果，而组织则处于一定风险状态中（孟范祥等，2008）。组织成员在获得充分授权的情况下，员工决策不能完全匹配组织变革与创新目标，破坏了组织信任氛围，增大了组织成员工作与行为的消极性，进而给组织变革结果——组织绩效带来了损害（Mills 和 Ungson，2003）。因此，组织既要建构组织信任氛围，也要正确认识合理分配权力的重要性。

2. 组织变革结果

（1）组织绩效。绩效是组织变革结果的直接体现，也是组织产生变革意愿的内在因素。当组织绩效较低时，组织会陷入危机，企业价值减少，从而引发组织进行变革（Donaldson，2000）。所以，组织绩效既表现为组织变革结果，也影响组织变革的发生。譬如标杆管理法，它通过对标杆的分类来评估企业绩效与指定标杆水平的差距，若差距过大则以此作为问题导向，寻找问题解决方案，再实行适当的组织变革，以期将绩效恢复到或超越标杆水平（丁鹏和郭斌，2022）。

（2）变革特性。Jansson（2013）认为，组织变革特性是一种特殊的组织变革结果，组织在变革过程中形成的各种特性有时比组织变革绩效更为重要，因为这些特性所产生的影响会长期存在于组织内部。

（3）组织合法性。Jacobs 等（2013）认为，组织变革结果就是建构组织合法性，而这种合法性能确保组织对环境的适应性以及被社会认可。

11.6.4 组织变革的理论及其发展

1. 变革领导理论

这是一种组织领导者通过自身人格与过人的领导技巧来实现组织变革目标的变革型领导理论，也称变革领导力。变革领导强调领导者在变革中调节和处理组织关系的作用（Gilley 等，2009），也体现一种新型领导方式，站在较宏观的角度处理变革组织内的员工问题与程序机制等（Karsten 等，2009）。有学者希望通过有效领导、放弃过度追求来消除组织变革阻力，而集中组织精力与资源来完成对员工的承诺与所提出的构想，从而增大员工对组织变革与创新的支持力度（Alase，2017）。近年来，差异化变革领导理论成为研究热点，这一概念源于情景领导和社会交换理论，体现为不同领导在同一层次上导致的成员表现力、认知、态度以及团队绩效的不同（Wu 等，2010）。变革领导差异体现为组织员工对于组织领导与自身沟通和交互过程中所表达的行为知觉差异，这种知觉差异会逐渐发展形成相应的组织氛围，从而影响各变量间的关系（彭秋月和李锋，2016）。也有学者指出，过分夸大组织变革领导在变革中的作用反而会负向影响变革与创新结果（Hanson，2013）。

2. 资源依赖理论

资源依赖理论从组织变革环境依赖性出发，认为组织间权力关系和资源依赖关系对组织创新战略具有极大影响，因此组织会控制资源以尽量减轻自身对环境资源的依赖，或者最大化其他组织对自己的依赖（Sullivan 和 Ford，2014）。组织在控制资源、权力的过程中会进行组织调整，设计相应方案来实施变革。Alexy 等（2013）认为，组织管理者放弃不必要的资源控制、开放资源使用权可以有效激发员工参与组织变革与创新的积极性，进而推动创新绩效的提升。在现代组织发展的进程中，资源从独享性向共享性的转变及其对组织内外部价值缔造者关系的全新影响，重新定义了组织中各利益相关者间的依赖关系以及依赖关系的根本导因，并且加深了对新组织情境下资源依赖理论的理解，进而发展为互补性资源共享理论（魏江等，2021）。

3. 社会网络理论

社会网络理论认为，组织所处的社会是由相互联系但又相对独立的实体所组成的网络系统，网络成员可以在不确定环境下取得合作优势（Kilduff 和 Brass，2010）。社会网络理论还认为，组织成员参与组织内外多种关系的构建，并在各种关系互动中展开合作（Ahuja 等，2012）。社会网络所强调的网络与传统的外部合作网络或由组织契约所缔结的内部网络不同，它是一种由组织主导、外部相关者自发形成的新型合作创新网络，能够在合作互动的关系下推动组织员工创新。目前，在新组织生态的影响下，新型合作创新网络逐渐表现出去中心化、无边界化、高流通性等特征（Lyytinen 等，2016），可以提高组织成员创新互动与知识转移频率，推动组织内变革与创新的发展。

4. 社会资本理论

社会资本指的是组织成员、团体通过关系网络互动所获得的资源。社会资本理论认为网络中的关系参与者可以通过互动获取创新信息、得到创新利益、接受创新影响（Nahapiet 和 Ghoshal，1998），并且强调社会资本是一种中性资源，对组织变革与创新产生积极和消极两方面的作用。现在，组织中出现的多元化关系、数字化资源、虚拟化身份、孪生性网络主体，使得组织网络参与者之间的关系、结构和方式发生新变化（Kane 等，2014），从而赋予组织变革或组织创新一种全新形态（Fisher，2019）。

5. 组织学习理论

自彼得·圣吉正式提出学习型组织的概念后，组织学习对于组织变革与组织创新愈发重要。组织学习十分重视知识的吸收能力，而知识作为经验总结的结果，与组织各方面息息相关。组织学习反映组织中不同主体的创新互动过程，表现为一个不断试错改错的知识吸收与创新过程，而在整个过程中的一系列创新行为或任务就是为了将经验转化为组织知识（Argote 和 Miron-Spektor，2011），实现组织形态新转变。但目前，组织隐性知识学习效能弱化、组织系统内知识权力高度分异、组织学习场景多元化等问题对组织学习提出了新的挑战（魏江等，2021）。组织学习理论的代表人物 Chirs Argyris 在组织学习理论的基础上提出组织双环学习理论。双环学习理论认为，单环学习只是把变革绩效与行动策略联系起来，并没有改变自身的政策目标，是一种死板的、低层次的组织学习；相反，双环学习不仅结合单环学习的因素，还赋予组织在学习过程中改变心智模式、解决根本问题的能力，值得变革推动者加以思考与借鉴（Argyris 和 Schön，1997）。

6. 持续变革理论

持续变革理论认为组织变革是一个持续的过程，具备自组织和不断调整的特征，同时强调组织变革是分阶段进行的，现阶段的组织变革奠定下一阶段变革的基础（井润田，

2020）。持续变革观点还指出，变革就是对现在发生的事情的重新定位（Weick 和 Quinn，1999）。如何增强变革持续性？一般认为这取决于变革的最后一步，比如 Kotter（2007）变革八阶段模型中的最后一阶段——将新方法制度化。实际上，变革持续性的增强也取决于变革过程中的决策与行动的累积效应，即持续性是变革开始到结尾均应考虑的因素，而不是将它放在最后。井润田（2020）认为变革领导者在变革过程中对情景的识别、评估与操纵是建立持续变革体系的关键，并且建议变革管理者从组织变革势思考组织变革持续性框架的构造。

◆ 11.6.5 组织变革与组织创新的现状及不足

近年来，国内有关组织变革与组织创新的研究多元化发展。郭晟豪和胡倩倩（2022）将组织员工变革与创新绩效作为组织发展的关键因素，并以组织认同为视角，认为组织员工越认同组织变革，越能推动组织变革的发展。余东华和李云汉（2021）从数字技术驱动作用出发，强调新时代的组织创新促使链群组织内部的结构合理化、层次多样化、功能完善化。杨震宁等（2021）发现国外创新网络与国内创新网络对组织创新的影响具有异质性，并且过度引用国外创新网络反而会阻碍本组织的创新。周健明和周永务（2021）则从组织记忆和创新氛围出发，强调两者对组织知识惯性的调节作用，以避免组织知识惯性阻碍组织的变革与创新。不难发现，我国的组织变革与组织创新的研究实现了视角多元化、内容层次化、工具科学化，改变了以往单一的研究基调，提高了组织变革与组织创新研究的效率和实际效用。

虽然有关组织变革与组织创新的研究发展迅速，但仍存在不足，原因在于：变革与创新缺乏系统的理论框架、变革与创新实践困难、环境与变革关系不清、变革与创新规律模糊、变革与创新成功的难度很大（刘洪，2018）。(1) 从现有研究来看，学界对于组织变革与组织创新理论已进行多次整合，但仍然缺乏统一的理论框架。(2) 即便形成并使用综合性理论框架，面对特定变革问题，许多变革与创新理论仍存在适用性差、理论实践困难的问题。(3) 针对组织环境本身与组织变革间关系的研究不充分。当组织变革环境发生变化时，我们无法及时厘清环境变化的关键信息，也无法搞清环境变化对组织发展所造成的影响。(4) 在一定程度上，企业的创新与发展具有内在规律性，而如何挖掘组织变革规律仍然存在困难，判断哪些规律不再适用也需要发展新的理论和方法加以解释与引导。(5) 在实际活动中，组织变革成功率很低，原因在于变革环境复杂、变革方案的制订与执行存在误差等。

◆ 11.6.6 组织变革与组织创新的展望

组织理论的创新遵循两个发展理念：一是对现有企业理论的改进和发展。随着知识经济时代的来临，各学科进入信息互联互通的状态，由此促进学科融合、推动旧理论的再开发。二是创造新的企业理论。面对更为复杂的工业化时代，传统理论已无法满足组织管理的需求，建立新理论是指导组织发展的指南针（刘汉民等，2020）。

以本土化变革研究为出发点，我国组织应当解决三个问题：（1）推动变革理论本土化发展。我国现有变革理论大多以西方理论为基础，所以企业在组织结构、运行体系、组织绩效等方面的变革大多受国外组织理论的影响。（2）完善我国变革科学体系，充分吸收国外优秀的变革理论，避免"闭门造车"现象的发生。（3）厘清各理论学说边界，不断总结与提炼新理论、新方法，在我国市场、企业、社会处于快速变革的时期，政府更要制定相关政策与提供典型案例（刘洪，2018）。

从组织行为出发，组织变革在未来应该：（1）建立全新、积极的变革文化氛围，建构多元变革主体合作体系，完善组织变革、创新的新形态；（2）重视组织变革领导的激励影响，强调领导者的变革引领作用（于贵芳和温珂，2020）；（3）促进企业组织变革行为活跃式增长，提高组织与员工的变革敏感度。

数字资源

本章数字资源由三大部分组成：一是 UTD 24 文献推荐，二是推荐的组织变革相关量表，三是参考文献。详细内容可下载"拓展学习资源"获取。

1. UTD 24 文献推荐

John Eklund, Rahul Kapoor. Mind the gaps: How organization design shapes the sourcing of inventions [J]. Organization Science, 2021, 33 (4): 1319–1339.

Rebecca Henderson. Innovation in the 21st century: Architectural change, purpose, and the challenges of our time [J]. Management Science, 2020, 67 (9): 5364–5378.

Jorge Guzman, Jean Joohyun Oh, Ananya Sen. What motivates innovative entrepreneurs? Evidence from a global field experiment [J]. Management Science, 2020, 66 (10): 4808–4819.

2. 组织变革相关量表

◎ 刘云和石金涛开发的"组织创新氛围量表"

◎ Judge 和 Douglas 等人开发的"组织变革能力量表"

3. 参考文献

第 12 章 组织健康与管理

■ 知识点

　　组织健康、健康型组织、压力管理、时间管理、情绪管理、放松管理、认知管理、员工援助计划

■ 学习要点

◎ 了解组织健康兴起的背景和发展阶段。
◎ 明确组织健康的概念及特征。
◎ 理解并掌握组织健康的主要影响因素。
◎ 掌握提升组织健康水平的两种主要策略：压力管理和员工援助计划。
◎ 了解组织健康的跨文化研究状况。

思维导图

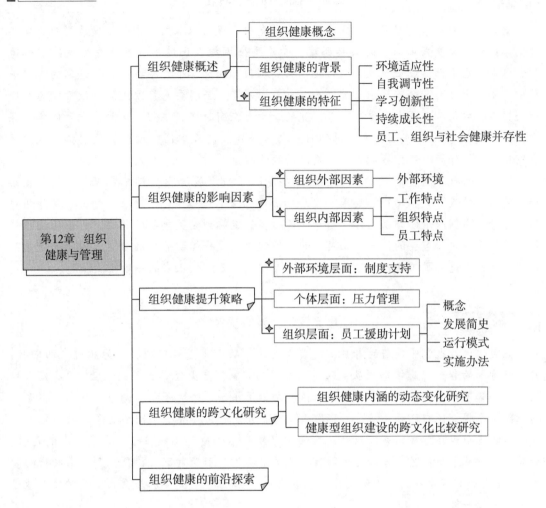

新理念　　　　　健康中国行动下的转化

党的十八大以来，以习近平同志为核心的党中央提出以人民为中心的发展思想。从实现中华民族伟大复兴中国梦的战略高度，党中央强调把人民健康放在优先发展的战略地位。站在开启全面建设社会主义现代化国家新征程、向第二个百年奋斗目标进军的历史进程中，党的十九大又明确提出"实施健康中国战略"，强调要完善国民健康政策，为人民群众提供全方位、全周期的健康服务。党的二十大在新时代新征程中国共产党的使命任务中，强调到2035年，我国发展的总体目标之一是建成健康中国，细化相关举措推进健康中国建设，把保障人民健康放在优先发展的战略位置。

进入新时代，随着时代的变迁，组织要着眼于新发展阶段、新发展理念、新发展格局，将组织健康作为推动组织变革和发展的重要力量（费太安，2021）。员工援助计划作为推进健康中国建设的辅助内容，对于全民心理健康起到至关重要的作用。更多的组织将组织健康摆在更加重要的位置，而员工的心理健康也关乎组织的发展命运，因此如何更高效地将国外先进的员工援助计划引进我国广大组织，是我们未来的一项重要课题。

史上择慧　　　　　焦大骂街，双映贾家

焦大何许人也？宁国府的老仆，与贾母同辈，从小儿跟着宁国公贾源出过三四回兵，且救过贾源的命。贾府祖先"从龙入关"靠军功起家，焦大便是太爷的亲兵。"从死人堆里把太爷背了出来，得了命，自己挨着饿，却偷了东西来给主子吃，两日没得水，得了半碗水给主子喝，他自己喝马尿"，可谓"擎天保驾"之功，备受宁国公父子尊敬。然而焦大处境转变出现在贾敬出家以后，一方面贾家子孙不知感恩图报，全不念及当年的恩情，让焦大干一些累活；另一方面焦大因有功而恃宠而骄，不受贾家人待见。到了第四代的贾珍，"连老爷都不理他的，你珍大哥哥也不理他"，贾家人更是不搭理焦大，此时焦大地位和普通家奴一样。

《红楼梦》第七回"送宫花贾琏戏熙凤　宴宁府宝玉会秦钟"中提到焦大三次"醉骂"（冯其庸，1981）。尤氏询问夜里送秦钟回去的是谁，媳妇们说是焦大，而且喝醉又骂着呢。看来焦大醉骂且不止一次（周丽，2007）。宁府的少奶奶秦氏之弟秦钟在宁府晚饭之后需有人护送回家，焦大被派此差事。饮酒后的焦大甚为不满，借着酒劲撒泼"第一骂"："有了好差事就派别人，没良心的王八羔子！瞎充管家。你也不想想，焦大太爷跷跷脚，比你的头还高呢！"焦大就这样当着一堆主子的面，痛痛快快地骂了管家一顿。

小主子贾蓉连声呵斥，焦大"第二骂"回怼道："蓉哥儿，你别在焦大跟前使主子性儿。别说你这样儿的，就是你爹、你爷爷也不敢和焦大挺腰子！不是焦大一个人，你们就做官儿享荣华受富贵？你祖宗九死一生挣下这家业，到如今不报我的恩，反和我充起主子来了。不和我说别的还可，若再说别的，咱们红刀子进去白刀子出来！"

焦大太撒野，众小厮用土和马粪满满地填了他一嘴。焦大喊出了《红楼梦》中有名的"第三骂"："我要往祠堂里哭太爷去，哪里承望到如今生下这些畜生来！每日家偷狗戏鸡，爬灰的爬灰，养小叔子的养小叔子，我什么不知道？咱们胳膊折了往袖子里藏！"

凤姐和贾蓉等遥遥闻得此声，都装没听见。王熙凤与贾蓉说道："以后还不早打发了这个没王法的东西！留在这里岂不是祸害？倘或亲友知道了，岂不笑话咱们这样的人家，连个王法规矩都没有。"最终，由协理宁国府的王熙凤做主，打发焦大到寒冷偏远的庄子上做工。

故事启示

焦大前半生因马溺而骄大，后半生因马粪而悲怜。如王志尧（2004）所说："焦大从开始跟着主子征南闯北地打仗、捆人到被人捆；从跃马疆场到被拖进马圈；从主动救主喝马溺到被迫往嘴里塞马粪，焦大的一生是可笑的，又是可悲的。可笑的是，他只有匹夫之勇，却缺乏机智谋略；只有忠于主子之心，却无获取主子宠爱关切之术；只能恃功而傲，恃功而大，却不会拍马溜须，献媚取宠。可悲的是，有功不能得赏，效忠难以受恩。"我们可以从个人层面和组织层面反思焦大的悲剧。

就个人层面而言：（1）焦大在组织中的自我角色定位是贾府开创基业的老功臣，是开"府"元勋，厥功至伟，是他炫耀的资本。"焦大"实则"骄大"，恃宠而骄，总以马溺之功居高自负。然而正如老子《道德经》中提出"功遂身退，天之道也"，一个人在功成名就之后能够收敛和含藏，可能才是长久之道。（2）焦大好直言，常锋芒毕露地骂人揭短。他认为赖大处事不公，骂赖大总管"不公道，欺软怕硬"。（3）心中愤懑，只能"一味吃酒"。牢骚满腹，不得不借酒撒疯。（4）焦大对贾府忠心耿耿。《红楼梦》第一百零五回"抄家撞头"，在主子大难临头时，赖大之流趁机逃走，而焦大奋不顾身看护贾府，还念念不忘他和老太爷出生入死的当年："我活了八九十岁，只有跟着太爷捆人的，那里倒叫人捆起来！我便说我是西府里，就跑出来。我如今也不要命了，和那些人拼了罢！"

就组织层面而言：（1）在焦大的职务和任务的安排上，贾府欠妥。按年龄算，焦大估计年过八旬，且作为有功老仆为何还要当差服役？脂批"夜里送秦钟"："有此功劳，不可轻易摧折，亦当处之以道，厚其赡养，尊其等次。送人回家，原非酬功之事。所谓汉之功臣不得保其首领者，我知之矣。"送人回家本就不应派焦大这样有功劳的老仆去，贾府以儒家礼教治家，自当知恩报恩。贾府中一次贾母与家人商议，赖嬷嬷坐在板凳上，按理焦大的地位至少不低于赖嬷嬷这样的仆人，更有随主子出生入死的功勋，应远高赖二地位之上，至少可以在他年老时尽供养之责，免劳役之苦。（2）贾府上上下下对焦大的态度和行为更多的是避让，没有从根本上解决问题。焦大骂赖二时，众人齐喝，但喝他不住；尤氏"权当他是个死人"；凤姐、贾蓉只当听不见；贾蓉直接叫人将他捆起来；众小厮见焦大骂的话"有天没日的，唬得魂飞魄丧"，用土和马粪满满地填他一嘴；凤姐认为"还不早些打发了没王法的东西，生留在家里岂不是祸害"。（3）贾府主子们昏庸无能，早已忠奸不辨。他们宁愿扶持贾雨村、赖嬷嬷、周瑞家的……也不愿施于焦大点滴之恩。焦大的败落和赖大的升腾是贾府衰败的征兆。焦大是"啄木鸟"，赖大是贾府的蛀虫，结果却贫富荣辱颠倒。

一部《红楼梦》的淫邪之处，恰在焦大口中揭明。作为一个组织，如何对待员工过去的功绩，如何处理员工的不满和牢骚甚至反对意见，可能正是组织能够正视内部问题并开始"修复"的过程。

12.1 组织健康概述

12.1.1 组织健康概念

1. 何为健康

在古汉语中,"健康"指人发育良好、机能正常、精力充沛、工作效率高的身体状态。从汉语辞源分析,"健"本意为强有力。《说文》载:"健者,伉也。"又如《易·乾》:"天行健,君子以自强不息。"后魏禧《大铁椎传》曰:"有健啖客。"引申为精通或擅长。"康"本为谷皮和米糠。《疏》孙炎曰:"康,乐也,交会乐道也。"可见康字也有"乐、安、昌、盛、美"等幸福之意。又《礼记·乐记》载:"民康乐。"后引申为康庄和安定。古文《梦溪笔谈》记载:"然自此宿病尽除,顿觉康健,无复昔之羸瘵。"其"康健"即康泰健壮,药到病除,恢复人体正常的身体状态,与"健康"含义相近。

天子守国门,倒逼组织健康

"天子守国门"出自阎崇年2004年汇编的《正说清朝十二帝》,其古义源于《春秋左传·昭公二十一年》:"古者,天子守在四夷;天子卑,守在诸侯。诸侯守在四邻;诸侯卑,守在四竟(境)。"意为诸侯的地位下降,守卫在四方边境。永乐十九年(1421),由于大明王朝常受到北方鞑靼和瓦剌的威胁,兼有蒙古势力的南袭,明成祖朱棣将都城从南京迁到靠近外族的北京,史称"永乐迁都"。自此历时276年共16位皇帝的明朝,除太祖朱元璋外都在北方御边,因北京靠近重要防线山海关且为天子居住的地方,故民间称"天子守国门"。

迁都后北方边患仍然十分严重,明成祖朱棣在管理上下"狠功夫"。在组织外部朱棣亲力亲为,下令修补长城以抵御外族入侵,五次御驾亲征以更好地管理和调动军队,使明朝内外安稳。其中,第二次御驾亲征蒙古后,朱棣班师回朝对大臣说:"我朝国势之尊超迈前古,其驭北虏、西番、南岛、西洋诸夷,无汉之和亲,无唐之结盟,无宋之纳岁薄币,亦无兄弟敌国之礼。"在组织内部朱棣采取整顿吏治等措施增强国力,立下"不和亲,不赔款,不割地,不纳贡"的祖训。所谓明虽武不及汉、荣不及唐、繁不及宋,但明无汉之外戚、唐之藩镇、宋之岁币。

随着社会的发展和时代的变迁,健康的内涵不断丰富,人们对健康的理解已从最初"无疾病的状态"到世界卫生组织确定的"健康不仅仅是没有疾病和虚弱的状态,而是一种身体、心理和社会适应良好的完美状态",打破了纯生物医学的范畴。长期以来,从生理学、医学和心理学角度研究个体健康居多,但较少涉及组织层面的"健康"。

2. 组织健康概念的界定

现有研究强调个体和组织层面的整合,组织健康被赋予更广泛的意义(Miller等,1999)。尽管不同学者对组织健康的认识和看法各不相同,但多数研究者认为健康是组织发展的一种目标状态,因为健康的组织更有利于取得高水平的绩效(MoHugh,2000)。部分学者对组织健康发展三阶段的内涵的理解和定义如表12-1所示。

表12-1 关于组织健康在不同阶段的定义

阶段	定义	侧重点
第一阶段 (1990年以前)	Miles (1965) 认为,健康的组织在于本身能够生存并拥有持续发展、扩张的适应能力	财务业绩
	Clark (1982) 认为,组织健康是指组织成员自觉按照组织中未明确规定的潜意识行为进行工作,这些行为能够确保组织维持现状并促进其发展	
	MoHugh 和 Brotherton (2000) 认为,组织健康与财务业绩相关,财务业绩是企业的生存本质,可以将组织健康简单分为财务健康和财务不健康	
第二阶段 (1990—2000)	Cooper 和 Cartwright (1994) 认为,健康的组织是既有成功的财务业绩(利润)又有生理、心理健康的员工队伍的组织	财务业绩 员工健康
	Lyden 和 Klingele (2000) 认为,组织健康不仅包含组织有效运营的能力,还包含成长和发展的潜力	
第三阶段 (2000年以后)	Nadkarni 和 Lovey (2003) 认为,组织健康是组织同时高度满足六个主要标准的整体状态	多方利益
	Corbett (2004) 认为,组织健康在于组织领导者理解存在于员工、顾客和股东间的动态和平衡关系	
	Zwetsloot 和 Pot (2004) 认为,组织健康与组织社会责任紧密关联,健康的组织不仅要有成功的财务业绩,还要有健康的员工和健康的环境	
	时勘和郑蕊 (2007) 认为,组织健康是指一个组织能正常运作、注重内部发展能力的提升,并有效、充分地应对环境变化以及开展合理变革的过程	
	王兴琼和陈维政 (2008a) 认为,健康的组织通过技能、管理、制度等方面有效合理的变革创新以及关注员工身心健康和工作满意等手段来提升内部发展能力与适应外部环境	

我们可以将组织健康的定义分为三类:第一类将组织健康视为状态变量。组织健康发展的阶段性特征由其选取标准的不同来决定,Cooper 和 Cartwright (1994) 提出的概念即为此类。第二类将组织健康视为过程变量。强调组织健康是组织为维持生存、提高竞争力而采取的一系列行动,时勘和郑蕊 (2007) 的概念属于此类。第三类将组织健康视为过程-状态变量。这综合了前两类概念,各有可取之处,说明组织健康的过程性并强调组织健康的持续性,同时说明组织健康的状态性并体现组织健康的结果层面,王兴琼和陈维政 (2008) 的定义属此类。

我们将组织健康定义为:一个组织能够正常、高效地运行和管理,并有能力保持增长和发展的状态。它不仅注重提高内部组织能力,还能有效适应外部变化的环境。由此可知,组织内外部因素共同影响组织健康状况。

3. 组织健康与健康型组织

在归纳和分析组织健康概念时,绕不开的一个概念是"健康型组织"。组织健康和健康型组织的概念紧密相关,导致学者们在分析组织健康的概念时,常常用健康型组织替代组织健康,但也有学者对两者进行了比较(王兴琼和陈维政,2008c),如表12-2所示。

表 12-2 组织健康与健康型组织的比较

		组织健康	健康型组织
区别	内涵	核心是"健康",指组织是否正常运行的状态	核心是"组织",本质为组织形态,与不健康组织对立
	范围	组织健康是健康型组织的表现	健康型组织涉及多层面的广义健康
联系		1. 健康型组织应包括组织健康。健康型组织应同时关注个体、团体和组织甚至外部环境等各层次的健康,组织健康则描述组织所处的一种状态 2. 组织健康是健康型组织的一种表现,两者没有实质的区别。现有研究经常把健康型组织描述成组织健康	

总之,组织健康和健康型组织是不同的概念。其中,一个健康的组织必须包括充满活力和积极性的组织,以及健康、热情、对现状满意的成员。一旦组织健康出现问题,组织就应当及时干预以维护组织正常运行。

12.1.2 组织健康的背景

1. 个体层面员工压力的挑战性

面对组织内外部环境的快速变化、全球化竞争、技术更新换代和流程再造等新形势,组织内的每个员工都面临巨大的压力和挑战,严重威胁其身心健康和削弱其工作幸福感。随着人力资本理论研究的不断丰富,管理者已意识到员工健康是组织最重要的资本(王雁飞和朱瑜,2007)。关注员工、组织的健康,构建健康型组织成为人们面临的重要课题,而组织健康概念在健康型组织背景下勃然兴起(王兴琼和陈维政,2008b)。

2. 组织层面可持续发展的紧迫性

组织可持续发展是组织永续经营、健康发展的一种结果状态,需要平衡和协调股东、员工、社区、政府等利益相关者的关系,力求实现多方共赢。然而,重视顾客的利益而忽略员工价值,"过劳死"等现象令人惋惜,严重影响组织的发展(周其仁,1996),因此关注各方利益的组织健康研究得以兴起。

3. 社会层面可持续发展的关键性

我们要合理利用资源、保护环境、重视生态平衡,来自个体、组织和社会的各个层面都要重视组织健康,推动组织健康走向现实。

12.1.3 组织健康的特征

王兴琼和陈维政(2008a)广泛查阅和归纳总结组织健康相关文献后,将组织健康的核心特征概括如下:

1. 环境适应性

组织健康首先表现为适应环境。在相对稳定的环境下,组织与个体已经成为动态变化系统中相互联系的有机整体,缺一不可。因此,组织必须能有效管理和感知环境变化并能点对点地加以调整(Thomas,2003)。多数学者认为健康型组织的基本条件是适应环境变化,若组织不能生存则无"健康"一说(陈维政和王兴琼,2010)。

中华典故 　　　　　多尔衮进京,收"买"人心

顺治元年(1644),多尔衮在山海关大败李自成军队后,率领清军进入朝阳门,老幼百姓焚香跪迎,"城上白标骤遍,紫禁悉布毡庐"。当日,多尔衮即下令"诸将士乘城,厮养人等概不许入,百姓安堵,秋毫无犯"。与数月之前李自成农民军进城后大肆烧杀抢掠的行径不同,多尔衮尽可能地维护原有统治阶层的权益以获取支持(刘仲华,2015),"急行征聘,先收人望,以系四海之心"。

七月初十,锦衣卫官舍李谏善按明朝惯例要求"自置庄田",多尔衮特地予以明确:"故明勋戚赡田己业俱准照旧,乃朝廷特恩,不许官吏侵渔,土豪占种。各勋卫官舍,亦须加意仰体,毋得生事扰民。"随后,多尔衮又面向城堡营卫、文武百官及军民人等传达安抚政策:"予闻尔等遭兹寇难,坐卧靡宁,爰整大军扫除祸乱,拯民水火之中,以安天下,非好兵而乐战也。"同时又出台政策:"凡文武官员、军民人等不论原属流贼,或为流贼逼勒投降者,若能归服我朝,仍准录用。"

改朝而不换代,旧皇帝虽然换成新皇帝,但既有的利益格局和社会秩序依然得以保留,这对常年在关外的满洲统治集团而言可迅速获得旧明势力的支持,巩固清初政权。

2. 自我调节性

一个健康的组织可以通过自我监测、测量或评估以及政策或计划来持续增强员工的幸福感。在适应环境的过程中,组织在几个方面会表现出不平衡,如稳定性、混乱性、一致性和多样性。组织健康是组织内部存在的与环境之间的自然互动,调节组织自身机制使组织与内外环境所产生的压力保持平衡,有利于组织的生存与健康发展(赵有军,1999)。

中华典故 　　　　　萧遥光犹豫不决,错失良机

《资治通鉴》中记载,南齐第六任君主萧宝卷亲信宦官,天天和宦官们擂鼓、喊叫,骑马作乐,肆意杀戮大臣,以致人心离散。当时的辅政大臣萧遥光与其弟萧遥欣秘密谋划造反。萧遥光是齐明帝萧鸾的侄子,萧宝卷的堂兄。"生有躄疾,太祖谓不堪奉拜祭祀,欲封其弟,世祖谏,乃以遥光袭爵。"史书记载,萧遥光生下来腿脚有残疾,但人聪明有才华。萧宝卷的父亲萧鸾很看重这个侄子,在萧宝卷还没当太子时,萧鸾就让儿子萧宝卷和侄子萧遥光吃住在一起。当萧遥光和其弟确定起事日期后,萧遥欣突然病死。萧宝卷命萧遥光到金銮宝殿晋见,萧遥光不知道内情,以为谋反之事暴露,恐一旦入宫就会被诛杀,遂提前发动政变。

要除掉萧宝卷,首先必须杀掉宫中禁卫军首领萧坦之。萧遥光趁萧坦之没有准备,派人前往逮捕,萧坦之来不及穿衣服,光着脊梁,翻墙逃走,奔向宫城。路上遇到巡查队长颜端要生擒萧坦之,萧坦之告诉他萧遥光谋反,颜端不信,亲自前往观察,发现果然如此,于是马上备马让萧坦之进宫。垣历生向萧遥光建议率领城里兵马(城指东府城)乘夜攻击宫城,用车运送获草,纵火焚烧宫城门,说:"公但乘舆随后,反掌可克!"萧遥光紧张狐疑,不敢出动。第二天拂晓,萧遥光全副武装到大厅处理政事,命士卒备战,然后登

上城墙，颁发赏赐。垣历生再一次劝告萧遥光主动攻击，萧遥光仍然不肯，只希望宫城内部发生变化。稍后，太阳升起，中央军陆续集合。之后由于萧遥光的战略不变，人心大失，萧遥光"还小斋，帐中著（着）衣恰坐，秉烛自照，令人反拒，斋阁皆重关，左右并逾屋散出"。政变终败矣。

本来萧宝卷昏聩无能，不得人心，萧遥光占尽先机，却因为只想坐享其成而错失良机，最终以失败告终。由此可见，根据态势发展及时调整组织方略至关重要。

3. 学习创新性

关于组织健康的另一个观点是学习型组织，它提倡组织按学习模式运作，并在认真学习和创新的基础上确定各项决策。陈国权（2009）发现，学习型组织能够提高组织财务业绩和培育良好的组织文化氛围；有学习障碍的组织是不健康的，健康型组织应该具备持续学习和创新的能力，以适应环境的变化。

4. 持续成长性

健康型组织应具备长期的健康和活力，才能实现组织的可持续发展。暂时的成功不能称为真正的成功，《基业长青》（Collins 和 Porras, 1994）中特别强调，组织健康应具有长期的持续发展能力，不为短期利益而牺牲组织的长远发展。目前，越来越多的人认识到组织健康的重要性，在管理实践中，真正高效并能持续输出的组织须建立在组织成员相互合作和学习的基础上。

中华典故　　望族琅琊王氏发迹史

"旧时王谢堂前燕，飞入寻常百姓家。"诗中"王"乃第一世族琅琊王氏，世间一度流传着"王与马，共天下"的言论。古琅琊在现今山东临沂一带，而琅琊王氏就是生活在琅琊的王姓望族。那么，这个家族又是怎样一步一步在民不聊生、政权更迭的乱世长盛不衰的呢？

源起：王氏祖先秦武将"王翦"，抱团取暖

《史记》记载："王翦者，频阳东乡人也。少而好兵，事秦始皇。翦将攻赵阏与，破之，拔九城，十八年，翦将攻赵。秦因乘胜略定荆地城邑，岁余，虏荆王负刍，竟平荆地为郡县咽南征百越之君。而王翦子王贲，与李信破定燕、齐地，而后翦功成身退，遂请美田宅园池甚众，请园池为子女业耳，使还请善田者五辈，祖上生活富足。"

秦二世时期，王贲的儿子王离，生子王元和王威。秦末为躲避战乱，王元带领部分族人迁往山东琅琊，历史上把这一房的人称为琅琊王氏。

开端：王吉忠言直谏，汉初露头角

王吉，字子阳，琅邪（琊）皋虞人也。少好学明经，以西汉举孝廉为郎，补若卢右丞，迁云阳令，举贤良为昌邑中尉。昌邑王贺好游猎，驱驰国中，动作亡节，吉上疏谏，曰："臣闻古者师日行三十里，吉行五十里。是非古之风也，发发者；是非古之车也，揭揭者。盖伤之也。今者大王幸方舆，曾不半日而驰二百里，百姓颇废耕桑，治道牵马，臣愚以为民不可数变。"王吉与郎中令龚遂以忠直数谏正（争）得减死，并被起用为博士、谏大夫。自此，琅琊王氏开启繁荣之路。

— 476 —

转折：王祥卧冰求鲤，王览争鸩

王祥，字休征，琅邪（琊）人，性至孝。早丧亲，继母朱氏不慈，数谮之。由是失爱于父，每使扫除牛下。父母有疾，衣不解带。母常欲生鱼，时天寒冰冻，祥解衣，将剖冰求之。冰忽自解，双鲤跃出，持之而归。母又思黄雀炙，复有黄雀数十入其幕，复以供母。乡里惊叹，以为孝感所致。

王览，母挞其异母兄祥，览辄流涕抱持；母虐使祥及祥妻，览与妻亦趋共之。祥渐有时誉，母疾之，乃鸩祥。览知，取酒争饮。母遽覆酒，遂感悟。吕虔有佩刀，相其文，佩者至三公。虔与祥，祥以授览，后果九代公卿。

王祥和王览入选分列"二十四孝悌"之中，福荫惠及整个琅琊王氏。从最开始偏居一隅的小地主，逐渐兼并土地，甚至入仕，豪族大强初具雏形。

盛况：王导幕后军师，保全家族繁荣

王导，字茂弘，光禄大夫览之孙也。父裁，镇军司马。导少有风鉴，识量清远。年十四，陈留高士张公见而奇之，谓其从兄敦曰："此儿容貌志气，将相之器也。"子承父业。《晋书·王导传》记载："司空刘寻引为东阁祭酒，迁秘书郎、太子舍人，尚书郎，并不行。"后参东海王越军事。时元帝司马睿为琅琊王，与导素相亲善。导知天下已乱，遂倾心推奉，潜有兴复之志。

帝亦雅相器重，契同友执。帝之在洛阳也，导每劝令之国。会帝出镇下邳，请导为安东司马。军谋密策，知无不为。及徙镇建康，吴人不附。居月余，士庶莫有至者，导患之。会敦来朝，导谓之曰："琅邪（琊）王仁德虽厚，而名论犹轻。兄威风已振，宜有以匡济者。"会三月上巳，帝亲观禊，乘肩舆，具威仪。敦、导及诸名胜皆骑从。

自此之后，渐相崇奉，君臣之礼始定。此时形成"王与马，共天下"局面，琅琊王氏繁荣达到顶峰。

人们常说："穷不过三代，富不过三代。"豪门大族在达到最盛之时往往会逐渐走向没落，而琅琊王氏却有着顽强的生命力和可持续发展的能力，历经汉、三国和晋朝甚至唐代，均相继出过朝廷命官，世禄不断。

5. 员工、组织与社会健康并存性

健康的组织应同时关注不同层面的健康，包括个体（员工）、群体与组织层面的健康。Cooper 和 Cartwright（1994）认为，健康的工作理念对健康型组织来说至关重要，它能够成功地创造和维持健康且相对宽松的工作环境，从而实现财务成功和员工身心健康。李虹（2007）认为，"财富"并不必然意味着"健康"，组织健康与财富状况无显著关系。Verschoor（2003）认为，组织健康的重要标准是自觉承担环境保护责任和个人责任。

｜中｜华｜典｜故｜　　朱批达人雍正："朕就是这样的汉子"

奏折制度是指清朝皇帝授予某些官员"直达天听"的密奏特权，密奏既不在朝廷上公开，也不经内阁呈递，奏折内容只有写密奏的官员和皇帝知道。在奏折的处理上，皇帝可以详细、充分地写明自己的看法或命令，即"朱批"。《清史杂笔》描述："在中国章奏制度史上，雍正一朝应该是最为多姿多彩的时代。"康熙喜欢用简单的三个字"知道了"批

阅奏折；雍正朱批的信息量则很大，而且画面感很强。

《雍正朝汉文谕旨汇编》中记载了雍正对大臣的朱批，展现了雍正的另一面。雍正皇帝给田文镜的朱批这样写道："朕就是这样的汉子，就是这样的秉性，就是这样的皇帝。尔等大臣若不负朕，朕再不负尔等也，勉之。"雍正给石文焯奏折的朱批中写道："喜也凭你，笑也任你，气也随你，愧也由你，感也在你，恼也从你，朕从来不会心口相异。"年羹尧在奏折上报告青海战役，说自己有十一夜没睡觉，雍正就在奏折上批了："好心疼，好心疼。"青海叛乱平定后，雍正极为兴奋，在给封疆大吏年羹尧奏折的朱批中情不自禁地写道："尔之真情朕实鉴之，朕亦甚想你，亦有些朝事和你商量。"雍正对琐碎小事也不厌其烦地朱批，对臣子关怀备至。比如镇守山西大同的王以谦身体不好，雍正朱批道："好生养着，不知你吃酒否？若饮可戒之！"又如有臣子身体略有好转，他写道："览奏知卿步履如常，朕心深为欣慰。虽然，仍当加意节慎，不可稍涉勉强。"

康熙与雍正父子的吏治，前者"宽仁"而后者"严苛"。雍正在朱批中好像在与臣子们促膝交谈，关心臣子之事，体现了雍正秉承的"当严则严，当宽则宽"的"宽"之一面。

12.2 组织健康的影响因素

关于组织健康的影响因素，众多学者进行了较为深入的研究。巫文胜等（2009）认为，组织健康的影响因素主要包括工作本身、员工心理及群体心理等方面；彭红霞（2009）认为，组织健康的影响因素可分为个体因素和组织因素。借鉴国内外学者的研究成果，我们将组织健康的影响因素分为组织外部因素和组织内部因素。

中华典故　从刘秀看组织健康的影响因素

刘秀，东汉王朝开国皇帝，庙号"世祖"，谥号"光武皇帝"。薛居正曾言："自古帝王，能保全功臣者，唯光武一人而已矣。"毛主席也曾说过，光武帝是"最有学问、最会打仗、最会用人的皇帝"。朱元璋评价刘秀，"惟汉光武皇帝延揽英雄，励精图治，载兴炎运，四海咸安。有君天下之德而安万世之功者也"（李琰，2010）。

组织外部环境：牛背上的开国皇帝

新莽末年，海内分崩，天下大乱。王莽因不切实际的倒行逆施，致"托古改制"以失败告终，使百姓处于水深火热之中。据《汉书·食货志》记载："农商失业，食货俱废，民涕泣于市道。"更糟糕的是从天凤元年（14）开始，灾荒、疾疫累发，人祸和天灾联袭，民不堪命，"元元无聊，饥寒并臻，父子流亡，夫妇离散，庐落丘墟，田畴芜秽，疾疫大兴，灾异蜂起。于是江湖之上，海岱之滨，风腾波涌，更相骀藉，四垂之人，肝脑涂地，死亡之数，不啻太半，殃咎之毒，痛入骨髓，匹夫僮妇，咸怀怨怒。"全国掀起了反抗王莽的农民起义浪潮，其中势力最为浩大的是绿林军和赤眉军。

公元22年，身为一介布衣却有王朝血统的刘秀及兄长刘縯亦起舂陵，两人本着"复高祖之业，定万世之秋"的理念加入绿林义军，与诸部合兵而进。后破王莽前队大夫甄阜、属正梁丘赐，斩之，号圣公刘玄为更始将军。众虽多而无所统一，诸将遂共议立刘玄即帝位。

由于刘秀兄弟家财甚微,刘秀起义之初避吏新野,卖谷于宛。《后汉书》记载:"光武初骑牛,杀新野尉乃得马。"后来攻克了新野县后,缴获了敌兵战马,刘秀这才有了马骑。后世又戏称刘秀为"牛背上的开国皇帝",直观地展示了刘秀起兵时艰苦的作战环境。

组织内部角色压力:韬光养晦,隐忍负重

公元23年昆阳之战中,取得战争第一场胜利的刘秀南下攻城夺地,刘秀的哥哥大司马刘縯被更始皇帝杀害。刘秀深受打击,但他强忍悲伤,韬光养晦,为免受更始帝的怀疑而急返宛城,向刘玄谢罪,私下不接触刘縯部将。虽刘秀居昆阳之功首,但他表示兄长犯上,"功过相抵"且不敢为兄服丧,"饮食言笑如平常"。不过在独居时他不吃酒肉,枕席间往往有泪痕,部下冯异劝他尽情哀痛,刘秀制止道:"卿勿妄言。"刘縯因不服皇威而被杀,更始帝见刘秀谦恭,反而有愧。

此后刘秀平步青云,更始帝对他的猜忌全无,刘秀反被拜为破虏大将军、武信侯,并迎娶自己思慕多年的阴丽华,的确做到他初入长安所言:"仕宦当作执金吾,娶妻当得阴丽华。"为其统一大业奠定了坚实的基础。

组织内部领导风格:"将""相"和

公元26年,寇恂刚被拜为颍川太守。上任数月后,平定颍川叛乱,百姓得以安居乐业,寇恂也因功被封雍奴侯,食邑万户。

在此期间,屡立军功的武将贾复驻汝南,其部将于颍川犯事杀人。寇恂逮,当众斩首示之。贾复知后震怒,扬言与其势不两立。一次,贾复带领军队路过颍川,对左右说:"吾与寇恂并列将帅,而为其所陷,今见恂,必手剑之!"恂知其谋,不欲与相见。部将谷崇曰:"崇,将也,得带剑侍侧。卒有变,足以相当。"恂曰:"不然,昔蔺相如不畏秦王而屈于廉颇者,为国也。"恂出迎于道,称疾而还。贾复派兵欲追之,而吏士皆醉,遂过去。恂遣谷崇以状闻,帝乃征恂。恂至,引见;时贾复先在坐,欲起相避。汉光武帝说:"天下未定,两虎安得私斗!今日朕分之。"于是并坐极欢,遂共车同出,结友而去。

刘秀对待下属的态度决定了"将"与"相"能否愉快相处,正是其开明的领导,使两人化干戈为玉帛,共同为东汉效力。

组织内部激励制度:失之东隅,收之桑榆

"失之东隅,收之桑榆",语见《后汉书·卷十七·冯异传第七》。

刘秀即位为光武帝后,派大将冯异和邓禹率军西征,镇压赤眉军。异以主卒饥倦,可且休,禹不听,复战,大为所败,死伤者三千余人。禹得脱归宜阳,冯异弃马与麾下数人归营。复坚壁,收其散卒,招集诸营保数万人,与贼兵约期会战。使壮士变服与赤眉同,伏于道侧。旦日,赤眉使万人攻异前部,异裁出兵援助。贼见势弱,遂悉众攻异,异乃纵兵大战。贼气渐衰,伏兵卒起,衣服相乱,赤旧不复识别,众遂惊溃。追击,大破于崤底,降男女八万人,余众尚十余万,东走宜阳降。而后刘秀玺书劳异曰:"赤眉破平,士吏劳苦,始虽垂翅回溪,终能奋翼黾池,可谓'失之东隅,收之桑榆'。方论功赏,以答大勋。"

即使在回溪打了败仗,但冯异、邓禹两人吃一堑长一智,及时改变战术,最后在黾池大胜赤眉军。虽一败但终胜,理应论功行赏,这凸显了刘秀嘉奖功臣的积极一面,极大激励了将士的作战热情。

组织内部文化：偃武修文，励精图治

刘秀在建立政权时，"高秩厚礼，允答元功"，采取"退功臣而进文吏"的策略。"退功臣"即善待功臣，"进文吏"即提拔文法、儒学之士，以代替功臣群体主导朝政。

刘秀的人才观，即"清官""酷吏"二者兼用。刘秀深知"马上得之，宁可以马上治乎"的道理。他经常亲自考察，偶尔召集官员和村里的长者询问基层官员的得失，以选拔明智能干的人才。当时，贵族聚集在洛阳，大肆从事非法活动。刘秀的妹妹湖阳公主的仆人杀了一个人，当地官员不敢干预。董璇被任命为洛阳知府后，首先逮捕了杀人凶手，并将她绳之以法。湖阳公主状告朝廷，刘秀劝她带头遵纪守法，并奖励董璇严格执法。从那时起，洛阳权贵的亲属们战栗不已，再也不敢违抗法律。

"光武中兴"继之以"明章之治"，天下一统，百姓归心。"朝无威福之臣，邑无豪杰之侠"，史称官民安其业，真可谓乾坤朗朗，又一升平盛世矣！

组织内部变革：得陇望蜀，一统天下

"得陇望蜀"现常用来形容贪婪和不满足的人。但"得陇望蜀"的古意并非如此，在刘秀身上反而是褒赞，怎么回事呢？

"得陇望蜀"最早出自《后汉书·岑彭传》。岑彭跟随刘秀南征北战，战功显赫，是东汉初有名的军事家、大将军。建武八年（32），刘秀率兵平定西北，命岑彭攻打割据势力中名望最大的隗嚣。一旦隗嚣被灭，其他势力就会受到影响。刘秀派人布置妥当后便移驾东归。临行前，赐岑彭等书曰："两城若下，便可将兵南击蜀虏。人苦不知足，既平陇，复望蜀。每一发兵，头须为白！"

由此可见，刘秀欲建伟业，就必须拿下陇、蜀。刘秀的信函也是对岑彭的鞭策和鼓励，人忌骄傲自满，无上进心，这无异于告诉岑彭"革命尚未取得成功，同志仍需努力"。刘秀正是在不断的"得陇望蜀"中完成"中兴"大业。"得陇望蜀"于刘秀，不是指贪心，而是指在境况不断变化中始终为远大理想而努力奋斗。

组织内部员工的学习能力：寇恂治河内

寇恂，字子翼，上谷昌平人也，世为著姓。恂初为郡功曹，太守耿况甚重之。

公元23年，刘秀平河内，朱鲔等占洛阳与其对峙。光武难其守，问于邓禹曰："诸将谁可使守河内者？"禹曰："昔高祖任萧何于关中，终成大业。今河内带河为固，户口殷实，北通上党，南迫洛阳。寇恂文武备足，有牧人御众之才，非此子莫可使也。"乃拜恂河内太守，行大将军事。帝谓恂曰："河内完富，吾将因是而起。昔高祖留萧何镇关中，吾今委公以河内，坚守转运，给足军粮，率厉士马，防遏它兵，勿令北度而已。"寇恂则下文书至县，操练兵马，箭矢制造百余万，养马二千匹，供给军队，有力支援了前线作战。

寇恂一生戎马，奋其智勇。有人曾说："昔萧何镇关中，汉祖得成山东之业；寇恂守河内，光武建河北之基。"

12.2.1 组织外部因素

行业环境对于组织是否实施组织健康提升策略有着重要影响。另外，提升组织健康有助于增强员工的组织承诺感、提高工作效率、留住核心员工（彭春芳，2012）。

基于权变理论，组织作为一个开放的系统，必须找到适应环境变化的管理方式。组织的外部环境是一种不可控因素，组织只能被动适应。因此，组织必须与外部环境充分协调以达到两者的动态平衡，才能实现组织健康。

12.2.2 组织内部因素

1. 工作特点

工作特点包括工作量、工作要求等。工作量是指单位时间完成的工作量。针对各行业工作压力的研究表明，工作量过大是工作压力的重要来源，诸如企业工作压力、医护人员工作压力、教师工作压力等会影响员工身心健康。

单调的机械操作和缺乏参与等工作要求也是员工压力的重要来源。工业自动化技术导致工作的简化和重复，在这种被动且缺乏多样性、工作决策参与度低的情况下，员工无法感受到工作的挑战性或刺激性，价值感的缺失给员工带来了巨大的压力（杨震宁和李德辉，2014）。

2. 组织特点

组织特点包括角色压力、领导风格、组织变革、激励制度、组织文化等。

（1）角色压力。"角色"是指组织需要个体完成相应任务的职责，每个角色都表明个体对他人和组织应尽的义务和责任。Kahn 等（1964）发现角色冲突和角色模糊在组织中普遍存在，其往往会导致高工作紧张、低组织承诺、低工作绩效等消极状态。

（2）领导风格。领导风格调节员工的压力感知。"官本位"思想在我国根深蒂固，管理者的人格、性格特征及行为会给员工造成很大的压力。时勘等（2016）认为，优秀的领导者是发展健康型组织的关键；方阳春（2014）认为，包容型领导风格对组织健康和组织绩效有明显的提升作用。因此，何种领导风格更有助于组织健康呢？

（3）组织变革。组织变革是指调整组织以适应环境变化的过程。对许多员工来说，组织变革将引发大量动态和不确定的因素，这会增大事物的不确定性，从而给员工带来压力。

（4）激励制度。基于双因素理论，组织中存在激励因素和保健因素。如果员工的保健因素难以得到保证，员工就会产生不满和减弱工作积极性，从而妨碍组织健康。然而，一旦满足员工的激励因素，员工就会产生工作成就感和满意感，从而有助于充分调动员工的积极性。

（5）组织文化。组织文化是组织健康的影响因素之一，是管理心理学中的重要课题。组织文化（如组织成员之间的行为规范和共同价值观）会影响成员对组织的理解及其在组织健康中的重要性。一个组织的健康状况主要取决于文化基因的质量（王成荣，2005）。从积极组织行为的角度来看，研究组织文化对组织健康的影响，特别是组织的外部适应性和内部适应性，对于提高组织的内部协调发展能力和适应外部环境变化能力是非常关键的。

3. 员工特点

员工特点是指组织中每个成员的健康水平和发展水平对组织健康的影响，主要包括员工的学习和发展能力、自主性、身心健康等。

（1）员工学习和发展能力。提高员工的学习和发展能力，使他们能够在没有压力或压力较小的条件下工作。如果员工自身能力停滞不前,他们将无法满足组织不断变化的业务要求,此时员工将面临巨大的工作压力;相反,如果员工能够根据不断变化的工作任务调整和发展自己的能力与技能,他们就能更有效地工作,工作压力得以减轻,从而使组织更健康。

(2)员工自主性。首先,如果员工在工作中拥有足够的自主权和创造力,善于自我学习、自我完善和自我管理,就可以促进组织的有效运作;其次,如果员工拥有足够的自主权,就可以提高管理者的工作效率,促进组织效率的提高;最后,如果员工缺乏必要的自主权,每项任务都需要管理者监督、指导和管理,就会影响工作的进展。

(3)员工身心健康。强调员工的身心健康是一种双赢的组织管理策略。促进员工的身心健康有助于提高生产效率和保持生产连续性。对于组织来说,拥有良好身心健康的人是保持和提高工作效率的重要前提。促进员工的身心健康、提高员工满意度,可以激发员工的参与感和责任感,增强他们对组织的认同感和忠诚度,从而更好地促进组织健康。

12.3 组织健康提升策略

12.3.1 外部环境层面:制度支持

1. 政府营造科学有序的发展环境

(1)尽快推进相关立法。在我国,为确保各类组织正常经营,政府必须完善一系列立法,将法律法规的制定与基层联系起来,鼓励人大代表基于本地区的现状,制定适合本地区发展不同类型组织的"清单"法规和地方政策配套意见,将立法的发展纳入法律体系框架,明确各组织的责任和义务,完善奖惩机制。

(2)构建有效的监管制度。不同组织的发展既需要政府的支持,也要求服务标准持续规范化以加强组织监督。比如完善监管体系,根据不同类型组织的特点,有针对性地实施科学、有效的考核评价机制,制定考核评价标准和实施方法,推动组织管理规范化、制度化。

(3)优化营商环境。政府出台相应的税收优惠和减免政策,为各类组织提供水、电、气、暖等经营支出的优惠或减免政策,鼓励和支持组织发展;拓宽组织资金来源渠道,鼓励金融机构根据需求创新金融产品,通过降息免息贷款、小额贷款融资平台等方式为符合条件的组织提供信贷服务。

2. 结合组织管理体制实现组织健康

组织的健康发展不仅要在和谐合法的组织环境中生存,还要强调组织的管理体系。因此,在设计组织健康项目时,组织不仅要考虑员工的态度,还要考虑组织的实际情况。只有将组织健康战略和组织管理系统相结合,组织才能更有效地实施健康项目,从而加速实现组织整体目标。此外,由于社会制度和环境不同,管理系统和方法也有所不同,为了实现组织的健康,制定适合中国国情的法律制度是非常有必要的。

12.3.2 个体层面:压力管理

工作压力影响员工的身体和心理健康,更影响工作效率,因此组织开展员工压力管理十分必要。本小节从员工压力来源、压力的负面影响、压力管理策略三部分展开说明。

1. 员工压力来源

(1) 个体压力。压力首先来自与个体因素相关的压力，例如社会角色带来的压力，家庭纠纷带来的压力，家人健康问题引发的照护及经济负担，家庭生活的平衡等。此外，员工个体感受和承受压力存在个体差异。员工由于人格特质、认知能力、心理素质、自身能力的不同，对压力的感受、压力的反应程度也有所不同。

中华典故　　曾国藩：从失败中站起来的清代名臣

作为清王朝的四大"中兴名臣"之一，曾国藩在道德、学问、事业上都达到封建王朝大臣所能达到的极致。从书生到统帅，曾国藩创下不世之功。但在此过程中，他也遭遇了不计其数的不利困境。

咸丰四年（1854），太平军的西征军从湖北挥师南下并逼近长沙，此时曾国藩做好了首次迎战的准备，已练成一支一万七千人的水陆湘军队伍。而太平军兵分两路，一路人马直取湘潭，另一路人马攻占重要港口靖港，以完成对长沙的包围。

为了避免背后受敌，曾国藩派遣部分五营水陆大军主动攻打湘潭的太平军，自己则带领剩下的五营水陆湘军第二天前往增援，以达成首战必胜的目的。但乡绅们提供的情报有误，驻扎在靖港的太平军不计其数，加上当时南风大作，将湘军战船吹至敌军阵前。太平军用炮火对湘军水师狂轰滥炸，导致战船起火不断，损失惨重。湘军大部分首次参战，早已吓得魂飞魄散，所谓"兵败如山倒"，湘军阵营大乱。靖港一战，让曾国藩损失了三分之一的水师战船，火炮也损失近四分之一，一心想首战必胜的曾国藩成了首战必败。曾国藩悲愤交加，两次投水自杀，被下属发现后救起。

曾国藩后来回忆生平提道："吾初起兵，遇攻危，则有死心，自吾去祁门。而后乃知徒死无益，而苟生之可以图后功也。"自己抱有莫大期望的湘军如此不堪一击，曾国藩感到痛心疾首，而同僚官绅的冷嘲热讽也让他羞愧难当。他之后想着徒死无益，活着才能争取之后的功绩。

梁启超曾评价曾国藩："文正固非有超群绝伦之天才，在并时诸贤杰中，称最钝拙；然乃立德、立功、立言三不朽。"梁启超说曾国藩虽然没有超群绝伦的才华，在同时期的杰出人物中算是最笨的一个，最终却达到"立德、立功、立言"三不朽，成就震古烁今、无人可比。其原因在于："一生得力在立志自拔于流俗，而困而知，而勉而行，历百千艰阻而不挫屈，不求近效，铢积寸累，受之以虚，将之以勤，植之以刚，贞之以恒，帅之以诚，勇猛精进，坚（艰）苦卓绝。如斯而已，如斯而已！"在梁启超看来，曾国藩的成就完全是在逆境中困知勉行，锤炼而成。曾国藩自己也说："吾生平长进，全在受挫受辱之时。"

(2) 工作压力。工作压力也称职业压力、工作应激或职业应激。组织中压力普遍存在，压力源也各有不同，工作中常见的压力包括工作负担过重、工作岗位转换带来的适应压力、过重的工作负荷、难以达成的业绩要求、组织内部竞争、同事间人际关系紧张等。随着组织的变革和技术创新，对新技术和新能力的要求也是员工的心理压力源之一。

中华典故 苏轼《记游松风亭》

苏轼，字子瞻，号东坡居士，世称苏东坡。随着新党执政，被贬惠州的苏轼尝寓居惠州嘉祐寺，纵步松风亭下。足力疲乏，思欲就亭止息。望亭宇尚在木末，意谓是如何得到？良久，忽曰："此间有甚么歇不得处？"由是如挂钩之鱼，忽得解脱。若人悟此，虽兵阵相接，鼓声如雷霆，进则死敌，退则死法，当恁么时也不妨熟歇。

苏东坡贬谪惠州时心情苦闷，但常常苦中作乐，徒步山林排遣愁怀，感受自然之美，心境豁达。此次登松风亭未遂，但随遇而安，自我调节压力，展现了其为人恬然、乐观的一面。

（3）社会压力。社会发展和社会变迁推动着社会生产组织模式与日常生活方式的变迁，人们生活节奏加快，压力也相应增加，产生"压力山大""高压锅"等现象。经济、政治不断带来冲击和变动，人们工作和生活的安全性与稳定性得不到保障，自然引发员工产生压力。新技术冲击也会导致员工学习新技术的压力增大。

2. 压力的负面影响

井无压力不喷油，人无压力轻飘飘。压力既是阻力也是动力。根据耶克斯－多德森定律（Yerkes-Dodson law），工作难度、心理压力和工作效率有着密切的关系。对于中等难度的任务，适度的压力能激发显著的高绩效；对于困难的任务，过度压力会导致绩效下降；对于简单的任务，压力匮乏也会导致绩效下降。适度的工作压力会产生一定的激励作用，有助于人们发挥潜能和创造性，调动工作热情。过度的工作压力不仅会影响个体的身心健康，也会造成组织环境破坏、组织绩效下降的后果，比如使人际、群体和组织间产生矛盾和冲突，使人产生消极情绪、工作满意度下降。

（1）破坏组织中的人际和谐。过大的工作压力会影响组织的团结，破坏组织和谐的气氛。工作压力大可能会迫使员工采取不正当方式来取得竞争的胜利。长期受到过大压力影响的员工可能会对直接上级产生抱怨和不信任，同事之间也会因难以承受的工作负荷或对不公平更加敏感而产生更多的抱怨和不满情绪。

（2）导致员工与组织间矛盾。工作压力太大会增加员工的抱怨和不满，影响他们的工作敬业度，降低他们对组织的忠诚度、归属感和满意度，削弱他们对组织的承诺，并引发员工与组织间冲突。

（3）助长员工的反生产行为。如果组织不能兑现曾经的承诺，员工的工作积极性就会减弱，进而激发员工的失望、不满等情绪，影响员工对组织的信任和忠诚度，导致员工跳槽甚至做出破坏行为。压力过大可能会导致员工的不良工作行为或反生产行为，例如工作倦怠、工作低效、怠工、缺勤、破坏团队合作、败坏组织声誉、离职或职场暴力等。

中华典故 西游记第八十一难：通天河遇鼋湿经书

《西游记》中唐僧师徒经历了"九九八十一难"，其中最后一难便是通天河遇鼋湿经书。老鼋原是通天河的主人，灵感大王强占通天河，并伤了老鼋许多儿女，老鼋斗他不过。孙悟空去南海请观音菩萨，用鱼篮收走灵感大王。唐僧师徒四人在往雷音寺的途中经过通天河,通天河水滔天,老鼋为了报答孙悟空,驮着唐僧师徒渡过通天河,并请求唐僧帮忙:"……望老师父到西天与我问佛祖一声,看我几时得脱本壳,可得一个人身。"唐三藏答应了老鼋。然而到了西天,唐僧一心只在取经,其他事都没放在心上。原来那长老自到西天玉真观沐浴,凌云渡脱胎,步上灵山,专心拜佛及参诸佛菩萨圣僧等众,意念只在取经,他事一毫不理,所以不曾问得老鼋年寿,无言可答,却又不敢欺,打诳语,沉吟半晌,不曾答应。正因为如此,唐僧没想起来问佛祖老鼋何时能脱壳修成人身。唐僧师徒的最后一难就是因忘记承诺而遭遇落水湿经书。

3. 压力管理策略

Cruess 等(2015)通过实验证明压力管理有效。理查德·拉扎勒斯(Richard Lazarus)将压力的应对分为以问题为中心的应对和以情绪为中心的应对(罗玉越等,2011)。Cohen 等(2004)提出压力应对层次理论并分析应遵循的程序——创造和规划一个新的无压力环境是管理压力的最佳方法,人们称之为"规划策略"。第二种策略是提高个人应对压力的技能,称为"前摄策略",可以帮助组织或个人迅速恢复正常的活动水平。这类似于拉扎勒斯的以问题为中心的应对策略。第三种策略是个人采取一些建设性策略(例如临时放松技巧)来应对压力引发的紧急情况,称为"应对策略",类似于拉扎勒斯以情绪为中心的应对策略。

(1)前摄策略。员工的自我压力管理模式包括时间管理、情绪管理、放松管理、认知管理等。

中华典故 康熙对待书法的心态:万几余暇

"万几"来自古书中"兢兢业业一日二日万几",常用于古代皇帝政务繁忙。但"万几余暇"意为皇帝在忙碌的政务处理后,还会将闲暇时间用在诗文书画之上,引申为帝王酷爱吟诗作对、好书画,康熙在书法领域频繁提及"万几余暇"。

康熙是历史上少有的勤奋帝王,自幼以经书为学习内容,兼顾书法。康熙逐日未理事前,五更即起诵读,日暮理事稍暇复讲论琢磨,竟至过劳,痰中带血,亦未少辍。至于书法,在张、林内侍教授后,又师从翰林院老师学习,自认书法超乎常人。在习书之事上,每日写千余字,从无间断,凡古人之墨迹石刻无不细心临摹,实亦性之所好,可见其在书法上练习勤奋有加。直到暮年之时,康熙还时常劝诫子孙,"今年老,虽极匆废"。康熙一生临摹魏晋、唐、宋、元、明时期的书法名作,合计一千余幅佳作。

康熙于书法是一种介于理性和感性之间的心态,"万几余暇"一词即反映出来。一是身为大清统治者,要将重心放在处理朝廷政务之上,不能花太多时间在书法上,要平衡好时间安排;二是书法作为自己的兴趣爱好,勤习但同时反复强调"万几不暇",既是自醒,做好时间管理大师,也是对下属的宣示。

①时间管理:节奏和平衡。"过去,人们乐于耐心等待四轮马车缓慢地到来;而现在,即使是错过旋转门的一格,他们也会急得像着了魔似的来回跺脚。"(Ed Wynn,美国演员埃德·温)在既定的组织背景下,员工如何利用时间、填充时间和安排时间是影响压力及

处理压力的重要环节。有效的时间管理（time management）兼顾社会背景和个人喜好，是有效管理压力的重要因素。按照 Seaward（1999）的提示，我们可将时间管理概括为以下三点：

首先，确定优先权。这是有效管理时间的第一步，员工个人应明确事情的轻重缓急。具体方法包括确定长期目标和短期目标、保持生活－工作平衡、ABC 管理等。

其次，拟制日程表。拟制日程表是指对重要任务进行时间安排，从而保证在计划时间内完成特定任务的技术。在安排时间时，个人的内部控制力十分重要。在极其有限的时间里，对于压力较大的员工来说，"时间模块化"是一个必要步骤。

最后，贯彻执行。为了明确事情的优先顺序，个人可以编制计划表，但真正的挑战在于贯彻执行。员工在时间管理计划中应注意以下几点：第一，依据现实确定目标；第二，避免拖延，这意味着马上去做那些你必须做或想要做的事情；第三，将大的工作任务分解成不同的小任务；第四，保护个人时空，营造令人舒适的环境。

②情绪管理：健康缓冲器。20 世纪有两个与个体健康有关的标志性变化：一是生活节奏加快，短期内更多个人生活方式的改变以及日常生活步调的加快；二是久坐的生活，致使身体和心理的紧张不断累积。若不通过身体活动调节情绪以彻底释放，这些紧张情绪将束缚员工的精力、吞噬员工的健康。情绪管理方式主要有有氧锻炼、健康睡眠及健康娱乐。

一是有氧锻炼。任何方式的锻炼都比不锻炼好，但就压力管理而言，最有效的活动类型是有氧锻炼。顾名思义，活动时充分吸入氧气，指任何加速心跳使其超过平稳水平以维持大组块肌肉活动，并将更多的氧气用于制造能量的活动形式。有氧锻炼的例子包括跑步、轻快的步行、游泳、骑自行车、蹦小型蹦床、跳绳、爬楼梯等。

二是健康睡眠。睡眠的重要性在于它使身心重获活力。压力不仅使精神高度紧绷，还会导致入睡困难，严重的会影响睡眠质量。比如，世界睡眠协会提出的十条建议中的第一条就是固定的睡觉时间和起床时间。

中华典故　曹丕骑马减压

曹魏高祖文皇帝曹丕（187—226），字子桓，堪称三国时期最优秀的二代皇帝。他不但实现了曹操未能完成的遗愿，创建了魏国，而且使得魏国在他统治下继续保持极为强劲和良好的发展势头，是魏国历史上承前启后、继往开来的重要人物。据说曹丕文武双全，《典论》记载，曹丕"上以四方扰乱，教余学射，六岁而知射。又教余骑马，八岁而知骑射矣"。曹丕六岁学箭、八岁骑马，十岁跟随曹操南征北战，并且"五经四部、史汉、诸子百家之言，靡不毕览"。

《善哉行·其一》记载了曹丕军旅的真实生活："上山采薇，薄暮苦饥。溪谷多风，霜露沾衣。野雉群雊，猿猴相追。还望故乡，郁何垒垒！高山有崖，林木有枝。忧来无方，人莫之知。人生如寄，多忧何为？今我不乐，岁月如驰。汤汤川流，中有行舟。随波转薄，有似客游。策我良马，被我轻裘。载驰载驱，聊以忘忧。""今我不乐，岁月如驰"道出了曹丕当时忧愁的心境，面对时光流逝的无可奈何。曹丕的减压方式以骑马为趣，驰骋于天地之间，忘却忧愁。曹丕在自序中说道："驰射常百步，日多体健，心每不厌。"看来只有经常骑射锻炼身体，才能在处理高压的日常事务时保持良好的状态。

三是健康娱乐。健康娱乐作为员工应对日常生活压力的方法，或多或少都比较有效。比如园艺、木工、登山、摄影、钓鱼、绘画、观鸟等，这些从很多方面帮助人们防止或减轻不良压力。

③放松管理：不良压力的解毒剂。每个人体内都拥有唤起和准备行动的本能，当然也存在自身放松的内在能力。通过神经系统和内分泌系统的镇静功能，员工在其调节下可以达到舒缓压力的效果。控制压力的方法主要通过加快或者减慢新陈代谢的方式实现，具体包括呼吸、冥想和想象等。

一是呼吸。"六分钟平静反应法"较为常见且简单操作，尤其是在压力情境下需要缓解紧张情绪时极为有效。它分为五个步骤：第一步，先深吐一口气，后深吸气；第二步，屏住呼吸2—3秒钟；第三步，缓慢地将气完全呼出；第四步，在呼气时，放松下巴和双肩；第五步，充分沉浸于从颈肩部流向胳膊到手指的放松流。

二是冥想。冥想是指个体舒适地坐着或躺着，闭着眼睛集中注意力的一种身体放松练习。你可以每天进行1—2次，每次10—20分钟，主要有以下几种方法：一是注意冥想。这种方法仅仅倾听个体内部思想和身体反应的过程，即有意识地注意处于冥想状态中每一刻你都有哪些体验。二是超觉静坐法。它要求个体在一天中选择两个时间段坐下来并闭上眼睛，通过重复冥想词进入沉思状态。三是Benson冥想法。这是超觉静坐法的美国化，建立在哈佛大学医学院实验室多年冥想生理研究的基础上。这种方法较为简单：重复"一"或近年人们使用与人的信念有联系的任何字词或短语。当个体把冥想效果和信念力量联合起来时，就可以增强冥想的作用。四是开放冥想。与其他方法不同，它允许思想漂浮不定，允许在冥想状态中将注意力集中于想象、体验、思想或其他在头脑中涌现出的任何想法。冥想技术可以增强员工个体心理健康，减少焦虑、压抑、攻击和暴躁等不良反应，增强情绪的稳定性。

中华典故　　太极以柔克刚

武当仙祖张三丰真人，名君宝，字玄玄，号三丰。祖师出生在阜新懿州城，青年时在北镇县医巫闾山大朝阴三清观出家为道士，后又到武当山修炼。延祐元年，年六十七岁，于终南山得遇火龙真人，传以大道而成丹。真人观雀、蛇斗智，悟出刚柔生克制化真理，集武术百家精华之大成，融道家修炼之法，创"太极拳"。

此太极拳原自武当太极拳，动静结合、内外兼修，以柔克刚、以静制动，后发先制、四两拨千斤之术。练其拳如龙乘云气，虎借风威，相依相托，变化玄妙，乃上乘武术之学也。张三丰在太极拳经中曰："太极者，无极而生，动静之机，阴阳之母也。太极之先，本为无极。鸿朦（蒙）一气，浑然不分，故无极为太极之母，即万物先天之机也。二气分，天地判，始成太极。二气为阴阳，阴静阳动，阴尽阳生。天地分清浊，清浮浊沉，清高浊卑。阴阳相交，亦宛然一太极也。故传我太极拳法，即须先明太极妙道，若不明此，非吾徒也。"

太极拳者，其静如动，其动如静。动静循环，相连不断，则二气既交，而太极之象成。内敛其神，外聚其气。拳未到而意先到，拳不到而意亦到。意者，神之使也，太极拳法和当今的冥想有异曲同工之妙。

三是想象。想象又称"心理成像""受控制的白日梦"或"心理电影"等，它是一种可以减少理性心理活动和产生深度平静的技术。这种方法是想象自己身处某个喜欢的地方，常见大自然的某个角落，音乐背景可以是他人口述或手机等电子设备的音视频，从而达到放松的状态，用来缓解临场紧张情绪，进行心理预演以及集中注意力。

④认知管理：理解与适应。随着竞争的白热化，工作日益成为员工的主要压力来源之一。那么，如何处理工作压力呢？我们可以概括出以下三点：

一是喜欢自己的工作。如果从心底厌恶自己的工作，做事必将事倍功半。

中华典故　出生底层的"赘婿"淳于髡逆袭

淳于髡，战国时期齐国政治家、思想家，齐威王拜其为政卿大夫。他博学多才、乐于进谏，曾辅佐魏惠王等，是稷下学宫中最有影响力的学者之一。

淳于髡身世低贱，其貌不扬。《史记·滑稽列传》中记载："淳于髡者，齐之赘婿也。长不满七尺。"先秦时一种剃掉男子头发的刑法为髡刑，即有罪则剃发。《内则》记载："童者，男有罪者也。妾为有罪女子。古童去发曰髡，乃为奴之符标。今童子之童，乃假借字，原孩童之童，应从人作僮。"淳于髡为家奴，因罪而被剃发，得名"髡"，可见他的社会地位异常低下。同时，"赘婿"就是入赘女方的上门女婿，被人瞧不起。

淳于髡生活的时代要比晏子晚一百多年，淳于髡十分佩服晏子这位齐国历史上的贤相，处处以他为榜样，两人一样都身材矮小、貌不惊人，然而晏子三次出使楚国而不卑不亢。如楚人以晏子短，为小门于大门之侧而延晏子。晏子不入，曰："使狗国者从狗门入。今臣使楚，不当从此门入。"凡此种种，楚王欲辱晏子以显楚国威风，晏子均巧妙回击。淳于髡亦能言善辩，屡次出使但从未受辱。

威王八年，楚发兵加齐。齐王使淳于髡之赵请救兵，赍金百斤，车马十驷。淳于髡仰天大笑，冠缨索绝。王曰："先生少之乎？"髡曰："何敢！"王曰："笑岂有说乎？"髡曰："今者，臣从东方来，见道傍（旁）有禳田者，操一豚蹄，酒一盂，祝曰：'瓯窭满篝，污邪满车，五谷蕃熟，穰穰满家。'臣见其所持者狭而所欲者奢，故笑之。"于是齐威王乃益赍黄金千镒，白璧十双，车马百驷。髡辞而行，至赵。赵王与之精兵十万，革车千乘。楚闻之，夜引兵而去。

司马迁在《太史公自序》释为："不流世俗，不争埶（势）利，上下无所凝滞，人莫之害，以道之用。"淳于髡不因身份低微而妄自菲薄，反而忠于自己的职守而积极进取，从底层逆袭，为后世所倾慕。

二是端正工作态度。切勿急躁工作，做事应冷静，谨记欲速则不达；从容不迫地工作，放松心情，绝对不勉强自己在不积极的情绪下工作；工作态度将会影响结果，而正确的工作态度使得完成任务比较容易。

三是正确认识压力。压力是把"双刃剑"。一方面，没有压力十分危险；另一方面，需要化压力为动力，服务于现实生活。

（2）规划策略。这是一种组织压力管理模式。

①结构重组和职位重新设计，为职业发展提供平台。组织中的管理者应善于识别和解决组织结构与工作设计中的问题，重新设计工作，并尽量消除不必要的冲突来源。职业发展中的挫折是工作压力的根本成因之一。组织应为职业发展提供平台，加强对员工职业发展的管理，帮助员工实现职业发展目标，让员工从多个角度感受到成功的喜悦。

②改变工作量和完成时间，避免超负荷工作。为了实施目标管理，组织应与员工讨论和制定组织目标，以及实现阶段性目标的计划和安排。同时，组织应为员工提供更多的参与机会，特别是参与对员工有影响的改革规划；激励员工成为组织的主人，最大限度地提高他们的工作热情。

③消除组织中的不确定因素。明确职责、明确角色，为新员工实施岗前培训计划，使员工了解组织目标以及如何实现组织目标，明确组织任务和员工应承担的责任。在分配任务时，让员工承担相应的责任，减少员工角色压力带来的组织健康问题。

④增加沟通渠道，提供社会支持。减轻工作压力的重要措施之一是为处于工作压力下的员工提供心理支持，让他们感受到组织的温暖和力量，克服压力带来的负向作用。沟通可以减少或减轻工作压力的影响，健康型组织应该为员工提供释放压力的沟通渠道。

⑤开展员工关爱计划。组织可以推出员工关爱计划，也称员工援助计划。针对员工压力管理，具体方法包括提供灵活的工作时间选择，促进工作场所恢复活力，设立员工关怀热线（张向菁，2022）。

一是提供灵活的工作时间选择。考虑到员工陪伴和照顾家人的个人需求、个人昼夜节律和高效时差，组织可以充分利用在线办公资源，提供一系列个性化的灵活工作时间安排供员工选择；同时，考虑到员工平衡工作和生活的渴望，在线办公可以大大减轻员工在时间安排上的压力。

二是促进工作场所恢复活力。非竞争性体育锻炼不仅能增强活力，还能引发良好的情绪，从而有效缓解压力。组织应为员工提供专门的锻炼和放松空间，鼓励他们运用新学到的时间管理方法，定期短暂休息，做高难度的姿势以深度放松，帮助员工有效缓解压力，从而恢复工作活力。

三是设立员工关怀热线。当压力太大时，外部支持可以帮助员工缓解压力，并帮助他们从更客观的角度看待问题。组织可以为员工设立员工关怀热线并签署保密协议，员工及其家人可以随时拨打热线，就任何情绪和压力管理问题向外部专业人士寻求建议。这一措施不仅能有效缓解部分员工和家庭的心理问题，让员工更加安心地工作，还能让员工感受到组织对自己的关爱，提高员工对组织的忠诚度和工作满意度。

12.3.3 组织层面：员工援助计划

员工援助计划（employee assistance program，EAP）是组织在压力管理的基础上开发的一种更全面的健康促进方法。

中华典故　　　　　周亚夫处理夜惊

周亚夫是西汉时期名将、丞相，太尉周勃的次子。汉文帝之后六年，匈奴大举入塞。

汉文帝以宗正刘礼为将军,军霸上;以祝兹侯徐厉为将军,军棘门;以河内守周亚夫为将军,军细柳,以备匈奴。

孝景三年,吴楚反。周亚夫以中尉为太尉,东击吴楚。因自请上曰:"楚兵剽轻,难与争锋。愿以梁委之,绝其粮道,乃可制。"上许之。周亚夫不奉诏,坚壁不出,而使轻骑兵弓高侯等绝吴楚兵后食道。吴兵乏粮,饥,数欲挑战,终不出。夜,军中惊,内相攻击扰乱,至太尉帐下。太尉终卧不起,顷之,复定。后吴奔壁东南陬,太尉使备西北。已而其精兵果奔西北,不得入。吴兵既饿,乃引而去。太尉出精兵追击,大破之。吴王濞弃其军,而与壮士数千人亡走,保於江南丹徒。汉兵因乘胜,遂尽虏之,降其兵,购吴王千金。月餘,越人斩吴王头以告。凡相攻守三月,而吴楚破平。

军队中最忌士兵骚乱,士兵由于长期处于高度紧张战备状态,大战后多伴随创伤后应激障碍,因心理压力而产生"夜惊"等极端行为,周亚夫采取"以静制动,心如止水"的策略处理夜惊,不失为一种缓解士兵焦虑的有效方法。

1. 员工援助计划的概念

员工援助计划是一项由组织自20世纪70年代起实施的福利计划,旨在解决与员工经济、生活和心理健康相关的问题。国内外学者对EAP的定义尚没有达成共识,也没有形成权威的定义,目前有代表性的观点如表12-3所示。

表12-3 员工援助计划的代表性观点

代表学者	观点	关注焦点
Blum 和 Roman (1985)	雇主提供资源,利用特定的核心技术,通过预防、识别、解决与个人和生产率相关的问题来提高员工和工作场所的效率	解决个人和生产率的问题
Goodings (1987)	组织通过合理的干预方法了解、评估、诊断和解决影响员工绩效问题的过程	关注员工工作绩效问题
Bohlander (1992)	组织为员工提供诊断和咨询服务,解决他们的社会、心理、经济和健康问题,消除他们的各种烦恼,达到预防问题、提高工作和生活质量的目的	关注社会、心理、经济与健康等方面的问题
张西超 (2003)	组织为员工提供的长期福利主要通过提供专业咨询、指导、诊断、建议来有针对性地解决员工及其家人的心理问题、发展良好行为、保证员工的心理健康、提高员工工作绩效和改善组织氛围	关注工作满意感或生产率等问题
王雁飞 (2005)	帮助员工解决可能影响其工作表现和健康问题的多种策略的综合方法。使员工能够专注于问题本身,面对问题能利用各种资源和手段有效地加以解决	注重组织资源整合问题
Forman (2010)	一项基于工作场所的计划,旨在帮助工作组织解决生产率问题,并帮助"员工客户"识别和解决个人问题,包括但不限于健康、婚姻、家庭、财务、酗酒、吸毒、法律、情绪、压力和其他可能影响工作表现的个人问题	1. 对象为工作组织和员工 2. 关注影响工作绩效的个人问题

综合上述定义,借鉴张西超(2014)的定义,员工援助计划是组织为员工设置的一个系统的、长期的福利和支持计划,通过专业人员为员工及其直系亲属提供专业的诊断、建

议和指导、培训和咨询，旨在帮助解决员工及其亲属的各种心理和行为问题，改善员工的工作表现和提升员工的职业幸福感。

2. 员工援助计划的发展简史

员工援助计划起源于美国，其发展进程可以分为四个阶段（见图12-1）。

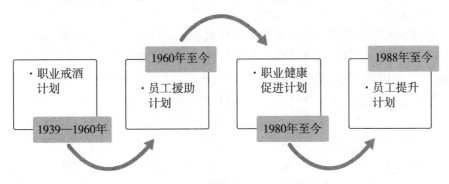

图12-1 员工援助计划的发展进程

（1）1939—1960年，职业戒酒计划（occupational alcoholism programs，OAP）。职业戒酒计划的前身为美国的梅西百货以解决员工滥用药物等问题所应用的员工咨询系统。自1940年始，员工情绪管理得到推广；1960年，美国社会发生重大变化，产生家庭暴力、工作压力、婚姻关系、家庭伤害等影响员工和组织绩效的因素，此时OAP的干预范围变大。然而，社会通常认为酒精中毒是影响员工绩效的主要原因，到目前也未找到解决问题的根本办法，消除其负面影响仍然很困难。

（2）1960年至今，员工援助计划（EAP）。自20世纪60年代起，员工援助计划在组织中流行起来。1970年，美国联邦酗酒机构和劳工与管理者酗酒咨询机构成立，发起研究和推广员工援助计划。

（3）1980年至今，职业健康促进计划（occupational health promotion program，OHPP）。鉴于员工援助项目未系统纳入员工心理与行为问题，OHPP在社会发展的过程中逐渐形成。OHPP是组织为识别和解决工作场所内外员工可能出现的健康危害而采取的措施的总称，其目的是改善员工健康，促进人际关系的健康发展，最终实现提高工作效率和组织绩效的目标。

（4）1988年至今，员工提升计划（employee enhancement program，EEP）。自20世纪80年代起，EEP初具雏形，重点发展员工健康、情绪、压力、人际关系和成瘾等综合性管理。专职的员工援助专业机构正式建立，员工援助计划的专职人员实行准入制度。

总之，员工援助计划的发展表现出从单一化到综合化的成熟发展进程。早期员工援助计划（如OAP）更多的是针对组织中的酗酒问题，开展事后干预措施，但对酗酒背后的深层次原因缺乏思考。EAP阶段将OAP从酒精、药物滥用拓展到家庭、法律等更广泛的领域；OHPP从组织中的行为和心理问题的治疗转向预防；EEP则摆脱员工身体是否健康的单一焦点，同时关注员工压力管理以及其他更为广泛的成瘾问题，具有系统性、全面性、灵活性、前瞻性的特点。

3. 员工援助计划的运行模式

基于EAP服务的提供者，员工援助计划的运行模式可分为五种模式：内部模式、外部模式、混合模式、联合模式、共同委托模式。

（1）内部模式。内部模式是指由组织内的专职人员负责规划和组织实施EAP项目。

其主要优点为：在组织内部设立，对组织文化和特点有更深的理解和把握，能更好地把握员工的真实需求，使服务更有针对性；服务提供者为本组织内部人员，可以创造信任和熟悉的环境；成本较低。其主要缺点为：专职人员身处同样的环境，在设计援助计划时或许会存在主观性；由于提供者和接受者均为组织中员工，如何保护隐私、获取员工的信任是内部模式的潜在问题。

（2）外部模式。外部模式是指由专业机构或 EAP 公司的心理咨询师、培训师为组织和员工提供 EAP 服务，属于完全外包。其主要优点为：不必设置专职服务人员，只需支付费用；执业人员可以提供更专业的服务；提供的服务可以保持相对的独立性，员工接受服务时无须担心隐私暴露问题。其主要缺点为：服务提供者对组织和员工了解较浅，服务可能缺乏针对性；服务费用较高；外包服务模式不适用于规模较小的组织，大规模组织更具规模效益。

（3）混合模式。混合模式是指联合组织内的 EAP、专业机构或 EAP 公司两大主体为组织提供 EAP 服务。其主要优点为：专业机构的参与能确保服务的专业性，同时提升员工的信任度；有组织内部人员参与，起到协调进程和监督项目的作用；费用比外部模式低，较为适合中小组织。其主要缺点为：易产生内外部人员权限界定不清晰、人员调配不顺畅等问题，从而影响服务质量。

（4）联合模式。联合模式是指由多个组织集中制定并共同实施 EAP。其主要优点为：通过联合若干组织成立专门的 EAP 服务机构，实现员工援助计划的共享，可以节约成本；有利于组织之间的沟通和合作。其主要缺点为：需要一定的条件才能正常运行，一是有相同需求的组织数量应足够多才能产生规模效应，二是各个组织需要协调好人员配置、职责权限、薪酬待遇等方面。

（5）共同委托模式。共同委托模式是指多个组织委托专业机构或 EAP 公司为员工共同提供援助服务，通过共享资源，为员工提供帮助，比较适合规模较小的组织。但在实施中，只有共同委托的组织具备相似的产业背景和员工特色才能发挥最大的规模效应；还需要专业对口、规范完备和有一定规模的 EAP 服务商。

4. 员工援助计划的实施办法

早期在实施员工援助计划时，一般采取相关组织邀请有关专家探讨如何解决心理反常员工的问题，并采取有针对性的措施来疏导员工压力的方式。随着员工援助计划的广泛应用，其在组织中的实施过程逐渐规范化，如图 12-2 所示。

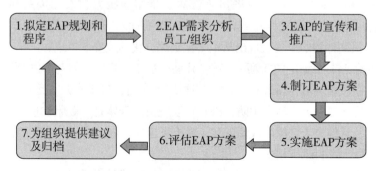

图 12-2 员工援助计划的实施过程

（1）拟定 EAP 规划和程序。在 2003 年首届中国（中智）EAP 年会上，国际援助计划主席 Donald G. Jorgensen 指出，在实施 EAP 时，组织首先应确定计划有哪些内容。因此，组织需要拟定一套书面政策和程序，以便在组织内实施 EAP。需要考虑的主要因素有结合实际、明确职责、获取外援、强化沟通。在拟定规划方案时，需要突出重点，循序渐进；兼顾组织、员工双方利益；加强沟通，掌握动态变化。

（2）EAP 需求分析。开展员工援助计划必须有一个详细、完整的方案，而计划的有效性建立在对组织的准确诊断和需求分析的基础之上。

①需求分析的目的。了解组织的特征，制定合适的服务方法和服务模式；了解员工和组织的需求，提高服务计划的针对性，减少浪费；通过评估、挖掘组织和员工深层次的问题，使组织管理层对自身的问题有全面深刻的了解。

②需求评估（见表 12-4）。在需求分析的基础上，编制员工援助计划需求报告，内容包括：一是组织现有数据记录，评估是否需要引入员工援助计划，包括出勤记录、人员变动、工伤事故、卫生保健津贴、工作满意度、组织承诺等；二是明确组织引入员工援助计划的目的，对应组织亟须改进的问题；三是了解国家相关的法律法规和组织的规章制度，避免其与员工援助计划发生冲突。

表 12-4 需求评估要素分析

评估要素	主要内容
组织特征和工作环境	主要包括组织类型、工作类型、组织的主要任务和目标、员工数量及相关人口统计学特征、工作场所的数量及其分布等信息
员工需求	主要包括员工的心理问题，员工在福利待遇、工作关系、工作-家庭平衡、职业生涯发展（如进修、培训等）、经济、法律等方面的主观需求
组织需求	评估组织需求的目的：一是如何利用组织现有资源来实施员工援助计划；二是评估组织内部的需求，设定解决组织自身问题的目标

③需求分析方法。这包括现场观察、问卷调查、结构化个人访谈、团体焦点访谈等方法等，被广泛使用的是管理者观察法和员工调查法。

（3）EAP 的宣传和推广。宣传与项目的整个进展息息相关。EAP 宣传和推广的主要内容包括：介绍心理健康的重要性和不良心理健康的症状和危害；让员工了解 EAP 的作用、意义、主要措施。组织在宣传过程中要利用时间，充分调动内外部资源，并且运用先进的人工智能等手段提升宣传的效果和影响。

（4）编制 EAP 方案。在需求分析的基础上，进一步确定预期目标及预算，可围绕三个层面来确定和实施，如表 12-5 所示。

表 12-5 预期目标的确定

制定标准	主要内容
规划层面	该层面的主要目标和实施关注点：知道为谁而做；清楚为何而做；了解可做什么；明白如何去做
执行层面	组建专业团队，开展员工援助计划的培训。该层面的主要目标和实施关注点：具体、清晰的执行内容、步骤等；实际、切实可达的目标；计划是否可行、有弹性
结果层面	该层面的主要目标和实施关注点：注意协调好满足个人与组织的共同需求；目标设置要具体可行；在实施过程中应注意寻找期望目标和现实的差距，针对差距提出整改措施；注意拓展效益，不仅要注意完成效果，还要关注持续性影响

在明确目标后，结合财务状况，组织应尽可能细化和量化项目的预算。

（5）实施 EAP 方案。在实施员工援助计划的过程中，组织应注意以下问题：

①明确目的，提高认识。向员工解释清楚 EAP 的主要意义和作用。

②打消顾虑。要向员工承诺对其隐私保密并处理好敏感问题，解除员工的顾虑。

③以预防为重点，具体内容如表 12-6 所示。

表 12-6 实施 EAP 的预防类型分析

预防类型	主要内容
初级预防	营造积极健康的工作环境，减少或消除员工产生职业心理问题的因素
次级预防	教育和培训，旨在帮助员工了解心理健康知识并培养处理心理问题的技能
三级预防	心理咨询与辅导，由专业咨询人员向组织提供个别或者团体的心理辅导服务

（6）评估 EAP 方案。对员工援助计划的实施结果进行评估的目的是考察组织的干预措施是否按计划进行并取得预期效果，也为后续的计划投资决策提供依据。效果评估主要从四类要素着手，如表 12-7 所示。

表 12-7 评估 EAP 方案的要素分析

评估要素	要素指标
实施效果和服务满意度	员工援助计划的便捷性和及时性、使用率、员工和管理者对员工援助计划的满意度等
对员工个人的影响	在实施员工援助计划后，员工的行为、心理健康和成长的变化
对组织运行的影响	硬性指标：生产率、销售收入、产品质量、总产值、缺勤率、管理时间、员工薪酬等
	软性指标：人际关系、沟通、组织氛围等
投资回报率分析	在隔离其他因素的影响后，根据前三项评估结果，可计算出投资回报率

（7）为组织提供建议及归档。员工援助计划主要有以下作用：一是解决员工的压力及心理问题；二是发现组织存在的问题，为完善和改进管理体系提供帮助。在 EAP 实施的过程中，计划提供者必须通过员工接受服务所反馈的情况找出组织存在的问题，提供给组织相关部门作为参考，并归档整理。

12.4 组织健康的跨文化研究

 12.4.1 组织健康内涵的动态变化研究

组织健康作为社会或文化模式的反映，往往带有时代和文化的印记，来自不同历史文化背景的人对组织健康有不同的定义和判断标准。因此，我们有必要考虑不同历史背景下组织健康内涵的变化，动态调整组织的运营和管理。当前对组织健康的研究，契合以中国建设富强、民主、文明、和谐、美丽社会的背景，对于帮助组织迈向高质量发展具有时代意义和现实价值。

曹坤（2019）以构建大党建格局为引领，积极探索社会组织党建健康，进一步增强社会组织生命力，促使社会组织发展呈现新气象和新变化。秦晓明（2020）通过走访调研等方式，充分展现党组织的宣传、组织、动员和联系优势，以党建为主体促进组织健康发展在我国得到充分的实践，更加注重社会效益，丰富我国组织健康的独特内涵。

12.4.2 健康型组织建设的跨文化比较研究

发达的西方国家大多秉持以组织健康为中心的观点，尽管其主流理论的假设和模型也涉及社会责任和客户忠诚度（He 等，2011）等因素，但这些概念不属于组织内健康问题，而且对这些因素的外部环境影响机制的探讨不够细致。此外，不同国家的法律制度和劳工政策也是我们需要关注的比较点。

中国是一个多民族、幅员辽阔的国家，不仅有行业差别，还有不可忽视的区域差异，我们更应该从自身的文化特征和历史背景出发，继续探索适合中国国情的健康型组织结构。

现实观察

海底捞 EAP 生存之"道"

海底捞（股票代码：06862）成立于1994年，是一家以经营川味火锅为主的连锁品牌，创始人为张勇。1994年3月25日，四川省简阳市海底捞火锅城正式开业。2018年5月17日，海底捞在港交所递交上市申请。9月19日，海底捞确定最终发行价为每股17.8港元。9月26日，海底捞正式登陆香港资本市场。2020年，海底捞净利润为3.093亿元，同比下降86.8%。2021年，海底捞在《财富》中国500强排行榜中排第360名。11月5日，海底捞公告称，决定从2021年12月31日起关停300家左右客流量相对较小及经营业绩不如预期的海底捞门店。

目前，海底捞拥有七个物流配送基地和一个底料生产基地。七个物流配送基地设在经济发达地区的中心城市——北京、上海、武汉、成都、郑州、西安和东莞，以"采购规模化、生产机械化、仓储标准化、配送现代化"为宗旨；而底料生产基地位于郑州，具备申请出口企业资格，并通过ISO 9001：2008质量管理体系认证。

到2022年4月中旬为止，海底捞作为上海市保供单位，其整体供应链的物流运输能力恢复达30%以上，海底捞在上海已有18家门店、2家外送站恢复线上营业。那么，海底捞如何处理组织与员工之间的关系并维持组织健康状态？这与员工关爱计划密不可分。

◆ **情绪管理：将员工视为家人**

海底捞在组织与人力资源管理中始终坚持"视员工如家人"的理念，从组织的顶层设计开始，逐层逐级地自上而下传达理念给员工。这样不仅自身起到率先垂范、以身作则的榜样力量，也将理念内化于员工心中。从内而外，员工的工作热情、情感发展等各个方面都发生了巨大的变化，这无疑奠定了海底捞的核心竞争力。

海底捞树立"以人为本"的管理理念，着重改善员工的心理和情绪状态，招聘与选拔、考核与薪资等方面均体现"员工是靠吸引来的"企业文化。这使得海底捞从组织层面建立起可持续发展的人力资源独特优势，也为员工的压力疏解提供了良好的解决方式。

◆ 健康面：选人的智慧

工作分析：明确岗位的情绪劳动力素质需求和用人标准。在人力资源管理理念的指导下，海底捞详细分析了各岗位所需的能力和人才质量，重点是"高情绪工作能力"的选人标准。就工作资格而言，对个人知识和技能（如教育水平和专业技能）的要求相对较低，对应聘者的活力、外向、平等和适应性、同理心和自我控制等个人特质条件要求相当高。在海底捞的员工权限上，门店一线服务人员在工作集中度和灵活性的情感表现上有所不同，这要求员工在工作中始终运用灵活的情绪策略。因此，海底捞在设计岗位权限时适当扩大情绪表达和独立性，有助于减少情绪问题，同时还为员工创造舒适的工作环境和表达自己的机会。

招聘与选择：建立有效的流程来识别具备高情绪-劳动能力的员工。海底捞的人力资源部在整个招聘环节的设计过程中，测试应聘者在不同工作条件下的情绪反应和表达能力，以提高筛选出高情绪-劳动能力的员工的可靠性和有效性。

◆ 工作面：传道，师徒制的活用

海底捞采取"师傅带徒弟"的培养方式，模范带头与生活关怀相结合。领班不仅关心员工的情绪和生活，更重要的是教育员工承担责任，不断进步，通过双手改变命运。师徒制既保障了海底捞企业精神的传承，又营造了企业家庭氛围的情景感受。海底捞不放弃每一名员工的进步，从培训员工识字、看交通地图、使用抽水马桶，到熟练服务技能，均无微不至。孟子曰："食而弗爱，豕交之也；爱而不敬，兽畜之也。"在海底捞有一条不成文的规矩是，对家庭不忠诚、对父母不孝顺的员工不能成为干部。此外，海底捞在选择管理人员方面有着自己的特点——必须从一线服务人员开始。原因很简单：没有亲自为顾客服务过的人不知道服务人员和顾客的情感需求，也不知道员工在情感工作过程中需要什么组织支持。

◆ 生活面：用人的思维

在海底捞，员工拥有比业内同行更好的食宿，还能获得公司的信任和尊重。海底捞对员工和干部高度信任。海底捞信任员工的标志是授权，普通服务员有权给顾客免单，这是真正的信任！在海底捞，一线员工有权根据服务情况的需要向顾客提供折扣和免单，而管理团队拥有更大的权限和授权。基于对员工的尊重和信任，海底捞通过授权赋予服务人员一定的管理权，从而提高了他们的工作满意度，调动了他们的工作热情。这正是海底捞的同行最难学习的。海底捞总部不评估分支机构的营业额和利润率，而是以员工及顾客满意度作为评估标准，而且持有"员工比顾客更重要"的观点。

◆ 个人层面：家庭网络支持和身份认同支持

从为员工建立和谐的家庭网络氛围、为员工履行家庭责任提供帮助和支持的角度看，这符合员工的心理需求，比如完善的福利制度——员工家庭、员工假期。

在员工管理方面，海底捞脱离传统的个体单位，将组织和员工家庭作为管理单位。员工住房是城市公寓，配备电视、电话、空调和暖气等。为了方便员工的出勤，公寓的位置确保员工步行20分钟即可到达工作地点。海底捞还可以照顾员工的父母，例如每月向管理者或高级员工的父母支付数百元生活补贴，组织优秀员工的父母每年前往海南游玩等。

海底捞的内部杂志强调"平等"和"用双手改变命运"。基于对员工的信任和尊重，从一线员工到管理层，他们拥有超越普通餐饮企业员工的管理授权。学历和工龄不是晋升的必要条件，大学生刚加入公司也必须从一线服务员做起。海底捞的管理人员都是从一线服务员晋升来的，相似的工作环境和成长经历有效地化解了不同层次员工之间的差异，形成了海底捞员工身份和地位平等的企业文化。

◈ 群体层面：都市融合支持

海底捞为员工及其家人提供服务，为他们提供家庭培训和融入城市生活的便利。从培训员工识别红灯和使用厕所以及提供住房，所有这些生活关怀和情感支持的细节都让员工觉得自己的生活适合城市环境，消除在城市工作时的自卑感和不熟悉感。

◈ 组织层面：组织支持公平

海底捞在企业文化中寻求公平，满足员工的精神需求。自成立以来，海底捞一直呼吁"用双手改变命运"的企业价值观。所有干部都应该从一线服务员干起，有三种类型的晋升通道：一是加强从新员工到副总经理的晋升通道；二是从新员工到物流项目经理后勤的晋升通道；三是从新员工到优秀员工的晋升通道。图12-3是海底捞的后勤晋升通道举例。

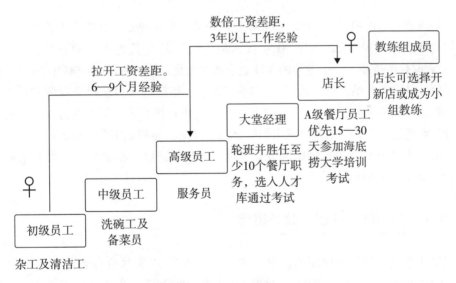

图12-3 海底捞的后勤晋升通道

资料来源：海底捞官网。

◈ 结果分析与讨论

总之，海底捞的员工援助计划项目相对完善，员工援助计划融入组织人事管理的理论和实践，从组织的发展战略和环境出发，有针对性地干预和管理员工。

第一，从模式选择的角度看，其常规服务主要基于内部模式，外部模式用于特殊情况。这不但反映了内部服务的最佳特征，而且充分利用了内部系统中已经存在的广泛的员工护理咨询服务。

第二，工作人员援助方案的服务范围广泛，目标明确、层次分明，服务内容主要侧重于压力管理，终身服务次要。

第三，制定了完善的晋升机制和持续学习的师徒体制。

资料来源：（1）徐佳敏．探寻海底捞"锁住"员工的秘诀［J］．人力资源，2021（9）：30-32．（2）李缓缓．"海底捞"品牌营销策略与特征探析［J］．经济研究导刊，2021（34）：70-72．（3）刘君君．运用泰勒科学管理理论分析"海底捞"劳动关系［J］．劳动保障世界，2020（9）：7．

感悟与思考

1. 利用组织健康知识分析海底捞在不同发展阶段反映出来的优秀管理方法。
2. 分析案例，判断海底捞的帮助员工相关行为属于哪种流程模式。
3. 基于 EAP 框架，分析海底捞具体的实施流程。
4. 根据案例内容，谈谈企业如何营造友好和谐互助的文化氛围。
5. 结合案例，谈谈跨文化背景下 EAP 在中国火锅企业中的适用性和局限性。

12.5　组织健康的前沿探索

组织健康概念可以追溯到 20 世纪 60 年代，由 Bennis（1962）首次提出，但国内外组织管理领域的新兴课题始于 20 世纪 90 年代，是各组织基业长青的重要法宝之一（孙武，2018）。随着时代的进步，组织健康的关注点也随之变化：第一阶段（1990 年以前），组织健康侧重于单纯的财务业绩；第二阶段（1990—2000），组织健康要求财务业绩和员工健康并存；第三阶段（2000 年以后），达成的共识是组织健康意味着多方利益共存。随着组织内外部环境的急剧变迁，组织越来越重视组织健康问题（王晓静和孟宪忠，2018）。

基于此，本部分将从组织健康的概念、维度划分与测量、相关研究、提升策略的发展趋势、研究展望五方面展开讨论。

12.5.1　多视角下的组织健康概念

组织健康概念是指组织层面的健康，它将"健康"的概念整合到各类组织中（王晓静和孟宪忠，2018）。对于"健康"一词，心理学、生物学、管理学、伦理学、医学和系统学等学科有不同的解释（曹燕和姜卫，2010），于是组织健康的多视角研究（见表 12-8）应运而生。国外研究最初专注于员工健康、健康的工作环境和协调工作系统（Goetzel 等，2014），逐渐转向关注组织氛围、价值文化（Di Fabio，2017；Tamers 等，2020）等宏观因素，以及心理融入（Yu 等，2021）等微观因素。

表 12-8　多视角的组织健康

视角	主要观点	相关文献
心理学	重点是员工的心理的"感知"，即可感知的工作环境、可感知的组织公正和社会支持等	李正东和聂贝（2021），尹慧（2017），莫晓红（2016），彭春芳（2012）
生物学	多采用类比法，认为组织既是生物体，也是基因	康军（2021），王晓静（2017）
管理学	着重于组织的竞争优势、组织协调、组织活力等	贾义保（2013）

(续表)

视角	主要观点	相关文献
伦理学	组织要承担相应的社会责任	Rauter 等（2019），马苓等（2018）
医学	组织健康强调对组织进行重组、诊疗以达到康复的目的	杜鹏程和倪清（2020），杨震宁和李德辉（2014），赵剑波（2013），杨震宁和王以华（2008）
系统学	组织健康强调工作系统的所有成分及其相互之间的作用	Mehlis 和 Hornberg（2019），Gaetano 等（2016），布拉奇和王翔（2018）

12.5.2 组织健康的维度划分与测量

组织健康量表的开发始于 Miles（1969）对公立学校组织健康的调查研究，其建构的公立学校组织健康测量框架包括组织任务需要、组织人员维持需要、生长与发展需要三个维度，共十个层面。Hoy 等（1991）在前者基础上开发了适用于学校的组织健康量表（organizational health inventory，OHI），在多地多次用于测量各类学校的组织健康。廉转梅（2018）在对初中班级组织健康进行测量时，借鉴 OHI 并采用访谈法进行要素整理与筛选，最终形成班级组织健康量表，包括学生心理资本、班级小组合作、班主任领导风格、班级文化四个维度。

在维度划分上，组织健康测量还出现不同的分类，比如类比个人健康角度、组织健康结果表征角度、组织健康目标角度等。

1. 类比个人健康角度

鉴于组织健康的研究始于个体健康，按个人生命体来研究组织。有学者将组织健康与人体健康进行配对，即财务－肌体健康、生产率－情感健康、绩效有关的学习－心理健康和价值愿景实现－精神健康（洪瑞斌等，2006）。

还有学者认为组织如同个人，也有健康状态好坏之分（时勘和郑蕊，2007），组织健康与个人健康具有相似的健康维度。邢雷等（2012）类比人体健康评价的身、心、灵，同样将组织健康分为这三个方面。杨震宁和王以华（2008）将组织健康作为组织免疫行为的重要目标，基于生态学理论将其归纳为结构均衡－资源业务管理、功能活跃－投入产出、社会和谐－利益相关群体关系、环境适应－环境风险与变化等维度。戚璨（2016）基于问卷，从生态学的角度将组织健康维度总结为生物体健康、健康关系、健康成长和健康表现，并取得良好的信度和效度。

从个体健康维度引申组织健康维度也是一种可行的视角，但根据现有研究，国内外学者对组织健康维度的实证测量少于理论探讨，目前还未有权威的量表可供使用（彭红霞，2009）。

2. 组织健康结果表征角度

杜绍化（2012）将组织健康划分为团队共同领导、团队技能、团队凝聚、团队共享等四大维度，包括九项具体表征题项。其他学者也尝试从组织问题反推组织健康的表现进行维度划分。有学者指出，健康型组织可能拥有一系列特征和表现，并在中医稳态观指导下对组织进行功能调节，可有效缓解组织的"亚健康"现象（崔志林，2022）。Puplampu（2005）经实证分析概括出领导者自以为是、程序弱化和员工不和等诊断组织非健康的指标。

3. 组织健康目标角度

一些学者从组织目标角度对企业的组织健康进行了实证研究。王兴琼（2009）将组织健康分为组织绩效、员工健康和社会效益三个维度。李华和彭春芳（2011）从平衡计分卡（BSC）的四个维度出发，构建了组织健康的 KPI 评价体系。张淑敏（2012）将组织健康分为财务成功、员工健康、环境和谐三个维度，并构建了组织健康模型。

基于组织健康目标，较为权威的学者 Jaffe（1995）认为组织健康包括两个维度，即组织绩效和员工健康/满意结果。Raya 和 Panneerselvam（2013）综合许多西方文献提出，组织健康能平衡个体与组织绩效。陈维政和王兴琼（2010）引入非财务绩效指标（如团队合作等）考察组织健康。测量组织健康的实证研究总结如表 12-9 所示。

表 12-9 组织健康的测量维度

维度划分	研究者	维度及具体指标
学校组织层面	Miles（1969）	三种需要：组织任务、组织人员维持、生长与发展
	Hoy 等（1991）	OHI 量表三个层面：领导、老师、学生
	廉转梅（2018）	学生心理资本、班级小组合作、班主任领导风格、班级文化
类比个人健康角度	Smet 和 Loch（2007）	决策健康、机体健康和行为健康
	邢雷等（2012）	身指组织绩效，心指员工健康等，灵指组织文化
组织健康结果表征角度	杜绍化（2012）	共同领导、团队技能、团队凝聚力、团队共享
组织健康目标角度	王兴琼（2009）	组织绩效、员工健康、社会效益
	李华和彭春芳（2011）	经济效益维度、外部客户维度、内部流程维度、学习创新维度
	张淑敏（2012）	财务成功、员工健康、环境和谐
	Raya 和 Panneerselvam（2013）	个体、工作组织、管理实践、员工福利与组织绩效

12.5.3 组织健康的相关研究

1. 外部环境层面的组织健康研究

外部环境层面对组织健康的影响主要基于组织生态学理论，相关实证研究偏少。组织应该与外部环境平衡协调，如此才能达到健康状态（王永跃和孙弘，2011）。通用汽车公司董事长 Alfred 曾提出，只考虑技术层面并不能使组织取得长期成功，寻找适应环境的模式是组织的新目标（Alfred 和刘昕，2014）。郑文山和胡杨成（2010）发现环境变化与非营利组织绩效无关。

物质和社会的工作环境条件影响组织健康（Raya 和 Panneerselvam，2013）。环境变量主要包括政府支持、国家文化等，如王晓静（2017）验证了政府支持会正向影响组织健康。

2. 个体层面的组织健康研究

个体既包括领导者，也包括普通员工（王晓静和孟宪忠，2018），而个体层面的组织健康的研究取向可分为消极和积极两方面。

消极取向的组织健康研究围绕员工心理问题、心理疾病的诊断与治疗方面，选取的研究变量多为消极变量，如工作压力、工作倦怠、抑郁等。比如以工作压力作为前因变量，考察工作压力与组织承诺、离职意向等结果变量间的因果关系（李鹏等，2022）以及压力源及其构面的情况（卢艳秋等，2022；严亚玲等，2022），进而提出相应的压力干预法——初级预防、次级管理和EAP援助等（杨凤华，2020；张蔚怡，2019）。

积极取向的组织健康研究主要探讨如何调动人的积极品质去克服心理问题。有学者认为组织需要积极的精神健康，主要涉及工作幸福感、自我效能感等积极情绪变量。有研究发现：自我效能感可以缓解压力对个体的消极作用，并提高组织的工作绩效（Luthans，2002）；而工作幸福感能提升工作绩效、降低离职率（Kessler，2006）；乐观品质可以刺激员工追求成就的动机，进一步促进其职业发展的成功（Luthans，2002）并改善组织健康状况。

然而，测量个体层面的变量很困难，大多数研究多采用定性方法，且聚焦于个体层面而非组织层面（王晓静和孟宪忠，2018）。

3. 组织层面的组织健康研究

组织层面的组织健康研究相较员工健康研究更少，前者多基于后者加以衍生。Cemaloglu（2011）经调查发现，校长的变革型领导行为对学校组织健康有积极的正向作用。

有关组织健康的被解释变量，目前仍是一个不断发展的研究领域。Quickt等（2007）指出，组织健康的先决条件是健康的领导者，是个人健康和组织健康形成的基点，而健康的领导者对个人、社会和组织均有显著影响。Kipfelsberger等（2016）以客户反馈为研究对象，发现客户反馈意见对组织的情感氛围有所影响，进而间接影响组织健康。

有关组织健康的解释变量，通常以组织绩效、竞争力、组织压力、战略执行力等作为组织健康的后果变量（王晓静和孟宪忠，2018）。

（1）组织健康和组织绩效的关系。组织健康和组织绩效是不一样的。王晓静（2017）发现组织健康对组织绩效有正向作用。组织的健康状况和绩效的关系究竟如何？组织绩效是否包括组织健康状况？组织健康状况是否包括组织绩效？两者关系尚有待进一步挖掘，但现有研究发现组织健康的范围比组织绩效更大。

（2）组织健康和竞争力的关系。一些学者提出组织健康是一种竞争力的观点。比如王鑫（2013）假设组织健康直接影响竞争优势，还通过战略执行力间接影响竞争力。

（3）组织健康和其他后果变量的关系。组织健康与组织的持续成功、战略执行力等有关联。兰西奥尼（2013）发现组织健康是组织成败的决定性因素。一些学者将组织健康与组织压力、组织承诺、员工行为联系起来。彭启英（2013）发现，组织健康对员工沉默行为具有消极作用，可以调动组织的和谐气氛。

12.5.4 组织健康提升策略的发展趋势

1. EAP 实施思路进展

员工援助计划是中国组织管理中的新兴工具，有助于调动员工积极性、提高组织绩效。一是 EAP 实施形式的创新。张宏如（2009）提出以激励的形式在企业中实施 EAP，具体而言就是以人为本，提高员工整体素质，依靠团队自助互助，营造和谐融洽的工作氛围，实现 EAP 激励的中国化。除此之外，EAP 的具体实施还创新性地利用"静态博弈论"和"重复博弈论"思路（黄燕和任怡菲，2010）。罗迪（2010）以行业为分析视角并指出：我国国有重工型企业里大部分员工文化水平不高，并且存在计划经济时期闭塞文化残余的影响，在具体实施 EAP 时可以借助企业内部局域网为初期服务平台，而理想的企业网络服务平台则是功能较为完善的 EAP 服务网站。二是 EAP 实施层面的创新。这方面的创新主要涉及管理层面、经济层面、规章制度层面等。

（1）管理层面。Cooke 等（2022）以人为中心的人力资源管理（HRM）有助于建设可持续的劳动力、组织、社区和社会，拓宽 EAP 的实施框架和范围，识别与工作和人力资源管理相关的新现象，探索劳动力市场和工作场所的权力动态与排斥形式。Taranowski 和 Mahieu（2013）认为，较创新的 EAP 方法包括电话咨询、在线生活方式辅导、针对特定问题的在线实时聊天和辅导服务等。Chen 等（2021）针对各种类型的工作场所欺凌提出较系统的预防措施，公司应当从向上、水平、向下三种方向，向工作场所的欺凌受害者提供适当的帮助。Rivera-Chiauzzi 等（2022）通过实验表明，结构化的同伴支持是一种可行的 EAP 干预措施。

（2）经济层面。在 2020 年新冠疫情冲击下，企业探索着新经济商业模式，并且向受影响的员工提供心理健康服务。例如，星巴克通过 EAP 向每周工作 20 小时或以上的员工提供扩展的精神健康福利，每个员工及其家庭成员每年可以获得 20 次免费咨询。再如，Target 增加了免费的在线资源（除了通常的五次免费咨询），以帮助员工恢复心理、情感和身体健康。一些 EAP 支持已有的资源，例如 Health Partners EAP 利用现有的对领导者和团队的现场支持来助力管理变革，并促进组织提升环境恢复力和应对能力（Dvorkin 等，2020）。

（3）规章制度层面。EAP 与职业压力管理（WHP）计划相结合是一种十分有效的方式。Mohamed 等（2022）采用随机对照实验（RCT）设计，研究对象为制造工厂的 88 名员工。干预组接受职业压力管理课程和 EAP；对照组除了一本关于一般压力的小册子，无其他干预。结果显示 WHP 计划在改善制造业工人的心理健康状况、生活质量和应对技能方面取得了可喜的成果。

总的来说，国内外学者在 EAP 实施的形式和层面创新上取得的成果颇丰，理论研究已经具备一定基础，在波及全球的新冠疫情的冲击下，关于 EAP 的实证研究如雨后春笋不断涌现并迅速成长。

2. 全民健康管理

2016 年 10 月 25 日，中共中央、国务院印发的《"健康中国 2030"规划纲要》指出，全民健康是建设健康中国的根本目的。全民健康管理（integral health management，IHM）在有效预防健康问题方面发挥着重要作用。黄建始（2007）指出，美国的 IHM 策略主要包括生活方式管理、需求管理、疾病管理、灾难性病伤管理、综合人群健康管理。我国则以"健康中国"为背景改善组织健康，并结合组织实际，全民健康管理的新型模式和服务体系有四类（刘金凤等，2021）：

（1）"全健康链条"健康管理模式。组织应将以前以体检为重点的健康管理扩展到疾病预防，再扩展到疾病矫正、康健和康复，遵循完整的健康管理"健康链"；加大预防与康复研究力度，积极开展预防与康复技术与策略、亚健康调控等相关领域的专业研究，丰富干预方法。

（2）"全生命周期"健康管理模式。组织将员工个人及其家人纳入健康管理范围。例如，对母婴保健、儿童健康管理、成人风险评估和健康管理、康复、护理和临终关怀等进行预测性监测，实现从子宫到坟墓的全生命周期管理过程；规范电子健康档案的备案管理，将其与个人身份信息绑定，实现便捷和终身的健康管理。

（3）"全维"健康管理模式。组织可以把本组织的健康管理外包给专业机构。所谓"全维"是指人体生理、心理、社会适应能力和道德的综合健康。健康管理机构已经从简单的体检服务转变为健康管理服务，从生理服务扩展到心理服务，各单位的医疗保险福利将涵盖心理护理、缺陷修复和满足个人特殊医疗需求等全方位服务。

（4）智能健康管理模式。组织应联合医疗机构建设员工健康管理平台，未来主要朝着智能化迈进（刘阿丽，2011），携手实现健康管理服务的规模化、精准化及远程化。

12.5.5 组织健康研究的意义及未来展望

1. 组织健康研究的意义

组织环境的快速变化使工作场所的各类员工承受着持续的压力和考验。研究人员发现，工作和家庭（或非工作场域）并不是孤立的，而是相互作用的，两者都对个人和组织健康产生重大影响（Quick 等，2007）。组织健康研究的意义表现为：

（1）引导管理者以积极的心态看待员工和组织的健康状况。传统的人力资源管理更多地关注组织、团队、管理者和员工的问题，例如如何激励懒惰的员工。组织健康研究应基于积极导向的视角，强调个人、团体和组织的积极力量、精神发展和有效管理。这种研究有助于管理者改变对人性的负面认识，从而采用更科学、更积极的方法和技术来开发个人与组织的潜力、活力、创造力等。

（2）唤起管理者对组织多层面健康的关注。受部分研究的负面导向影响，管理者关注员工层面的压力、倦怠、辞职及其带来的负面影响和成本增加，重点关注有健康问题的人群。组织健康研究强调组织健康的多维性和多层面，引导管理者强调不同层面组织健康之间的契合性和匹配性，寻求各个维度之间的平衡，以实现真正的组织整体健康。

（3）提供实现组织健康管理实践的具体方法。要实现组织健康，组织应将员工视为资产，在满足客户需求、员工需求和组织经济需求的主要目标之间寻求平衡；倡导员工注重工作与生活的平衡，避免工作狂式生活方式，建立重视工作与生活平衡的组织文化。

2. 组织健康研究的未来展望

组织健康研究仍有一些问题值得进一步探讨。

（1）界定组织健康的基础概念。如今，组织健康的研究仍处于早期阶段，学者对组织健康的定义还存在差异和偏见，大多数学者仅关注组织健康的若干方面，源概念的认知分歧将不可避免地导致不同学者失去可比的研究平台。因此，为了加强组织健康的理论研究和实践应用，我们有必要明确组织健康本身，特别是其内涵、特征和维度。

（2）开发组织健康量表。目前，国内外对组织健康的实证研究并不多，其中一个重要原因是缺乏有效和公认的测量工具。如何可靠地测量组织健康、应该测量什么、哪些变量可能影响测量结果，仍然是值得关注的问题。

（3）进一步证实组织健康与相关变量间的关系。目前定性研究为多数，少数定量研究主要针对横截面关系，管理实践中对组织健康的一般理解仍然局限于绩效改进等领域。在有限的实证研究文献中，通常仅分析有限数量的影响变量，如组织特征和组织健康、人员环境匹配和组织健康等。然而，在控制大多数变量的同时，只检验一两个变量是很难得出可靠的结论的。

数字资源

本章数字资源由三大部分组成：一是 UTD 24 文献推荐，二是推荐的组织健康相关量表，三是参考文献。详细内容可下载"拓展学习资源"获取。

1. UTD 24 文献推荐

Torsten Oliver Salge, David Antons, Michael Barrett, et al. How IT investments help hospitals gain and sustain reputation in the media: The role of signaling and framing [J]. Information Systems Research, 2022, 33 (1): 110-130.

Joel Goh, Jeffrey Pfeffer, Stefanos A. Zenios. The relationship between workplace stressors and mortality and health costs in the United States [J]. Management Science, 2015, 62 (2): 608-628.

Anthony C. Klotz, Mark C. Bolino. Bring the great outdoors into the workplace: The energy effect of biophilic work design [J]. Academy of Management Review, 2021, 46 (2): 231-251.

2. 组织健康相关量表

◎ Luthans、Youssef-Morgan 和 Avolio 开发，李超平整理的中文版"心理资本量表"（PCQ）

◎ Cooper、Sloan 和 Williams 开发的"工作压力指标量表"（OSI）

3. 参考文献

后　记

合上《管理心理学：传统智慧与研究前沿》一书，我心中涌起诸多感慨。正如宋代黄庭坚在《戏题小雀捕飞虫画扇》所言："丹青妙处不可传，轮扁斫轮如此用。"在这个充满挑战与机遇的时代，借助传统智慧与学术研究前沿深入探索管理心理学显得尤为关键。

本书从传统智慧出发，带领我们回溯了古圣先贤在管理领域的深刻思考。古老的哲学理念、经典的历史管理案例，犹如璀璨的明珠，散发着睿智的光芒。从中国传统文化中"以人为本""和而不同"的教诲，到西方先哲对人性与管理的思索，这些传统智慧为我们理解现代管理中的组织架构、人际关系、领导艺术、员工激励等问题积淀了深厚的涵养。它们提醒着今天的我们，管理并不仅仅是技术与方法的堆砌，更是对人性的尊重、关怀与悲悯。

在研究前沿部分，我们则看到了管理心理学在数智化时代的蓬勃发展与创新突破。新的研究方法、技术手段和管理场景不断涌现，为我们揭示了更复杂、更微妙的心理现象。积极心理学的引入，让我们更加关注员工的幸福感和成长；跨文化管理的研究，帮助我们在全球化背景下更好地理解和协调不同文化背景的员工；数字化时代的管理心理学挑战，促使我们思考如何利用新技术提升管理效率，同时又不失对人的情感需求的关注。

在撰写本书的过程中，我们力求做到理论与实践的紧密结合。每一个观点、每一个历史案例都经过精心挑选和深入分析，旨在为读者提供可供参照的传统智慧且有实际应用价值的管理心理学知识。希望本书能够成为管理者、学者以及对管理心理学感兴趣的读者的良师益友，为他们的工作和生活提供有益的启示、帮助与指导。

然而，我们也深知，管理心理学领域是如此之广阔而深邃，本书所涵盖的内容仅仅是冰山一角。随着时代的不断发展，新问题、新挑战将不断涌现，管理心理学研究也将不断深化、持续拓展。我们期待更多的学者、研究者和实践者能够加入这个领域的探索，共同为推动管理心理学的发展贡献力量。正如"庖丁解牛，肯綮迎刃，千汇万类，规模同一轨"（明·李志光《高启凫藻集本传》）。

最后，感谢每一位为本书的出版付出努力的人，包括编辑、校对人员以及提供宝贵意见的专家学者；也感谢每一位读者的关注和支持，希望你们在阅读本书的过程中能够有所收获，并且将所学知识应用到实际工作和生活中，为创造更加美好的未来而努力。

曾建光

2025 年 2 月

教辅申请说明

　　北京大学出版社本着"教材优先、学术为本"的出版宗旨,竭诚为广大高等院校师生服务。为更有针对性地提供服务,请您按照以下步骤在微信后台提交教辅申请,我们会在1~2个工作日内将配套教辅资料,发送到您的邮箱。

◎手机扫描下方二维码,或直接微信搜索公众号"北京大学经管书苑",进行关注;

◎点击菜单栏"在线申请"—"教辅申请",出现如右下界面:

◎将表格上的信息填写准确、完整后,点击提交;

◎信息核对无误后,教辅资源会及时发送给您;如果填写有问题,工作人员会同您联系。

温馨提示:如果您不使用微信,您可以通过下方的联系方式(任选其一),将您的姓名、院校、邮箱及教材使用信息反馈给我们,工作人员会同您进一步联系。

我们的联系方式:
北京大学出版社经济与管理图书事业部
通信地址:北京市海淀区成府路205号,100871
电子邮件:em@pup.cn
电　　话:010-62767312 / 62757146
微　　信:北京大学经管书苑(pupembook)
网　　址:www.pup.cn